明末清初
西泠词人群体研究

胡小林 著

南京大学出版社

国家社科基金后期资助项目
出版说明

后期资助项目是国家社科基金设立的一类重要项目,旨在鼓励广大社科研究者潜心治学,支持基础研究多出优秀成果。它是经过严格评审,从接近完成的科研成果中遴选立项的。为扩大后期资助项目的影响,更好地推动学术发展,促进成果转化,全国哲学社会科学规划办公室按照"统一设计、统一标识、统一版式、形成系列"的总体要求,组织出版国家社科基金后期资助项目成果。

全国哲学社会科学规划办公室

目 录

序 ……………………………………………………… 张宏生 1

绪 论 …………………………………………………………… 1
 第一节 研究对象及研究价值 ………………………………… 1
 第二节 研究现状 …………………………………………… 7
 第三节 研究思路与方法 …………………………………… 9

第一章 明末清初西泠词人群体活动的词学背景：清人对"清词衰亡"的忧虑 ……………………………………………………… 12
 第一节 清人"清词衰亡"说的提出 ………………………… 12
 第二节 清人"清词衰亡"说的语境变迁 …………………… 15
 第三节 清人"清词衰亡"说的实质 ………………………… 18
 第四节 清人应对"清词衰亡"：自我审视和自觉变革 …… 23

第二章 明末清初西泠词人群体的形成原因 …………………… 27
 第一节 纽带：地域文化、家族、学脉 ……………………… 30
  一、西泠的地域文化 ……………………………………… 30
  二、西泠的家学传承 ……………………………………… 33
  三、西泠的学脉 …………………………………………… 37
 第二节 契机：西泠的盟社 ………………………………… 40
 第三节 浸润：西泠的词学传统 …………………………… 47
 第四节 氛围：明代后期的词风 …………………………… 53

第三章 明末清初西泠词人群体的构成及发展 ………………… 58
 第一节 明末清初西泠词人群体及词作情况 ……………… 58
 第二节 明末清初西泠词人群体的分期研究 ……………… 76

1

一、明末清初西泠词人群体的先导期(1625—1635) ………… 77
　　二、明末清初西泠词人群体的发展繁荣期(1635—1672) …… 87
　　三、明末清初西泠词人群体的余波期(1672—1721) ………… 96
　第三节　明末清初西泠词人群体中的特殊群体 ……………… 109
　　一、明末清初西泠宦游词人群体 ……………………………… 109
　　二、明末清初西泠方外词人群体 ……………………………… 114
　　三、明末清初西泠闺秀词人群体 ……………………………… 118

第四章　明末清初西泠词人群体词作的整体风貌 ……………… 125
　第一节　明末清初西泠词人群体词作的题材取向 …………… 125
　　一、对传统词作题材的模拟与创新：艳词 …………………… 125
　　二、对山水胜景的描摹与赞美：山水词 ……………………… 136
　　三、对历史兴亡和明清鼎革的书写与反思：咏史词 ………… 139
　　四、对个体命运浮沉的记载与咏叹：咏怀词 ………………… 141
　　五、对亲朋师友情谊的怀念与追悼：赠答词与悼亡词 ……… 143
　第二节　明末清初西泠词人群体词作的艺术风格 …………… 147
　　一、沿袭艳科审美习惯 ………………………………………… 147
　　二、张扬苏辛豪放词风 ………………………………………… 156
　　三、词调创新：尊体与破体 …………………………………… 163
　第三节　评词与选词：明末清初西泠词人群体与当时词坛的创作
　　　　　互动 ……………………………………………………… 175
　　一、评词：以词作为媒介的词学建构 ………………………… 175
　　二、选词：明末清初词坛选本和丛刊中的明末清初西泠词人
　　　　群体词作 ………………………………………………… 216
　　三、词集序跋和词话等：明末清初西泠词人群体与词坛互动
　　　　的其他形式 ……………………………………………… 237

第五章　明末清初西泠词人群体的个体词作特质与成就 ……… 252
　第一节　明末清初西泠词人个体词作与清人对词人词作评判体
　　　　　系的提出和完善 ………………………………………… 252
　第二节　诗人之词 ………………………………………………… 260
　　一、慷慨悲凉：丁澎的身世与词风 …………………………… 260
　　二、清新俊逸：陆进的创作取向 ……………………………… 268

  三、落拓飘零：丁介词中的生命意识 ………………………………… 275
 第三节 词人之词 …………………………………………………………… 278
  一、绮艳婉媚：沈谦对明人词风的延续 ………………………………… 278
  二、由绮丽到慷慨：折射明末清初词风嬗变的沈丰垣词 …… 282
  三、以词寓不平之鸣：在困厄中执着于词的仲恒 …………… 290
 第四节 学人之词 …………………………………………………………… 298
  一、温柔敦厚：毛先舒的创作追求 ……………………………… 298
  二、儒者襟怀：陆次云《玉山词》 ……………………………… 304
  三、博学醇雅：姚际恒家族的词学观与词作 ………………… 309

第六章 明末清初西泠词人群体的词学选政 …………………………… 320
 第一节 选词之难与选词之弊：对词选学最早的理性反思 ………… 321
 第二节 婉约与豪放并重：通代词选 …………………………………… 326
  一、明末清初的词风嬗变：《古今词统》 ……………………… 326
  二、西泠词坛的初步繁盛：《古今词选》 ……………………… 338
  三、"词衰藏于盛"论：《见山亭古今词选》 …………………… 342
  四、"稼轩词风"的继续高扬：《古今词汇》 …………………… 349
 第三节 西泠风雅之聚焦：《西陵词选》 ……………………………… 358
  一、《西陵词选》其书 …………………………………………… 358
  二、《西陵词选》的编选过程 …………………………………… 358
  三、《西陵词选》的选词目的与宗旨 …………………………… 360
 第四节 对明末清初词风嬗变的敏锐体察：《东白堂词选初集》
     …………………………………………………………………… 363
  一、《东白堂词选初集》其书 …………………………………… 363
  二、《东白堂词选初集》的编选始末 …………………………… 364
  三、《东白堂词选初集》的编选目的与宗旨 …………………… 366
  四、《东白堂词选初集》的选词阵容 …………………………… 368

第七章 明末清初西泠词人群体的词学理论 …………………………… 370
 第一节 词体论之一：追源溯流，辨体尊体 ………………………… 371
  一、词的概念 ……………………………………………………… 371
  二、词之本源与滥觞 ……………………………………………… 374
  三、诗词曲之辨 …………………………………………………… 377

第二节　词体论之二：精审的词律 ………………………… 380
一、首部考释词调名的专书：毛先舒《填词名解》………… 380
二、连接明清词谱的桥梁：赖以邠《填词图谱》…………… 384

第三节　词体论之三：严格的词韵 ………………………… 390
一、明代的西泠词韵：谢天瑞《词韵》和胡文焕《文会堂词韵》
　　………………………………………………………… 391
二、清初西泠词韵之发轫：沈谦《词韵略》………………… 392
三、清初西泠词韵的成熟：仲恒《词韵》…………………… 404

第四节　词风论："本色"之争 ……………………………… 408
一、以沈谦、陆进为代表：专尚婉媚温丽 ………………… 409
二、以卓、徐、毛、王等人为代表：婉媚与雄肆兼美 ……… 412

第五节　词法论：注重词技，转益多师 …………………… 417
一、选调 ……………………………………………………… 419
二、立意 ……………………………………………………… 419
三、用韵 ……………………………………………………… 420
四、句法 ……………………………………………………… 421
五、语言 ……………………………………………………… 422

第八章　明末清初西泠词人群体的交游与唱和 ……………… 425

第一节　西泠与云间、柳洲、毗陵 ………………………… 426
一、与云间词派的交游 ……………………………………… 426
二、与柳洲词派的交游 ……………………………………… 429
三、与毗陵词人群体的交游 ………………………………… 432

第二节　西泠与广陵、阳羡、浙西 ………………………… 438
一、与广陵词坛的交游 ……………………………………… 438
二、与阳羡词派的交游 ……………………………………… 444
三、与浙西词派的交游 ……………………………………… 452

第三节　明末清初西泠词人群体的唱和词集 ……………… 457
一、内部唱和词集之一：开风气之先的《徐卓晤歌》……… 457
二、内部唱和词集之二：骋才斗智的《东皋草堂词集》…… 463
三、外部唱和词集：雅正敦厚的《千秋岁唱和词》………… 469

第九章 明末清初西泠词学对清词史的影响：以稿本《国朝杭郡词辑》为中心 ………… 481
第一节 郑道乾生平、著述及《国朝杭郡词辑》编纂时间考 ……… 481
第二节 《国朝杭郡词辑》编选的词学背景 ……………………… 483
第三节 《国朝杭郡词辑》的选词思想 …………………………… 485
第四节 郑道乾对叶恭绰编纂《全清词钞》的贡献 ……………… 488

附录：明末清初西泠词人群体年表 …………………………………… 493
主要参考文献 …………………………………………………………… 642
后记 ……………………………………………………………………… 664

序

　　清人论学,颇重地域,不惟经史,文学亦然。在词学研究的视野中,西泠(或称西陵,今杭州)是一个重要的区域,至有"大江以南,郡国称最胜者,莫若杭州"之称(严元照《梅边笛谱序》)。追溯渊源,南宋可为第一个阶段,正如李符在《红藕庄词序》中所说:"词至晚宋,极变而工。一时名流,往往托迹西泠,篇章传播为最盛。"明末清初可为第二个阶段,见于时人笔下的,如方象瑛《诸虎男茗柯词序》云:"数十年来,词学盛于西陵。余所见诸贤制作,莫不人擅苏、辛,家工周、柳。"乾隆年间为第三个阶段,如严元照序李堂(西斋)《梅边笛谱》:"杭之词学盛于樊榭,而陈孝廉雪庐、吴祭酒谷人继之。吾友朋中以此事有声于时者,推倪君米楼。西斋与米楼生同间巷,为总角之交,年少长米楼,学词在米楼后,曾未几时,已骎骎焉逼米楼矣。"不过,在清人的词史论述中,往往对第一个阶段和第三个阶段谈得较为详细,而对第二个阶段则草草带过,如陈撰《秋林琴雅序》:"词于诗同源而殊体,风骚五七字之外,另有此境,而精微诣极,惟南渡德祐、景炎间斯为特绝,吾杭若姜白石、张玉田、周草窗、史梅溪、仇山村诸君所作皆是也。自是以还,正不乏人,而审音之善,二百余年以来,几成辍响。近称西泠词派,或踪迹《花间》,或问津《草堂》,星繁绮合,可为极盛,乃缘情体物,终惜其体制之未工。独吾友樊榭先生起而遥应之,清真雅正,超然神解。如金石之有声,而玉之声清越;如草木之有花,而兰之味芬芳。登培搂以揽崇山,涉潢污以观大泽。致使白石诸君,如透水月华,波摇不散。"对于明清之际的西泠词人,有"极盛"之说,但除了一般性地叙述其渊源《花间》《草堂》外,其他的就悭于着笔,甚至"惜其体制之未工"。不过他明确提出了所谓"西泠词派"的"近称",和前面李符与方象瑛笔下的"西泠"之"名流"、"西陵"之"诸贤"说法有所不同。其实这就像中国文学批评史中对"体"之一词的理解一样,有时指风格,有时指流派,有时则较为宽泛地指群体。而且,在中国古代,即使谈到流派,和现代意义上从西方文学理论引进的概念也不一定完全一样。

胡小林教授的近著《明末清初西泠词人群体》研究是这一研究领域的新成果。该著首先进行辨体,认为从严格意义上说,明清之际的西泠虽然词风繁盛,延续时间较长,但并没有一个联系紧密的组织,创作风格也多样化,因此并不是一个严格意义上的流派,但他们彼此之间亦有一定的词学共识,气脉相通,善于求同存异,因此也就具有了作为一个群体进行整体研究、宏观论述的基础。于是在充分占有文献的基础上,小林梳理了这一群体的人员构成,明确了这一群体活动的时间跨度,对这一群体的活动背景做出揭示,对其创作得失、词学理念进行评价,对这一群体所体现的词史风会消长以及词史意义的阐发等,也有着深入的思考。明清之际是中国文化发生剧烈变化的时期,文学领域同样如此,而词学"复兴"是其中的重要一环。小林的这部著作建立在这个大背景中,从一个特定角度提供了对当时词学发展的新认识。

对于西泠词学的研究,当代学者已经有了一定的成果,但也有一些重要的环节还有进一步讨论的空间。1980年代后期以来,传统的看法一般认为,这是一个云间词派的后进,可以视为云间词派余脉。对此,小林指出其中的合理性,但又认为不能简单画等号。云间词派以陈子龙为领袖,以李雯、宋征舆为羽翼,以宋存标、沈亿年等为重要成员。在小林看来,有几个方面必须引起注意。首先,如果以明崇祯十年(1637)陈子龙、李雯和宋征舆三人唱和的结集《幽兰草》为云间词派形成的标志的话,则从时间顺序上来讲,明末清初西泠词人群体的形成要早于云间词派,尽管在人格特征、文事活动、诗文创作等方面,西泠诸子对陈子龙都非常仰慕。其次,西泠词人群体虽然较为一般人熟知的是"西泠十子",但西泠词人群体和"西泠十子"并不能画等号,前者从人数上即超过三百,构成情况也非常复杂。第三,从词学观点来看,虽然云间词派的一些理论在早期部分西泠词人中有所认同,虽然后期云间词风也有变化,较之早期的"五季犹有唐风,入宋便开元曲"(沈亿年在《支机集·凡例》)有所拓展,但总的来说,西泠词人群体的词学观念比云间词派要更为开阔,这一点,既体现在创作上,也体现在理论上。据此,小林倾向认为,西泠词人群体是明末清初一个独立自足的词人群体。事实上,明末清初西泠词人群体的词学活动有一个重要的背景,即当时关于词之衰亡的大讨论。明代晚期俞彦《爰园词话》即批评词在明代衰亡,西泠词人群体的重要代表徐士俊在《荫绿轩词序》认为当代词作缺失真性情,数量虽多而质量堪忧:"余故谓词至今日而已臻极盛,正恐自今日而渐底于衰。"小林据此指出,明末清初西泠词人群体的词学活动正是在明末清初词人关于词学盛衰的焦虑中展开的,具有词学振衰起弊的自觉意识。

另一点值得提出的是关于西泠词人创作群体的时空界定。本书指出,明末清初的西泠词人群体,从明代天启年间开始形成,一直绵延至清代顺治、康熙两朝,达近百年之久。作者将其发展划分为三个阶段,分别是先导期,以明天启五年(1625)卓人月、徐士俊定交为开端,至明崇祯八年(1635)"西泠十子"形成之前为终结,凡十一年;发展繁荣期,以明崇祯八年(1635)"西泠十子"的形成为发端,至清康熙十一年(1672)"西泠词社"成立前夕为终结,凡三十八年(1635—1672);余波期,以清康熙十一年(1672)"西泠词社"的形成为发端,至清康熙六十年(1721)徐逢吉与厉鹗定交并皈依浙西词派为终结,凡五十年。她甚至把考察的时间范围扩大到唐宋至清末民国,其逻辑理路是动态化的,而这种动态化又不仅是时间,也有空间。在作者的叙述中,西泠只是一个地域符号,不仅西泠词人的活动往往并不在西泠,而且还有一些外籍词人活动在西泠,具体地说,就是把明末清初西泠词人群体置于西泠、扬州、京师、环太湖等地的空间范围之内加以讨论。其实,不少古代的流派或群体大致都有这样的特征,宋代的江西诗派,有所谓"诗江西,人不尽江西"之说,而清代的临桂词派,其代表人物王鹏运和况周颐虽然都是桂林人,但他们的主要词学活动却并不是在桂林。小林能够从词学网络上去看待群体的活动,从人员的流动性去看待地域之间的关系,视野较为开阔。

从研究范围来看,这部著作可以说包容广泛,从题材谈到风格,从群体谈到个体,从创作谈到理论,从交游谈到选政……从整体上把对西泠词人群体的研究大大推进了一步。书中不仅考察了明末清初西泠词人群体三个时期代表性词人的个体创作特质,还考察了明末清初西泠词人群体作词的整体风貌,包括群体词作的题材取向、艺术风格,以及这一群体如何以词作评点和词作编选形式,与清代词坛各个流派群体形成频繁互动的状况。另外,著者对明末清初西泠词人群体中的宦游、方外、闺秀等特殊群体也给予了讨论,尤其是其中人数多达49人的闺秀词人群体,是明末清初西泠词人群体中颇为耀眼的一个组成部分。她们和文士群体有着密切的互动,虽然创作的题材较为狭窄,风格也比较单一,但联袂结社的文学自觉意识殊为可贵,这一群体的出现,堪称清代妇女文学繁荣的滥觞,有着重要的文学史和文化史意义。

通读全书,令我特别感兴趣的还有她关于明清之际西泠词学对整个清词史的影响一章,这一章主要讨论的是稿本《国朝杭郡词辑》。

《国朝杭郡词辑》二十卷,稿本,辑者为郑道乾,现藏于浙江图书馆。该书专收清代杭州府一地的词人词作,自顺治朝至宣统朝,共收词人650家,词作2242首,范围广泛,搜罗丰富。其编纂方式是以时系人,以人系词,间有作者品评,目的则是反映清代杭郡词风之盛,构建清代杭郡词史。作者对郑道乾生平、著述及《国朝杭郡词辑》编纂时间进行考证,探讨了《国朝杭郡词辑》的文献价值、词学思想及词史意义,认为《国朝杭郡词辑》成书于20世纪初叶,适逢中国传统词学向现代词学转型的时期,反映出了清末民初词家的重塑词史、融通词派的词学新观念,孕育着现代词学思想的萌芽。

1986年的春天,我刚刚参加《全清词》的编纂不久,先师程千帆先生派我到杭州出差,目的正是复制这部《国朝杭郡词辑》。当时条件不好,颇费周折,几经努力,终于得到该集的缩微交卷,但由于没有阅读机,复制回来后,并未能得到及时的使用,21世纪以来,我主持《全清词》编纂后,才较为系统地予以处理,但也还没有进行专门的研究。现在小林将其作为专章列出,不仅使我有重见故人之感,而且给学界提供了新材料、新思考,尤其令人有意外的惊喜。特别是郑道乾编纂《国朝杭郡词辑》,受到了叶恭绰的关注。1929年,叶氏开始编纂《全清词钞》,经友人储院峰推荐,得知郑道乾撰有《国朝杭郡词辑》和《两浙词人小传续编》,遂写信索求。郑氏以学术为天下公器,虽为稿本,绝不藏私,慨然提供叶恭绰采择,为叶恭绰编纂《全清词钞》这一宏伟著作提供了鼎力支持。小林在这本著作中对这两本书做了具体比较,认为叶恭绰在编纂《全清词钞》时,对于杭郡词人词作(包括流寓及宦游于杭郡的词人的词作)的取舍,在很人程度上参考了郑道乾的《国朝杭郡词辑》。而且,《全清词钞》在文献资料的选取以及编纂思想的把握方面,也与《国朝杭郡词辑》具有明显的承继关系。因此指出,郑道乾所做的工作,无论是对于叶恭绰《全清词钞》的编纂,还是对于现代词学思想的孕育和发展,都有着重要的价值。《全清词钞》是我们编纂《全清词》的重要蓝本,因此,看了小林在这方面的研究,我尤其感到高兴。

本书的雏形原是小林在南大攻读博士学位时的学位论文。她2006年选这个题目的时候,这一领域的研究价值虽得到了一定的关注,但专门的研究成果尚不多见,整体而言,当时学界的研究基础还比较薄弱,因此,不少工作她都是从头做起,爬梳文献更是下了很大的功夫。犹记在校的那几年间,她参与了《全清词》编纂的部分工作,到许多藏书单位,如国家图书馆、南京图书馆、上海图书馆和浙江图书馆等各图书馆搜集资料,多有收获,其中还发现了《全清词·顺康卷》和《全清词·顺康卷补编》未收的一些资料,如沈丰垣《兰思词钞二集》二卷等,可见她做这个课题有着丰厚的文献积累。毕业后,她继续在这个领域努力,并以此为题,申报2016年国家社科基金后期资助项目,获得批准,可见她的研究得到学界的认可。从博士论文完成到最后出版,经过十余年的打磨,又增添了不少内容,较之当年的博士论文,不仅篇幅从近30万字增加到如今的规模,而且深度上也大大提高了几个层次。我很高兴她的沉潜踏实,不断开拓,因此,在这部著作将要出版的时候,乐于为其写序。

张宏生

2023年12月21日

绪 论

第一节 研究对象及研究价值

词滥觞于唐，繁盛于两宋，衰于元明，中兴于清。清词的中兴，既是清代词人对词学理论不断反思总结、臻于完善的过程，亦是近三百年来阵容庞大的词人，以数量惊人的词作和异彩纷呈的风格，而展现出来的自唐宋以来词学经验积累的释放，更是众多词学流派或词人群体之间互动融合、此消彼长的历史。

在词由明代的衰敝转向清代的中兴这一嬗递过程中，明末清初的西泠词人群体，是一个不容忽视的环节。唐宋以降，西泠地区（今杭州）一直是词学活动的重地。至明末清初时期，西泠地区活跃着一个阵容庞大的词人群体，与云间词派、柳洲词派、毗陵词人群体、广陵词人群体等一起拉开了清词发展史的序幕，于清词之中兴的贡献不可小视。并且，它与稍后的阳羡词派、浙西词派之间也有着种种复杂微妙的关系。

西泠词人群体，是指明末清初在西泠一地进行词学活动的词人群体，既包括西泠本郡词人，亦包括宦游于西泠的词人。关于明末清初西泠词人群体的阵容，从陆进、俞士彪所编郡邑《西陵词选》可以管窥一斑，此选共收西泠本郡词人185家，词作665首，词集58部，需要注意的是，《西陵词选》并没有将明末清初西泠词人群体的成员全部囊括殆尽，《西陵宦游词选》中，还选有同时期宦游于西泠的词人10家。又根据明末清初其他词选，如明崇祯六年（1633）卓人月与徐士俊《古今词统》、清顺治十七年（1660）邹祗谟与王士禛《倚声初集》、清康熙九年（1670）沈谦与毛先舒《古今词选》、清康熙十四年（1675）陆次云《见山亭古今词选》、清康熙十七年（1678）陆进与佟世南《东白堂词选初集》、清康熙十八年(1679)卓回《古今词汇三编》、王晫《千秋雅调》、查继超《词学全书》以及清末民初郑道乾所编《国朝杭郡词辑》，还有现代学者所编《全明词》《全明词补编》及《全清词·顺康卷》《全清词·顺康卷补编》等统计，明末清初西泠词人群体多达374人，词集近百部，其中包括三部唱和集，是明末清初词坛众多的词派或群体中成员数量最多，创作亦最为繁荣的一个群体。

明末清初西泠词人群体，秉承了西泠一地自两宋以来积淀下来的深厚词学传统，他们不仅热衷于词的创作，还究心于论词和选词。在明末清初西泠词人群体所编词选中，现存于世的有六部：卓人月和徐士俊《古今词统》、沈谦和毛先舒《古今词选》、陆进和俞士彪《西陵词选》、陆次云《见山亭古今词选》、陆进和佟世南《东白堂词选初集》、卓回《古今词汇》。此外，明末清初西泠词人群体的词话著作有三部：沈谦《填词杂说》、王又华《古今词论》和张台柱《词论十三则》；词调和词谱著作有两部：毛先舒《填词名解》、赖以邠《填词图谱》；词韵著作有两部：沈谦《词韵略》、仲恒《词韵》。对此，吴熊和先生在《〈西陵词选〉与西陵词派》一文中明确指出，明末清初的西泠一地，呈现出词的全面复兴态势。①

但是，学界目前对于西泠词人群体的认知并不准确，传统观点认为："西泠十子"既然是西泠词人群体的主要代表，而"西泠十子"又与云间词人陈子龙交往甚密，因此推定，西泠词人群体是云间词派的支脉。因此，在研究西泠词人群体之前，首先应该对其与云间词派的关系加以辩证。

理清"西泠十子"与陈子龙的关系，是理解西泠词人群体与云间词派的关键。

"西泠十子"指陆圻、柴绍炳、吴百朋、陈廷会、孙治、张丹(原名纲孙)、沈谦、毛先舒、丁澎、虞黄昊十人。"西泠十子"之称，最早见于王士禛《渔洋山人感旧集》卷十四"陆圻"条："讲山与柴虎臣绍炳、吴锦雯百朋、陈际叔廷会、孙宇台治、张祖望纲孙、沈去矜谦、毛驰黄先舒、丁飞涛澎、虞景明黄昊齐名，称'西陵十子'。"②《四库全书总目》卷一八一别集类存目八"张秦亭诗集"条亦云："国朝张丹……与陆圻、柴绍炳、陈廷会、毛先舒、丁澎、吴百

---

① 吴熊和：《吴熊和词学论集》，杭州，杭州大学出版社，1999年，第1版，第419页。
② 王士禛：《渔洋山人感旧集》，上海，上海古籍出版社，2014年，第1版，第1010页。

朋、孙治、沈谦、虞黄昊相倡和,称'西泠十子'。"①阮元《两浙辑轩录》卷一"陆圻"条引《杭州府志》云:"讲山与柴虎臣绍炳、吴锦雯百朋、陈际叔廷会、孙宇台治、张祖望纲孙、沈去矜谦、毛驰黄先舒、丁飞涛彭、虞景明黄昊齐名,称'西泠十子'。"②

"西泠十子",得名于清顺治七年(1650)毛先舒所刻《西陵十子诗选》,此选为"西泠十子"之诗的汇集。而以"西泠十子"为首的西泠文士群体形成的时间则很早,大约在明崇祯八年(1635)。耻庵道人《西陵十子诗选序》曰:"丙丁之交,实崇祯八九年,吾鄜之士好学善属文,慷慨有四方之志,同乡里朝相集也,得十八九人,中间能诗二三子。又越八九年,再得六七人,有《十子诗选》之刻。"③可知,西泠文士群体的成员大约有二十七人左右,他们注经辑史,赋、颂、诗、文、词并举,一时主宰西泠文坛。在西泠文士群体之中,以"西泠十子"尤能为诗文,朝夕唱和。在《西陵十子诗选》付刻之后的清顺治二年(1645),陆圻、柴绍炳曾经拟辑《西陵文选》,但因明清易鼎之乱而未能成编。柴绍炳《西陵十子诗选序》云:"曩仆与景宣有《西陵文选》之役,拟网罗群制,勒成一编,遭乱忽忽,兹事不果。"④毛先舒还拟有"西泠十子"合集及经史之刻,他在《西陵十子诗选略例》中说:"诸子经注史辑,各有专家;赋颂古文,尤盈缥帙。今以部帙繁多,未能悉举。故先以韵文行世,然力求简净,仍多阙如。其诸家合集及经史完书,稍需岁时,统图嗣出。"⑤因此,从严格意义而言,"西泠十子"是一个诗文群体。

明清之际,陈子龙以其卓越的文学才华、高尚的人格风范和可歌可泣的人生经历,为人所共仰,尤其是两浙文人。清人王昶在《朱氏刻〈陈忠裕公集〉序》中说:"余谓公文章忠义,创几社以应东林,天下之士靡然从之。及成进士,司理绍兴,手平许都之乱,功绩烂然。浙东西之能言者,无不奉为依归。崇祯之季,如西泠十子,皆宗其论诗之指。"⑥王昶在《蒲褐山房诗

---

① 永瑢等:《四库全书总目》,卷一八一,别集类存目八"张秦亭诗集"条,北京,中华书局,1965年,第1版,第1638页。
② 阮元:《两浙辑轩录》,卷一"陆圻"条,山东省图书馆藏清嘉庆仁和朱氏碧溪草堂钱塘陈氏种榆仙馆刻本,《续修四库全书》集部第1683册,上海,上海古籍出版社,2002年,第1版,第136页。
③ 毛先舒、柴绍炳:《西陵十子诗选》,卷首,清顺治七年(1650)辉山堂刻本。
④ 毛先舒、柴绍炳:《西陵十子诗选》,卷首,清顺治七年(1650)辉山堂刻本。
⑤ 毛先舒、柴绍炳:《西陵十子诗选》,卷首,清顺治七年(1650)辉山堂刻本。
⑥ 王昶著,陈洁明、裴顺之点校:《春融堂集》,上海,上海文化出版社,2013年,第1版,第685页。

话》卷上"朱彭"条中又说:"(青湖,即西泠诗人朱彭)每言浙江明季多学钟、谭,渐乖于正。自云间陈卧子先生司李山阴,差知复古。后如西泠十子皆奉司李之余绪。西河毛氏,幼承赏识,亦宗其旨。即竹垞太史,初时并效唐音。百余年来,浙中诗派,实本云间。至清康熙中叶,小变其格。继吴孟举、查初白出,始竟为山谷、诚斋之习。槜李学者,靡然从之。而武林兼学唐宋,无所取裁,故青湖专以归愚宗伯《别裁》诸集传示学者,于诗学自为有功。"[1]《清史稿·文苑传》"陈子龙"条,也记载了陈子龙对"西泠十子"在结社方面的影响:"先是陈子龙为登楼社,圻、澎及同里柴绍炳、毛先舒、孙治、张丹、吴百朋、沈谦、虞黄昊等并起,世号'西泠十子'。"[2]可以看出,"西泠十子"因仰慕陈子龙人格而倾心其诗文,并参与其所创导的复社和几社,在诗文领域宗法其门,后人称之为"西泠派"。

需要特别强调的是,清同治年间陈康祺在《郎潜纪闻》卷十四"西泠十子"条记载:"康熙间,陆圻景宣、毛先舒稚黄、吴百朋锦雯、陈廷会际叔、张纲孙祖望、孙治宇台、沈谦去矜、丁澎飞涛、虞黄昊景明、柴绍炳虎臣,称西泠十子。所作诗文,淹通藻密,符采烂然,世谓之西泠派。"[3]陈康祺还在此条之后加按语云:"毛、陆诸子,政是一时词赋之才。稚黄评诗,仍不出采组雕缋家数。然今日之杭州,则湖山无恙,雅道寂如,西林一社,不可谓非风流韵事也。"[4]这两条记载,一方面证明"西泠派"即特指"西泠十子"诗文创作风格自成派别,另一方面证明"西泠十子"在词学领域也成就斐然,对杭州的文脉发展影响深远。

在"西泠十子"中,与陈子龙交往最密切的是陆圻、柴绍炳、沈谦和毛先舒。"西泠十子"与陈子龙交往密切,宗法其诗文,而西泠词人群体与云间词派,也同样继承了明代词风的余绪。这是否就意味着,西泠词人群体就是云间词派的余脉呢?

从时间顺序上来讲,明末清初西泠词人群体的形成要早于云间词派。明末清初西泠词人群体以卓人月、徐士俊在明天启五年(1625)的定交,着

---

[1] 王昶著,周维德校点:《蒲褐山房诗话新编》,卷上,北京,人民文学出版社,2011年,第1版,第146页。
[2] 赵尔巽编:《清史稿》,北京,中华书局,1976年,第1版,第13354页。
[3] 陈康祺撰,晋石点校:《郎潜纪闻初笔》,卷十四,北京,中华书局,1984年,第1版,第293—294页。
[4] 陈康祺撰,晋石点校:《郎潜纪闻初笔》,卷十四,北京,中华书局,1984年,第1版,第294页。

手编纂《古今词统》,同时唱和《徐卓晤歌》为形成标志。据《云间词派研究》,云间词派的正式确立,以明崇祯十年(1637)《幽兰草》的结集为标志。这一时间,比西泠词人群体的形成,整整晚了12年。

再则,西泠词人群体并非仅限于"西泠十子"。除"西泠十子"之外,还有庞大的词人群体,多达三百多人。西泠词人群体中,以卓人月、徐士俊为先导,虽然卓人月英年早逝,但徐士俊年高寿永,始终担负着向后进词人传递词学薪火的重任;以"西泠十子""北门四子""盐桥三丁""冰轮二陆"以及严氏词人群体、卓氏词人群体、徐氏词人群体等为发展繁荣期的词人;以"东江八子""西泠三子""姚氏昆仲"等为余波期的词人。因此,"西泠词人群体"与"西泠十子"两个概念并不能简单地画上等号。

第三,西泠词风呈现出多元并存的风格,词学观念也具有开放包容的特点。这与云间词派以晚唐五代为宗的词学理念大相径庭。云间词人沈亿年在《支机集·凡例》中说:"词虽小道,亦风人余事。吾党持论,颇极谨严。五季犹有唐风,入宋便开元曲。故专意小令,冀复古音,屏去宋调,庶防流失。"①西泠词人群体则认为,词源于诗三百,宗风骚之旨,含蓄蕴藉,如毛先舒《题吴舒凫诗余》云:"谐韵之文屡变,而极于词曲,要皆本源于《三百篇》。"②

至于作词门径,则以周、柳、苏、辛等同为师法对象,并不偏废婉约与豪放。如方象瑛在《余季璘〈玉蕤词钞〉序》中以"风期秀上,兼苏辛周柳之长"③来评价西泠词人俞士彪的《玉蕤词钞》。同样,方象瑛在《诸虎男〈茗柯词〉序》中评价诸匡鼎《茗柯词》云:"娟秀流丽中时具清挺之致,晓风残月固自靡靡动人,即使铁板按歌,亦复慷慨淋漓,唾壶欲碎。"④

另外,西泠词人选词,亦持兼收并容的审美观点。如王晫在《与友论选词书》中,不仅批评当时词坛选词各执婉约与豪放一端、彼此排斥的现状,而且倡导婉约与豪放等诸种风格并举的选词理念:"今之选词亦然。习周

---

① 蒋平阶:《支机集》,卷首,《词学》,第二辑,上海,华东师范大学出版社,1983年,第1版,第245页。
② 毛先舒:《东苑文钞》,卷上,北京图书馆藏清康熙刻思古堂十四种书本,《四库全书存目丛书》,集部第211册,济南,齐鲁书社,1997年,第1版,第7页。
③ 方象瑛:《健松斋集》,卷三,湖北省图书馆藏清康熙世美堂刻康熙四十年(1701)续刻本,《四库全书存目丛书》集部第241册,济南,齐鲁书社,1997年,第1版,第70页。
④ 方象瑛:《健松斋集》,卷三,湖北省图书馆藏清康熙世美堂刻康熙四十年(1701)续刻本,《四库全书存目丛书》集部第241册,济南,齐鲁书社,1997年,第1版,第68页。

柳者,尽黜苏辛。好苏辛者,尽黜周柳。使二者可以偏废,则作者似宜专工。何以当日有苏辛,又有周柳?即选者亦独存,何以旧选列周柳,又列苏辛?况苏辛亦有便娟之调,周柳亦有豪宕之音,何可执一以概百也?故操选者,如奏乐,然必八音竞奏,然后足以悦耳;如调羹,然必五味咸调,然后足以适口。如执一音以为乐,执一味以为羹,而谓足以适口悦耳者,断断无是理也。"[1]西泠词人所编《古今词统》《西陵词选》《东白堂词选》及《见山亭古今词选》等,均是如此。

上述种种已经说明,西泠词人群体是明末清初一个独立自足的词人群体,虽与云间词人有紧密交往,但若称其为云间支脉,则并不符合史实。

从现存的资料来看,明末清初西泠词人群体不仅阵容庞大,而且成员也极其复杂。就籍贯言之,有土著,有侨寓,有宦游;就身份言之,有遗民,有布衣,有官宦,有方外,有闺秀。他们交游唱和,操持选政,进行各种词学活动,盛极一时。西泠词人群体的词学思想和创作风格都呈现出开放包容、异质共存的特点,内部也没有公认的领袖人物,沈谦、毛先舒虽然在这个群体中具有一定的领导作用,可是沈、毛的词学观点也有互相牴牾之处,并且,除沈谦、毛先舒之外,徐士俊、陆进、王晫等人在群体中也具有很强的凝聚作用,彼此的词学观也不尽相同。张宏生《江湖诗派研究导言》中指出,文学流派的形成至少应具备四个条件:"1.有着明确的文学主张;2.有着公认的领袖;3.在这个领袖周围有一个创作群体。4.这个群体有着相同或大致相同的风格。"[2]所以,从严格意义而言,西泠词人群体没有形成一个词学流派,但他们彼此之间亦有词学共识,气脉相通。总而言之,明末清初西泠词人群体与其他流派有着显著的不同,他们组织松散、风格多样,存在时间最长,包容性最强。同时,他们又区别于毫无关联的词人群体,群体内部的词学思想虽同中有异,却也自成体系。正是基于以上的原因,我们称之为一个群体而非一个宗派;同时,也区别于纯粹因地域关系而产生的一群词人。

从词学发展史的观点来看,西泠词人群体的词学理论有着明显承上启下的作用。西泠词人群体兴起略早于云间词派,二者在词学理念上有相通

---

[1] 王晫:《霞举堂集·南窗文略》,卷五,清康熙还读斋刻本,《清代诗文集汇编》第144册,上海,上海古籍出版社,2010年,第1版,第42页。

[2] 张宏生:《江湖诗派研究》,北京,中华书局,1995年,第1版,第1页。

之处,但西泠词人群体的词学理论更为理性客观,不偏于一隅。在此基础上,西泠词人群体尤其强调对词体本质的思辨,注重对词律词韵和创作规律的总结,无论是理论还是创作,对清词的发展都有深远影响,如稍后的阳羡词派与浙西词派词学观,均能从西泠词人群体那里找到源头。因此,西泠词人群体的词学理论,既有明代词学思想的烙印,又孕育着新的词学思想,是明清词之际词风嬗变的关键一环。研究明末清初西泠词人群体的词学理论,对于理解明清之际词风的嬗变和清词的中兴,具有相当重要的意义。

第二节 研究现状

明末清初西泠词人群体是明清词风嬗递和清词复兴的重要环节,然而,历来学者对这一词人群体的研究远远不够充分。二十世纪以来,对于西泠词人群体的研究,虽然已经有学者有意识地提出,但是目前尚未有专著问世。

现在所见学者关于西泠词人群体的研究,可分为四种:

一为专著。可分为两类,一类是研究群体中单个词人如徐灿的专著,如程郁缀《徐灿词新释辑评》、黄嫣梨《月痕休到深深处:徐灿词注评》。另一类是研究西陵词坛的专著,如耿志《明末清初西陵词坛研究》,对西陵词坛群体构成、选本系统、创作风貌、词学主张进行了探讨。

二为相关章节论述。其中或总体综述西泠词人群体,如严迪昌《清词史》之第一章第二节《云间词派的余韵流响》第二部分《西泠十子》,姚蓉《明清词派史论》之第二章第四节《云间词派的旁支之一:西陵词派》。或探讨西泠词人群体的词学理论,如孙克强《清代词学》之第七章第二节《"西泠十子"的词学观》,陈水云《清代前中期词学思想研究》之第二章《西泠派的词学思想》,李康化《明清之际江南词学思想研究》之第三章《西陵词人群及其词学思想的源流变迁》,孙克强《清代词学批评史论》之第三章第二节第三部分《西泠词派的诗词之辨》以及第四章第二节第三部分《西泠词人的正变论》。或研究单个西泠词人的词作,如黄嫣梨《清代四大女词人:转型中的清代知识女性》中关于徐灿的研究;张仲谋《明词史》中关于卓人月、陆钰、陆嘉淑、陆宏定的研究。或关注西泠词人群体中个别成员在词选、词谱、词韵等方面所取得的词学成就，如周焕卿《清初遗民词人群体研究》之第六章第三节《沈谦〈词韵略〉与清初词韵研究》、闵丰《清初清词选本考论》之第六章第一节《陆次云与〈见山亭古今词选〉》及第二节《卓回与〈古今词汇〉》、江合友《明清词谱史》之第二章第一节第二部分《〈填词图谱〉与〈填词名解〉》及第四章《词韵纂辑及其与词谱的关系》。或研究其他词派与西泠词人群体的交游，如李丹《顺康之际广陵词坛研究》之第五章第三节《广陵与西陵》。

　　三为单篇论文，在这些单篇论文中，或从宏观上对西泠词人群体总体情况及其词学思想进行观照，如吴熊和《〈西陵词选〉与西陵词派——明清之际词派研究之二》，收入《吴熊和词学论集》（杭州大学出版社，1999年版），是最早的一篇关于西泠词人群体研究的重要论文。或研究单个西泠词人的生平、词作或词学思想，其中具有代表性的有（按时间顺序排列）：张珍怀《清代杰出的女词家徐灿》（《苏州大学学报（哲学社会科学版）》1986年第1期）、邓红梅《徐灿词论》（《山东师大学报（社会科学版）》1997年第3期）、李康化《沈谦、毛先舒词学思想异同论》（《中国韵文学刊》2002年第1期）、赵雪沛《关于女词人徐灿生卒年及晚年生活的考辨》（《文学遗产》2004年第3期）、张宏生《偏离与靠拢——徐灿与词学传统》（《暨南学报（人文科学与社会科学版）》2005年第2期）、沈松勤《明清之际太湖流域郡邑词派述论》（《文学评论》2007年第2期）、朱则杰和陈凯玲《清初女诗人钱凤纶考》（《文学遗产》2007年第3期）、孙克强和岳淑珍《毛先舒词论简论》（《南开学报（哲学社会科学版）》2008年第4期）等。

　　四为博士论文。谷辉之于1997年4月完成的杭州大学博士论文《西陵词派研究》，是目前唯一一部以西泠词人群体作为研究对象的学术成果，在文献收集整理方面做了一定的工作，如下编《西陵词人词论选编》，对西陵词人论词的词话、序、跋等蒐罗得不少。但谷辉之没有在如此丰富的文献基础上，对西泠词人群体进行深刻的剖析和阐释，殊为憾事。上编第二章《〈西陵词选〉与西陵词人》，仅对西陵词人群的阵容加以粗线条的勾勒，并没有对西陵词人群体的分期予以明确界定，亦未给出如此分期的理由；第三章《徐士俊与卓人月》，对于西陵词人先导徐士俊和卓人月的交游始末、词曲创作以及所编词选作了初步探讨，但其中却对徐士俊杂剧《春波影》论述颇多，不知何故；第四章《西陵十子》，对"西陵十子"生平及交游也仅是简单的资料罗列，未曾深入发掘"西陵十子"对于西泠一地词学的深远影响；同时，尽管本章对沈谦和毛先舒的词作及词学思想也有所涉及，但并不深入。基于以上的原因,笔者认为无论深度还是广度,《西陵词派研究》均存在严重不足,亟待深入。

需要特别指出的是,在上述的研究成果中,学者们在西泠词人群体是否构成一个独立词派的问题上,分歧明显。吴熊和、谷辉之、陈水云、姚蓉等学者,依据西泠郡邑词选《西陵词选》,将其界定为"西陵词派"或"西泠派";李康化则将其界定为西泠词人群体。但在西泠词人群体是否为云间词派的余脉这一问题上,双方达成一致,俱持肯定态度。此外,对西泠词人的发展演变过程,学者们的观点也基本一致的,大约以卓人月、徐士俊为前期,以"西泠十子"为中期,以"西泠十子"的门生为后期;研究的焦点则集中于"西泠十子",尤其是沈谦和毛先舒,认为二人代表了西泠词人词学理论与词作创作的最高成就。至于对闺秀词人的研究,则以徐灿为焦点,无论是其词学思想、词作风格,还是生卒年问题,学者们均进行了深入的探讨。

总而言之,学界对于西泠词人的研究极为关注,无论是宏观论述,还是对具体作家的探讨,均取得了一定的成果,然而,对于西泠词人群体产生的外因和内因缺乏关注和解释;在对西泠词人群体的整体把握上也存在欠缺和疏漏,如对群体的时空定位含混不清,对群体的性质界定不够准确,对群体自身发展演变的历时性状况勾勒不够深刻,对群体内部各作家之间的关系未给予细致入微的分析;对于这一群体在词作、词选、词话、词谱、词韵等方面所取得的巨大词学成就,也存在严重的研究疏漏,从未进行系统的梳理和阐释;对这一词人群体与同时代其他词人群体之间的互动关系还缺乏共时性的探讨,如云间词派、柳洲词派、广陵词人群体等,以及对这一词人群体与其后的阳羡词派、浙西词派之间的关系也缺少历时性的讨论,对于西泠词人群体在清词复兴过程中所起的作用未能做出深刻的阐发,尤其缺乏准确的词史定位。

因而,对西泠词人群体的研究,无论是宏观观照还是微观剖析,无论是广度还是深度,都有进一步开拓的必要。

第三节 研究思路与方法

本书希望通过对明末清初西泠词人群体的研究入手,探究明末清初词学发展的轨迹,对清词中兴之肇始时期词风的嬗递进行细致入微的剖析。

本书的研究将以明末清初的西泠词人群体为中心，西泠词人群体不仅包括籍贯为西泠本郡词人，还包括宦游、侨寓西泠的词人。根据西泠词人群体产生、繁荣、皈依的过程，本书拟将西泠词人群体的存在时间加以界定：始于明天启五年（1625）徐士俊与卓人月定交，终于清康熙六十年（1721）徐逢吉与厉鹗定交，西泠词人群体最终皈依浙西词派，前后延续近百年。本书试图解决这样一些问题：西泠词人群体是在怎样的背景下产生的？它自身的发展演变历程如何？它的词学思想与创作风格如何？它在词选、词话、词谱、词韵等方面取得了哪些成就？它与同时以及其后的词派有何关系？它在清词史中处于什么地位？有何贡献？等等。

本书希望能够用文学史的研究方法观照西泠词人群体，注重文献，史论结合，综合运用词学、文献学、社会学、文化学、美学、音韵学等知识，认识其性质，明确其地位，从而揭示这一词人群体在清代词史上的意义。从文学的外部研究而言，本书将关注这一词人群体所处的社会文化背景、地域特色，以及他们的人生际遇对词学思想和词学活动的影响。从文学的内部研究而言，本书将关注这一词人群体自身的词学思想、词学活动的演变历程，以及从共时性和历时性两方面把握这一词人群体与其他词人群体之间的互动关系。

在具体写作的过程中，本书将在尽可能充分利用文献的基础上，对西泠词人群体进行全面的探讨和细致的分析，尤其注意对词人的生平事迹和交游、唱和、评论等涉及文学活动的材料进行细致的整理考辨。对这一方面的研究，主要包括对基本事实的梳理，对人员构成和时间跨度的界定，对活动背景的勾勒，对创作得失的评价，对词学理念的构建，对词史风会消长的梳理，对词史意义的揭示等。

由于西泠词人群体与云间词派的关系非常杂，许多学者将其视作云间支脉，因此西泠词人群体与云间词派关系的辨析，乃是研究的重点之一；西泠词人群体内部的交游唱和十分频繁，本书将从词学活动的角度，探讨其对词学理念与创作实践的影响；在创作风格上，西泠词人群体主张婉约与豪放兼美，雅俗并举，本书将着重勾勒其词作风格的全貌，并分章论述其重要词人词作的个体特色；西泠词人群体善于操持选政，选古今之词以成一己之见，本书将分析西泠词人群体选政观念的历史演变；西泠词人群体重视对词韵词律的辨析总结，创作亦严审律韵，本书将深刻剖析其词史意义；西泠词人群体的词话著作颇丰，本书将在此基础上总结其词学理念；西泠词人群体阵容庞大,人员构成复杂,词作甚丰,为何没有形成一个自足的词派,取得与云间词派、阳羡词派、浙西词派相似的词史地位,也是应该深入讨论的问题;此外,西泠词人群体处于明末清初词风嬗变的过程中,它与中晚明词坛的关系,与清初词坛其他词人群体之间的互动融合,以及对其后词派如阳羡词派、浙西词派的影响,也是本书关注的焦点。

总之,本书将宏观和微观相结合,历时性与共时性相结合,对西泠词人群体做出全方位的研究,梳理源流,考辨史实,尽可能全面而深入地描述他们的词学活动和词学思想,力图再现其历史原貌,并对西泠词人群体在清词发展演变过程中的作用与地位予以准确定位。

第一章　明末清初西泠词人群体活动的词学背景：清人对"清词衰亡"的忧虑

词至清代复盛，清人已视之为定论。陈廷焯说："词兴于唐，盛于宋，衰于元，亡于明，而再振于我国初，大畅厥旨于乾嘉以还也。"①沈曾植《彊村校词图序》云："词莫盛于宋，而宋人以词为小道，名之曰诗余。及我朝而其道大昌。"②但是，从清初至清末，在清人论清词时，也时常提出"清词衰亡"这一说法。为什么会出现这种现象？其实质是什么？清人对于"清词衰亡"作何努力？清人"清词衰亡"说对于清词复兴的意义如何？

第一节　清人"清词衰亡"说的提出

在清代以前的词史中，最早针对当代词坛提出"衰亡"说的词人是明代晚期的俞彦。他在《爰园词话》中谈论词的音调时说："词全以调为主，调全以字之音为主。音有平仄，多必不可移者，间有可移者。仄有上去入，多可移者，间有必不可移者。傥必不可移者，任意出入，则歌时有棘喉涩舌之病。故宋时一调，作者多至数十人，如出一吻。今人既不解歌，而词家染指，不过小令中调，尚多以律诗手为之，不知孰为音，孰为调，何怪乎词之亡已。"③批评明人作词不解词音与词调，任意为之，遂致词在明代衰亡。至清代，清人对当代词坛的得失利弊端尤为关注，不断提出"清词衰亡"说。

---

① 陈廷焯著，杜维沫校点：《白雨斋词话》，卷一，北京，人民文学出版社，1959年，第1版，第3页。
② 朱孝臧：《彊村丛书》（一），卷首，上海，上海古籍出版社，1989年，第1版，第1a页。
③ 俞彦：《爰园词话》，唐圭璋编《词话丛编》，中华书局，1986年，第1版，第400页。

第一章　明末清初西泠词人群体活动的词学背景：清人对"清词衰亡"的忧虑

清代初年，词坛大家如徐士俊、史惟园、徐釚、陈维崧、万树等，均提出"清词衰亡"的观点。徐士俊《荫绿轩词序》认为当代词作缺失真性情，数量虽多而质量堪忧："词与诗虽体格不同，其为摅写性情，标举景物一也。若夫性情不露，景物不真，而徒然缀枯树以新花，被偶人以祎服，饰淫靡为周、柳，假豪放为苏、辛，号曰诗余，生趣尽矣，亦何异诗家之活剥工部、生吞义山也哉？余故谓词至今日而已臻极盛，正恐自今日而渐底于衰。"①陈维崧在《蝶庵词序》中，记载了清代词人史惟圆对当代词坛貌似词家众多，创作繁盛，其实隐藏着衰落之兆的忧虑："今天下词亦极盛矣，然其所为盛，正吾所谓衰也。家温、韦而户周、秦，抑亦《金荃》《兰畹》之大忧也。"②徐釚《词苑序》也指出当世词人忽略了词体特质，必将会导致清词衰亡："词至今日而极盛，亦至今日而极衰。盖古者里巷讴谣，皆被弦管。南唐北宋以来，凡所见于《花间》《草堂》者，莫不别其源流，严其声格，若圭景龠黍之纤毫无以易也。……传至今日，放失益滋。染指者愈多，则舛谬者愈甚。余故以为极衰也。"③毛际可《绝妙近词跋语》则注意当代词人学词之弊："近世词学之盛，颉颃古人。然其卑者掇拾《花间》《草堂》数卷之书，便以骚坛自命，每叹江河日下。"④

清代中叶，"清词衰亡"的观点依然存在，并且批评对象愈加明确，措辞也更为激烈。保培基在《蓉湖渔笛词序》中斥责近世词坛堆砌数典、不审音律之陋习："窃见今之学者，于诗工拙固不可知，而往往剽青媲白，袭彼俪此，割裂而堆砌之，曰填词，曰诗余，无怪乎所谓文艺之下乘也。……余独慨夫近世词学之几息。"⑤瞿世寿《徐睿贞词稿序》指出当世词人的狂妄自大："近代诸家俪背先型，师心自是，彭亨拥肿，瞠目丧心。苍耳蒺藜，胃之皆能刺足；鹿床乌喙，食之便可腐肠。复旦无期，横流难挽。古人真面目，灰丛垢集非一日矣。"⑥蒋敦复在《寒松阁词跋》中的批评则更为严厉："握手论词，相叹近日词风盛行，词学转衰。……时彦诧于人，辄云姜张、朱厉，其实于玉田、樊榭仅得皮毛。竹垞已不可及，若白石之一往庸峭，非貌为清

---

① 冯乾编：《清词序跋汇编》，南京，凤凰出版社，2013年，第1版，第116页。
② 冯乾编：《清词序跋汇编》，南京，凤凰出版社，2013年，第1版，第136页。
③ 冯乾编：《清词序跋汇编》，南京，凤凰出版社，2013年，第1版，第151页。
④ 冯乾编：《清词序跋汇编》，南京，凤凰出版社，2013年，第1版，第180页。
⑤ 冯乾编：《清词序跋汇编》，南京，凤凰出版社，2013年，第1版，第405页。
⑥ 冯乾编：《清词序跋汇编》，南京，凤凰出版社，2013年，第1版，第458页。

空者可袭而取。"①

  清代晚期,"清词衰亡"说仍在持续。谢章铤在为张惠言作《词选跋》时指出,清词似盛而实衰:"国朝词家最盛,王兰泉《词综》,姚茝阶《词雅》,蒋子宣《词选》,撰录不下数十百人,然自浙派流行,大抵挹流忘原,弃实催华。强者叫呶,弱者涂泽,高者单薄,下者淫猥。不攻意,不治气,不立格,而咏物一途,搜索芜杂,漫无寄托,点鬼之簿,令人生厌。呜呼! 其盛也,斯其衰也。"②黄家绶《醉吟居词稿序》认为浙西词派强调宗法姜、张,在某种程度上误导了后世词人:"余尝论本朝词家自朱、厉以后,倚声选韵者非靡即俚,迷而不知门户。真如轻烟一缕,袅空无际者不可多靓。"③谭献《愿为明镜室词稿序》认为浙派后学之词,其实已堕入明词末流:"圣朝文治迈古,贤人君子,类有深湛之思、淡雅之学。倚声虽其一端,亦必溯源以及流,崇正以尽变,而词益大。六十七年间,推究日密,持论日高。阮亭、羡门惭其雅,其年、锡鬯失其才。乃至尧章、叔夏,亦不能匿其瑕,其升庵、元美之祧已久矣。"④文廷式在《云起轩词钞序》中回顾清初至清末的词学流变时说:"有清以来,此道复振。国初诸家,颇能宏雅。迩来作者虽众,然论韵遵律,辄胜前人,而照天腾渊之才、溯古涵今之思、磅礴八极之志、甄综百代之怀,非窘若囚拘者所可语也。"⑤此论有褒有贬,一方面指出晚清词坛词人辈出,在格律声韵上超越前人;另一方面又指出晚清词作在寄托涵思方面则过于窘局,不能望清初词人之项背。

  可以看出,明人与清人均提出过当代词坛"衰亡论",但是,清人所谓"词衰"与明人之所谓"词衰",概念并不一样。根本差别在于,明人提出此话题,是因明代词坛无论词作数量还是质量,均无法与词学鼎盛的两宋相比,故称其凋敝。清人在讨论清词兴衰问题时,遵循的思考路径是貌似极盛,实则极衰,是在清词复兴的前提下提出这一话题,其涵义颇耐人寻味。清人所体认的清词之"衰",主要表现在以下几个方面:(1) 论词不尊词体,不追流溯源,使词沦为小道;(2) 学词不肖,号曰师法古人,却因才力所限而仅得皮毛;(3) 作词不工,词人词作众多而品质堪忧;(4) 派系之争严重,

---

① 冯乾编:《清词序跋汇编》,南京,凤凰出版社,2013年,第1版,第1198页。
② 冯乾编:《清词序跋汇编》,南京,凤凰出版社,2013年,第1版,第1409页。
③ 冯乾编:《清词序跋汇编》,南京,凤凰出版社,2013年,第1版,第1486页。
④ 冯乾编:《清词序跋汇编》,南京,凤凰出版社,2013年,第1版,第1505页。
⑤ 冯乾编:《清词序跋汇编》,南京,凤凰出版社,2013年,第1版,第1877页。

第一章　明末清初西泠词人群体活动的词学背景:清人对"清词衰亡"的忧虑

囿于门户之见,堕于词学末流而不自知。严迪昌在《清词史》中指出:"清人之词,已在整体意义上发展成为与'诗'完全并立的抒情之体,任何'诗庄词媚'一类'别体'说均被实践所辩正。"①此为今人对清代词体特质及功能的定位。但是,清人对清代词体及功能的定位与期许,或许并非仅限于此。

第二节　清人"清词衰亡"说的语境变迁

清人提出"清词衰亡"说,并非与唐宋词相较而言。相反,在与唐宋词相比较时,清人对于清词颇为自信,亟称其盛,认为清词出入晚唐、两宋之间亦无愧也,从清初至清末,均是如此。但是,在谈及当代词坛现状时,往往话锋一转,进而提出"清词衰亡"说。根据清人"清词衰亡"说具体语境的变迁,具体可分为三个阶段:

一、清初词家在明词衰亡阴影下思考清词繁盛之后的进一步走向。清初清人的"清词衰亡"说有一个共同讨论基础,那就是承认清词的全面繁盛:词人众多、创作活跃、流派纷呈。但在清初词坛极盛的背后,隐藏一个非常严肃的问题:清词如何走出明词的困境,不重蹈其衰亡的覆辙?清初词人认为,明词灭亡的根本原因在于词之真情与词之格律的双重缺失,其典型表现就是明人对《花间》《草堂》词作的机械摹仿。而在清初词坛,《花间》《草堂》之风依然盛行。此外,清初词坛对于词之音韵、格律亦无定则,虽有沈谦《词韵略》、万树《词律》等先后问世,但对清初词人作词的指导效果似乎并不明显。因此,清初词坛面临的词学困境与明代词坛如出一辙。虽然清初词坛暂时出现繁盛的局面,但是如果词学的根本问题得不到解决,衰亡就是不可避免的结局。

二、清中叶,词家对浙西词派得失的思索。自浙西词派在清康熙中叶词坛定于一尊之后,其后百余年,词人大多唯朱、厉是举。与此同时,词坛无论浙派词人自身还是非浙派词人,对于浙西词派得失的讨论也在进行。

浙西词派词人关注的焦点是,自朱彝尊、厉鹗之后,浙派后学如何将姜、张"清空骚雅"之词旨落到实处,不再仅是酬唱时的口头空谈或供人辨别词学门径时的标识,否则,浙派后学的创作将意味着清词的衰落。浙西

---

① 严迪昌:《清词史》,南京,江苏古籍出版社,1999年,第1版,第2页。

词派后期领军人物郭麐对浙派后学的批评最具有代表性。他在《梅边笛谱序》中说:"倚声之学今莫盛于浙西,亦始衰于浙西,何也?自竹垞诸人标举清华,别裁浮艳,于是学者莫不祧《草堂》而宗雅词矣。樊榭从而祖述之,以清空微婉之旨,为幼眇绵邈之音,其体厘然一归于正。乃后之学者徒仿佛其音节,刻画其规模,浮游惝恍,貌若玄远,试为切而按之,性灵不存,寄托无有。若猿吟于峡,蝉嘒于柳,凄楚抑扬,疑若可听,问其何语,卒不能明。"①但如何落到实处,也的确是非常困难的问题,非才力过人者不办,如王初桐在《西濠渔笛谱序》中直言浙派在学习姜、张过程中得其表而失其神:"自小长芦竹垞以姜、张为宗,海内翕然从之,几于家白石而户玉田矣。顾世之学姜、张者或失之涩,或失之直,袭其肤末者多,得其神髓者少。浙西六家有扶衰救弊之功,由今观之,惟竹垞不愧称巨擘,其下令人有自郐之想。甚矣!词学之难也。"②在浙派后期,一方面缺乏如同朱、厉般能以微言传远旨的通儒巨公的言传身教,另一方面浙派后学对于先贤词学理念的真正顿悟也付之阙如,其衰微可想而知。

与此同时,非浙派词人在肯定浙西词派振敝之功的同时,对浙西词派的不足也提出了批评。谢章铤在《抱山楼词录序》中历数浙派兴起与衰落之成因:"国朝词学,浙最盛行,竹垞倡于前,樊榭骋于后。羽翼佐佑,俊才辈出,而派别成焉。祖宋窥唐,意内言外。竹垞以情,樊榭以格,作者莫之或先。又揭其涉猎之绪余,搜奇征僻,以相夸耀。昔昌黎之诗,时多险涩,皆其文所吐弃者,积之于诗而已矣。朱、厉体物数典,其游戏殆亦若是哉?或专效之,浙词之盛反衰。"③亦有词家则针对浙西词派之流弊,进行攻诘,如张国梁《红豆山房词钞自序》指出:"戊子闱中……后晤李式斋孝廉、蒋澹怀茂才、孙小屏进士,纵言至词,于竹垞、樊榭诸家,攻击无完肤。"④其中,尤以常州词派领袖张惠言为代表,蒋学沂在《藕船词自序》中提及张惠言论词之旨:"先生之言曰:'词者,诗之余也。词学始于唐季六朝,至南北宋为极盛。后人为之,或流于放,或伤于纤巧。故元明以下无词,国朝乾隆间始有人起而振之。'则先生自谓也。"⑤张惠言之言,以"元明以下无词"一带而

---

① 冯乾编:《清词序跋汇编》,南京,凤凰出版社,2013年,第1版,第736页。
② 冯乾编:《清词序跋汇编》,南京,凤凰出版社,2013年,第1版,第715页。
③ 冯乾编:《清词序跋汇编》,南京,凤凰出版社,2013年,第1版,第1441页。
④ 冯乾编:《清词序跋汇编》,南京,凤凰出版社,2013年,第1版,第1135页。
⑤ 冯乾编:《清词序跋汇编》,南京,凤凰出版社,2013年,第1版,第974页。

第一章　明末清初西泠词人群体活动的词学背景:清人对"清词衰亡"的忧虑

过,将清初词人及浙西词派直接忽略,可见他对以浙西词派为代表的当代词坛的批评与不满。

三、清代晚期词坛,词家往往将浙、常二派优劣进行对比,认为作词不应囿于门户之见,才是保证清词不衰的根本路径,观点更加中允。伍绍堂《梅边吹笛谱跋》对于浙、常二派均有所批评:"考国朝经生能填词者,近推张皋文、江郑堂,然皋文论词,往往求深反晦,如姜白石《暗香》《疏影》二词,乃指为二帝之愤,不几于钱蒙叟之解'云鬟'、'玉臂'耶?江郑堂论词,于万氏《词律》深致不满,而自诩其倚声为得古今不传之秘,余未敢遽以为然。"①郑文焯也提出:"凡为文章,无论词赋诗文,不可立宗派,却不可俪体裁。"②此时,浙、常二派的争锋已趋平息,门户之争已经失去昔日的意义。在这种情况下,清代晚期词家更加深刻地体会到,文人学词的理想状态应是融通诸家之长而为我所用。但当时词坛实际情况却是,学识浅陋之词人依然囿于一家而不自知。面对词坛现状,当时词家除却批驳有加,也提不出更加有效的改革办法。清代词家罗道源在《怀青盦词序》中将清词作者繁多而佳作不多的原因,归结为清代词人误将旨在抒写幽怀要渺之致的作词,下堕为门户积习之学和派系攻讦之斗:"词之作也,由来已久。昔人谓其意内言外,能陶写幽渺难喻之旨,故动荡迷离,使人不倦。以此论词,不可不为得焉。然后之作者,但取赵宋,或南或北,不一其人。抗高调者艳说苏辛,尚柔婉者竞言秦柳。其流弊之极,遂误以支涩为浑厚,浅率为清泚。夫以风月思怀之境,一变为门户积习之学,其为作者繁而佳者少,不待言矣。"③有些词家,如张祥龄在《半箧秋词叙录》中甚至将清词之衰归结为运数所致,认为文章风气,如四序迁移,莫知为而为:"南唐二主、冯延巳之属,固为词家宗主,然是句萌,枝叶未备。小山、耆卿而春矣,清真、白石而夏矣,梦窗、碧山已秋矣。至白云,万宝告成,无可推徙,元故以曲继之。此天运之终也。"④言下之意,南宋张炎已为词运之终结,故清词运数之衰,亦属自然而然之事。

清人在不同具体语境下提出"清词衰亡论",其合理之处在于能够及时

---

① 冯乾编:《清词序跋汇编》,南京,凤凰出版社,2013年,第1版,第631页。
② 郑文焯、龙沐勋:《大鹤山人词话》,唐圭璋编:《词话丛编》,北京,中华书局,1986年,第1版,第4332页。
③ 冯乾编:《清词序跋汇编》,南京,凤凰出版社,2013年,第1版,第1782页。
④ 冯乾编:《清词序跋汇编》,南京,凤凰出版社,2013年,第1版,第1787页。

发现当下词坛存在的弊病,提醒词人引以为戒,并顺势提出词学改革主张,使清代词学得以遵循正轨而发展;其弊端在于观点过于偏颇,动辄言过其实。事实上,囿于词人自身词学见解、流派归属或话语环境,不同词人往往对所谓"词学衰亡"的看法并不一致,此流派认为是"极盛之兆"者,另一流派却以为是"衰亡之征"。以词的声律问题为例,清代词坛对于词谱、词韵的具体性、系统性、实证性、专业性整理,可谓集前代之大成,尤以万树《词律》为发力之作,但晚清词人对于《词律》的评价却不尽一致。俞樾在为万树所作《词律序》中指出,《词律》一书为词家正鹄,在词学中可谓学览之潭奥,撷翰之华苑,对万氏的创造之功尤为肯定。[①] 同为清代晚期词人的张德瀛则认为,宋、元人制词,无按谱选声以为之者,皆形诸齿颊,非有定式。但是,从明代晚期程明善《啸余谱》、张綖《诗余图谱》开始,以至有清一代词坛,流风相扇,失去宋人作词之轨范,可谓词谱大行而词学尽废。[②] 也可以看出,清代词人对于词坛盛衰的体认,常常具有其复杂性,也不可一概而论。

第三节　清人"清词衰亡"说的实质

清人在"清词衰亡"说中,对"近日""近世""近时"之倚声家严厉地批驳,表面上反映出清人对当下词坛创作现状的不满,其实质是清人对清词成就预期之高与清词发展中的弊病之间的矛盾而产生的焦虑心态,也是清人对于以词为代表的中国传统文化精神濒临衰亡之担忧。

清代词人对清词成就有着很高的预期,这从清人对于清词之自信可以管窥一二,最突出的表现为对清词繁盛局面的自豪感,这在清人词论中随处可见。但在清词发展的进程中,必然会出现种种流弊,无论哪一种词学思想,均是如此。与明人论明词时注重本事与赏析不同,清人论清词时,对于清代词坛当下存在的弊病尤为关注,并由此引发对清词发展停滞的焦虑心态,甚至提出"清词衰亡"说的极端观点,以期引起当世词人的关注。清

---

① 万树:《词律》,上海,上海古籍出版社,1984年,第1版,第3页。
② 张德瀛:《词征》,唐圭璋编《词话丛编》,北京,中华书局,1986年,第1版,第4095页。

第一章　明末清初西泠词人群体活动的词学背景:清人对"清词衰亡"的忧虑

人唐梦赉在《聊斋词序》中指出当世词家有二病:一则粉黛病,一则关西大汉病。① 江藩在《梦隐词叙》中批评道:"予谓近日词人有二病:一则专工刻翠雕红,揉脂搓粉,无言外之意。深婉惜之,此乃不宗姜、张之故……一则铜弦铁板,引稼轩、龙洲自况,不知宫律为何物。四声二十八调,有轻重清浊之别,岂可置而不问,但求畅所欲言乎? 稼轩、龙渊未必若是之妄也。"② 曾炜在《青田山庐词钞跋》中提及莫友芝关于清词弊病的讨论:"近日海内言词,率有三病,质犷于藏园,气实于穀人,骨屑于频伽,其偶然不囿习气、溯源正宗者又有三病,服淮海而廓,师清真而靡,袭梅溪而佻。故非尧章骚雅,划断众流,未有不摭粗遗精、逐波忘返者也。"③ 金应珪在《词选后序》中也指出,近世词坛有三蔽,一曰淫词,一曰鄙词,一曰游词。④ 陈廷焯不仅赞同其见解,而且在此基础上进一步指出,前两蔽显而易见,常人皆知其非,而游词之蔽则似是而非,易于乱真,学词之人必破此三蔽,而后方可以为词。⑤

清人所批驳词坛弊病,大致可以概括为以下三点:(1) 寄托与格律难以兼美,精审格律者无所寄托,有所寄托者不审格律;(2) 婉约与豪放失之过当,婉约者过于婉约,豪放者过于豪放;(3) 学词而不肖,师法今人者忘却古人,师法古人者难悟真谛。清人在批评清代词坛当下种种弊端时,进而带出"清词衰亡"之论,从清词发展史的角度而言,也可以视为清人针对清词发展过程中不断出现的种种问题而抛出的旨在推动词坛变革的词学策略。纵观流派众多的清代词坛,几乎每一个词学流派的兴起,都伴随着其对当下词坛弊端的指责与批驳,并以此为基础推行自己的词学主张,隐藏着开宗立派的意图,浙西词派取代阳羡词派而兴起,常州词派之于浙西词派,均采用了这一策略。

当然,晚清词人在远距离反思整个清代词坛的功过得失时,也会提出"弊病说",这与以上所论清人对当时词坛的批驳相比更加理性客观,不再有门派之争的杀伐之气。如陈廷焯首先肯定清初词坛备极一时之盛,然后

---

① 冯乾编:《清词序跋汇编》,南京,凤凰出版社,2013年,第1版,第410页。
② 冯乾编:《清词序跋汇编》,南京,凤凰出版社,2013年,第1版,第631—632页。
③ 冯乾编:《清词序跋汇编》,南京,凤凰出版社,2013年,第1版,第1591页。
④ 张惠言编:《词选》(附《续词选》),北京,中华书局,1957年,第1版,第2页。
⑤ 陈廷焯著,杜维沫校点:《白雨斋词话》,卷六,北京,人民文学出版社,1959年,第1版,第175页。

才指出清初词人有二病:"自国初诸公出,如五色朗畅,八音和鸣,备极一时之盛。然规模虽具,精蕴未宣,综论群公,其病有二:一则板袭南宋面目,而遗其真,谋色揣称,雅而不韵;一则专习北宋小令,务取浓艳,遂以为晏欧复生,不知晏欧已落下乘,取法乎下,弊将何极,况并不如晏欧耶?"①

事实上,清人在提出"清词衰亡"说之前,已经注意到明词之"衰亡"。清人认为,明词衰落的表征有三:一是治词者寥寥;二是托体不尊、大雅不存;三是失宫坠羽、音律舛误。② 明词衰亡的表征,其实亦是明词的弊病。而这些弊病,清词亦有,清人对此更加关注,这也反映出对词坛现状的不满。

以清初为例,其弊病之一,就是主导明代词坛的《花间》《草堂》词风在清初的延续。何士信《草堂诗余》的选词之旨本为雅俗并举,但在明代文坛,"性灵说"主导一时,《草堂诗余》中抒写真情之作便被明人奉为圭臬,以为词之准的,导致明词浅俗浮艳,有曲化之倾向。清初词人依然未能跳出这一局限,清初词家中的有识之士对于《草堂诗余》,尤为痛恨。对此,沙先一、张晖在《清词的传承与开拓》中以朱彝尊为例,谈及清初词人改革词风的策略:"朱彝尊对明词及清初词坛创作颇为不满,于是倡导醇雅之格、清空之风以纠正词坛创作的弊病。"③朱彝尊在编纂《词综》时,将批评矛头直指《草堂诗余》:"古词选本,……皆轶不传,独《草堂诗余》所收,最下最传。三百年来,学者守为兔园册,无惑乎调之不振也。是集兼采……诸书,务去陈言,归于正始。"④朱彝尊以《词综》之雅,力挽《花间》《草堂》词风之俗,在当时的确起到了廓清词坛的作用。

但是,到了晚清词坛,词家对朱彝尊关于《花间》《草堂》词风的否定,则秉持质疑态度。况周颐就认为《花间》之至,极不易学,即便是能够窥两宋词堂奥的、词学造诣甚深的词家,对于《花间》神韵也只能望尘却步:"《花间》至不易学。其蔽也,袭其貌似,其中空空如也。所谓麒麟楦也。或取前人句中意境而纤折变化之,而雕琢、勾勒等弊出焉。以尖为新,以纤为艳,

---

① 陈廷焯著,杜维沫校点:《白雨斋词话》,卷一,北京,人民文学出版社,1959年,第1版,第3页。
② 谭新红:《论清人对明词的体认和反思》,《文学遗产》,2003年第6期,第122—123页。
③ 沙先一、张晖:《清词的传承与开拓》,上海,上海古籍出版社,2008年,第1版,第32页。
④ 朱彝尊:《曝书亭词话》,屈兴国编《词话丛编二编》,杭州,浙江古籍出版社,2013年,第1版,第679页。

第一章 明末清初西泠词人群体活动的词学背景:清人对"清词衰亡"的忧虑

词之风格日靡,真意尽漓,反不如国初名家本色语,或犹近于沉着、浓厚也。庸讵知《花间》高绝,即或词学甚深,颇能窥两宋堂奥,对于《花间》,犹为望尘却步耶?"① 王国维也是这个意思,认为《草堂诗余》不能一概抹杀:"自竹垞痛贬《草堂诗余》而推《绝妙好词》,后人群附和之。不知《草堂》虽有褒诨之作,然佳词恒得十之六七。《绝妙好词》则除张范辛刘诸家外,十之八九,皆极无聊赖之词。"② 可见,清代词人对本朝词坛弊病的认定,对本朝词学思潮的反思,均是一个动态的过程。

朱彝尊的继承者厉鹗,对于朱氏倡导的醇雅词风,做出了进一步开拓。张宏生指出:"他(厉鹗)之所以能够开创浙派发展的新局面,除了他本人多方面的素质之外,接过朱彝尊提倡的尊姜口号,并给以实际的阐发,无疑是重要的原因之一。"③ 但是,问题在于,浙西词派后学并非均具有与厉鹗同等的学力与才力,对于朱氏词学思想的领悟有深浅,执行能力亦有高低。那么,朱彝尊对于清词的改革振救,到底能泽被浙西后学多久?浙西后学对于朱氏词学思想的继承质量,取决于其自身才识和悟性的高低,下者往往会拘囿于朱氏词学主张、创作方法,无力创新和形成独特词风,遂成为词派的隐形人,最终导致词派的衰落。对此,储国钧在《小眠斋词序》中指出:"夫自《花间》《草堂》之集盛行,而词之弊已极。明三百年,直谓之无词可也。我朝诸前辈起而振兴之,真面目始出。顾或者恐后生复蹈故辙,于是标白石为第一,以刻削峭洁为贵。不善学之,竟为涩体,务安难字,卒之抄撮堆砌,其音节顿挫之妙荡然。欲洗《花》《草》陋习,反堕浙西成派,谓非矫枉之过与?"④ 西词派朱、厉对于清词的改革,促进了清词的发展与繁荣,但与此同时,也带来了新的弊病。孙克强认为,浙派弊病有三:强调文本书雅精致,忽略情感因素;以南宋为畛囿,师法片面;片面讲究韵律,名实难符。⑤ 后继词家面对词坛之新弊病,必然会提出新的词学主张,再次推动清词的发展。

清人对于清词发展兴衰的关注,除却文学层面承继和超越古人的考虑,还有更深一层的用意,那就是对以词为代表的中国传统文化精神能否

---

① 况周颐:《蕙风词话》,卷二,北京,人民文学出版社,1960年,第1版,第22页。
② 王国维:《人间词话删稿》,北京,人民文学出版社,1960年,第1版,第237页。
③ 张宏生:《清词探微》,上海,上海古籍出版社,2008年,第1版,第285页。
④ 冯乾编:《清词序跋汇编》,南京,凤凰出版社,2013年,第1版,第444页。
⑤ 孙克强:《清代词学》,北京,中国社会科学出版社,2004年,第1版,第247—251页。

薪火相传的担忧。清人对于词之起源的讨论，一直与《诗》为代表的儒学紧密相联，认为因为诗教衰微，遂有倚声之学的兴盛。作为词派领袖的朱彝尊，同时又具有深厚的经学造诣，其对于词与儒学关系的讨论，可以视为代表。朱彝尊在《艺香词题词》中提出，就"兴会"而言，诗、词应无差别："诗降而词，取则未远。一自'词以香艳为主，宁为风雅罪人'之说兴，而诗人忠厚之意微矣。窃谓词之与诗，体格虽别，而兴会所发，庸讵有异乎？奈之何歧之为二也。"①在指出词源于诗的同时，又进一步强调词与诗的差异，仅在于抒情内容的不同，相对于诗，词更具有抒发隐幽之情的优势："词虽小技，昔之通儒巨公往往为之，盖有诗所难言者，委曲倚之于声，其辞愈微，而其旨益远。"②朱彝尊在《静惕堂词序》中将词视为以《诗》为代表的儒学之承递，实际受到其业师曹溶的影响："彝尊忆壮日从先生南游岭表，西北至云中，酒阑灯灺，往往以小令慢词更迭倡和。……念倚声虽小道，当其为之，必崇尔雅，斥淫哇，极其能事，则亦足以宣昭六义，鼓吹元音。"③以朱彝尊为代表的清初词家，将词纳入儒学统序，固然不能排除出于推尊词体的需要，但更重要和深层的目的和用意，当是面对明清易鼎、民族文化濒临灭亡时必要保护和传承策略。

并且，这一策略在很大程度上改变了清人对词体的认知，促进了清人作词的自觉意识。张宏生在谈及明末清初从《古今词统》到《词综》的词学思想演变时指出："可以看出一种特定的思路，即越来越明确地在词学中确定统序，这一点，是清词发展中的一个非常重要的特点，特别是清代词学流派兴盛，往往有非常系统的理论，而理论的展开，也与对前人的体认有关。"④因此，清人的治词思路，不仅在于确定词自身的统序，更重要的在于将词纳入到儒学道统之中，强调其佐时治世的功能。清嘉道间张惠言以经言词，亦沿袭了这一思路，其《词选叙》曰："词者，盖出于唐之诗人，采乐府之音，以制新律，因系其词，故曰词。《传》曰：'意内而言外，谓之词。'其缘情造端，兴于微言，以相感动，极命风谣，里巷男女，哀乐以道。贤人君子幽

---

① 冯乾编：《清词序跋汇编》，南京，凤凰出版社，2013年，第1版，第102页。
② 朱彝尊：《曝书亭词话》，屈兴国编《词话丛编二编》，杭州，浙江古籍出版社，2013年，第1版，第692页。
③ 冯乾编：《清词序跋汇编》，南京，凤凰出版社，2013年，第1版，第279页。
④ 张宏生：《统序观与明清词学的递嬗——从〈古今词统〉到〈词综〉》，《文学遗产》，2010年第1期，第93页。

约怨悱不能自言之情,低徊要眇,以喻其致。盖《诗》之比兴,变风之义,骚人之歌,则近之矣。"①

苏士枢《石舫园词钞序》说:"(填词)上薄风骚,下关世运,非可以小道浅测之。"②既然清人将词的地位提升至儒学诗教的高度,视其与世道运数相关,那么,词在清代的兴衰变迁,必然会刺激词家的敏感神经,发出清词衰亡、江河日下的警世之论。

第四节　清人应对"清词衰亡":自我审视和自觉变革

面对清人清词话语体系中的清人应对"清词衰亡"的方法,主要表现为以下两点:一是从个人角度而言,清人加强对词作的自我审视;二是从词坛总体而言,针对诸种"弊病"展开自觉变革。

清人在指责近日词家存在诸多弊病的同时,更加强对自身词作的严格审视。清代末年,端木埰在《碧瀯词自叙》中叙述了自己漫长的学词历程:从清道光二十八年(1848)师从金伟君时"虽从事于斯,茫然不知词为何物。……惴焉惧辱家训,亟叩先生以词曲所以异。……乃悉取碧山、草窗、蜕岩、君衡诸公集熟读之"③,至"偶以青蚨三百得《词律》佳本,遂日事吟弄。从此因缘涉猎,或作或辍"④,至"甲申(1884)以后,……赓和益多。幼霞尤痂耆拙词,见即怀之"⑤。经过长达三十余年的历炼,端木埰《碧瀯词》兼采王沂孙的寄托、姜夔的清空和苏轼的清雄,不囿于一家而自成体系。可是,端木埰在《碧瀯词自叙》开篇便提出:"仆词不足刻也,且不可刻。"⑥这虽是自谦之语,但也足见端木埰对己词的要求之严。端木埰的经历,是清代词人刻苦学词的一个缩影。朱绶《缇锦词自序》也谈及自己作词刻词的心酸和忧愁:"绶填词之学,于今十年。不欲多存者,虑萧艾盈目,徒败人意也。清真、白石、梅溪、碧山皆所笃嗜,而私淑之愿尤在梦窗、草窗。蒋君

---

① 张惠言编:《词选》(附《续词选》),北京,中华书局,1957年,第1版,第6—7页。
② 冯乾编:《清词序跋汇编》,南京,凤凰出版社,2013年,第1版,第870页。
③ 冯乾编:《清词序跋汇编》,南京,凤凰出版社,2013年,第1版,第1751页。
④ 冯乾编:《清词序跋汇编》,南京,凤凰出版社,2013年,第1版,第1752页。
⑤ 冯乾编:《清词序跋汇编》,南京,凤凰出版社,2013年,第1版,第1752页。
⑥ 冯乾编:《清词序跋汇编》,南京,凤凰出版社,2013年,第1版,第1751页。

澹怀曾言殚精竭虑,为举世不好之物,叹息而已。"①

随着清人对词学典籍的整理与发掘,词学系统日益完备,对词人的要求亦越来越高。因此,在清人学词过程中,经常会有"填词颇难"的叹息。如俞樾《绿竹词序》曾说:"词莫盛于宋。元曲兴而词学稍衰,有明一代非无作者,而不尽合律,毛公所谓徒歌曰谣者也。至我朝万红友《词律》出,而填词家始知有律。然榛芜初辟,疏漏尤多。道光间,吴门有戈顺卿先生,又从万氏之后,密益加密。于是阴平、阳平及入声、去声之辨细入豪芒。词之道尊,而填词亦愈难矣。"②即便是深谙词之格律音韵的戈载,填词也时有愧悔之意。他在《翠薇雅词自序》中说:"予于词致力已十数年,向时所制,刊成十卷,见闻未广,校勘未精,草草问世,深自愧悔。虽舛错之处,亦多依据,然事不从其朔,非探原之举也;法不取乎上,非择音之旨也。故修改之志,无日去怀。"③于是,戈载借《吴中七家词》刊刻之际,重新校刻其词:"予乃就十卷中遴其稍可者,重加订正,又细考四声,必求合乎古人,且必求合乎古人之名作以为法。所选仅十之三……"④

清代词学系统的日益完备,在一定程度上的确加大了词人治词的难度,但对于清词的发展而言,未尝不是一件幸事。朱祖谋《眏庵词序》认为,在追求词律的精审与文本的骚雅之外,还应有更高的填词境界:"我朝二百七十年来,英硕辈生,博综艺事。独于斯道,颇疑晚出益工。诚以审音辨律,雅志矜慎。劬学笃嗜,或可企及。至于明阴洞阳之奥,腾天潜渊之才,接轸风骚,契灵乐祖。相如答盛览问赋,以为可学者迹,不传者心。词流精诣,殆无逾此。"⑤"词别是一家",面对严格的填词格律,唯有以心体悟词道,才是清代词人薪火相传,保持清词不衰的秘籍所在。

清代词人在严审己作的同时,也针对当下词坛的弊病,积极开展自觉改革,这也是清人应对"清词衰亡"的措施之一。纵观清代词史,无论是作词、论词、选词或整理词籍文献,均显示出清人变革的决心和努力。陆世楷在《东溪诗余题词》中透露出变革先驱者之不易:"当开元、天宝之盛,而箫声柳色,词源已滥觞矣。是知声音之道,关乎治忽,风气将变,有开必先。

---

① 冯乾编:《清词序跋汇编》,南京,凤凰出版社,2013年,第1版,第806页。
② 冯乾编:《清词序跋汇编》,南京,凤凰出版社,2013年,第1版,第924页。
③ 冯乾编:《清词序跋汇编》,南京,凤凰出版社,2013年,第1版,第797—798页。
④ 冯乾编:《清词序跋汇编》,南京,凤凰出版社,2013年,第1版,第798页。
⑤ 冯乾编:《清词序跋汇编》,南京,凤凰出版社,2013年,第1版,第1927页。

第一章　明末清初西泠词人群体活动的词学背景:清人对"清词衰亡"的忧虑

所贵主持其间者未变而示之的,已变而立之坊耳。"①而敢为变革先驱者的词家,往往具有卓越的前瞻意识。朱彝尊的词学主张,就曾一度受到当时词家的质疑。他在《水村琴趣序》中说:"予尝持论,谓小令当法汴京以前,慢词则取诸南渡,锡山顾典籍不以为然也。"②其《咏物词评》又言:"词至南宋始工,斯言出,未有不大怪者,惟实庵舍人意与予合。"③雍乾词人陆培在《白蕉词自识》中总结清初词坛变革历程时说:"词至前明,风斯下矣。国朝钜公辈出,力矫《草堂》习气。竹垞翁自拟乐笑,谓集诸家大成。近读钱塘厉先生《秋林琴雅》,古情异采,几跨小长芦而过之。"④一语概括出顺康词坛众家及浙西词派对于革除明代词风残余的贡献。蒋敦复在《香隐庵词跋语》中,则指出自己意欲以词话挽浙西词派后学之谬误的迫切心情:"迩年词学大盛,俱墨守秀水朱氏之说,专宗姜张,域于南渡诸家,罕及《花庵词选》者,况《花间》乎?敦复尝欲救之,作词话,以有厚入无间及炼字句之法告人,尊词品故也。"⑤而张惠言编纂《词选》,亦体现出强烈的变革意识:"故自宋之亡而正声绝,元之末而规矩隳。以至于今四百余年,作者十数,谅其所是,互有繁变,皆可谓安蔽乖方,迷不知门户者也。今第录此篇,都为二卷。义有幽隐,并为指发。几以塞其下流,导其渊源,无使风雅之士,惩于鄙俗之音,不敢与诗赋之流同类而风诵之也。"⑥

清人对当代词坛的自觉改革,是以明词之衰亡为借鉴的,目的是避免清词重蹈明词的覆辙。无论词学改革的实际效果如何,需要强调的是,倡导改革的词家们其主观意图都是希望清词能再次进入良好的发展路径之中,能够与唐宋词比肩。

总之,在中国古代文学史上,任何文体都有其兴衰的必然规律,词亦是如此。从词史而言,词肇兴于唐,极盛于两宋,衰落于元明,复兴于清。在清词复兴的背后,是清人从理论和创作两个层面对清词发展持续地关注和推动,而清人"清词衰亡"说即是其中的理论策略之一。尽管清人"清词衰亡"说看似过于极端和片面,甚至有耸人听闻的嫌疑。但是,它的出现,有

---

① 冯乾编:《清词序跋汇编》,南京,凤凰出版社,2013年,第1版,第170—171页。
② 冯乾编:《清词序跋汇编》,南京,凤凰出版社,2013年,第1版,第338—339页。
③ 冯乾编:《清词序跋汇编》,南京,凤凰出版社,2013年,第1版,第164页。
④ 冯乾编:《清词序跋汇编》,南京,凤凰出版社,2013年,第1版,第429页。
⑤ 冯乾编:《清词序跋汇编》,南京,凤凰出版社,2013年,第1版,第1255页。
⑥ 张惠言编:《词选》(附《续词选》),北京,中华书局,1957年,第1版,第8—9页。

其特定的心理动机和时代动机,反映出清人对当代词学发展现状的关注和焦虑。面对当代词坛的发展困境或词学弊端,清代词家的反应是不尽相同的,有识之士会警示提醒,力图改革,有些词家则选择了缄默或回避,但更多词家或许根本认识不到这些问题,从而无意识地加重了词学发展的障碍。

因此,清人"清词衰亡"说的提出,是非常有意义的,它对清词的发展必然会产生一定的影响:

第一,它体现出清人复兴本朝词坛的自觉意识。在明清易代之痛的激发下,清人从清初开始,面对元、明词坛衰敝的局面,便自觉地承担起匡复词坛的历史责任,不断提出词之衰亡的隐忧,促使清代词坛自觉革除当下弊端,随时调整其词学理念和创作规范,实现词学流派的自我调整乃至相互更迭,达到词学复兴之目的。从某种程度上而言,这是对汉民族文化精神和儒教统序思想的自觉传承。

第二,它是清人对本朝词学成就的崇高期许。清词的复兴,不仅仅是清人汇集前代词学遗产之大成,整理、总结前代词学资源,建构、完善古典词学体系的努力结果;同时也是清人以严谨的学术态度对词学问题进行持续而深入的理论研究,以及与此相关的创作实践。那么,清人对于自身词学成就的崇高期许,就成为推动清词复兴的主要动力。

第三,它是清人词史观念的充分体现。清人之所以提出清词衰亡说,往往是在与前代,尤其是两宋词学成就的比较之中得出的。这说明,清人已经自觉地将清词的发展,纳入到中国词史发展进程中并不断地加以审视,以便对清词的价值和地位能够准确地做出自我评价,促使清代词学在停滞与改革的交替进程中不断成熟和完善,从而臻于全盛。

第二章　明末清初西泠词人群体的形成原因

西泠词人群体是一个以地域、家族、师承为纽带,以明末的盟社为契机,同时浸润了西泠厚重的词学传统,在明代后期词坛特定的词学氛围中而形成的词人群体。本章拟从上述几个角度,对明末清初西泠词人群体的形成原因加以探讨。

一、西泠建制

西泠,本为桥名。宋代周密《武林旧事》卷五"湖山胜概·孤山路"条记载:"西陵桥,又名西林桥,又名西泠桥,又名西村。"[①]西泠桥位于杭州孤山西北尽头处,是由孤山入北山的必经之路。元代张舆《西泠桥》一诗曰:"红藕花深逸兴饶,一双鸂鶒避鸣桡。晓风凉入桃花扇,腊酒香分椰子瓢。狂客醉敧明月上,美人歌断绿云消。数声渔笛知何处,疑在西泠第一桥。"[②]明清时期,西泠成为以杭州为中心的杭州府之代称。

杭州一地的建制,历史上屡经变动。春秋时,为吴、越之地。秦设钱唐县,属会稽郡。隋废钱唐,改置杭州。南宋建炎三年(1129年),升杭州为临安府,属两浙西路。元至元十五年(1278年),改临安府为杭州路,隶属江浙行省。1366年,明太祖朱元璋设为杭州府,隶属于浙江布政使司,辖九县,分别为:钱塘、仁和、海宁、富阳、余杭、临安、於潜、新城、昌化。清因明制,杭州府隶属于浙江省,领一州八县,其中海宁县升为海宁州。在地理位置上,杭州府东临杭州湾,西接安徽,北面湖州府、嘉兴府、常州府、苏州府、松江府,既是京杭大运河的枢纽,亦是环太湖流域的重镇。

[①]　周密著,谢永芳注评:《武林旧事》,郑州,中州古籍出版社,2019年,第1版,第196页。
[②]　陈焯:《宋元诗会》,卷九十九,《景印文渊阁四库全书》集部第403册,台北,台湾商务印书馆,1986年,第1版,第757页。

二、西泠经济

自古以来,西泠即为物华天宝、人杰地灵之地。春秋时期,西泠已是吴、越的经济文化重心。隋朝时,西泠已成为商贾云集之地。魏征《隋书·地理志下》记载:"余杭郡,统县六,户一万五千三百八十。"①又云:"宣城、毗陵、吴郡、会稽、余杭、东阳,其俗亦同。然数郡川泽沃衍,有海陆之饶,珍异所聚,故商贾并凑。其人君子尚礼,庸庶敦厐……小人勤耕稼。"②五代十国时,杭州为钱镠吴越国之都城。

两宋时期西泠的富庶与繁华,在宋人所著笔记和诗词中均有非常翔实的记载,如灌圃耐得翁《都城纪胜》、西湖老人《西湖老人繁胜录》、吴自牧《梦粱录》、周密《武林旧事》、柳永《望海潮》等。灌圃耐得翁《都城纪胜序》曰:"自高宗皇帝驻跸于杭,而杭山水明秀,民物康阜,视京师其过十倍矣。"③此书从市井、诸行、酒肆、食店、茶坊、四司六局、瓦舍众伎、社会、园苑、舟船、铺席、坊院、闲人、三教外地等十四个类目,描述杭州市井风俗、人物名胜等。周密《武林旧事》云:"而都人凡缔姻、赛社、会亲、送葬、经会、献神,仕宦恩赏之经营,禁省台府之嘱托,贵珰要地,大贾豪民,买笑千金,呼卢百万,以至痴儿骏子,密约幽期,无不在焉。日糜金钱,靡有纪极,故杭谚有'销金锅儿'之号,此语不为过也。"④柳永《望海潮》一词,则从文学层面上,将北宋时西泠的秀丽与繁华形容更是形容得淋漓尽致:

> 东南形胜,三吴都会,钱塘自古繁华。烟柳画桥,风帘翠幕,参差十万人家。云树绕堤沙。怒涛卷霜雪,天堑无涯。市列珠玑,户盈罗绮竞豪奢。　重湖叠巘清嘉。有三秋桂子,十里荷花。羌笛弄晴,菱歌泛夜,嬉嬉钓叟莲娃。千骑拥高牙。乘醉听箫鼓,吟赏烟霞。异日图将好景,归去凤池夸。⑤

---

① 魏征等:《隋书》,卷三十一,北京,中华书局,1973年,第1版,第878页。
② 魏征等:《隋书》,卷三十一,北京,中华书局,1973年,第1版,第887页。
③ 孟元老、吴自牧等:《东京梦华录(外四种)·都城纪胜》,上海,古典文学出版社,1957年,第1版,第89页。
④ 周密著,谢永芳注评:《武林旧事》,郑州,中州古籍出版社,2019年,第1版,第116页。
⑤ 唐圭璋编:《全宋词》,北京,中华书局,1965年,第1版,第39页。

第二章　明末清初西泠词人群体的形成原因

南宋末年,西泠作为都城,更是一片歌酣酒醉的景象,但繁华背后所隐藏的败落已经成为必然趋势。如南宋末年文及翁的《贺新郎·西湖》:

> 一勺西湖水。渡江来、百年歌舞,百年酣醉。回首洛阳花世界,烟渺黍离之地。更不复、新亭堕泪。簇乐红妆摇画艇,问中流、击楫谁人是。千古恨,几时洗。　余生自负澄清志。更有谁、磻溪未遇,傅岩未起。国事如今谁倚仗,衣带一江而已。便都道、江神堪恃。借问孤山林处士,但掉头、笑指梅花蕊。天下事,可知矣。①

宋元易鼎以后,西泠作为南宋遗民深沉的社稷之恋与亡国之悲,这在南宋遗民词人笔下被描写得淋漓尽致。张炎《高阳台·西湖春感》云:

> 接叶巢莺,平波卷絮,断桥斜日归船。能几番游,看花又是明年。东风且伴蔷薇住,到蔷薇、春已堪怜。更凄然。万绿西泠,一抹荒烟。　当年燕子知何处,但苔深韦曲,草暗斜川。见说新愁,如今也到鸥边。无心再续笙歌梦,掩重门、浅醉闲眠。莫开帘。怕见飞花,怕听啼鹃。②

元人陈廷言《钱塘怀古》一诗也说:

> 越水吴山共寂寥,已无遗老话前朝。海门三日潮声歇,天目千年王气消。夜月乌啼龙井树,春风花落海鲜桥。威仪文物今何在,回首浮屠倚碧霄。③

明代至清初,西泠依然是全国的经济、文化繁盛之地。明末张瀚《松窗梦语》记载:"秦少游云:'杭俗工巧,羞质朴而尚靡丽,人颇事佛。'今去少游世数百年,而服食器用月异而岁不同已。毋论富豪贵介,纨绮相望,即贫乏

---

① 唐圭璋编:《全宋词》,北京,中华书局,1965年,第1版,第3138页。
② 唐圭璋编:《全宋词》,北京,中华书局,1965年,第1版,第3463页。
③ 孙原理:《元音》,卷十二,《景印文渊阁四库全书》集部第309册,台北,台湾商务印书馆,1986年,第1版,第571页。

者强饰华丽,扬扬矜诩为富贵容。若事佛之谨,则斋供僧徒,装塑神像,虽贫者不吝捐金,而富室祈祷忏悔,诵经说法,即千百金可以立致,不之计也。"①

清初西泠商贾众多,生活富足。如《[康熙]仁和县志》卷五"风俗"条云:"杭民半多商贾,耳目侈声色之好,口服恣刍豢之味,峻宇离墙,履丝曳缟,冠婚丧祭,宴饮酬酢,无不踵事增华。"②相对商贾的奢靡,西泠平民依然崇尚勤俭之风。如《[康熙]钱塘县志》卷七"风俗"条云:"城内妇女虽喜出闺门,华服饰,不比江东。而间阎之习尚勤,率作每日,络丝褙纸(即锡箔)及箴纫履袜之类,日可入钱糊口,虽旧家亦多为之,不安坐贪逸日月,饮食亦不过笋卜韭菘,无京师馋懒之病,是可取也。"③

此处之所以首先概述西泠的建制与经济,主要是给明末清初西泠词人群体的产生,勾勒出一个大致的地域背景和社会历史背景,以便能够以此为基础,更进一步地探究其形成的原因。

第一节 纽带:地域文化、家族、学脉

明末清初西泠词人群体,是一个在西泠特有文化环境中形成的,以家族和学脉为基础的文学群体,因此,地域文化、家族、学脉三个因素有着关键的纽带作用。

一、西泠的地域文化

西泠词人群体的形成,最关键的因素是西泠地域文化。地域文化与文学之间的密切关系,从中国文学发展的源头可以找到印证,《诗经》的《国风》即以区域分类诗歌,宋人黄伯思《新校楚辞序》总结楚辞的地域特征为:"书楚语,作楚声,纪楚地,名楚物。"④至于地域文化与文学之间形成微妙

---

① 张瀚:《松窗梦语》,卷七,上海,上海古籍出版社,1986年,第1版,第122页。
② 赵世安:《[康熙]仁和县志》,《中国地方志集成·浙江府县志辑》第五辑,上海,上海书店,1993年,第1版,第104页。
③ 魏㟲:《[康熙]钱塘县志》,《中国地方志集成·浙江府县志辑》第四辑,上海,上海书店,1993年,第1版,第182页。
④ 吕祖谦编,齐治平点校:《宋文鉴》,卷九十二,北京,中华书局,1992年,第1版,第1306页。

第二章 明末清初西泠词人群体的形成原因

对应关系的原因,研究者的解释也大致相似。刘勰《文心雕龙·物色》认为:"若乃山林皋壤,实文思之奥府。"①魏征《隋书·文学传序》则云:"江左宫商发越,贵于清绮,河朔词义贞刚,重乎气质。气质则理胜其词,清绮则文过其意,理深者便于时用,文华者宜于咏歌,此其南北词人得失之大较也。"②刘师培《南北文学不同论》指出:"声音既殊,故南方之文与北文迥别。大抵北方之地土厚水深,民生其间,多尚实际。南方之地水势浩洋,民生其际,多尚虚无。民崇实际,故所著之文,不外记事、析理二端。民尚虚无,故所作之文,或为言志、抒情之体。"③张宏生在《清词流派的发展状况及其文化特征》中认为,地域文学之间的差异,并不仅是自然地理的不同,而且更与人文地理有着密切的关系。④他又强调:"人文地理与地域性文学流派的形成有着十分密切的关系,其内涵往往表现为文化习俗、艺术传统的历史积淀,我们不妨称之为人文感应。"⑤那么,西泠独特的地域文化,必然会对当地文学群体或流派的形成,包括西泠词人群体在内,提供一个感应之场。

自古至今,西泠始终为人文渊薮。西泠不仅山川秀美,物产丰饶,而且人才英茂,家尚文雅。西泠优越的经济条件,为文化发展提供了基础。上至缙绅儒士,下至贩夫走卒,皆以能文为自然而然之事,而著书以立言,刻书以不朽,藏书以储识,已经成为西泠风尚。汉代,西泠一地便以诗书礼乐而闻名。对此,范晔《后汉书·张霸传》记载:"郡中(会稽)争厉志节,习经者以千数,道路但闻诵声。"⑥南宋时,西泠作为都城所在,其制度诗书礼文之繁盛,更是前所未有。宋人吴自牧《梦粱录》记载:"杭城湖光山色之秀,钟为人物,所以清奇杰特,为天下冠。自陶唐至于秦、汉、晋、隋、唐之人物,彬彬最盛;至宋则人物尤盛于唐矣。"⑦

西泠曾为南宋的都城,是经济文化政治中心,虽然在南宋灭亡之后,中

---

① 杨明照:《文心雕龙校注拾遗》,卷十,上海,上海古籍出版社,1982年,第1版,第352页。
② 魏征等:《隋书》,卷七十六,北京,中华书局,1973年,第1版,1730页。
③ 刘师培:《南北学派不同论》,《中国现代学术经典·黄侃刘师培卷》,石家庄,河北教育出版社,1996年,第1版,第757页。
④ 张宏生:《清代词学的建构》,南京,江苏古籍出版社,1999年,第1版,第142—143页。
⑤ 张宏生:《清代词学的建构》,南京,江苏古籍出版社,1999年,第1版,第144页。
⑥ 范晔撰,李贤等注:《后汉书》,卷三十六,北京,中华书局,1965年,第1版,第1241页。
⑦ 孟元老、吴自牧等:《东京梦华录(外四种)·梦粱录》,卷十七,上海,古典文学出版社,1957年,第1版,第272页。

国的政治中心转移至北方,但文化在西泠完好地保存了下来,而且不断地延续和发展。延至元、明两朝,西泠的诗书礼乐之风继续被传扬。宋末元初戴表元《学古斋记》云:"三吴之州莫大于杭,其地山秋水妍,其人机慧疏秀而清明,其俗通商美宦,安娱乐而多驰驱。"①元末明初徐一夔《临安县新建庙学记》曰:"临安溪山明秀,风气淳固。其人素知诗书,修礼让,固不待于余言。"②在西泠家文雅而人英茂的文化氛围中,西泠人崇尚文学,摛文弄章遂成为传统。

清初,西泠文化的繁盛与经济的富足更是相得益彰。西泠士大夫廉静谦恭,如《[康熙]仁和县志》卷五"风俗"条:"仁邑士大夫多廉静自爱,谦恭接物,无利己以害民,自高以卑人。"③此外,西泠士人尤喜文学创作,治理学者寡。如《[康熙]钱塘县志》卷二十一"人物·理学"记载国朝理学之士1人,为应撝谦;而卷二十二"人物·文苑"则记载国朝文苑之士多达72人,且几乎人各有集,西泠词人群体中的陈祚明、吴农祥、陆堦、李式玉、毛先舒、孙治、陆埅、洪昇、仲恒、诸匡鼎等均名列其中。

《[康熙]钱塘县志》的编纂者、钱塘知县魏㟲对此感慨说:"钱塘地灵人杰,实产异才。自三国六朝丁褚而下,郁郁宾宾,称极盛矣。呜呼!标榜盛而实学衰,謏闻起而影响众,若马扶风、郑康成之徒,今有其人乎?鲍谢应刘,风雅间作,王杨卢骆,骈偶称长。凡具古人之偏者,扩艺林之誉者,例皆得载焉。"④从侧面证明了西泠士人崇尚文学的风气。单就词学发展而言,两宋以至元明,西泠一地词人众多,且成就斐然。清初西泠词人陆进《西陵词选序》指出:"西陵山川秀美,人文卓荦。宋、元以来,以词名家者众矣。迄于今日,词风弥盛。"⑤

另外,西泠不仅山水秀美,并且无一处山水不承载厚重的历史文化意蕴,可谓满眼山水皆是典故所在,如白堤、苏堤、断桥、苏小墓等,不胜枚举。

---

① 戴表元:《剡源文集》,卷二,《景印文渊阁四库全书》集部第1194册,台北,台湾商务印书馆,1986年,第1版,第34页。
② 徐一夔著,徐永恩校注:《始丰稿校注》,卷五,杭州,浙江古籍出版社,2008年,第1版,第106页。
③ 赵世安:《[康熙]仁和县志》,《中国地方志集成·浙江府县志辑》第五辑,上海,上海书店,1993年,第1版,第102页。
④ 魏㟲:《[康熙]钱塘县志》,《中国地方志集成·浙江府县志辑》第四辑,上海,上海书店,1993年,第1版,第410页。
⑤ 陆进、俞士彪:《西陵词选》,卷首,清康熙十四年(1675)刻本。

第二章　明末清初西泠词人群体的形成原因

自南宋以来至明末清初,西泠文人一直在有意识地编撰史志,记录西泠的山川之胜,营造浓郁的人文地理氛围。从南宋钱塘人吴自牧《梦粱录》、周密《武林旧事》、元代临安人刘一清《钱塘遗事》、明代钱塘人田汝成的《西湖游览志》和《西湖游览志余》,到明末清初张岱的《西湖梦寻》等,均是如此。

明末清初的西泠词人群体生活于如此厚重的人文地理环境之中,无论是心理还是创作,均受到极大的熏陶,尤其是遭受鼎革之变的清初西泠词人,在他们的词集中,多有吟咏西泠湖山之胜和即景怀古之作,仅举一例以示,如沈谦《夜合花·同毛稚黄湖心亭眺望》:"复嶂笼烟,孤城却月,中堆万顷琉璃。惊魂炫目,空花忽现离奇。山钟断,水禽啼。倚危栏、独振吾衣。哀筝未阕,一声长啸,风起云飞。　休将帘幕低垂。待向浪痕高处,漫泼金卮。东吴南宋,都成野马游丝。头欲白,泪频挥。算将来、不饮真痴。酒酣起舞,君休捉住,黄鹤同骑。"①将眼前美景、前朝旧事、今人之哀三者天衣无缝地融为一体。沈谦、毛先舒为明朝遗民,入清后放弃仕进,隐逸于西泠山林之中,以岐黄、读书为业,二人正是志同道合。

综上所述,明末清初西泠词人群体的形成,西泠当地独特的人文地理环境,是重要因素之一。换言之,词与西泠,二者的关系是天然共生,互相依存的。正如尤侗《问鹂词序》谈及词与西泠的关系:"予读之(《问鹂词》),宛然如见空濛潋滟西子淡妆于湖上也,嫣然如睹夭斜婀娜苏小之油壁西陵也。其超腾浩渺,踔然如伍相素车白马乘潮夕于钱塘也;其萧闲高旷,翩然如林处士放鹤于孤山也。自柳屯田填《望海潮》一阕,而'三秋桂子,十里荷花',艳称千古。仆谓'图将好景,归去凤池夸',直张打油语耳。若以'杨柳外、晓风残月'移赠六桥,差强人意,然不如白公'吴山点点愁'一句道尽。西湖传词乎?词传西湖乎?曰两美其必合。"②

二、西泠的家学传承

明末清初西泠词人群体的产生以及词学复盛的原因,还在于西泠的家学传承。西泠家学传承的内容不仅仅局限于经学和史学,文学也是十分重要的组成部分。传统意识中作为"小道"的词,在西泠文人看来,却并非"小

---

①　南京大学中国语言文学系《全清词》编纂委员会:《全清词·顺康卷》,北京,中华书局,2002年,第1版,第2015页。

②　尤侗:《西堂文集》,《西堂杂俎三集》卷三,复旦大学图书馆藏清康熙刻本,《续修四库全书》集部第1406册,上海,上海古籍出版社,2002年,第1版,第417页。

道",可与诗文同观,并且词确属风雅之事,闲暇时可用于佐兴。词之于诗,更强调声律音韵,所以西泠一地特别注重对于声韵之学的研究和传授。

明清时期,以诗书传家、以治经史而闻名的家族遍布西泠地区,如卓氏家族、姚氏家族、顾氏家族等等,藏书读书、博学通经、科举仕进、好学进取成为他们的家传祖训。明清时期,西泠一地私人藏书达万卷以上的家族超过二百家,读书风气之浓郁可见一斑。另外,中国古代社会家族声望的维系与科举入仕紧密相联,明清时期的江南地区尤其如此。明清时期江南家族对科举的重视程度,以及其对功名志在必得的心态,陈夔龙在《梦蕉亭杂记》中分析得十分透彻:"南方火德,光耀奎壁,其间山水之钟毓,与夫历代儒师之传述,家弦户诵,风气开先,拔帜匪难,夺标自易,此一因也。冠盖京师,凡登揆席而跻九列者,半属江南人士……半生温饱尽是王曾;年少展裙转羞梁灏。不识大魁为天下公器,竟视巍科乃我家故物;此又一因也。"①这是明清时期江南进士人才辈出的根本原因,西泠一地也是如此。据范金民《明清江南进士数量、地域分布及其特色分析》,有明一代杭州府进士共有477人,占江南各府进士总数的12.34%,位居第三;清代杭州府进士共有892人,占江南各府进士总数的22.23%,位居第一。②

如果说,明清西泠进士济济,是当地浓厚诗书之风在科举制艺方面的所取得的成就;那么,西泠文人著述之多,则是诗书之风的直接结果。据田汝成《西湖游览志余》,仅有明一代,西泠有别集者达二十余人之多:"杭州文人,元、宋以前,姑置勿论。自洪武以来,著作成集者,张光弼《左司集》,凌云翰《柘轩集》,莫维贤《广莫子稿》,王谦《壶父集》,白范《虚室集》,张舆、张辂《联辉集》,瞿宗吉《存斋集》《存斋诗》,桂衡《紫薇稿》,高德旸《节庵集》,郑环《完轩集》,孔克恩《西塍吟稿》,周昉《西崦集》,夏文度《退庵稿》,王希范《毅斋存稿》,高昕《复庵集》,彭清《存庵集》,平显《松雨斋集》,周子良《乐稼诗稿》,刘士享《菊庄》《晚香》二集,刘邦彦《宾山集》,于肃敏公《节庵存稿》。此皆予目所睹,其他未见者固多也。"③

对于明末清初西泠词人群体而言,家族长辈的熏陶和传授,是他们从事填词的第一步。在西泠词人中,从明代末年至清顺治、康熙年间,两代、

---

① 陈夔龙:《梦蕉亭杂记》,卷二,北京,中华书局,2007年,第1版,第107页。
② 范金民:《明清进士数量、地域分布及其特色分析》,《南京大学学报(哲学·人文科学·社会科学)》,1997年第2期,第174—175页。
③ 田汝成:《西湖游览志余》,卷二十一,杭州,浙江人民出版社,1980年,第1版,第343页。

三代甚至四代从事填词的家族，比比皆是。如余杭的严氏家族，以经史制举起家，明代嘉靖年间，严武顺、严渡和严敕三兄弟便成立"小筑社"，引领西泠社风，号称"余杭三严"；至下一辈的严沆，又加盟读书社和登楼社。严氏家族三代共有十余位词人：严渡、严沆，以及严沆之子严曾榘、严曾模和严曾臬等。再如栖水的卓氏家族，明代中叶因仕而显，明末清初时以经学传家，家有传经堂，明末清初文人为此堂题诗作赋者不计其数。卓氏家族一共产生了四代词人：第一代卓发之，第二代卓人月、卓回，第三代卓火传，第四代卓允域、卓允基兄弟，还有闺秀词人卓灿。

另如顾、黄、钱三大世家，顾氏自沧江、西岩、悦庵、友白四世皆有文名；黄氏家族的代表人物是黄汝亨，著有《寓林集》；钱氏家族的代表人物是钱绳庵，因"奏销案"被放逐。顾、黄、钱三个家族世代联姻，顾友白之女顾若璞嫁与黄汝亨之子黄茂梧，子顾若群娶黄汝亨之女黄鸿为妻，顾若璞侄女顾之琼又归于钱绳庵。顾、黄、钱三大世家产生了一个庞大的词人群体，如顾若璞、顾若群、黄鸿、黄敬修、黄弘修、顾之琼、钱元修、钱肇修、钱静婉、钱凤纶等人。

还有张氏家族，张氏家族先高祖为张濂，明世宗时为都御史，高伯祖为张瀚，明神宗时拜吏部尚书，张丹《仲春家庙祭祀，是日大小长幼共集一百三十余人》记载了家族的荣耀："我家奕世盛簪裾，庙枕湖流春荐蔬。执奏共传都御史，选贤尤忆老尚书。金溪树拥晴霞出，锦坞花明旭日初。一柱天香原旧赐，九重恩赉至今余。"①张丹自幼也得到来自家族的诗书传授和熏陶，其《从野堂诗自序》云："曩壬午仲夏，先子读书家园，相鸟居室，予侍立，先子诲予作诗法……时年二十四。"②而张丹的弟弟张振孙、从妹张昊，也深得兄长的诗书教诲，均有词存世。张氏家族的读书习文之风，自然延及其亲眷。从张丹《春日示胡生文漪，文漪予妹槎云壻，时槎云已殁》③、《俞美英薛雯二婿过我，时薛女已殁，不胜感怆，赋此》④二首诗作可以推

---

① 张丹：《张秦亭诗集》，卷十，南京图书馆藏清康熙石甄山房刻本，《四库全书存目丛书》集部第 210 册，济南，齐鲁书社，1997 年，第 1 版，第 582 页。
② 张丹：《张秦亭诗集》，卷首，南京图书馆藏清康熙石甄山房刻本，《四库全书存目丛书》集部第 210 册，济南，齐鲁书社，1997 年，第 1 版，第 490 页。
③ 张丹：《张秦亭诗集》，卷十，南京图书馆藏清康熙石甄山房刻本，《四库全书存目丛书》集部第 210 册，济南，齐鲁书社，1997 年，第 1 版，第 585 页。
④ 张丹：《张秦亭诗集》，卷十，南京图书馆藏清康熙石甄山房刻本，《四库全书存目丛书》集部第 210 册，济南，齐鲁书社，1997 年，第 1 版，第 589 页。

知,西泠词人胡大溁是张丹之妹张昊的夫婿,而俞美英是张丹的甥婿。西泠词人诸九鼎、诸匡鼎是张丹的表侄,亦从张丹习作诗词。张丹在《送表侄诸虎男之江右》一诗中,以"江水催文笔""多才吾爱汝"①勉励诸匡鼎勤学上进。张丹在《送诸骏男入蜀》中则说:"万里巴江水日东,嗟君此别一孤篷。衡阳雁影秋天外,巫峡猿声暮雨中。两鬓关山空白帝,十年词赋但青枫。永安宫在知怀古,梁甫吟成恨未穷。"②此诗在化用唐代高适的《送李少府贬峡中王少府贬长沙》诗句基础上,加入诸葛亮《梁甫吟》的典故,表达对诸九鼎远游蜀地,可以籍此怀古练笔的期盼之意。

此外,姚氏家族也是西泠词人群体中的名门望族。姚际恒以治经而闻名,其侄姚之骃和姚炳兄弟自幼浸淫家学,承继祖训,亦以治经史为业。在研究学问之余暇,姚氏叔侄亦填词、论词。由于胸襟中有经史作为填词的根基,姚氏叔侄的词学思想及词作,堂庑特大。虽然姚际恒的词作未曾传世,但姚氏昆仲的词作,却称一时之盛。

在西泠词人群体中,既有父子词人,亦有兄弟词人。比如,沈谦与其二子沈圣昭、沈圣清,陆钰与二子陆宏定、陆嘉淑,均为父子共同从事填词之业。而徐士俊与其弟徐灏、丁澎与其弟丁潆、张丹与其弟张振孙、诸九鼎与诸匡鼎、陆进与陆次云等则是兄弟共同从事填词之业。

另外,词本为音律声韵之学,不精通音律声韵者,必不能成为词坛名家。值得一提的是,西泠的诗书世家,多注重对家族子弟进行声韵音律等文学创作基础知识的培养和传授。据应㧑谦《东江沈公传》记载:"(沈谦)幼颖异,六岁能辨四声。……九岁作时艺,涉笔便佳。"③陆圻《东江集钞序》则云:"(沈谦)九岁能为诗,度宫中商,投颂合雅。"④毛先舒《沈去矜墓志铭》曰:"去矜少颖慧,六岁能辩四声,益长笃学,尤好为诗古文。"⑤毛奇

---

① 张丹:《张秦亭诗集》,卷七,南京图书馆藏清康熙石甑山房刻本,《四库全书存目丛书》集部第210册,济南,齐鲁书社,1997年,第1版,第558页。
② 张丹:《张秦亭诗集》,卷九,南京图书馆藏清康熙石甑山房刻本,《四库全书存目丛书》集部第210册,济南,齐鲁书社,1997年,第1版,第572页。
③ 沈谦:《东江集钞》,附录,清康熙十五年(1676)沈圣昭沈圣晖刻本,《四库全书存目丛书》集部第195册,济南,齐鲁书社,1997年,第1版,第274页。
④ 沈谦:《东江集钞》,卷首,清康熙十五年(1676)沈圣昭沈圣晖刻本,《四库全书存目丛书》集部第195册,济南,齐鲁书社,1997年,第1版,第187页。
⑤ 沈谦:《东江集钞》,附录,清康熙十五年(1676)沈圣昭沈圣晖刻本,《四库全书存目丛书》集部第195册,济南,齐鲁书社,1997年,第1版,第275页。

龄《毛稚黄墓志铭》称毛先舒:"当甲乙之际,士君子弃置今学,学古人为文辞,往往萃一二指名者,互相标许。维时临安诸君则有所谓'西泠十子'者,实以稚黄为项领云。"①又云:"君六岁能辩四声,八岁能诗,十岁能属文,十八岁著《白榆堂诗》,镂之版。"②俞士彪《西陵词选序》亦云:"余八岁趋庭,大人训以音律,十一学为长短句。"③

"西泠十子"中的沈谦、毛先舒、柴绍炳等人,还形成了一个音韵学研究核心,与萧山毛奇龄等人彼此诘难争锋,深入探究诗赋词曲等文体的格律音韵问题。沈谦《东江集钞》卷七收有《答毛稚黄论填词书》《与袁令昭先生论曲谱书》。毛奇龄《毛稚黄墓志铭》讲述了一段西泠诸子与人论古韵的轶事:"当甲乙之际,士君子弃置今学,学古人为文辞,往往萃一二指名者,互相标许。维时临安诸君,则有所谓'西泠十子'者,实以稚黄为项领云。尝与山阴张杉、始宁徐仲子过稚黄,与论古韵,不合座客。陆圻,'西泠十子'之一也,嘿而视,不置臧否。仲子曰:'景宣宁独无一言乎?'曰:'二毛难降,予之所以不禽也。'盖戏以两人为不相下矣。"④此处"二毛",即指毛奇龄与毛先舒。二人均擅音韵学,毛奇龄著《古今通韵》;二人又以书信切磋音韵问题,毛奇龄有《辩毛稚黄〈韵学通指〉书》。

可见,西泠文人大都精通音律声韵,且诗赋词曲兼擅。如沈谦著有《词韵》《词律》《南曲谱》等。毛先舒著有《韵学通指》《韵白》《声韵丛说》《韵问》《唐人韵四声表》《南曲入声客问》《南曲正韵》等。因此,西泠词人在词学上的高超造诣,与其家学传承不无关系。

三、西泠的学脉

西泠的学脉,是西泠词人群体形成的另一个重要原因。西泠词人群体之间的学脉关系,大致可分为两种情况:一是相互有酬唱联系的同道。如卓人月、徐士俊的栖水唱和,编成《徐卓晤歌》。明代末年,国势危急,西泠

---

① 毛奇龄:《西河文集》,《西河合集》之《墓志铭》卷九,《清代诗文集汇编》第88册,上海,上海古籍出版社,2010年,第1版,第52页。
② 毛奇龄:《西河文集》,《西河合集》之《墓志铭》卷九,《清代诗文集汇编》第88册,上海,上海古籍出版社,2010年,第1版,第53页。
③ 陆进、俞士彪:《西陵词选》,卷首,清康熙十四年(1675)刻本。
④ 毛奇龄:《西河文集》,《西河合集》之《墓志铭》卷九,《清代诗文集汇编》第88册,上海,上海古籍出版社,2010年,第1版,第52页。

文人陆圻、柴绍炳、吴百朋、陈廷会、孙治、张祖望、沈谦、毛先舒、丁澎、虞黄昊经常相约聚会。毛先舒《沈去矜墓志铭》记载："而平居尝不自快意，卒发孤愤。忆己卯、庚辰之间，流贼蹯蜀、豫，转入三晋。时遣重臣将兵，出率挫衄遁逃，西北势已危。而大江以南，蝗螟从北来蔽天，米一石值六、七缗钱，饥馑连数岁，道殣如麻。士大夫方扼腕慷慨，指陈时事，联络风声，互相推与，怀古人揽辔登车之思焉。是时，逸真先生亦开章庆之堂，多延文学士，与去矜为周旋。陆景宣为东南士类冠冕，馆于沈氏，与诸公赋诗，悲歌饮酒，连日达夜。余时卧病不得与，然心向而驰，盖意气犹壮也。越四年，天下乱，客皆散去。"①可知，沈谦之父沈逸真先生的章庆堂，是"西泠十子"及其文友频繁雅集的场所。沈谦所撰《章庆堂宴集记》记录了明崇祯十五年壬午(1642)西泠诸子的一次聚会盛况："家君以群贤萃止，遂张歌舞之筵，予兄弟持觞劝客，酬酢燕笑，极为愉快。时维秋暮，玉露既零，金花特盛，一堂之内，焕若春阳。已而白月东升，列炬如昼，帘幕低垂，表里映彻。有吴伶宝郎者，能为凄断之音，佐以丝竹，愁惨靡曼，闻者啜泣，清歌未终，而鸡已三号矣。"②

明清易鼎以后，毛先舒、沈谦、张丹经常相聚沈氏南楼，酹酒临风，长啸吟咏，又称"南楼三子"。丁澎《辛卯人日，偕景宣、虎臣、锦雯、宇台、驰黄、舍弟弋云、素涵同作》一诗，记载了清顺治八年辛卯(1651年)正月初七丁澎与西泠诸子陆圻、柴绍炳、吴百朋、毛先舒，以及其弟丁弋云、丁素涵诗文唱和的情景："经春雪霁散庭空，摇落偏伤物序同。岂有望乡怀庾信，还从采药访韩终。玉缸倾酒寒浮绿，金缕裁人彩竞红。落雁花前莫惊讯，乱离兄弟各墙东。"③丁澎中进士之后，在京师又与严沆、宋琬、施闰章、陈廷会等相酬答，号"燕台七子"。

而留在西泠本土的士人，则继续往昔结社交游、切磋文艺的生活。如清康熙十一年(1672)，陆进参加沈丰垣、吴仪一、张台柱、俞士彪等人组成的"西泠词社"。陆进《巢青阁集诗余自序》云："壬子被放，枯坐无聊，适沈子通声、吴子璨符、张子砥中、俞子季瑮，有词社之订，未免见猎

---

① 沈谦:《东江集钞》,附录,清康熙十五年(1676)沈圣昭沈圣晖刻本,《四库全书存目丛书》集部第 195 册,济南,齐鲁书社,1997 年,第 1 版,第 275 页。
② 沈谦:《东江集钞》,卷六,清康熙十五年(1676)沈圣昭沈圣晖刻本,《四库全书存目丛书》集部第 195 册,济南,齐鲁书社,1997 年,第 1 版,第 240 页。
③ 丁澎:《扶荔堂诗稿》,卷十,清顺治十一年(1654)刻本。

第二章　明末清初西泠词人群体的形成原因

心喜,又复成帙,遂合从前所作,汇为删定。初刻存十五首,次刻存八十五首,并未刻九十五首。"①而徐逢吉与洪昇、沈丰垣也时时以词唱和,其《秋林琴雅题辞》云:"余束发喜学为词,同时有洪稗村、沈柳亭辈尝为倡和。"②同时,徐逢吉与吴仪一也以文相交,二人与洪昇一起,被王士禛称为"西泠三子"。

二是直接有师承关系的师徒。据王晫《今世说》记载了西泠词人群体先驱徐士俊的指点提携文坛后进的美德:"少奇敏,于书无所不读。发为文,跌宕自喜,好为乐府诗歌古文词。与人交,如坐春风,饮醇酒。有问字者,倾心教之。有一长可录者,不惜齿牙奖成之。故所至逢迎恐后,争礼为上宾。日有课程,虽老勿替。"③可知徐士俊为人谦和,乐为人师,喜指教鼓励文坛晚辈后生。西泠词人陆进,即是他的弟子。除徐士俊之外,陆进还拜曾沈谦、毛先舒为师,从其学词。

沈谦亦有众多的弟子门生,其中最著名的有"东江八子",得名于王绍曾所辑《东江八子集》。李榕等《[民国]杭州府志》记载:"《东江八子集》,仁和王绍曾辑。"④据《东江集钞》诸卷所列沈谦门生,可知"东江八子"指潘云赤、沈丰垣、俞士彪、张台柱、王升、王绍曾、唐弘基、洪昇八人。《东江集钞》卷七收录了沈谦写给诸位弟子的书信,有《与洪昉思》《答潘云赤》《与俞士彪》二首,以及《与唐弘基》《与张台柱》等。其中《与俞士彪二首》其一云:"淮海、历城,名垂千古,岂非词坛之盛轨。然二子并有功德可称,不专以此事见长。吾欲足下先其难者,则月露风云,不能复为笔墨之累。试观《闲情赋》《香奁诗》《博南乐府》,其人果何如哉?足下勉之矣。"⑤其二云:"昨在南屏,昉思盛称足下《荆州亭》词:'街鼓一声声,却似打人心里。'是夜宿雷峰土室,湖月翳云,加以暑电。炉香乍歇,群籁寂然,卧听老僧唱佛,忽起忽

---

①　陆进:《巢青阁集诗余》,卷首,清康熙刻本,张宏生编《清词珍本丛刊》第9册,南京,凤凰出版社,2007年,第1版,第757—758页。
②　厉鹗著,董兆熊注,陈九思标校:《樊榭山房集》,《秋林琴雅》卷首,上海,上海古籍出版社,1992年,第1版,第879页。
③　王晫:《今世说》,卷三,周骏富编《清代传记丛刊》第18册,台北,明文书局,1985年,第1版,第33页。
④　李榕等:《[民国]杭州府志》,卷九十五,《中国地方志集成·浙江府县志辑》辑1第二册,上海,上海书店出版社,1993年,第675页。
⑤　沈谦:《东江集钞》,卷七,清康熙十五年(1676)沈圣昭沈圣晖刻本,《四库全书存目丛书》集部第195册,济南,齐鲁书社,1997年,第1版,第251页。

沉,嗽声与梵声间发,击鱼数千槌。皆若予身受之,益喜足下之技甚长进也。"①这两封书信反映出沈谦对俞士彪在词的创作层面指导与鼓励,足见沈门的师生情谊。

　　吴仪一、李式玉、聂鼎元、张振孙、诸九鼎、诸匡鼎等人,则师从于毛先舒门下,毛先舒《东苑文钞》中有《题吴舒凫诗余》《与李东琪书》《答张祖定论郑伯叔段书》等。胡大灐、徐昌薇、沈圣昭等人则是张丹的学生,张丹《张秦亭诗集》中有《咏从野堂古槐示诸门人》一诗,中有"及门二三子,时来莓苔陂。采秀共翩翩,芳香各自知"②之句。在张丹众多的门人中,沈圣昭是沈谦之子,《张秦亭诗集》中有《沈郎行与门人圣昭》《喜沈圣昭刻其父去衿遗集》二诗,足见张丹对沈圣昭备加赏识。虞黄昊与陆圻同为"西泠十子",同时,虞又是陆圻的受业弟子。陆培之子陆繁绍、严沆长子严曾榘,均是"西泠十子"之一陈廷会的门生。

　　综上所述,地域文化、家族、学脉三个因素,是明末清初西泠词人能够凝聚在一起,并发展成为一个庞大文学群体的纽带,不仅西泠词人群体如此,明末以至清代其他文学流派的形成,亦大抵如此。

第二节　契机:西泠的盟社

　　谢国桢在《明清之际党社运动考》中,把"社"定义为士子们集体合起来研习举业的团体运动,因社中成员集会时会有歃血为盟之事,所以又称"盟社";且指出,文人盟社在明季最为繁盛。③

　　自古以来,西泠一直是名士文人的流连之地,盟社活动自然很多,最初的西泠盟社可追溯到南宋时期。宋人南渡以后,建都于临安,临安便成为南宋政治经济文化的中心。大批文人聚集于这里,雅集唱和是必然之事,这在南渡文人的诗词中屡屡可见。但这种雅集唱和,还不是真正意义上的盟社。西泠盟社大约出现于南宋后期,以江湖诗派为代表。当时一些没能

---

① 沈谦:《东江集钞》,卷七,清康熙十五年(1676)沈圣昭沈圣晖刻本,《四库全书存目丛书》集部第195册,济南,齐鲁书社,1997年,第1版,第251页。
② 张丹:《张秦亭诗集》,卷二,南京图书馆藏清康熙石甑山房刻本,《四库全书存目丛书》集部第210册,济南,齐鲁书社,1997年,第1版,第501页。
③ 谢国桢:《明清之际党社运动考》,上海,上海书店出版社,2004年,第1版,第6页。

第二章 明末清初西泠词人群体的形成原因

入仕或不愿入仕的游士流转江湖,以献诗卖文维持生计,成为江湖谒客。杭州书商陈起,喜欢结交文人墨客,其中不仅有级别较低的官员、放浪形骸的隐逸之士,也有许多江湖谒客。宋理宗宝庆元年(1225)陈起为上述诗人刻印诗集,总称为《江湖集》。以江湖谒客为主的这些诗人就被称为江湖诗派,他们以陈起为中心,其活动范围主要就在西泠一地。[1]

南宋后期,除了江湖诗派活动在西泠地区,尚有史达祖、高观国等所结词社和"西湖诗社"等盟社。关于"西湖诗社",南宋端平年间灌圃耐得翁所著《都城纪胜》"社会"条云:"文士则有西湖诗社,此社非其他社集之比,乃行都士大夫及寓居诗人。旧多出名士。"[2]吴自牧《梦粱录》卷十九"社会"条云:"文士有西湖诗社,此乃行都缙绅之士及四方流寓儒人,寄兴适情赋咏,脍炙人口,流传四方,非其他社集之比。"[3]"西湖诗社"在南宋后期的名望可想而知。

宋元之交,活跃在西泠的词社为"西湖吟社",成员有杨缵、周密、张炎、王沂孙、李彭老、仇远等二十几位词人,彼此互通声气,雅集唱和。[4] 南宋亡后,"西湖吟社"的词作更是充满了故国之思。如周密、李彭老、张炎三人,曾以"西湖春感"为题唱和,词中蕴含的无奈与伤感,是整个南宋遗民词人群体心态的真实写照。周密《探芳讯·西泠春感》:

> 步晴昼。向水院维舟,津亭唤酒。叹刘郎重到,依依谩怀旧。东风空结丁香怨,花与人俱瘦。甚凄凉,暗草沿地,冷苔侵甃。　桥外晚风骤。正香雪随波,浅烟迷岫。废苑尘梁,如今燕来否。翠云零落空堤冷,往事休回首。最消魂,一片斜阳恋柳。[5]

李彭老《探芳讯·湖上春游,继草窗韵》:

---

[1] 张宏生:《江湖诗派研究》,北京,中华书局,1995年,第1版,第20—23页。
[2] 孟元老、吴自牧等:《东京梦华录(外四种)·都城纪胜》,上海,古典文学出版社,1957年,第1版,第98页。
[3] 孟元老、吴自牧等:《东京梦华录(外四种)·梦粱录》,卷十九,上海,古典文学出版社,1957年,第1版,第299页。
[4] 萧鹏:《西湖吟社考》,《词学》,第七辑,上海,华东师范大学出版社,1989年,第1版,第88页。
[5] 唐圭璋编:《全宋词》,北京,中华书局,1965年,第1版,第3292页。

对芳昼。甚怕冷添衣,伤春疏酒。正绯桃如火,相看自依旧。闲掩梨花雨,谁问东阳瘦。几多时,涨绿莺枝,堕红鸳甃。　堤上宝鞍骤。记草色薰晴,波光摇岫。苏小门前,题字尚存否。繁华短梦随流水,空有诗千首。更休言,张绪风流似柳。①

张炎《探芳信·西湖春感寄草窗》:

坐清昼。正冶思萦花,余醒倦酒。甚采芳人老,芳心尚如旧。清魂忍说铜驼事,不是因春瘦。向西园,竹坞颓垣,蔓罗荒甃。　风雨夜来骤。叹歌冷莺帘,恨凝蛾岫。愁到今年,多似去年否。旧情懒听山阳笛,目极空搔首。我何堪,老却江潭汉柳。②

除此之外,《乐府补题》还记载了"西湖吟社"的五次大型唱和活动,分别为:《天香·宛委山房拟赋龙涎香》《水龙吟·浮翠山房拟赋白莲》《摸鱼儿·紫云山房拟赋莼》《齐天乐·余闲书院拟赋蝉》《桂枝香·天柱山房拟赋蟹》。《乐府补题》所记载的唱和活动,无论是否与南宋王陵的被盗有关,但唱和词作中所表现出的哀伤与悲凉,却是清晰可见的。

关于西泠地区的南宋史、高等所结词社及宋元之交"西湖吟社"对后世词坛的影响,清人李符在为龚翔麟所作《红藕庄词序》中有所印证:"词至晚宋,极变而工。一时名流,往往托迹西泠,篇章传播为最盛。"③清代词人龚翔麟,字天石,号蘅圃,浙江仁和(今杭州)人,与朱彝尊等合称"浙西六家"。据李符《红藕庄词序》所云:"蘅圃家钱唐,少长京师,今方在盛年,需次郎署,然一丘一壑之想,与林薮逸民且有同好。间返西泠,吊南渡以来诸词人觞咏陈迹,感湖山之寂寞,辄低徊不能去。"④可知,宋元时期西泠词坛盟社所累积的词学遗产,不仅成为西泠词史上的佳话,而且对于后世词学,尤其清代词学复兴有着重要的辐射作用。

元代,西泠地区的盟社,除却"西湖吟社"外,另有遗民文人组成的"杭清吟社""古杭白云社""孤山社""武林社""武林九友会""月泉吟社"等,也

---

① 唐圭璋编:《全宋词》,北京,中华书局,1965年,第1版,第2970页。
② 唐圭璋编:《全宋词》,北京,中华书局,1965年,第1版,第3481页。
③ 冯乾编:《清词序跋汇编》,南京,凤凰出版社,2013年,第1版,第213页。
④ 冯乾编:《清词序跋汇编》,南京,凤凰出版社,2013年,第1版,第213页。

第二章　明末清初西泠词人群体的形成原因

在西泠一地分韵酬唱,极盛一时。明田汝成《西湖游览志余》曰:"元时,豪杰不乐进取者,率托情于诗酒。其时杭州有清吟社、白云社、孤山社、武林社、武林九友会,儒雅云集,分曹比偶,相睹切磋,何其盛也。国初犹有余风,故士人以诗学相尚。宣德、正统间,海内熙皞,而杭州尤繁盛,士庶燕会,雅而弗淫。"①

又据《西湖游览志余》,直至明代中叶,西泠地区的盟社之风依然十分繁盛。明嘉靖年间,闽人祝时泰游杭时,与友人创立"西湖八社":"凡会吟者八:曰紫阳社、曰湖心社、曰玉岑社、曰飞来社、曰月岩社、曰南屏社、曰紫云社、曰洞霄社。时泰与光州知州仁和高应冕、承天府知府钱塘方九叙、江西副使钱塘童汉臣、诸生徽州王寅、仁和刘子伯,布衣仁和沈仕等分主之,以所作唱和诗集为此编,分春社、秋社二目。明之季年,讲学者聚徒,朋党分而门户立;吟诗者结社,声气盛而文章衰。当其中叶,兆已先见矣。"②可以说,"西湖八社"已经开启了明季西泠乃至天下盟社之先声。

另外,明代万历年间,仁和塘栖的卓文卿、卓明卿兄弟发起了一次大型的西泠社集,参加者均为当时文坛、政坛的名流。卓氏兄弟因仕而显,与屠隆、王世贞、汪道昆均有交游。万历十四年(1586)八月二十五日,众名士共十余人在西湖净慈寺社集,卓氏兄弟为东道主,诗酒唱和,风雅一时。屠隆《西泠社集叙》云:"万历丙戌八月望后,新都汪伯玉司马至自京口,不佞至自四明,四方贤豪不期而集者如云,而虎林人卓光禄征父、徐司理茂吴者,盖其境内之名贤也。征父念四方贤豪不假征聘而一朝偶集于此,此数百年来所未有。乃治酒征歌,大会诸公于湖上之净慈寺。时秋日向深,天高气爽,杨柳未落,芙蓉渐华。……已而拈韵赋诗,搴芳擘秀,家探骊颔,人诧蟒珠。东南自兰亭以来,乃有此会宠灵西湖,殆如被以九锡也者。"③

明代末年,西泠地区的盟社活动达到鼎盛时期,亦居全国之首位,著名的先后有小筑社、读书社、登楼社、碾禄社、西泠十子、孤山五老会、北门四子、鹫山盟十六子、南屏吟社等等。吴庆坻《蕉廊脞录》对明代末年至清康熙年间西泠的盟社活动总结如下:"吾杭自明季张右民与龙门诸子创登楼

---

① 田汝成:《西湖游览志余》,卷二十一,杭州,浙江人民出版社,1980年,第1版,第343页。
② 永瑢等:《四库全书总目》,卷一九二,总集类存目二"《西湖八社诗帖》"条,北京,中华书局,1965年,第1版,第1751页。
③ 屠隆:《栖真馆集》,卷十,明万历十八年(1590)吕氏栖真馆刻本,《续修四库全书》集部第1360册,上海,上海古籍出版社,2002年,第1版,第422页。

43

社，而西湖八社、西泠十子继之。其后有孤山五老会，则汪然明、李太虚、冯云将、张卿子、顾林调也；北门四子，则陆荩思、王仲昭、陆升篔、王丹麓也；鹫山盟十六子，则徐元文、毛驰黄诸人也；南屏吟社，则杭、厉诸人也。"①朱彝尊《静志居诗话》云："杭州先有'读书社'，倡自闻孝廉子将、张文学天生、冯公子千秋，暨余杭三严，后乃入于'复社'，而'登楼社'继之；文必六朝，诗必三唐，彬彬盛矣。"②

朱倓《明季杭州读书社考》一文，对于明季杭州读书社的渊源及人员组成等情况进行了考证，并指出："明季盟社，以南直隶、浙江为最盛，即今所谓江、浙是也。……浙江则以杭州为首，浙东之宁波、绍兴，浙西之嘉兴、湖州次之。复社之兴，本于南直隶之应社，浙江之读书社。"③朱倓认为，明代余杭的小筑社是读书社的前身，登楼社是读书社的支流。④小筑社的创始人，为明嘉靖时期的严武顺、严敕兄弟。据《[嘉庆]余杭县志》卷二十六《孝友传》"严武顺"条记载："严武顺，字讱公，太常卿大纪仲子，生而颖异。……及壮，追思太常公见背，早矢志砥行，欲绍振家学。兄弟自相师友，为文力追正始，择都人士，订业小筑山居。武林社事之盛，实自此始。性好友思，尽交四方贤士。而士之往来浙水者，亦尽欲得交严氏昆季。"⑤西泠词人卓人月、丁奇遇、严渡、严津、严沆等人，均为读书社成员。登楼社为读书社之继，以严渡为代表，陆圻、严沆、朱一是、柴绍炳、毛先舒、丁澎、吴山涛等人，均为其成员。另外，登楼社的主要成员，曾经参加明崇祯十五年（1642）复社在苏州虎丘举行的"十郡大会"。

不仅如此，西泠一地的名媛闺秀也纷纷仿效，结社摛章，如清代初年的"蕉园诗社"就是一个典型的例子，其代表人物为"蕉园五子"（或称"蕉园七子"）。除了以上比较著名的盟社之外，还有一些鲜为人知的盟社，如卓人月《蟾台集》卷三《浙社征文启》《回澜合社征文檄》、卷四《兰社启》《西湖莲社启》《久社启》，俱记载了明末清初西泠盟社的盛况。

---

① 吴庆坻：《蕉廊脞录》，卷三，北京，中华书局，1990年，第1版，第96页。
② 朱彝尊：《静志居诗话》，卷二十一"闻启祥"条，北京，人民文学出版社，2006年，第1版，第662—663页。
③ 朱倓：《明季社党研究》，上海，商务印书馆，1945年，第1版，第208页。
④ 朱倓：《明季社党研究》，上海，商务印书馆，1945年，第1版，第208页。
⑤ 张吉安：《[嘉庆]余杭县志》，《中国地方志集成·浙江府县志辑》第五辑，上海，上海书店，1993年，第1版，第948页。

第二章 明末清初西泠词人群体的形成原因

西泠盟社的活动,首先为读书博经,研习举业,以文章风节相期许,这也是杭州"读书社"命名的由来。据《[康熙]钱塘县志》卷二十《人物·文苑》"张芬"条记载:"时东南人才,多负盛名,芬与其叔岐然,及江浩、虞宗玫,郑铉辈创为读书之社,其法约数人共读一书,数日了一义,盈科后进,最有条贯,学古有志之士,问难不辍。"① "登楼社"为"读书社"之继,也承续了"读书社"的立社宗旨。朱偰《明季杭州登楼社考》云:"(登楼社)均以词章之业为主,职思其居,言不出位,有古人读书尚友之志,而无复社、应社游光扬声之习。"②

卓人月《浙社征文启》一文,也透露出盟社成员之间以文章相砥砺的讯息:"用是与吾浙诸兄弟约,各出珠玑,以畀剞劂鸿文,既集之后,必有一代英杰出乎其中,以为领袖,如余所谓丕变风俗者,而余或幸不为诸君子所弃,得以父事兄事于其后,固所愿也。一国之善士,互为师友,则已解脱乎一乡,而徐将旁薄乎天下,斯浙社之所由征也夫。"③ 同时,雅集游玩、诗词酬唱、指陈时事、吟啸抒怀也是社集时的活动项目。毛先舒《西陵十子诗选略例六则》其一曰:"我党相期,立言居末,诗赋小道抑益其次。徒以世更衰薄,心存忧患,慷慨讴吟,颇积篇帙,聊当风谣,稍存讽喻。"④ 同时,盟社成员的雅集交游活动,并非囿于一社一地之内,也经常与西泠之外的盟社联袂唱和,互通声气。如"读书社"与"登楼社",一方面保持自己的独立性,一方面又加入陈子龙的"复社"和"几社",参与其中的活动。

谢国桢在《明清之际党社运动考》的《浙中诸社附闽中诸社》一文中,对杭州盟社兴盛的原因,与浙东宁波一带的盟社,作了对比分析:"浙中的社局,我们可分为浙西、浙东两派。浙西杭州等处,还承着三吴的余钵,诗酒吟咏,或从事禅悦,不脱三吴颓唐的风气。浙东宁波一带的社局,气象慷慨,勇于敢为,与浙西的风气便不同了。"⑤

需要指出的是,明清易鼎之后,西泠的社事活动一度消歇。因为明清的易鼎,使士子心理遭受了前所未有的重创,尤其是西泠一地的士子。清

---

① 魏㟲:《[康熙]钱塘县志》,《中国地方志集成·浙江府县志辑》第四辑,上海,上海书店,1993年,第1版,第418页。
② 朱偰:《明季社党研究》,上海,商务印书馆,1945年,第1版,第234—235页。
③ 卓人月:《蟾台集》,卷三,明崇祯刻本。
④ 毛先舒、柴绍炳:《西陵十子诗选》,卷首,清顺治七年(1650)辉山堂刻本。
⑤ 谢国桢:《明清之际党社运动考》,北京,中华书局,1982年,第1版,第177页。

雍正七年(1729)，厉鹗辑《湖船录》成书，示好友全祖望并请序。全祖望在《湖船录序》中说："西湖为唐宋以来帝王都邑，一举目皆故迹。太鸿蒐金石之遗文，足以证史传；访池台亭榭之旧事，足以补志乘。而独惓惓于兰桨桂棹之间，繁举而屑数之。说者以为是骚人之结习，学士之闲情也。虽然，太鸿之志则固有不尽于此者。"①相对于清中叶的厉鹗，明末清初的西泠士子面对西泠残垣故迹，如凤凰山麓的南宋故宫遗址、西泠桥、清波门、涌金门、冷泉亭、飞来峰等，其山河依旧而社稷沦亡之伤痛要更加直接和深刻。张岱在清康熙十年(1671)《西湖梦寻自序》中曰："余生不辰，阔别西湖二十八载，然西湖无日不入吾梦中，而梦中之西湖，未尝一日别余也。前甲午、丁酉，两至西湖，如涌金门商氏之楼外楼，祁氏之偶居，钱氏、余氏之别墅及余家之寄园，一带湖庄，仅存瓦砾。则是余梦中所有者，反为西湖所无。及至断桥一望，凡昔日之弱柳夭桃、歌楼舞榭，如洪水淹没，百不存一矣。"②明清易鼎，西泠士子对亡国灭种的体验，比一般人要来得更为强烈和持久。

清顺治二年(1645)六月，清军于进入西泠，一路纵肆淫略。自缢殉国，绝食而卒，隐逸山林以自洁，读书吟怀以砺志，成为许多西泠士人不约而同的选择。此年，陆培自缢殉国；闰六月八日，刘宗周绝食而卒；九月三十日，陆钰闻听南都不守，绝食十二日而终；毛先舒父毛继斋闭户谢客，坐禅如僧。而"西泠十子"，自天下动乱之后，相聚之机，日益稀少。毛先舒《西陵十子诗选·略例六则》云："同社诸子，顷值兵燹之余，寄迹不一，或有事桑弧，或托业渔钓，或钩味经传，拟勒成书。唱和之席，间多希阔。至若景宣提囊，研翻肘后；际叔庐次，全废歌咏。"③吴庆坻《蕉廊脞录》记载："西湖山水甲天下，鼎革之际，胜国遗老隐姓名遁迹湖上者尤多。先高祖《杭郡诗辑》无名氏一卷，据夏基《西湖览胜诗选》所载，得二十四人：曰闭户先生、曰河渚生、曰花间散人、曰靠天翁、曰墨憨、曰凫友、曰泊庵、曰漱石翁、曰辣庵、曰渡船翁、曰焦梧生、曰龙井山樵、曰烟水客、曰天容子、曰小林逋、曰竹逸、曰心庵懒叟、曰松窗书史、曰甓庵、曰藤石、曰山泽臞叟、曰拙存生、曰艺园遗老、曰长啸客，是殆'月泉吟社'之流，不仅膏肓泉石也。"④可以看出，在明清鼎革之际，西湖遂成为明遗民不约而同的隐逸之地，西湖山水既成

---

① 厉鹗：《湖船录》，卷首，清钱塘丁氏校刊本。
② 张岱：《西湖梦寻》，卷首，南京，江苏古籍出版社，2000年，第1版，第1页。
③ 毛先舒、柴绍炳：《西陵十子诗选》，卷首，清顺治七年(1650)辉山堂刻本。
④ 吴庆坻：《蕉廊脞录》，卷三，北京，中华书局，1990年，第1版，第97页。

为时时触发他们亡国之痛的诱因,也是他们逃避尘世俗务的世外桃源。

尽管如此,由于西泠悠久的盟社传统,西泠士人的结社雅集、诗词酬唱等活动,并未因朝代的更迭而完全中断。随着清初政局的逐渐稳定,西泠社事重现繁荣景象,出现了一大批规模较小、组织松散,但活动却很频繁的盟社,如第二节所述沈谦、毛先舒和张丹自号"南楼三子",陆进、王晫等人号称"北门四子",陆进、吴仪一等人结为"西泠词社",洪昇、吴仪一和徐逢吉号称"西泠三子"等等。只是,因为清初官方对于士人言论的强大钳制,西泠社事活动的性质一改明代晚期浓郁的政治意味,而纯以文学为重,而这一转变却恰恰有助于西泠词人群体的在诗词文赋方面的交流,彼此互相切磋,反倒促进一地文风的兴盛。总之,西泠地区悠久的盟社传统,显然是明末清初西泠词人群体形成不可或缺的重要因素。

第三节 浸润:西泠的词学传统

西泠的词学传统具有非常鲜明的特色,一是注重词的声律和音韵,二是注重对词法的总结,三是注重系统词学理论的构建。实际上,自两宋以来,西泠一地的词学传统一直规范和左右着整个中国词史的发展。如果对西泠一地的词学流变弃而不论,则难以理解西泠词人群体形成的原因及其词学思想的渊源。

唐宋以来,作词、论词一直是西泠文人自觉的文学活动。据唐圭璋先生《两宋词人占籍考》[①]统计,两宋时期有词流传而籍贯可考者共867人,仅浙江省就有216名词人,位居第一。其中西泠一地的词人(本土、寓居)则有34人,约占浙江省词人总数的六分之一,概观宋代西泠一地词学之盛,名家圣手就有林逋、周邦彦、张镃、汪元量、朱淑真、洪咨夔、张枢、杨缵、张炎、仇远等人;传世词集有周邦彦《清真集》、张镃《玉照堂词》、洪咨夔《平斋词》、姚述尧《箫台公余词》、张炎《山中白云词》、汪元量《水云词》、朱淑真《断肠词》、仇远《无弦琴谱》等;词话著作有杨缵《作词五要》、张炎《词源》等。

在两宋西泠词人中,词坛大家云立,他们既是中国词史上的一座座丰

---

① 唐圭璋:《宋词四考》,南京,江苏古籍出版社,1985年,第1版,第1—4页。

碑，更是西泠词人引以为荣、争相模仿的乡贤。如隐居于孤山的"和靖先生"林逋，以"疏影横斜水清浅，暗香浮动月黄昏"而声噪词坛，姜夔以此创《暗香》《疏影》二调。

"大晟词人"周邦彦，"好音乐，能自度曲"，集唐宋以来词人之大成，并将词的格律、章法、造境、语言、用事等，提升到前所未有的境界，开中国词史雅正一派，被王国维《清真先生遗事》比为"词中老杜"①。张炎《词源》也对周邦彦推崇备至，将其称作雅词之祖："古之乐章、乐府、乐歌、乐曲，皆出于雅正。粤自隋、唐以来，声诗间为长短句。至唐人则有《尊前》《花间》集。迄于崇宁，立大晟府，命周美成诸人讨论古音，审定古调，沦落之后，少得存者。由此八十四调之声稍传。而美成诸人又复增演慢曲、引、近，或移宫换羽，为三犯、四犯之曲，按月律为之，其曲遂繁。美成负一代词名，所作之词，浑厚和雅，善于融化词句，而于音谱，且间有未谐，可见其难矣。作词者多效其体制，失之软媚，而无所取。此惟美成为然，不能学也。"②沈义父《乐府指迷》则认为，周邦彦词已臻于词中化境："凡作词，当以清真为主。盖清真最为知音，且无一点市井气。下字运意，皆有法度，往往自唐宋诸贤诗句中来，而不用经史中生硬字面，此所以为冠绝也。"③明末清初西泠词人严沆在《古今词汇序》中也极力推尊周邦彦："耆卿专主温丽，或失之俚；子瞻专主雄放，或失之肆；当其时，少游、鲁直、补之尽出其门，而正伯、苏氏中来，独于词未尝师苏氏，宁阑之耆卿之调，工者无论，俚者殆有甚焉。故论词于北宋，自当以美成为最醇。"④

除此之外，西泠词人中不可忽视的人物还有杨缵和张炎，他们继承了周邦彦开创的格律词派，并确立了"协律""雅正""清空"的词学规范，被后世词人奉为圭臬。据周密《浩然斋词话》"杨缵被花恼"条记载："（杨缵）洞晓律吕，尝自制琴曲二百操。又常云：'琴一弦，可以尽曲中诸调。'当广乐合奏，一字之误，公必顾之。故国工乐师，无不叹服，以为近世知音无出其右者。"⑤张炎《词源》卷末附有杨缵词话著作《杨守斋作词五要》，集中阐述

---

① 谢维扬、房鑫亮主编：《王国维全集》，第2卷，杭州，浙江教育出版社，2009年，第1版，第423页。
② 张炎：《词谱》，唐圭璋编《词话丛编》，北京，中华书局，1986年，第1版，第255页。
③ 沈义父：《乐府指迷》，唐圭璋编《词话丛编》，北京，中华书局，1986年，第1版，第277页。
④ 卓回编：《古今词汇三编》，卷首，清康熙刻本。
⑤ 周密：《浩然斋词话》，唐圭璋编《词话丛编》，北京，中华书局，1986年，第1版，第227页。

第二章 明末清初西泠词人群体的形成原因

了杨缵的词学观点,认为作词之要有五:择腔、择律、填词按谱、随律押韵、立新意,①被后世治词者奉为圭臬。张炎《词源》卷下又云:"近代杨守斋精于琴,故深知音律,有《圈法周美成词》。与之游者,周草窗、施梅川、徐雪江、奚秋崖、李商隐,每一聚首,必分题赋曲。但守斋持律甚严,一字不苟作,遂有《作词五要》。"②由此可见杨缵对周邦彦词学思想的继承,及对南宋晚期词坛的影响。

张炎承继家学,师从杨缵,精通律吕,尤擅倚声,著有《山中白云词》《词源》。如果说,杨缵《作词五要》是从创作角度对词进行的理论总结,那么,张炎《词源》是第一部系统而且全面的词学理论著作,从词的本体属性、创作技巧、作家、作品等各个方面,对唐宋以来词学的发展成果进行了总结,标志着词学理论的成熟。另外,张炎《词源》在继续推尊周邦彦以外,还确立了另外一位词坛雅正的典范,那就是姜夔。张源《词源》卷下评姜夔词云:"姜白石词如野云孤飞,去留无迹。……白石词如《疏影》《暗香》《扬州慢》《一萼红》《琵琶仙》《探春》《八归》《淡黄柳》等曲,不惟清空,又且骚雅,读之使人神观飞越。"③张炎的词学思想与词作,对后世词尤其清词影响甚大,如浙西词派就以姜张清空骚雅词风为词的最高境界。

另外,南宋末年词坛的另外一位扛鼎人物周密,与杨缵、张炎均为词友,交谊笃深,也受到西泠词人词学观念的影响,周密《浩然斋词话》《绝妙好词》亦体现出以"雅正"为尚的词学观念。还有元代词家陆辅之,是张炎的入门弟子,其《词旨》本源于《词源》。可以说,从北宋周邦彦到南宋的张镃、杨缵和张炎,西泠词人的词学理念逐渐完善,成为中国词学思想史的主导,并以西泠为中心,从地域上对全国形成辐射,从时间上对后世词人形成浸润。因此,中国词史上的第一个理论高峰,是由西泠词人完成的。

元代的西泠词学,伴随着元杂剧的兴起而消沉。元末明初,西泠词学开始复兴,远接两宋,崇尚律吕,呈现出隔代继承的态势,如宗法姜张的词人张肯。而与其同时的词人凌云翰,其词作已经出现了散曲化的痕迹。此后,凌云翰的师法者瞿佑,其词作已经显露曲化的端倪,是明代词坛曲化的代表。但是,瞿佑也有格调高逸的词作,如他的《木兰花慢·金故宫太液池

---

① 杨缵:《杨守斋作词五要》,唐圭璋编《词话丛编》,北京,中华书局,1986年,第1版,第267—268页。
② 张炎:《词源》,唐圭璋编《词话丛编》,北京,中华书局,1986年,第1版,第267页。
③ 张炎:《词源》,唐圭璋编《词话丛编》,北京,中华书局,1986年,第1版,第259页。

白莲》,以"金故宫太液池白莲"作为前朝的象征,抒发异代沧桑和人生幻灭之感。值得一提的是,其师凌云翰有和作《木兰花慢·赋白莲,和宇舜臣韵》。那么,此类以前朝旧物为题的咏物词唱和,当是南宋末年《乐府补题》的异代回音,并开清代浙西词派咏物词唱和的先河。

明代中叶,词坛一片萧条景象,但是西泠词人马洪,却以专力为词。据杨慎《词品》卷六"马浩澜著《花影集》"条记载:"马浩澜著《花影集》,自序云:'予始学为南词,漫不知其要领。偶阅《吹剑录》,中载东坡在玉堂日,有幕士善歌。坡问曰:吾词何如柳耆卿。对曰:柳郎中词宜十七八女孩儿,按红牙拍,歌杨柳岸晓风残月。学士词须关西大汉,执铁板唱大江东去。缘是求二公词而读之,下笔略知蹊径。然四十余年,仅得百篇,亦不可谓不难矣。法云道人尝劝山谷勿作小词。山谷云:空中语尔。予欲以《空中语》名其集,或曰不文,改称《花影集》。花影者,月下灯前,无中生有。以为假则真,谓为实犹涉虚也。'"①从马洪《花影集自序》及自序中所录词作中可以看出,马洪的师法对象是柳永与苏轼,故其词作具有婉约与豪放并存的风格。并且,杨慎《词品》对于马洪词极为推崇:"(马浩澜洪)善诗咏而词调尤工。"②

然而,清初朱彝尊《词综·发凡》力批马洪词:"陈言秽语,俗气薰入骨髓,殆不可医。"③对此,张宏生认为,这是朱彝尊从开宗立派的角度向明代马洪发出的挑战,他在批评马洪"俗"的背后,隐藏着以姜夔的"雅"为词学之正统的审美范式。④客观而言,朱彝尊的批评还是有失公允。与马洪同时稍后的高濂《芳芷楼词》,则呈现出散曲化的特色。可以说,明代前期,西泠词学呈现出雅、俗两种风格并存的局面,而且随着明词曲化大趋势的推动,明代中期西泠词学也呈现出曲化、俗化的态势。明代末年的卓人月、徐士俊等人,继承了西泠词学的传统,编纂《古今词统》,将婉约与豪放并存,力图一统古今词学的派别之争,是明末清初西泠词人群体的先驱。

清雍正七年(1729),厉鹗在为西泠词人吴焯所作《吴尺凫玲珑帘词序》

---

① 杨慎:《词品》,唐圭璋编《词话丛编》,北京,中华书局,1986年,第1版,第530页。
② 杨慎:《词品》,唐圭璋编《词话丛编》,北京,中华书局,1986年,第1版,第532页。
③ 朱彝尊:《词综》,郑州,中州古籍出版社,1990年,第1版,第8—9页。
④ 张宏生:《词学反思与强势选择——马洪的历史命运与朱彝尊的尊体策略》,《文学遗产》2007年第4期,第89—93页。

第二章 明末清初西泠词人群体的形成原因

中,如此概述自宋至清雍正年间西泠词学的发展脉络:"南宗词派,推吾乡周清真,婉约隐秀,律吕谐协,为倚声家所宗。自是里中之贤,若俞青松、翁五峰、张寄闲、胡苇航、范药庄、曹梅南、张玉田、仇山村诸人,皆分镳竞爽,为时所称。元时嗣响,则张贞居、凌柘轩。明瞿存斋稍为近雅,马鹤窗阑入俗调,一如市伶语,而清真之派微矣。本朝沈处士去矜号能词,未洗鹤窗余习,出其门者,波靡不返,赖龚侍御蘅圃起而矫之。尺凫《玲珑帘词》,盖继侍御而畅其旨者也。"①这段话一方面强调西泠为"南宗词派"的渊薮,另一方面梳理"南宗词派"在宋元明清的渊源流变,指出明末清初西泠词人对于"南词宗派"创作风格的游离与回归。厉鹗此论,是以浙西词派中期领袖身份,出于维护其词派宗法对象的目的而发,事实上对明末清初西泠词学风格和词学成就的评价失之偏颇。

另外,自唐宋以来,西泠一直是宦游词人的青睐之地。无论仕宦还是漫游,词人们总要在西湖留下美好的词句,形成词史上的西泠情结,如苏轼、姜夔、王沂孙、周密等人,均与西泠有着紧密的联系。苏轼于熙宁四年(1071)和元祐四年(1089)两次出仕西泠,在任期间疏浚西湖,兴修水利,"苏堤"即是苏轼留给西泠的不朽景观。当然,从文学角度而言,苏轼带给西泠文学更多的是官方的提倡与鼓励,而其豪放词风,则对西泠兼容开放之词学观念的形成有着不可忽略的影响。姜夔于宁宗庆元三年(1197)流落于西泠,寄食于友人张鉴、张镃门下,并于宁宗嘉定十四年(1221)客死此地。在西泠期间,姜夔创作了许多不朽的词篇,《角招》即是其一。此词小序曰:"甲寅春,予与俞商卿燕游西湖,观梅于孤山之西村,玉雪照映,吹香薄人。已而商卿归吴兴,予独来,则山横春烟,新柳被水,游人容与飞花中,怅然有怀,作此寄之。"②另外,晚年寓居于西泠的周密,也是西泠词学史上不可或缺的人物。周密年少时,曾以《木兰花慢》赋西湖十景,可谓道尽古今词家未能道者。另外,周密的《浩然斋词话》,记载了不少关于两宋西泠词人的轶事,如张枢、周邦彦、杨缵等。过境词人的创作,以及他们与西泠词人的交往,也是西泠地区词学传统形成的重要原因。

西泠地区源远流长的词学发展史,造就了此地厚重的词学传统,西泠

---

① 厉鹗著,董兆熊注,陈九思标校:《樊榭山房集》,卷四,上海,上海古籍出版社,1992年,第1版,第754页。

② 刘乃昌辑评:《姜夔词新释辑评》,北京,中国书店,2001年,第1版,第117页。

之人，视词为吾地之事，不仅作词，而且论词、选词，尤其注重词的格律音韵。周邦彦对词之律吕音韵的重视，遂成为西泠词人的默认规则。杨缵有《作词五要》，而其中前四个关键因素都与词的格律音韵有关。张炎不仅在《词源》下卷中对周邦彦推崇备至，而且《词源》一书，上卷专论词的律吕、宫调，下卷杂论词的音谱、拍眼、制曲、句法、用字、用事等，其词学观点与周邦彦、杨缵一脉相继。

西泠词人对词之格律音韵的重视，在明末清初西泠词人群体中，得到了很好的继承和发扬，尤其张炎及其《词源》，被卓回《古今词汇缘起》誉为"后学津梁"[1]。在词的格律方面，清初词人毛先舒撰《填词名解》，对词调的源流进行考证；赖以邠撰《填词图谱》，对填词的格律进行辨正汇总。在词的音韵方面，明末西泠词人胡文焕《文会堂词韵》，开明末清初词韵编撰风潮的先声。随后，西泠词人沈谦蒐罗宋词，博考宋人作词用韵，编成《词韵》一书，毛先舒为之括略；西泠词人仲恒在沈谦《词韵》的基础上，审音定韵，编成《词韵》。

西泠的词学传统还包括对词话、词选的重视。从词话而言，清初词人沈谦著有《填词杂说》，毛先舒著有《词辨坻》，吴仪一著有《吴山草堂词话》、张星耀著有《论词十三则》，王又华所辑《古今词论》，大部分为明末清初西泠词人论词的只言片语。查继超将毛先舒《填词名解》、赖以邠《填词图谱》、仲恒《词韵》、王又华《古今词论》四书辑为《词学全书》，以示后学。《词学全书》的编纂，可视为明末清初西泠词人系统词学思想的成熟。从词选而言，元代有张大烈《诗余类函》、明末清初有胡文焕《全庵词选》、卓人月和徐士俊《古今词统》、沈谦和毛先舒《古今词选》、陆进和俞士彪《西陵词选》、佟世南和陆进《东白堂词选》、陆次云和章昺《见山亭古今词选》、卓回和周在浚《古今词汇》、吴农祥《词苑》、卓长龄《正续花间集》，以及西泠闺秀词人卓灿《历朝词汇》。可以想见，西泠词人，尤其是明末清初的西泠词人群体，对词选之事的重视。

总而言之，明末清初的西泠，继承了两宋以来形成的词学传统，词学极盛一时，呈现出全面复兴的态势。不仅词人数量众多，而且成分复杂。就籍贯言之，有土著，有侨寓，有宦游；就身份言之，有遗民，有布衣、有官宦、

---

[1] 卓回编：《古今词汇二编》，卷首，赵尊岳编《明词汇刊》，上海，上海古籍出版社，1992年，第1版，第1544页。

有方外,有闺秀。他们交游唱和,以作词为能事,并且操持词选之政,进行各种词学活动,繁荣一时。因此,西泠词人陆进、俞士彪在《西陵词选·凡例》中曾豪言:"西泠夙称才薮,家藏美箭,人握灵蛇。"①

第四节 氛围:明代后期的词风

西泠词人群体产生于明代后期词坛,关于这一时期的词坛状况,张仲谋《明词史》有过一段论述:"明词在经历过弘治、正德、嘉靖一段中兴气象之后,在隆庆迄至崇祯的六十余年间,由于特定的社会文化背景,又重新跌入衰颓境地。"②所谓"特定的社会文化背景",主要是商品经济的高度发展,以及通俗文学如小说、戏曲的繁兴。在这一背景下,词作为雅文学的一种,无论是词体本身,还是创作者和接受者,都受到前所未有的挤压,呈现出衰颓的局面,主要表现为词体的曲化、词作质量的下降、词人数量的剧减,以及读者需求的不足。

在明代后期词坛整体出现衰颓的情况下,其词风有何特点?明末清初西泠词人群体产生于这样的氛围之中,将会受到哪些影响?

一、承接明代前、中期词风,仍以婉约艳情为正,崇尚《花间》《草堂》词风,并且此风在明代后期发展至顶峰。《花间集》和《草堂诗余》是明代最为流行的词选,后者版本达几十种之多。客观而言,以婉约艳情为词之本色的词学观念在明代的流行,的确不能排除《花间集》和《草堂诗余》二选的导引因素,正如吴梅所言:"论词至明代,可谓中衰之期。探其根源,有数端焉。开国作家,沿伯先、仲举之旧,犹能不乖风雅。永乐以后,两宋诸名家词,皆不显于世,惟《花间》《草堂》诸集,独盛一时。于是才士摸情,辄寄言于闺闼,艺苑定论,亦揭橥于香奁,托体不尊,难言大雅。"③

明代后期词坛对婉约词风的推赏,以王世贞《艺苑卮言》所论最具代表性,也正是王世贞,把以婉约为正的词学思想推向了极致:"词者,乐府之变也。……盖六朝诸君臣,颂酒赓色,务裁艳语,默启词端,实为滥觞之始。故词须宛转绵丽,浅至儇俏,挟春月烟花于闺幨内奏之,一语之艳,令人魂

---

① 陆进、俞士彪:《西陵词选》,卷首,清康熙十四年(1675)刻本。
② 张仲谋:《明词史》,北京,人民文学出版社,2002年,第1版,第195页。
③ 吴梅:《词学通论》,上海,复旦大学出版社,2005年,第1版,第107页。

绝,一字之工,令人色飞,乃为贵耳。至于慷慨磊落,纵横豪爽,抑亦其次。不作可耳。作则宁为大雅罪人,勿儒冠而胡服也。"①王世贞最为推赏的词人,是李白、晏殊、晏几道、柳永、张先、周邦彦、秦观、李清照,认为他们是词之正宗,原因在于以上词人均能以婉丽雅正之句,抒人生之致情。而同时代的俞彦,亦认为"绮语"②仅是小过而已,还不致因此而堕入地狱,并辩解道:"文人多不达,见忌真宰,理或有之。不达已足弊辜,何至深文重比,令千古文士短气。"③所以说,整个明代后期词坛,几乎全部笼罩在花草艳风之中,而这也正是西泠词人群体产生的基础和动因。

明末清初西泠词人群体,对于明代后期词坛以婉约为词之本色的词体观,既有继承,又有扬弃和修正。以沈谦等人为代表的西泠词人,对于明代以王世贞为代表的,以婉约艳情为正的词体观,持一以贯之的态度;而以卓人月、徐士俊、毛先舒、丁澎、陆进、俞士彪为代表的西泠词人,则认为婉约与豪放不能偏废,二者均为词体之本色。相对于沈谦等人,他们的词体观念更为开放和包容,这在以婉约为正的词体观念占主导地位的明末清初词坛,独树一帜。

二、词体曲化的现象更加严重。自南宋以后,词体与音乐分离,词人倚声填词已经不再可能,只能从唐宋词人的词作中总结出词的格律音韵,依而填词。对于明代词人而言,尤其如此。对此,张宏生在《清代词评中的明词观》一文中指出:"词发展到明代,词乐大致已经失传,填词基本上是作为一种抒情诗的艺术来进行的。"④明人填词,没有词乐作为倚声之用,又没有精确的词律和词韵以为规范,随性而为,这种现象在明代后期尤为严重。

明后期词人俞彦《爰园词话》,在谈论时人填词时说:"词全以调为主,调全以字之音为主。音有平仄,多必不可移者,间有可移者。仄有上去入,多可移者,间有必不可移者。傥必不可移者,任意出入,则歌时有棘喉涩舌之病。今人既不解歌,而词家染指,不过小令中调,尚多以律诗手为之,不知孰为音,孰为调,何怪乎词之亡已。"⑤指出明人以"律诗手"填词的事实,

---

① 王世贞:《艺苑卮言》,唐圭璋编《词话丛编》,北京,中华书局,1986年,第1版,第385页。
② 俞彦:《爰园词话》,唐圭璋编《词话丛编》,北京,中华书局,1986年,第1版,第403页。
③ 俞彦:《爰园词话》,唐圭璋编《词话丛编》,北京,中华书局,1986年,第1版,第403页。
④ 张宏生:《清词探微》,上海,上海古籍出版社,2008年,第1版,第65页。
⑤ 俞彦:《爰园词话》,唐圭璋编《词话丛编》,北京,中华书局,1986年,第1版,第400页。

第二章　明末清初西泠词人群体的形成原因

可见失律出韵成为词家常事,甚至滥入曲律曲韵,造成的曲化,严重损害了词的本体属性。明人陈霆也曾对国朝词风曾做出反思:"我朝文士人才,鲜工南词。间有作者,病其赋情遣思、殊乏圆妙。甚则音律失谐,又甚则语句尘俗。求所谓清楚流丽,绮靡蕴藉,不多见也。"①

明末清初西泠词人群体,敏锐地意识到明代后期词坛词体曲化的现实,并开始有针对性地扭转词体曲化的局面。他们自身具有深厚的音韵学功底,同时又深谙词曲,不仅从文体理论的角度,提出进行诗词曲之辨的口号;还有针对性地在编纂词选的同时,在词选中注入词体的相关知识,如词调调名的辨正,词谱的同调异体等;第三则是着手词调、词谱和词韵论著的编撰,如毛先舒《填词名解》、赖以邠《填词图谱》、沈谦的《词韵略》等。

三、自度曲的盛行。明代后期词坛词人,继承明代前中期词人杨慎的自度曲遗风,亦尤喜为之,如王世贞有《小诺皋》《怨朱弦》,屠隆有《绿水曲》《清江裂石》,俞彦有《美人归》,陈继儒有《阑干拍》等。"自度曲"亦称"自制曲",意谓在旧有曲调外,自行谱制新曲。中国古代文献关于自度曲的记载,最早为汉元帝长于自度曲,见于《汉书·元帝纪赞》:"元帝多材艺,善史书。鼓琴瑟,吹洞箫,自度曲,被歌声,分刌节度,穷极幼眇。"②词人自度曲,即词人填词不依照旧谱,自己因音乐填入文字,或即文字而谱按音乐,是创制词调的一个重要途径。在词史上,词人自度曲可溯源至宋代的周邦彦、姜夔和张炎。《四库全书总目》评周邦彦曰:"好音乐,能自度曲,制乐府长短句,词韵清蔚。"③姜夔在其词《长亭怨慢》序曰:"予颇喜自制曲,初率意为长短句,然后协以律,故前后阕多不同。"④张炎亦擅长自度曲,其《词源》卷上对音乐的律吕和宫调记载尤详。

但是,词体发展到明代,已经与音乐彻底分离,自度曲遂成为不可能之事,正如《四库全书总目》所说:"(宋)惟词为当时所盛行,故作者每自度曲,亦解其声,故能制其调耳。金、元以来,南北曲行而词律亡。作是体者,不

---

① 陈霆:《渚山堂词话》,卷三,唐圭璋编《词话丛编》,北京,中华书局,1986 年,第 1 版,第 378 页。
② 班固著,颜师古注:《汉书》,卷九,北京,中华书局,1962 年,第 1 版,第 298 页。
③ 永瑢等:《四库全书总目》,卷一九八,词曲类一"片玉词"条,北京,中华书局,1965 年,第 1 版,第 1811 页。
④ 唐圭璋编:《全宋词》,北京,中华书局,1965 年,第 1 版,第 2181 页。

过考证旧词,知其句法平仄,参证同调之词,知某句可长可短,某字可平可仄而已。当时宫调已茫然不省,而乃虚凭臆见,自制新腔,无论其分析精微,断不能识。即人人习见之白石词,其所云《念奴娇》离指声者,今能解为何语乎? 英雄欺人,此之谓矣。"① 张仲谋也在《明词史》指出,明人所谓"自度曲"只是拟词体形式的长短句之诗,并非真正意义的自度曲。这里,暂且将明人自度曲是否具有创造词调的意义这一问题抛开。现在的问题是,明代后期词人对自度曲的偏爱,直接影响到了明末清初西泠词人群体对自度曲的态度。

明末清初西泠词人群体由于自身深谙音律声韵,再加上西泠词学传统中本来就有自度曲的习惯,如周邦彦、张炎等均以自度曲而闻名,所以,他们对于自度曲极其热衷,尤以丁澎、沈谦、毛先舒、陆进、潘云赤等人为代表。西泠词人群体将自度曲细分为三种:自度曲、新翻曲和新犯曲。丁澎在《扶荔词》中为其新谱自度曲《花里》作注云:"新谱者,药园之所定也。有自度曲,有犯曲,有翻曲。自度曲者,取唐宋以来诸家词,依声按律,自成一调,或因原调而益损之,如减字、摊破、偷声、促拍,皆可歌者是也。犯曲者,节两调或数调之音,而叶之于宫商,以合一调,如《江月晃重山》《江城梅花引》之类是也。翻曲者,一调之韵,适可平仄互换,如《忆王孙》之为《渔家傲》,《卜算子》之为《巫山一段云》是也。要皆前人所有,不自我倡,虽云好事,非同妄作,后之学者,庶无讥焉。"② 从丁澎"皆前人所有,不自我倡,虽云好事,非同妄作"一语中,可以知晓西泠词人对于自度曲的大致态度:仿效古人而有意为之,当然也包括明人在内;同时声明,他们的自度曲,也是以深厚的音律功底为前提的,并非"妄作"。当然,从丁澎"后之学者,庶无讥焉",也可以看到他们对于所作自度曲的极度不自信,以及清初词人对于时人自度曲所持的不认可态度。

在沈谦、丁澎、毛先舒的词集中,均收录有他们的新创词调,其中丁有29首,沈有33首,毛有15首。三人新创词调的构成如下表:

---

① 永瑢等:《四库全书总目》,卷二〇〇,词曲类存目"《填词名解》"条,北京,中华书局,1965年,第1版,第1834页。
② 丁澎:《扶荔词》,卷一,清康熙十年(1671)刻本,《续修四库全书》集部第1724册,上海,上海古籍出版社,2002年,第1版,第606页。

第二章　明末清初西泠词人群体的形成原因

表 2-1　沈谦、丁澎、毛先舒新创词调构成表

词集	新谱自度曲	新谱犯曲	新谱翻曲
沈谦《东江集钞》	8	21	4
丁澎《扶荔词》	3	24	2
毛先舒《鸳情词》	15	0	0

除以上三人以外，西泠词人中，潘云赤、张台柱、沈丰垣、陆进等，也擅为自度曲。而且，西泠词群体所编词选中，亦选录有明清词人的自度曲，如沈谦、毛先舒的《古今词选》，陆次云和章晛的《见山亭古今词选》，以及陆进和俞士彪的《西陵词选》均有选录。另外，毛先舒《填词名解》，也收有明人自度曲，如杨慎《落灯风》、王世贞《小诺皋》《怨朱弦》等，还在书末附录中收入自己的自度曲15首，说明了毛先舒对自度曲的偏爱。西泠词人群体对于自度曲表现出的热情，一方面显示出他们深厚的词学功底，一方面也显示出他们对于词体本身的推重和敢于创调的精神。

综上所述，明代后期词风，是明末清初西泠词人群体形成的词学氛围，也是他们在词学上进行扬弃和革新的基础，也决定了他们以后的词学努力方向。

第三章 明末清初西泠词人群体的构成及发展

明末清初的西泠词人群体,从明代天启年间开始形成,绵延清代顺治、康熙两朝,其成员之多,位于明末清初词派或词人群体之首位。不仅如此,西泠词人群体成员词的创作也高度繁盛,几乎人人有词集刊行于世。因此,本章将西泠词人群体成员的名录予以整理,并将这一群体本身的发展和演变情况加以勾勒,以还原西泠一地的词学盛况。

第一节 明末清初西泠词人群体及词作情况

对于明末清初西泠词人群体及词作情况的统计,以西泠词人所编地域词选《西陵词选》为主要来源,同时以西泠词人所编通代词选、断代词选以及唱和集如《古今词统》《古今词选》《东白堂词选初集》《见山亭古今词选》《古今词汇》《千秋雅调》《词学全书》等为辅助,还以明末清初词人所编词选如《倚声初集》《瑶华集》,清末民初郑道乾所编《国朝杭郡词辑》,饶宗颐、张璋《全明词》,周明初、叶晔《全明词补编》,南京大学中国语言文学系《全清词》编纂委员会《全清词·顺康卷》,以及张宏生《全清词·顺康卷补编》为参考,补录前述资料的缺失。

清康熙十二年(1673)陆进、俞士彪《西陵词选》并卷首《西陵宦游词选》所收词人及词作情况如下:

表 3-1 《西陵词选》及《西陵宦游词选》所收词人词作情况表

词选	词人姓名	字号	里籍等信息	词集	词作数量 小令	词作数量 中调	词作数量 长调	词作数量 总计
《西陵宦游词选》	宋琬	字玉叔,号荔裳	莱阳人,浙省臬宪	《二乡亭词》	2	3	5	10
	赵进美	字韫退,号清止	益都人,浙西宪副		7	0	0	7
	稽宗孟	字淑子	山阳人,杭州太守	《酒骨菫词》	0	2	1	3
	梁允植	字承笃,号治湄	真定人,钱塘令	《柳村词》	5	3	9	17
	孟卜	字枚仙	夏邑人,仁和令		1	0	1	2
	牛奂	字潜子,号复庵	长治人,富阳令	《小隐山房词》	4	2	5	11
	张瓒	字公执,号容庵	武定人,新城令	《东安词》	4	1	5	10
	赵钥	字南金,号千门	莱阳人,府参军	《倚楼词》	4	1	4	9
	季式祖	字孚公	泰兴人,钱塘赞府	《西湖吏隐词》	3	2	1	6
	毛万龄	字大千	萧山人,仁和学博	《采衣堂词》	3	0	0	3
《西陵词选》	徐士俊	字野君	杭州人	《云诵词》	8	1	2	11
	朱一是	字近修	海宁人	《梅里词》	1	1	4	6
	陈之遹	字次升,号定庵	海宁人		0	2	0	2
	徐之瑞	字兰生	钱塘人	《横秋堂词》	0	2	6	8
	沈捷	字大匡	杭州人		1	0	0	1
	关键	字扃之,号六铃	杭州人	《送老词钞》	1	0	0	1
	曹元方	字介皇	海宁人		1	0	0	1
	陆圻	字丽京,号景宣	杭州人		0	0	1	1

59

续　表

词选	词人姓名	字号	里籍等信息	词集	词作数量 小令	中调	长调	总计
《西陵词选》	沈谦	字去矜,号东江	仁和人	《东江词》	10	8	12	30
	严沆	字子餐,号颢亭	余杭人		0	1	1	2
	王舟瑶	字白虹	余杭人	《水云堂词》	0	2	1	3
	丁澎	字飞涛,号药园	仁和人	《扶荔词》	11	7	5	23
	顾豹文	字季蔚,号且庵	杭州人		0	0	1	1
	陆嘉淑	字冰修	海宁人	《辛斋诗余》	2	0	1	3
	张竞光	字又竞,号觉庵	钱塘人		0	0	1	1
	张纲孙	字祖望	杭州人	《秦亭词》	4	4	6	14
	毛先舒	字稚黄	仁和人	《鸾情词》	11	7	5	23
	朱万化	字伯弘	杭州人		2	1	0	3
	胡介	字彦远	杭州人	《河渚词》	1	0	1	2
	张戬	字晋侯	钱塘人		1	0	0	1
	柴绍炳	字虎臣	仁和人		0	1	0	1
	王嗣槐	字仲昭	钱塘人	《啸石斋词》	1	0	2	3
	徐灏	字激生	钱塘人,徐士俊弟		2	0	2	4
	程□□	字□□	钱塘人		0	0	0	0
	翁远业	字届子	杭州人		1	0	0	1
	吴景斌	字云举	钱塘人	《采韵斋词》	1	4	1	6
	王潞	字又韩	余杭人		0	0	1	1
	张士茂	字彦若	杭州人		0	1	1	2
	包景行	字次山	钱塘人		1	0	0	1
	傅感丁	字雨臣	仁和人		0	0	1	1

续　表

词选	词人姓名	字号	里籍等信息	词集	小令	中调	长调	总计
《西陵词选》	诸长祚	字永龄	杭州人		1	0	0	1
	俞文辉	字天杼,号木公	钱塘人		1	1	1	3
	张翀	字天羽	临安人		0	0	1	1
	陈论	字谢浮	海宁人		0	1	0	1
	李式玉	字东琪	杭州人	《曼声词》	3	2	4	9
	童雯	字圣郊	仁和人		0	2	0	2
	丁澋	字素涵	杭州人	《秉翟词》	4	0	0	4
	诸九鼎	字骏男	杭州人	《松风词》	2	0	1	3
	俞灏	字殷书	仁和人		3	0	1	4
	吴农祥	字庆伯,号星叟	杭州人	《梧园词》	0	0	2	2
	沈士鑛	字宝臣	杭州人		1	0	0	1
	吴任臣	字志伊	仁和人		0	0	1	1
	严曾榘	字方贻,号柱峰	余杭人,严沆长子	《叠萝词》	0	1	0	1
	姜光祚	字载锡	仁和人		1	0	0	1
	邵德延	字公远	钱塘人		0	0	1	1
	王绍雍	字尧飏	钱塘人		2	0	1	3
	陆本征	字吉人	杭州人	《奇赏居词》	0	0	1	1
	许风	字德远	钱塘人		0	0	1	1
	皇甫禧	字上有	仁和人		0	1	0	1
	姜培胤	字亶贻	仁和人	《池上楼词》	3	2	1	6
	马翀	字汉斐	富阳人		0	1	0	1
	金璐	字公在	钱塘人		1	0	1	2
	吴复一	字元符	杭州人		0	1	0	1

61

续　表

词选	词人姓名	字号	里籍等信息	词集	词作数量 小令	中调	长调	总计
《西陵词选》	沈家恒	字汉仪，号巨山	钱塘人	《非秋词》	1	1	0	2
	陆次云	字云士，号天涛	钱塘人	《玉山词》	1	1	1	3
	陈可先	字缵先	钱塘人		0	3	0	3
	金长舆	字载师	仁和人	《峤庵词》	1	1	0	2
	黄敬修	字右序	杭州人		1	0	0	1
	沈圣祥	字武仲	海宁人		0	1	1	2
	关仙渠	字槎度	钱塘人		0	1	0	1
	王晫	字丹麓	仁和人	《峡流词》	7	6	3	16
	沈叔培	字御泠	杭州人	《东苑词》	3	0	0	3
	汪光被	字幼暗	杭州人		0	1	1	2
	章晒	字天节	杭州人		2	1	0	3
	赵宪斌	字尹施	仁和人		0	2	1	3
	朱尔迈	字人远	海宁人		1	1	0	2
	杨汪度	字千波	杭州人		0	0	1	1
	徐汾	字武令	仁和人	《碎琴词》	3	0	2	5
	周禹吉	字敷文	仁和人	《青萝词》	2	0	0	2
	汪霈	字昭采，号蕴石	钱塘人		0	0	2	2
	张振孙	字祖定	钱塘人		1	0	0	1
	沈世培	字飞文	钱塘人		0	1	0	1
	柳葵	字靖公	钱塘人	《余清堂词》	3	1	0	4
	汪鹤孙	字雯远，号梅坡	钱塘人	《蔗阁词》	1	0	3	4
	潘云赤	字夏珠	仁和人	《桐扣词》	9	3	1	13
	邵锡申	字天自	余杭人		1	0	0	1

续　表

词选	词人姓名	字号	里籍等信息	词集	词作数量 小令	中调	长调	总计
《西陵词选》	诸匡鼎	字虎男	杭州人	《茗柯词》	3	0	2	5
	陆信征	字恂如	钱塘人		0	1	0	1
	周邰孙	字艺功	钱塘人		0	1	0	1
	洪云来	字茂公	杭州人		1	2	1	4
	沈丰垣	字遹声，号柳亭	杭州人	《兰思词》	14	6	12	32
	洪昇	字昉思	钱塘人	《啸月词》	3	1	7	11
	张台柱	字砥中	钱塘人	《洗铅词》	17	3	10	30
	吴仪一	字璨符，号吴山	钱塘人	《草堂词》	4	6	4	14
	王廷璋	字德威	仁和人	《莘庵词》	2	0	0	2
	陆隽	字升簧	杭州人		0	1	0	1
	沈茗祥	字秋湄	杭州人		1	0	0	1
	赵瑜	字瑾叔	杭州人		1	0	0	1
	詹夔锡	字允谐	杭州人		1	1	0	2
	陈恭	字而安，号石楼	仁和人		1	0	0	1
	沈谦益	字禹諴	杭州人		1	1	0	2
	邵斯扬	字于王	余杭人		2	0	0	2
	俞美英	字璇伯	钱塘人	《渔浦词》	6	0	1	7
	陆自震	字子容	钱塘人	《览凤楼词》	2	1	0	3
	沈嘉诏	字次柔	杭州人		2	0	0	2
	严曾相	字右君	余杭人，严沆从子		2	0	0	2
	蒋汉纪	字波澄	仁和人		1	0	0	1
	胡大潆	字文漪	仁和人		0	1	1	2
	徐张珠	字月涵	仁和人		0	2	1	3

续 表

词选	词人姓名	字号	里籍等信息	词集	小令	中调	长调	总计
《西陵词选》	沈长豫	字右谦	钱塘人		1	0	0	1
	宋琦	字受谷	仁和人		1	0	0	1
	陆鸿图	字丽符	杭州人		0	1	1	2
	吴相如	字右廉	仁和人		0	1	0	1
	沈圣清	字叔义	仁和人		1	0	0	1
	卓胤域	字永瞻	仁和人		0	0	1	1
	陆寅	字冠周	钱塘人	《暗香词》	1	2	1	4
	聂鼎元	字汝调	钱塘人	《扈芷斋词》	3	2	1	6
	陈奕禧	字六谦	海宁人		0	1	1	2
	钱璜	字右玉	杭州人		1	1	0	2
	姜锡熊	字旗六	仁和人		1	0	0	1
	张泰飏	字惠襄	杭州人		1	0	2	3
	查嗣瑮	字德尹	海宁人		0	0	1	1
	沈士则	字天益	仁和人		0	2	0	2
	钱来修	字幼鲲	杭州人		0	1	0	1
	孙兴宗	字云成	杭州人	《蔗山近稿》	1	0	0	1
	沈长益	字时晋	钱塘人，严沆婿		0	1	0	1
	王武功	字雒荣	杭州人		2	0	0	2
	吕澳	字山浏	仁和人		0	2	1	3
	黄弘修	字式序	杭州人		0	1	0	1
	邵斯衡	字瑶文	余杭人		0	1	0	1
	沈元琨	字瑶铭	仁和人	《殊亭词选》	2	0	0	2
	钱楒	字茂人	仁和人		1	0	0	1
	高式青	字则原	钱塘人		1	1	2	4
	沈圣昭	字弦宣	仁和人		2	1	0	3

续 表

词选	词人姓名	字号	里籍等信息	词集	小令	中调	长调	总计
《西陵词选》	胡埏	字潜九	杭州人		2	0	0	2
	陈调元	字调士	钱塘人		1	0	0	1
	章士麒	字玉书	仁和人	《见山亭词》	4	0	2	6
	谢起蛟	字征霞	钱塘人		0	1	0	1
	张天锡	字纯嘏	杭州人		0	1	0	1
	高云龙	字登五	钱塘人		1	0	0	1
	朱敞	字衡岳	杭州人		2	0	0	2
	詹弘仁	字惠公	杭州人		0	1	0	1
	王升	字东曙	仁和人		1	0	0	1
	汤显宗	字文钊	杭州人		1	0	0	1
	徐昌薇	字紫凝	钱塘人	《春晖堂词》	10	2	3	15
	张应参	字丽西	钱塘人		0	0	1	1
	柴震	字尺阶	仁和人		2	0	1	3
	王绍曾	字孝先	仁和人		1	0	0	1
	杨大龄	字与百	杭州人		0	1	0	1
	沈游	字楚云	仁和人		2	0	0	2
	姚期颖	字升秀	杭州人		0	1	1	2
	沈载锡	字因友	杭州人		1	1	0	2
	朱纪	字涵度	杭州人		1	0	0	1
	徐学龙	字乘六	钱塘人		1	0	0	1
	凌克蕃	字宗翰	钱塘人		1	0	0	1
	胡嗣显	字长民	杭州人		1	0	0	1
	沈炳	字骏明	钱塘人		1	0	0	1
	张云锦	字景龙	杭州人	《啸竹轩词》	8	2	2	12
	吴艾	字长龄	杭州人		0	1	0	1

续 表

词选	词人姓名	字号	里籍等信息	词集	词作数量			
					小令	中调	长调	总计
《西陵词选》	沈渶	字方舟	仁和人	《玉树楼词》	0	4	1	5
	沈漳	字溯源	仁和人		0	1	0	1
	朱沛	字奕大	仁和人		0	1	0	1
	陈景鏊	字又王	钱塘人		0	1	0	1
	陆曾绍	字德衣	仁和人		0	1	1	2
	陆曾禹	字汝谐	余杭人		1	1	1	3
	陆浣	字青雪	仁和人		0	1	0	1
	陆进	字荩思	余杭人	《付雪词》	14	4	13	31
	俞士彪	字季瑮	钱塘人	《玉蕤词》	12	5	13	30
	以下为方外词人							
	余一淳	字体崖	杭州人		2	0	1	3
	释正嵒	字蘎堂		《同凡草词》	1	0	0	1
	释大璸(顾若群)	字石公	钱塘人,顾若璞弟		1	0	0	1
	释济日	字句玹		《逸庵词》	3	4	0	7
	释超直	字问石			0	1	0	1
	释灯演	字灵奕			1	0	0	1
	以下为闺秀词人							
	徐灿	字湘蘋	长洲人,归陈之遴	《拙政园词》	9	2	4	15
	顾若璞	字和知	仁和人,归黄茂梧	《卧月轩词》	2	0	0	2
	顾之琼	字玉蕊	仁和人,归钱开宗	《玉树楼词》	3	0	0	3
	黄字鸿	字鸿耀	仁和人,归顾若群		0	1	0	1
	傅静芬	字孟远	钱塘人,归张戬		0	0	1	1

第三章 明末清初西泠词人群体的构成及发展

续　表

词选	词人姓名	字号	里籍等信息	词集	词作数量 小令	中调	长调	总计
《西陵词选》	陆瑶英	字□□	钱塘人，归汤佺修	《闲窗词》	2	0	0	2
	葛宜	字南有	海宁人，归朱尔迈	《玉窗遗词》	1	0	0	1
	周中玉	字□□	钱塘人，归俞明鏻		0	0	1	1
	顾长任	字重楣	仁和人，归林以畏	《霞笈仙姝词》	1	0	0	1
	张昊	字槎云	仁和人，归胡大潆		1	0	0	1
	俞璬	字宜宜	钱塘人，沈丰垣正室		0	2	1	3
	钱凤纶	字云仪	钱塘人		0	1	0	1
	柴静仪	字季娴	钱塘人	《静香室词》	1	1	0	2
	严曾杼		余杭人，严沆女		2	0	0	2
	顾姒	字启姬	钱塘人		1	0	0	1
	林以宁	字亚清	钱塘人	《墨庄诗余》	2	1	0	3
	邵斯贞	字静娴	杭州人，余姚陆广文继室		1	1	0	2
	杨琇	字倩玉	钱塘人，沈丰垣副室	《远山楼词》	2	3	1	6
	翁与淑	字登子	仁和人，陆进妻		1	0	0	1
	张琮	字宗玉	钱塘人，柴静仪女甥，陈子襄妻室		0	0	1	1
	赵氏		钱塘人，湖南观察赵云岑女，海宁查容室		0	0	1	1

注：谷辉之博士论文《西陵词派研究》、李康化《明清之际江南词学思想研究》均有对《西陵宦游词选》与《西陵词选》所录词人及词作的统计，但与本书结论有出入。

67

《西陵宦游词选》共收录西泠宦游词家10人78首词,有词集8部;《西陵词选》共收录西泠词家185人665首词,有词集59部。但是,这仅为明末清初西泠词人群体的一部分,并没有将其庞大的阵容全部囊括进来。从明崇祯六年(1633)卓人月、徐士俊《古今词统》,至清康熙九年(1670)沈谦和毛先舒《古今词选》、清康熙十四年(1675)陆次云和章眪《见山亭古今词选》、清康熙十七年(1678)陆进和佟世南《东白堂词选初集》、清康熙十八年(1679)卓回《古今词汇三编》,以及王晫、王言慎辑《千秋雅调》、清康熙十八年(1679)查继超辑《词学全书》,以上明末清初西泠词人所编纂的各词选、词总集和词学全书还收录明末清初西泠词家共82人,可视为对《西陵词选》所收明末清初西泠词人群体的补充,详情参见表3-2。

表3-2 明末清初西泠词人群体名录补辑之一(82人)

词选	姓名	字号	里籍等信息
《古今词统》(5人)	徐灏	字大津	杭州人,徐士俊弟
	邵泰宁	字芳白	杭州人
	丁奇遇	字梦佳	杭州人
	卓人月	字珂月、蕊渊	仁和人,著《蕊渊词》
	释仲光	号佛石	杭州人
《见山亭古今词选》(8人)	严曾槼	字定隅	余杭人,严沆五子
	陆(土坒)	字左城	钱塘人,陆圻弟,居五
	徐旭龄	字符文,号叔庵	钱塘人
	柴望	字秩予,号云岩	仁和人
	严曾臬		余杭人,严沆次子(按,《全清词·顺康卷》为"严曾业"。)
	严曾模	字予正	余杭人
	徐潮	字青来,号浩轩	钱塘人
	陈晋明	字康侯,号德公	钱塘人,祚明弟,与兄胤倩、贞倩偕隐
《东白堂词选初集》(39人)	丁介	字于右,号欧冶	仁和人,著《问鹏词》
	陈成永	字元期	海宁人
	陈仲永	字昌期	海宁人

第三章　明末清初西泠词人群体的构成及发展

续　表

词选	姓名	字号	里籍等信息
《东白堂词选初集》（39人）	陈慈永	字贞期	海宁人
	郑景会	字丹书	杭州人
	王绍隆	字圣则，号绥山	海宁人
	钱廷枚	字照五	钱塘人
	顾有年	字响中	仁和人
	杨之顺	字景唐	杭州人
	仲恒	字道久	仁和人，著《雪亭词》
	毛宗亶	字山颂	仁和人
	钱元修	字安侯	杭州人
	黄墀	字无傲	杭州人
	仲九章	字斐公	钱塘人
	潘睿隆	字圣阶	杭州人
	张宇泰	字令文	仁和人
	王修玉	字倩修	杭州人
	陈云武	字定之	钱塘人
	王枢	字次躔	仁和人
	吴枌	字次榆	仁和人
	张文宿	字白厓	钱塘人
	黄延	字继序	仁和人
	仲嗣瑠	字田叔	仁和人
	周雯	字雨文	杭州人
	吴本泰	字药师，号梅里	海宁人
	仲九皋	字闻天	杭州人
	钱肇修	字石臣	仁和人
	卓回	字方水	仁和人
	陈毂永	字雍期，号学山	海宁人

续 表

词选	姓名	字号	里籍等信息
《东白堂词选初集》（39人）	陈之群	字兴公	武康人
	黄扉	字时序	仁和人
	卓天寅	字火传	仁和人
	柴际溶	字雨苍	杭州人
	卓胤（当作"允"）基	字次厚	仁和人
	陈永	字闲期，号学山	海宁人
	沈涵	字度柱，号心斋	钱塘人
	许先甲	字彝千	杭州人
	项景襄	字去浮，号眉山	钱塘人
	韩铨	字子衡	杭州人，与陆次云、章天节同辑《见山亭古今词选》
《古今词汇三编》（12人）	卓令式	字孝则	仁和人，助辑《古今词汇》
	卓长龄	字蔗村	仁和人，卓回从孙，助辑《古今词汇》
	卓松龄	字嗣留	仁和人，卓回从孙，助辑《古今词汇》
	陆鸣皋	字士湄，号鹤亭	钱塘人，诸生
	王蔚章	字豹采	钱塘人，贡生，有和马洪《三影词》
	吕澄	字山浏	仁和人，康熙二十七年进士
	钟筠	字赟若	仁和人，钟韫姊，仲恒妻，仲嗣瑠母，著有《梨花榭集》
	卓灿	字文嫔	仁和人，卓麟异女，海宁陈亦昌妻，著有《俯沧楼集》，曾辑《历朝词汇》
	卓龄	字号未详	仁和人，卓回孙辈
	卓麟异	字子孟	仁和人，卓彝子，助卓回辑《古今词汇》
	项灏	字号未详	杭州人，贡生
	骆仁埏	字方流，号眉重	杭州人，康熙九年进士

续　表

词选	姓名	字号	里籍等信息
《千秋雅调》 （12人）	王溶	字惊澜	钱塘人，王晫族叔
	沈兆琏	字器先，号鹤沙	钱塘人
	金侃	字晋藩	仁和人
	陈枚	字简侯	杭州人
	孙凤仪	字愚亭	钱塘人
	许顾青	字岱观，号塞翁	钱塘人
	董仲元	字老泉	余杭人
	邬汝霖	字松将	仁和人
	冯景	字山公，一字少渠	钱塘人
	徐旭旦	字浴咸，号西泠	钱塘人，著《世经堂词》
	关仙圃	字樊桐	钱塘人
	金张	字介山	钱塘人
《词学全书》 （6人）	查继超， 原名继侯	字声止，号随庵	海宁人，寓居仁和，辑《词学全书》
	王又华	字静斋，号逸庵，	钱塘人，辑《古今词论》
	赖以邠	字损庵，又字水西，号迂翁	仁和人，撰《填词图谱》
	查曾荣	字春谷	仁和人，参辑《古今词论》
	仲子观	仲恒之兄，仁和人	评仲恒《词韵》
	仲曾庵	仲恒之侄，仁和人	评仲恒《词韵》

另外，清初其他词选亦收录有明末清初西泠一地的词人，其中也有未见于上述词选者。如清顺治十七年（1660）邹祗谟、王士禛《倚声初集》是清代第一部通代词选，共收录18位西泠词人，未见于上述词选者共6人；清康熙二十五年（1686）蒋景祁《瑶华集》，共收明末清初词人507家，其中浙江词人有145家，西泠词人则有60家，其中未见于上述词选者共5人；还有，清末民初西泠郑道乾所编《国朝杭郡词辑》，收录有清一代所有的杭郡词人，其中属于明末清初西泠词人群体且未见于上述词选的词人共有39位；最后，《全明词》《全明词补编》《全清词·顺康卷》《全清词·顺康卷补

编》及《全清词·雍乾卷》,未收入上述词选者有32位词人。以上共计82人,详情参见表3-3。

表3-3 明末清初西泠词人群体名录补辑之二(82人)

词选	姓名	字号	里籍及著作
《倚声初集》（6人）	胡文焕	字豹盦,号全盦	钱塘人,明崇祯六年举人,著《浮鸥集》《约盦集》
	卓发之	字左车,号能儒、莲旬	仁和人,明崇祯六年副贡,著《漉篱集》
	吴惟修	字余常	海宁人,著《方丈山词》
	程光禋	字奕先	钱塘人,顺治八年举人,著《浣渠春集》
	毛远公	字季莲	杭州人,有《琼枝集》
	周遇缘	字兼三	仁和人
《瑶华集》（5人）	查容	字韬荒,号渐江	海宁人,著《浣花词》
	袁袾	字丹六	海宁人
	高士奇	字澹人,号瓶庐	钱塘人,学士,著《竹窗词》《蔬香词》
	查嗣珽	字夏重,后改名慎行	海宁人,癸未进士,编修,著《他山词》
	姚鉴	字竹斋	杭州人
《国朝杭郡词辑》（39人）	丁文策	字叔范,号固庵	钱塘人
	吴山涛	字岱观,自号塞翁	钱塘人
	吴嗣广	字苣君	海宁人
	沈九如	字宜子	钱塘人
	邵锡荣	字景桓,号二峰	仁和人,著《探西词》
	金标	字成冶	钱塘人,著《偶鸣集词》
	周世荣	号南山	钱塘人与徐旭升等相唱和,合刻《东皋草堂词》
	徐旭升	字上扶,号东皋	钱塘人,著《东皋草堂诗集》,又与弟旭昌等合刻《东皋草堂唱和词》
	徐林鸿	字大文,一字宝名	海宁人,与吴农祥、毛奇龄等称"佳山堂六子"
	徐邺	字华征	仁和人毛先舒之婿,与妻毛庵合刻《静好集》

续 表

词选	姓名	字号	里籍及著作
《国朝杭郡词辑》（39人）	陆宏定	字紫度,号纶山,别字蓬叟	海宁人,与兄陆嘉淑称"冰轮二陆",著《搒西阁长短句》
	张大烈	字言冲	钱塘人
	张曾禔	字洵安,号冰畦	海宁人
	张韬	字球仲,号权六	海宁人,从其表叔潘廷璋游
	张镳	字锦龙	仁和人,著《竹啸轩词》《微露词钞》（按,此人《全清词·顺康卷》《全清词·顺康卷补编》均未收。）
	以下为闺秀词人		
	顾瑶华	字畹芬	钱塘人
	毛媞	字安芳	仁和人
	丁一揆	号自闲道人	仁和人,著《茗香词》
	王仙媛	字号未详	仁和人
	王芳与	字芬从	仁和人,严沆室,著《玉树楼词》
	吴芳华	字彦因	钱塘文学康某室
	吴芳珍	字韵梅	钱塘人,吴璥女
	吴柏	字柏舟	钱塘人
	吴碧	字玉娟	仁和人,著《柳塘词》
	周蕉	字绿天	钱塘人,吴近思室
	俞浚	字安平	仁和人,郑景会室
	陈洁	字瀚心	海宁人,陈之遴妹,嘉兴屠尔星室
	孙瑶英	字孟芝	钱塘人,辰州别驾钱琪水妻,著《琴瑟词》
	黄鸿	字鸿辉	钱塘人,顾若群室
	黄藻修	字蘅卿	仁和人
	冯娴	字又令	钱塘人,钱廷枚室
	刘建	字赤霞	钱塘人,著《听梭楼词》
	钱贞嘉	字含章	钱塘人

续 表

词选	姓名	字号	里籍及著作
《国朝杭郡词辑》（39人）	钱静婉	字淑仪	钱塘人,顾之琼长女,元修、肇修之姊
	鲍芳倩	字兰畹	余杭人,德清徐梅庄室
	李因	字今是	钱塘人
	蒋睎	字玉映	仁和人,吴观庄妻,吴廷尊母
	张琮	字宗玉	钱塘人,柴静仪女甥,陈子襄妻
	吴湘	字婉罗	钱塘人,吴萃圃女
《全明词》《全明词补编》《全清词·顺康卷》《全清词·顺康卷补编》（32人）	金之坚	字介山	参选《古今词汇三编》
	王锡	字百朋	仁和人
	田彻	字道耕	海宁人
	朱宗文	字景亭	杭州人
	朱樟	字亦纯,号鹿田	钱塘人
	吴玉辉	字梦唐	海宁人
	吴陈炎	字宝崖,一字芋町	钱塘人,与王晫交往
	吴嘉枚	字个臣,号介庵	钱塘人,著《壶山草堂词集》
	沈心友	字因伯,号阿倩	杭州人,李渔婿
	胡山	名日新,字天岫,一字衬汀	宜兴人,移居海宁,与陆嘉淑、田彻等唱和
	胡荣	字志仁,号容安	钱塘人,其容安园有杭州十景之目,毛奇龄每至皆与之唱和,著《容安诗草》附诗余
	徐旭昌	号北溟	浙江钱塘人,旭升弟
	徐叶圻	号龙门	浙江钱塘人,与徐旭升等唱和,并合刊《东皋草堂唱和词》
	徐吴升	字东建	钱塘人,徐汾子
	徐长龄	字彭年	钱塘人,著《清怀词草》
	徐善迁	字楚畹	浙江海宁人,居桐溪,同邑陈敬璋、吴玉辉皆嗜倚声,时号"桐溪三家",著《楚畹诗余》

续　表

词选	姓名	字号	里籍及著作
《全明词》《全明词补编》《全清词·顺康卷》《全清词·顺康卷补编》（32人）	陆钰	又名荩谊、字忠夫，又字真如，号退庵	浙江海宁人，著《射山诗余》
	陆垲	字梯霞	钱塘人，陆圻叔弟
	陆繁弨	字拒石	仁和人，陆培子，陆圻从子，从陈廷会学，后授业于洪昇
	陈之遴	字彦升，号素庵	海宁人
	陈祚明	字胤倩	仁和人，著《稽留山人诗余》
	王豸来	字古直	钱塘人
	陈敬璋	字修况	海宁人，与徐善迁、吴玉辉时称"桐溪三家"
	潘廷璋	字美含，号梅岩	海宁人，与陆圻、陆嘉淑友善，有唱和
	严渡	字调御	余杭人，严沆从父
	姚之骃	字鲁思，号仲容	钱塘人
	姚炳	字彦晖	钱塘人
	吴焯	字尺凫	钱塘人，著《玲珑帘词》
	以下为闺秀词人		
	柴贞仪	字如光	钱塘人，柴静仪姊
	严怀熊	字芷苑	余杭人，严沆女孙
	钟青	字山容	仁和人，钟韫姊，著《寒香集》
	钟韫	字眉令	仁和人，钟筠妹，查慎行母，著《梅花园诗余》

此外，还有散见于清人词选和别集之中，或为清初词籍作序跋，或参与品评明末清初词作，或被其他明末清初词人提及但无词作传世的西泠词人：如冯景、姚际恒[1]、应撝谦[2]、"西泠十子"之吴百朋、"盐桥三丁"之丁景

---

[1] 姚际恒，为姚之骃词集《镂空集》作序，品评姚炳词集《苏溪集诗余》。详见姚之骃《镂空集》，卷首，清康熙刻本；姚炳《苏溪集》，清康熙四十五年（1706）听秋楼刻本。
[2] 应撝谦，编有《词韵选集》，参与品评孙枝蔚《溉堂集》。详见聂先、曾王孙：《百名家词钞》，《续修四库全书》集部第1721册，上海，上海古籍出版社，2002年，第1版，第330页。

鸿、沈其杓①、查逸远、卓有枚、卓丹崖、卓苍涛、李声及②、吴允嘉③、陈撰④、仲符(姓氏缺失)、元处(姓氏缺失)等共15人。

　　根据以上统计反映出来的情况,明末清初活跃在西泠一地的词人(包括《西陵词选》中所录10位宦游词人)成员多达374人,词集上百部,是明末清初众多地域性词派或词人群体中,成员数量最多的一个群体。这一统计数字,远远大于谷辉之《西陵词派研究》(216人)、李康化《明清之际江南词学思想研究》(236人)中关于西泠词人数量的统计。为何西泠词人群体的成员会如此之多呢?因为西泠词人群体的成员热衷于编辑词选,尤其热衷于编选地域性词选,以存人存词,体现西泠一地词学的繁盛生态。即便在非地域性词选中,他们也比较注重收录西泠一地的词人词作。西泠一地许多不知名的词人词作,就藉此以保存。所以,西泠词人群体中不仅词家众多,而且一位词人仅有一两首词作存世的情况也屡见不鲜。这一庞大的词人群体,生活在具有深厚词学传统的西泠,倚声弄管,以词酬唱;审音辨律,操持选政,并且着力研究词韵和词谱的理论,同时又有许多词话传世。他们反思明代词学衰敝的原因,锐意革新,为明末清初词体的振兴做出了积极的贡献。

第二节　明末清初西泠词人群体的分期研究

　　明末清初西泠词人群体的形成标志,当为明天启五年(1625)卓人月、徐士俊定交,并唱和《徐卓晤歌》。明天启五年(1625),徐士俊24岁,卓人月20岁,二人定交,彼此唱和,创作词集《徐卓晤歌》。据徐士俊《祭卓珂月文》记载:"与兄定交,乙丑之年。文情璧合,道谊珠联。日坐矻矻,夜诵厌

---

　　① 沈其杓,著有《留云词》,已亡佚。详见丁澎:《扶荔堂文集选》,卷十一《三子合刻题辞》,清康熙二十二年(1683)文芸馆刻本。
　　② 李声及、著有《问柳词》,已亡佚。详见孙治:《孙宇台集》,卷七《问柳词序》,清康熙二十三年(1684)孙孝桢刻本,《四库禁毁书丛刊》集部第148册,北京,北京出版社,1997年,第1版,第721页。
　　③ 吴允嘉,字志上,号石仓,浙江仁和人,为厉鹗作《秋林琴雅序》。详见厉鹗:《秋林琴雅》,卷首,清康熙六十一年(1722)刻本。
　　④ 陈撰,字玉几,号楞山,浙江钱塘山人,为厉鹗作《秋林琴雅序》。详见厉鹗:《秋林琴雅》,卷首,清康熙六十一年(1722)刻本。

厌。弟惭才短,兄曾勿嫌。青灯照映,风雨无怨。有义共析,有诗互笺。《徐卓晤歌》,交情在焉。"①徐士俊《卓子创调序》则云:"世有珂月创为变宫变徵,道旁之人,爱者半,骂者半,惟余志亦如之,然而窃以不受人骂为恨。忆乙丑岁,余二人暂止于相于阁,珂月每于黯灯残篆下,拈一义,辄如张生煮海,百怪丛跃。惊而起问,则瓶花为之甲拆,落月为之倒行。"②又徐士俊为陆进所作《巢青阁诗余序》云:"忆予与珂月作《徐卓晤歌》时,已三十年矣。风流坠地,和者寥寥。"③末识"顺治甲午仲春之吉"④。"顺治甲午",即清顺治十一年(1654)。这些文献所记的时间,可以互相印证。

明末清初西泠词人群体的解体标志,当为清康熙六十年(1721)徐逢吉与厉鹗定交,并皈依浙西词派。徐逢吉与厉鹗最早有诗词唱和,是在清康熙六十年辛丑(1721),二人曾同作《试天目茶歌》,厉鹗诗题曰《试天目茶歌,同蒋丈雪樵、徐丈紫山作》。⑤

从明天启五年(1625)至清康熙六十年(1721),明末清初西泠词人群体存在时间前后绵延近百年。根据西泠词人群体形成、繁荣、皈依的过程,可大致分为三个时期:先导期(1625—1635)、发展繁荣期(1635—1672)、余波期(1672—1721)。这一划分是以西泠词人群体人事的变动及词学的兴衰为依据,同时为了叙述抽绎的方便,特就其演变蜕化之际,略分畛畔。

一、明末清初西泠词人群体的先导期(1625—1635)

明末清初西泠词人群体的先导期,以明天启五年(1625)卓人月、徐士俊定交为开端,以明崇祯八年(1635)"西泠十子"形成之前为终结。在此十一年间,西泠词人群体的成员约有三十余人,他们的身份大多为科举仕进不甚如意,以诗酒结社为风雅之事的文士。而其中具有代表性的词人,除了卓发之、卓人月父子与徐士俊之外,还有朱一是、陆钰、徐之瑞等人。西泠词人群体在这一时期的词学成就主要表现在两个方面:一是近十部词集的产生,如徐士俊和卓人月《徐卓晤歌》、卓人月《蕊渊词》、徐士俊《云诵

---

① 徐士俊:《雁楼集》,卷二十四,清康熙刻本。
② 徐士俊:《雁楼集》,卷十五,清康熙刻本。
③ 陆进:《巢青阁诗余》,卷首,清顺治刻本。
④ 陆进:《巢青阁诗余》,卷首,清顺治刻本。
⑤ 厉鹗著,董兆熊注,陈九思标校:《樊榭山房集》,上海,上海古籍出版社,1992年,第1版,第175页。

词》、朱一是《梅里词》等;二为词选的编选,如卓人月、徐士俊《古今词统》。

这一时期的西泠词人群体,敏锐地意识到了词体在明代的衰颓及其缘由,因此鼎力革除旧弊,率先担当起振兴词体的重任,他们不仅究心于词的创作,还利用词选这一批评工具,大力张扬自己的词学主张,形成词的创作和词学理论建构两方面齐头并进的格局。他们在主张婉约与豪放两种词风并举的同时,大力张扬稼轩词风,开明末清初词风嬗变之先机。西泠词人群体的先导者,不仅继承了两宋以来西泠词学的传统,还对西泠一地的词学发展和清词的中兴起到了奠基的作用。

这一时期的明末词坛一片凋零,词体已经进入其衰颓的最低谷,而词坛的其他词派或词人群体还未成形,尚在孕育之中。如号称"云间三子"的陈子龙、李雯、宋征舆始才定交,尚未形成气候。据李越深的博士学位论文《云间词派研究》考证:"云间三子"中的陈子龙和李雯,定交于明崇祯二年(1629)[1];而"云间三子"全部定交,则在明崇祯七年(1634)[2];直至明崇祯十年(1637)陈子龙进士及第以后,"云间三子"才作为一个文学团体逐渐扬名天下[3]。而此时,西泠词人群体先导期的词人卓人月、徐士俊,已经在词的创作和词选编纂方面取得了不俗的成绩,在明末衰凋词坛可谓振聋发聩,独领风骚。

(一) 卓氏词人略论

卓氏家族世居仁和塘栖镇。塘栖镇在仁和县北五十里,与湖州府德清县交界。塘栖镇位于京杭运河之要冲,人口稠密,经济繁荣。据(光绪)《唐栖志》卷一记载:"唐栖以官道所由,风帆梭织。其自杭而往者,至此得少休;自嘉秀而来者,亦至此泊宿。水陆辐辏,商货鳞集。临河两岸,市肆萃焉。"[4]自明代万历年间卓文卿、卓明卿、卓显卿兄弟开始,家族便因仕而显,以经学、文章、诗、画誉名江南。方象瑛在《卓氏传经堂记》中说:"仁和卓君火传构传经堂,祀其先世入斋、莲旬、蕊渊三先生,仲君次厚嘱余为记。……三先生之以经学名也,涵濡淹贯,既身体而力行之,发为著述,元

---

[1] 李越深:《云间词派研究》,杭州,浙江大学博士学位论文,2004年,第44页。
[2] 李越深:《云间词派研究》,杭州,浙江大学博士学位论文,2004年,第46页。
[3] 李越深:《云间词派研究》,杭州,浙江大学博士学位论文,2004年,第48页。
[4] 王同:《[光绪]唐栖志》,卷一,清光绪十五年(1889)刻本。

元本本成一家言,而未尝有穿凿附会之失。"①卓火传,即卓天寅。"入斋、莲旬、蕊渊三先生",即卓天寅的曾祖父卓显卿、祖父卓发之和父亲卓人月。卓火传构建传经堂,一为祭祀祖先之用,一为卓氏家学传承。

至明代晚期的卓发之一辈,卓氏家族的仕途境遇每况愈下。卓发之(1587—1638),字莲旬、无量,号左车,仁和人,著有《漉篱集》二十五卷、《遗集》一卷,收入《四库禁毁书丛刊》。潘衍桐《两浙輶轩续录》评其人云:"其文字交几遍天下。"②卓发之在仕途上极为坎坷,一生共参加了七次乡试,屡试屡败,四十七岁时仅获副贡。因此,卓发之对于时艺制举甚为不满,《漉篱集》颇多仕途困顿、人生多舛之慨。卓发之淹博群书,在文坛卓有建树,且交游广泛,与汤显祖、董其昌、顾宪成、高攀龙、钱谦益、焦竑、陈继儒、袁宏道、袁中道、钟惺、谭元春等众多明末著名文学家和复社人物均有往来,互通声气。

卓发之的词作传世不多,仅《漉篱集》附诗余7首。卓发之事佛禅甚为虔诚,且精通内典。叶灿《漉篱集序》曰:"莲旬幼事云楼,潜心内典,龙藏贝叶之书,波涛于海口;三空四乘之旨,兼总于心极。无论言语文字,视若空华;富贵功名,等于嚼蜡。即天地万物菀枯亡生,得丧利害之际,视之不啻如秋蝉之翼,过眼之云。"③释云楼,即袾宏(1535—1615),明僧。杭州府仁和人。俗姓沈,字佛慧,号莲池。先习儒,后为僧。居云栖寺三十余年,禅净双修。世称莲池大师、云栖大师。

卓发之论词,时时可见其浸润于佛学的痕迹,其《莲漏词序》曰:

> 禅人之目词人,曰如盲咏日,又曰如射覆盂,此千秋文士一大炉铺矣。然而遂以一切词赋,为障道因缘,将俗汉不解称诗者,便得乐见照明金刚三昧耶。如传法悟道诸偈颂,何尝非黄绢幼妇,亦有因"小玉半词秋波"一句而得悟者,则艳词乐府即是古德机缘,但生盲射覆辈不得借口耳。余于寒江舟次,偶向雪照言大解脱人,自非所拘。若词家者流,未晰玄旨;有道之言,未尽风骚,不免各堕事理二障。庶几以词人

---

① 方象瑛:《健松斋集》,卷六,湖北省图书馆藏清康熙世美堂刻康熙四十年(1701)续刻本,《四库全书存目丛书》集部第241册,济南,齐鲁书社,1997年,第1版,第112页。
② 潘衍桐:《两浙輶轩续录》,卷一,清光绪十七年(1891)浙江书局刻本,《续修四库全书》集部第1685册,上海,上海古籍出版社,2002年,第1版,第37页。
③ 卓发之:《漉漓集》,卷首,明崇祯传经堂刻本,《四库禁毁书丛刊》集部第107册,北京,北京出版社,1997年,第1版,第283页。

之词,谭禅人之禅,则随处说法,两不负堕。雪照遂倡为《莲漏》一体,弹指而得数十首,盖以净行之余音,而兼风人之逸响。此词坛之梵呗,亦清泰之竹枝,经言一一,莲花出三十六百千亿光,普为十方众生,说微妙法。今此法音宣流,即匡山木莲花风漂水激时,一一叶中所放之光明也,岂必直至成佛而后转法轮耶。①

《莲漏词》是卓发之僧友释雪照的词集。释雪照,字成远。从此序可以看出,卓发之在以艳情为词之本色的同时,也指出词与禅的互补关系,可以禅入词,亦可以词入禅。在他看来,词人的艳情乐府即是佛家的古德机缘,如果词家之作未晰玄旨,有道之言未尽风骚,不免各堕事理二障。不如将二者互补,即词人之词,谭禅人之禅,则随处说法,两不负堕。尤其是僧人以词谈禅,可以净行之余音,而兼风人之逸响,正是词坛之梵呗。这种兼收并蓄的观点,在专尚《花》《草》绮艳词风的明末词坛,别开生面。

卓人月(1606—1636)为卓发之长子,字珂月,一字蕊渊,仁和人。潘衍桐《两浙辎轩续录》评其性情遭际曰:"性固隐傲,意亦豪举,丙子试南雄,被放归里,益深牢落之感,才高遇艰,赍志而殁。"②卓人月生于治学氛围浓郁的家庭之中,且应试五次,方举贡生,所以深受其父卓发之鄙薄制举的影响。在科举应试之余,卓人月几乎将全部心思用于文学创作,现存文集《蟾台集》、诗集《蕊渊集》,词集《蕊渊词》和《徐卓晤歌》,并编选《古今词统》,另有《花舫缘》杂剧。不仅如此,他对于在明代极盛的民歌也颇为留心。据陈宏绪《寒夜录》记载:"友人卓珂月曰:我明诗让唐,词让宋,曲又让元,庶几吴歌《挂枝儿》《罗江怨》《打枣竿》《银铰丝》之类,为我明一绝耳。"③

卓发之作有《菩萨蛮·落花》一词:"小玉楼前风雨急。春光一霎都狼藉。桃叶与桃根。谁家最断魂。 尊前回首望。昨夜花成浪。总是雨收时。月明空满枝。"④邹祗谟、王士禛《倚声初集》选录此词并评曰:"左车词

---

① 卓发之:《漉篱集》,卷十,明崇祯传经堂刻本,《四库禁毁书丛刊》集部第107册,北京,北京出版社,1997年,第1版,第453页。
② 潘衍桐编:《两浙辎轩续录》,卷一,清光绪十七年浙江书局刻本,《续修四库全书》集部第1685册,上海,上海古籍出版社,2002年,第1版,第37页。
③ 陈宏绪:《寒夜录》,卷上,据《学海类编》本排印,《丛书集成初编》,上海,商务印书馆,1939年,第1版,第6页。
④ 邹祗谟、王士禛编:《倚声初集》,卷四,清顺治十七年(1660)刻本,《续修四库全书》集部第1729册,上海,上海古籍出版社,2002年,第1版,第246页。

第三章 明末清初西泠词人群体的构成及发展

尚骏逸,颇有青莲风味;至珂月而格调尖新,语意僾侧,极词家之变态矣。"①《倚声初集》又在此卷所收贺彦登《菩萨蛮·春晓》:"绿窗沉睡莺呼醒。红云犹拥蟠蜥领。檀炷裊薰笼。罗衣两三重。　流苏休便揭。欲起愁无力。怪杀小腰肢。春来不自支。"②此词词评曰:"清扬容裔,以启黄公,亦犹左车之于珂月,而有正变之别。"③这两处词评不仅明确指出卓发之、卓人月父子在词风方面的差异:卓发之词清朗骏逸,卓人月词尖新僾侧,而且透露出明季盛行的花间词风内部,正在经历由正统向异变的嬗递。而这种嬗递的印证,也具体反映在卓人月、徐士俊所选《古今词统》及所著唱和词集《徐卓晤歌》中,后文还将以专题论述。

卓氏家族的词人,是在卓发之、卓人月的熏陶之下形成的,其成员多达十余人,其中包括第一代词人卓发之;第二代词人卓人月、卓人月胞弟卓彝、从弟卓回;第三代词人卓人月之子卓天寅、卓彝之子卓麟异等;第四代词人卓天寅的长子卓允域、次子卓允基,以及卓回的从孙卓长龄、卓松龄等人。卓氏词人群体在明末清初词人群体中有着举足轻重的地位,以《古今词汇》的编纂为主要词学成果,详见图3-1:卓氏词人群体谱系图。

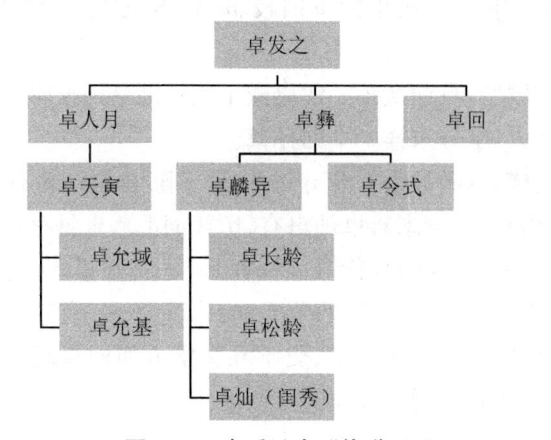

```
                    卓发之
          ┌───────────┼───────────┐
        卓人月        卓彝        卓回
          │        ┌──┴──┐
        卓天寅    卓麟异  卓令式
        ┌─┴─┐      │
      卓允域    卓长龄
      卓允基    卓松龄
                  │
                卓灿(闺秀)
```

图3-1　卓氏词人群体谱系图

---

① 邹祗谟、王士禛编:《倚声初集》,卷四,清顺治十七年(1660)刻本,《续修四库全书》集部第1729册,上海,上海古籍出版社,2002年,第1版,第246页。
② 邹祗谟、王士禛编:《倚声初集》,卷四,清顺治十七年(1660)刻本,《续修四库全书》集部第1729册,上海,上海古籍出版社,2002年,第1版,第247页。
③ 邹祗谟、王士禛编:《倚声初集》,卷四,清顺治十七年(1660)刻本,《续修四库全书》集部第1729册,上海,上海古籍出版社,2002年,第1版,第247页。

卓氏家族词人的名单迻录如下：

卓回，字方水，号休园。明崇祯贡士。卓发之侄，卓人月从弟，善诗文，尤喜倚声。清康熙十八年（1679）与大梁词人周在浚合辑《古今词汇》，著有《东皋集》。

卓天寅，字火传，号亮庵，初名大丙。人月子。少负鸿才，蜚声庠序。问业于黄道周。清顺治十一年（1654）副贡。筑书室传经堂、月波楼、杜若舟，藏书数万卷，投赠诗文满天下。年六十九卒。著有《传经堂集》。

卓麟异，字子孟，卓人月弟卓彝之子。清顺治四年（1647）进士，八年武康拔贡，十一年北科举人。清康熙十七年（1678）前后曾助其从父卓回纂辑《古今词汇》。

卓允域，字永瞻，天寅长子。清康熙五年（1666）副贡。著有《思斋诗钞》。

卓允基，字次厚，天寅次子。清康熙十七年（1678）副贡生，官浙江衢州教谕。著有《履斋诗钞》。

卓令式，字孝则，卓回从子。清康熙十八年（1679）助卓回辑《古今词汇》。

卓长龄，字蔗村，卓回从孙。生于清顺治十五年（1658），监生。著有《高樟阁诗集》。康熙十八年助卓回校辑《古今词汇》。清康熙四十九年（1710）病故。

卓松龄，字嗣留，卓回从孙。清康熙十八年助卓回校辑《古今词汇》。

卓龄，仁和人，字号未详。卓回孙辈。

卓灿，字文媖，卓麟异女。年十八归海宁陈奕昌。著有《俯沧楼集》。据李榕等《(民国)杭州府志》，卓灿辑有《历代词汇》，未见存世。

清康熙二十五年（1686），徐釚因忤权贵，去官归里，久客钱塘，卓氏家族第四代词人卓允基出己作《桥西草堂词》请以为序。徐釚遂作《桥西草堂词序》，回忆卓氏家族四代在经学、史学和文学方面的卓越成就，以及卓氏家族在西泠文坛尤其是词学方面的重要地位：

> 余为童子时，则知水西有入斋、莲旬、珂月三先生者，能世其家学，相继为诗古文词，号召天下，扶掖后进。后进之游于三先生之门者，无不淹贯经史，为世通儒。以故于武林称文献，必举卓氏为最。余于壬子年，得交于次厚之亡兄永瞻。永瞻为人慷慨磊落，有所撰著，援笔立成。每同人分题击钵，永瞻作出，则诸子悉咨嗟叹赏而去。余方以永瞻之才，必能献赋金马，出入彤庭。不意一蹶之后，别去一两年间，遂

第三章　明末清初西泠词人群体的构成及发展

困顿抑郁以死。余亦饥驱旅食,久客钱塘。尝往来水西道上,见霜林落叶,凄然动黄公酒垆之感。乃今于长安邸中与次厚握手,追思永瞻,不禁泫然出涕。因话余曩昔之出都门也,永瞻与诸子共赋《水调歌头》一阕相送,而今已风流云散矣。次厚遂出近日所为《桥西草堂词》示予,其激昂悲壮,犹似吾永瞻之词,而婉丽过之。嗟乎！以卓氏三先生之传六经孔孟,训迪无穷,次厚于此益光大之,必有文武忠孝出而为家国之用,以慰难兄永瞻于地下者矣。若区区以晓风残月竞短长于屯田、待制间,不几与流辈较眉睫耶?①

（二）徐士俊

徐士俊(1602—1681),原名翙,字野君,一字三有,号西湖散人。仁和人。清顺治二年(1645)拔贡。好乐府,工杂剧。著有《雁楼集》二十五卷、《云诵词》和《尺牍新语》。徐士俊与同里卓人月为挚友,经常诗词赓和,有《徐卓晤歌》之作,并合选《古今词统》。徐士俊与卓发之也以文结为忘年交,卓人月去世以后,徐士俊频以书信慰问卓发之,卓发之还曾将《漉篱集》交付徐士俊,再三嘱其作评。

需要指出的是,笔者所见清顺治刻本徐士俊《雁楼集》共有两种:一种为南京图书馆藏清顺治刻本,半页八行,行二十字,白口,无鱼尾,卷首有《雁楼集序》三篇,作序者分别署"溧上社弟吴颖见末""顺治甲午立秋日禹航社盟教弟王潞又韩""石耳山人小弟姚佺书于道观基之飞泉庵"。全书共二十五卷,其中卷一为赋,卷二为古乐府,卷三为四言古诗,卷四为五言古诗,卷五为七言古诗,卷六为五言律诗,卷七为七言律诗,卷八为五言排律,卷九为七言排律,卷十为五言绝句,卷十一为六言绝句,卷十二为七言绝句,卷十三为诗余,卷十四为词余,卷十五为序,卷十六为记,卷十七为传,卷十八为论,卷十九为启,卷二十为尺牍,卷二十一为杂文、募疏,卷二十二为赞、铭、跋,卷二十三为檄、揭、说、颂,卷二十四为祭文、碑志,卷二十五为杂剧。另一种为《清代诗文集汇编》所收清顺治刻本,卷首有《雁楼集序》两篇,作序者分别署"溧上社弟吴颖见末""顺治甲午立秋日禹航社盟教弟王潞又韩",缺少"石耳山人小弟姚佺书于道观基之飞泉庵"所作《雁楼集序》,

---

① 徐釚:《南州草堂集》,卷十九,清康熙三十四年(1695)刻本,《续修四库全书》集部第1415册,上海,上海古籍出版社,2002年,第1版,第362—363页。

其版式、卷数与正文内容与南京图书馆藏清顺治刻本相同。由此可知,南京图书馆藏清顺治刻本徐士俊《雁楼集》为足本,《清代诗文集汇编》所收清顺治刻本徐士俊《雁楼集》并非足本。

另外,据《雁楼集》卷十五所收徐士俊所作《叔母方太君八袠寿序》:"故自壬午岁,潋生弟才髫龄,即冠童子试,观光棘闱。今癸卯,潋生弟又举于乡,听鹿鸣而归拜母于堂下矣。"①壬午,即明崇祯十五年(1642)。癸卯,即清康熙二年(1663)。可知此诗作于清康熙二年癸卯(1663)。那么,徐士俊《雁楼集》当刊刻于清康熙二年癸卯(1663)之后。又据清康熙刘愫等刻本陆进《巢青阁集》卷三所收陆进《读徐野君先生〈雁楼集〉》一诗:"达人谢尘俗,雅致在文藻。缘情见绮丽,芳词一何好。帘外清风来,吹彼幽兰草。悠悠千秋怀,荣名以为宝。"②可知,徐士俊《雁楼集》的刊刻时间,当在清康熙刘愫等刻本陆进《巢青阁集》的刊刻时间之前。综上所述,以上两种清顺治刻本徐士俊《雁楼集》,均当为清康熙刻本。南京图书馆和《清代诗文集汇编》可能仅据徐士俊《雁楼集》卷首第二篇《雁楼集序》后所署"顺治甲午立秋日禹航社盟教弟王潞又韩"这一信息,而误断为清顺治刻本。

根据王晫《徐野君先生传》记载,徐氏家族是仁和的名门望族,兴起于明万历年间,徐士俊十三岁时,徐氏家族由落瓜里移居塘栖③。徐士俊年少才高,博览群书,为人谦和,乐于结交士人。王晫《徐野君先生传》云:"(先生)少奇敏,于书无所不读。发为文,跌宕自喜。好为乐府诗歌古文词,第谨自秘匿,人罕有知者。同里卓珂月,才人也。少年负盛名,走四方如骛。一日偶见先生作,惊曰:里有名士生二十有余年,予亦生二十有余年,而不相闻名,予过矣。即日具书币延之于家,诗晨酒夕,欣得良友,自此有《徐卓晤歌》传于人间。已受知观察胡檗山先生,取其文冠多士。是年遂补杭州弟子籍,更名士俊。当其时,海内争尚声气,文社迭兴,若禾中天下善,吴门国表、复社诸坛坫最著,然无不借先生姓氏以为弁冕。得交先生

---

① 徐士俊:《雁楼集》,卷十五,清康熙刻本。
② 陆进:《巢青阁集》,卷三,清康熙刘愫等刻本,《四库未收书辑刊》8辑20册,北京,北京出版社,1997年,第1版,第161页。
③ 王晫:《霞举堂集·南窗文略》,卷四,清康熙刻本,《清代诗文集汇编》第144册,上海,上海古籍出版社,2010年,第1版,第34—36页。

者,比于孺子元直,而先生恂恂谢勿及也。"①对于后学者,徐士俊也极尽提携之力。王晫《徐野君先生传》赞云:"与人交,如坐春风,饮醇酒。有问字者,倾心教之。有一长可录者,不惜齿牙奖成之。"②因此,徐士俊即便以布衣终老,也能够在当时文坛一领风骚。王晫《徐野君先生传》评曰:"先生汲引后进,孜孜不遗余力。使得时乘势,以行其志,必为圣天子得人之助,而惜乎其以布衣老也。虽然,鼓吹士林,而四方翕然宗之,风雅一道,若霞蔚云蒸,又孰非邦家之光也哉!"③

作为明末清初西泠词人群体中的耆宿,徐士俊在这一群体中备受推尊,如沈谦、毛先舒就对其词名极其仰慕。清顺治七年(1650)四月,沈谦在客游吴门时遇徐士俊,作《庆春宫·答徐野君》以为赠答:"那堪踪迹沉沦,豪气成虹,短发如银。名重词坛,春波妙曲,几番吹雪萦尘。凄凉旧事,漫提起、教人断魂。只须付与,月底红牙,掌上青樽。"④

另外,陆进、王廷璋均与徐士俊有师生情谊。清顺治六年(1649)陆进拜徐士俊为师,从其学词。陆进《巢青阁集诗余自序》云:"余初不作词,余之作词,自交徐先生野君、毛子稚黄、沈子去矜始。时当己丑,余方习制举业,不屑屑以冶情绮语见长。积数年,有《巢青阁诗余》之刻。"⑤徐士俊《巢青阁诗余序》云:"忆余与珂月作《徐卓晤歌》时,已三十年矣。风流坠地,和者寥寥。年来读书湖墅,与陆子苰思乐数晨夕,屡有倡酬,遂以《巢青阁诗余》一编问世。"⑥末识"时顺治甲午仲春之吉"⑦。由此可知,自陆进师从徐士俊之后,二人时时相聚于西湖北墅,屡有唱酬,实为卓人月、徐士俊"栖水唱和"之继。

徐士俊的另外一位门生王廷璋,字德威,钱塘人。著有《茀菴词》《璧月

---

① 王晫:《霞举堂集·南窗文略》,卷四,清康熙刻本,《清代诗文集汇编》第144册,上海,上海古籍出版社,2010年,第1版,第34页。
② 王晫:《霞举堂集·南窗文略》,卷四,清康熙刻本,《清代诗文集汇编》第144册,上海,上海古籍出版社,2010年,第1版,第35页。
③ 王晫:《霞举堂集·南窗文略》,卷四,清康熙刻本,《清代诗文集汇编》第144册,上海,上海古籍出版社,2010年,第1版,第36页。
④ 南京大学中国语言文学系《全清词》编纂委员会编:《全清词·顺康卷》,北京,中华书局,2002年,第1版,第2017—2018页。
⑤ 陆进:《巢青阁集诗余》,卷首,清康熙刻本,张宏生编《清词珍本丛刊》第9册,南京,凤凰出版社,2007年,第1版,第757页。
⑥ 陆进:《巢青阁诗余》,卷首,清顺治刻本。
⑦ 陆进:《巢青阁诗余》,卷首,清顺治刻本。

词》。尤侗《璧月词序》云:"西里丁子欧冶有《问鹂词》,予既为之序矣。无何复寓其友王子德威书来,以《璧月词》索序于予。予谓丁子曰:西里卓珂月、徐野君两先生有《词统》一书,予童时即喜读之。今卓君逝矣,徐君岿然独存。风雅嗣音,鼓吹不绝,何西里之多才也。河西善讴,河右善歌,盖有之矣。……今王子从徐先生游而笔妙若此,青出于蓝未可量也。"①

可见,徐士俊对西泠词人群体中的门生后学提携有加,不仅与之交游赠答,如清康熙十四年(1675)正月十三日晚,徐士俊与俞士彪、方象瑛、毛际可、邵斯扬、洪昇,集陆进茂承堂,分韵赋词。俞士彪《少年游·上元前二夕,同徐野君、方渭仁、毛会侯先生,邵于王、洪昉思,集陆荩思茂承堂,分韵得春字》记载了当时盛况:"华灯焰暖,红云影绕,蟾魄荡梅痕。相对忘年,未知谁主,不道夜将分。 笑歌自可称行乐,何必踏香尘。且共留连,莫教归去,花扑瓮头春。"②同时,徐士俊也参与西泠词人群体的词学活动如选词、评词、序词等。西泠词人群体编纂的两部重要词选《西陵词选》和《东白堂词选》,徐士俊均有审阅之功。

同时,徐士俊在西泠词人群体中的领袖地位,也得到清初其他词派和群体的认可。阳羡词派领袖陈维崧《春从天上来》一词云:"烟月杭州。记徐卓当年,诗酒风流。水市露井,桂桨莲舟。老铁吹裂龙湫。"③极力推赞卓人月、徐士俊在杭州词坛的垂范之功。清康熙四年(1665)夏发生于西泠的"江村唱和",徐士俊被曹尔堪、王士禄、宋琬推为考评人,并被邀请为《三子唱和词》作序。徐士俊序云:"盖三先生胸中各抱怀思,互相感叹,不托诸诗,而一一寓之于词,岂非以诗之谨严,反多豪放,词之妍秀,足耐幽寻者乎?"④既指出"江村唱和"诸作别有寄托,又意识到诗与词的文体差异。此外,徐士俊亦唱和《满江红》一首曰:"墨共烟浓,临湖水、绿波偕涨。增秀句、桃花补种,旧堤无恙。八咏一时清福地,三人百尺高楼上。看齐将、风雅作资粮,犹堪饷。 望车旆,乘春漾。惊坐客,擎瓯唱。任夏云热触,秋

---

① 尤侗:《西堂文集》,《西堂杂俎三集》卷三,复旦大学图书馆藏清康熙刻本,《续修四库全书》集部第1406册,上海,上海古籍出版社,2002年,第1版,第418页。
② 南京大学中国语言文学系《全清词》编纂委员会编:《全清词·顺康卷》,北京,中华书局,2002年,第1版,第4426页。
③ 南京大学中国语言文学系《全清词》编纂委员会编:《全清词·顺康卷》,北京,中华书局,2002年,第1版,第4156页。
④ 曹尔堪、王士禄、宋琬:《三子唱和词》,卷首,清康熙刻本。

风寒酿。谈剧不妨挥玉尘,诗成最喜题梅杖。更何人、搔首问青天,峰头状。"①

二、明末清初西泠词人群体的发展繁荣期(1635—1672)

明末清初西泠词人群体的发展繁荣期,以明崇祯八年(1635)"西泠十子"的形成为发端,以清康熙十一年(1672)"西泠词社"成立前夕为终结。这一阶段共有三十八年,是明末清初西泠词人群体创作极度繁荣的时期,群体成员从先导期的三十余人,猛增至二百余人。群体成员的身份也变得极其复杂,既有绝意仕进、隐居于山林的明代遗民,有仕途或蹇困或通达的官宦;也有或专心学问制艺、偶尔事词,或无心仕进,专力填词的士子;更有方外、宦游和闺秀词人。这一时期具有代表性的核心团体,主要有"西泠十子""北门四子""严氏词人群体""冰轮二陆""东皋草堂词人群体"等。同时,先导期的领袖人物徐士俊依然健在,被西泠词人群体推尊为词坛耆宿。

明末清初西泠词人群体在这一时期所取得的词学成就,主要表现在以下几个方面:第一,众多风格各异的词集的创作,如沈谦《东江集钞》、毛先舒《鸳情词》、丁澎《扶荔词》、王晫《峡流词》、陆进《付雪词初集》和《付雪词二集》、陆嘉淑《辛斋诗余》、陆宏定《搒西阁长短句》、徐旭旦《世经堂词》,以及徐旭升、徐叶圻、周世荣三人的《东皋草堂词集》等;第二,词选的编选,如沈谦和毛先舒的《古今词选》,吴农祥的《词苑》;第三,一批词话、词律、词韵著作的撰写,如沈谦《填词杂说》和《词韵略》、毛先舒《填词名解》和《词辩坻》等。

这一时期明末清初西泠词人群体的特点是,创作进入极度繁荣的时期,几乎家家事词,人人有集刊刻,创作宗旨则延续了先导期所形成的师法众家,不拘一格的特点。与此同时,西泠词人也展开了词学理论的相关探讨,词学思想呈现出多元化并存的特点,如以沈谦、陆进为代表的词人主张词以婉艳为本色,而以毛先舒、丁澎为代表的词人则主张婉艳与雄放并重,显示出西泠词学的极盛和繁荣。

此时的词坛已经是流派纷起,各领一地风骚。云间词派如日中天,主要表现在"云间三子"的唱和词集《幽兰草》、云间词人词集丛刻《倡和诗余》

---

① 南京大学中国语言文学系《全清词》编纂委员会编:《全清词·顺康卷》,北京,中华书局,2002年,第1版,第163页。

已经刊行,流布甚广,影响巨大;蒋平阶、周积贤、沈亿年亦有词集合刻,张渊懿、田茂遇《清平初选后集》则在编纂之中;柳洲词派已经形成,且《柳洲词选》也随之刊刻,柳洲词派的代表人物曹尔堪,组织或参与了清初词坛的三次大型唱和;以王士禛为代表的广陵词坛也成为词学重心之一,毗陵词人邹祗谟与王士禛所编《倚声初集》已经问世,孙默所编《国朝名家诗余》陆续付梓,《广陵唱和词》也在清康熙五年(1666)刻行;阳羡词派也已经登上词坛,代表人物陈维崧的《乌丝词》于清康熙五年(1666)已经编定,陈维崧、吴逢原、吴本嵩等所编《今词苑》于清康熙十年(1671)刻行。

(一)"西泠十子"

本书《绪论》已经述及,"西泠十子"指陆圻、柴绍炳、吴百朋、陈廷会、孙治、张丹(原名纲孙)、沈谦、毛先舒、丁澎、虞黄昊十人。"西泠十子"经历明清易鼎之乱,多高蹈不仕,闭门著述。王嗣槐《巢青阁诗序》云:"西陵十子,多傲世忘荣,杜门著作。"①在"西泠十子"之中,丁澎为清顺治十二年(1655)进士,吴百朋、虞黄昊为举人。其他七人入清以后,均摒弃仕进,以文、医为生,虽不以遗民自称,但骨子里的傲然不屈之气,时刻显于笔端。在"西泠十子"中,沈谦、毛先舒、丁澎、张丹四人作词用力颇勤,且都有词集刊行;陆圻、柴绍炳、吴百朋、虞黄昊、孙治、陈廷会六人,于词用力不多,《西陵词选》选陆圻、柴绍炳词各一首,其他四人均无词存世,另外陆圻、柴绍炳、孙治等各有词评、词集序跋存世。沈谦、毛先舒、丁澎三人的词作将以专章论述,此处仅对陆圻、张丹、柴绍炳三人加以简介。

陆圻(1614—?),字丽京,又字景宣,号讲山,仁和人,著《从同集》《威凤堂集》《陆生口谱》《西陵新语》。② 在"西泠十子"中,陆圻年齿最长。王士禛《渔洋诗话》卷上"陆圻"条评云:"武林耆宿,为'西泠十子'之冠。"③陆圻出身名门,曾参加复社和几社,与陈子龙交往密切。阮元《两浙辑轩录》卷一"陆圻"条引黄模之语曰:"讲山与弟培、堦,咸以文章经济自任海内,称曰

---

① 王嗣槐:《桂山堂文选》,卷二,清康熙青筠阁刻本,《四库未收书辑刊》7辑27册,北京,北京出版社,1997年,第1版,第177页。
② 阮元:《两浙辑轩录》,卷一"陆圻"条,山东省图书馆藏清嘉庆仁和朱氏碧溪草堂钱塘陈氏种榆仙馆刻本,《续修四库全书》集部第1683册,上海,上海古籍出版社,2002年,第1版,第136页。
③ 王士禛:《渔洋诗话》,卷上"陆圻"条,丁福保编《清诗话》,上册,上海,上海古籍出版社,2015年,第1版,第180页。

第三章　明末清初西泠词人群体的构成及发展

'三陆',与娄东、云间倡道东南。"①又引陈子龙之语曰:"吾与陆氏交,如孔融在纪群间矣。"②

明清易鼎之后,其弟陆培自杀殉国,陆圻则加入抗清义军,事败之后,隐居山林,卖药躬耕,偷生世间。西泠好友陆进有《怀丽京兄》诗:"隐居何所事,晞发在阳林。卖药市可藏,躬耕力能任。明月理朱瑟,赠友瑶华音。奇文粲陆离,胸贮古义深。高堂有老母,娱乐披幽襟。遥遥隔城陌,临风托素心。"③清康熙四年(1665),陆圻及其子陆寅受庄廷鑨《明史》案牵连入狱,柴绍炳等人鼎力营救。出狱后,陆圻遂谢绝一切世事,弃家为僧,远游他乡。黄宗羲《感旧》组诗第十一首云:"桑间隐迹怀孙爽,药笼偷生忆陆圻。浙西人物真难得,屈指犹云某在斯。"④自注云:"史祸之后,丽京自贬三等,以此诗封还,请改月旦。"⑤王士禛《渔洋诗话》卷上"陆圻"条云:"(陆圻)晚年远游不归,或云在岭南为僧,释名今龙,或云隐武当山为道士,终莫得而详也。"⑥陆圻词仅一首存世,无法管窥其词全貌。

张丹(1619—1687),原名纲孙,字祖望,号秦亭,浙江钱塘人。著有《张秦亭集》《从野堂诗余》(又名《秦亭词》)。张丹出身名门,张氏家族先高祖张濂,明世宗时为都御史;高伯祖张瀚,明神宗时拜吏部尚书。张丹自小聪慧,侍父读书甚孝。明崇祯十七年(1644),李自成破北京,江淮扰乱。张丹舍弃先祖都宪旧宅,出郭隐居于秦亭山下的相鸟居,尽力奉母,不复干时,惟日夕与西泠诸子诗词唱和,又与好友陈维崧、朱彝尊等均有诗词赠答。张丹《张秦亭诗集》卷二存有《赠友诗七章》,分别为《孙治宇台》《柴绍炳虎

---

① 阮元编:《两浙輶轩录》,卷一"陆圻"条,山东省图书馆藏清嘉庆仁和朱氏碧溪草堂钱塘陈氏种榆仙馆刻本,《续修四库全书》集部第1683册,上海,上海古籍出版社,2002年,第1版,第136页。

② 阮元编:《两浙輶轩录》,卷一"陆圻"条,山东省图书馆藏清嘉庆仁和朱氏碧溪草堂钱塘陈氏种榆仙馆刻本,《续修四库全书》集部第1683册,上海,上海古籍出版社,2002年,第1版,第136页。

③ 陆进:《巢青阁集》,卷三,清康熙刘愫等刻本,《四库未收书辑刊》8辑20册,北京,北京出版社,1997年,第1版,第161页。

④ 黄宗羲撰,全祖望辑:《南雷诗历》,卷一,中国科学院图书馆藏清郑大节刻本,《续修四库全书》集部第1397册,上海,上海古籍出版社,2002年,第1版,第635页。

⑤ 黄宗羲撰,全祖望辑:《南雷诗历》,卷一,中国科学院图书馆藏清郑大节刻本,《续修四库全书》集部第1397册,上海,上海古籍出版社,2002年,第1版,第635页。

⑥ 王士禛:《渔洋诗话》,卷上"陆圻"条,丁福保编《清诗话》,上册,上海,上海古籍出版社,2015年,第1版,第180页。

臣》《吴百朋锦雯》《陈廷会际叔》《沈谦去矜》《毛先舒稚黄》《虞黄昊景明》，可以佐证"西泠十子"之间的交游酬唱。陆进有诗《三子咏》，咏赞孙宇台、张祖望和王仲昭，其二《张祖望》云："吾侪无俗伦，张君真高士。客来不整冠，兴闲时隐几。倦鸟竹径归，闲云水际起。贪看北峰高，不知堕松子。"①此诗以白描的手法，塑造出张丹的隐逸高士形象。

据张丹《从野堂诗自序》所言，明朝灭亡以后，张丹曾漫游全国："东游齐鲁，北走燕赵，览长城雄嶙之势，渡滹沱澎湃之波，谒天寿之荒陵，超居庸之绝塞。……尽越之境，入云门，登秦望，访天衣寺，问王大令笔冢与盘古社木，坐任公钓台，攀越王走马埒，寻兰亭流觞处。已而南游上金陵，临燕子矶，踞牛首山绝顶。"②晚年，张丹隐居于秦亭山下，好修道，喜炼丹，与道士余体崖交往频繁，其《逍遥注成示诸门人》诗云："晚年惟好道，日夕对长庚。座下玉床出，池中翠水明。从游四学者，妙喻一庄生。坐论幸无倦，逍遥注始成。"③

张丹以大力为诗，于词用力较少，存世作品不多。《张秦亭诗集》刊刻于张丹晚年，其总目为十四卷，前十三卷为诗，卷十四为"长短句"，标注"嗣刻"。从张丹存世词作来看，其词风与沈谦以纤秾之笔极尽艳情之事截然不同，多写漫游怀古之感和隐逸之趣，或激越悲凉，或洒脱俊逸。如《贺新郎·登燕子矶，和宋荔裳韵》："巨石凭危阁。似天边、凌风舞燕，不须雕琢。两岸芦花遮老眼，但有悲声索索。又何处、翠帘珠箔。万里寒江流日夜，叹千年、战血盈城郭。耕耨者，耳鸣铎。　堪怜月上清砧作。暗伤心、钟山鹿走，烟迷林薄。谩说金陵多王气，早已霜生哀角。且莫怨、绕枝飞鹊。结绮临春成废苑，看秋来、夜夜萤灯落。云水外，叫孤鹤。"④此词以燕子矶为起，慨叹金陵王气早已化为废苑荒林，表面写登临之感，实写明亡之痛。

柴绍炳(1615—1670)，字虎臣，号省轩，又号翼望山人。明诸生，入清隐居南屏，闭户著述。清康熙八年(1669)诏举隐逸，力辞。著有《柴省轩先

---

① 陆进：《巢青阁集》，卷三，清康熙刘愫等刻本，《四库未收书辑刊》8辑20册，北京，北京出版社，1997年，第1版，第163页。
② 张丹：《张秦亭诗集》，卷首，南京图书馆藏清康熙石甀山房刻本，《四库全书存目丛书》集部第210册，济南，齐鲁书社，1997年，第1版，第491—492页。
③ 张丹：《张秦亭诗集》，卷七，南京图书馆藏清康熙石甀山房刻本，《四库全书存目丛书》集部第210册，济南，齐鲁书社，1997年，第1版，第556页。
④ 南京大学中国语言文学系《全清词》编纂委员会编：《全清词·顺康卷》，北京，中华书局，2002年，第1版，第1587页。

生文钞》《翼望山人集》。仅存词一首《谢燕关》："野客谢燕关。归来八月,去是九秋天。向京华回首,谁共留连。有扑面黄沙,连天白草,遍地苍烟。岸柳拂行船。布帆风里,计日到家园。喜故人携手,一笑相看。剩树绕峰头,涧流槛外,月照樽前。"①写游历之苦与归乡之乐,有苏词之洒脱。

(二)"北门四子"

"北门四子"之称,出自吴庆坻《蕉廊脞录》:"'北门四子',则陆莶思、王仲昭、陆升簧、王丹麓也。"②即指陆进、王嗣槐、陆隽、王晫四人。其中陆进、王嗣槐、王晫三人,均是西泠词人群体中举足轻重的人物,与"西泠十子"交往密切,互通声气。

王嗣槐《斐园燕会序》记载了清康熙十四年(1675)由"北门四子"所发起的一次雅集:"孟夏之月,余与莶思、丹麓诸子,觞客于北门之外,就杨氏之斐园而布席焉。客为谁?山右潜庵牛侯、毗陵蒋子驭鹿、睦州方子渭仁、毛子会侯,四人客也。余困于诸生,为诗歌、古文辞。四方之人至武林者,过而问之。余年浸衰,精力耗亡,而璪符、升秀诸人,年少有隽才,与予堉与百、儿崇翰游,喜宾客,是日从余为主。徐子武令、陆子子容、潘子蔚湘闻斯集,皆欣然来会。先期戒客而雨,及期雨霁。客至相揖,脱冠解衣,临清池,倚林石,围棋局戏,嘻笑谈谑,怡怡如也。肴核既具,觥筹交错,日晡继烛,促坐酬饮,剧论古今文词相乐也。已而若有慨焉,夜漏三下,客始就寝。晨起,云气冠山,如车盖,雷声殷殷,而澍雨奄至矣。铺毡杂坐,举酒属客,今日良会,乌可无文。于是分笺命笔,各奏所长。渭仁为序、会侯为记、与百为启,莶思为连珠,武令为赋,璪符为四言诗,驭鹿、寘贻为五七言古风,子容为五言排律,崇翰为五言律,升秀为七言绝句,牛侯、蔚缃、丹麓以事先去,分赋七言律、七言排律、六言绝句,祖望不至,分赋乐府,东琪及儿武功,以他出不与,一为北曲,一为七言古。虽一时之会,友朋之多,文词之各有体,先后迟速之不同,其时绝无赋,几而代诗不成,而罚大斗者,亦可谓盛矣。"③

由王嗣槐序可知,此次雅集的参加者,除"北门四子"陆进、王嗣槐、王

---

① 南京大学中国语言文学系《全清词》编纂委员会编:《全清词·顺康卷》,北京,中华书局,2002年,第1版,第1165—1166页。
② 吴庆坻:《蕉廊脞录》,卷三"杭州诸诗社"条,北京,中华书局,1990年,第1版,第96页。
③ 王嗣槐:《桂山堂文选》,卷一,清康熙青筠阁刻本,《四库未收书辑刊》7辑27册,北京,北京出版社,1997年,第1版,第96—97页。

晫等人之外,还有张丹、吴仪一、姜培胤、徐汾等,可谓是西泠词人群体发展繁荣期词人、余波期词人以及过境词人的一次大型集会。由于第五章将以专章论述陆进《巢青阁集诗余》、王晫《峡流词》,在此仅对"北门四子"中的王嗣槐和陆隽加以简介。

王嗣槐,字仲昭,号桂山,浙江仁和人。生于明崇祯初。诸生。清康熙十八年(1679)荐试博学鸿词,报罢,特授内阁中书。著有《桂山堂集》《啸石斋词》。参与编纂《西陵词选》《东白堂词选》。王嗣槐年少时专事举业,偶尔创作诗词,至四十岁时才摒弃科举。他是西泠词人群体中极善交游的一位词人,不仅与西泠词人过往很密,与当时的名流显贵亦有交情,王嗣槐《巢青阁诗序曰》:"西陵十子,多傲世忘荣,杜门著作。余与荩思,以亲老在堂,从事制举业,然日与(西陵十子)唱酬不倦。四方士大夫游武林,必过余两人,升堂把臂,弥日信宿,山楼水榭,置酒高会,诗歌纪序,翰墨淋漓。"①其词以清新俊逸为特色,毫无纤秾之气,在西泠词人中别具特色,如《满庭芳》:"归鸟穿烟,残霞栖树,天晚深闭篱门。遣愁无计,独坐醉清樽。欲问故园何处,凝望里、败叶纷纷。西风起,桂花香老,冷露湿山村。　少年欢乐事,鸾笙凤管,曲罢宵分。怪盛筵易散,青鬓难存。梦里繁华已歇,看朱户、绿遍苔痕。渔樵好,负薪垂钓,归去正黄昏。"②

陆隽,字升黉,陆进之弟,曾任杭州通判,著有《延芳堂集》。

(三)严沆及"严氏词人群体"

严沆,字子餐,号颢亭,明万历四十五年(1617)生。阮元《严忍公子餐方贻传》记载:"沆字子餐。幼读书,以孝闻,为诗古文,浸沉《六经》《史》《汉》,为'西泠十子'之冠。善射,命中无虚发。"③严沆于明崇祯十二年(1639)举乡试,清顺治十二年(1655)进士及第,廷试第一名,官至户部侍郎,总督仓场。清顺治丙申(1656)、丁酉(1657)间,与宋琬、施闰章、丁澎等唱和于京师,号称"燕台七子"。清康熙十七年(1678)卒于官。著有《皋园诗文集》。

严沆是西泠词人群体中身份极其特殊一位词人,他出身于余杭的名门

---

① 王嗣槐:《桂山堂文选》,卷二,清康熙青筠阁刻本,《四库未收书辑刊》7辑27册,北京,北京出版社,1997年,第1版,第177页。
② 南京大学中国语言文学系《全清词》编纂委员会编:《全清词·顺康卷》,北京,中华书局,2002年,第1版,第10815页。
③ 阮元:《揅经室集》,《二集》卷五,北京,中华书局,1993年,第1版,第484页。

第三章　明末清初西泠词人群体的构成及发展

世家,为严武顺之子,严大纪之孙。严大纪,嘉靖乙未进士,官太常寺正卿。严武顺,字忍公,国子监生,与兄严渡(字调御)、弟严敕,号称"余杭三严",其中严渡有词存世。严武顺兄弟于明代嘉靖年间曾创建"小筑社",引领西泠盟社风骚。严沆也曾加盟"读书社"和"登楼社",享誉四方。

明清易鼎之后,严沆并没有如同其他明代遗民一样放弃仕进,而于清顺治十二年(1655)举进士第,与丁澎同科。与丁澎大喜大悲的命运相反,在清初严酷的政治环境中,严沆的仕途反而十分顺利,官至户部侍郎。这至少说明,无论为人还为官,严沆绝对是一位谨小慎微、精明干练之人。

例如,清顺治十四年(1657)丁酉,严沆与丁澎同为典试官,丁澎典试河南,严沆典试山东。据王先谦《东华录》"顺治十四年"条记载:"给事中朱绍凤劾奏河南主考官黄钺、丁澎进进呈试录《四书》三篇,皆由己作,不用闱墨,有违定例。……丁澎亦著革职察议。"①同书"顺治十五年"条记载:"辛酉刑部议河南主考黄钺、丁澎违例更改举人原文作程文,且于中式举人硃卷内用墨笔添改字句。黄钺又于正额供应之外,恣取人蓡等物。黄钺应照新例籍没家产,与丁澎俱责四十板,不准折赎,流徙尚阳堡。命免钺、澎责,如议流徙。"②这就是著名的丁酉科场案。

而严沆的情况则截然相反,据《嘉庆重修一统志》卷二百八十六《杭州府·人物》"严沆"条记载:"(严沆)典试山东,故事圣裔无举者,四氏子不得独售,沆疏请得岁举二人。"③可见严沆既能体察民情,又能揣摩上意,办事公明果敢,颇得恩宠。阮元《严忍公子餐方贻传》则非常肯定严沆在此年乡试中的表现:"康熙丁酉,江南科场舞弊,各省举人皆覆试,惟公所主山东试奉旨不必覆试。"④此外,据阮元《严忍公子餐方贻传》记载,严沆胸怀宽容,为人热诚,慧眼识才,尤喜提携后进,清康熙十八年(1679)参加博学鸿辞试的一批士子,皆由严沆荐举:"己未,诏举鸿博科,朱彝尊、方象瑛、魏禧皆公所荐举也。"⑤

---

① 王先谦:《东华录》,"顺治十四年"条,上海古籍出版社藏清光绪十年(1884)长沙王氏刻本,《续修四库全书》史部第369册,上海,上海古籍出版社,2002年,第1版,第427页。
② 王先谦:《东华录》,"顺治十五年"条,上海古籍出版社藏清光绪十年(1884)长沙王氏刻本,《续修四库全书》史部第369册,上海,上海古籍出版社,2002年,第1版,第440页。
③ 《嘉庆重修一统志》,卷二百八十六《杭州府·人物》"严沆"条,《四部丛刊续编》第102册,上海,上海书店出版社,2015年,第1版。
④ 阮元:《揅经室集》,《二集》卷五,北京,中华书局,1993年,第1版,第485—486页。
⑤ 阮元:《揅经室集》,《二集》卷五,北京,中华书局,1993年,第1版,第486页。

严沆词存世不多，多为宴游应酬之词，抒写盛世气象，雍容平和。如《贺新郎·春游》："霁色天街六。遍鱼梁、冰澌齐下，縠纹重叠。院落寒轻收灯后，迤逦游人相属。数不了、钿车金犊。过雨平沙风未起，碾红尘、十里轻如曲。胜杜曲，与韦曲。　　笆篱宛转藏茅屋。远峰青，赤栏干外，酒旗斜矗。繁杏枝头双鸠语，商略偷开一簇。更柳眼、搓黄拖绿。际此朝回，衣暂曲，任先生烂醉归休促。藉草坐，濯吾足。"①另外，严沆还热衷于选词、论词，曾经与卓回讨论过《古今词汇》的编纂问题，并品评过多人词集，如丁澎《扶荔词》、曹尔堪《南溪词》、宋琬《二乡亭词》等，还曾为陆次云《见山亭古今词选》和卓回《古今词汇》作序。

附论：严氏词人群体

严氏词人与卓氏词人类似，是严渡、严沆子孙在长辈的影响之下，从而形成的一个家族性词人群体，其中包括严曾榘、严曾臬、严曾相、严曾模、严曾槷，还有严沆的女儿严曾杼、女孙严怀熊。严格而言，严氏词人群体大多生活在京城，而不是西泠，但是，西泠词人习惯上把他们纳入同郡词人群体之中，如陆进《西陵词选》即是如此。

严曾榘(1639—1700)，字方贻，号柱峰，余杭人。严沆长子。清康熙三年(1664)进士，授庶吉士，与其父同朝。五年，改授广西道御史，循例回避。二十八年迁鸿胪寺卿。三十六年擢兵部右侍郎。著有《德聚堂集》。阮元《严忍公子餐方贻传》云："公廉谨自厉，居官无所储，殁之夕，几无以为殓。有诗文集四卷。"②

严曾臬，严沆次子。清康熙间举明经，官蒲择知县，升西城兵马司指挥。

严曾相，字右君。父严渤，早卒，依从父严沆成人。诸生。

严曾模，字予正。清康熙间举明经，官州同。

严曾槷，字定隅，严沆五子。幼随父兄居京师，入太学，考授同知。父殁返里，发奋读书。诣京兆试，与汤右曾、查慎行等唱酬。有《雨堂诗余》。

严曾杼，幼名繁。幼随父兄居京师，得家学，能诗词。长归中表沈长益。夫妻唱和，有《素窗遗稿》。卒年二十四岁。

---

① 南京大学中国语言文学系《全清词》编纂委员会编：《全清词·顺康卷》，北京，中华书局，2002年，第1版，第1289页。

② 阮元：《揅经室集》，《二集》卷五，北京，中华书局，1993年，第1版，第486页。

严怀熊,字芷苑,严沆女孙。钱塘明经吴磊室。有《揽云楼词》。

（四）"冰轮二陆"

"冰轮二陆",指陆嘉淑、陆宏定兄弟二人,均为西泠词人先导时期的代表性词人陆钰之子。陆钰,又名荩谊,字忠夫,又字真如,号退庵,浙江海宁人。明万历四十六年(1618)举人。著有《射山诗余》。

陆嘉淑(1619—1689),字冰修,一字孝可,号辛斋,又号射山。陆钰长子。入清隐居不仕,交"西泠十子",诗有盛名。著有《辛斋诗余》。

陆宏定(1628—1668),字紫度,号纶山,别字蓬叟,陆钰次子。不求仕进,以布衣终老。著《榜西阁长短句》。

（五）徐氏东皋草堂词人群体

徐氏东皋草堂词人群体,得名于清康熙年间刊刻的西陵徐叶圻、周世荣、徐旭升唱和词集《东皋草堂词集》,又名《东皋草堂唱和词》。其中,徐叶圻,号龙门,钱塘人。周世荣,号南山,钱塘人。徐旭升,字上扶,号东皋,钱塘人,著《东皋草堂诗集》。东皋草堂,是"东皋草堂唱和"活动主持人徐旭升的书斋。徐旭升与其兄徐旭旦、其弟徐旭昌,均是东皋草堂词人群体的重要成员。

阮元《两浙輶轩录》卷八收录了徐旭升诗作二首,且摘录毛先舒和王修玉《东皋草堂集序略》二篇。王修玉《东皋草堂集序略》记载了徐旭升及其家族在文坛的影响:"东皋徐君,其为人冲和谦抑,蔼然之气被人。其先世巨翁先生,以忠节为宋名臣后裔之贤,前者虽不可述,而近时以来,如世臣先生倡登楼之集,振踔西陵。其后群从宗,人咸以文鸣当代,东皋特其一耳。"[1]毛先舒《东皋草堂集序略》记载徐旭升的诗歌风格:"徐子风神潇洒,气度俊爽。其为诗独抒性灵,不拘格套。焚香默坐是其诗境,放浪山水是其诗怀,脱尽铅华是其诗品,独见沉挚是其诗骨。此殆以真性情而为真诗者耶!"[2]

徐氏家族素以忠贞气节、读书仕进为重,其先世为南宋末年抗元名臣

---

[1] 阮元编:《两浙輶轩录》,卷八"徐旭升"条,山东省图书馆藏清嘉庆仁和朱氏碧溪草堂钱塘陈氏种榆仙馆刻本,《续修四库全书》集部第1683册,上海,上海古籍出版社,2002年,第1版,第356页。

[2] 阮元编:《两浙輶轩录》,卷八"徐旭升"条,山东省图书馆藏清嘉庆仁和朱氏碧溪草堂钱塘陈氏种榆仙馆刻本,《续修四库全书》集部第1683册,上海,上海古籍出版社,2002年,第1版,第356页。

徐应镳。至明末清初的徐继恩,曾为东南盟社"登楼社"之首领。徐继恩,字世臣,别字逸亭,钱塘人,生于明万历四十三年(1615)十月四日,卒于清康熙二十三年(1684)九月二十四日,以文赋见长,明崇祯十五年(1642)中副榜。徐继恩在四十七岁以前,为东南盟社名士。毛奇龄《洞宗二十九世传法五云俍亭挺禅师塔志铭》记载:"先是,文社大起,娄东张溥、漳浦黄道周并属公领袖。公为社名'登楼',又名'揽云',聚临安名士于其中,主东南坛坫,凡三十年。"①徐继恩四十七岁时,因撰文讥刺马士英而被追捕,从此以义士托于僧,法名净挺,号俍亭。徐继恩与毛奇龄、施闰章、丁澎、张丹、毛先舒等人为至交。著有《逸亭十集》《挥麈录》《十笏斋诗集》《十笏斋文集》等。

在徐继恩的影响下,徐氏家族的子孙均擅长诗文。徐继恩长子徐邺,字华征,毛先舒之婿,与妻毛庵合刻《静好集》。次子徐汾,字武令,著有《碎琴词》。徐汾之子徐吴升,字东建,亦擅长填词。

三、明末清初西泠词人群体的余波期(1672—1721)

明末清初西泠词人群体的余波期,以清康熙十一年(1672)"西泠词社"的形成为发端,以清康熙六十年(1721)徐逢吉与厉鹗定交并皈依浙西词派为终结。在此五十年间,尽管明末清初西泠词人群体先导期和发展繁荣期的成员,如徐士俊、丁澎、毛先舒、张丹等大都谢世,存者寥寥,但此时西泠词人群体的成员依然众多,大约有一百二十余人。这一时期的词人大部分生于清初,家国之恨于他们已经成为遥远的历史,他们多为困厄科场的文士,以填词释放内心的痛苦;当然,其中也有专治经史的学者和仕途坦荡的官员。其中具有代表性的词人群体有:"东江八子"、"西泠三子"、姚氏昆仲、以仲恒为中心的词人群体、查氏词人群体、顾氏后进词人群体等等。

明末清初西泠词人群体在余波期取得的词学成果主要表现在:第一,众多风格迥异的词集的创作,如陆进《付雪词三集》和《巢青阁集》附《诗余》、陆次云《玉山词》、仲恒《雪亭词》、沈丰垣《兰思词钞》和《兰思词钞二集》、张台柱《洗铅词》、俞士彪《玉蕤词钞》、洪昇《眆思词》、徐逢吉《黄雪山房词》、姚之骃《镂空集》、姚炳《苏溪集诗余》等;第二,六部词选的编选,包

---

① 毛奇龄:《西河文集》,《西河合集》之《塔志铭》卷一,《清代诗文集汇编》第88册,上海,上海古籍出版社,2010年,第1版,第131页。

第三章　明末清初西泠词人群体的构成及发展

括陆进和俞士彪的《西陵词选》、陆次云和章晭的《见山亭古今词选》、陆进和佟世南的《东白堂词选初集》、卓回的《古今词汇》、卓长龄《正续花间集》、卓灿《历朝词汇》；第三，词话、词韵、词律著作的撰写，如张台柱《词论十三则》、赖以邠《填词图谱》、王又华《古今词论》等。第四，由西泠词人发起的清初最后一次大型唱和活动的举行，即王晫"《千秋岁》唱和"活动，以及唱和之什《千秋雅调》的刊刻。

明末清初西泠词人群体在余波期的总体特点是，词的创作依然繁盛，同时也进入词学理论的总结时期，逐渐形成了完备而成熟的词学理论体系。清康熙十八年(1679)，查继超将西泠词人群体关于词调、词论、词律、词韵的四部著作，即毛先舒《填词名解》、王又华《古今词论》、赖以邠《填词图谱》、仲恒《词韵》附柴绍炳《柴氏古韵通》，合刻为《词学全书》，标志着西泠词学理论体系初步建成。这一时期西泠词人群体的词学思想，依然表现为异质并存的特点，如"西泠三子"中的徐逢吉，就与洪昇、吴仪一持论不尽相同。

同一时期，清初词坛百派竞流的繁荣格局，随着各个词派或群体如云间词派、柳洲词派、广陵词坛、阳羡词派等的衰落，而逐渐消解，只有明末清初西泠词人群体以其庞大的成员数量和繁盛的创作，依然称雄词坛，与清康熙十八年(1679)形成的浙西词派，形成南北对峙的局面。但是，明末清初西泠词人群体的词风，也并非没有受到浙西词派的浸润，西泠词人陆进、陆次云的词作，已明显带有浙西词派的咏物之习，而徐逢吉与厉鹗的交往，则标志着明末清初西泠词人群体彻底融入浙西词派。

(一)"东江八子"

"东江八子"得名于王绍曾所辑《东江八子集钞》，因王绍曾等八人均出沈谦门下，所以称"东江八子"。据《东江集钞》所列沈谦门生，可知"东江八子"指潘云赤、沈丰垣、俞士彪、张台柱、王升、王绍曾、唐弘基、洪昇八人。其实，沈谦门生众多，远不止"东江八子"，李式玉、洪云来等亦曾从其学词。在"东江八子"中，因词而著称的有四人：沈丰垣、俞士彪、张台柱、洪昇。洪昇《漱石词序》中述及沈门弟子的风流酬唱："往予与东苑、玉蕤、兰思、洗铅诸子，以词学相提唱，花坛月榭，必缓吟低讽，互相酬和，极一时之盛。"[1]这里"东苑"即沈谦，"玉蕤"即俞士彪，"兰思"即沈丰垣，"洗铅"即张台柱。笔

---

[1] 洪昇著，刘辉笺校：《洪昇集》，《集外集》，杭州，浙江古籍出版社，1992年，第1版，第507页。

者将对"东江八子"中以词名显世者加以简介,其中沈丰垣《兰思词钞》和《兰思词钞二集》,第五章将以专文论述,此处从略。

俞士彪,原名珮,字季瑮,钱塘人。诸生,曾官崇仁县丞。与毛先舒、徐士俊、丁彭、毛奇龄、张台柱、洪昇等唱和。俞士彪与沈谦的师生情谊尤为真切,如清康熙八年沈谦病重,俞士彪曾作《念奴娇·雪夜,忆沈去矜夫子病》排遣对恩师的忧虑和挂念。著有《玉蕤词钞》二卷,清康熙刻本,卷首有梁允植序。方象瑛亦作有《玉蕤词钞序》,存于其《健松斋集》中,但清康熙刻本《玉蕤词钞》未见此序。

俞士彪出身名门望族,才华卓著,但仕途不顺,为生计长年客游四方,其《玉蕤词钞》是其一生漂泊游历的真实记载。梁允植《玉蕤词钞序》云:"钱塘古佳丽地,士生其间,类文雅,得山川之秀,凡锦衣霸气、强弩余风,无复存者,若余所识俞子季瑮则尤异。季瑮为西陵名族子,自其髫年已磊砢不群,长而挟策走四方,名益起。其文章卓绝流辈,出其绪余为填词,时有崎岖不平之感。高者近辛、陆,次亦当求之溪堂、白石之间;而幽怀绮思,亦时托之晓风残月。余读之,知其赋情深挚,得诗人温厚之遗者也。此固其才之过人,然非由学力不至此。"①王嗣槐在《俞季瑮感怀诗引》也云:"吾友俞子季瑮,有经营四方之志,屡困场屋。俯就一官,既谒选,而怆然赋七律十章。自昔才名之士,遭时不偶,屈身降志,……非得已也。季瑮以不群之才,应当世之务,佐理巴山,有不以爱士元惜公琰者爱之惜之,余以为此不足为季瑮爱之惜之者也。"②以上两段文字,对于俞士彪的家世、生平、才学及创作情况均有所论及,也可以看出俞士彪的词风,既有学习辛弃疾、陆游的豪放之作,也有学习谢逸、姜夔的清空之作,亦有学习柳永的柔艳之作。

俞士彪《玉蕤词钞》所收词作可大致分为两种类型,一为闺思艳情之作,与其师沈谦《东江别集诗余》风格相近,以纤艳尖新见长;一为羁旅客游之作,抒写游谒之苦与人生之叹,有坎坷磊落之气。据毛奇龄《西河词话》卷二记载,俞季瑮曾作组词《贺新郎》九章,以写羁旅之牢愁,题名为"京师杂感"。此组词《全清词·顺康卷》及《全清词·顺康卷补编》,均未收录。

---

① 俞珮:《玉蕤词钞》,卷首,清康熙刻本。
② 王嗣槐:《桂山堂文选》,卷七,清康熙青筠阁刻本,《四库未收书辑刊》7辑27册,北京,北京出版社,1997年,第1版,第477页。

第三章　明末清初西泠词人群体的构成及发展

仅举此组词的一例以示:"洒尽穷途泪。看少年一番行役,一番憔悴。雨雪霏霏泥滑滑,上马屡愁颠踬。又况值、金轮西逝。屈指离家能几日,早行来、已是三千里。嗟岁月,似流水。　蒙茸渐觉羊裘弊。怎当他、朔风凄紧,裂肤堕指。莽莽长途谁是主,灯火前村近矣。只无奈望门投止。沽得浊醪聊破冷,向灯前、独饮难成醉。天未晓,又催起。"①《贺新郎》九章写于俞士彪赴京师应试途中,此词将游子思乡之苦楚、旅途颠沛之辛劳,以及对仕途的困顿无望,尽收于笔下。谢章铤在《赌棋山庄词话》卷四中,以"极肮脏可喜"②评之,一方面点出此组词的艺术特征,另一方面证明此组词在清代的影响力。

清康熙十一年(1672),俞士彪客游龙泉县,作词《行香子·壬子清明,时客龙泉县》云:"流滞荒城。无限凄清。正愁时、谁道清明。韶华游冶,怕杀关情。也不须提,不须问,不须听。　独自行行。多少山程。梦回时、月冷茅亭。鬓丝渐变,带眼堪惊。总没人知,没人见,没人疼。"③俞士彪的遭际,是多数西泠第三代词人生存状态的典型代表。

张台柱,字砥中,更名星耀,钱塘人。西泠词人张戬和傅静芬之子。诸生,官内阁中书。张台柱年少时师事沈谦,以专力作词,后有志于仕进,遂从戎,洪云来作《满江红·送张砥中从戎》一词。与陆进、佟世南同辑《东白堂词选》,著有《洗铅词》《词论十三则》。

张台柱聪敏过人,于学悟性很高,但喜漫游四方,为学不甚专心。沈谦在《与张台柱》书信中劝导云:"足下从吾游最后,而质性警敏,可以有成。闻年来车辙马迹,尝在千里之外。吾谓远游固能开豁胸襟,然颇悖于百工居肆之训。或云龙门之文,少陵之诗,游而益奇,然必有二公之学则可耳。否则登陟应酬,反致失时旷业。下帷自励,宜以董子为师也。"④

关于张台柱及其《洗铅词》,徐逢吉《清波小志》称其人品甚不足道,而词甚尖新。张台柱人品如何,姑且不论,但其《洗铅词》的艺术水准,徐逢吉

---

① 毛奇龄:《西河词话》,唐圭璋编《词话丛编》,北京,中华书局,1986年,第1版,第581页。
② 谢章铤:《赌棋山庄词话》,唐圭璋编《词话丛编》,北京,中华书局,1986年,第1版,第3366页。
③ 南京大学中国语言文学系《全清词》编纂委员会编:《全清词·顺康卷》,北京,中华书局2002年,第1版,第4420—4421页。
④ 沈谦:《东江集钞》,卷七,清康熙十五年(1676)沈圣昭沈圣晖刻本,《四库全书存目丛书》集部第195册,济南,齐鲁书社,1997年,第1版,第251页。

所评有失公允。其实,在西泠词人群体的词作中,《洗铅词》可用出类拔萃称之。《洗铅词》与《玉蕤词钞》一样,也可分闺思艳情之作和羁旅客游之作两种类型,但有所不同的是,张台柱的闺思艳情之作比之于沈谦、俞士彪,更为纤弱浓丽,如《望海潮·帘》咏帘内闺愁,《横云·眉》咏美人眉,《风流子》三首为拟艳和咏发、颊,《沁园春》五首分咏腰、指甲、足、耳、臂,其他如《淡扫蛾眉·咏绿芙蓉》《摸鱼儿·夜怀》《金明池·秋夜》《画屏秋色·别恨》《哨遍·怀远》等词作,均极尽柔媚艳冶之能事。其《摸鱼儿·夜怀》云:"记相逢、许多欢爱,梦回却向谁说。翻来覆去身无着,生怪红床能阔。蛩语咽。杨柳外、潇潇雨点何曾歇。助人悽切。奈起坐房栊,落花风紧,灯闪画帘揭。　怎忘得、初会洞房时节。同心罗带偷结。尊前帐底难弃舍,不肯去看明月。心又怯。孜孜地、睡情都被伊行夺。岂知离别。玉漏转迢迢,惊秋枕簟,自把被儿叠。"①而写羁旅漂泊之苦,则少了几分俞士彪游子思归的惆怅,更多为天涯处处尽是家的洒脱从容。如《满江红·客感》:"奔走风尘,销尽了、半生英气。堪笑是、青衫破帽,年年如此。司马空留桥上笔,祢衡欲灭怀中刺。叹饥乌、绕树不曾栖,惊风起。　鞍马上,春明媚。途路里,人憔悴。任天涯落魄,从来不悔。十载长安来复去,岭云江树三千里。只嫌他、处处有啼猿,心还碎。"②张台柱论词颇有见地,第七章将专门讨论其词论。

洪昇(1645—1704),字昉思,号稗畦,又号稗村。钱塘人。少从"西泠十子"游,学词于沈谦。后游京师,为国子监生。工诗词,尤精音律,有《昉思词》《啸月楼词》,其中《啸月楼词》被孔传铎收入《名家词钞》。关于洪昇生平及词作,前人研究甚多,此处从略。

值得一提的是,清康熙九年(1670)二月十三日,沈谦因病去世,"东江八子"哀痛不已。洪昇有《同陆荩思、沈遹声、张砥中宿东江草堂哭沈去矜先生二首》,其一曰:"恸哭西州泪不干,一堂寥落白衣冠。愁鹗啼杀空山夜,月黑枫青鬼火寒。"其二曰:"忽然梦醒草堂中,唧唧蛩吟四壁空。我向

---

① 南京大学中国语言文学系《全清词》编纂委员会编:《全清词·顺康卷》,北京,中华书局,2002年,第1版,第4492页。
② 南京大学中国语言文学系《全清词》编纂委员会编:《全清词·顺康卷》,北京,中华书局,2002年,第1版,第4482页。

穗帷呼欲出,寒灯一焰闪西风。"①但是,沈谦的去世,并没有影响到"东江八子"的雅集交游,他们继续以倚声为业,成长为西泠词人群体余波期的代表性词人。

(二)"西泠三子"

"西泠三子"包括洪昇、吴仪一和徐逢吉。"西泠三子"之说,出自王昶《国朝词综》"吴仪一"条:"厉樊榭云:吴山髫年游太学,名满都下,尤工于词。王新城晚年有《寄怀西泠三子》诗曰:'稗畦乐府紫山诗,更有吴山绝妙词。此是西泠三子者,老夫无日不相思。'其为前辈推重如此。"②洪昇,前已经提及,不再赘述。"西泠三子"与"东江八子",又合称"西泠后十子"。

徐昌薇,字紫凝,一作子凝,更名逢吉,字紫山,一作紫珊,又字子宁,号青蓑老渔,钱塘诸生。生于清顺治十二年(1655)。吴衡照《莲子居词话》卷三又称其在"西陵后十子"③之列。乾隆五年(1740)卒。著有《黄雪山房词》,今未见存世。据冯金伯《词苑萃编》卷八"徐紫山词"条记载:"(厉鹗云)徐丈紫山黄雪山房,在学士港口湖山幽胜处也。其词清微婉妙,绝似宋人。"④此条后附冯金伯按语云:"《黄雪山房词稿》,尚未付梓,予曾于艮麓诸君处借录一过。"⑤另外,据丁绍仪《听秋声馆词话》卷五记载,徐逢吉《清波小志》中录有己作《少年游·学士桥春望》"蛇蟠督井"一首⑥。又据冯金伯《词苑萃编》卷十八"《水南半隐吊词》"条引厉鹗《秋林琴雅》云:"郑菊山翁讳起,即所南之父,有水南半隐,在清波门外长桥。予偕紫山同赋《蓦山溪》吊之云:'湖南深曲,元是渔樵社。欹鬐架长桥,绿阴中、几椽秀野。今来怊怅,不见岸乌巾,衣砧没,钓船空,牧监收羊马。　风兰几叶,应看佳儿写。古月坠空山,似飞来、冬青树罅。无多半隐,幽意自乾坤,休凭吊,半闲堂,萤火明秋夜。'徐词云:'西风野水,认得长桥路。乱竹小围墙,是高人、

---

① 洪昇著,刘辉笺校:《洪昇集》,《啸月楼集》,杭州,浙江古籍出版社,1992年,第1版,第170页。
② 王昶编:《国朝词综》,卷十三"吴仪一"条,清嘉庆七年(1802)刻本。
③ 吴衡照:《莲子居词话》,唐圭璋编《词话丛编》,北京,中华书局,1986年,第1版,第2457页。
④ 冯金伯:《词苑萃编》,唐圭璋编《词话丛编》,北京,中华书局,1986年,第1版,第1947页。
⑤ 冯金伯:《词苑萃编》,唐圭璋编《词话丛编》,北京,中华书局,1986年,第1版,第1947页。
⑥ 丁绍仪:《听秋声馆词话》,唐圭璋编《词话丛编》,北京,中华书局,1986年,第1版,第2639页。

当年流寓。满城车马,从不到门前,春一度。秋一度。白首随朝暮。 水南半隐,妙有柴桑趣。沧海忽扬尘,问谁知、画兰人父。草鞋藤杖,今日我来寻,东又雨。西又雨。几处牛羊渡。'"①以上二词,《全清词·顺康卷》及《补遗》均未收录,可据此补入。

阮元《两浙𬨎轩录》转引朱彭关于徐逢吉的评论曰:"紫山少能诗,毛稚黄称其诗高逸,可希古作者。远游四方,足迹半天下,与药亭、独漉、蒲衣辈相倡和,诗格益高。晚年,归隐西湖学士港,屋前有古井,井上银杏,树大数抱,相传为南宋时物。每当霜风初厉,落叶堆阶,遂名所居曰'黄雪山房'。斋中一榻一几,插架皆书。老人以病足,键户不出,未尝辍丹黄,暇即吟小诗,或谱诗余以自遣。客至,据榻雄谈,上下古今,娓娓不倦。"②由知可知,徐昌薇早年与毛先舒及"东江八子"均有交游,以词唱和,西泠词坛繁盛一时。清康熙二十八年(1689),毛际可为陆进所作《巢青阁集诗余》追昔抚今云:"曩者岁在甲寅,余避寇东下,日与西泠诸子吟弄笔墨,以消旅况。今屈指十有五年,同人相继凋谢,存者落落如星辰。"③

清康熙十一(1672)年春,徐逢吉曾与洪昇、沈丰垣以词相唱和,并谈论词学。徐逢吉《秋林琴雅题辞》云:"余束发喜学为词,同时有洪稗村、沈柳亭辈尝为倡和,彼皆尚《花庵》《草堂》余习,往往所论不合。未几,各为他事牵去,出处靡定,不能专工于一。今二君已经化为宿草,余犹视息人间,闲作倚声之歌,几无一人可语者。去腊,于友人华秋岳所读樊榭《高阳台》一阕,生香异色,无半点烟火气,心向往之。新年过访,披襟畅谈,语语沁人心脾,遂相订为倡和之作。……独余沉酣斯道,几五十年,未能洗净繁芜,尚存故我,以视樊榭壮年,一往奔诣,宁不有愧乎?"④末识:"时康熙六十一年壬寅白露前一日,同里紫山徐逢吉题。"⑤按,清康熙六十一年为1722年,上推五十年,应为清康熙十一年(1672)。同时,从这则材料也可以看出,徐

---

① 冯金伯:《词苑萃编》,唐圭璋编《词话丛编》,北京,中华书局,1986年,第1版,第2142页。
② 阮元编:《两浙𬨎轩录》,卷五,山东省图书馆藏清嘉庆仁和朱氏碧溪草堂钱塘陈氏种榆仙馆刻本,《续修四库全书》集部第1683册,上海,上海古籍出版社,2002年,第1版,第253页。
③ 陆进:《巢青阁集诗余》,卷首,清康熙刻本,张宏生编《清词珍本丛刊》第9册,南京,凤凰出版社,2007年,第1版,第858页。
④ 厉鹗著,董兆熊注,陈九思标校:《樊榭山房集》,《秋林琴雅》卷首,上海,上海古籍出版社,1992年,第1版,第879页。
⑤ 厉鹗著,董兆熊注,陈九思标校:《樊榭山房集》,《秋林琴雅》卷首,上海,上海古籍出版社,1992年,第1版,第879页。

逢吉与洪昇、沈丰垣的词学观念存在分歧。洪昇、沈丰垣均尚《花间》《草堂》余习,徐逢吉则反对花、草之风。

当然,徐逢吉与洪昇、沈丰垣在词学观念上的分歧,并非词学思想上的迥然异趣,仅仅只是个人的宗法好尚不同而已,这也是西泠词人群体多元创作风格的旁证。因为此年冬天,徐逢吉与丁澎、毛先舒、王晫、陆进、王嗣槐、俞士彪、张台柱等人一起,参与了《西陵词选》的编纂工作。

清康熙六十年(1721),徐逢吉67岁,以词与吴焯、厉鹗结为忘年交,情谊甚笃,频频酬唱。徐逢吉自叙与厉鹗定交始末:"去腊于友人华秋岳所读樊榭《高阳台》一阕,生香异色,无半点烟火气,心向往之。新年过访,披襟畅谈,语语沁入心脾,遂相订为倡和之作。"①并且,徐逢吉也谈及自己阅读樊榭词作的感受:"如入空山,如闻流泉,真沐浴于白石、梅溪而出之者。"②对厉鹗的钦服之情溢于言表。

自此,徐逢吉词风由西泠词风转向浙西词派,问途姜、张一路。如徐逢吉《如此江山·吴山望隔江残雪》:

> 朔风卷却彤云去,江天正绕寒色。远踏冰崖,醉扶筇杖,坐向玉清楼侧。越山历历。见几点微青,数峰犹白。冻老梅梁,昏鸦斜带六陵夕。　西兴谁又唤渡,是故人欲访,孤屿消息。独树无依,高帆半落,点落米家残墨。海门渐黑。想今夜山阴,柴关岑寂。老鹳惊飞,登台吹短笛。③

其清幽隽逸之词风,与厉鹗所崇尚的清幽、清空之审美风格,有着必然渊薮。即便如此,徐逢吉对于樊榭词,常觉自愧不如。他在为厉鹗所作《秋林琴雅题辞》中说:"余沉酣斯道,几五十年,未能洗净繁芜,尚存故我,以视樊榭壮年,一往奔诣,宁不有愧乎?"④据冯金伯《词苑萃编》卷八"紫山词"

---

① 厉鹗著,董兆熊注,陈九思标校:《樊榭山房集》,《秋林琴雅》卷首,上海,上海古籍出版社,1992年,第1版,第879页。
② 厉鹗著,董兆熊注,陈九思标校:《樊榭山房集》,《秋林琴雅》卷首,上海,上海古籍出版社,1992年,第1版,第879页。
③ 南京大学中国语言文学系《全清词》编纂委员会编:《全清词·顺康卷》,北京,中华书局,2002年,第1版,第9647页。
④ 厉鹗著,董兆熊注,陈九思标校:《樊榭山房集》,《秋林琴雅》卷首,上海,上海古籍出版社,1992年,第1版,第879页。

条记载,厉鹗也极其推崇徐逢吉《黄雪山房词》:"其词清微婉妙,绝似宋人。"①

另外,西泠词人群体中的吴焯,与徐逢吉的情况大致相似,由于受到厉鹗的影响,晚年词风亦有所变。吴焯(1676—1733),字尺凫,号绣谷,别号蝉花居士。浙江钱塘人,祖籍安徽歙县。吴嘉枚犹子。贡生,聘修《浙江通志》《西湖志》。著有《玲珑帘词》。吴焯《酒泉子·自题词集》:"家在钱唐湖上住。梦到东华题梦赋。几曾阑入粉花丛。神女雨云空。 美人香草多团搦。才子风心虚寄托。看成珠玉假和真。点点滴鲛人。"②道出其词作以美人香草寄托才子情怀的主旨。吴焯《玲珑帘词》共存 133 首,体制以中长调居多,内容以咏物、写景抒怀、赠答、题画为主。在吴焯的咏物词中,《沁园春》四首是"词为艳科"典型之作,可能是吴焯的早期作品。这四首词所咏之物分别为香云、朱樱、玉葱和莲瓣,喻指女性的头发、嘴唇、手和脚,以赋笔和典故含蓄地谱写女性容貌之艳丽,情态之妖娆,内容上明显继承了《花间》艳词的传统,但赋笔和用典的形式,却受到周邦彦、姜夔和张炎的启发。

如《沁园春·香云》:

滟滟油云,暗吐温香,翠展镜奁。怎盘回三匝,恁般堆垛,剪来一缕,脉地勾黏。见汝犹怜,非君不解,何怪胭脂井底淹。妆台次,任犀梳通掠,锦臂横拈。 缱绻。搭在花衫。只一绺、红绳细细箝。看雅翎入画,须溶桐汁,蛛丝弄影,莫乱葱尖。不断情根,微闻芗泽,枕畔撩人梦亦甜。新膏沐,且呵花细贴,垂映蚕襂。(《东观汉纪》:"明德后发起四大髻,尚余绕三匝。"《旧唐书》:"杨贵妃遣外,断一缕发,奏上曰:以此留诀。复召入。"《唐书》:"贾直言贬,妻束发以帛使署之曰:非君手不解。"东坡:"双雅画鬓香云妥。"《淮南万毕术》:"桐叶米汁,沐发能长。"杜甫:"蛛丝罥鬓长。"韩偓:"呵花贴鬓黏寒发。"司马相如:"蚕襂垂髾。")③

---

① 冯金伯:《词苑萃编》,唐圭璋编《词话丛编》,北京,中华书局,1986年,第1版,第1947页。
② 南京大学中国语言文学系《全清词》编纂委员会编:《全清词·顺康卷》,北京,中华书局,2002年,第1版,第11645页。
③ 南京大学中国语言文学系《全清词》编纂委员会编:《全清词·顺康卷》,北京,中华书局,2002年,第1版,第11650页。

第三章 明末清初西泠词人群体的构成及发展

除了《沁园春》四首之外,吴焯的大部分咏物词,从内容和形式上均显示出向浙西词派清空骚雅词风靠拢的特点。从内容上看,吴焯咏物词的吟咏对象有动物,如雁、食秋鸟、银鼠、河豚、蟹、蚕、睡鸭等;有植物如橙、莼、珍珠兰、水藻、春草、梨花、桃花、新柳、秋柳、落梅等;有家居之物如鞠屏、斑竹簟、芙蓉石等;有自然现象如石荡、雪花、游丝、夜潮等。无论是何种事物,吴焯总能从其身上发掘出清雅高冷的特质,用冷、清、凉、净、秋、寒、阴、幽、寂、瘦、残、孤、愁等词汇,用赋笔加以精细描摹,使词作色调偏向澄澈清丽,同时带有一丝阴沉忧郁之感。如《向湖边》序云:"春夏之交,湖中水藻初苗,色殷红,如万点朱樱,昔人未闻赋咏及此者。余绘为图,属好事者咏之。"其词曰:

> 十顷玻璃,平风吹皱,隐见赤珠联缀。莫道非花,点残春幽致。正两湖、绿柳缫丝,青荷铸镜,那更落红飘坠。冷艳难收,怕惊鱼穿碎。畅好幽寻,水妮斜阳醉。吾欲住小艇,愁鸳鸯孤睡。可耐然犀,网珊瑚波底。笑红心草带相思泪。何曾傍、妆脸凝朱波淡洗。试与图成,爱空明猗靡。①

吴焯与厉鹗为好友,在词学倾向上与厉鹗一样,亦崇尚朱彝尊,并有意模仿其词作,既有师从之敬,亦有超越之意。吴焯《洞仙歌》词序云:"竹垞老人《江湖载酒集》中诸篇,感遇托兴,情见乎辞。端忧多暇,聊为拟作,凡四首。第四句三字,依坡公体。"吴焯《雪师儿》四首词序曰:"竹垞先生赋猫词二篇,吾友樊榭广为三作,皆征事实,斐然可诵。爰仿其体,二家所有者不引焉,凡四首。"②

厉鹗《吴尺凫玲珑帘词序》云:"本朝沈处士去矜,号能词,未洗鹤窗余习,出其门者,波靡不返,赖龚侍御蘅圃起而矫之。尺凫《玲珑帘词》,盖继侍御而畅其旨者也。"③不仅指出了吴焯一人的词风转变,也隐约指出了西

---

① 南京大学中国语言文学系《全清词》编纂委员会编:《全清词·顺康卷》,北京,中华书局,2002年,第1版,第11647页。
② 南京大学中国语言文学系《全清词》编纂委员会编:《全清词·顺康卷》,北京,中华书局,2002年,第1版,第11665页。
③ 厉鹗著,董兆熊注,陈九思标校:《樊榭山房集》,卷四,上海,上海古籍出版社,1992年,第1版,第754页。

泠词风演变轨迹。因此可以说,在西泠词风向浙西词风演进的过程中,陆进、陆次云是这一过程的起始者,厉鹗是这一过程的终结者,而徐逢吉、吴焯等人,则是痛苦的经历者。在西泠词坛,西泠词人群体的主导地位,最终被浙西词派所取代。

吴仪一,字璨符,又字舒凫,号吴山,浙江钱塘人。监生。王晫《今世说》评其曰:"托怀豪逸,情与兴俱。"①吴仪一善饮,且愤世嫉俗,有狂放不羁之气,与陈维崧性情相投,情谊深厚。著有《吴山草堂词》十七卷,包含《记豆词》《敲波词》《采苓词》,另著有《吴山草堂词话》。吴仪一曾在西湖东南吴山构筑吴山草堂,陆进、张丹、王嗣槐、毛宗文、赵执信、姜簹为之题辞,另外,他与王晫、沈丰垣、徐逢吉等人也有词酬唱。

吴仪一髫年游太学,名满京师,深得陈维崧、王士禛等鸿儒的赏识,自京师还武林时,陈维崧以《贺新凉·送吴璨符归武林》相赠,以"词句沉雄感激""笔势苍然最陡"之语评价吴词:"君去还来否。倚西风、频搔短鬓,且攀衰柳。词句沉雄兼感激,似尔惊才希有。论笔势、苍然最陡。可惜男儿分袂易,遍长安、寻煞无红袖。谁为我,劝君酒。　芒鞋忆昨三边走。正严寒、连营毳帐,几重刁斗。从古阴山花最少,只有土花铺绣。更只有、六花狂吼。今日秋容偏潋滟,小湖头、西子妆才就。归去也,恰重九。"②

吴仪一词存世不多,其中有如陈维崧所谓深雄感激、笔势苍然者,如《七娘子·夹城月夜》:

　　南朝凤去梧桐死。对夹城、空洒看花泪。碧瓦千家,朱阑三市。御楼废址无人记。　晚云散尽天如水。似翠华、卷入银涛里。万古伤心,一声筯吹。无情明月江东起。③

也有以秾丽多情见长者,如《十二时》:

---

① 王晫:《今世说》,卷六,周骏富《清代传记丛刊》第18册,台北,明文书局,1985年,第1版,第72页。
② 南京大学中国语言文学系《全清词》编纂委员会编:《全清词·顺康卷》,北京,中华书局,2002年,第1版,第4257页。
③ 南京大学中国语言文学系《全清词》编纂委员会编:《全清词·顺康卷》,北京,中华书局,2002年,第1版,第8414页。

恨流莺、啼花咿柳,搅碎墙头私语。依翠径、行来行去。听杀东邻娇女。晚镜慵临,夜香不印,倚东风院宇。隔花屏、惯欲窥人,又恼人窥,转入朱阑深处。　奈少年、多愁多病,元是文园旧侣。蕙雪思春,梨云惹梦,何限闲情绪。纵胡香有意,也知谁为传与。　空被伊、魂招梦引,泪洒一春红雨。对月销形,临流顾影,瘦得来如许。判此情决绝,晴窗又闻吹絮。①

与徐逢吉对于浙西词派的皈依不同,吴仪一对浙西词派仅仅取法南宋姜、张一路,以白石为学词门径,并不认同。如清康熙十八年(1679)冬,吴仪一在京城与陈维崧相聚,二人深夜促膝讨论词法。吴仪一在为陆进所作《付雪词三集序》中,谈及词的宗法问题:"因更忆在燕邸,同阳羡陈迦陵论填词,时雨过骤凉,垂帏篝灯。迦陵言南北宋词人正变妍媸,较如数指上文。而予谓以宋求词,词勿工也。夫词,必裁之风骚,以洁其体;参之汉魏六朝乐府,以通其情;采之初盛,以和其声而张其气;熟之中晚,以安其字。至金元人曲剧,逗秦柳二七之余波者,不可不知而避之。若以宋师片玉者,仅得尧章,学白石者,流为浩澜,格斯下矣。迦陵掀髯大笑起舞。"②吴仪一的观点很明确,学词如果取法于上,仅得其中;取法于中,不免为下。如果学词仅仅师法宋词,必不可能达到宋人的高度,必须以《诗经》《楚辞》、汉魏乐府、唐诗为根柢,立志须高,绝对不能阑入金、元之曲。又特别强调,师法周邦彦,仅得姜夔;而师法姜夔,仅得明代马洪之俗鄙,格调可谓愈出愈下。

虽然,吴仪一没有明确指出此论为谁而发,但是从谈话的时间与内容来推断,应该与浙西词派有关。更耐人寻味的是,清康熙二十五年(1686),吴仪一在为陆进的《巢青阁词》作序时,以回忆的方式,叙及此番与陈维崧的谈话,似乎暗有所指。再反观陆进的《巢青阁词》,其中有大量和《乐府补题》的词作,其风格与朱彝尊的咏物词几乎趋同。换言之,吴仪一已经察觉到陆进词风向浙西词派转变的讯息,对于这一转变,他并不赞同,但碍于情面不能明言。再者,此时浙西词派正随着朱彝尊政治地位的提高,以及《乐

---

① 南京大学中国语言文学系《全清词》编纂委员会编:《全清词·顺康卷》,北京,中华书局,2002年,第1版,第8413页。
② 陆进:《巢青阁集诗余》,卷首,清康熙刻本,张宏生编《清词珍本丛刊》第9册,南京,凤凰出版社,2007年,第1版,第861—862页。

府补题》《浙西六家词》《词综》的刊刻，声誉日隆。吴仪一在强势词坛领袖与强势词风的压制下，只能用如此隐晦的方式，表达自己对西泠词风的坚持态度。

（三）以仲恒为中心的词人群体

以仲恒为中心的词人群体，主要包括仲恒、丁介、金之坚、金长舆、仲嗣璯、仲恒之妻钟筠等人。仲恒《雪亭词》、丁介《问鹃词》，第五章将以专节论之，此处从略。

金之坚，字介山，钱塘人。诸生。与毛先舒、丁介、仲恒等为词友。清康熙十七年（1678），曾参定卓回《古今词汇三编》。有词作《念奴娇·漫兴，次毛稚黄韵》："论才今日，看中原、多少垂绅衣褐。千古文章声价在，安用虚名恫喝。枫落吴江，草生河畔，兴到真难遏。　浩然怀古，齿牙不屑余沫。除却一意孤行，天真烂熳，何处寻生活。一任时贤开口笑，陨桂老而弥辣。自受卑之，人嫌衰矣，束缚谁能脱。金茎霄汉，相如不解消渴。"其性情可想而知。金之坚与《全清词·顺康卷》所录西泠词人金张，应为同一人。按，金张，亦字介山，也为钱塘诸生。家贫，喜吟咏，与仲恒、沈丰垣等也均有交游。著有《岕老编年诗钞》十三卷，《四库全书》收入存目。又据仲恒《雪亭词》，有数首词作记载了西泠词人群体仲恒、沈丰垣等人的交游唱和情况，而词中"金介山""张介山""介山"，明显指同一人。

金长舆，字虎文，号峤庵，仁和人。工吟咏，筑卧渔楼，为眺咏之所。著有《峤庵词》。沈谦《满庭芳·题金虎文〈峤庵词〉》："树合清圆，波澄潋滟，算来几日新秋。风帘自上，虹见雨初收。肠断花间妙句，桐阴下，引满金瓯。都休论，移宫换羽，一味是离愁。　高楼。窥淡月，鹦哥影动，茉莉香幽。教雪儿缓唱，试谱箜篌。翻忆历城淮海，千年后、再见风流。空延伫，芙蓉未老，白鹭下汀洲。"[1]认为金词既有花间之妙句，又有辛词之豪放，淮海词之深韵，可继辛、秦之后。

仲嗣璯，一名陈清，字田叔，仁和人。仲恒之子。曾助父亲辑订《词韵》。

钟筠，字赟若，仁和人。同邑诸生仲恒妻，与海宁查慎行之母钟韫为姐妹行。生于明崇祯年间，至清康熙时尚在世。著有《梨花榭集》，徐乃昌《小

---

[1] 南京大学中国语言文学系《全清词》编纂委员会编：《全清词·顺康卷》，北京，中华书局，2002年，第1版，第2011—2012页。

檀栾室汇刻闺秀词》收录其词集。

（四）姚氏昆仲

姚氏昆仲，指姚之骃、姚炳兄弟，姚际恒之侄。姚氏昆仲之词，能继"西泠十子"之盛，第五章还将以专文论述，此处从略。

第三节　明末清初西泠词人群体中的特殊群体

一、明末清初西泠宦游词人群体

宦游文人对宦游地文学风向的影响，一直是学者不断探讨的话题，确切而言，宦游文人是指拥有社会职位和一定权力的过境作家，他们的正式身份则是官员。刘明华《地域文学史和文化史中的过境作家研究刍议》中谈到"过境作家"时说："过境作家对当地文学和文化的影响，主要表现为他们与当地文化人的交往，这会促进和活跃文学创作。诗友间的唱和赠酬，直接产生为文学创作活动，而在人际交往和诗文往来中所产生的友谊等美好情感，又留下了若干情深谊长的诗篇。"①过境作家的确会对当地的文学风向产生影响，特别是一些声名远播的诗人和词人。如果这些诗人和词人再借助职务之便，有意识地引导和推动当地的文风，必然会有推波助澜的作用。如杜甫一生漂泊四方，苏轼曾经宦游杭州、密州、徐州、湖州、黄州、汝州、颍州等地，他们二人每到一处，均与当地文人雅集酬唱，左右一时之文风。

在明末清初的词派或词人群体中，宦游词人的确是一个不容忽视的群体，有时甚至能够引领一时的文学风向，西泠词坛就是一个典型的例子。明末清初西泠词人群体的成员，并非全属西泠籍，其中还有一部分是宦游于西泠的词人。明末清初西泠词人群体中的宦游词人，据《西陵宦游词选》所收，其人数就多达十位，除宋琬、赵钥仕宦较早之外，其他人均于清康熙十年(1671)、十一年(1672)左右仕宦于西泠，组成了一个自足的词人群体，与西泠本郡词人均有交游唱和。这十位宦游词人及相关信息详

---

① 刘明华：《地域文学史和文化史中的过境作家研究刍议》，《文学遗产》2008 年第 1 期，第 136 页。

见下表：

表3-4 西泠宦游词人群体（10人）

词人姓名	字号	里爵	词集	小令	中调	长调	总计
宋琬	字玉叔，号荔裳	莱阳人，顺治十七年任杭嘉湖道道台，顺治十八年任浙江提刑按察使，任期均为一年①；康熙元年，因事废黜，至康熙十二年流落于西泠一带	《二乡亭词》	2	3	5	10
赵进美	字韫退，号清止	益都人，浙江提刑按察副使，大约康熙十一年左右在任		7	0	0	7
嵇宗孟	字淑子	山阳人，杭州太守，康熙八年至十二年在任②	《酒骨董词》	0	2	1	3
梁允植	字承笃，号治湄	真定人，钱塘令，康熙十一年至十八年在任③	《柳村词》	5	3	9	17
孟卜	字枚仙	夏邑人，仁和令，康熙九年至十一年任④		1	0	1	2
牛奂	字潜子，号复庵	长治人，富阳令，康熙九年至十三年在任⑤	《小隐山房词》	4	2	5	11
张瓒	字公执，号容庵	武定人，新城令，康熙七年至十四年在任⑥	《东安词》	4	1	5	10

---

① 嵇曾筠、李卫等：《[雍正]浙江通志》，卷一百二十二"提刑按察使"条，《中国地方志集成·省志辑·浙江》第5册，南京，凤凰出版社，2009年，第1版，第537页。
② 嵇曾筠、李卫等：《[雍正]浙江通志》，卷一百二十二"杭州府知府"条，《中国地方志集成·省志辑·浙江》第5册，南京，凤凰出版社，2009年，第1版，第543页。
③ 李榕等：《[民国]杭州府志》，卷一百二"国朝钱塘知县"条，《中国地方集成·浙江府县志辑》辑1第二册，上海，上海书店出版社，1993年，第806页。
④ 李榕等：《[民国]杭州府志》，卷一百二"国朝仁和知县"条，《中国地方集成·浙江府县志辑》辑1第二册，上海，上海书店出版社，1993年，第816页。
⑤ 李榕等：《[民国]杭州府志》，卷一百四"国朝富阳知县"条，《中国地方集成·浙江府县志辑》辑1第二册，上海，上海书店出版社，1993年，第848页。
⑥ 李榕等：《[民国]杭州府志》，卷一百六"国朝新城知县"条，《中国地方集成·浙江府县志辑》辑1第二册，上海，上海书店出版社，1993年，第890页。

第三章 明末清初西泠词人群体的构成及发展

续　表

词人姓名	字号	里爵	词集	词作数量			
				小令	中调	长调	总计
赵钥	字南金，号千门	莱阳人，府参军，康熙二年至八年在任①	《倚楼词》	4	1	4	9
季式祖	字孚公	泰兴人，钱塘赞府，康熙八年至十一年在任②	《西湖吏隐词》	3	2	1	6
毛万龄	字大千	萧山人，仁和学博，约康熙十年左右在任	《采衣堂词》	3	0	0	3

　　明末清初西泠宦游词人群体与明末清初西泠籍的词人群体一起，形成了西泠词坛的多元并存格局。对此，俞士彪《西陵词选序》评曰："吾杭秀毓湖山，向多作者，宋之清真，明之浩澜，久为词坛矩矱。近且得宋荔裳、梁冶湄诸先生来宦是土，表率人文，鼓吹风雅，益复家吟户咏，卷帙成林，直可掩千秋而夸四方矣。"③寓居或宦游于西泠的词人，参与了西泠词坛许多词事活动，比如分韵酬唱，论词选词等。

　　在十位宦游词人中，宋琬不仅官居高位，而且文才卓越，他于西泠词学之影响，无论是带动词人创作，还是引领一地词风，均可比与苏轼。宋琬在出任西泠以前，本享有诗文之盛名，与施闰章号称"南施北宋"。清康熙十七、十八年，宋琬出仕西泠，不仅荐拔人才，而且喜制古文辞和倚声，引领西泠文坛一时风气。对此，王嗣槐和毛先舒均有记载。王嗣槐《宋蓼庵集题辞》云："往顺治庚子，荔裳宋公，分藩越中。其明年，除两浙观察使，皆以课士为先。所拔士，博通淹雅，教以归胡大家为法。公好为古文辞，间制歌曲小令，都人士属而和之尝数百人，湖堤十里，花明月丽之夕，沿塘连臂而唱者多公所填《沁园春》《满江红》诸词。其风流文采，人以大苏拟之。时延余西席，纵横尚论，夜分不息。"④毛先舒《安雅堂文集序》亦有记载："前臬宪

---

① 李榕等：《[民国]杭州府志》，卷一百一"经历"条，《中国地方志集成·浙江府县志辑》辑1第二册，上海，上海书店出版社，1993年，第795页。
② 李榕等：《[民国]杭州府志》，卷一百二"国朝县丞"条，《中国地方志集成·浙江府县志辑》辑1第二册，上海，上海书店出版社，1993年，第808页。
③ 陆进、俞士彪：《西陵词选》，卷首，清康熙十四年(1675)刻本。
④ 王嗣槐：《桂山堂文选》，卷三，清康熙青筠阁刻本，《四库未收书辑刊》7辑27册，北京，北京出版社，1997年，第1版，第248页。

牟国宋公,按浙而治未一年,中蜚语去。事已大白,复来浙,游湖上,自去年冬月至今年冬,乃去。……昔公之莅浙也,甫下车,即晋七十二县之士而观其风。士皆兢兢含毫吮墨为文,期当公意者,甚于试学使者。公乃相其文之高古典雅者,拔置第一,以风多士,先舒窃与焉。"①清康熙元年(1662),宋琬因于七谋反罪遭受牵连入狱。清康熙二年(1663)十一月冤情得雪,后一直流落于西泠一带,直至清康熙十二年(1673)。清康熙四年(1665),曹尔堪、王士禄来湖上,宋琬与二人有"江村唱和"之事,西泠词人有多人参与,如徐士俊、王晫、陆进等人。

董俞《二乡亭词序》评宋琬词曰:"噫! 观止矣。湖海之作,伧父辛刘;闺帏之制,衙官秦柳。此真子建天人之才,邯郸生能不为之咋舌汗下乎? 余尝谓之曰:不朽之道,人患其少,公患其多,岂欲占尽文苑诸家耶?"②而宋琬带给西泠词坛,并与之产生契合的,不是"闺帏之制",而是豪放的湖海之风。他与辛弃疾是同乡,又有意仿效苏轼之风流文采,再加上自身蹇厄之遭遇,其词风自然而为慷慨悲凉一路。仅以宋琬在"江村唱和"中所作《满江红·予与顾庵、西樵皆被奇祸,得免》为例:"痛定追思,瞿塘峡、怒涛飞涨。叹北寺、皋陶庙侧,何期无恙。庄舄悲歌燕市外,灵均憔悴江潭上。问绨袍、高谊有还无,谁曾饷。　愁万斛,东流漾。五噫句,春间唱。恨埋忧无地,中山须酿。故态狂奴仍未减,尊前甘蔗还堪杖。笑邯郸、梦醒恰三人,无殊状。"③西泠词人群体词学观念中的豪放雄健之气,与宋琬词作中的磊落激昂之风,在西泠词坛这个平台上,产生了强烈的共鸣,如严沆、诸九鼎在对《二乡亭词》的品评中,均不约而同地对其中如《满江红》《风流子》《贺新郎》等穷愁慷慨之作极为赞赏,诸九鼎评其《满江红·燕台怀古》云:"羽声慷慨,觉易水寒风,飒然欲出纸上。"④严沆评《贺新郎·杨商贤病起话旧,赋此志感》:"慷慨激楚之音,俯仰悲身世,溪风为

---

① 毛先舒:《潠书》,卷一,北京图书馆藏清康熙刻思古堂十四种书本,《四库全书存目丛书》集部第210册,济南,齐鲁书社,1997年,第1版,第619页。
② 宋琬:《二乡亭词》,卷首,清康熙留松阁刻本。
③ 南京大学中国语言文学系《全清词》编纂委员会编:《全清词·顺康卷》,北京,中华书局,2002年,第1版,第890页。
④ 宋琬:《二乡亭词》,卷下,张宏生编《清词珍本丛刊》第1册,南京,凤凰出版社,2007年,第1版,第691页。

飒然矣。"①

除宋琬之外,对西泠词坛影响较大的还有梁允植与赵钥。梁允植,字承笃,号冶湄,直隶真定人,梁清标从子。清顺治拔贡。清康熙十一年(1672)至十八年(1679)任钱塘知县。有《柳村词》。梁允植之于西泠词坛的影响,主要是在词作的酬唱和词选的编纂两个方面。梁允植与西泠词人的酬唱较频,如陆进《点绛唇·雨窗不寐,次梁冶湄先生韵》等。至于编纂词选,梁允植曾经为陆进《西陵词选》作序,又参与阅定佟世南、陆进《东白堂词选初集》。

赵钥,字千门,号南金,山东莱阳人,与宋琬同乡。清顺治十五年(1658)进士。清康熙二年(1663)至清康熙八年(1669)贬任杭州府参军,宋琬有《满江红·赠赵千门谪官武陵》二首以赠,有惺惺相惜之意。赵钥与沈谦、毛先舒交情甚深,有《青玉案·读沈去矜词戏赠》:"粉香丛里消魂句。全不似、空中语。才子只应花月侣。朱楼巷陌,银灯歌舞。笔底飞朝雨。 旗亭唱彻黄金缕。旧案新翻会真谱。瘦得休文腰带聚。泥犁谁见,温柔且住。大雅元来腐。"②毛先舒则有《念奴娇·呈东莱赵千门先生》:"蓬莱非远,看丹厓白石,夙生才杰。谪宦西湖还佐郡,眺遍凤凰宫阙。醉据胡床,清麾玉柄,风味都殊绝。江楼无侣,兴来孤啸秋月。 忽尔溟涨平天,端倪何处,怒卷千层雪。为藉使君神气壮,脚底天吴蹙折。一代功名,千秋文彩,日下应争说。黑头公好,古人未易优劣。"③

除了词作的唱和赠答外,赵钥鉴于明末清初词家用韵混滥而编纂《词韵》,与西泠词人毛先舒、沈谦在词韵学问题上有过深入探讨。毛先舒有《答赵千门先生论词韵书》《再答千门先生书》《三答千门先生书》均提及此事。毛先舒《答赵千门先生论词韵书》云:"不揣荒陋,妄肆论列。乃更蒙不择细流,虚襟下问,此古人高义也。词韵丧失千年,今一朝欲为论定,其事至难,诚不可不慎且断也。先生于韵,上下古今。又从去矜一书,决择裁

---

① 宋琬:《二乡亭词》,卷下,张宏生编《清词珍本丛刊》第1册,南京,凤凰出版社,2007年,第1版,第742页。
② 南京大学中国语言文学系《全清词》编纂委员会编:《全清词·顺康卷》,北京,中华书局,2002年,第1版,第2983页。
③ 南京大学中国语言文学系《全清词》编纂委员会编:《全清词·顺康卷》,北京,中华书局,2002年,第1版,第2194页。

酬。而今诹及下愚,必求其是,可谓慎矣。"①可知,赵钥编纂《词韵》,不仅对沈谦《词韵略》有所借鉴,而且向毛先舒致信请教词韵的分部和领韵等问题。赵钥《词韵》成书后,与所作新词一起寄赠毛先舒。毛先舒《再答千门先生书》云:"蒙赐新词,超逸流丽,当令清真俯首,淮海失色。特某以椎鄙之姿,被丹彩之饰,为滋愧耳。伏观《词韵》,殆无毫发之憾,玉尺金绳,千古定律,此书之功,当垂不朽亡疑。"②此外,毛先舒曾向赵钥谈及古人韵书的版本优劣,以及精本韵书的再刻问题。毛先舒《三答赵千门先生书》云:"孙愐《唐韵》中兼有沈本,此真韵本之最古者。既具见渊源,收字亦该注,复简古。其同音之字,又各细分,使人不病讹呼,亦便查阅。至于同用之中,仍分出各部领韵,即某《韵学通指》中所谓某韵半通者,并了然矣。此书今世绝少,某偶有此,尝欲稍删其字之险僻者,付剞劂以公之。好古既苦于乏力,尝恐此书遂没不传。今奉览观,想当鉴赏。倘先生便能付刻,或赞成他人刻而行之,俾传远而垂久,此亦风雅中一大事因缘也。"③

明末清初宦游于西泠地区的词人,并未游离于西泠词坛之外,而是参与到西泠词坛之中,与西泠词人一起以词唱和、论词、选词。西泠词风在明末清初的繁盛,究其原因,除却西泠深厚的词学积淀之外,西泠宦游词人的大力推动也不容忽视。

二、明末清初西泠方外词人群体

明末清初西泠词人群体中的方外词人数量不多,仅有七位词人,即《古今词统》所收释仲光和《西陵词选》所收余一淳、释正嵒、释大璸、释济日、释超直、释灯演。除释仲光之外,其他六位方外词人有一个共同的特点,即身份均为明代遗民。遗民采取逃禅皈依的方式,应对鼎革之后的社稷之痛,既是一种最简单直接的宣泄悲愤之情的方式,也是一种无奈且极端的生存选择,无论宋代遗民,还是明遗民,均是如此。西泠方外词人可分为两种类型:一种是真正的皈依,如余一淳、释正嵒、释济日、释灯演;一种是身在佛

---

① 毛先舒:《潠书》,卷六,北京图书馆藏清康熙刻思古堂十四种书本,《四库全书存目丛书》集部第210册,济南,齐鲁书社,1997年,第1版,第724页。
② 毛先舒:《潠书》,卷一,北京图书馆藏清康熙刻思古堂十四种书本,《四库全书存目丛书》集部第210册,济南,齐鲁书社,1997年,第1版,第725页。
③ 毛先舒:《潠书》,卷六,北京图书馆藏清康熙刻思古堂十四种书本,《四库全书存目丛书》集部第210册,济南,齐鲁书社,1997年,第1版,第726页。

门之内,心系忠孝之事,如释大瑸、释超直。所以,方外词人的词作内容与特色也迥然分明,既有专记山水隐逸之趣的禅词,也有抒发因山水外物所引发的亡国之痛的词作。同时,方外词人与群体中的其他词人保持着紧密的联系,如余一淳与徐士俊、毛先舒、张丹、陆进交谊深厚,释正嵒与毛先舒有交游,释大瑸在出家之前,本身就属于顾氏词人群体。

余一淳,字体崖,杭州人,清初大涤山道士,曾结茅皋亭山。陆进有《送余体崖炼师结茅皋亭山》一诗,曰:"皋亭山色迥晴虚,金筑仙人往结庐。峰顶桃花迎鹤驭,阶前瑶草映鸿书。三春种术云中采,一径通泉雨后疏。欲挹高风祛俗虑,何时卜筑傍幽居。"①关于余一淳的性情,王晫《今世说》有相关记载:"陆茂林,名之遇,字际明,浙江钱塘人。抱材不偶,学使者辟为越州教授,非其志也。山颠水涯,晚而自放,所与游者,惟处士徐野君、雪厂道人、余体崖道士,余人罕睹其面。烟波上下,群屐萧闲,望见者以为古狂狷者流。"②陆茂林为陆进、陆隽之父。可知,余一淳与徐士俊、陆茂林一样,同属狂狷之辈。余一淳与毛先舒、张丹、陆进交谊甚笃,经常相约出游,诗词酬唱。毛先舒《与俞体岩道师书》云:"天晴五六日,城中泥淖没屐,不能策杖皋亭,一叩丹灶,良用惆怅。"③此处"俞体岩道师",疑即余体崖。张丹有《春日同余体崖、陆苨思由若耶溪访古云门寺》④、《同余体崖、陆苨思寻宝掌禅院》⑤、《升元观赠余炼师体崖》⑥等诗作,陆进有《同余体崖、张祖望入山渡竹桥》⑦、《春日同余体崖、张祖望宿姜定庵黄门两水亭次韵》⑧等

---

① 陆进:《巢青阁集》,卷六,清康熙刘愫等刻本,《四库未收书辑刊》8辑20册,北京,北京出版社,1997年,第1版,第206页。
② 王晫:《今世说》,卷五,周骏富《清代传记丛刊》第18册,台北,明文书局,1985年,第1版,第60页。
③ 毛先舒:《潠书》,卷五,北京图书馆藏清康熙刻思古堂十四种书本,《四库全书存目丛书》集部第210册,济南,齐鲁书社,1997年,第1版,第715页。
④ 张丹:《张秦亭诗集》,卷四,南京图书馆藏清康熙石甀山房刻本,《四库全书存目丛书》集部第210册,济南,齐鲁书社,1997年,第1版,第528页。
⑤ 张丹:《张秦亭诗集》,卷八,南京图书馆藏清康熙石甀山房刻本,《四库全书存目丛书》集部第210册,济南,齐鲁书社,1997年,第1版,第567页。
⑥ 张丹:《张秦亭诗集》,卷九,南京图书馆藏清康熙石甀山房刻本,《四库全书存目丛书》集部第210册,济南,齐鲁书社,1997年,第1版,第573页。
⑦ 陆进:《巢青阁集》,卷三,清康熙刘愫等刻本,《四库未收书辑刊》8辑20册,北京,北京出版社,1997年,第1版,第161页。
⑧ 陆进:《巢青阁集》,卷六,清康熙刘愫等刻本,《四库未收书辑刊》8辑20册,北京,北京出版社,1997年,第1版,第201页。

诗作。余一淳仅存词三首,均为游山探胜、求仙访道之作。

释正嵒,一作止嵒,字豁堂,一作龕堂,号茮庵,又号藕渔,晚号南屏隐史,又号西湖老僧。俗家金陵郭氏,一作仁和郭氏,又作余姚徐氏,杭州净慈寺僧。明万历二十五年(1597)生,清康熙九年(1670)卒。著有《豁堂老人诗余》《屏山集》《同凡集》。

释正嵒与毛先舒、孙治、宋琬交往甚密,毛先舒有《赠豁堂大师》:"一寓南峰腊转深,萧然终日看孤岑。谁能醉醒忘元亮,自是神情胜道林。月色向来知幻影,朗怀何必废高吟。尘缘堪羡无生侣,去住浮云不系心。"①孙治有《与豁堂和尚》:"夙昔喜栖隐,闲居事幽讨。何来竺法徒,相遇辄倾倒。重茧遍湖海,访道一何早。插耕石上云,趺坐涧边草。遥遥济水裔,脉脉磬山宝。弘法在千秋,给园有真造。送子明州去,中心慭如捣。老年江上舟,长空依高鸟。"②宋琬有《汤镬余年,再揽湖山之胜,形骸土木,颓然自放,渊明止酒,深愧未能;周颙戒肉,窃有志焉。豁堂大师恻然哀之,悯浮生之汩汩,辱提诲之谆谆,捧诵来篇,慺然流涕,书之座右,一坐卧不敢忘也。依韵赋答,兼以志愧》二首③、《过豁堂和尚有赠》④等诗作。释正嵒词多写隐逸之乐与漫游之趣,字里行间蕴含勘破红尘的睿智。毛先舒《题豁堂和尚〈同凡集〉》评其词作云:"小词虽非本色,亦多佳句。"⑤

释大琰,原名顾若群,字石公,又字不党,号超士。浙江钱塘人。诸生。顾若璞之弟。入清后落发为僧,初居西湖虎跑寺,后主云楼寺。出游大江南北,探奇览胜。有《石公稿》。

李榕等《(民国)杭州府志》云:"顾若群,字不党,钱塘人,明诸生。纵观百家,通究古今治术,间作诗古文辞,与妻黄氏唱酬如良友,尝同溯大江,涉

---

① 毛先舒:《东苑诗钞》,北京图书馆藏清康熙刻思古堂十四种书本,《四库全书存目丛书》集部第 211 册,济南,齐鲁书社,1997 年,第 1 版,第 33 页。
② 孙治:《孙宇台集》,卷三十三,清康熙二十三年(1684)孙孝桢刻本,《四库禁毁书丛刊》集部第 149 册,北京,北京出版社,1997 年,第 1 版,第 131 页。
③ 宋琬:《安雅堂未刻稿》,卷四,清乾隆三十一年(1766)刻本,《续修四库全书》集部第 1405 册,上海,上海古籍出版社,2002 年,第 1 版,第 150 页。
④ 宋琬:《安雅堂未刻稿》,清乾隆三十一年(1766)刻本,《续修四库全书》集部第 1405 册,上海,上海古籍出版社,2002 年,第 1 版,第 150 页。
⑤ 毛先舒:《潠书》,卷二,北京图书馆藏清康熙刻思古堂十四种书本,《四库全书存目丛书》集部第 210 册,济南,齐鲁书社,1997 年,第 1 版,第 642 页。

洞庭彭蠡,眺望匡庐,越大庾岭,跨琼海,探奇揽胜。甲申后入云栖,隐于缁流。"①释大瑛存词二首,有故国之思与亡国之痛。

释济日,字句櫱,又作句元,自号落拓先生。浙江婺州人。清初杭州西溪寺僧。据徐昌薇《清波小志》记载,释济日即为杭州学士桥笑隐庵老僧笑鲁之徒释逸庵,著有《逸庵诗稿》《逸庵词》。方象瑛为其作《释逸庵诗序》说:"逸庵,禅人也。工于诗,轻清秀逸,超然笔墨之外。盖冥心静息,原不欲以诗名,即吟咏所偶存,亦由参悟之余,不肯落禅偈窠曰。"②逸庵词与逸庵诗相类,为典型的僧人禅词,以清灵秀逸之笔,写出僧人漫游与幽居的生活,并常由写景引入禅悟。

释超直,字问石,浙江鄞县陈氏子,钱塘留锡庵僧。阮元《两浙輶轩录》卷三十九"超直"条转引徐逢吉《清波小志》云:"僧问石年二十余来钱塘,薙发于湖南白莲洲,即今留锡庵也。受老僧虚舟付嘱,少时未尝读书。后得定力,辄能解卷帙之蕴。甲辰七月,王先生被执至武林。至九月七日就义,从者二人同死焉,石公共收而瘗之南屏之原。石公与予对湖而居,刺舟来往无虚日。赋诗多肮脏之气,不可以格律绳之。与四明万充宗、董巽子、王白民及钱塘查汉中兄弟并称至好。乙卯三月,忽作诗一绝,并大书案上,曰'斩断葛藤,斩断葛藤',遂立化。"③由此可知,清康熙三年(1664)九月七日,南明抗清将士张煌言死难,释超直与万斯同、张文嘉将其收葬于西泠。据邵廷采《东南纪事》卷九记载:"九月七日死于弼教坊,有绝红命词曰:'我年四十五,恰逢九月七。大厦已不支,成仁万事毕。'……是日,骤雨昼晦,杭人知不知,皆恸哭。同郡万斯大、仁和张文嘉,与僧超直,葬之西湖南屏山。"④释超直与西泠词人徐逢吉对湖而居,二人往来唱酬颇为频繁。清康熙十四年(1675),释超真自到于留锡庵。总之,释超直是一位刚烈忠直的明朝遗民,仅存词一首,慨叹人生的变幻无常,似黄粱一梦,白驹过隙。

释灯演,字灵奕,本为天台僧,后为西湖福城庵僧。李榕等《[民国]杭

---

① 李榕等:《[民国]杭州府志》,卷一百四十八,《中国地方志集成·浙江府县志辑》辑1第3册,上海,上海书店出版社,1993年,第520页。
② 方象瑛:《健松斋集》,卷三,湖北省图书馆藏清康熙世美堂刻康熙四十年(1701)续刻本,《四库全书存目丛书》集部第241册,济南,齐鲁书社,1997年,第1版,第73页。
③ 阮元编:《两浙輶轩录》,卷三十九,山东省图书馆藏清嘉庆仁和朱氏碧溪草堂钱塘陈氏种榆仙馆刻本,《续修四库全书》集部第1684册,上海,上海古籍出版社,2002年,第1版,第457页。
④ 邵廷采:《东南纪事》,卷九,上海古籍出版社藏清光绪十年(1884)徐乾刻本,《续修四库全书》史部第332册,上海,上海古籍出版社,2002年,第1版,第69页。

州府志》引《康熙县志》曰："福城庵在雷峰塔侧(《西湖志》),旧名小蓬莱,为宋内侍甘昇园。康熙戊申,天台僧灯演建庵,曰福城。"①释灯演存词一首,抒写春愁。

三、明末清初西泠闺秀词人群体

闺秀词人群体是明末清初西泠词人群体中颇为耀眼的一个组成部分,她们人数多达49人,这在明末清初其他词派或群体中,是极其少见的。并且,明末清初西泠闺秀词人群体并非与文士群体互相独立,毫无联系和沟通,而是时刻处于与他们的互动之中。明末清初西泠闺秀词人群体的词作虽然题材较为狭窄,多为闺阁之思或宴游之趣;风格也比较单一,多以婉丽清新、缠绵至情见长。但她们摛管弄章、联袂结社的文学自觉意识,在明末清初"女子无才便是德"的社会舆论下,确属难能可贵。因此,明末清初西泠闺秀词人群体的出现,堪称清代妇女文学繁荣的滥觞。

(一) 蕉园诗社

浙江西泠,风物繁华,才俊辈出,闺秀之能搦管摘章者亦代不乏人,清初的蕉园诗社诸闺秀可称此中翘楚。蕉园诗社"分题角韵,接席联吟,极一时艺林之胜事。终清之世,钱塘文学,为东南妇女之冠,其孕育滋乳之功,厥在此也"②。

蕉园诗社因其成员活动于蕉园而得名,但其旧址已不可详考,陈文述《西泠闺咏》卷十云:"何处蕉园遗旧址,绿天庵外不胜寒。"③可见蕉园紧邻绿天庵,应为西泠的一处名胜之地或诗社某位闺秀的私家园林。

蕉园诗社始创于清康熙四年(1665),由顾玉蕊发其端绪,组织诸闺秀所创立,并作《蕉园诗社启》;首事者以"蕉园七子"著称,即顾姒、柴静仪、林以宁、钱凤纶、冯娴、张昊、毛媞七位女子,后期则有徐灿、林以宁、朱柔则、柴静仪、钱凤纶五人以其卓荦的才华号称"蕉园五子",至徐灿逝世时(1698年以后),诗社依然文脉不断。"蕉园七子"和"蕉园五子"颇有交叉,大致上可视为蕉园诗社前后期的代表人物。

---

① 李榕等:《[民国]杭州府志》,卷三十五,《中国地方志集成·浙江府县志辑》辑1第1册,上海,上海书店出版社,1993年,第793页。
② 梁乙真:《中国妇女文学史纲》,上海,开明书店,1932年,第1版,第885页。
③ 陈文述:《西泠闺咏》,卷十,丁丙《武林掌故丛编》,清光绪七年(1881)刻本。

第三章　明末清初西泠词人群体的构成及发展

依据《全清词·顺康卷》将上述所提及的"蕉园五子"和"蕉园七子"(共9人)的芳名及小传迻录如下:

徐灿,字湘蘋,号深明,茂苑人。陈之遴继室。善填词,工绘事。清顺治十五年(1658),之遴谴谪辽海,家产籍没,全家移徙盛京。之遴殁后五年,湘蘋疏请归骨,获允。晚年皈依佛法,静坐内养,无疾而终。有《拙政园诗余》。

顾姒,又作仲姒,字启姬,钱塘人,顾籀云女。生于清顺治初。同邑诸生鄂曾(字幼舆)妻。工倚声,与其姊长任及林以宁、钱凤纶、柴静仪等结社唱和。著有《静如堂集》《翠园集》。

钱凤纶,字云仪,钱塘人。顾之琼次女,黄弘修妻,顾若璞孙妇。工诗词,与弟妇林以宁、姊钱静婉、表嫂顾长任、柴静仪、冯娴等结社湖上之蕉园,有《古香楼集》。

林以宁,字亚清,钱塘人,进士林纶女。钱肇修室,顾之琼儿媳。生于清顺治十二年(1655)。能诗词,著有《墨庄诗钞》《凤箫楼集》。

柴静仪,字季娴,钱塘人。明万历四十六年(1618)举人世尧次女。适同里沈鏐。工书画。与林以宁、顾姒、钱凤纶、冯娴为闺友。著有《凝香室诗》《北堂集》。

冯娴,字又令,钱塘人。同安宁仲虞女,适同邑诸生钱廷枚。工绘事,善诗词,有《湘灵集》《和鸣集》。

张昊,字玉琴,号槎云,钱塘人。举人张坛长女,张丹从妹。清顺治二年(1645)生。年十九归举人胡大漾。清康熙六年(1667)父赴春试,卒于京师,痛悼欲绝,逾年(1668)暴卒。有《趋庭咏》《琴楼合稿》。

毛媞,字安芳,仁和人。先舒女,徐邺室。生于明崇祯十五年(1642),年十六归同邑诸生徐邺。清康熙二十年(1681)病殁。与邺合刻《静好集》。

朱柔则,字顺成,号道珠,钱塘人。诸生沈用济室,柴静仪儿媳。善诗,工绘事,有《嗣音轩诗钞》。

蕉园诗社成员相聚里居,劇切唱和,诗词俱富,人各有集。清人王鸣盛于《在璞堂吟稿序》中论及西泠闺秀诗作时说:"西陵向多女士,近代如柴氏静娴、顾氏若璞尤著。"①另外,诗社闺秀之间以同声相引重,时常互为序跋评点。如林以宁为冯娴《和鸣集》作跋,冯娴、柴静仪为钱凤纶《古香楼集》

---

① 方芳佩:《在璞堂吟稿》,卷首,清乾隆刻本。

的诗余卷作评,李端明、冯娴、柴静仪为钱凤纶《古香楼集》曲卷作评,冯娴、柴静仪为林以宁《墨庄集》作评。诗社亦得到了西泠流寓文人方象瑛,以及当时名媛顾若璞、商景兰等的鼎力引擢,顾若璞曾为晚辈钱凤纶《古香楼集》、顾长任《谢庭香咏》作序,方象瑛、商景兰分别为张昊与胡大漾夫妇唱和集《琴楼合稿》作序。方象瑛《琴楼合稿序》云:"槎云诗,近体高雅,截句秀逸,而孝思深笃,时见于篇章。读《思归》《忆长安》诸什,情致缠绵。于步青之殁,《哭墓》《忆墓》尤使人不欲竟读。盖欢愉之字少,而凄楚之音多。"①从内容和风格两个层面肯定张昊的诗歌成就。

自古文人多喜择胜雅集,觞咏赋诗,驰辩逞才,闺秀亦不例外。蕉园诗社燕集时,或观梅对弈,或品画赏雪,假诗文以自娱,皆清切而有雅致。阳春三月是燕集的最佳时令,吴颢的《国朝杭郡诗辑》记载了蕉园诗社成员春日画舫分韵的热闹场景:"是时武林风俗繁侈,值春和景明,画船绣幕交映湖漘争饰,明珰翠羽,珠翘蝉縠以相夸炫。季娴独漾小艇,偕冯又令、钱云仪、林亚清、顾启姬诸大家,练裙椎髻,授管分笺。邻舟游女望见,辄俯首徘徊,自愧不及。"②蕉园诗社引领一时闺阁风骚,后世闺媛争相效仿,文人亦津津乐道,成为艺林佳话。

蕉园诗社与西泠文士之间亦有诗文交往,只是大多局限于家族之内。或为父亲教授女儿作诗之法,如毛媞为毛先舒(稚黄)之女,稚黄序其《静好集》曰:"余好诗,媞十余岁,即从余问诗,余麾之曰:此非汝事。媞退仍窃取古诗观之。"③可见毛先舒初时并不主张女子习文弄墨,最终还是予以默许,并加以悉心指教。毛媞先于其父离世,毛先舒悲痛之余,恐其作日久散佚,乃将其付梓,取名《静好集》,以志其悲,并请西泠流寓文人方象瑛为作《静好集序》。方象瑛在《静好集序》中说:"安芳诗匿不肯示人,尝曰:吾年四十无子,诗乃吾神明为之,即吾子矣。"④可知毛媞极其珍视其文学作品,将视为毕生心血。

或为兄长审阅其妹诗稿,如西泠闺秀张昊,是西泠文人张坛之长女,

---

① 方象瑛:《健松斋集》,卷三,湖北省图书馆藏清康熙世美堂刻康熙四十年(1701)续刻本,《四库全书存目丛书》集部第241册,济南,齐鲁书社,1997年,第1版,第74页。
② 吴颢:《国朝杭郡诗辑》,卷三十"柴静仪"条,清同治十三年(1874)钱塘丁氏刻本。
③ 徐乃昌:《小檀栾室闺秀词钞》,卷五"毛媞"条,清宣统十一(1919)年刻本。
④ 方象瑛:《健松斋集》,卷三,湖北省图书馆藏清康熙世美堂刻康熙四十年(1701)续刻本,《四库全书存目丛书》集部第241册,济南,齐鲁书社,1997年,第1版,第75页。

第三章 明末清初西泠词人群体的构成及发展

"西泠十子"张丹之从妹,亦为蕉园诗社成员,据《两浙輶轩录》所载,槎云(张昊)喜读书览典籍,辄知其文理,所著诗词皆工。从兄祖望偶见槎云诗,有残风残雪段桥边之句,悄然叹曰"是妹必以诗传,但福薄耳"①,此为张昊曾向其兄请教诗文的证见。

或为夫妻之间诗词唱和、琴瑟齐奏、鸾凤和鸣,如冯娴与其夫钱廷枚的朴园读书唱和堪称艺林佳话,并有《和鸣集》《朴园唱和集》刊行于世,再有毛媞与其夫徐邺的《静好集》、张昊与其夫胡大潆的《琴楼合稿》等。方象瑛《静好集序》云:"往饮稚黄思古堂,长君靖武、婿徐华征皆能倚韵属和,然未闻其女安芳之善诗也。华征北游,安芳作诗送之,有'妾心先已到京师'句,一时传诵,其家庭倡和诗,毛子会侯题曰《静好集》,序而传之矣。"②

家族之外的士林名贤亦对蕉园闺秀的著作援引有加,显见其时西泠文风之盛。据胡文楷《历代妇女著作考》所载,钱饮光为顾之琼的《亦政堂集》作序,毛先舒、丁药园、林鹿白三人均为柴静仪的《凝香室钞》作序,沈心友为冯娴的《和鸣集》作序,钱肇修、黄弘修、毛际可三人均为钱凤纶《古香楼集》作序,林云铭、钱二白均为林以宁《墨庄集》作序,查严友为顾长任的《梁案珠吟》作序。西泠文人徐士俊、陆塏二人均为冯娴的《和鸣集》题辞,收录如下:

徐士俊《惜春容·题冯又今〈和鸣集〉》:

> 朴园知是读书堂。翡翠琉璃伴卷黄。昧旦鸡鸣方警诫,起来又欲赋新章。 琴声瑟韵入篇章。不羡光华殿陛飚。相对闲吟能永日,天教绮阁贮鸾凰。③

陆塏《惜春容·题冯又今〈和鸣集〉,和徐野君韵》:

> 饷我新诗到草堂。双柑斗酒漫丹黄。三千删就成风雅,先奏关雎第一章。 从古诗章通乐章。饶歌郊祀并赓飚。若教吹就房中曲,岂

---

① 徐乃昌:《小檀栾室闺秀词钞》,卷九"张昊"条,清宣统十一年(1919)刻本。
② 方象瑛:《健松斋集》,卷三,湖北省图书馆藏清康熙世美堂刻康熙四十年(1701)续刻本,《四库全书存目丛书》集部第241册,济南,齐鲁书社,1997年,第1版,第75页。
③ 南京大学中国语言文学系《全清词》编纂委员会编:《全清词·顺康卷》,北京,中华书局,2002年,第1版,第168页。

121

独箫声引凤凰。①

除蕉园七子、蕉园五子外,尚有其他一些西泠闺秀亦为蕉园诗社成员:顾之琼、顾长任、钱静婉、姚令则、柴贞仪、傅静芬、张琮。可以看出,蕉园诗社是一个以血缘、姻亲、地域关系为基础的闺秀诗社。蕉园诗社闺秀之所以自称为"子",大略相当于"才子",正如张宏生在其著作《中国诗学考索》中所言:"可见诸社友也是将自己定位为作家,而不仅仅是女作家,换句话说,是希望和男性一样拥有一份社会的空间。"②

明清易鼎之际,海宇激荡,文人诗社普遍具有强烈的入世热忱和救国意识,而闺秀诗社却不具备如此强烈的政治和学术色彩。对于平素深居简出的闺秀而言,结社给她们提供了舞文弄墨的平台,更适足于她们交际游玩之需,蕉园诗社即是一例。蕉园诗社在组织上比较松散随意,许多成员常因婚姻、家庭等因素与诗社的关系若即若离,如远嫁他乡、随夫仕宦等情形都会迫使她们中断与诗社的联系。

文人结社是中国古代文学领域引人瞩目的文学现象,尤其在明清易鼎之际,江南出现了大量的诗派和文社,各派的文学观念也大相径庭,这不仅凸显了江南地域文学的多元化主张,且不同文学主旨之间的碰撞与交流、渗透与融合,对明清之际文学思潮的形成与发展影响甚深。蕉园诗社虽不能自成一派,但无疑是清代女性文学繁荣的滥觞,也是清代主流文学之外的涓涓细流。

(二)西泠闺秀之首:顾若璞

在蕉园诗社的背后,西泠名媛顾若璞备受诗社成员的敬重。顾若璞,字和知,浙江钱塘人,明上林丞友白女,有《卧月轩稿》。顾若璞家学渊源,通晓诗书,深受当时文人推崇,"顾氏自沧江、西岩、悦庵、友白四世皆有文名"③,其本人凤慧,幼娴诗书,文章为西泠闺秀之冠。顾若璞的才识深受当时文坛名士推崇,其诗文作品经常被他们选录。王士禄曾辑古今闺阁诗文为《然脂集》,收顾若璞所著《往生纪实》一卷,朱彝尊的《明诗综》、沈辰垣

---

① 南京大学中国语言文学系《全清词》编纂委员会编:《全清词·顺康卷》,北京,中华书局,2002年,第1版,第871页。
② 张宏生:《中国诗学考索》,南京,江苏教育出版社,2005年,第1版,第394页。
③ 徐乃昌:《小檀栾室闺秀词钞》,卷四"顾若璞"条,清宣统十一年(1919)刻本。

第三章　明末清初西泠词人群体的构成及发展

的《历代诗余》、王昶的《明词综》、周铭的《林下词选》等选本均收录其诗词。

顾若璞诗词文笔细腻，才思敏捷，其词字字婉媚，得《花间》之神。江南闺媛竞相与之交往，时时以诗词酬答，如顾若璞与夫姊黄修娟就有词作唱和。顾若璞《减字木兰花·月夜闻沈媚清夫人吹箫》云："雨收风细。一片清光疑是洗。秦女楼头。吹出柔肠几许愁。　花枝掩映。素腕金环频弄影。香软寒轻。寂寂帘帏夜不扃。"①黄修娟依韵填《减字木兰花·秋夜吹箫，答顾和知夫人》云："篆沉香细。银汉无声天似洗。黄菊垂头。如向离人诉别愁。　帘灯交映。月上粉墙枝弄影。罗袖凉轻。深院黄昏钥自扃。"②二词婉约清丽，把月夜的寂寥、箫声的婉转、吹箫人的娉婷，融汇成一幅优美的玉人月夜吹箫图，意境幽远。

顾若璞是蕉园诗社成员顾之琼、钱凤纶、钱静婉、林以宁、姚令则诸闺秀的长辈，加之体健寿高，见证了蕉园诗社的创立和成长，对诗社闺秀的授业更是不遗余力。她在《古香楼集序》中写道："侄女玉蕊夫人（顾之琼），才名鹊起，藻缋益工，果然积薪居上矣。孙妇钱凤纶，玉蕊夫人之次女也，自其儿时，弄墨花鸟，品题已有谢家风致，父母绝爱怜之。年十六归余仲孙。适余家中落，组纴之余，不辞操作，陈馈之隙，亦事染翰，间就正于余。"③而吴颢《国朝杭郡诗辑》卷三十"姚令则"条也有此类记载曰："柔嘉年十四归于黄罗扉时序，其祖姑顾和知，以《卧月轩稿》闻于时者。柔嘉井臼余闲，执经请益。"④另据胡文楷《历代妇女著作考》，顾若璞九十高龄时，还为蕉园闺秀钱凤纶的《古香楼集》、顾长任的《谢庭香咏》撰写序言。因此，顾若璞尽管没有直接加入蕉园诗社，实为诗社的核心人物，若论诗社之"长"，则非顾若璞莫属。

对于明末清初江南闺秀的舞文弄墨之风，当世屡有批评指责之声，许多人认为闺秀舍女红而读诗书，是沽名钓誉、不守妇德的表现。对此，顾若璞在《延师训女，或有讽者，故作解嘲》一诗中大胆反驳："余闻斯语，未得吾情。人生有别，妇德难纯。讵以闺壸，弗师古人。邑姜文母，十乱并称。大

---

① 南京大学中国语言文学系《全清词》编纂委员会编：《全清词·顺康卷》，北京，中华书局，2002年，第1版，第14页。
② 南京大学中国语言文学系《全清词》编纂委员会编：《全清词·顺康卷》，北京，中华书局，2002年，第1版，第3476页。
③ 胡文楷：《历代妇女著作考》，卷十九，上海，上海古籍出版社，1985年，第1版，第757页。
④ 吴颢：《国朝杭郡诗辑》，卷三十"姚令则"条，清同治十三年（1874）钱塘丁氏刻本。

家有训,内则宜明。自愧伫愚,寡过不能。哀今之人,修容饰襟。弗端蒙养,有愧家声。学以聚之,问辩研精。四德三从,古道作程。斧之藻之,淑善其身。岂期显荣,愆尤是惩。管见未然,问诸先生。"①旗帜鲜明地支持闺秀诵习诗文,认为女子习文才能真正地通古今之大道,使妇德臻于完美。在顾若璞看来,若论文采神思,自古以来女子就丝毫不比男子逊色,譬如《诗经》中许多篇章都是妇人女子所为。顾若璞在序黄鸿《闺晚吟》时说:"妇德兼妇言,古识之矣。卷耳之什,首列风人,未见踰节,柳絮单词,流耀千载。"②妇德与妇言兼擅,既是顾若璞的人生理想,亦是明末清初闺秀孜孜以求的完美生存状态。因此,对于家族中的闺秀读书弄文、拈韵赋诗,顾若璞不仅不加阻止,反而鼎力提携,引以为傲。

西泠另一名媛徐灿是蕉园诗社后期的成员之一,若论诗文成就,徐灿与顾若璞在伯仲之间,但就指导蕉园闺秀创作而言,顾若璞更加功不可没。顾若璞对于明末清初的家族文学、女性文学以及女子文学社团表现出的肯定态度,显示出她卓越不凡的见识。她所教谕的蕉园诗社,是清代第一个闺秀诗社,为清代女性文学和女性文学社团的繁荣奠定了基石。明末清初,诸如顾若璞、徐灿等一批名媛出现于江南地区,并非偶然。江南繁荣的经济、秀丽的风景以及浓郁的文化气息,为当地的闺媛们接受良好的诗书教育提供了可能。再加之江南文士对闺秀从事文学活动,大多持以肯定和鼓励的态度,如《卧月轩稿》就是由顾若璞的公公黄汝亨所删定,可见江南文士对闺秀文学的开明心态。江南闺秀之间亦互相点拨指引,凭借彩笺彤管,一争文才之高下。江南闺秀的文学活动呈现出明显的地域和家族特色,或父女相传,或师徒相授,或夫妻酬唱,或兄妹相长。如此一来,江南名门望族极有可能出现妇德与文才兼善的闺秀,顾若璞等名媛均是如此。她们的出现,是明末清初女性文学的滥觞,自此清代的女性文学便逐步走向繁盛。

---

① 顾若璞:《卧月轩稿》,卷二,明天启六年(1626)刻本,《丛书集成续编》第 119 册,上海,上海书店出版社,2014 年,第 1 版,第 575 页。

② 胡文楷:《历代妇女著作考》,卷六,上海,上海古籍出版社,1985 年,第 1 版,第 182 页。

第四章　明末清初西泠词人群体词作的整体风貌

自两宋以降,西泠一地词人辈出,如周邦彦、张枢、杨缵、张炎、马洪等人,均以词称胜一时。至明末清初,词风复盛,不仅词人众多,而且创作极其丰富,仅《西陵词选》就收录西泠词人185家、词集59部。正如西泠词人陆进在《西陵词选序》所说:"西陵山川秀美,人文卓荦。宋、元以来,以词名家者众矣。迄于今日,词风弥盛。"① 因此,本章拟从总体上探讨明末清初西泠词人群体词作的题材取向与艺术风格,勾勒其整体风貌。

第一节　明末清初西泠词人群体词作的题材取向

明末清初西泠词人群体词作的题材取向主要包括以下五个方面:对传统词作题材的模拟与创新:艳词;对山水胜景的描摹与赞美:山水词;对历史兴亡和明清鼎革的书写与反思:咏史词;对个体命运浮沉的记载与咏叹:咏怀词;对亲朋师友情谊的怀念与追悼:赠答词与悼亡词。

一、对传统词作题材的模拟与创新:艳词

（一）词为艳科:闺情与闺怨

在明末清初西泠词人群体的词别集中,以春闺、春情、春愁、春恨、春怨、秋思、秋怨、心恨、幽恨、闺梦、怨情、仙情、丽情、晓思、晚思、有感、无题等为题的词作所占比重较多,卓人月、徐士俊《徐卓晤歌》、徐士俊《雁楼集

---

① 陆进、俞士彪:《西陵词选》,卷首,清康熙十四年(1675)刻本。

诗余》、沈谦《东江别集诗余》、毛先舒《鸾情集填词》、丁澎《扶荔词》、陆进《巢青阁集诗余》、张台柱《洗铅词》、俞士彪《玉蕤词钞》、沈丰垣《兰思词》等,都是如此。此外,在西泠词人群体所编词选如《西陵词选》《东白堂词选》《古今词汇三编》,也收录大量明末清初西泠词人群体抒写闺思艳情的词作。

沈谦《云华馆别录自序》一文,道出明末清初西泠词人群体对于取传统题材作词,逞才炫博以与前人一较高下的争胜之心:"画龙必云,或露鳞甲爪尾,若灭若没者,其中皆龙也。南唐李后主有咏美人口词,宋刘龙洲咏指甲及足,元人邵清溪咏眉目。近晤毗陵邹程村,贻予《倚声集》,得俞右吉咏耳词及董文友咏鼻、咏肩二首。上下千百年,数词落落于天地间,有若启闳披帏,芳容渐露。吾老矣,久不作艳想,忽欲一见其全,遂撰十六章。"①

卓人月有《乌夜啼·即事》《秋蕊香·解嘲》《如梦令·闺情》《风流子·离情》等。卓人月《风流子·离情》:

晓风嘶去马,玉楼望、河畔水东流。正沙淘软浪,路歧长堑,晚云飞尽,野径清幽。空相忆、叹钗痕翠冷,恨枕线红浮。绣户半开,珠帘闲卷,丁香枝袅,豆蔻梢柔。　眉儿今自画,记昨宵残梦,说向人羞。犹记夕阳溪口,芳草桥头。对花时绿盏,人非物是,燕泥香暖,事事皆休。只得空床消受,月又添愁。②

徐士俊有《字字双·感春》《河满子·怀春》《好事近·春恨》《三字令·春瘦》《虞美人·别恨》《一剪梅·春怨》《送入我门来·闺绪》《南乡子·记梦》《长相思·梦鬟》《闲中好·春闺》等。其《南乡子·记梦》:

春在枕头边。不管黄粱尚有烟。唧语恼公花影乱,贪眠。正是轻寒细雨天。　鸟语总堪嫌。为病怔忡恨杜鹃。小小竹枝驱不去,帘前。又听呢哺燕子喧。③

---

① 沈谦:《东江集钞》,卷六,清康熙十五年(1676)沈圣昭沈圣晖刻本,《四库全书存目丛书》集部第195册,济南,齐鲁书社,1997年,第1版,第240页。
② 周明初、叶晔编:《全明词补编》,杭州,浙江大学出版社,2007年,第1版,第942页。
③ 南京大学中国语言文学系《全清词》编纂委员会编:《全清词·顺康卷》,北京,中华书局,2002年,第1版,第158页。

第四章 明末清初西泠词人群体词作的整体风貌

沈谦有《醉花阴·重阳即事,用李易安体》《醉花阴·春雨,用李易安体》《满江红·书恨,用张安国韵》《金明池·春恨,用秦少游韵》等。其《金明池·春恨,用秦少游韵》:

　　花压重门,莺啼别馆,一望阴阴苑路。春渐老、云昏日淡,更晓雾结做昼雨。有心情、怕上红楼,翻绣被、记起玉人何处。怎带缓绞绡,等零雁字,寂寞画堂歌舞。　午梦沉沉浑无主。算梦里相逢,那能长住。我应受、此愁且耐,你不解、此情空诉。悔当年、浪说风流,似梅子含酸,莲房带苦。看湖水溟蒙,春心荡漾,待要一时东去。①

毛先舒有《浪淘沙·感怀》五首,以及《行香子·怨情》《侧犯·闺情》《归田乐·心恨》《意难忘·幽恨》等。其《意难忘·幽恨》:

　　玉色香尘。是谁将腻手,捏就湘云。珠梁斜却月,翠黛慢娇春。烟惹迹,月留魂。总缱绻难分。背烛花,香弯一捻,试约罗裙。　当初忆共金樽。又谁知命薄,短笑长颦。回肠心不住,掩面意难论。烘绣被,浥檀痕。悔不与温存。到今朝,行寻梦想,费尽精神。②

(二) 咏物:闺情的象征与替代
1. 美人身体、服饰、姿态与行为
在明末清初西泠词人群体词作中,有大量艳词以佳人、美人面、美人鼻、美人额、美人臂、美人眉、美人目、美人口、美人耳、美人颈、美人手、美人肩、美人背、美人腰、美人足、美人髻、美人影、美人枕、美人罗带、佳人对镜、美人出浴、美人睡态、美人睡起、美人温存、美人教鹦鹉语、娇小、紧人、堂堂、孜孜、佳人在闺房中的活动等,作为词的描写对象。

卓人月有《望江南·美人足》《减字南乡子·美人晓妆》《虞美人·和魏子一咏虞美人花》十首、《虞美人影·和魏子一咏虞美人花影》十首等。其

---

① 南京大学中国语言文学系《全清词》编纂委员会编:《全清词·顺康卷》,北京,中华书局,2002年,第1版,第2024页。
② 南京大学中国语言文学系《全清词》编纂委员会编:《全清词·顺康卷》,北京,中华书局,2002年,第1版,第2187页。

127

中《虞美人·和魏子一咏虞美人花》十首将虞美人花比作美人,分咏西施、王昭君、山鬼、瑶姬、高唐神女、虞姬等历史或神话传说中的美人形象;《虞美人影·和魏子一咏虞美人花影》十首将虞美人花影比作美人之影,分咏美人在朝曦、夜月、溪岸、研池、灯前、镜里、瓷瓶、髾儿、鬟光、眸照中的倩影等。徐士俊有《望江南·闺人纤趾》《山花子·咏鞋杯》,也有与卓人月唱和的词作《虞美人·咏虞美人花》十首,不过写法完全不同,徐士俊是将虞美人花比作美人虞姬,实为咏史词。徐士俊《山花子·咏鞋杯》,也属于艳冶之作:

> 宗吉风流绝妙辞。那堪擘作合欢卮。几度绣成青未踏,席前移。软衬玉香芳酝合,轻盈珠滑羽波随。年少欺他残醉里,出裙儿。①

沈谦有《点绛唇》三首,分咏美人耳、美人鼻、美人肩;《菩萨蛮》三首,分咏美人额、美人臂、美人背;《青玉案》四首,分咏美人眉、美人目、美人手、美人足;《御街行》二首,分咏美人斗叶子、美人减膳;《沁园春》四首,分咏美人发、美人面、美人口、美人腰。毛先舒有《临江仙·髻子》《临江仙·浴罢》等,丁澎有《甘州子·春睡》等,陆进有《小桃红·新浴》等。陆次云有《清平乐》十二首,分写佳人在闺房中迷藏、扑蝶、听莺、围棋、和韵、弹琴、读书、插花、匿草、刺绣、焚香、猜谜十二种活动;还有《沁园春》二首,分咏美人影和美人声。张台柱有《沁园春》五首,分咏腰、指甲、足、耳、臂等。

以毛先舒和丁澎两首写女性睡姿的词为例,毛先舒《菩萨蛮·朝睡》:

> 桃花点点铺阶藓。阿谁解得愁深浅。燕子叩帘开。钩声似坠钗。酒深朝睡重。不醒鸳鸯梦。楼角递春寒。锦衾如水单。②

丁澎《甘州子·春睡》:

> 昼长人梦小红楼。横鬆枕,压春愁。绿窗花影袅烟柔。乳燕坠香

---

① 饶宗颐、张璋编:《全明词》,北京,中华书局,2004年,第1版,第2152页。
② 南京大学中国语言文学系《全清词》编纂委员会编:《全清词·顺康卷》,北京,中华书局,2002年,第1版,第2172页。

第四章　明末清初西泠词人群体词作的整体风貌

篝。贪睡稳、忘却下帘钩。①

又如陆进《小桃红·新浴》：

  高树蝉声续。槛外风吹竹。灯掩银屏，衣飘朱桁，兰汤香馥。爱露珠零乱泻芙蓉，湿一枝红玉。　绣带湘裙束。翠鬟香云簇。金井萤飞，珠帘慢揭，纱厨凝绿。见娟娟新月映疏桐，又扇罗轻扑。②

又如张台柱《沁园春·耳》：

  翠鬟轻笼，彩钿斜掩，浑如琢成。见玉轮半侧，低垂新月，珠环双坠，微露春星。龙管吟风，凤弦弹月，立尽花阴不厌听。消闲处，把春纤镂粉，银甲香凝。　梦中亦自惺惺，便轻叩、铜环唤乍醒。正银屏私语，含蓄故掩，琐窗俊咏，解意长倾。热处占霜，鸣时卜喜，偏惹无端、风雨声。春来也，怪双双莺燕，说动闲情。③

2. 闺阁器物

西泠词人特别注重对闺阁器物的描写，以间接展现闺阁之人的容颜与情态。如红蜡、锦瑟、屏风、镜、灯、枕、簟等。

沈谦有《蝶恋花·秋日，题西轩素屏》《蝶恋花·咏簟》《洞仙歌·咏尘》《满江红·咏灯》等。如沈谦《洞仙歌·咏尘》：

  如无似有，恁厌厌漠漠。几日牵愁暗珠箔。当时留、宝瑟脆断朱丝，轻拂取，随拂随生难却。　尚思同宴赏，窄袖弓鞋，叠在空箱更谁着。有醉尽生前、人到千秋，总也是、北邙寂寞。但制得、新歌付莺喉，

---

① 南京大学中国语言文学系《全清词》编纂委员会编：《全清词·顺康卷》，北京，中华书局，2002年，第1版，第3153页。
② 南京大学中国语言文学系《全清词》编纂委员会编：《全清词·顺康卷》，北京，中华书局，2002年，第1版，第4336页。
③ 南京大学中国语言文学系《全清词》编纂委员会编：《全清词·顺康卷》，北京，中华书局，2002年，第1版，第4490—4491页。

向簌簌、春寒画梁飞落。(唐诗：千秋万古北邙尘。)①

又如沈谦《满江红·咏灯》：

  独对银缸，听街鼓、不堪愁绝。却又是、春阴陡暗，晚风偏劣。耿耿未成虚枕梦，摇摇转觉空房怯。镇凄凉、流泪湿黄昏，花重叠。　云鬟拥，香肌瞥。徒想象，增呜咽。怎照人欢会，照人离别。欲简私书还剔起，怕看孤影将吹灭。恰才余、一焰解罗衣，翻成结。(韦应物诗：幽人将遽眠，解带翻成结。)②

毛先舒有《十六字令·红蜡》《蝶恋花·锦瑟》。其《十六字令·红蜡》：

  红蜡泪，今宵似昨宵。成灰未，一半已心焦。③

丁澎有《归自谣·咏枕》：

  横角枕。鸳绣并头交濯锦。鬌脂和泪香云浸。　分开莲叶成孤寝。今宵怎。合欢好梦须凭您。④

陆进有《感皇恩·咏镜》《辘轳金井·咏白团扇》。其《感皇恩·咏镜》：

  我自抱闲愁，关卿何事。亦复双眉撑起。眼光昏暗，恍似春空雾里。妍媸都自晓，难回避。　好是深闺，玉颜相对。翠袖频磨似秋水。

---

  ① 南京大学中国语言文学系《全清词》编纂委员会编：《全清词·顺康卷》，北京，中华书局，2002年，第1版，第2008页。
  ② 南京大学中国语言文学系《全清词》编纂委员会编：《全清词·顺康卷》，北京，中华书局，2002年，第1版，第2011页。
  ③ 南京大学中国语言文学系《全清词》编纂委员会编：《全清词·顺康卷》，北京，中华书局，2002年，第1版，第2170页。
  ④ 南京大学中国语言文学系《全清词》编纂委员会编：《全清词·顺康卷》，北京，中华书局，2002年，第1版，第3154页。

第四章　明末清初西泠词人群体词作的整体风貌

晓窗灯下,掩映宝钗云髻。乘鸾人已杳,谁堪寄。①

3. 节序风物

以春迈、春晓、送春、落花、杜鹃、莲花、细雨、柳枝、新荷、芙蓉、初秋、秋兴、败荷、冰、雪等为题,并非纯粹吟咏节序风物本体,而是以节序风物为起兴,大多最终指向闺情。

徐士俊有《转应曲》咏草和咏鸟,还有《如梦令·咏姊妹花》《如梦令·咏金丝桃》《小桃红·咏桃花》《风流子·咏蕉》《行香子·杏花》《望江南·赠燕》等,卓人月有《三字令·暮春》《蝶恋花·晚春》《十六字令·春去》《十六字令·秋来》《十六字令·花去》《十六字令·莺来》。其《十六字令》四首词最具代表性:

> 春色竟归呵。恁快那。春还问,与尔有干么。②（《十六字令·春去》）
> 怕的是秋呵。秋到那。心儿上,秋字可加么。③（《十六字令·秋来》）
> 风伯恁般痴。满树吹。难吹去,心内这仁儿。④（《十六字令·花去》）
> 日出睡还痴。灯未吹。莺来也,啼碎我心儿。⑤（《十六字令·莺来》）

沈谦有《蕙兰芳引·咏杜鹃》《满江红·咏柳》《满江红·夏夕》《念奴娇·咏冰》等。毛先舒有《昭君怨·莲花》《浣溪纱·初秋》《菩萨蛮·细雨》《菩萨蛮·芙蓉》《清平乐·咏败荷》《水调歌头·七夕》等。丁澎有《忆王孙·送春》《点绛唇·冬词》《醉落魄·新夏》《浣溪沙·春词》四首等。

如沈谦《蕙兰芳引·咏杜鹃》:

> 勒使春归,忙杀了、乱红愁绿。更有甚伤心,向我似啼还哭。血痕在口,又何用、此间思蜀。到三更月冷,不许愁人眠熟。　便去何如,如何不去,是谁拘束。怎似我羁臣,守定暗窗孤烛。玉人何处,佳期未

---

① 南京大学中国语言文学系《全清词》编纂委员会编:《全清词·顺康卷》,北京,中华书局,2002 年,第 1 版,第 4334 页。
② 饶宗颐、张璋编:《全明词》,北京,中华书局,2004 年,第 1 版,第 2900 页。
③ 饶宗颐、张璋编:《全明词》,北京,中华书局,2004 年,第 1 版,第 2900 页。
④ 饶宗颐、张璋编:《全明词》,北京,中华书局,2004 年,第 1 版,第 2901 页。
⑤ 饶宗颐、张璋编:《全明词》,北京,中华书局,2004 年,第 1 版,第 2901 页。

卜。倩伊行、到彼再三催促。①

如毛先舒《昭君怨·莲花》：

　　昨夜粉姿红缀。今晓露华清坠。垂首倦西风。睡情浓。　谁着凌波小袜。采得盈盈如月。太大不中妆。奈何香。②

如毛先舒《浣溪纱·初秋》：

　　一个流萤暗洞房。晚凉新月照梳妆。淡留半额写宫黄。　弄水翻成桃玉甲，看星不肯闭纱窗。戏将团扇打檀郎。③

如丁澎《点绛唇·冬词》：

　　未是春来，枕屏不耐梅花瘦。早妆才就。日影移鸳甃。　眉际螺芬，脸际檀霞透。开双袖。问郎寒否。试纳郎纤手。④

又如丁澎《醉落魄·新夏》：

　　洗妆初晓。绡红褪、待眉匀扫。铜虬半吐春云袅。雨压枇杷，莫恨鹃啼少。　香泥窄凤金铃悄。兔丝偏是裙襕草。越罗倚竹湘娥笑。鬓惹飞香，吹落桐花小。⑤

---

　　① 南京大学中国语言文学系《全清词》编纂委员会编：《全清词·顺康卷》，北京，中华书局，2002年，第1版，第2008—2009页。
　　② 南京大学中国语言文学系《全清词》编纂委员会编：《全清词·顺康卷》，北京，中华书局，2002年，第1版，第2171页。
　　③ 南京大学中国语言文学系《全清词》编纂委员会编：《全清词·顺康卷》，北京，中华书局，2002年，第1版，第2171页。
　　④ 南京大学中国语言文学系《全清词》编纂委员会编：《全清词·顺康卷》，北京，中华书局，2002年，第1版，第3156页。
　　⑤ 南京大学中国语言文学系《全清词》编纂委员会编：《全清词·顺康卷》，北京，中华书局，2002年，第1版，第3168页。

第四章　明末清初西泠词人群体词作的整体风貌

(三) 闺情的另类表达：附会词调本意

1. 附会传统词调

此类词作以徐士俊、沈谦、毛先舒、丁澎、陆进等人词作为代表。徐士俊有《相见欢·本意》《凌波曲·本意，和卓珂月韵》《诉衷情·本意》《柳梢青·本意》《怨王孙·本意》《卖花声·本意》《惜分钗·本意》，毛先舒有《惜分钗·本意》《蝶恋花·本意》，丁澎有《遐方怨·本意》《长相思·本意》《昭君怨·本意》《采桑子·本意》《寻芳草·本意》等，陆进有《惜分本·本意》等。

如徐士俊《相见欢·本意》：

　　佳人想得忘餐。早团圞。不许从前愁闷、锁眉端。　口不应。心相订。两难瞒。恰似树头梅子、惹人酸。①

如毛先舒《惜分钗·本意》：

　　灯花陨。胭脂损。满台零落皆红粉。绣罗囊。水沉香。难返卿魂，已断人肠。茫。茫。　莺相哂。蜂虚引。一场春梦无根本。好时光。细思量。鬓逐年衰，恨与波长。汤。汤。②

如丁澎《遐方怨·本意》：

　　红酥减，粉云残。试揣裙襕，镜听无凭相见难。朝朝空抱紫珍看。梦魂何处住，在萧关。③

如陆进《惜分飞·本意》：

---

① 南京大学中国语言文学系《全清词》编纂委员会编：《全清词·顺康卷》，北京，中华书局，2002年，第1版，第147页。
② 南京大学中国语言文学系《全清词》编纂委员会编：《全清词·顺康卷》，北京，中华书局，2002年，第1版，第2180页。
③ 南京大学中国语言文学系《全清词》编纂委员会编：《全清词·顺康卷》，北京，中华书局，2002年，第1版，第3153页。

不是萧娘多薄命。却恨李郎薄幸。劈破菱花镜。惺忪枕畔曾相订。 携手踏春花满径。小字偷呼频应。愁杀伊多病。裁成半臂身刚称。①

2. 以自度曲、新谱翻曲、新谱犯曲抒发闺情

此类词作所用的创新词调，均为作者出于抒情言事需要而有意自创，因此在选择所要改造的词调，以及在给新创词调命名时，经过精心挑选和设计，所选中被改造词调的名称以及新创词调的名称，其含义往往与词的内容相互印证。

首先，自度曲。如沈谦《一串红牙·板》（自度曲）：

一串红牙。有许多格范。笛孔吹龙，筝头捺雁。偏把歌人难。愁杀双鬟。为恃恩心，慢道字常疏，移宫不惯。须要参差按。②

又如沈谦《扶醉怯春寒·春晓》（自曲度，周邦彦词：红日三竿，醉头扶起寒怯。）：

花晓玉帘，红莺声百转，偏相混。睡眼瞢腾，见向壁灯初烬。强扶余醉怯春寒，奈又是、东风几阵。心头闷。将宝枕推斜，绣衾压损。记得绸缪初印。别易会何难，真如转眼韶光尽。验取瑶簪，怎上有通长墨。春来倒喜梦胡涂，全不是、旧时帮衬。难思忖。待得见他时，将他细问。③

丁澎《燕衔花·闺情》（新谱自度曲）：

吹落燕衔花絮。着意留他住。帘栊斜入复飞来，凝眸乍，已随春

---

① 南京大学中国语言文学系《全清词》编纂委员会编：《全清词·顺康卷》，北京，中华书局，2002年，第1版，第4326页。
② 南京大学中国语言文学系《全清词》编纂委员会编：《全清词·顺康卷》，北京，中华书局，2002年，第1版，第1986页。
③ 南京大学中国语言文学系《全清词》编纂委员会编：《全清词·顺康卷》，北京，中华书局，2002年，第1版，第2017页。

第四章　明末清初西泠词人群体词作的整体风貌

暗去。　欹枕小眠惊起，没个安排处。剔匀残穗又灯花，郎归也，正萧萧暮雨。①

其次，新谱翻曲。如沈谦《遍地雨中花·雨夜感怀》（新翻曲，上二句《遍地花》，下三句《雨中花》，后段同）：

昔日鸳帏春睡足。有此夜、睡难熟。蕉叶窗西，藕花池上，雨冷浑如哭。　怕他人、笑我痴迷，恨和愁、都藏在腹。倚枕无言，停杯不饮，坐看秋灯绿。②

又如丁澎的《眉萼·忆旧》（新谱翻曲，《中兴乐》用仄韵），此词写闺怨，有"眉萼翠香依旧"之句与词调名互相印证：

绿窗人静榴花瘦。眉萼翠香依旧。记得堂前，簸钱羞走。　不合当时迤逗。愁时候。心头念着，小字千回，忍将伊咒。③

再次，新谱犯曲。如丁澎的《怨桃花·春闺》（新谱犯曲，上二句《怨三三》，下二句《桃花水》，后段同）、《扶醉待郎归·本意》（新谱犯曲，上三句《醉红妆》，下二句《阮郎归》，后段同）、《玉女度千秋·情思》（新谱犯曲，上五句《传言玉女》，下四句《千秋岁》，后段同）、《银灯映玉人·定情》（新谱犯曲，上五句《剔银灯》，下三句《玉人歌》，后段同）、《西施愁春·一盼》（新谱犯曲，前段上四句《西施》，下六句《愁春未醒》，后段上五句《西施》，下五句《愁春》）、《合欢·情思》（新谱犯曲，上五句《万年欢》，下五句《归朝欢》，下段同）等等。

丁澎《银灯映玉人·定情》（新谱犯曲，上五句《剔银灯》，下三句《玉人歌》，后段同）：

---

① 南京大学中国语言文学系《全清词》编纂委员会编：《全清词·顺康卷》，北京，中华书局，2002 年，第 1 版，第 3164 页。
② 南京大学中国语言文学系《全清词》编纂委员会编：《全清词·顺康卷》，北京，中华书局，2002 年，第 1 版，第 1990 页。
③ 南京大学中国语言文学系《全清词》编纂委员会编：《全清词·顺康卷》，北京，中华书局，2002 年，第 1 版，第 3157 页。

石叶眉峰澹锁。更衬入、脸霞双朵。将近翻疑,欲前还怯,怜煞鬟娇钗觯。对面情无奈。怪伴羞半晌,台身剔残银炧。 忆得曾窥青琐。或恐三生未果。梦里凭肩,几回生受。难道今宵真个。试问伊知么。但低垂无语,泪绡红浣。①

丁澎《合欢·情思》(新谱犯曲,上五句《万年欢》,下五句《归朝欢》,下段同):

魇损春山,忆画眉人去,何日重见。似雨非云,团就梦儿一片。想从前未惯,分明说与莺和燕。问天涯,那人消息,何似随春远。 只是今宵,有几多离恨,没个方便。料得伊行,也索平分一半。又愁他瘦减。将侬小字千回唤。这衷情,海枯石烂,怎把伊心换。②

二、对山水胜景的描摹与赞美:山水词

明末清初西泠词人群体的山水词,主要可以分为两类:一类为写西湖风景的山水词,另一类为写漫游之地的山水词。

第一类,写西湖风景的山水词。西泠词人生活在西泠的湖光山色之中,其词作中对于家乡的名胜景观多有描写。正如沈谦在《满江红·题三子西湖竹枝词》:"生长钱唐,忍负却、莺年燕岁。看几度、湖流微涨,山云低坠。帘卷更添眉上恨,酒阑都化心头泪。唤桃根、闲按竹枝歌,声声脆。怪万叠,玻璃翠。淘不尽,愁肠胃。任生绡共剪,真珠同缀。古迹漫夸南宋乐,残妆犹爱西施媚。似寒乌、相对语斜阳,无人会。"③

在西泠词人笔下,西泠之美得到全面呈现,如沈谦笔下的西湖、南楼、湖心亭,均有独特之美,如《月中柳·湖上春行,同毛稚黄作新翻曲》《夜合花·同毛稚黄湖心亭眺望》等作。沈谦《夜合花·同毛稚黄湖心亭眺望》:

---

① 南京大学中国语言文学系《全清词》编纂委员会编:《全清词·顺康卷》,北京,中华书局,2002年,第1版,第3179页。
② 南京大学中国语言文学系《全清词》编纂委员会编:《全清词·顺康卷》,北京,中华书局,2002年,第1版,第3182页。
③ 南京大学中国语言文学系《全清词》编纂委员会编:《全清词·顺康卷》,北京,中华书局,2002年,第1版,第2010—2011页。

第四章 明末清初西泠词人群体词作的整体风貌

复嶂笼烟,孤城却月,中堆万顷琉璃。惊魂炫目,空花忽现离奇。山钟断,水禽啼。倚危栏、独振吾衣。哀筝未阕,一声长啸,风起云飞。
休将帘幕低垂。待向浪痕高处,漫泼金卮。东吴南宋,都成野马游丝。头欲白,泪频挥。算将来、不饮真痴。酒酣起舞,君休捉住,黄鹤同骑。①

毛先舒也以词笔描写西湖、湖心亭、飞来峰、雪居、东园屋子等。有《水调歌头·西湖解嘲》《汉宫春·湖心亭遇大风》《汉宫春·飞来峰》《一萼红·雪居》《一萼红·东园屋子》等。如毛先舒《汉宫春·飞来峰》:

何处飞来,怪玲珑剔透,如此之奇。攀援未敢直上,鸟栗猿危。芙蓉千朵,乱云头、袅娜参差。了不信、洪荒世界,都非斧凿为之。 拾翠佳人相问,问低穿花洞,可有灵芝。只愁被仙迷住,海变桑移。天香云外,一阵阵、吹染绡衣。终有日、飞还西竺,我当乘此而归。②

陆进则以词笔描写孤山、放鹤亭和米山堂,有《水调歌头·湖泛有感》《摸鱼儿·曹秋岳侍郎招同人集米山堂,座有钱校书》《摸鱼儿·同人再集米山堂,次曹秋岳侍郎韵》等作。如陆进《水调歌头·湖泛有感》:

今朝雨初霁,小艇泛西泠。四山一望如沐,树树滴空青。上下蝉声断续,远近渔舟摇曳,笳吹起严城。菡萏正开处,冉冉晓霞轻。 忆往日,携红袖,酌瑶觥。月来垂柳堤畔,环坐拨银筝。箫鼓断桥声歇,金粉绮楼人醉,犹是扑流萤。钟动上方矣,幽兴自还生。③

沈丰垣则以词笔描写余杭南湖之美,其《倦寻芳·重游余杭南湖,寄陆荩思》云:

---

① 南京大学中国语言文学系《全清词》编纂委员会编:《全清词·顺康卷》,北京,中华书局,2002年,第1版,第2015页。
② 南京大学中国语言文学系《全清词》编纂委员会编:《全清词·顺康卷》,北京,中华书局,2002年,第1版,第2191页。
③ 南京大学中国语言文学系《全清词》编纂委员会编:《全清词·顺康卷》,北京,中华书局,2002年,第1版,第4342页。

南湖纵步,远树参差,山外堆碧。客路惊心,生怕翠楼吹笛。杨柳烟中青未了,芙蓉露下红堪拭。看游人,更纷来没个,旧时相识。　空记起、停舟堤畔,博采飞觞,容易抛掷。向此凝眸,赢得泪珠频滴。点点鹭鸶飞上下,行行芦荻排疏密。坐横塘,叹飘蓬,近来踪迹。①

第二类,写漫游之地的山水词。主要以西泠第三代词人中宦游四方的词人为代表,如陆进、陆次云、张台柱、俞士彪等。

如陆进《千秋岁·白岳道中》:

晴空缥缈。雾散秋江晓。征雁度,哀猿啸。微风吹细浪,纤月余残照。舟过处,青峦一抹横天表。　古寺环青筱。夹岸开红蓼。悲岁月,催人老。山如愁黛结,水学回肠绕。回首望,断云疏树乡关杳。②

如陆次云《沁园春·匡庐瀑布》:

遥望飞泉,云雾之中,万仞高悬。讶异光特起,虹霓冬见,大声远至,风雨晴喧。乱洒明珠,平倾积玉,疑是银河落九天。停小棹、恋奇观不去,彭蠡湖边。　人间。变幻桑田。何此景、长留亿万年。似蓬莱弱水,莫能游泳,昆仑敦脑,难测渊源。我欲扶筇,看他来处,直上匡庐第一巅。惟愁是、度山中日月,遇着神仙。③

又如陆次云在清康熙十一年(1672)所作《沁园春·洞庭湖》:

占候乘时,西指桅旌,放舟入湖。见蝇头细点,孤悬石屿,蛾眉纤缕,横漾沙墟。圆影存天,方舆失地,身在茫茫太极图。差快意、看一帆风,正险处安居。　波涛潜伏龙鱼。仗忠信、行川何所虞。识冯夷

---

① 南京大学中国语言文学系《全清词》编纂委员会编:《全清词·顺康卷》,北京,中华书局,2002年,第1版,第4535页。
② 南京大学中国语言文学系《全清词》编纂委员会编:《全清词·顺康卷》,北京,中华书局,2002年,第1版,第4336页。
③ 南京大学中国语言文学系《全清词》编纂委员会编:《全清词·顺康卷》,北京,中华书局,2002年,第1版,第6872页。

第四章　明末清初西泠词人群体词作的整体风貌

有主,君尊柳毅,湘娥敛怨,威戢天吴。返照沉红,浮沤溅白,入浦萋萋遍绿芜。回首望、早银蟾东起,雪涨冰壶。(余尝三过洞庭,此壬子年初度洞庭作也。自记。)①

如俞士彪《满庭芳·暮渡扬子江》:

海月腾辉,潮流拍岸,飞鸿乱下沙汀。芦烟荻雾,山影不分明。风飐桅灯点点,似天末、欲坠微星。归途客,萧条行李,舟小布帆轻。飘零。还自叹,奔驰南北,非利非名。问年来踪迹,断梗浮萍。只怕江神笑我,嘱舟子、莫说俞生。孤棹快,人家烟火,依约润州城。②

如张台柱《凤凰台上忆吹箫·登梳妆台》:

岭带孤城,路迷荒杞,绕山松桧苍苍。问妆台旧迹,无限悲凉。一片青山黄土,消磨尽、翠袖红妆。何堪见,云愁越峤,潮咽钱江。　兴亡。漫劳凭吊,任钗蚀鸾头,镜掩蟾光。尚依稀认取,前度宫墙。多少佩环来去,还留得、雨腻云香。无人处,归鸦满林,啼遍斜阳。③

三、对历史兴亡和明清鼎革的书写与反思:咏史词

明末清初西泠词人大多经历过明清鼎革之变,他们对于历史兴亡有着切身的认识和反思,这都在其咏史词中体现出来。这些咏史词可以分为两类:一类为纯粹咏史,另一类是以咏史为藉,间接书写亡国之痛。

第一类词作以毛先舒的词作为代表,如《清平乐·览古》十首,分写历史上伯夷叔齐、勾践、屈原、项羽等历史人物,《望海潮·吴山伍公庙作》吟咏伍子胥。其《沁园春·荆卿》云:

---

① 南京大学中国语言文学系《全清词》编纂委员会编:《全清词·顺康卷》,北京,中华书局,2002年,第1版,第6874页。
② 南京大学中国语言文学系《全清词》编纂委员会编:《全清词·顺康卷》,北京,中华书局,2002年,第1版,第4420页。
③ 南京大学中国语言文学系《全清词》编纂委员会编:《全清词·顺康卷》,北京,中华书局,2002年,第1版,第4483页。

游于酒人,深沉好书,我爱荆卿。但泠泠高唱,翻成楚泣,乌乌倚和,不杂秦声。燕市莺花,酒垆风雨,只许三人结伴行。尘埃里,把英雄老了,何用知名。　陡然一诺相倾。便匕首、单提杀气生。看浑河秋色,北来风紧,咸阳衰草,西望云横。剑客为虹,秦皇是日,真主从来不受惊。龙门笔,尽千秋万古,凭吊多情。①

第二类词作是西泠词人群体咏史词中最具张力的部分。他们在咏史过程中,不自觉地将历史兴亡与故明联系起来。如丁澎《芦花雪·旅感》(新谱翻曲,"金人捧露盘"用仄韵):

君不见,坂上车,江头楫。恁消磨、古今豪杰。断岸横流,铜驼不锁瑶台月。秋风夜吼,更吹来、楚宫秦阙。　叹人生,能几何,多半是,伤离别。灞桥柳、年年空折。露白围荒,武陵人去谁家笛。江天又早,塞鸿飞、芦花如雪。②

另外,西泠词人咏史往往与历史名胜和江山风物放在一起写,如沈谦《六州歌头·凤凰山吊南宋行宫》,虽写南宋历史,却暗指故明遗事:

烟销艮岳,一马却浮江。南渡事,真草草,寓钱唐。正苍黄。怎爱湖山秀,新歌竞,离宫起,将二帝,冰天苦,竟相忘。忉怛朱仙三字,成疑狱,自弃封疆。反半湖灯火,蟋蟀当平章。播越堪伤。遂销亡。　空余五寺,山钟歇,悲辇路,草荒荒。子规叫,精灵出,景凄凉。泪沾裳。回忆骑驴笑,厓山远,断归航。西湖上,却依旧,奏笙簧。闻道鹤归华表,城郭是,人去何方。恨东风一夜,吹变几沧桑。满地斜阳。③

又如毛先舒《醉落魄·城南晚兴》,感叹西泠的剩水残山,物是人非:

---

① 南京大学中国语言文学系《全清词》编纂委员会编:《全清词·顺康卷》,北京,中华书局,2002年,第1版,第2198页。
② 南京大学中国语言文学系《全清词》编纂委员会编:《全清词·顺康卷》,北京,中华书局,2002年,第1版,第3177页。
③ 南京大学中国语言文学系《全清词》编纂委员会编:《全清词·顺康卷》,北京,中华书局,2002年,第1版,第2026页。

第四章 明末清初西泠词人群体词作的整体风貌

凤凰西岭。古松万颗云盘顶。残山剩水闲风景。雁落江滩,帆布排千艇。 丹枫一径胭脂冷。斜阳断处烟微暝。归来残酒朦胧醒。瘦马吟鞭,踏碎垂杨影。①

如张丹《贺新郎·登燕子矶,和宋荔裳韵》:

巨石凭危阁。似天边、凌风舞燕,不须雕琢。两岸芦花遮老眼,但有悲声索索。又何处、翠帘珠箔。万里寒江流日夜,叹千年、战血盈城郭。耕耨者,耳鸣铎。 堪怜月上清砧作。暗伤心、钟山鹿走,烟迷林薄。谩说金陵多王气,早已霜生哀角。且莫怨、绕枝飞鹊。结绮临春成废苑,看秋来、夜夜萤灯落。云水外,叫孤鹤。②

如陆进《潇湘逢故人慢·金陵怀古》:

新亭独坐,忽百端交集,对此茫茫。雪浪打,石头冈。六朝旧恨,何处难忘。青溪明月,夜深时、还过宫墙。怕提起、后庭玉树,黯然一曲情伤。 教歌院,听经处,到而今、空教草碧烟苍。欲问内家香。但阁掩临春,殿锁含章。新蒲细柳,王孙恨、都付斜阳。只留得、雕梁燕子,凭他话尽兴亡。③

四、对个体命运浮沉的记载与咏叹:咏怀词

除了丁澎曾高中进士且官至礼部郎中之外,明末清初西泠词人群体的大部分成员功名低微,因此他们的词作中有大量对于个体命浮沉的记载与咏叹,尤其是中年以后,此类词作数量大大增加。

如毛先舒《念奴娇·一笑》:

---

① 南京大学中国语言文学系《全清词》编纂委员会编:《全清词·顺康卷》,北京,中华书局,2002年,第1版,第2180页。
② 南京大学中国语言文学系《全清词》编纂委员会编:《全清词·顺康卷》,北京,中华书局,2002年,第1版,第1587页。
③ 南京大学中国语言文学系《全清词》编纂委员会编:《全清词·顺康卷》,北京,中华书局,2002年,第1版,第4351—4352页。

回头一笑,揽茫茫万古,倏然如昨。日暖月寒三十近,经过几番潮疟。战阵功名,词坛伎俩,是处成耽搁。浮生如此,怪他金弹弹雀。　成亏此际安之,小儿强解,把纸空誊削。坐看乾坤归劫火,不朽何从安着。濯足天池,洗头华顶,放顿殊寥廓。吾其逝矣,莫教清兴闲却。①

如张丹《鹧鸪天·从野堂自述》二首,其一:

十亩闲闲一草庐。四围流水溅阶除。槐将曲背常低抱,松自修髯不用梳。　朝荷锸,暮携锄。老农老圃是吾徒。醉来喜听邻人话,明日东家嫁小姑。②

其二:

花老莺雏只等闲。高人常隐马塍间。昔时伯雨曾遗井,今日秦亭却有山。　萝裛裛,竹斑斑。最贪明月在柴关。晚来独坐西轩里,林鸟多情早倦还。③

如丁澎《拂霓裳·归兴,寄驰黄》:

盍归乎。故园松菊未全芜。风雨里,几人相见在蒲菰。系船霜一树,种秫酒千壶。醉相扶。更歌将、水调答樵夫。　他乡信美,青山近、即吾庐。平生事,但留双鬓付江湖。任呼吾作马,谁道子非鱼。笑当初。又何烦、叔夜绝交书。④

如张台柱《满江红·感怀》:

---

① 南京大学中国语言文学系《全清词》编纂委员会编:《全清词·顺康卷》,北京,中华书局,2002年,第1版,第2194—2195页。
② 南京大学中国语言文学系《全清词》编纂委员会编:《全清词·顺康卷》,北京,中华书局,2002年,第1版,第1584页。
③ 南京大学中国语言文学系《全清词》编纂委员会编:《全清词·顺康卷》,北京,中华书局,2002年,第1版,第1584页。
④ 南京大学中国语言文学系《全清词》编纂委员会编:《全清词·顺康卷》,北京,中华书局,2002年,第1版,第3179页。

第四章　明末清初西泠词人群体词作的整体风貌

西楚东吴,笑几载、风尘鞍马。依然是、青衫破帽,利名虚话。长铗归来游倦矣,断猿啼处魂销也。料汉宫、应自悦倾城,无媒嫁。　谁酬取,明珠价。羞长寄,人篱下。看江山依旧,笑人衰谢。国士空垂淮水钓,酒徒同入高阳社。问吴钩、何处着雄心,寒光射。①

如俞士彪《兰陵王·秋感》:

纸窗黑。草际寒螿唧唧。东城路、淡月暝烟,蘸木黄芦弄秋色。闲情自脉脉。怕听一声邻笛。长吟罢、散步小桥,远水遥天互凝碧。　三年倦游客。但舟舣江亭,马系山驿。征衫怕杀西风急。弃万种离恨,五更幽梦,空囊短剑返故国。早年少头白。　萧瑟。暗悲戚。睹旧菊新松,犹自相识。病中岁月成虚掷。怅曲巷蓬户,依然岑寂。牢愁无限,问此际,怎忘得。②

五、对亲朋师友情谊的怀念与追悼:赠答词与悼亡词

词在清代,已经发展成为一种文学性与实用性兼备的文体,用于社会生活的各个层面。在明末清初西泠词人群体的词集中,有大量的赠答词与悼亡词。西泠词人或以词唱和赓才,或以词题辞,或者以词作书,或以词赠别,或以词悼亡,或以词祝寿,或以词贺喜。

第一代词人以卓发之、徐士俊为代表。卓发之有《西江月·次坡公悼朝云韵,悼亡姬》。徐士俊有《鹊桥仙·珂月有子三岁殇,次其原韵以吊》《满江红·宋荔裳观察、王西樵考功、曹顾庵学士,一时同在西湖,倡和二十四章,属余评定,即次原韵,赠三先生》《千秋岁引·为毛驰黄伯母孙太君八十寿》《沁园春·题王丹麓生照》《一剪梅·赠曹秋岳先生备兵山右》《惜春容·题冯又今〈和鸣集〉》等。

第二代词人以沈谦、毛先舒、丁澎为代表。沈谦有《海棠春·春日悼亡》《满庭芳·题金虎文峤庵词》《庆春宫·答徐野君》《喜迁莺·寄俞生士

---

① 南京大学中国语言文学系《全清词》编纂委员会编:《全清词·顺康卷》,北京,中华书局,2002年,第1版,第4482—4483页。
② 南京大学中国语言文学系《全清词》编纂委员会编:《全清词·顺康卷》,北京,中华书局,2002年,第1版,第4415页。

143

彪《氐州第一·送邹程村之江西》《玉女剔银灯·夜阅〈倚声集〉,怀邹程村》《探春慢·孙无言征刻予词于扬州,遥有此寄》《丹凤吟·答洪昉思梦访之作》《沁园春·寄赠王扬州阮亭,即用其偶兴韵》二首等。

毛先舒有《临江仙·寄沈去矜》《水调歌头·与洪昇》《满江红·潘蔚湘宅,送诸骏男游齐,即席作》《凤凰台上忆吹箫·读常州邹皋士新词作》《声声慢·贺荔裳先生连举三子》《念奴娇·呈东莱赵千门先生》《十二桥·讯胡大潆秋山卧病》等。

丁澎有《忆醉乡·送孙无言归黄山》《望远行·别王仪曹阮亭》《梦扬州·邗上逢王考功西樵》《连理一枝花·送黄大宗归淮阴》《风入松·建业遇宋荔裳观察》等。

张丹有《风入松·王阮亭招饮平山堂》《华胥引·重登北固山阁,寄姜真源》《水调歌头·诸虎男往来富春江,因赠》。

第三代词人以陆进、沈丰垣、俞士彪为代表。陆进有《河传·春夜梦张祖望,次日适接历下寄怀诗》《点绛唇·雨中登巢青阁怀沈遹声》《点绛唇·雨窗不寐,次梁冶湄先生韵》《后庭宴·寄云间董孝廉苍水》《贺新郎·问张秦亭病》《满江红·宿东江草堂哭沈去矜》《洞庭秋色·送佟梅岑归金陵》等。

沈丰垣有《苏幕遮·夜读王丹麓〈峡流词〉有寄》《万年欢·同毛稚黄先生、赵瑾叔登俞据先山楼,望江分赋》《万年欢·为高则原悼亡,今易名〈续命丝〉》《少年游·元夜同徐野君先生、陆云士、柳靖公、张砥中、俞季瑮,集陆荩思茂承堂,即席分韵》《菩萨蛮·遥哭成容若》《满路花·哭张觉庵先生》《贺新郎·题顾舍人梁汾小照,和成进士容若韵》《千秋岁·佟梅岑一经堂燕集》等。

俞士彪有《一斛珠·同沈去矜夫子、恽正叔、诸虎男、洪蚡思湖上小集》《贺新郎·送佟梅岑归金陵》《鹊桥仙·客兖州哭马龙伯先生》《水调歌头·吴元符进士证仙》《满江红·兖州道中,怀洪茂公、昉思》《南乡子·旅次怀张砥中》《水龙吟·客中怀徐武令》《蝶恋花·酬陆荩思先生》《念奴娇·雪夜忆沈去矜夫子病》《念奴娇·同李笠翁、丁药园、吴庆伯、丁弋云、李东琪、丁素涵、陆荩思诸先生,诸虎男、钱右玉、张砥中、徐紫凝、沈方舟诸子,集佟梅岑一经堂》《少年游·上元前二夕,同徐野君、方渭仁、毛会侯先生,邵于王、洪昉思,集陆荩思茂承堂,分砣得春字》《卜算子·夏日访王丹麓,兼读峡流词》《庆清朝慢·壬子腊八,同毛大可、陆荩思先生,沈御泠、陆云士、章

第四章 明末清初西泠词人群体词作的整体风貌

天节、柳靖公、吴符诸子宴集》等。

如沈谦《玉女剔银灯·夜阅〈倚声集〉,怀邹程村》(新翻曲,上四句"传言玉女",下五句"剔银灯",后段同):

> 天气初寒,楼外月华如雪。孤灯弄影,展卷空悲咽。词唱金荃,歌翻玉树,谁似风流英绝。梅花堪折。记分手、樱桃时节。 万丈庐山,梦来时、怕阻截。素书题就,见晓星窥阑。马去关河,人稀驿路,谁信雁鸿能说。神交但切。岂畏远离长别。(程村时客江西。)①

又如清康熙八年(1669)沈谦生日,门生潘云赤以自度曲祝寿,沈谦作《东湖月·己酉生日,潘生云赤以自度曲寿余,览次有感,依韵答之》:

> 甚钟灵。便珊瑚百丈老重溟。问谈天邹衍,凌云司马,此日敢纵横。骨带铜声敲不响,有黄金伏枥难行。只好衲衣持钵,绣幕闻笙。 山青兼水绿,对萧疏、白发转多情。笑磨厓天半,沉碑潭底,身后枉垂名。雾里看莺非我事,尽优游下泽同乘。漫道出,堪作雨处亦关星。②

如毛先舒《念奴娇·呈东莱赵千门先生》:

> 蓬莱非远,看丹厓白石,凤生才杰。谪宦西湖还佐郡,眺遍凤凰宫阙。醉据胡床,清麈玉柄,风味都殊绝。江楼无侣,兴来孤啸秋月。 忽尔溟涨平天,端倪何处,怒卷千层雪。为藉使君神气壮,脚底天吴慑折。一代功名,千秋文彩,日下应争说。黑头公好,古人未易优劣。③

如丁澎《望远行·别王仪曹阮亭》:

---

① 南京大学中国语言文学系《全清词》编纂委员会编:《全清词·顺康卷》,北京,中华书局,2002年,第1版,第2009页。
② 南京大学中国语言文学系《全清词》编纂委员会编:《全清词·顺康卷》,北京,中华书局,2002年,第1版,第2017页。
③ 南京大学中国语言文学系《全清词》编纂委员会编:《全清词·顺康卷》,北京,中华书局,2002年,第1版,第2194页。

马度青门杨柳垂。此去倍堪思。旗亭炙酒唤红儿。教唱衍波词。　鹦武客,旧裁诗。竹西歌吹休迟。东方割肉细君知。芙蓉远黛照春瓷。回首红桥渡,洒洒对君时。①

如张丹《风入松·王阮亭招游平山》:

东风吹散木兰桡。春色闹河桥。胜游俱集平山港,一丝丝、罗绮香飘。凫鸭栏边歌板,蒲葵亭外吹箫。　衍波才子把人招。诗压柳花娇。酒阑薄暮纱灯乱,待归去、满路光摇。处处红楼醉也,画帘明月初高。②

如陆进《后庭宴·寄云间董孝廉苍水》:

新草铺烟,残梅飘玉。春云满覆樗亭曲。玉凫新制欲销魂,泖湖光映须眉绿。　西陵别后三秋,几度情紫幽独。空梁落照,辄把君诗读。潇洒晋陶潜,风流唐杜牧。(苍水著《玉凫词》。)③

如沈丰垣《菩萨蛮·遥哭成容若》:

相知自古称难得。于君何意虚相忆。北望暮云长。萧萧恨白杨。　神交曾未面。有梦应难见。何处寄愁思。唯吟侧帽词。(成词名《侧帽》。)④

如俞士彪《念奴娇·同李笠翁、丁药园、吴庆伯、丁弋云、李东琪、丁素涵、陆荩思诸先生,诸虎男、钱右玉、张砥中、徐紫凝、沈方舟诸子,集佟梅岑

---

① 南京大学中国语言文学系《全清词》编纂委员会编:《全清词·顺康卷》,北京,中华书局,2002年,第1版,第3171页。
② 南京大学中国语言文学系《全清词》编纂委员会编:《全清词·顺康卷》,北京,中华书局,2002年,第1版,第1584页。
③ 南京大学中国语言文学系《全清词》编纂委员会编:《全清词·顺康卷》,北京,中华书局,2002年,第1版,第4333页。
④ 沈丰垣:《兰思词钞二集》,卷上,清康熙吴山草堂刻本。

一经堂》：

> 浪游归也，喜今朝正值，南皮高会。看着如云冠盖集，偏我形容憔悴。曳屦升阶，科头入座，拍案频频起。主人情重，不妨狂态如此。因念公子风流，接谈终日，已被醇醪醉。况复满堂丝与竹，那不玉山斜倚。屈指而今，让谁千古，争夺词坛帜。有怀未已，漫云歌以言志。①

第二节 明末清初西泠词人群体词作的艺术风格

明末清初西泠词人群体词作的艺术风格主要包括以下三个方面：第一，沿袭艳科审美习惯；第二，张扬苏辛豪放词风；第三，词调创新：尊体与破体。

一、沿袭艳科审美习惯

明末清初词坛，花草词风盛行。正如清初词人查嗣瑮在《万青阁词序》中所说："康熙戊午、己未以前，士大夫争尚填词。阮亭、羡门两先生含吐风流，讲求声病，大约以《花间》《尊前》诸集为宗，抽辞遣韵，如隔帘之花、倚楼之笛，可远而不可近也。同时毗陵、魏里、云间数子则宗法《草堂》，滥觞所及，未免太过，叙事则暗哑咄叱，言情则猥璅鄙亵，而词几于亡。"②明末清初西泠词人对婉约词风的认知，与同时代人所公认的当以花间、草堂词风为宗的传统看法一致，但同时学习范围更加宽泛。其艳词之作，除却以晚唐五代、宋代的花草之风词家如温庭筠、李煜、毛滂、谢逸、柳永为模仿对象之外，还以花草词风之外的宋、金，乃至明朝的婉约词家作为模仿对象，如周邦彦、沈会宗、仲殊、秦观、李清照、蒋捷、史达祖、张孝祥、高启、杨慎等。

第一代词人的代表人物卓人月有《声声慢·次李易安韵》二首、《河传·咏明河事，次温飞卿韵》等，徐士俊有《河传·咏明河事，次温飞卿韵》

---

① 南京大学中国语言文学系《全清词》编纂委员会编：《全清词·顺康卷》，北京，中华书局，2002年，第1版，第4426页。
② 赵吉士：《万青阁词》，卷首，清康熙刻本。

《采莲子·次皇甫松韵》《声声慢·次李易安韵》《太常引·闺怨,和杜善夫韵》等。其中杜善夫为元初著名曲家,徐士俊《太常引·闺怨,和杜善夫韵》:"江南白苎怯新凉。无奈惹秋光。明月照空床。偏妒杀、金钗两行。私书难报,临行又怯,密约费商量。遮莫费商量。欹着枕、贪他梦长。"①卓人月、徐士俊《古今词统》评李煜《丑奴儿令》"辘轳金井梧桐晚"曰:"后主、易安,直是词中之妖,恨二李不相遇。"②卓人月、徐士俊《古今词统》在评王世贞《怨王孙·寄思》时提及对明词的评价:"昭代如伯温、纯叔,圆厚朴老;元美、升庵,法无不尽,情无不出,俨然初、盛之分。"③

第二代词人的代表人物沈谦有《醉花阴·客夜咏枕,用沈会宗体》《醉花阴·重阳即事,用李易安体》《金明池·春恨,用秦少游韵》《满江红·书恨,用张安国韵》《西河·感旧,用周美成韵》《十二时·闺怨,用耆卿韵》,丁澎有《卜算子·春恨,和淮海韵》《诉衷情·春游,和仲殊韵》《秋蕊香·当垆,和晏叔原韵》《武陵春·闺思,和李清照韵》《醉花阴·春暮,和清照韵》《凤衔杯·旧恨,和柳七韵》《两同心·怀旧,和柳屯田韵》《爪茉莉·闺怨,和屯田韵》等。

第三代词人的代表人物沈丰垣有《惜分飞·离情,用毛泽民韵》《石州慢·感旧,用高季迪韵》《换巢鸾凤·重见,用史邦卿韵》等,张台柱、沈丰垣、俞士彪有《花心动·和谢无逸韵》唱和词等。

以沈谦和丁澎用李清照韵《醉花阴》体的两首词为例:

听尽潺潺帘外雨。一夜愁如许。绣帐隐残灯,炯炯双眸,没个安排处。 莺啼侥幸天将曙。见落红无数。泪点更多些,弹与东风,总把春交付。④(沈谦《醉花阴·春雨,用李易安体》)

帘影沉沉移午昼。迷迭消红兽。弹泪上花梢,一霎风吹,片片胭

---

① 南京大学中国语言文学系《全清词》编纂委员会编:《全清词·顺康卷》,北京,中华书局,2002年,第1版,第160页。
② 卓人月、徐士俊编:《古今词统》,卷四,明崇祯刻本,《续修四库全书》集部第1728册,上海,上海古籍出版社,2002年,第1版,第543页。
③ 卓人月、徐士俊编:《古今词统》,卷七,明崇祯刻本,《续修四库全书》集部第1728册,上海,上海古籍出版社,2002年,第1版,第594页。
④ 南京大学中国语言文学系《全清词》编纂委员会编:《全清词·顺康卷》,北京,中华书局,2002年,第1版,第1989页。

第四章 明末清初西泠词人群体词作的整体风貌

脂透。 困人天气黄梅候。粉汗沾罗袖。鸾镜掩重开,试揣红绵,却是何时瘦。①(丁澎《醉花阴·春暮,和清照韵》)

此外,西泠词人的艳词,受曲的影响较深,显得轻薄尖新,尤其以第一代词人和第二代词人最为明显。以卓人月《解佩令·偶赠》(其二)为例:

春花万朵。佳人一舸。蓦相逢、冶郎真可。欲致区区,衣带上、明珠如火。掷将来、聊当潘果。 低歌青琐。频斟白堕。小香肩、只思欹靠。换服移妆,辨不出、雌雄他我。一双儿、巧莺同坐。②

此词被收入邹祗谟、王士禛《倚声初集》,王士禛评此词曰:"此等处,是蕊渊才情独绝,人不易及。"③
再以徐士俊、沈谦、毛先舒的三首词为例:

翠翘伴整画屏东。映入酒杯红。檀板敲残,玉箫吹彻,星眼微朦。风袅烟鬟魂将断,何处楚云峰。杨柳堤边,桃花马上,燕子楼中。④(徐士俊《秋波媚·赠妓》)

起了还眠,须知不是侬贪懒。银筝象板。听着惟长叹。 闻道新来,你也梳头慢。乌云散。不茶不饭。人瘦黄花绽。⑤(沈谦《点绛唇·秋病》)

片雨飞来银烛底。絮语呢喃,听杀无头尾。锦瑟傍边人老矣。翠

---

① 南京大学中国语言文学系《全清词》编纂委员会编:《全清词·顺康卷》,北京,中华书局,2002年,第1版,第3165页。
② 邹祗谟、王士禛编:《倚声初集》,卷十二,清顺治十七年(1660)刻本,《续修四库全书》集部第1729册,上海,上海古籍出版社,2002年,第1版,第347页。
③ 邹祗谟、王士禛编:《倚声初集》,卷十二,清顺治十七年(1660)刻本,《续修四库全书》集部第1729册,上海,上海古籍出版社,2002年,第1版,第347页。
④ 南京大学中国语言文学系《全清词》编纂委员会编:《全清词·顺康卷》,北京,中华书局,2002年,第1版,第151页。
⑤ 南京大学中国语言文学系《全清词》编纂委员会编:《全清词·顺康卷》,北京,中华书局,2002年,第1版,第1984页。

眉低处呼难起。　人似杏花新雨霁。冷艳如初,小带残春意。珍重卿卿卿且记。不愁我不思量你。①(毛先舒《蝶恋花·锦瑟》)

明末清初西泠词人群体在创作艳词时,比较偏重模仿词史上词风俚俗的词人柳永,如沈谦有《十二时·闺怨,用耆卿韵》、丁澎有《凤衔杯·旧恨,和柳七韵》《两同心·怀旧,和柳屯田韵》《爪茉莉·闺怨,和屯田韵》等。

问多情,如何下得,扫却旧恩如洗。子细想、真无意思。撞住吃亏忍气。万种禁持,千般啰唣,见了谁提起。都是我、惯了伊家,做出这般,我也无如何耳。　凭着伊,十分怪我,我是至今牵系。人也劝奴,为何守这,冷冷清清地。奴须丢不下,死生只在这里。　算将来,真成痴想,只为旧时情意。清夜无眠,翻来覆去,泪满鸳鸯被。是我难割舍,料伊也拼奴弃。②(沈谦《十二时·闺怨,用耆卿韵》)

屏前私结今生愿。忆不了、当初欢怨。正生小俱痴,寻花逐蝶、争闲玩。只避得、人前眼。　到如今,全不管。恁心情、风儿吹断。将抆泪冰绡,断肠一纸交伊看。怎推得、无人见。③(丁澎《凤衔杯·旧恨,和柳七韵》)

旧苑谁家,有人倾国。垂楚袖、蝶过东墙,挽湘裙、絮飘南陌。最多情、浅蹙双蛾,暗调行客。　一捻轻红花里,影儿堪惜。拾云钿、草露仍香,转星眸、柳烟空碧。到如今、枕腻脂痕,尽成追忆。④(丁澎《两同心·怀旧,和柳屯田韵》)

密缄轻裁,恁星星一味。蓦忽是、暗抛人地。乌丝欲剪,和凤纸、

---

① 南京大学中国语言文学系《全清词》编纂委员会编:《全清词·顺康卷》,北京,中华书局,2002年,第1版,第2182页。
② 南京大学中国语言文学系《全清词》编纂委员会编:《全清词·顺康卷》,北京,中华书局,2002年,第1版,第2025页。
③ 南京大学中国语言文学系《全清词》编纂委员会编:《全清词·顺康卷》,北京,中华书局,2002年,第1版,第3172页。
④ 南京大学中国语言文学系《全清词》编纂委员会编:《全清词·顺康卷》,北京,中华书局,2002年,第1版,第3174页。

第四章 明末清初西泠词人群体词作的整体风貌

揉将碎。含糊过、翻恨成悲。细看去,都是泪。 空阶如洗,梧桐下、愁难寐。私语处、雾浓香细。倩将明月,好梦儿、凭伊递。被风吹、直向海天云底。也知到,他那里。①(丁澎《爪茉莉·闺怨,和屯田韵》)

即便所习前贤的词作典重雅致,西泠词人也会在自己的词作中对前词风格加以改造,呈现出尖新俚俗的风格。如沈谦模仿周邦彦《西河·金陵》:

佳丽地。南朝盛事谁记。山围故国绕清江,髻鬟对起。怒涛寂寞打孤城,风樯遥度天际。 断崖树,犹倒倚。莫愁艇子曾系。空余旧迹郁苍苍,雾沉半垒。夜深月过女墙来,伤心东望淮水。 酒旗戏鼓甚处市。想依稀、王谢邻里。燕子不知何世。入寻常、巷陌人家,相对如说兴亡,斜阳里。②(周邦彦《西河·金陵》)

伤心地。重经往事休记。人非物换,两茫茫、不堪提起。歌停舞歇断行踪,望中烟草无际。 阑干曲,空徒倚。旧因何故牵系。朝思暮想,更添修、愁城怨垒。他生未卜此生休,忆君清泪如水。 雕屏绣榻今还在,但那人对面千里。业债想因前世。故今番、会少离多,冤对生死,总由奴命里。③(沈谦《西河·感旧,用周美成韵》)

再如丁澎模仿李清照《武陵春·春晚》:

风住尘香花已尽,日晚倦梳头。物是人非事事休。欲语泪先流。 闻说双溪春尚好,也拟泛轻舟。只恐双溪舴艋舟。载不动、许多愁。④(李清照《武陵春·春晚》)

---

① 南京大学中国语言文学系《全清词》编纂委员会编:《全清词·顺康卷》,北京,中华书局,2002年,第1版,第3178页。
② 唐圭璋编:《全宋词》,北京,中华书局,1965年,第1版,第612页。
③ 南京大学中国语言文学系《全清词》编纂委员会编:《全清词·顺康卷》,北京,中华书局,2002年,第1版,第2031页。
④ 唐圭璋编:《全宋词》,北京,中华书局,1965年,第1版,第931页。

郎去萧滩十八折,折折在心头。泪卷西风无了休。吹送楚江流。　竹格渡前风日好,早晚问归舟。认得艄娘郎去舟。人不是、几回愁。①（丁澎《武陵春·闺思,和李清照韵》）

如果所模仿的前贤兼擅婉约与豪放两种风格,明末清初西泠词人群体则会选择婉约词作进行模仿,比如沈谦模仿张孝祥《满江红》即是如此:

秋满蘅皋,烟芜外、吴山历历。风乍起,兰舟不住,浪花摇碧。离岸橹声惊渐远,盈襟泪颗凄犹滴。问此情、能有几人知,新相识。　追往事,欢连夕。经旧馆,人非昔。把轻颦浅笑,细思重忆。红叶题诗谁与寄,青楼薄幸空遗迹。但长洲、茂苑草萋萋,愁如织。②（张孝祥《满江红》）

一笑回头,可便是、留心有意。频想像、巫山荐雨,银河隔水。笑我枉推卿意表,料伊未晓侬心里。算便是、说破舌尖儿,谁倾耳。　残梦醒,东风细。闲踏遍,花阴碎。伊家曾晓得,这般情味。花暖罗窗依约坐,莺啼绣幕鼛腾睡。空教我、目断粉墙高,如千里。③（沈谦《满江红·书恨,用张安国韵》）

再如《皂罗特髻》词调为苏轼首创,本写渔女采菱拾翠,具有民歌风味。丁澎对苏词加以模仿,但词风偏于艳冶尖新:

采菱拾翠,算似此佳名,阿谁消得。采菱拾翠,称使君知客。千金买、采菱拾翠,更罗裙、满把珍珠结。采菱拾翠,正髻鬟初合。　真个、采菱拾翠,但深怜轻拍。一双手、采菱拾翠,绣衾下、抱着俱香滑。采

---

① 南京大学中国语言文学系《全清词》编纂委员会编:《全清词·顺康卷》,北京,中华书局,2002年,第1版,第3161页。
② 唐圭璋编:《全宋词》,北京,中华书局,1965年,第1版,第1692页。
③ 南京大学中国语言文学系《全清词》编纂委员会编:《全清词·顺康卷》,北京,中华书局,2002年,第1版,第2030页。

第四章 明末清初西泠词人群体词作的整体风貌

菱拾翠,待到京寻觅。①(苏轼《皂罗特髻·采菱拾翠》)

为伊瘦损,怕红消翠减,被人猜着。为伊瘦损,渐腰围如削。春来了、为伊瘦损,春去也、只恨东风恶。为伊瘦损,怎怨伊情薄。 真个为伊瘦损,悔当初轻诺。偏道是、为伊瘦损,千行泪、禁得涓涓落。为伊瘦损,待怎生抛却。②(丁澎《皂罗特髻·寄恨,效东坡体》)

此外,明末清初西泠词人群体对于明代词作也非常重视,加以模仿,如沈丰垣模仿高启《石州慢》:

过尽雕阑,芳径又回。莺燕潇洒。凝眸一会心期,自许带围难把。拈花弄絮,明知无益情惊,柔肠欲断还牵惹。简点旧奚囊,认瑶笺谁写。 天冶。归来何日,珊枕移开,鸾钗抛下。还记娇痴,忒甚碎揉花打。春纤分后,翻恨历遍天涯,玉门不见明妃马。惆怅送行云,怪垂杨遮也。③(沈丰垣《石州慢·感旧,用高季迪韵》)

事实上,明末清初西泠词人群体在艳词的写作方面有着深入的思考。毛先舒称赞周邦彦《少年游》(并刀似水)为"神品":"周清真《少年游》,题云冬景,却似饮妓馆之作。只起句'并刀似水'四字,若掩却下文,不知何为陡着此语。吴盐新橙,写境清晰。锦幄数语,似为上下太淡宕,故着浓耳。后阕绝不作了语,只以低声问三字,贯彻到底。蕴藉袅娜,无限情景,都自纤手破橙人口中说出,更不必别着一语,意思幽微,篇章奇妙,真神品也。"④又说:"周美成词家神品,如《少年游》'马滑霜浓,不如休去,直是少人行',何等境味。若柳七郎,此处如何煞得住。"⑤可以看出,在艳词写作方面,毛先舒所谓"神品"需要具备三个特征:第一,写境浓淡相宜。第二,抒情蕴藉

---

① 唐圭璋编:《全宋词》,北京,中华书局,1965年,第1版,第319页。
② 南京大学中国语言文学系《全清词》编纂委员会编:《全清词·顺康卷》,北京,中华书局,2002年,第1版,第3180页。
③ 南京大学中国语言文学系《全清词》编纂委员会编:《全清词·顺康卷》,北京,中华书局,2002年,第1版,第4526页。
④ 王又华:《古今词论》,唐圭璋编《词话丛编》,北京,中华书局,1986年,第1版,第609页。
⑤ 王又华:《古今词论》,唐圭璋编《词话丛编》,北京,中华书局,1986年,第1版,第610页。

幽微。第三，篇章出奇巧妙。同时，毛先舒对于柳永艳词的直露无遗，则持否定态度，甚至说："柳七不足师。"①但是，毛先舒在编纂词谱时，似乎并不排斥直露无遗的艳词："毛骙《词谱》，载有《醉高楼》一阕，传是宋东都柳富别王幼玉词，云：'人间最苦，最苦是分离。伊爱我，我怜伊。青草岸头人独立，画船归去橹声迟。楚天低。回望处，两依依。　后会也知。也知俱有愿，未知何日是佳期。心下事，乱如丝。好天良夜还虚过，辜负我，两心知。愿伊家，衷肠在，一双飞。'"②毛先舒在艳词的理论设计与写作实践之间存在的距离，清人也已经注意到，比如李调元《雨村词话》中指出："毛先舒骙，号稚黄，作《填词名解》四卷，能发人所未发，较胜《图谱》，然观其自作《鸾情词》则多俗，何也。"③

必须指出的是，并非所有的西泠词人都有艳词的偏好，其中最具代表性的是张丹，其《秦亭词》中没有一首艳词。西泠词人之所以偏爱艳词情，有以下三个原因：

第一，沿袭了词为艳科的传统词学观念。明末清初西泠词人第一代词人卓人月、徐士俊虽然认为婉约与豪放并重，但还是肯定词当以婉约柔媚为正宗。如徐士俊在《古今词统序》中说："然则词又当描写柔情，曲尽幽隐乎？"④清初词坛继承明代词学宗尚，艳词之风也比较兴盛，因此西泠词人艳词之作经常入选清初词选，这无形中对西泠词人也是一种鼓励，如《倚声初集》《瑶华集》均对沈谦的艳情之作格外偏重。并且，西泠词人也因擅作艳词而自豪，如沈谦评毛先舒词《如梦令·闺怨》云："如此词，真所云俚而能雅，浅而能深者也。"⑤丁澎评王晫《佳人醉·本意》曰："摹情绘景，当与程村《荆州亭》作，并驱中原。"⑥邹祗谟《荆州亭·醉美人》云："娇重偏憎小婢。发鬈故梳时髻。倒晕镜流红，重上桃花粉腻。　蟹眼珠泉响细。鸾帐

---

① 邹祗谟：《远志斋词衷》，唐圭璋编《词话丛编》，北京，中华书局，1986年，第1版，第657页。
② 沈雄：《古今词话》，《词话》上卷，唐圭璋编《词话丛编》，北京，中华书局，1986年，第1版，第769页。
③ 李调元：《雨村词话》，卷四，唐圭璋编《词话丛编》，北京，中华书局，1986年，第1版，第1440页。
④ 卓人月、徐士俊辑，谷辉之点校：《古今词统》，卷首，沈阳，辽宁教育出版社2000年，第1版，第2页。
⑤ 毛先舒：《鸾情集选填词》，毛先舒《毛稚黄十四种书》，清康熙毛氏思古堂刻本。
⑥ 王晫：《峡流词》，卷中，清康熙刻王嗣槐序三十五卷《霞举堂集》所收本。

第四章 明末清初西泠词人群体词作的整体风貌

玉山人起。一啜便骄郎,可解樱桃至味。"①

第二,此类词作多为词人年轻时所作,带有明显的模拟痕迹。比如,沈谦和丁澎二人,几乎把婉约风格词人的词作全部模拟了一遍。如丁澎曾模拟北宋僧人仲殊《诉衷情·寒食》一词。仲殊《诉衷情·寒食》云:"涌金门外小瀛洲,寒食更风流。红船满湖歌吹,花外有高楼。　晴日暖,淡烟浮。恣嬉游。三千粉黛,十二阑干,一片云头。"②丁澎《诉衷情·春游,和仲殊韵》:"谁家绮阁傍芳洲。渌水绕门流。罗衣暗香微度,归到小红楼。　金钿落,翠鬟浮。折花游。一回含笑。半晌沉吟,几步回头。"③丁澎所和之作为北宋词人仲殊的西湖春游词,仲殊词写寒食之景、春游之人,是纯粹的节序词。而丁澎词名为《春游》,实际上写春游女子的绮香娇媚之态。

第三,词人因别有寄托而有意为之,并非单纯作艳语。沈际飞《诗余四集序》在谈及词之寄托时说:"况借美人以喻君,借佳人以喻友,其旨远,其讽微,仅仅如欧阳舍人所云,'叶叶花笺,文抽丽锦;纤纤玉指,拍按香檀。不无清绝之词,用助妖娆之态'而已哉?"④徐士俊、卓人月《古今词统》对此非常认同,评曰:"古人托闺怨而吟惜春,岂好作妇人语乎?"⑤二人在评论《古今词统》卷首所附"杂说"之沈义父《乐府指迷》时,观点也大致相同:"词取香丽,既下于诗矣,若再佻薄,则流于曲,故不可也。"⑥

对于明末清初西泠词人群体的艳词之作,后人有褒有贬。如陈廷焯《白雨斋词话》对于清初艳词的评价非常苛刻,仅推重朱彝尊的艳词,称其为"仙艳":"吾于竹垞,独取其艳体,盖论词于两宋之后,不容过刻,节取可也。竹垞《静志居琴趣》一卷,生香真色,得未曾有。……情词俱臻绝顶,摆

---

① 南京大学中国语言文学系《全清词》编纂委员会编:《全清词·顺康卷》,北京,中华书局,2002年,第1版,第1995页。
② 唐圭璋编:《全宋词》,北京,中华书局,1965年,第1版,第549页。
③ 南京大学中国语言文学系《全清词》编纂委员会编:《全清词·顺康卷》,北京,中华书局,2002年,第1版,第3157页。
④ 卓人月、徐士俊辑,谷辉之点校:《古今词统》,卷首,沈阳,辽宁教育出版社,2000年,第1版,第18页。
⑤ 卓人月、徐士俊辑,谷辉之点校:《古今词统》,卷首,沈阳,辽宁教育出版社,2000年,第1版,第18页。
⑥ 卓人月、徐士俊辑,谷辉之点校:《古今词统》,卷首,沈阳,辽宁教育出版社,2000年,第1版,34页。

脱绮罗香泽之态,独饶仙艳,自非仙才不能。"①而对于清初被当时词坛推重一时的其他词人毛奇龄、周冰持等人的艳词,则非常不以为然,比如认为毛奇岭艳词"多聪明纤巧语,殊乖大雅"②,董文友词为"词中之妖"③,甚至以明代马洪《花影集》类比周冰持艳词,认为周词"不过《花影》之流亚耳,尚不足为妖也"④。对于明末清初西泠词人丁澎的艳词,陈廷焯态度稍为缓和:"丁飞涛亦工为艳词,较周冰持为和雅。然亦只是做得面子好,不足为词坛重也。"⑤但对于沈谦的艳词,陈廷焯则非常不认可:"彭骏孙见沈去矜、董文友词,谓泥犁中皆若人,故无俗物。去矜亦《花影》之余,冰持之匹,不及文友之工。"⑥将沈谦词与马洪词、周冰持词相提并论。

二、张扬苏辛豪放词风

　　明末清初西泠词人群体的词作,还在整体上呈现出另外一个特点,即张扬苏辛豪放词风。西泠词人冯景曾在《瀫桐词序》中对清初词坛偏爱婉约词风给予批评:"盖余深疾夫今之结客少年场,为冶淫之词也者。音沿乐府,体袭深宫。非花非雾,溯噩梦以奚从;为雨为云,觌神光而不见。斜阳一片,都付断魂;漫水双流,不堪极目。斯则涉足皆伤春之地,而抽思尽游冶之章。此余所键户闭目不忍观,而逢场袖手戒操纸者也。"⑦冯景的言论虽然有些过当,但却反映了明末清初西泠词人群体在理论层面,对明末清初柔婉浮艳词风的不满、回应和矫正。而明末清初西泠词人群体在词作中极力张扬苏辛豪放词风,也正是这一群体在创作层面,体现对明末清初浮

---

① 陈廷焯:《白雨斋词话》,卷三,唐圭璋编《词话丛编》,北京,中华书局,1986年,第1版,第3836页。
② 陈廷焯:《白雨斋词话》,卷三,唐圭璋编《词话丛编》,北京,中华书局,1986年,第1版,第3831页。
③ 陈廷焯:《白雨斋词话》,卷三,唐圭璋编《词话丛编》,北京,中华书局,1986年,第1版,第3836页。
④ 陈廷焯:《白雨斋词话》,卷三,唐圭璋编《词话丛编》,北京,中华书局,1986年,第1版,第3836页。
⑤ 陈廷焯:《白雨斋词话》,卷三,唐圭璋编《词话丛编》,北京,中华书局,1986年,第1版,第3829页。
⑥ 陈廷焯:《白雨斋词话》,卷三,唐圭璋编《词话丛编》,北京,中华书局,1986年,第1版,第3837页。
⑦ 沈堡:《瀫桐词》,卷首,清康熙嘉会堂刻本。

第四章 明末清初西泠词人群体词作的整体风貌

艳词风的不满、回应和矫正。

这一特点,从第一代词人卓人月和徐士俊开始,就有显著的表现。沈际飞《诗余四集序》提及:"辛稼轩以诗词谒蔡光,蔡云:'子之诗,未也,当以词名。'"①对此本事中蔡光对辛词的肯定态度,卓人月和徐士俊所编《古今词统》非常认同,特地评曰:"苏以诗为词,辛以论为词,正见词中世界不小,昔人奈何讥之?"②徐、卓二人在二十余岁的唱和集《徐卓晤歌》,兼具婉约与豪放之作,其中有二人次苏轼、辛弃疾、岳飞词韵的唱和词多首,如《洞仙歌·次坡公孟蜀宫词韵》《水调歌头·次坡公中秋韵》《百字令·次坡公赤壁韵》《百字令·次坡公赤壁韵,檃栝〈前赤壁赋〉》《百字令·再次坡公赤壁韵,檃栝〈后赤壁赋〉》《水龙吟·次坡公杨花韵》《满江红·拜鄂王祠,追和王韵》等。

如二人的《满江红·拜鄂王祠,追和王韵》:

> 臣罪当诛,对明圣、恩波未歇。稽谥法、南阳同志,汾阳同烈。恨极冰天啼冻雨,忧来潭水吟寒月。向宵灯、长梦战胡儿,抽刀切。 牌上字,冤难雪。背上字,痕难灭。叹未成一篑,为山功缺。七日红枯荆客泪,三年碧尽周人血。请千秋、卖国巨奸来,瞻宫阙。(《宋改谥岳忠武文》云:孔明志兴汉室,子仪光复唐都,不嫌今古同辞,将与山河并久。"泪雨冰天",洪皓祭徽宗句也。"潭水寒生月,松风夜带愁",忠武诗也。)③(卓人月)

> 刘岳张韩,问谁个、英风不歇。收拾去、忠魂秋草,于今为烈。骨肉回头惊露电,娇娃弹指沉星月。葬空山、长听浙江潮,悲心切。 翻旧案,花如雪。忆旧梦,烟如灭。借莫须有事,轻分圆缺。送罢残红多少恨,归来望帝犹啼血。再修成、青史灭强胡,文还阙。④(徐士俊)

---

① 卓人月、徐士俊辑,谷辉之点校:《古今词统》,卷首,沈阳,辽宁教育出版社,2000年,第1版,第18页。

② 卓人月、徐士俊辑,谷辉之点校:《古今词统》,卷首,沈阳,辽宁教育出版社,2000年,第1版,第18页。

③ 徐士俊、卓人月:《徐卓晤歌》,卓人月、徐士俊辑,谷辉之点校:《古今词统》,卷末附,沈阳,辽宁教育出版社,2000年,第1版,第654页。

④ 徐士俊、卓人月:《徐卓晤歌》,卓人月、徐士俊辑,谷辉之点校:《古今词统》,卷末附,沈阳,辽宁教育出版社,2000年,第1版,第654页。

《徐卓晤歌》的评阅者评卓人月《满江红·拜鄂王祠,追和王韵》曰:"是史家羽翼,亦是诗肠鼓吹。"①又评徐士俊《满江红·拜鄂王祠,追和王韵》曰:"英雄语,文士语,非儿女子语。"②邹祇谟、王士禛《倚声初集》亦收录卓人月《满江红·拜鄂王祠追和王韵》词,王士禛评曰:"仆幼读珂月此词,以为可与沈、文二阕并垂天壤,正以无义不包,无字不确,不仅仅激昂顿挫之为美也。"③将卓人月词与明代词人沈炼《满江红·送邓菊坡先生致政还河南》"世路悲凉"和文徵明《满江红》"拂拭残碑"并提,认为三词在慷慨激昂之外,还包含了世间悲愤、不屈和反抗之情,可以并传于天地之间。

徐士俊、卓人月在创作豪放词的过程中,不排斥使用典故,其词往往从一个典故出发,引申开来,抒情议论一鼓作气,喷薄而出。如卓人月《雨霖铃·旅雪,拟辛稼轩》:"佳哉兹雪。看空庭满,屋上都积。皑皑一望无际,擎杯独对,胸中莹彻。柳影偏增放诞,似蔡子飞白。又带却、醉后张颠,玉管横拏向空画。　丰神似此真奇绝。想将来、倍胜三春节。三春处处娟媚,全不露、丈夫胸臆。久旅思归,滕六今来遭我愁咽。我尚欲、寻取佳人,双拥冬春色。"④王士禛在《倚声初集》卷十八评价此词云:"不肯煞风景,胸怀所及乃自佳。"⑤当然,徐士俊不太认同辛弃疾词使用过于密集的典故,认为这会导致抒情艰涩,不够畅达:"稼轩《六幺令·送玉山令陆德隆还吴中》,第四句陆云饮羊酪语,第六句陆龟蒙居甫里事,第八句陆续,第十句陆贾,第十二句陆逊,末句陆羽。先辈特以捃拾见长,而情致则短矣。"⑥

第二代词人的代表人物毛先舒、丁澎、张丹等,在中年遭遇家国人生之变之后,均有慷慨悲壮之作。如毛先舒有《水调歌头·醉》《水调歌头·风雨》《水龙吟·一夜》等作,抒写中年以后对人生起落和世事兴衰的思考。

---

① 徐士俊、卓人月:《徐卓晤歌》,卓人月、徐士俊辑,谷辉之点校:《古今词统》,卷末附,沈阳,辽宁教育出版社,2000年,第1版,第654页。
② 徐士俊、卓人月:《徐卓晤歌》,卓人月、徐士俊辑,谷辉之点校:《古今词统》,卷末附,沈阳,辽宁教育出版社,2000年,第1版,第654页。
③ 邹祇谟、王士禛编:《倚声初集》,卷十五,清顺治十七年(1660)刻本,《续修四库全书》集部第1729册,上海,上海古籍出版社,2002年,第1版,第375页。
④ 周明初、叶晔编:《全明词初编》,杭州,浙江大学出版社,2007年,第1版,第2901页。
⑤ 邹祇谟、王士禛编:《倚声初集》,卷十八,清顺治十七年(1660)刻本,《续修四库全书》集部第1729册,上海,上海古籍出版社,2002年,第1版,第411页。
⑥ 沈雄:《古今词话》,《词品》下卷,唐圭璋编《词话丛编》,北京,中华书局,1986年,第1版,第855页。

第四章 明末清初西泠词人群体词作的整体风貌

其中《水调歌头·醉》:

> 人世不解醉,醉不解高歌。直须洗去糟粕,人籁与天和。忽坠吟鞭佳兴,相泣酒垆心事,都付与苍波。蓦地狂拍手,对面不知他。 朱零落,碧萧飒,翠倭陀。眼中便尔如此,吾亦奈之何。不得酒泉作郡,犹喜酒星照面,秋梦与婆娑。一醉六十日,还苦夜长么。①

此词以酒浇愁,虽醉却醒,是辛弃疾《水调歌头》诸词的继承和发展。丁澎在遭遇仕途困厄之后,也有《宝鼎现·遣怀》和《哨遍·简施愚山》等作。其《宝鼎现·遣怀》云:

> 壮夫长耻落魄,何事归来弊褐。乘下泽、饭牛大野。豪气樽前曾似昨。酒酣后、但摩挲一剑,直欲老兵景略。何况小儿赵括,此意不堪牢落。 手中斜挽双繁弱。拥头上、如箕樱帻,见狡兔、草间突起,怒马山头方一跃。长空外、皂雕齐发,耳后西风飒飒。还挥手、金樽引满,寻取狗屠旧约。 有客吹箫予和,以渔阳三拍,向秋风弹筑。羞整冲冠素发,念富贵、于我浮云耳,及早须行乐。纵行乐、牵犬东门,何若归耕负郭。②

此词与毛先舒词一样,亦为以酒浇愁之作,但更显英雄落魄之豪气,因此在清初词坛备受推崇。宋实颖评此词曰:"余最爱辛稼轩《永遇乐》一词豪迈不群,有金戈铁马之气。祠部此作,可谓一时瑜、亮。"③顾贞观评曰:"横槊赋诗时,早办取分香卖履。只是不甘冷落,又歇手不得,毕竟傍好住为佳耳。"④卓火传评曰:"可以醉击唾壶,其豪宕处古气错落,全从史迁传纪中得来。"⑤

---

① 南京大学中国语言文学系《全清词》编纂委员会编:《全清词·顺康卷》,北京,中华书局,2002年,第1版,第2191页。
② 南京大学中国语言文学系《全清词》编纂委员会编:《全清词·顺康卷》,北京,中华书局,2002年,第1版,第3193页。
③ 丁澎:《扶荔词》,卷三,清康熙十年(1671)刻本。
④ 丁澎:《扶荔词》,卷三,清康熙十年(1671)刻本。
⑤ 丁澎:《扶荔词》,卷三,清康熙十年(1671)刻本。

而"西泠十子"之一张丹,以苏辛豪放词为宗法,一生不作艳词,其词以抒写羁旅愁思、历史兴亡和隐逸怀抱为主,其《念奴娇·秋日历下途次》为代表作:

> 才离野店,任登登、马足历城南去。一路凄凉,霜气冷、愁对满林红树。落月长堤,新烟古道,总是销魂处。几番翘首,乡关正尔秋暮。 那更长笛吹残,悲笳调咽,清泪纷如雨。无限忧心千里隔,又是哀鸿飞度。乡信难传,客衣谁寄,沙草迷归路。年华逝水,早添白发无数。①

第三代词人以张台柱、沈丰垣、洪昇、诸九鼎等为代表,也在不同程度受到苏辛词风的影响。张台柱作有《满庭芳·燕山道上,和洪昉思》《丹凤吟·孤雁》等词,以抒写宦游酸辛。其《满庭芳·燕山道上,和洪昉思》云:

> 易水风悲,芦沟月冷,行人暂驻征鞍。燕昭何处,荒草满平原。不见黄金台馆,空赢得、骏骨如山。疏林远,高陵望断,落日黯无言。年年。尘土里,输他白发,换却朱颜。指长安宫阙,多在云端。昨夜漫天飞雪,朔风起、吹满燕关。家乡杳,浪游倦矣,萧瑟敝裘寒。②

其《丹凤吟·孤雁》云:

> 飘泊自还无定,漫说他乡,锦书堪托。湘江云尽,南去楚天寥廓。冲风远逝,芦汀沙渚,背月孤飞,天涯海角。欲觅一枝栖宿,遥望前林,又被疏雨迷却。 天外一声吟怨,孤眠旅客惊乍觉。别馆青灯暗,掩画罗小帐,双泪偷落。哀音难听,怎奈心情更恶。梧桐叶坠,霜飞紧、

---

① 南京大学中国语言文学系《全清词》编纂委员会编:《全清词·顺康卷》,北京,中华书局,2002年,第1版,第1586页。
② 南京大学中国语言文学系《全清词》编纂委员会编:《全清词·顺康卷》,北京,中华书局,2002年,第1版,第4483页。

第四章 明末清初西泠词人群体词作的整体风貌

恨枕寒衾薄。倦眸强闭,又几曾睡着。①

清康熙六年丁未(1667)春,沈丰垣往游苏州,与洪昇以《满江红》赠答唱和。洪昇有《满江红·送沈遹声之吴门》:

君去吴门,正卷地、杨花如雪。历几载、牢愁激楚,对谁堪说。宝剑空留身骯髒,黄金散尽人离别。怪隐然、五岳起胸中,殊难灭。 拚饮尽,啼鹃血。思截取,鹦哥舌。怪笛声何处,晚来呜咽。数盏村醪春月淡,半肩行李烟波阔。向要离、冢畔哭吴云,天应裂。②

沈丰垣有《满江红·五日感怀寄洪昉思》:

醉读离骚,又安问、他乡重五。空自对、新蒲细柳,感怀湘浦。抽思知君佳句好,远游笑我痴情误。叹万山、深处一行人,迷归路。 花影瘦,莺无语。镜影缺,鸾空舞。纵排云可叫,此怀难诉。十载春迟悲杜牧,去年门掩留崔护。漫题书、倩尔赋招魂,增凄楚。③

沈丰垣《兰思词钞》二集卷下,还收有其《满江红》词四十首,其《满江红·放言》是其抒怀言志的代表作:

我尚如斯,又何况、纷纷余子。天之下、谁堪不朽,有情不死。南北岐途空洒泪,雌黄泛论徒盈耳。但乾坤、落落一孤身,谁堪倚。 唤不起,陈抟睡。唤不醒,刘伶醉。甚前朝后代,谈经说史。明月东沉蟾窟坏,黄河西走龙门碎。我怜人、我不受人怜,聊相戏。④

---

① 南京大学中国语言文学系《全清词》编纂委员会编:《全清词·顺康卷》,北京,中华书局,2002年,第1版,第4489—4490页。
② 南京大学中国语言文学系《全清词》编纂委员会编:《全清词·顺康卷》,北京,中华书局,2002年,第1版,第8409页。
③ 南京大学中国语言文学系《全清词》编纂委员会编:《全清词·顺康卷》,北京,中华书局,2002年,第1版,第4516页。
④ 沈丰垣:《兰思词钞二集》,卷下,清康熙吴山草堂刻本。

此外,诸九鼎和诸匡鼎兄弟二人,也是稼轩词风的追随者。诸九鼎有《贺新郎·和辛稼轩韵》:

我醉将眠矣。叹此生、浮沤爝火,百年曾几。唤取酒徒来共饮,此外更无别事。又说甚、合离悲喜。白堕红裙吾自爱,彼昨非、何有今何是。痴与黠、庶几似。 卜居须向幽篁里。久知得、神仙作合,尘埃无味。趁此为欢须及早,俗务谁能更理。便经史、从何说起。世事谩夸夔一足,笑人情、大似臧三耳。总碌碌、愧余子。①

诸九鼎还有《贺新郎·自述》:

劝汝一杯酒。喜天公、生成薄相,自甘衰丑。茶灶琴床流水外,绿竹清池数亩。又何事、黄金如斗。燕雀安知鸿鹄志,看白云倏忽成苍狗。名与利、吾何有。 晚来莫负传杯手。似陶潜、疾忙归去,已居人后。白发潇然尘世里,恰似沧浪钓叟。问近日、谁人为偶。屋里垆樽时作伴,有山中、梅鹤还堪友。更爱他、几株柳。②

诸匡鼎有《满庭芳·秋夜同李东琪斜桥步月》:

凉露初凝,微风才拂,败芦夹岸萧萧。披衣乍起,携手上斜桥。夜半明珠落水,银盘里、荡漾光摇。徘徊望,玉绳垂地,珠斗正横杓。清宵。人寂寂,秋林把臂,又许论交。念文章千古,此日寥寥。莫说凌云豪气,尽容吾、去学渔樵。鸡声唱,苍云飞尽,江上滚寒潮。③

---

① 南京大学中国语言文学系《全清词》编纂委员会编:《全清词·顺康卷》,北京,中华书局,2002年,第1版,第2307页。
② 南京大学中国语言文学系《全清词》编纂委员会编:《全清词·顺康卷》,北京,中华书局,2002年,第1版,第2307—2308页。
③ 南京大学中国语言文学系《全清词》编纂委员会编:《全清词·顺康卷》,北京,中华书局,2002年,第1版,第2308—2309页。

第四章 明末清初西泠词人群体词作的整体风貌

三、词调创新：尊体与破体

明末清初西泠词人群体的词调创新主要有四种形式：新谱自度曲、新谱犯曲、新翻曲和词变。关于新谱自度曲、新谱犯曲、新翻曲，明末清初西泠词人丁澎定义为："新谱者，药园之所定也。有自度曲，有犯曲，有翻曲。自度曲者，取唐宋以来诸家词，依声按律，自成一调，或因原调而益损之，如减字、摊破、偷声、促拍，皆可歌者是也。犯曲者，节两调或数调之音，而叶之于宫商，以合一调，如《江月晃重山》《江城梅花引》之类是也。翻曲者，一调之韵，适可平仄互换，如《忆王孙》之为《渔家傲》，《卜算子》之为《巫山一段云》是也。要皆前人所有，不自我倡，虽云好事，非同妄作，后之学者，庶无讥焉。"①关于词变，丁澎定义为："词变者，药园之别谱也。按一调回环读之以成他调，或因本调而颠倒错综焉。不书题，无可题也。非词之正也，故谓之变云尔。"②

据吴藕汀《词名索引》统计，有清一代曾自度新腔的词人近 130 人，其中明末清初西泠词人群体成员有 12 个，这些词人分别为：沈谦、丁澎、毛先舒、王晫、陆进、沈丰垣、张台柱、俞士彪、柴绍炳、洪云来、张戬、徐旭旦，占近十分之一。笔者以明末清初西泠词人群体的词别集、明末清初西泠词人群体编纂的词选《西陵词选》和《东白堂词选》，以及《全清词·顺康卷》《全清词·顺康卷补编》、毛先舒《填词名解》等文献为基础，一共统计出明末清初西泠词人群体的新创词调情况为：沈谦 33 个、丁澎 29 个、毛先舒 15 个、张台柱 5 个、徐旭旦 5 个、陆进 4 个、沈丰垣 4 个、潘云赤 2 个、王晫 2 个、柴绍炳 1 个、洪云来 1 个、俞士彪 1 个、张戬 1 个，共计 13 人，新创词调 103 个，详见表 4-1。另外，丁澎《扶荔词》附别录《词变》一卷，还收录了丁澎 39 首词变之作。从以上数据统计，可知这一群体对于词调创新的重视。

---

① 丁澎：《扶荔词》，卷一，清康熙十年(1671)刻本。
② 丁澎：《扶荔词》，卷四，清康熙十年(1671)刻本。

表 4-1　明末清初西泠词人群体创调统计表（共 13 人 103 调）

词人	新谱自度曲	新谱犯曲	新谱翻曲
沈谦 （共 33 个）	8 个：《采桑》、《一串红牙》、《满镜愁》（唐常理诗：眉长满镜愁）、《东风无力》（范至能词：溶溶曳曳，东风无力，欲皱还休）、《胜常》（唐诗：背人含笑道胜常）、《弄珠楼》（弄珠楼宴集，赠陆嗣端司马）、《扶醉怯春寒》（周邦彦词：红日三竿，醉头扶起寒怯）、《露下滴新荷》	21 个：《美人鬟》（上二句《虞美人》，下二句《菩萨蛮》，后段同）、《忆分飞》（上二句《忆秦娥》，下二句《惜分飞》，后段同）、《遍地雨中花》（上二句《遍地花》，下三句《雨中花》，后段同）、《金门贺圣朝》（上三句《谒金门》，下二句《贺圣朝》，后段同）、《月笼沙》（上三句《西江月》，下二句《浪淘沙》，后段同。唐杜牧诗：烟笼寒水月笼沙）、《浪打江城》（上二句《浪淘沙》，下四句《江城子》，后段同。唐诗：潮打江城寂寞回）、《月中柳》（上三句《月中行》，下三句《柳梢青》，后段同）、《蝶恋小桃红》（上四句《蝶恋花》，下二句《小桃花》，后段同）、《锦帐留春》（上四句《锦帐春》，下三句《留春令》，后段同）、《牡丹枝上祝英台》（前段上四句《碧牡丹》，下三句《祝英台近》；后段上五句《碧牡丹》，下三句《祝英台近》）、《玉楼人醉杏花天》（上二句《玉楼春》，中三句《醉花阴》，下二句《杏花天》，后段同唐李白句）、《玉女剔银灯》（上四句《传言玉女》，下五句《剔银灯》，后段同）、《万年枝》（上七句《万年欢》，下三句《桂枝香》，后段同。唐李嘉祐诗：羡君谈笑万年枝。晋和凝词：飞上万年枝）、《岁寒三友》（上二句《风入松》，中三句《四园竹》，下二句《梅花引》。后段上二句《风入松》，中二句《四园竹》，下二句《梅花引》）、《双燕笑孤鸾》（上五句《双双燕》，下句《孤鸾》，后段同）、《离鸾》（上五句《离亭燕》，下三句《孤鸾》，后段同。离鸾：琴曲名）、《水晶帘外月华清》（上七句《水晶帘》，下三句《月华清》，后段同。李白诗：却下水晶帘，玲珑望秋月）、《山溪满路花》（上六句《蓦山溪》，下四句	4 个：《叶落秋窗》（《长相思》，用仄韵）、《万峰攒翠》（《画堂春》，用仄韵）、《空亭日暮》（《意难忘》，用仄韵）、《销夏》（《风入松》，用仄韵）

第四章　明末清初西泠词人群体词作的整体风貌

续　表

词人	新谱自度曲	新谱犯曲	新谱翻曲
沈谦 （共33个）		《满路花》，后段同）、《神女》（上三句《昼夜乐》，中三句《春云怨》，下二句《雨霖铃》，后段同）、《比目鱼》（上四句《鱼游春水》，下六句《摸鱼儿》，后段同）、《九重春色》（上八句《三台》，下六句《六丑》；后段上九句《三台》，下六句《六丑》）	
丁澎 （29个）	3个：《花里》、《减字鹧鸪天》（一名妆阁梅）、《燕衔花》	24个：《更漏促红窗》（上三句《更漏子》，下二句《红窗睡》，后段同）、《怨桃花》（上三句《怨三三》，下二句《桃花水》，后段同）、《金门归去》（上二句《谒金门》，下二句《归去来》，后段同）、《番女八拍》（上二句《番女怨》，下二句《八拍蛮》，后段同）、《扶醉待郎归》（上三句《醉红妆》，下二句《阮郎归》，后段同）、《一痕眉碧》（上二句《一痕沙》，下二句《眉峰碧》，后段同）、《忆醉乡》（上三句《忆少年》，下三句《醉乡春》，后段同）、《蕊珠》（上二句《秋蕊香》，下三句《一斛珠》，后段同）、《月魄》（上三句《忆汉月》下二句《醉落魄》，后段同）、《山鹧鸪》（上三句《小重山》，下三句《鹧鸪天》，后段同）、《凤楼仙》（上四句《凤楼春》，下二句《临江仙》，后段同）、《月上纱窗乌夜啼》（上二句《月中行》，中一句《纱窗恨》，下二句《乌夜啼》，后段同）、《连理一枝花》（上五句《连理枝》，下二句《一枝花》，后段同）、《梅花三弄》（上三句《梅花引》，中二句《一剪梅》，下二句《望梅花》，后段同）、《玉女度千秋》（上五句《传言玉女》，下四句《千秋岁》，后段同）、《银灯映玉人》（上五句《剔银灯》，下三句《玉人歌》，后段同）、《西施愁春》（前段上四句《西施》，下六句《愁春未醒》；后段上五句《西施》，下五句《愁春》）、《合欢》（上五句《万年欢》，下五	2个：《眉萼》（《中兴乐》，用仄韵）《芦花雪》（《金人捧露盘》，用仄韵）

165

续　表

词人	新谱自度曲	新谱犯曲	新谱翻曲
丁澎 (29个)		句《归朝欢》，下段同)、《高阳忆旧游》(上五句《高阳台》，下五句《忆旧游》，后段同)、《新雁度瑶台》(上五句《新雁过妆楼》，下六句《瑶台第一层》；后段上六句《新雁过妆楼》，下同)、《双燕入珠帘》(上五句《双双燕》，下五句《真珠帘》，后段同)、《绕佛天香》(上六句《绕佛阁》，下四句《天香》，后段同)、《御带垂金缕》(上六句《御带花》，下五句《金缕曲》，后段同)、《法曲琵琶教念奴》(上三句《法曲献清音》，中四句《琵琶仙》，下五句《念奴娇》；后段上四句《法曲》，中二句《琵琶仙》，下同)	
毛先舒 (共15个)	15个：《二十字令》《二十五字令》《拨香灰》《诃梨子》《百叶桃》《石蓝花》《看花忙》《饭松花》《小窗灯影》《青苔思》《缃梅》《十二桥》《小怜妆词》《姗姗来迟》《双鸾怨》		
张台柱 (共5个)	4个：《晚妆》《河上鹊桥仙》《琐窗漏永泣孤鸾》《剪春丝》	1个：《蝶恋玉楼春》	
徐旭旦 (共5个)	5个：《玉堂仙》《玉环清江引》《金衣公子》《夜郎神》《望回心》(又名《寄我相思》)		
陆进 (共4个)	2个：《玩秋灯》《燕栖巢》	1个：《同心乐》	1个：《忆楚宫》

第四章 明末清初西泠词人群体词作的整体风貌

续　表

词人	新谱自度曲	新谱犯曲	新谱翻曲
沈丰垣（共4个）	3个：《山路花》《风流怨》《蕊花结》	1个：《酹江月》	
潘云赤（共2个）	2个：《东湖月》《拨棹过涧》		
王晫（共2个）	1个：《松风梦》	1个：《合璧》	
柴绍炳（共1个）	1个：《谢燕关》（《西陵词选》）		
洪云来（共1个）	1个：《纤纤月》（《东白堂词选》）		
俞士彪（共1个）	1个：《拨棹过涧》（《东白堂词选》）		
张戬（共1个）	1个：《四时花》（《东白堂词选》）		

明末清初西泠词人群体的词调创新，并非自娱自乐，这些创新词调不仅在群体内部传播和使用，同时也在群体外部传播和使用，还被顺康以后的词人接受和使用。如明末清初人黄云(1621—1702)，字仙裳，一字旧樵，江苏泰州人。黄云有《满镜愁》："昨夜山阴雪后，木兰艇子来过。离亭记得断肠歌。丝柳上河初弹。　旧日春情减半，狂奴衰鬓添多。小台寒月影梅柯。莫负尊中白堕。"①特别在词牌后标注：沈谦自度曲。清康熙年间词人柯煜(1666—1736)，字南陔，一字玳书，号实庵，浙江嘉善人。柯煜作有《销夏》一词："雨湿海榴红影重。画帘低控。多病犹披白夹衣，叹休文、一编坐拥。　香寒棐几无聊，屏掩碧山如梦。　乳燕商略栖画栋。茶煎昼永。拨尽炉烟句未成，更休题、旧吟新咏。笑他满院薰风，不把闲愁吹送。"②也在词后标注：沈去矜自度曲。关于清人沿用明末清初西泠词人群体创新词调情况，详见表4-2。

---

① 南京大学中国语言文学系《全清词》编纂委员会编：《全清词·顺康卷》，北京，中华书局，2002年，第1版，第2786页。

② 南京大学中国语言文学系《全清词》编纂委员会编：《全清词·顺康卷》，北京，中华书局，2002年，第1版，第10828—10829页。

表 4-2　清人沿用明末清初西泠词人群体创新词调统计表①

创调者	创调名	创调性质	词调体制	沿用者及词作数量
沈谦（共9个）	《美人鬟》	新谱犯曲	上二句《虞美人》，下二句《菩萨鬟》，后段同；44字，仄转平	3人3首：田实发1、黄樗龄1、陈文述1
	《满镜愁》	新谱自度曲	双调50字，仄韵	2人2首：毛先舒1、黄云1
	《月笼沙》	新谱犯曲	上三句《西江月》，下二句《浪淘沙》，后段同；60字，仄转平	2人2首：沈丰垣1、钱贞嘉1
	《万年枝》	新谱犯曲	上七句《万年欢》，下三句《桂枝香》，后段同；98字，平韵	2人2首：沈丰垣1、毛奇龄1
	《东风无力》	新谱自度曲	双调71字，平韵	1人2首：姚尚桂2
	《蝶恋小桃红》	新谱犯曲	上四句《蝶恋花》，下二句《小桃花》，后段同；72字，仄韵	1人1首：张台柱1
	《玉女剔银灯》	新谱犯曲	上四句《传言玉女》，下五句《剔银灯》，后段同；93字，平韵	1人1首：吴梅鼎1
	《山溪满路花》	新谱犯曲	上六句《蓦山溪》，下四句《满路花》，后段同；100字，仄韵	1人1首：曹鉴平1
	《销夏》	新谱翻曲	《风入松》用仄韵，双调74字	1人1首：柯煜1
毛先舒（共3个）	《拨香灰》	新谱自度曲	双调54字，仄韵	6人8首：宋俊1、孙致弥1、吴绮1、纳兰成德3（改名《秋千索》）、姚燮1（《秋千索》）、陈作霖1（《秋千索》）

---

① 此表参考刘深《清词自度曲与清代词学的发展》一文的《清人自度曲继作词作表》，《南京大学学报》(哲学·人文科学·社会科学)2015年第6期，第142—143页。

第四章 明末清初西泠词人群体词作的整体风貌

续　表

创调者	创调名	创调性质	词调体制	沿用者及词作数量
毛先舒 （共3个）	《二十字令》	新谱自度曲	单调20字,平韵	4人5首:陈维崧1、华佣1、茹纶常1、余煌2
	《十二桥》	新谱自度曲	双调98字,仄韵	1人1首:陈枋1
丁澎 （共8个）	《连理一枝花》	新谱犯曲	上五句《连理枝》,下二句《一枝花》,后段同;67字,仄韵	3人3首:杨春星1、许霁1、徐廷柱1
	《玉女度千秋》	新谱犯曲	上五句《传言玉女》,下四句《千秋岁》,后段同;77字,仄韵	2人2首:陈维崧1、仲恒1
	《梅花三弄》	新谱犯曲	上三句《梅花引》,中二句《一剪梅》,下二句《望梅花》,后段同;68字,平韵	2人2首:徐旭旦1、陈祥裔1
	《御带垂金缕》	新谱犯曲	上六句《御带花》,下五句《金缕曲》,后段同;110字,仄韵	2人2首:王度1、陈文述1
	《番女八拍》	新谱犯曲	上二句《番女怨》,下二句《八拍蛮》,后段同;48字,平韵	1人1首:罗文颉1
	《一痕眉碧》	新谱犯曲	上二句《一痕沙》,下二句《眉峰碧》,后段同;51字,仄韵	1人1首:陈文述1
	《月上纱窗乌夜啼》	新谱犯曲	上二句《月中行》,中一句《纱窗恨》,下二句《乌夜啼》,后段同;64字,平韵	1人1首:陈文述1
	《高阳忆旧游》	新谱犯曲	上五句《高阳台》,下五句《忆旧游》,后段同;96字,平韵	1人1首:邵锡荣1
张台柱 （共2个）	《蝶恋玉楼春》	新谱犯曲	上三句《蝶恋花》,下二句《玉楼春》,后段同;60字,仄韵	2人2首:张云锦1、佟世南1
	《玩秋灯》	新谱自度曲	双调90字,仄韵	1人1首:吴梅鼎1

续　表

创调者	创调名	创调性质	词调体制	沿用者及词作数量
王晫 (共2个)	《松风梦》	新谱自度曲	双调76字,平韵	1人1首:钱肃润1
	《合璧》	新谱犯曲	一至三句《瑶台第一层》,四五句《玉簟凉》,六七句《玉蝴蝶》,八九句《曲玉管》,十至十二句《玲珑玉》,十三至十五句《紫玉箫》,后片同;144字,平韵	1人1首:蒋景祁1
潘云赤 (共1个)	《东湖月》	新谱自度曲	双调97字,平韵	1人1首:沈谦1

事实上,明清词人对于词调创新的态度,褒贬不一。持肯定态度的词人主要以明末清初西泠词人群体为代表,他们一方面从理论探讨词调新腔的可行性,另一方面将理论付诸实践,不仅创新词调,并以此填词,还在师门或同乡词人中大力推广,同时期其他词人也相习沿用。如毛先舒自度曲《拨香灰》,被纳兰成德沿用。纳兰成德因词中有"飐一缕秋千索"句,故自名《秋千索》。持否定态度的词人主要以毛奇龄、谢元淮等人为代表,或认为古人词调创制已经完备,不必再自度新腔。如谢元淮在《填词浅说》:"自度新曲,必如姜尧章、周美成、张叔夏、柳耆卿辈,精于音律,吐辞即叶宫商者,方许制作。若偶习工尺,遽尔自度新腔,甘于自欺而欺人,真不足当大雅之一噱。古人格调已备,尽可随意取填。自好之士,幸勿自献其丑也。"[①]或认为自度腔不能妄作,因为词的音律已经无法考量。如毛奇龄认为:"近人不解声律,动造新曲,曰自度曲。试问其所自度者,曲隶何律,律隶何声,声隶何宫何调,而乃搁然妄作,有如是耶。"[②]江顺诒也认同毛奇龄的观点:"此论甚允。夫宫调虽失传,尚有门径可寻。苟欲自度腔,何不一求其源,而必妄作乎。"[③]

---

① 谢元淮:《填词浅说》,唐圭璋编《词话丛编》,北京,中华书局,1986年,第1版,第2515页。
② 毛奇龄:《西河词话》,卷二,唐圭璋编《词话丛编》,北京,中华书局,1986年,第1版,第588页。
③ 江顺诒:《词学集成》,卷三,唐圭璋编《词话丛编》,北京,中华书局,1986年,第1版,第3239页。

第四章　明末清初西泠词人群体词作的整体风貌

关于自度新腔条件和方法,清乾隆年间的方成培认为,在熟谙音律的前提下,还必须注意遵照一吹、二划、三改、四定的步骤操作:"腔生于律,律不调者,其腔不能工。然必熟于音理,然后能制新腔。制腔之法,必吹竹以定之,或管、或笛、或箫,皆可。惟吾意而吹焉,即以笔识其工尺于纸,然后酌其句读,划定板眼,而复吹之,听其腔调不美、音律不调之处,再三增改,务必使其抗坠抑扬圆美如贯珠而后已。再看其起韵之处与前后两结是何字眼,而知其为某宫某调也。"①

对于明末清初西泠词人群体而言,一部分词人深谙音律,如沈谦、毛先舒和丁澎等人,具备了自度新腔的条件,在词调创新方面比较敢于尝试。这种尝试,体现了他们在词体方面的尊体和破体意识。对此,清代词学批评家清楚地认识到这一点并给予充分肯定。如谢章铤在《赌棋山庄词话》中说:"去矜好自度曲,如《美人鬟》(四十四字)、《月笼沙》(六十字)、《东风无力》(七十一字)、《蝶恋小桃红》(犯曲,上四《蝶恋花》,下三《小桃红》,后段同。七十二字)、《胜常》(七十六字)之类皆是。《东湖月》(一百字)则及门潘云赤所度,去矜和之者,调皆圆美。其《东风无力》云:'万里春愁直。'直字最奇。"②但是,对于自度曲中的俚俗之调,谢章铤也不隐晦,指出其有滥入元曲之弊:"至《十二时慢》云'仔细想真无意思。撞着吃亏忍气',又云'人也劝奴,为何守这冷冷清清地。奴须丢不下,死生只在这里'等句,实非雅调,不得以黄九、柳七藉口。"③

关于丁澎新谱犯曲《绕佛天香》,冯金伯《词苑萃编》还记载了一段典故:姚江女师维极,幼岁栖真,顿悟玄妙,微言清隽,尤工诗词,作有《咏梅》《听雁》二词,丁澎叹其涉笔萧疏,自是莲台上品,度《绕佛天香》一阕赠之。④ 从这段典故可以看出,以丁澎为代表的明末清初西泠词人在词律的尊体与破体问题上,既有对词的音乐特质的自觉体认、遵从和创新的意识,也有以词律创新为媒介,间接表达某种思绪或感触的用意,并不能单纯地

---

① 方成培:《词麈》,卷五,读画斋丛书清嘉庆四年刊本。
② 谢章铤:《赌棋山庄词话》,卷八,唐圭璋编《词话丛编》,北京,中华书局,1986年,第1版,第3424页。
③ 谢章铤:《赌棋山庄词话》,卷八,唐圭璋编《词话丛编》,北京,中华书局,1986年,第1版,第3424页。
④ 冯金伯:《词苑萃编》,卷十七,唐圭璋编《词话丛编》,北京,中华书局,1986年,第1版,第2123页。

视作词艺的炫耀。

如沈谦《满镜愁·春愁》（自注：自度曲。唐常理诗：眉长满镜愁。）：

  烟草凄迷，风袭画帘不定。楼上斜阳人独凭。残醉醒。春老黄鹂静。 雨覆云翻，岂是红颜心硬。病起谁怜腰带剩。嫌瘦影。愁满菱花镜。①

毛先舒也有和作《满镜愁·送春，临平沈谦自度曲也》：

  昨夜春风，今日送将何处。不是啼鹃催得去。人如许。那教春长住。 嫩绿初肥，腰瘦还应如故。含泪欲将花细数。和风絮。吹过长干渡。②

"眉长满镜愁"，出自唐人常理乐府杂曲《古别离》："君御狐白裘，妾居缃绮帱。粟钿金夹膝，花错玉搔头。离别生庭草，征衣断戍楼。蟏蛸网清曙，菡苕落红秋。小胆空房怯，长眉满镜愁。为传儿女意，不用远封侯。"沈谦取其闺愁之意，谱自度曲《满镜愁》，内容抒写闺中春愁，毛先舒的和作也遵循了此调写闺中春愁的本意。也就是说，以沈谦为代表的明末清初西泠词人在给其自度曲、新翻曲和新犯曲取名时，往往是别有用意的，并且特意以自注的方式说明。又如毛先舒《拨香灰·春恨》（自注：钱唐毛先舒自度曲也，昔作《忆》诗，本有"寻香更拨灰"之句。）

  嫩黄杨柳东风后。熨未展、眉梢双皱。犹记长条复短条，亲折处、牵郎袖。 来年人面何如旧。拖引得、绿偎红慁。除却鞋尖似昔时，余都是、今春瘦。③

从《拨香灰》自注可以看出，此调本意为抒写闺恨，所以毛先舒词作内容围绕春天闺中女子对情人的回忆和恼恨而展开。沈谦《岁寒三友·夜雨

---

① 南京大学中国语言文学系《全清词》编纂委员会编：《全清词·顺康卷》，北京，中华书局，2002年，第1版，第1989页。
② 毛先舒：《鸳情集选填词》，毛先舒《毛稚黄十四种书》，清康熙毛氏思古堂刻本。
③ 毛先舒：《鸳情集选填词》，毛先舒《毛稚黄十四种书》，清康熙毛氏思古堂刻本。

第四章 明末清初西泠词人群体词作的整体风貌

留别张祖望、毛稚黄》(新翻曲,上二句《风入松》,中三句《四园竹》,下二句《梅花引》。后段上二句《风入松》,中二句《四园竹》,下二句《梅花引》)一词,写三人友情,词调名也是别有用意:

> 南楼月夜宝灯红。一饮千钟。诗成镂版,曲就上弦,春似情浓。醉卧锦屏,满身花影重。 流年谁信太匆匆。南北西东。雨黑今宵话别,衰鬓如霜左耳聋。记取后期,桃花黄鹤峰。①

同样,西泠词人陆进的新创词调,也有类似情况。
陆进《燕栖巢·自度曲,旅怀》:

> 满路落花三月暮,羁人已是魂消。那堪风雨又潇潇。回首故园何处是,聊赍酒、把愁浇。 年少几时成老大,徒怜鬓发萧骚。无凭踪迹似蓬飘。燕子重来寻画栋,空冷落、旧栖巢。②

陆进《同心乐·新犯曲,同王羽埀、姜西溟饮王丹麓霞举堂》:

> 葡萄酒美,芍药香浓。宫粉薄、乍沾晓雾,玉颜淡、已过春风。留宾高会,鸾笺里、新句谁工。 此际莫叹飘蓬。聊住行踪。能几度、猗傩丽色,才转眼、寂寞芳容。不如尔我,明月下、醉倒芳丛。③

陆进《忆楚宫·新翻曲,楚中怀古》:

> 汉水东流,斜阳西逝,俯仰慢伤今古。但望中历历,晴川烟树。宋玉台前云雨迷,浑难认、巫山朝暮。谁吊祢衡,芳草无言,赋传鹦鹉。 还忆当年黄祖。笑碌碌庸才、妄思割据。看金汤转眼,灰飞樯

---

① 南京大学中国语言文学系《全清词》编纂委员会编:《全清词·顺康卷》,北京,中华书局,2002年,第1版,第2001页。
② 南京大学中国语言文学系《全清词》编纂委员会编:《全清词·顺康卷》,北京,中华书局,2002年,第1版,第4335页。
③ 南京大学中国语言文学系《全清词》编纂委员会编:《全清词·顺康卷》,北京,中华书局,2002年,第1版,第4335页。

173

橹。只有湘娥怨未销,点竹上、泪痕难去。寂寞凭高,南望衡阳,青山无数。①

从以上三词,词调名和词人内容均存在一定联系,是陆进为了表达某种情绪而自创。第一首《燕栖巢》,是为表达老大无成、漂泊无定的羁旅落拓之感而作的自度曲,并且在结句点出"燕子重来寻画栋,空冷落、旧栖巢",以切词调之本意。第二首《同心乐》,显然是为了表达与同人欢聚的喜悦之情而作的新犯曲。第三首《忆楚宫》,则是为表达怀古之情而作,并且词调名与词题含义一致。

明末清初西泠词人自创词调的这一用意,在面对家变国难的时候,表现尤为明显。如丁澎《高阳忆旧游·冬夜同沈大匡、严颢亭、顾且庵、邵戒三、严柱峰诸君,饮关六铃草堂即席新谱犯曲,上五句〈高阳台〉,下五句〈忆旧游〉,后段同》:

滚滚诸公,浮沉京洛,酒垆何意重开。浪迹人间,休论野马尘埃。玉瓷低映银烛,檀板更相催。任谢朓长吟,陆云长笑,庾信长哀。　萧萧木叶重阶。念物犹如此,何以为怀。蹴踘吹箫,不妨偕与俱来。今宵莫问明日,且覆掌中杯。看漫天飞雪,铜驼金谷安在哉。②

丁澎作为明末清初西泠词人群体中最擅长词调创新的词人,以新谱犯曲《高阳忆旧游》一方面表达与友人欢聚宴饮的喜悦,另一方面表达对历史兴亡的感慨,结语"看漫天飞雪,铜驼金谷安在哉"道出对故明的追思。因此,西泠同仁张丹评价此词曰:"从来良晤最难,古人每值欢会,即继以哀思。'肃肃广殿阴,雀声愁北林'是飞涛'铜驼金谷'结语意,然则何以慰此忧心耶?"③

---

① 南京大学中国语言文学系《全清词》编纂委员会编:《全清词·顺康卷》,北京,中华书局,2002年,第1版,第4345页。
② 丁澎:《扶荔词》,卷三,清康熙十年(1671)刻本。
③ 丁澎:《扶荔词》,卷三,清康熙十年(1671)刻本。

第四章　明末清初西泠词人群体词作的整体风貌

第三节　评词与选词：明末清初西泠词人群体与当时词坛的创作互动

一、评词：以词作为媒介的词学建构

词的评点作为一种词学现象，最早的文献印证可以追溯至南宋黄昇《花庵词选》，至明代中后期，随着宋人词选《草堂诗余》《花间集》的翻刻，以及明人词选《词林万选》《百琲明珠》《古今词统》和明人评点宋词别集等的编刻，词的评点得以发展。到了清初，词的评点在清人词选和清词别集中全面展开。张宏生《清词珍本丛刊·前言》中说："清代词评点的一个重要特点是清人评清词，而且往往是同时人互相评点。这一类评点，由于评者和被评者往往相识，因而有些作品曾被四库馆臣讥为标榜声气，编入《四库全书》时一概删削。友朋之间的互相评点固然容易有标榜之习，但也不可一概而论。由于参与评点的，大都是词学名家，不仅创作经验丰富，也有敏锐的批评意识，所以其中不乏真知灼见。"[①]笔者以清初词学评点文献为基础，试图勾勒明末清初西泠词人群体与清初词坛在"创作—批评"方面的互动情况，从而还原明末清初西泠词人群体在清初词学建构和清词复兴过程中的主要贡献和影响。

（一）明末清初西泠词人群体评点同时其他词人词作

明末清初西泠词人群体品评同时其他词人词作，主要保留在以清康熙年间刊刻的孙默《国朝名家诗余》所收清词别集、现存清词别集单行本，以及聂先、曾王孙《百名家词钞》所收清词别集等文献中。品评方式主要有两种：一为逐词分评，如孙默《国朝名家诗余》所收清词别集、现存清词别集单行本；一为词集总评，如聂先、曾王孙《百名家词钞》所收清词别集。下文按照品评方式分而述之。

第一种方式，逐词分评。清代康熙年间，孙默辑录吴伟业、龚鼎孳、梁清标、宋琬、王士禄、尤侗、陈世祥、黄永、陆求可、曹尔堪、邹祗谟、彭逊遹、王士禛、董以宁、陈维崧、董俞、程康庄凡17家的词集，并于每首词之末附以当时

[①] 张宏生编：《清词珍本丛刊》，南京，凤凰出版社，2007年，第1版，第1—2页。

词坛名家评语。附录收孙金砺辑《红桥倡和第一集》及《广陵倡和词》各1卷。这种体例虽然沿习明末积习,有标榜声气之嫌,但反映了清初词家的文采风流和建构清代词学的自觉意识。今以清康熙孙氏留松阁刻本孙默《国朝名家诗余》所刻清词别集、张宏生《清词珍本丛刊》所收现存清词别集单行本为文献基础,汇总出明末清初西泠词人群体之外的其他清词别集,以便考察明末清初西泠词人群体与同时其他词学名家的互动情况及词学思想。

表4-3 明末清初西泠词人群体品评群体之外的清词别集汇总表

其他清词别集及版本（17种）	参加品评的明末清初西泠词人（共69人次）	参加品评的其他词人（共795人次）
龚鼎孳《香严词》（出自孙默《国朝名家诗余》,清康熙孙氏留松阁刻本,张宏生《清词珍本丛刊》第1册,第745页）	5人：严沆(灏亭)、丁澎(飞涛)、毛先舒(稚黄)、陈祚明(胤倩)、严曾榘(柱峰)	62人：王西樵、宋荔裳、尤悔庵、顾茂伦、纪伯紫、米紫来、赵韫退、计甫草、王阮亭、姜绮季、彭羡门、越辰六、曾青藜、陈椒峰、徐方纬、朱锡鬯、曹顾庵、钱葆馚、孙无言、陈纬云、徐方虎、陈说岩、董文友、陈其年、赵鏊庵、宗鹤问、宋既庭、周雪客、程周量、周子俶、黄大宗、吴茵次、孙豹人、汪蛟门、赵山子、邹程村、秦留仙、黄云孙、徐电发、邓孝威、宗定九、朱鹤门、沈绎堂、蒋大鸿、顾梁汾、计子山、程穆倩、魏子存、刘公戩、杜于皇、董苍水、梁曰缉、汪苕文、吴弘人、李湘北、王胜时、马图求、宋蓼天、程鹤湖、曹秋岳、吴天石、白仲调
梁清标《棠村词》（出自孙默《国朝名家诗余》,清康熙孙氏留松阁刻本,张宏生《清词珍本丛刊》第3册,第323页）	4人：严沆(灏亭)、丁澎(飞涛)、诸匡鼎(虎男)、严曾榘(柱峰)	69人：曹顾庵、王阮亭、王敬哉、尤悔庵、董默庵、陈其年、王西樵、龚芝麓、宋荔裳、朱锡鬯、方邵村、赵雷文、董苍水、顾茂伦、孙无言、彭羡门、邓孝威、沈绎堂、曹峨眉、汪蛟门、沈康臣、方楼冈、李武曾、计子山、杜茶村、王胥庭、高念东、吕半隐、徐电发、宋蓼天、赵山子、张稚恭、金长真、宗定九、程穆倩、陈椒峰、缪念斋、汪扶晨、施愚山、史子修、徐健庵、乔石林、何銈音、徐果亭、郑瑚山、张梦敦、孙豹人、汪叔定、戚朗园、黄大宗、周雪客、范汝受、汪舟次、陆密庵、曹升六、马西樵、王裴纲、计甫草、徐方虎、白仲调、宗鹤问、张阜樵、黄继武、宋中郎、汪舟次、黄仙裳、汪左严、刘存永、汪扶晨

第四章 明末清初西泠词人群体词作的整体风貌

续 表

其他清词别集及版本（17种）	参加品评的明末清初西泠词人（共69人次）	参加品评的其他词人（共795人次）
宋琬《二乡亭词》（出自孙默《国朝名家诗余》，清康熙孙氏留松阁刻本，张宏生《清词珍本丛刊》第1册，第621页）	2人：诸九鼎（骏男）、严沆（颢亭）	34人：王阮亭、尤悔庵、宋既庭、王西樵、朱锡鬯、董榕庵、曹顾庵、周釜山、程鹤湖、纪伯紫、张稚恭、邓孝威、周广庵、孙豹人、宗鹤问、方楼冈、田髯渊、陈其年、杜茶村、吴梅村、吴茞次、诸乾一、蒋虎臣、曹秋岳、董苍水、方邵村、王农山、邓元昭、余澹心、闵宾连、彭羡门、宗定九、吴六益、秦留仙
王士禄《炊闻词》（出自孙默《国朝名家诗余》，清康熙孙氏留松阁刻本，张宏生《清词珍本丛刊》第4册，第687页）	3人：徐士俊（野君）、陆进（荩思）、王嗣槐（仲昭）	14人：尤悔庵、王阮亭、曹顾庵、邹程村、董文友、彭羡门、陈其年、宋荔裳、礼吉、子侧、于赤山、胡愚亭、宗梅岑、傅彤臣
黄永《溪南词》（出自孙默《国朝名家诗余》，清康熙孙氏留松阁刻本，张宏生《清词珍本丛刊》第2册，第743页）	2人：丁澎（飞涛）、卓天寅（火传）	31人：邹程村、董文友、王阮亭、陈其年、毛卓人、王西樵、毛公阮、钱宫声、尤悔庵、曹顾庵、史庸庵、弟初子、宋既庭、宋荔裳、龚琅霞、彭羡门、秦对岩、宗定九、陈椒峰、孙豹人、吴梅村、兄庭表、李研斋、周栎园、兄雨相、汪钝庵、刘瑞公、钱圣月、何雍南、程千一、董易农
陆求可《月湄词》（出自孙默《国朝名家诗余》，清康熙孙氏留松阁刻本，张宏生《清词珍本丛刊》第2册，第149页）	4人：严沆（灏亭）、丁澎（药园、飞涛）、毛先舒（稚黄）、严曾榘（柱峰）	52人：梁棠村、曹秋岳、陈其年、王西樵、宋荔裳、吴梅村、张鞠存、范汝受、龚芝麓、邓孝威、曹顾庵、马西樵、李笠翁、尤悔庵、胡天仿、黄艾庵、彭羡门、王阮亭、刘六皆、陈椒峰、朱锡鬯、沈绎堂、宋既庭、吴茞次、杜于皇（杜茶村）、丘曙戒、阎再彭、张云子、陈阶六、孙无言、董苍水、张虞山、魏惟度、丘季贞、嵇淑子、黄云孙、蒋荆名、顾茂伦、陈尔燕、夏乐只、徐松岑、孙豹人、黄大宗、徐动盈、金吴玓、杜湘草、刘超宗、陈尔燕、赵山子、程娄东、张云子

177

续 表

其他清词别集及版本（17种）	参加品评的明末清初西泠词人（共69人次）	参加品评的其他词人（共795人次）
曹尔堪《南溪词》（出自孙默《国朝名家诗余》，清康熙孙氏留松阁刻本，张宏生《清词珍本丛刊》第2册，第459页）	11人：徐士俊（野君）、毛先舒（驰黄）、吴百朋（锦雯）、沈谦（去矜）、严沆（颢亭）、陆进（荩思）、陆圻（讲山、丽京）、丁澎（飞涛）、王嗣槐（仲昭）、朱一是（近修）、王绍隆（绥山）	61人：邹程村、王西樵、尤悔庵、宋荔裳、彭羨门、沈绎堂、宋尚木、计子山、程翼苍、徐松之、孙古喤、沈木门、巢兼山、施愚山、吴茧雪、魏子存、钱尔斐、周质庵、李来园、余澹心、单纯僧、宋既庭、宋牧仲、纪伯紫、柯岸初、程石臞、宋辕文、顾见山、杜茶村、周又夏、田髴渊、余岫云、宋秋士、钱子壁、张友鸿、崔老山、郭快庵、王阮亭、吴定辞、白蕊渊、侯莲岳、杨青岩、陆鹤田、宋牧仲、黄云孙、钱仲芳、俞天木、钱尔斐、汪千顷、林铁崖、董玉虬、邹流绮、计甫草、黄心甫、王迈人、魏卜臣、蒋亭彦、程翼苍、申凫盟、朱锡鬯、彭鸿叟
董以宁《蓉渡词》（出自孙默《国朝名家诗余》，清康熙孙氏留松阁刻本，张宏生《清词珍本丛刊》第4册，第823页）	4人：毛先舒（稚黄）、吴百朋（锦雯）、丁澎（飞涛）、陆圻（丽京）、徐士俊（野君）	51人：邹程村、王阮亭、王西樵、陈椒峰、黄云孙、孙风山、程昆仑、宋荔裳、曹顾庵、龚芝麓、黄艾庵、陈其年、尤悔庵、宋既庭、汪蛟门、彭羨门、龚琅琊、季沧苇、吴梅村、蒋驭鸿、弟苍水、吴冉渠、叔玉虬、汪钝庵、汤荆岘、许力臣、汪叔定、孙介夫、薛固庵、王北山、黄初子、吴蒨次、薛内文、姜西铭、任青祭、周栎园、李笠翁、汪蛟门、贺天士、程弘执、秦对岩、杜于皇、陈伯玑、孙豹人、林武宣、魏贞庵、周栎园、计甫草、谢石臞、兄得仲、许师六
董俞《玉凫词》（出自孙默《国朝名家诗余》，清康熙孙氏留松阁刻本，张宏生《清词珍本丛刊》第5册，第839页）	4人：毛先舒（稚黄）、丁澎（飞涛）、徐士俊（野君）、王晫（丹麓）	34人：邹程村、兄文友、王西樵、陈其年、王阮亭、田髴渊、陈椒峰、彭羨门、钱葆盼、曹顾庵、许漱雪、宋荔裳、兄律始、兄榕庵、黄艾庵、陈山农、张洮侯、吴梅村、秦对岩、吴六益、翁纪长、吴日千、周釜山、张研铭、卢子文、计子山、沈雪峰、曹次典、诸乾一、王崍文、金天石、钱武子、严修人、汪蛟门

第四章 明末清初西泠词人群体词作的整体风貌

续　表

其他清词别集及版本（17种）	参加品评的明末清初西泠词人（共69人次）	参加品评的其他词人（共795人次）
越闿《春芜词》（出自孙默《国朝名家诗余》，清康熙孙氏留松阁刻本，《四库未收书辑刊》8辑第30册第541页）	4人：严沆（灏亭）、徐士俊（野君）、陆进（荩思）、王晫（丹麓）	25人：张菊人、邓孝威、吴梅村、尤悔庵、朱锡鬯、程穆倩、宋荔裳、胡循蕙、白仲调、杜茶村、廖昆湖、张稚恭、余澹心、纪伯紫、罗弘载、闵宾莲、孙豹人、曹秋岳、计甫草、曹顾庵、唐耕坞、施愚山、孙无言、吴方淓、魏叔子
任绳隗《直木斋诗余》（清康熙十四年刻本，张宏生《清词珍本丛刊》第2册，第855页）	2人：徐士俊（野君）、王晫（丹麓）	44人：陈其年、计甫草、宋既庭、王阮亭、邹程村、钱础日、黄庭表、毛公阮、史达公、赵天羽、章云李、阚若韩、潘次耕、唐实君、周子俶、黄珍百、蒋次京、史蘧庵、范羽元、吴梅村、吴弘人、谭五潢、丘近夫、尤展成、徐竹逸、宋御之、徐健庵、钱宫声、徐艺初、袁箨庵、陈椒峰、董文友、姚经三、秦补念、黄云孙、吴天石、史云臣、潘元白、吕锡馨、宋性存、张黼臣、钦序三、张弘蘧、史子修
1.金烺《绮霞词》，清康熙刻本。2.金烺《绮霞词二编》（清康熙二十四年观文堂刻本，张宏生《清词珍本丛刊》第9册，第193页）	5人：张丹（祖望）、丁澎（药园）、陆进（荩思）、毛先舒（稚黄、驰黄）、王晫（丹麓）	81人：徐克家、诸良月、马玉起、吴雪舫、罗弘载、毛西河、董子揭、胡韦若、张洮侯、顾茂伦、兄子晦、董苍水、徐斐成、唐实君、宗鹤问、张梅岩、何珂公、姜绮季、吕黍字、马玉起、赵二火、兄子羖、钱式子、傅德孚、张式甫、吴六益、姜西溟、董子揭、钱去病、兄子藏、朱雪田、吴伯慇、兄子亮、陆冠周、计子山、毛大可、弟子冶、卢文子、徐克家、弟子和、董榕庵、商子贞、钱子璧、张长威、蒋莘田、朱仲轶、万红友、周鹰垂、林安国、姜亦载、徐安士、弟子怡、周冰持、胡韦若、董樗亭、唐雪堂、张汉度、何夏九、弟子润、王季来、陶颖儒、宗鹤问、弟子显、高季真、姜开先、姜苍崖、商子贞、董无休、茹大来、沈壹皆、沈笃人、朱仲轶、蒋莘田、姜山启、屈翁山、沈客子、平澹人、张砚铭、姜万青、赵双白、董阆石

179

续表

其他清词别集及版本（17种）	参加品评的明末清初西泠词人（共69人次）	参加品评的其他词人（共795人次）
沈时栋《瘦吟楼词》（民国十七年刻本,张宏生《清词珍本丛刊》第12册,第99页）	1人：王晫（丹麓）	52人： 吴茝次、俞犀月、吴赤霞、徐虹亭、柯南陔、许竹隐、侯大年、宗德永、叶学山、周筼笪、张九临、孙赤崖、黄交三、陆孝山、叶景鸿、尤悔庵、王随庵、徐彦通、宗梅岑、钱十峰、顾天石、吴虞升、朱竹垞、潘双南、葛栗夫、柯纬昭、计希深、毛大可、范心尹、毛鹤舫、钮起文、王咸平、李次眉、宋既庭、雪滩夫子、陆觐文、张如三、方渭仁、孙奎章、张汉封、徐竹逸、顾伊人、徐西崖、姚彦昭、程杓石、陈集生、黄叙九、钱雛臣、张洮侯、顾迂客、潘蜀藻、金亦陶
徐喈凤《荫绿轩词正续集》（清光绪庚子冬徐氏后裔重刻本）	11人：王晫（丹麓）、陆进（荩思）、陆嘉淑（冰修）、徐士俊（野君）、张台柱（砥中）、徐汾（武令）、诸匡鼎（虎男）、包景行（次山）、顾豹文（且庵）、毛先舒（稚黄）、严曾榘（柱峰）	131人： 史蓬庵、周立五、蒋慎斋、陈其年、黄珍百、蒋芳蕚、曹秋岳、史云臣、任植斋、蒋京少、史远公、吴天石、万红友、吴天篆、曹顾庵、曹荩臣、史谯岩、陈椒峰、潘原白、韩超韩、吴枚吉、宋既庭、梅渊公、曹掌公、汤皆山、姜西溟、钱仲芳、曹渭公、卢时谓、金莘昭、吴麓迂、兄铁仙、弟竹虚、弟渭文、侄弼、龚琅霞、储荆峰、钱础日、路慎余、嵇叔子、李湘北、吴伯成、黄大宗、蔡九霞、吴五日、顾翎先、钱宫声、朱子蓉、陈纬云、许月度、陈几士、僧叙彝、孙云门、任葵尊、严方贻、周云槎、沈宪吉、杨陶云、潘晓庵、吴广璧、友云、庄澹庵、吴静安、宋射陵、孙紫缙、尤悔庵、吴茝次、史亦右、施愚山、秦对岩、莫鲁岩、董阆石、顾茂伦、许青屿、杨青岩、盛珍示、钱尔斐、许旭庵、储雪持、邓玉书、刘惠公、阚若韩、吴耕方、沈方邺、黄静御、诸六在、弟荆山、放庵、曹南耕、公瑜、敬止、清来、瀛杰、玉涛、怀蓼、邻俞、忍仙、至立、升闻、子旦、仲宣、徐立斋、舜民、霞城、曹溪、蓉仙、瞿山、绣袠、赵国子、汪钝庵、余澹心、巽含、汉潘、天成、詹石、孙诒、以巽、子万、林西仲、徐果亭、臞庵、天友、王伊人、蓼洲、懿颂、节孙、陈鲁望、佟梅岑、陈集生、钱庸亭、朱近庵

第四章 明末清初西泠词人群体词作的整体风貌

续 表

其他清词别集及版本（17种）	参加品评的明末清初西泠词人（共69人次）	参加品评的其他词人（共795人次）
李渔《耐歌词》《李渔全集》，第二卷《笠翁一家言诗词集》），浙江古籍出版社，2010年版	6人： 毛先舒（稚黄）、胡介（彦远）、陆圻（丽京）、丁澎（药园）、沈丰垣（遹声）、李式玉（东琪）	49人： 顾梁汾、陈天游、蔡抑庵、吴梅村、黄无傲、吴念庵、方邵村、王安节、梁冶湄、余霁岩、杜于皇、尤展成、陆青雹、冯青士、李渔自评、何醒斋、余澹心、熊元献、王北山、范文白、陆右珹、汪舟次、曹秋岳、王望如、许竹隐、范汝受、周雪客、郭九芝、顾赤芳、徐电发、汪蛟门、吴茵次、朱其恭、毛会侯、倪服回、宗定九、郑彰鲁、方渭仁、陈天游、沈服回、余广霞、叶修卜、曹顾庵、白仲调、王西樵、丁筠雪、周栎园、沈因伯（注：李渔婿。）、余广霞
刘榛《葟园词》（清康熙刻补修本）	1人： 金张（介山）	5人： 陈其年、宋牧仲、田篑山、郑石廊、徐恭士

从表4-3可以看出，清代刊刻的明末清初西泠词人群体品评群体之外的清词别集，共16家17种，参加品评的西泠词人共69人次，参加品评的其他清初词人共795人次，二者比例约为9∶100。被品评的对象，均为清初词坛名家的词集：龚鼎孳《香严词》、梁清标《棠村词》、宋琬《二乡亭词》、王士禄《炊闻词》、黄永《溪南词》、陆求可《月湄词》、曹尔堪《南溪词》、董以宁《蓉渡词》、董俞《玉凫词》、越闳《春芜词》、任绳隗《直木斋诗余》、金烺《绮霞词》、沈时栋《瘦吟楼词》、徐喈凤《荫绿轩词》、李渔《耐歌词》。品评者绝大部分为清初词坛在创作或理论上卓有建树的人物，如吴伟业、邹祗谟、曹尔堪、宋琬、施闰章、曹溶、王士禛、吴绮、尤侗、余怀、陈维崧、王士禄、龚鼎芝、周亮工、田茂遇、朱彝尊、董俞、孙默、彭孙遹、邓汉仪、沈荃、汪懋麟、徐釚、徐乾学、陈玉璂、纪映钟、孙枝蔚、王嗣槐、黄大宗、周在浚、宗元鼎、黄云、毛奇龄、毛际可等。这说明，明末清初西泠词人群体充分参与了清初词别集审读、品评和校刊等词作批评和传播活动，与群体之外的其他词人一起，共同推进了清初词学建构和创作实践，促进了清词复兴。

在参加品评的明末清初西泠词人群体中，参与词别集评阅次数位于前

181

五位的词人依次为：丁澎9次、毛先舒8次、徐士俊7次、严沆6次、王晫6次、陆进5次、严曾榘4次。这说明，在明末清初西泠词人群体中，有一批与郡外词坛词学互动极其活跃的词人，他们一方面代表了西泠词的创作和理论建构的最前沿，以清词别集为媒介，通过词作文本细读和品评的方式，使西泠词学思想在清初词坛得到传播和接受；另一方面，他们将清初词坛不同的作词技巧和词学理念带回西泠，从而使西泠词学的审美维度更加丰富多样，同时也更加开放包容，使西泠词人无论是作词、选词还是论词，均显示出理性而客观的尊体意识和创新意识。

第二种方式，词集总评。词集总评是清代词集品评的另一种形式。清康熙年间刻本姜垚《柯亭词》在正文之前就附有词集总评，总评者为张秦亭、史晋生、于畏之、蒋曾策、于膺仁、胡翙羽、罗弘载、王叔道、吴伯憩、陆荩思、弟汝长，共11人。其中张秦亭（纲孙）和陆荩思（进）为明末清初西泠词人群体重要成员，其论词主张基本一致，并举婉约与豪放二种风格。张丹评《柯亭词》曰："苍崖天才富捷，自言所制词，常于马上肩舆得之，其渡河入洛，上泰岱，登日观峰，又过大梁，乱漳水，览铜雀台基，访比干墓，醉酒悲歌，壮怀激烈，拔剑而舞，其气雄矣。然读其词，又多婉丽之作，流风回雪，点缀暎媚。以予品之，盖以东坡之俊骨，而行以少游之娟秀者也。三复讽味，于古人奚逊焉？"[①]陆荩思评《柯亭词》曰："词有两体，闺襜之作宜于旖旎，登临赠答则又以豪迈见长，此秦、柳之与苏、辛并足千古也。《柯亭词》柔情逸韵，一往而深，固是得鉴湖之清、金山之秀者。"[②]

此外，集后词话也是清代词集总评的一种方式。比如清康熙刻本梁清标《棠村词》和清康熙刻本徐釚《菊庄词》等，在词集之后均附有词话。西泠词人陆进是梁清标《棠村词话》诸多批评者之一，而徐釚《菊庄词》评点方式更为特殊，既有逐词分评，又有词集总评《菊庄词话》，总评者阵容中也有明末清初西泠词人群体，详见表4-4。

[①] 姜垚：《柯亭词》，卷首，清康熙刻本。
[②] 姜垚：《柯亭词》，卷首，清康熙刻本。

第四章 明末清初西泠词人群体词作的整体风貌

表 4-4 徐釚《菊庄词》评点信息表

其他清词别集及版本	参加品评的明末清初西泠词人（共 4 人次）	参加品评的其他词人（共 19 人次）
徐釚《菊庄词》后附《菊庄词话》（清康熙刻本）	总评 4 人：徐士俊（野君）、毛先舒（稚黄）、吴仪一（璨符）、王晫（丹麓）	分评 2 人：尤悔庵、徐方虎 总评 17 人：尤悔庵、毛大可、宋牧仲、纪伯紫、汪蛟门、梁云麓、李笠翁、程昆仑、梁冶湄、董苍水、周雪客、曹掌公、周鹰垂、叶学山、宋楚鸿、吴虞升、叶元礼

清康熙二十五年（1686）左右，聂先、曾王孙纂辑《百名家词钞》，这是一部规模宏大的清词别集丛刊，共收清初词家百余人，人各一集，并附有同时其他词人或选家的评语。这些评语，部分来自已经刊刻的清代词集，如上述清康熙刻本姜垚《柯亭词》，《百名家词钞》本保留了陆荩思进、吴伯憩棠祯和蒋曾策三人的总评，删去了其他 8 人的总评，且在品评者排序和表述方式上有所修改。现以上海图书馆藏清康熙绿荫堂刻本、湖北省图书馆藏清康熙绿荫堂刻本中的《百名家词钞》为文献基础，汇总出明末清初西泠词人群体词集之外的其他清词别集，以便考察明末清初西泠词人群体品评同时代其他词人词集的情况，详见表 4-5。

表 4-5 聂先、曾王孙《百名家词钞》[①]所收明末清初
西泠词人品评群体之外词人词集汇总表

其他词人（22 人）	词集（22 种）	西泠品评者（22 人次）
娄东吴伟业	《梅村词》	丁澎
长水王庭	《秋闲词》	丁澎
嘉善曹尔堪	《南溪词》	丁澎
吴江徐釚	《菊庄词》	丁澎
云间王顼龄	《螺舟绮语》	丁澎
长白成德	《饮水词》	丁澎

---

① 聂先、曾王孙编：《百名家词钞》，上海图书馆藏清康熙绿荫堂刻本，《续修四库全书》集部第 1721、1722 册，上海，上海古籍出版社，2002 年，第 1 版。

续 表

其他词人(22人)	词集(22种)	西泠品评者(22人次)
会稽姜垚	《柯亭词》	陆进
海上赵维烈	《兰舫词》	丁澎
休宁江尚质	《澄晖词》	丁澎
阳羡徐玑	《湖山词》	陆次云
山阴吴秉仁	《摄闲词》	丁澎
温陵丁炜	《紫云词》	丁澎
渠阳何鼎	《香草词》	丁澎
蓉湖顾岱	《澹雪词》	丁澎
长水曾王孙	《染香词》	丁澎
锡山王允持	《陶邨词》	丁澎
襄平张纯修①	《语石轩词》	丁澎
颍川刘壮国②	《东皋诗余》	丁澎
晋陵周清源③	《浣初词》	丁澎
山阴吴秉仁④	《慎庵词》	丁澎
黄山孙琮⑤	《山晓词》	徐士俊
会稽鲁超⑥	《谦庵词》	丁澎

从表4-5可以看出,聂先、曾王孙《百名家词钞》收录词别集,经明末清初西泠词人品评的郡外词人词集共有22家22种,参加品评的西泠词人

---

① 聂先、曾王孙编:《名家词钞》,湖北省图书馆藏清康熙绿荫堂刻本,《四库全书存目丛书补编》第46册,济南,齐鲁书社,2001年,第1版,第227页。
② 聂先、曾王孙:《名家词钞》,湖北省图书馆藏清康熙绿荫堂刻本,《四库全书存目丛书补编》第46册,济南,齐鲁书社,2001年,第1版,第249页。
③ 聂先、曾王孙:《名家词钞》,湖北省图书馆藏清康熙绿荫堂刻本,《四库全书存目丛书补编》第46册,济南,齐鲁书社,2001年,第1版,第298页。
④ 聂先、曾王孙:《名家词钞》,湖北省图书馆藏清康熙绿荫堂刻本,《四库全书存目丛书补编》第46册,济南,齐鲁书社,2001年,第1版,第648页。
⑤ 聂先、曾王孙:《名家词钞》,湖北省图书馆藏清康熙绿荫堂刻本,《四库全书存目丛书补编》第46册,济南,齐鲁书社,2001年,第1版,第671页。
⑥ 聂先、曾王孙:《名家词钞》,湖北省图书馆藏清康熙绿荫堂刻本,《四库全书存目丛书补编》第46册,济南,齐鲁书社,2001年,第1版,第675页。

第四章　明末清初西泠词人群体词作的整体风貌

共22人次,具体而言有4人:丁澎、徐士俊、陆进、陆次云。在参加品评的明末清初西泠词人群体中,出现频次比较高的词人为丁澎19次,占总人次的86%。这说明,在明末清初西泠词人群体中,丁澎对于词作的审读和品判在清初词坛是最被认可的、接受度最高的词人。而综合以上三表可以看出,清初词坛上影响最大的明末清初西泠词人为丁澎,其余依次为徐士俊、严沆、毛先舒、王晫。

下面就明末清初西泠词人群体的具体词作批评意见进行分析探讨,主要分为以下四个方面:

第一,明末清初西泠词人群体品评清初词作的主要范式为对比法,包括以前代词与清词对比,以清词自身对比,以其他文体品评清词,以绘画、音乐、书法等其他艺术形式品评清词,以人品评词品等。

1. 以前代词与清词对比。如越阆《玉联环·春情,次陆荩思韵》:"多情惹起添愁重。数声莺弄。泪痕惟许蝶蜂知,落得翠绡无空。　玉漏苦将人送。只灯谁共。入春因甚转消魂,应是梦还非梦。"徐士俊评曰:"李易安'守着窗儿,独自怎生得黑',逊此清新。"①又如李渔《减字木兰花·对镜作》:"少年作客。不爱巅毛拚早白。待白巅毛。又恨芳春暗里消。　及今归去。犹有数茎留得住。再客三年。雪在人头不在天。"陆圻评曰:"此等调,真堪独步。宋人以后,绝响五百年矣。"②将清词与宋词对比,从立意角度肯定李渔词以头发数量与颜色变化写人生变迁的创新与独特之处。如包景行评徐喈凤《水龙吟·听雨》云:"蒋竹山《听雨》词可称伯仲。"③即从内容相同角度出发,将徐喈凤词与蒋捷《虞美人·听雨》相提并论。丁澎评金烺《夏初临·本意》云:"风骨绮艳,当于淮海、漱玉之中高设一座。"④将金烺词与秦观、李清照词进行对比评价。

2. 以清词自身对比。如李渔《临江仙·闺愁》:"小阁疏帘花睡醒,与人寥落相依。晨鸡听到午鸡啼。两餐空告熟,前后总忘饥。　满腹装愁捱到

---

① 越阆:《春芜词》,卷上,清康熙孙氏留松阁刻本,《四库未收书辑刊》8辑第30册,北京,北京出版社,1997年,第1版,第545页。
② 李渔:《李渔全集》,第二卷《笠翁一家言诗词集》之《耐歌词》,杭州,浙江古籍出版社,2010年,第1版,第410页。
③ 徐喈凤:《荫绿轩词正续集》,《荫绿轩词续集》长调,清光绪庚子(1900)冬徐氏后裔重刻本。
④ 金烺:《绮霞词》,卷中,清康熙刻本。

晚,消磨十二良时。闭门不放燕双归。巢中惟一个,也使学孤栖。"丁澎评曰:
"予作此调,有云'怪他燕子故双飞',此云'闭门不放燕双归',更为婉致。真
惭瑜、亮。"①丁澎用己词与李渔词对比,从立意层面肯定后者的婉转蕴藉。

3. 以诗、赋、散文、楚辞等其他文体品评清词。如毛先舒评李渔《花非
花·用本题书所见》四首云:"从《楚辞·九歌》诸作脱胎。长吉鬼才,故当
却步。"②一方面以楚辞的香草美人技法品评李渔词,同时又将李贺与李渔
对比,凸显后者的词作成就。又如李渔《蝶恋花·弓鞋》:"带拨量来三寸
共。经过苍苔,一线惟留缝。天爱凌波操复纵。设钩钩使湘裙动。　绣处
金针全不用。米大针头,何处能栖凤。莫道步移难如梦。着来自有行云
送。"丁澎评曰:"吾友吴赐如尝作《绣鞋赋》,予曾比之陈思,此词又非温岐
卿可得拟也。"③一方面从题材角度将此词与吴赐如《绣鞋赋》和曹植《洛神
赋》相联系,以赋评词;又从词艺角度以温庭筠词与李渔词作对比,肯定李
渔词的香艳动人。又如陆求可《梅花引·秋夜不寐》:"露花香。露衣凉。
池上芙蓉欲避霜。玩清光。玩清光。何处雁归,月明人断肠。　疏钟敲醒
黄昏醉。疏砧敲落黄昏泪。漏声长。漏声长。生怕梦多,熏笼闲半床。"严
沆评云:"'相思一夜愁多少,地角天涯不是长',同此凄恻。"④即借用唐人
张仲素《吟咏唱和》的诗句意境类比词句意境,属于以诗评词。王晫评沈时
栋《一剪梅·观梅》曰:"此屈宋才华也。'雪满山中'、'月明林下',何足为
梅花佳句乎?"⑤这是用屈宋的赋才类比沈时栋的词才,认为沈词对梅花的
描写,比高启《梅花》诗更胜一筹。

4. 以杂剧、绘画、音乐、书法等其他艺术形式品评清词。如李渔《行香
子·汪然明封翁索题王修微遗照》:"这种芳姿。不像花枝。像瑶台、一朵
红芝。娇无淫态,艳有藏时。带二分锦,三分画,七分诗。　沈郎病死。卫

---

① 李渔:《李渔全集》,第二卷《笠翁一家言诗词集》之《耐歌词》,杭州,浙江古籍出版社,2010年,第1版,第445页。
② 李渔:《李渔全集》,第二卷《笠翁一家言诗词集》之《耐歌词》,杭州,浙江古籍出版社,2010年,第1版,第379页。
③ 李渔:《李渔全集》,第二卷《笠翁一家言诗词集》之《耐歌词》,杭州,浙江古籍出版社,2010年,第1版,第447页。
④ 陆求可:《月湄词》,卷二,清康熙孙氏留松阁刻本,张宏生编《清词珍本丛刊》第2册,南京,凤凰出版社,2007年,第1版,第259页。
⑤ 沈时栋:《瘦吟楼词》,民国十七年(1928)刻本,张宏生编《清词珍本丛刊》第12册,南京,凤凰出版社,2007年,第1版,第112页。

第四章　明末清初西泠词人群体词作的整体风貌

郎看杀,问人间、谁可相思。吟腮自托,欲捻无髭。有七分愁,三分病,二分痴。"丁澎评曰:"天然一幅美人图,其中非香非色,故非周昉辈所能知也。"①因李渔此词为题画词,丁澎就从人物形象刻画的角度,用唐代画家李昉的仕女画作来类比品评李渔词。吴百朋评董以宁《画堂春·浣葛》云:"首句曹衣吴带,一幅画图,借此相形,犹觉有意。"②也是从人物描摹角度,以北齐曹仲明、唐吴道子栩栩如生的人物画艺,品评董以宁描摹浣葛女的词艺。陈祚明评龚鼎孳《杏花天·题钱舜举画华清上马图》云:"马嵬坡下,绣佛堂西,罗袜金钗,人间天上,诚为今古恨事。"③即从内容相似角度,用清传奇《长生殿》情节品评词作。严沆评龚鼎孳《双调望江南·戏和秋岳》中"画帘人影似轻罗"一句云:"'画帘人影似轻罗',觉'珠帘掩映芙蓉面'粗浅矣。"④也是利用元杂剧《西厢记》戏文来品评词作,认为词句比戏文更加雅致,更具深意。诸九鼎评宋琬《满江红·燕台怀古》曰:"羽声慷慨,觉易水寒风,飒然欲出纸上。"⑤这是从音乐与绘画两重角度,品评宋琬词将典故与身世交融为一的悲愤苍凉特征。

5.词品与人品互证。如徐喈凤《望江南·忆篱菊》:"篱中菊,春暖手亲栽。夏雨短蓑锄绿草,秋阳小瓮灌青苔。此际正当开。"⑥王晫评云:"想见靖节心情。"⑦再如徐喈凤《西河·西氿落晖》:"秋暮矣。风光只在溪水。澄波万顷漾斜晖,余霞散绮。倒翻雉堞浴孤城,楼台遥映都丽。　西崦上,浮红紫。千峰影落波里。霜枫露柳罩渔村,小舟欲舣。几行雁阵截云过,嗷嗷飞没天际。　可怜溪水日夜逝。叹滔滔、何异人事。历劫又逢斯世。愿颓阳、且少住西溪尾。照我蜻蛉凌波戏。"⑧徐士俊评云:"余偕王子丹麓

---

① 李渔:《李渔全集》,第二卷《笠翁一家言诗词集》之《耐歌词》,杭州,浙江古籍出版社,2010年,第1版,第454页。
② 董以宁:《蓉渡词》,卷上,清康熙孙氏留松阁刻本,张宏生编《清词珍本丛刊》第4册,南京,凤凰出版社,2007年,第1版,第857页。
③ 龚鼎孳:《香严词》,卷上,清康熙孙氏留松阁刻本,张宏生编《清词珍本丛刊》第1册,南京,凤凰出版社,2007年,第1版,第796页。
④ 龚鼎孳《香严词》,卷上,清康熙孙氏留松阁刻本,张宏生编《清词珍本丛刊》第1册,南京,凤凰出版社,2007年,第1版,第801页。
⑤ 宋琬:《二乡亭词》,卷下,清康熙孙氏留松阁刻本,张宏生编《清词珍本丛刊》第1册,南京,凤凰出版社,2007年,第1版,第691页。
⑥ 徐喈凤:《荫绿轩词正续集》,《荫绿轩词》小令,清光绪庚子(1900)冬徐氏后裔重刻本。
⑦ 徐喈凤:《荫绿轩词正续集》,《荫绿轩词》小令,清光绪庚子(1900)冬徐氏后裔重刻本。
⑧ 徐喈凤:《荫绿轩词正续集》,《荫绿轩词》长调,清光绪庚子(1900)冬徐氏后裔重刻本。

泊舟西氿数日,始信此词之妙,山川主人文心霞绚,犹能辉映客舟也。"①以上两处评语,均将徐喈凤人品节操与其词品格调关联互证。毛先舒在《菊庄词话》中评徐釚词,也使用了人品与词品互证的范式:"吴门徐子菊庄客杭久,余慕之亦久,然卧病不能成一晤,此意常若不释然者。今年春,苋思将一帙寄余,启观之,则菊庄所为词也,风格清高,艳而不腻,情致绵邈,其引人遥思处,更令我寻味十日不骤得。时适剧病小苏,腊酿渐宿,庭砌桃一株,开十余朵,好鸟二三,翩集相语。余忽引满曰:'菊庄,醻此一杯酒。'家人怪问余,余笑曰:'读其文如见其人,此时政与填词人对饮耳。'家人皆笑谓余醉。戏书此与苋思转讯,菊庄词当是醉语耶。"②

第二,明末清初西泠词人群体品评清初词作的角度,包括选题立意、篇章结构、字句格律、典故本事等。

1. 选题立意。如陆圻评李渔《如梦令·祝子山居》四首:"以山中涛浪,骄世上风波,妙在不须说出。"③从选题立意角度对词作加以评点,既暗含李渔好友祝长康的本事,又肯定其人品的高洁不俗。毛先舒《浣溪纱·初秋》:"一个流萤暗洞房。晚凉新月照梳妆。淡留半额写宫黄。　弄水翻成桃玉甲,看星不肯闭纱窗。戏将团扇打檀郎。"沈谦评云:"题是初秋。看星者,看七夕双星也。因而感及团扇弃捐,以此打郎,酸心雅谑,妙在言外。此等文,岂容粗卤人读之?"④即从立意谋篇的角度解读指出此词构思的巧妙之处。曹尔堪《锦堂春·清凉寺扫叶上人山楼》:"如练澄江东泻,春锄舞雪蒙茸。倚楼遥见迎潮燕,飞趁片帆风。　楚蜀烟波不断,齐梁佳丽都空。山僧不识兴亡感,闲数落花红。"徐士俊评云:"花开花落,正与兴亡之感俱深。"⑤此评指出此词闲淡情致背后隐藏的亡国之痛。宋琬《贺新郎·杨商贤病起话旧,赋此志感》:"吾辈今衰也。忆当年、偕游诸子,天街跃马。跋扈飞扬惊四座,况有祢衡善骂。(谓青蚓也。)同酹酒、昭王台下。袒裼高楼呼五白,和悲歌、旁若无人者。怀古昔,追风雅。　回头万事成飘瓦。况新

---

① 徐喈凤:《荫绿轩词正续集》,《荫绿轩词》长调,清光绪庚子(1900)冬徐氏后裔重刻本。
② 徐釚:《南州草堂集》,《菊庄词话》,清康熙菊庄自刻本。
③ 李渔:《耐歌词》,《李渔全集》,第二卷《笠翁一家言诗词集》,杭州,浙江古籍出版社,2010年,第1版,第390页。
④ 毛先舒:《鸳情集选填词》,毛先舒《毛稚黄十四种书》,清康熙毛氏思古堂刻本。
⑤ 曹尔堪:《南溪词》,卷上,清康熙孙氏留松阁刻本,张宏生编《清词珍本丛刊》第2册,南京,凤凰出版社,2007年,第1版,第505页。

第四章　明末清初西泠词人群体词作的整体风貌

来、友人凋丧,船余书画。恻怆山阳思旧赋,邻笛何堪中夜。算只有、穷愁东野。桃叶渡头聊卜筑,问秋娘、尚复能妖冶。君不语,泪盈把。"严沆评曰:"慷慨激楚之音,俯仰悲身世,溪风为飒然矣。"①这是从抒怀言志的层面评价此词落拓悲凉风格。徐士俊评任绳隗《西河·西溪落照》曰:"山川满目,每生登临之感。阅此词,如吟杜牧之《商山登高》诗。"②这是从写景状物角度,指出此词与前人诗作在选材立意方面的渊源流变。

2. 篇章结构。李渔《唐多令·中秋病作,辞友人看月之招》:"返照已难图。知他月有无。劝东君、酒且停沽。况我亦遭云雾障,人与月、两模糊。　若使兴难孤。高阳别有徒。也不须、强众随吾。只把嫦娥先约定,人病起、即当垆。"沈丰垣评曰:"人月模糊,趣绝幻绝。病起当垆,更幻更趣。"③这是从篇章结构的角度,指出上阕与下阕之间的递进关系。陆求可《贺圣朝影·冬闺》:"绣床初放剪刀寒。带围宽。笔尖呵冻寄书难。且盘桓。　推窗又见蜡梅残。镜中看。下阶不耐朔风酸。叶声干。"丁澎评曰:"小令耳。观其层次,有峰回波转之妙。"④此评明确指出此词在篇章结构的层递之妙。陆进评徐喈凤《贺新郎·寄探花健庵》曰:"贺得意,先说不得意,结归自己,是古文法。"⑤此评指出徐词在篇章布局方面吸取散文作法的特点。又如毛先舒评董俞《水调歌头·调寿何履方》云:"挥洒淋漓,愈折愈深,愈深愈出,此又于词学而得禅理者也,读之使人抃舞。"⑥此评肯定董词在篇章结构与词意表达方面层层转折的特征。

3. 字句格律。如王士禄《如梦令·初夏》其二:"风捻杨丝碧老。雨簸荷钱青小。何日草堂边,卧听一林黄鸟。堪懊。堪懊。误被软红相嬲。"徐

---

① 宋琬:《二乡亭词》,卷下,清康熙孙氏留松阁刻本,张宏生编《清词珍本丛刊》第1册,南京,凤凰出版社,2007年,第1版,第742页。
② 任绳隗:《直木斋诗余》,卷下,清康熙十四年(1675)刻本,张宏生编《清词珍本丛刊》第2册,南京,凤凰出版社,2007年,第1版,第958页。
③ 李渔:《耐歌词》,《李渔全集》,第二卷《笠翁一家言诗词集》,杭州,浙江古籍出版社,2010年,第1版,第448页。
④ 陆求可:《月湄词》,卷二,清康熙孙氏留松阁刻本,清康熙孙氏留松阁刻本,张宏生编《清词珍本丛刊》第2册,南京,凤凰出版社,2007年,第1版,第285—286页。
⑤ 徐喈凤:《荫绿轩词正续集》,《荫绿轩词正集》长调,清光绪庚子(1900)冬徐氏后裔重刻本。
⑥ 董俞:《玉凫词》,卷下,清康熙孙氏留松阁刻本,张宏生编《清词珍本丛刊》第5册,南京,凤凰出版社,2007年,第1版,第925页。

189

士俊评云："字法尖新。"①董以宁《海棠春·闺词,补和程村阮亭韵,晓妆》："画楼檐马玎琮响。花几片、乱飘蛛网。日射水晶帘,影动波纹漾。 牡丹鬆髻梳新样。为镜里、人儿心赏。薄幌贮犀帘,娇额风前敞。"丁澎云："前四语暗藏一'风'字,至末句无意中点出,押'敞'字更工。"②此评从韵字选择的角度,肯定董以宁词在遣词造句方面的新奇工妙。徐喈凤《瑞鹤仙·中秋后二日,寿高苏州苍岩》："冰轮还满也。共跻此黄堂,祝长生也。笙璈竞吹也。合姑苏九属,歌台莱也。何愌怛也。昔无襦,今五袴也。捧霞觞,拂拂香飘庭际,桂花开也。 仙也。南滇戈扰,古歊兵纷,早离脱也。来吴郡也。虽繁剧,太平也。况才优盘错,从容游刃,三载成功奏也。愿相招,同访丹丘,虎丘是也。"此词为骚体词,通首押"也"字韵,因此毛先舒评曰："潇洒离奇,急弦促拍,倚声中另辟堂奥。"③金烺《小梅花·闺忆》："人懒起。春来矣。春来依旧愁而已。倦盈盈。夹衣轻。簸钱时候,寒食又清明。带文空绾相思结。却忆郎君向大别。晴燕飞。雨鸠啼。独自凄凉,红泪落金闺。 柳丝织。莺梭掷。飘尽杨花湿。黛慵描。怨檀槽。多应此日,瘦减沈郎腰。双鱼不寄烟波远。心字香烧心已软。望丛蚕。对鹡鸰。无奈东风,吹恨上眉尖。"徐士俊评云："拗调辟调,安顿转换,语语天成,不愧骚坛树帜。"④因为《小梅花》为僻调,且韵脚复杂多变,但金烺可以驾驭自如,因此徐士俊才有此评价。

4. 本事典故。徐喈凤《西河·西氿落晖》："秋暮矣。风光只在溪水。澄波万顷漾斜晖,余霞散绮。倒翻雉堞浴孤城,楼台遥映都丽。西崦上,浮红紫。千峰影落波里。霜枫露柳罩渔村,小舟欲舣。几行雁阵截云过,嗷嗷飞没天际。 可怜溪水日夜逝。叹滔滔、何异人事。历劫又逢斯世。愿颓阳、且少住西溪尾。照我蜻蛉凌波戏。"徐士俊评曰："余偕王子丹麓泊舟西氿数日,始信此词之妙。山川主人,文心霞绚,犹能辉映客舟也。"⑤此评

---

① 王士禄:《炊闻词》,卷上,清康熙孙氏留松阁刻本,张宏生编《清词珍本丛刊》第4册,南京,凤凰出版社,2007年,第1版,第711页。
② 董以宁:《蓉渡词》,卷上,清康熙孙氏留松阁刻本,张宏生编《清词珍本丛刊》第4册,南京,凤凰出版社,2007年,第1版,第861页。
③ 徐喈凤:《荫绿轩词正续集》,《荫绿轩词续集》长调,清光绪庚子(1900)冬徐氏后裔重刻本。
④ 金烺:《绮霞词》,卷下,清康熙刻本。
⑤ 徐喈凤:《荫绿轩词正续集》,《荫绿轩词正集》长调,清光绪庚子(1900)冬徐氏后裔重刻本。

第四章 明末清初西泠词人群体词作的整体风貌

不仅点出宜兴徐喈凤的人品心性,而且肯定了其秋暮泛舟西泠一词的艺术成就,也点出徐士俊、王晫与徐喈凤的交谊之深。曹尔堪《风入松·吴彦高词云"玉堂金马,竹篱茅舍,总是无心处",感其言有作》:"朝曦初上绮疏红。摇竹一帘风。草堂词好丹黄竟,添幽思、檐马丁东。解语人如鹦鹉,惊秋客似梧桐。 半生春梦此山翁。无闷度穷通。浮名真个波中絮,随流水、转眼成空。金马玉堂以后,竹篱茅舍之中。"毛先舒云:"海外负瓢,方识一场春梦。学士胸情浩荡,宠辱不惊,身虽放而诗古文日进,岂以一官为轩轾耶?"①此词当是曹尔堪失官后所作,毛先舒在词评中点出此桩本事,以示安慰。徐喈凤《摸鱼儿·哭同年史远公》:"记当年、连镳天阙,忽忽齿俱过五。正欣拂袖溪山共,怎奈溘焉先去。堪痛处。检箧内、诗词字画存无数。细思何故。岂忒煞聪明,既招人忌,更复遭天妒。 从今后,断却西窗笑语。楚些有怨谁诉。论君骨相应长寿,莫是玉楼轻赴。魂且住。且玩赏、红英绿萼庭前树。夜台休苦。但老友生存,山阳听笛,那禁泪如雨。"王晫评曰:"天耶? 人耶? 妒耶? 忌耶? 曲曲写出故人情绪,何减人琴之痛?"②不仅点出徐喈凤与史远公的知己之谊,而且在词评中表达出自己对故人史远公的伤悼之情。宋琬《贺新郎·将发广陵,黄仙裳以诗来索赠,作此词答之》:"双桨将鸣也。投半刺、汝南叔度,丰姿闲雅。倒屣延君居上座,谈笑风生朱夏。长太息、娉婷未嫁。袖出明珠三百斛,是元和、而上开元下。堪把臂,远公社。 相思久矣相逢乍。立斯须、回帆羯鼓,为君重打。同学少年多不贱,强半五陵衣马。谁信道、黄钟喑哑。载酒陈琳荒冢畔,是当年、曾遇知音者。千载后,尔其亚。"诸九鼎评云:"仙裳高才岸异,困守蓬褐,曾同予谒先生于广陵舟次,出其诗集请政,别后从淮上寄此,怜才之笃,溢于楮墨,而写仙裳嵚奇不遇之状,尤为颊上三毫,读之尚为泪下也。"③点出自己与黄云当年拜谒宋琬的往事,既指出宋琬提携后进的热忱,也指出黄云生平遭际的坎坷。

第三,明末清初西泠词人群体品评清初词作的标准:婉约与豪放、雅致

---

① 曹尔堪:《南溪词》,卷中,清康熙孙氏留松阁刻本,张宏生编《清词珍本丛刊》第2册,南京,凤凰出版社,2007年,第1版,第560页。
② 徐喈凤:《荫绿轩词正续集》,《荫绿轩词正集》长调,清光绪庚子(1900)冬徐氏后裔重刻本。
③ 宋琬:《二乡亭词》,卷下,清康熙孙氏留松阁刻本,张宏生编《清词珍本丛刊》第1册,南京,凤凰出版社,2007年,第1版,第744页。

与俚俗、自然与雕琢、庄重与诙谐并举,各种风格包容并收。

1. 婉约柔媚与豪放粗犷并举。如陆求可《声声令·冬愁》:"幕收窗闭,天喜严寒。羲和不暖老柴关。白檀灰冷,风吹面,觉衣单。最不堪、歌罢酒阑。　雪到关山。憔悴久,不曾还。泥涂濡滞客行难。天高雁远,倚阑干。泪偷弹。空半床、被冷香残。"严沆评云:"声调已是渭南,其不同处则豪放剂以婉约,后人似进一筹。"①不仅指出此词在格调上与陆游词的相似之处,而且进一步称赞其婉约与豪放兼融的特色。如陆求可《庆春泽·旅怀》:"短笛一声,残星几点,遥遥旅思难禁。落尽红衣,半篱丛菊堪寻。烟鸿低度,绛河高泻,千家月下闻砧。长安行乐易蹉跎,愁到而今。　莼鲈正有思归兴,记斋东竹筱,一醉沉沉。惭愧依刘,随他坐啸行吟。无情双燕抛人去,却才知、时节秋深。向床头、预检貂裘,细点黄金。"丁澎评云:"《长安羁旅行》,已极吟叹之致。此特畅衍之,然而柔情侠骨,备参阅历,直可前无古人。"②将此词与孟郊诗作对比,强调其柔情与豪情并举的独特之处。陆进评金烺《望梅·度大庾岭》曰:"前幅雄壮,后幅悲凉,直足颉颃苏辛,驱策周柳。"③认为豪放壮阔与深情缠绵可以共存于一词之中。

2. 庄重雅致与自然俚俗并举。如徐喈凤《东风第一枝·踏青》:"粉褪梅妆,脂匀杏脸。春光荏苒过半。柳迷莺语,高楼花飐,燕穿小院。闺中人静,蓦感此、绮窗风暖。唤邻姬、绣陌寻春,那惜风头青染。　羞掩扇、半展冰纨。贪拾翠、频抒玉腕。一群童稚追随,几队冶游争看。连裙藉地,甃斗草、鬓粘风片。怕归时、独倚雕栏,万种闲愁难遣。"陆进评曰:"竹老不作香奁语,偶一为之,何其妍雅。"④徐喈凤是阳羡词派的骨干,其词学稼轩,以豪逸自然为主要风格,深得明末清初西泠词人肯定,但从这条评论可以看出,西泠词人并不否定其妍雅之作。徐喈凤《霜叶飞·同野君兄在沈静庵斋中望西湖落晖》:"云卿精舍吴山半,推窗便见湖墅。兄携弟手立平台,恰落晖斜注。望千顷、晴波似镜,烟光淡映飞凫鹭。最无端、此际关情处。高

---

① 陆求可:《月湄词》,卷二,清康熙孙氏留松阁刻本,张宏生编《清词珍本丛刊》第2册,南京,凤凰出版社,2007年,第1版,第289—290页。
② 陆求可:《月湄词》,卷二,清康熙孙氏留松阁刻本,张宏生编《清词珍本丛刊》第2册,南京,凤凰出版社,2007年,第1版,第309—310页。
③ 金烺:《绮霞词二编》,《粤游稿》,清康熙二十四年(1685)观文堂刻本,张宏生编《清词珍本丛刊》第9册,南京,凤凰出版社,2007年,第1版,第252页。
④ 徐喈凤:《荫绿轩词正续集》,《荫绿轩词续集》长调,清光绪庚子(1900)冬徐氏后裔重刻本。

第四章 明末清初西泠词人群体词作的整体风貌

楼粉堞,谁是湖主。 暗叹风景萧条,歌停舞歇,繁华消尽难语。钱祠于庙总荒凉,那问苏娘墓。只孤山、几株梅树。花残鹤去犹堪慕。漫踟蹰。碧落外、鸣雁成行,遥遥飞渡。"严柱峰曰:"挥毫散绮,惜墨如金,中有字铢句两之妙。"①肯定此词在炼字琢句方面的功力。金张评刘榛《洛阳春·绿牡丹》曰:"风华秀绝。"②又评刘榛《念奴娇·七月初八日雨中戏作》云:"风流谐趣,可入《词的》。"③可以看出,金张认为同一词人的词风可以异质并存的。严沆评龚鼎孳《杏花天》云:"牛给事'愿作一生拼,尽郎今日欢',是艳体尽头语,然尚书后半阕,较给事更深。"④又评龚鼎孳《十二时·浦口寄忆,用柳耆卿秋夜韵》云:"通体精致,史邦卿、姜白石集中,亦不多得。"⑤以上二评既肯定曹尔堪的艳语,又肯定其雅语,可见严沆在词作审美方面的包容性。

第四,明末清初西泠词人群体与群体外部词人通过同词共评,切磋词艺,建构词学思想。在曹尔堪《南溪词》中,一共有11位西泠词人参与了词作品评:徐士俊22首、王嗣槐7首、陆进7首、毛先舒4首、陆圻4首、沈谦1首、严沆1首、朱一是1首、丁澎1首、王绍隆1首、吴百朋1首。在上述被品评词作中,有8首《满江红》为徐士俊、王仲昭、陆进共评,其中2首的参评者还有当时词坛名家王士禛、尤侗。

这八首词分别为:《满江红·江村》《满江红·王西樵考功见和〈江村〉词,用前韵示孙无言》《满江红·湖上书怀,再柬西樵考功、阮亭祠部》《满江红·酬西樵再和》《满江红·湖上即景,同王西樵赋柬宋荔裳》《满江红·同荔裳观察、西樵考功湖楼小坐,因忆阮亭祠部漂泊东南》《满江红·湖上坐雨,同西樵赋》《满江红·柬王西樵考功,兼怀陈学山、胡又弓、王北山馆丈》⑥,均为清康熙四年(1665)曹尔堪、王士禄和宋琬"江村唱和"词作,曹

---

① 徐喈凤:《荫绿轩词正续集》,《荫绿轩词续集》长调,清光绪庚子(1900)冬徐氏后裔重刻本。
② 刘榛:《董园词》,清康熙刻补修本。
③ 刘榛:《董园词》,清康熙刻补修本。
④ 龚鼎孳:《香严词》,卷上,清康熙孙氏留松阁刻本,张宏生编《清词珍本丛刊》第1册,南京,凤凰出版社,2007年,第1版,第796页。
⑤ 龚鼎孳:《香严词》,卷下,清康熙孙氏留松阁刻本,张宏生编《清词珍本丛刊》第1册,南京,凤凰出版社,2007年,第1版,第899页。
⑥ 曹尔堪:《南溪词》,卷下,清康熙孙氏留松阁刻本,张宏生编《清词珍本丛刊》第2册,南京,凤凰出版社,2007年,第1版,第568—575页。

尔堪是首倡者,详见表4-6。

在清康熙四年(1665)西泠"江村唱和"中,曹尔堪、王士禄和宋琬三人主要抒写劫后余生的悲愤惊悸和意图归隐之意,以张扬稼轩词风,而西泠词人群体则担任了"江村唱和"的见证者、品评者和唱和者角色。徐士俊以词《三子唱和词》为序,毛先舒为《三子唱和词》题词,其他词人则参与了唱和活动。尤为值得关注的是,明末清初西泠词人群体,借助这一影响整个清初词坛的唱和盛事,利用同词共评的方式,传播自己的词学思想。

表4-6 明末清初西泠词人群体共评曹尔堪"江村唱和"八词汇总表

词作	评者及评语(出自曹尔堪《南溪词》卷下)
《满江红·江村》	王阮亭云:放翁之诗,顾庵之词,五百年中,有此两人。 徐野君云:唐人《田家》诸咏,爱其真朴,更加韵折,尤为醉心。 王仲昭云:清丽萧骚,想见鹤氅高吟,令人叹绝。 陆荩思云:萧远清旷,可敌杜公《长夏江村》一律。"鸭脚"一联,幽朴特绝。
《满江红·王西樵考功见和江村词,用前韵示孙无言》	徐野君云:藏风流于旷澹之中,自足矜贵。 王仲昭云:一种襟怀,如天空海阔,宜其情词,脱落如此。 陆荩思云:情致萧散,襟怀如见,顾庵先生故是眉山再来,不独词之似也。
《满江红·湖上书怀,再柬西樵考功、阮亭祠部》	徐野君云:结句深妙,通体似烟云缥缈,谁能状之。 王仲昭云:一结自赞,可谓"裴颜三毫"。"人似燕",撰意亦新。 陆荩思云:意致缠绵,未可测其涯涘。
《满江红·酬西樵再和》	徐野君云:借笔墨波澜,浇胸中块垒,此兴正浓于酒耳。 王仲昭云:笔墨飞舞,典致甚酣,如睹白鹭淋漓。 陆荩思云:兴酣笔落,语不激而意独至。
《满江红·湖上即景,同王西樵赋柬宋荔裳》	徐野君云:眼前有景,佳句无穷,不须槌碎黄鹤。 王仲昭云:情句绵思,低徊欲绝,写景处尤推妙手。 陆荩思云:"短后"二语,老辣中带出幽蒨。"檐瓦"一联,尤极幽致,欲令许丁卯"山雨欲来"失工。

第四章 明末清初西泠词人群体词作的整体风貌

续　表

词作	评者及评语（出自曹尔堪《南溪词》卷下）
《满江红·同荔裳观察、西樵考功湖楼小坐，因忆阮亭祠部》	徐野君云：此首浑似稼轩。 王仲昭云：沉痛之语，弥觉旷达，故是胸情不同耳。 陆荩思云：伸纸挥翰，云流泉注。长公嬉笑皆是文章，有此妙境。
《满江红·湖上坐雨，同西樵赋》	徐野君云：画家兔起鹘落之致，移入词人手中，更极飞舞。 王仲昭云：兴到笔随，淋漓尽致。 陆荩思云：忽尔将军绰板，忽尔女郎竹枝，不可端倪，子建天人，知邯郸之叹，不虚也。 尤悔庵云：是吾辈语。
《满江红·柬王西樵考功，兼怀陈学山、胡又弓、王北山馆丈》	徐野君云：红袖青衫，不嫌同湿。 王仲昭云：极绵密中仍见浑脱浏漓。 陆荩思云："瘦忧"一押，特新。"老泪偷弹红袖侧"，欲胜佳人锦瑟之句。

此外，清康熙刻本王士禄《炊闻词》中，也收录其参加"江村唱和"活动的"状"字韵八首词，西泠词人陆进、王嗣槐、徐士俊也用同词共评的方式，对其进行批评。详见表4-7。

表4-7　明末清初西泠词人群体共评王士禄"江村唱和"八词汇总表

词作	评者及评语（出自王士禄《炊闻词》卷下）
《满江红·用曹顾庵江村韵》	陆荩思云：闲情逸致，愈淡愈远。 阮亭云：清放条达，便觉南渡二刘，不免伧父。
《满江红·再用前韵》	徐野君云：细净中更得摇荡如许。 王仲昭云：幽谷仄径，别有洞天，非复人间烟火。
《满江红·湖上遇顾庵，见余和词用韵见柬，复次奉答》	徐野君云：春山如笑，正为此种风流，引人胜地耳。 王仲昭云：轻如丝，润如玉，工丽如时花好鸟，真绝代妙手。
《满江红·再柬顾庵》	徐野君云：结句之妙，使人卧游其中，追寻不已。 陆荩思云：选词清迈，如坐百尺楼头，看鸟飞花落，都非凡境。
《满江红·再用韵柬顾庵并呈荔裳》	徐野君云：骚情赋骨，采拾所至，俱成翠羽明珠。 王仲昭云：冰肌玉质，香艳绝伦。

续　表

词作	评者及评语（出自王士禄《炊闻词》卷下）
《满江红·湖楼坐雨,同顾庵用前韵,再柬荔裳》	徐野君云:闲情在笔墨之外。 王仲昭云:沉深顿挫,只字不肯肤袭,东坡少游值此险韵,不免落草盘桓矣。
《满江红·顾庵有同荔裳西樵湖楼小坐,因忆阮亭之作,再次韵并寄诸弟》	徐野君云:西湖风景,大有生色,芑萝新恙,当为霍然。 王仲昭云:遇圆成规,即方成矩,总有才大,各肖真形。
《满江红·顾庵有再柬西樵兼怀京洛故人之作,再用韵奉酬并怀公周量诸子》	王仲昭云:襟情萧洒,从百尺楼头想见其人。

从以上评语中,可以看出以下四个方面的情况：

首先,西泠词人对于以曹尔堪为代表的清初词人对于苏辛词风的张扬,是持肯定态度的。并且,以作艳词著称的曹尔堪,一改往日柔雅婉媚风格,大力创作豪放词,西泠词人不仅可以接受这种改变,而且极力褒扬。比如陆荩思评:"忽尔将军绰板,忽尔女郎竹枝,不可端倪,子建天人,知邯郸之叹,不虚也。"[1]称赞曹尔堪以过人才学驾驭词作,故可以在柔婉与豪放之间切换自如。

其次,西泠词人对于词作的遣字造句,有极为敏锐的审美鉴赏能力。他们对于词作在对仗、结句、押韵等的创新之处,均能给予独到的点评。如徐野君云:"结句深妙,通体似烟云缥缈,谁能状之。"[2]王仲昭云:"一结自赞,可谓'裴颁三毫'。'人似燕',撰意亦新。"[3]陆荩思云:"'短后'二语,老辣中带出幽蒨。'檐瓦'一联,尤极幽致,欲令许丁卯'山雨欲来'失工。"[4]

---

[1] 曹尔堪:《南溪词》,卷下,清康熙孙氏留松阁刻本,张宏生编《清词珍本丛刊》第2册,南京,凤凰出版社,2007年,第1版,第574页。
[2] 曹尔堪:《南溪词》,卷下,清康熙孙氏留松阁刻本,张宏生编《清词珍本丛刊》第2册,南京,凤凰出版社,2007年,第1版,第570页。
[3] 曹尔堪:《南溪词》,卷下,清康熙孙氏留松阁刻本,张宏生编《清词珍本丛刊》第2册,南京,凤凰出版社,2007年,第1版,第570页。
[4] 曹尔堪:《南溪词》,卷下,清康熙孙氏留松阁刻本,张宏生编《清词珍本丛刊》第2册,南京,凤凰出版社,2007年,第1版,第572页。

又云:"'瘟忧'一押,特新。'老泪偷弹红袖侧',欲胜佳人锦瑟之句。"①王仲昭云:"沉深顿挫,只字不肯肤袭,东坡少游值此险韵,不免落草盘桓矣。"②

第三,西泠词人评词的话语体系,并不仅限于词的领域。他们不仅精通词艺,而且文学艺术功底深厚,以诗歌、散文、史学、绘画等各种术语评词,恰当准确。如徐野君云:"唐人《田家》诸咏,爱其真朴,更加韵折,尤为醉心。"③又云:"画家兔起鹘落之致,移入词人手中,更极飞舞。"④王仲昭云:"轻如丝,润如玉,工丽如时花好鸟,真绝代妙手。"⑤

第四,西泠词人评词,往往知人论世,带有同情之理解。如徐士俊云:"藏风流于旷澹之中,自足矜贵。"⑥王仲昭云:"清丽萧骚,想见鹤氅高吟,令人叹绝。"⑦陆荩思云:"情致萧散,襟怀如见,顾庵先生故是眉山再来,不独词之似也。"⑧

(二)清初词坛品评明末清初西泠词人群体词作

清初词坛品评明末清初西泠词人群体词作,分为两种情况:一是明末清初西泠词人群体之外的词人品评明末清初西泠词人群体词作,二是明末清初西泠词人群体内部互评。清初词坛品评西泠词人群体词作,主要保存在三类文献中:一为清初词选,如邹祗谟、王士禛《倚声初集》;二为清词别集单行本,如张宏生《清词珍本丛刊》所收现存清词别集;三为聂先、曾王孙

---

① 曹尔堪:《南溪词》,卷下,清康熙孙氏留松阁刻本,张宏生编《清词珍本丛刊》第2册,南京,凤凰出版社,2007年,第1版,第575页。
② 王士禄:《炊闻词》,卷下,清康熙孙氏留松阁刻本,张宏生编《清词珍本丛刊》第4册,南京,凤凰出版社,2007年,第1版,第791页。
③ 曹尔堪:《南溪词》,卷下,清康熙孙氏留松阁刻本,张宏生编《清词珍本丛刊》第2册,南京,凤凰出版社,2007年,第1版,第568—569页。
④ 曹尔堪:《南溪词》,卷下,清康熙孙氏留松阁刻本,张宏生编《清词珍本丛刊》第2册,南京,凤凰出版社,2007年,第1版,第574页。
⑤ 王士禄:《炊闻词》,卷下,清康熙孙氏留松阁刻本,张宏生编《清词珍本丛刊》第4册,南京,凤凰出版社,2007年,第1版,第788页。
⑥ 曹尔堪:《南溪词》,卷下,清康熙孙氏留松阁刻本,张宏生编《清词珍本丛刊》第2册,南京,凤凰出版社,2007年,第1版,第569页。
⑦ 曹尔堪:《南溪词》,卷下,清康熙孙氏留松阁刻本,张宏生编《清词珍本丛刊》第2册,南京,凤凰出版社,2007年,第1版,第569页。
⑧ 曹尔堪:《南溪词》,卷下,清康熙孙氏留松阁刻本,张宏生编《清词珍本丛刊》第2册,南京,凤凰出版社,2007年,第1版,第570页。

《百名家词钞》所收清词别集。品评方式也可以分为两种:一种是逐词分评,如邹祗谟、王士禛《倚声初集》和清词别集单行本;一种是词集总评,如聂先、曾王孙《百名家词钞》。现以邹祗谟、王士禛《倚声初集》和笔者经眼的清词别集单行本,以及聂先、曾王孙《百名家词钞》为文献基础,考察明末清初词人品评西泠词人群体词作情况。

1. 清初词选:邹祗谟、王士禛《倚声初集》。

邹祗谟、王士禛《倚声初集》共收明末清初西泠词人群体18位词人,词作62首,词作之后附有邹、王评语。18位词人为:王舟瑶、卓发之、吴惟修、丁奇遇、卓人月、严沆、程光裎、徐士俊、胡介、沈谦、张丹、诸九鼎、毛先舒、毛远公、周遇缘、金长舆、陆进。

需要强调的是,除却上述18位西泠词人词作之外,《倚声初集》的《前编》还收录了西泠词人的词学论著,包括词话和词韵,主要如下:第二卷《词话一》收录毛先舒《词辨坻》(选五则)和《与沈去矜论填词书》;第四卷《韵辨一》收录沈谦《沈氏词韵略》、毛先舒《词韵序》、毛先舒《词韵说》(三则)、毛先舒《声韵丛说》(选三则)。

这说明,邹祗谟、王士禛《倚声初集》作为清初刊刻最早且影响最大的一部词选,对于西泠词人群体的词作和词学论著,是持肯定和赞同态度的,这也反映出明末清初西泠词人群体在清初词坛的地位和影响。

邹祗谟、王士禛《倚声初集》对于明末清初西泠词人群体的评价,首先集中在对第一代词人和第二代词人个体词作风格的品评。如卷二评卓发之《如梦令·艳情》曰:"妙在淡雅。"[1]如卷一评卓人月《望江南·纤趾》曰:"温贤咏绣鞋,无此艳刻。"[2]卷七王士禛评卓人月《桃源忆故人·荸荠》云:"尖仄是珂月本色。"[3]指出卓人月词风绮艳尖仄的特点。卷二评徐士俊《如梦令·咏金丝桃》曰:"咏物精丽。"[4]卷二评胡介《长相思·闺意》曰:

---

[1] 邹祗谟、王士禛编:《倚声初集》,卷二,清顺治十七年(1660)刻本,《续修四库全书》集部第1729册,上海,上海古籍出版社,2002年,第1版,第223页。
[2] 邹祗谟、王士禛编:《倚声初集》,卷一,清顺治十七年(1660)刻本,《续修四库全书》集部第1729册,上海,上海古籍出版社,2002年,第1版,第216页。
[3] 邹祗谟、王士禛编:《倚声初集》,卷七,清顺治十七年(1660)刻本,《续修四库全书》集部第1729册,上海,上海古籍出版社,2002年,第1版,第278页。
[4] 邹祗谟、王士禛编:《倚声初集》,卷二,清顺治十七年(1660)刻本,《续修四库全书》集部第1729册,上海,上海古籍出版社,2002年,第1版,第225页。

第四章　明末清初西泠词人群体词作的整体风貌

"作情语至此,殊令人爽然自失。"①又王士禛评曰:"合肥所云:'景事之外,别有缠绵;柔澹之中,自多含咀。'直为彦远诸词写照。"②充分肯定胡介词以情深蕴藉见长的特点。再如卷八评沈谦《醉花阴·睡起》:"去矜诸词,率从屯田、待制两家浸淫而出,言情浓至,不欲多留余秘,意得处直欲据秦、黄之垒。"③指出沈谦作词以柳永、周邦彦两家为师法,其尖露无隐之词,步秦观、黄庭坚的后尘。

《倚声初集》对于明末清初西泠词人群体的评价,也有将其与同时期词人词作比较,指出继承或高下关系。如卷四评卓发之《菩萨蛮·落花》曰:"左车词尚骏逸,颇有青莲风味。至珂月而裕调尖新,语意偬侧,极词家之变态矣。"④卷四在卓发之《菩萨蛮·落花》一词之后,又紧接着选入贺彦登《菩萨蛮·春晓》一词进行前后对比,并对其评云:"清扬容裔以启黄公,亦犹左车之于珂月而有正变之别。"⑤此两条评论不仅将明末清初西泠词人群体内部词作进行比较,而且指出卓发之、卓人月父子之间的词风流变关系。如卷十七王士禛评沈谦《念奴娇·春情,用李易安韵》曰:"仆少和易安此词,见去矜作,不免如张子布之楠榴枕矣。"⑥王士禛将自己的词作与沈谦作比较,指出二者之间的差距,并以陈琳赞赏张纮《楠榴枕赋》自比,表达对沈谦词的推荐赞美之意。

《倚声初集》卷十七先后共选录明末清初词人赵南星、杨士聪、钱继章、徐籀、吴惟修、卓人月、徐士俊《水龙吟·和坡公杨花韵》共七首词,一方面意在将七位词人的同题和词进行对比⑦,同时对徐士俊的和词进行评价:

---

① 邹祗谟、王士禛编:《倚声初集》,卷二,清顺治十七年(1660)刻本,《续修四库全书》集部第1729册,上海,上海古籍出版社,2002年,第1版,第228页。
② 邹祗谟、王士禛编:《倚声初集》,卷二,清顺治十七年(1660)刻本,《续修四库全书》集部第1729册,上海,上海古籍出版社,2002年,第1版,第228页。
③ 邹祗谟、王士禛编:《倚声初集》,卷八,清顺治十七年(1660)刻本,《续修四库全书》集部第1729册,上海,上海古籍出版社,2002年,第1版,第293页。
④ 邹祗谟、王士禛编:《倚声初集》,卷四,清顺治十七年(1660)刻本,《续修四库全书》集部第1729册,上海,上海古籍出版社,2002年,第1版,第246页。
⑤ 邹祗谟、王士禛编:《倚声初集》,卷四,清顺治十七年(1660)刻本,《续修四库全书》集部第1729册,上海,上海古籍出版社,2002年,第1版,第247页。
⑥ 邹祗谟、王士禛编:《倚声初集》,卷十七,清顺治十七年(1660)刻本,《续修四库全书》集部第1729册,上海,上海古籍出版社,2002年,第1版,第401页。
⑦ 邹祗谟、王士禛编:《倚声初集》,卷十七,清顺治十七年(1660)刻本,《续修四库全书》集部第1729册,上海,上海古籍出版社,2002年,第1版,第405—406页。

"姜白石《咏梅》云：'想昭君夜月，环珮归来，化作此花幽独。'今野君以太真比杨花，复将梅精相较，比前人更想落天际，文情缥缈，不可思议。"①又王士禛评云："和苏七篇，野君得钟珠矣。"②指出徐士俊和词与其他六首和词相比，因独抒机杼而显得出类拔萃。

《倚声初集》在对明末清初西泠词人群体进行评价时，也将其与前代作家作品进行比较分析。或将西泠词人词作与前代词作进行整体比较，指出西泠词作无论婉约与豪放，均有其独创与高妙之处。如卷五评卓人月《减字木兰花·燕姬坠马图》："虞僧孺'一道香烟出马头'，又翻落矣！"③又评云："珂月于词家独辟生面，而于宋人蕴藉处，不无快意欲尽之病。"④卷十四评徐士俊《最高楼·梅花，步司马九皋韵》："起语与辛稼轩'花一似何郎，又似沈东阳'天然较胜。"⑤又王士禛评云："'出门一笑大江横'，恐凌波人未肯北面。"卷十一评沈谦《蝶恋花·幽会，用李后主韵》："以拟南唐，真有色飞魂绝之妙。"⑥卷二评张丹《昭君怨·秋夜》云："观祖望《自序》云：'野雀不窥春梦。'自古莺愁燕老，凄凉欲绝，真觉恨恨欲来，不特词之清怆也。"⑦

或将西泠词人词作与前代词人词作进行个体比较，如卷十三评沈谦《粉蝶儿·自恨，和毛泽民韵》："比东堂原唱，直称神似。"⑧卷十八评沈谦

---

① 邹祗谟、王士禛编：《倚声初集》，卷十七，清顺治十七年(1660)刻本，《续修四库全书》集部第1729册，上海，上海古籍出版社，2002年，第1版，第406页。
② 邹祗谟、王士禛编：《倚声初集》，卷十七，清顺治十七年(1660)刻本，《续修四库全书》集部第1729册，上海，上海古籍出版社，2002年，第1版，第406页。
③ 邹祗谟、王士禛编：《倚声初集》，卷五，清顺治十七年(1660)刻本，《续修四库全书》集部第1729册，上海，上海古籍出版社，2002年，第1版，第259页。
④ 邹祗谟、王士禛编：《倚声初集》，卷五，清顺治十七年(1660)刻本，《续修四库全书》集部第1729册，上海，上海古籍出版社，2002年，第1版，第259页。
⑤ 邹祗谟、王士禛编：《倚声初集》，卷十四，清顺治十七年(1660)刻本，《续修四库全书》集部第1729册，上海，上海古籍出版社，2002年，第1版，第364页。
⑥ 邹祗谟、王士禛编：《倚声初集》，卷十一，清顺治十七年(1660)刻本，《续修四库全书》集部第1729册，上海，上海古籍出版社，2002年，第1版，第333页。
⑦ 邹祗谟、王士禛编：《倚声初集》，卷二，清顺治十七年(1660)刻本，《续修四库全书》集部第1729册，上海，上海古籍出版社，2002年，第1版，第233页。
⑧ 邹祗谟、王士禛编：《倚声初集》，卷十三，清顺治十七年(1660)刻本，《续修四库全书》集部第1729册，上海，上海古籍出版社，2002年，第1版，第356页。

第四章 明末清初西泠词人群体词作的整体风貌

《西河·感旧用周美成韵》曰:"刻意摹柳七,几不复有孙优之辨。"①或将西泠词人词作与前代戏曲作品进行比较,指出其写人抒情的逼真生动,如卷十评沈谦《踏莎行·恨情》:"'纵然端正'二语,是元十一所谓'无力慵移腕,多娇爱敛躬',非双文辈不能当此。"②又评曰:"赵令畤咏会真词云'端丽妖娆',亦是此解。"③或将西泠词人词作与前代诗人诗作进行比较,如卷十四评徐士俊《祝英台近·春别,次辛稼轩韵》曰:"如虞伯生'花残鸟去人不归,细雨梅酸愁画眉',诵之辄凄然增感。"④或将西泠词人与其他艺术种类进行通感比较,如卷十二评徐士俊《解佩令·苕中雨归》:"常见黄子久画富春山图,风景潇澹,皴画精妍。读野君此词,又似春雨归舟,一幅好景。"⑤

邹祗谟、王士禛《倚声初集》作为清初第一部全国性大型词选,在明末清初词学建构过程中有着开启门径、昭示后世的作用。张宏生指出:"《倚声初集》中的评语在词学批评史上有着重要价值,尤其对研究清代词风,意义重大。"⑥从《倚声初集》对于明末清初西泠词人群体的评语可以看出,邹祗谟、王士禛具有敏锐的明清词学嬗递和清词中兴意识,尤其是在明末清初词学群体或流派创作风貌的勾勒与判断方面,是非常公允客观的。

2. 明末清初西泠词人群体词别集:以丁澎《扶荔词》、王晫《峡流词》、姚炳《苏溪集诗余》、仲恒《雪亭词》和胡荣《容安诗草附诗余》等为代表。

明末清初词坛对于明末清初西泠词人群体词别集的批评文献,一部分保存在这一群体的词别集单行本中,主要以丁澎《扶荔词》、王晫《峡流词》、姚炳《苏溪集诗余》和仲恒《雪亭词》为代表。需要说明的是,王晫《峡流词》单行本一共有两个版本:一为清康熙刻吴山吴仪一选三十三卷本《霞举堂

---

① 邹祗谟、王士禛编:《倚声初集》,卷十八,清顺治十七年(1660)刻本,《续修四库全书》集部第1729册,上海,上海古籍出版社,2002年,第1版,第418页。
② 邹祗谟、王士禛编:《倚声初集》,卷十,清顺治十七年(1660)刻本,《续修四库全书》集部第1729册,上海,上海古籍出版社,2002年,第1版,第322页。
③ 邹祗谟、王士禛编:《倚声初集》,卷十,清顺治十七年(1660)刻本,《续修四库全书》集部第1729册,上海,上海古籍出版社,2002年,第1版,第322页。
④ 邹祗谟、王士禛编:《倚声初集》,卷十四,清顺治十七年(1660)刻本,《续修四库全书》集部第1729册,上海,上海古籍出版社,2002年,第1版,第361页。
⑤ 邹祗谟、王士禛编:《倚声初集》,卷十二,清顺治十七年(1660)刻本,《续修四库全书》集部第1729册,上海,上海古籍出版社,2002年,第1版,第347页。
⑥ 张宏生:《〈倚声初集〉的文献价值》,《古籍整理研究学刊》1996年第1期,第6页。

集》所收《峡流词》三卷,一为清康熙刻王嗣槐序《霞举堂集》三十五卷本所收《峡流词》三卷。两个版本均附有评点,但因清康熙刻吴山吴仪一选本的词评点未署评点者姓名,不便统计,因以清康熙刻王嗣槐序《霞举堂集》三十五卷本《峡流词》三卷为文献基础进行统计。另一部分保存在聂先、曾王孙《百名家词钞》所收的丁澎《扶荔词》、陆次云《玉山词》、汪鹤孙《蔗阁诗余》、邵锡荣《探酉词》、高士奇《蔬香词》等词别集丛刊中。关于品评的具体情况,见表4-8及表4-9。

表4-8 清初词坛品评西泠词人词别集汇总表

词人词作及版本（7人8种）	序者、遴选者和审定者	参加品评的西泠词人（共91人次）	参加品评的其他词人（共317人次）
丁澎《扶荔词》三卷附《词变》一卷（清康熙十年[1671]刻本,《续修四库全书》第1724册）	序:梁清标、沈荃记:宗元鼎梅岑校:男紫龄丹麓、榆龄紫崖卷一小令:莱阳宋琬荔裳、禹航严沆颢亭选卷二中调:艮洲宋实颖既庭、新城王士禛阮亭选卷三长调:嘉善曹尔堪顾庵、武进陈维崧其年选卷四:附录《词变》	31人:张丹(祖望)、关键(六钤)、毛先舒(稚黄)、严沆(颢亭)、徐汾(武令)、王晫(丹麓)、诸匡鼎(虎男)、严曾榘(柱峰)、王修玉(倩修)、兄文博、徐士俊(野君)、丁潆(弟素涵)、李式玉(东琪)、诸九鼎(骏男)、洪昇(昉思)、卓天寅(火传)、周嘉吉(敷文)、陈祚明(胤倩)、孙治(宇台)、陆进(荩思)、丁景鸿(弟弋云)、陆堦(梯霞)、张台柱(砥中)、汪霦(朝采)、沈丰垣(通声)、关仙渠(槎度)、卓丹厓、吴农祥(庆伯)、沈其杓、邵锡荣(二峰)、顾豹文(且庵)	141人:梁苍岩、宋既庭、王西樵、龚芝麓、宗梅岑、范默庵、曹顾庵、尤悔庵、吴梅村、宋荔裳、沈绎堂、何姃音、余澹心、陈其年、唐朗思、计子山、邹石友、张天士、顾见山、白仲调、王大愚、邹程村、李湘北、周栎园、俞梦符、王阮亭、黄云孙、顾修远、秦留仙、查伊璜、彭退庵、吴茝次、赵雍客、纪子湘、杜茶村、郭影霞、方楼冈、马覤扬、吴长庚、嵇淑子、袁箨庵、叶诃庵、冯讷生、徐敬庵、纪伯紫、张禹供、顾茂伦、彭羡门、彭襄五、施愚山、张螺浮、张用霖、程端伯、孙晶如、周赏庵、毛介祉、程思量、张千秋、刘公戬、陈际叔、万东山、杜莘庵、曹秋岳、张公选、洪畏轩、孙无言、胡又弓、柯岸初、陈学山、王印周、季孚公、史云次、稽绮园、张蕴生、李大根、陆吴州、曾紫漪、胡天仿、蒋虎臣、许力臣、徐荆山、查春谷、卢景韩、郭寅客、宗鹤问、许西山、许□千、张篷林、严广成、傅彤臣、董苍水、魏子

第四章　明末清初西泠词人群体词作的整体风貌

续　表

词人词作及版本 （7人8种）	序者、遴选者和审定者	参加品评的西泠词人 （共91人次）	参加品评的其他词人 （共317人次）
丁澎《扶荔词》三卷附《词变》一卷（清康熙十年[1671]刻本，《续修四库全书》第1724册）			存、毛大可、吴瑶如、蒋大鸿、梁葵石、沈方邺、王涓来、孟词宗、汪蛟门、曹澹余、冯宁生、汪苕文、文叔通、宋蓼天、计甫草、刘钟宛、沈韩倬、高念东、许师六、田纍渊、季沧苇、顾九恒、秦留仙、姚龙怀、徐电发、王凤夜、姜定庵、胡励斋、孙嘉客、杨目西、徐敬庵、蒋大鸿、周宿来、邵吕叹、徐立斋、钱武子、方邵村、史立庵、张素存、顾梁汾、朱锡鬯、邵樾森、颜修来、汪念弘、曹掌公、韩俨公、张洮侯、王伊人、佟梅岑、彭爱琴
王晫《峡流词》三卷（清康熙刻吴山吴仪一选三十三卷《霞举堂集》所收本，总评署姓名，分评未署姓名）	无	4人： 毛先舒（稚黄）、吴仪一（璪符）、丁澎（药园）、卓回（休园）（总评）	7人： 施愚山、方文虎、李湘北、曹顾庵、吴茹次、毛大可、董苍水（总评）
王晫《峡流词》三卷（清康熙刻王嗣槐序三十五卷《霞举堂集》所收本，三卷，署评者姓名）	卷上：魏塘曹尔堪顾庵、吴门尤侗悔庵选，同邑丁澎药园定 卷中：朝霞李天馥湘北、丰南吴绮园次选，同郡徐士俊野君定 卷下：云间董俞苍水、西河毛甡大可选，天都孙默无言定	32人： 丁澎（药园）、徐士俊（野君）、张台柱（砥中）、陆嘉淑（冰修）、沈丰垣（遹声）、严沆（颢亭）、毛先舒（稚黄）、徐汾（武令）、陆进（荩思）、朱一是（近修）、洪昇（昉思）、吴任臣（志伊）、沈谦（去矜）、柳葵（靖公）、诸匡鼎（虎男）、孙治（宇台）、关键（六铃）、关仙渠（查	107人： 尤悔庵、董苍水、曹顾庵、宋既庭、徐竹逸、黄大宗、周栎园、宋荔裳、毛大可、纪伯紫、吴茹次、陆子客、张菊人、王西樵、蔡九霞、蒋定庵、黄九烟、季孚公、方文虎、曹秋岳、吴牧吉、施愚山、李湘北、范文、邓元昭先生、胡天仿、牛潜子先生、龚廓霞先生、毛大千先生、黄静御、吴小修先生、方与山、张虞山、林铁原先生、陈其年、陈椒峰、沈巨山、柯翰周、卫永叔、周立五先生、姜西溟、吕锡磬、宋射陵、滑

203

续表

词人词作及版本（7人8种）	序者、遴选者和审定者	参加品评的西泠词人（共91人次）	参加品评的其他词人（共317人次）
王晫《峡流词》三卷（清康熙刻王嗣槐序三十五卷《霞举堂集》所收本，三卷，署评者姓名）		度）、张竞光（觉庵）、徐之瑞（兰生）、王嗣槐（兄仲昭）、张丹（祖望）、张振孙（祖定）、李式玉（东琪）、诸九鼎（骏男）、俞士彪（季瑮）、丁澋（素涵）、徐灏（潋生）、卓人皋（有枚）、章晛（天节）、王修玉（倩修）、虞黄昊（景明）	骏雯、韦六象、袁篝庵、练石林、陈心微、骨夏占、胡殿陈、沈方邺、赵雍客、张广平、蒋大鸿、魏惟度、孙执升、陆左城、周青士、越辰六、顾宋梅、罗弘载、赵瑾叔、陈云铭、陈云士、张履庵、吴方浈、曹掌公、方敦田、魏冰叔、徐子能、严修人、马西樵、陆子客、程端伯、张岵思、刘雪舫、沈友圣、吕翼令、高云客、韩秋颜先生、陆升□、庄澹庵先生、范文白、张登子、陆柜石、李倚江、归元功、周立五先生、曹叔方、张季子、凌欲上、周敷文、王羽墀、姜汝皋、孙无言、李砺圆、胡循莛、张效青、钱础日、周越石、史远公、赵千门先生、稽留山、沈甸华、邹程村、沈大匡、沈大玠
陆次云《玉山词》三卷（清康熙刻本）		4人：洪昇（昉思）、章晛（天节）、丁澎（飞涛）、张丹（祖望）	41人：尤悔庵、秦对岩、刘震修、宋既庭、汤西崖、吕惠九、惠沛苍、毛大可、朱近庵、蔡九霞、陈其年、李湘北、蒋京少、朱竹垞、赵惠沾、王阮亭、梁苍岩、王仲昭、曹南耕、郑山公、高樣客、徐健庵、徐大文、李丹壑、罗弘载、浦鸥盟、吕惠九、吴庆伯、徐电发、沙定峰、吴天章、詹允谐、陈集生、徐健庵、郑山公、秦对岩、汪东川、赵彚沾、朱玉汝、严荪友、夏鸥亭
姚炳《荪溪集诗余》二卷（清康熙四十五年[1706]刻本）	《荪溪集》序：吴农祥、仲兄之驷、冯景《荪溪集诗余》总评：洪昇、赵西村、兄荃园	3人：洪昇（稗畦）、兄荃园、伯首源	8人：赵西村、吴快亭、毛西河、沈亦村、吴绣园、朱竹垞、钱锦山、柴胥山

204

第四章 明末清初西泠词人群体词作的整体风貌

续　表

词人词作及版本 （7人8种）	序者、遴选者和审定者	参加品评的西泠词人 （共91人次）	参加品评的其他词人 （共317人次）
仲恒《雪亭词》十六卷（清稿本，张宏生《清词珍本丛刊》）	序：年愚弟澧	11人： （查崧继）逸远、（金长舆）峤庵、（丁澎）飞涛、（丁介）欧冶、（沈丰垣）柳亭、（卓回）休园、（张台柱）砥中、仲符、元处、（金之坚）介山、（卓）苍涛	无
胡荣《容安诗草附诗余》一卷（《容安诗草》十卷，清康熙刻三色套印本，《四库未收书辑刊》8辑23册）	词集后总评：东江弟王绍曾，表侄殿英，男映辉	5人： 弟柴陞升、王孝先（绍曾）、（徐）龙门叶圻、（吴焯）尺凫、沈瑶岑	12人： 骏声、（王）道夫、王履三、李越千、奐廷、诚修、（徐）式如、用九弟、徐云奕、绮斋、心霞、惟立
徐长龄《清怀词草》不分卷（清刻本，张宏生《清词珍本丛刊》）		1人： 西泠孙元芳静庵	1人： 当涂徐览竹田

表4-9　聂先、曾王孙《百名家词钞》[①]品评明末清初西泠词人群体词集汇总表

明末清初西泠词人（6人）	词集（6种）	品评者（15人）
丁澎	《扶荔词》	梁清标、宗元鼎、范缵
陆次云	《玉山词》	宋实颖、徐陈发
王晫	《峡流词》	毛先舒、施闰章、毛奇龄
汪鹤孙	《蔗阁诗余》	钱谦益、聂先

[①] 聂先、曾王孙编：《百名家词钞》，上海图书馆藏清康熙绿荫堂刻本，《续修四库全书》集部第1721—1722册，上海，上海古籍出版社，2002年，第1版。

续 表

明末清初西泠词人(6人)	词集(6种)	品评者(15人)
邵锡荣	《探酉词》	徐倬、韩菼
高士奇	《蔬香词》	丁澎、赵端、聂先

清初词坛对明末清初西泠词人群体词别集进行批评的批评者，可以分为两类，一类为明末清初西泠词人群体内部的词人，一类是明末清初西泠词人群体之外的各地词人。从《清初词坛品评西泠词人词别集汇总表》可以看出，笔者以经眼的明末清初西泠词人群体7人8种词别集单行本为文献基础进行统计，共有408人次参加了词学批评。其中，群体之内词人有91人次，约占总人数的22%，群体之外词人为317人次，约占总人数的78%。

具体而言，参与丁澎《扶荔词》评阅的词人数量最多，共计172人，占参评总人数的42%。其中，群体之内词人共31人，约占参与丁澎《扶荔词》评阅的词人数量的17%；群体之外词人共141人，约占参与丁澎《扶荔词》评阅的词人数量的83%。并且，参加题序、选校和评阅的群体之外词人，绝大部分为当时词坛名流，如吴伟业、彭孙遹、宋实颖、王士禛、王士禄、龚鼎孳、宗元鼎、曹尔堪、尤侗、宋琬、吴绮、沈荃、余怀、陈维崧、邹祗谟、李天馥、周亮工、黄永、顾宸、梁清标等。这说明，丁澎在清初词坛的影响最大，远远超过其他西泠词人，这与丁澎的词作成就、仕途际遇、广泛交游，以及同时代人对丁澎才华和遭遇的惺惺相惜有关。

王晫《峡流词》一共有两个版本，一为清康熙刻吴山吴仪一选三十三卷《霞举堂集》所收本，参加词集总评的词人共11人，其中群体之内词人有4人：毛先舒、吴仪一、丁澎、卓回；群体之外词人有7人：施闰章、方炳、李天馥、曹尔堪、吴绮、毛奇龄和董俞。分评者不署姓名。一为清康熙刻王嗣槐序三十五卷《霞举堂集》所收本，参加评阅词人有139人，其中群体之内词人有32人，群体之外词人有107人。参加遴选、审定和评阅的词人，虽然也大多为当时词坛名流，如邹祗谟、尤侗、董俞、曹尔堪、宋实颖、徐喈凤、周亮工、宋琬、毛奇龄、纪映淮、吴绮、王士禄、曹溶、施闰章、李天馥等，但是这一词人阵容与参加丁澎《扶荔词》编校和评阅的词人阵容相比，就略显逊色，比如吴伟业、王士禛、彭孙遹均没有参加。这说明，王晫虽然在明末清初西泠词人群体中人际交往能力出众，在词坛也赫赫有名，但由于其词作

第四章　明末清初西泠词人群体词作的整体风貌

水平并非出类拔萃,而且于仕途亦无所建树,文名及才名均不及丁澎,所以位居第二。

陆次云《玉山词》(清康熙刻本)有清初词坛名家共45人的评语,其中明末清初西泠词人群体之内的词人有4人,洪昇、章晛、丁澎、张丹,均有在京仕游的经历;明末清初西泠词人群体之外的词人有41人,如尤侗、秦松龄、宋实颖、汤右曾、毛奇龄、蔡方炳、陈维崧、李天馥、蒋景祁、朱彝尊、王士禛、梁清标、王嗣槐、曹亮武、徐乾学、吴农祥、徐釚、沙张白、吴焯、严绳孙等。这说明,陆次云在明末清初西泠词人群体内部的知名度虽然很高,但由于长年游宦在外,没有机会与西泠词人群体主要领袖人物如徐士俊、毛先舒、沈谦等有较为深入的词学探讨,只能与曾经游宦于京城的洪昇、章晛、丁澎、张丹等切磋词艺。也正因如此,陆次云在明末清初西泠词人群体之外的词学交游才较比较广泛,仅次于丁澎、王晫。而这也正是《玉山词》词风既有苏辛词之豪情健笔,又有柳词之市民风俗,以及姜张词之体物精细,在明末清初西泠词人群体中显得较为独特的重要原因。

姚炳《荪溪集》的题序者3人,《荪溪集诗余》的总评者3人,一共6人,其中有5人为西泠词人,其中姚之骃和姚荃园是其兄长,吴农祥、洪昇和冯景是其群体内部词友。分评者共11人,其中3人为西泠词人,包括其伯父姚际恒,其兄姚荃园和词友洪昇,群体之外词人共8人,其中毛奇龄、朱彝尊为群体之外的词学名家。从这一统计数据可以看出,姚炳的词学互动范围主要以西泠词人群体内部尤其是家族为主,兼及群体之外的部分词人。这与姚炳所在的姚氏家族具有深厚的学术积淀和文学兴趣有关,也与姚炳身为布衣词人,没有更多机会与群体之外词人进行词学互动有关。

仲恒《雪亭词》(稿本)的题序者为"年愚弟澧",评阅者有11人,分别为查崧继、金长舆、丁澎、丁介、沈丰垣、卓回、张台柱、仲符(姓氏缺失)、元处(姓氏缺失)、金之坚、卓苍涛、仲恒本人,这些评阅者均是仲恒在明末清初西泠词人群体内容的词友。可知仲恒的词学互动范围,主要在西泠本地,这与其孤介自高、不喜结交四方的个性,和专心学术研究与文学创作的治学态度,以及清贫困顿的家境有关。

胡荣,字志仁,号容安,浙江钱塘人。其容安园有杭州十景之目,毛奇龄每至皆与之唱和。胡荣是明末清初西泠词人群体后期代表人物之一,其《容安诗草》品评者中有毛奇龄、吴焯、龚翔麟、洪昇、王嗣槐、徐叶圻、朱彝尊、吴农祥、宛平金中丞等人,说明胡荣的文学交游范围,已经从西泠本地,扩大到江南地区乃至京城，与当时文坛名家频有诗学互动。其《容安诗草附诗余》总评者有3人，东江弟王绍曾、表侄殿英、男映辉，均为胡荣的同乡词友或后辈。分评者有17人，其中5人为同乡词友：柴陛升、王孝先(绍曾)、(徐)龙门叶圻、(吴)焯尺凫、沈瑶岑；12人为郡外词友：骏声、道夫、王履三、李越千、奂廷、诚修、式如、用九、徐云奕、绮斋、心霞、惟立。在以上品评者中，王绍曾、徐叶圻和吴焯在清代词坛具有一定影响力，其余品评者不甚有名。王绍曾，字孝先，仁和人。清康熙三十六年(1697)进士，授翰林。少与王升、潘云赤等共出沈谦之门，合刻《东江八子集》。徐叶圻，号龙门，钱塘人与同乡词友周世荣、徐旭升著有唱和词集《东皋草堂词集》。吴焯(1676—1733)，字尺凫，号绣谷，别号蝉花居士。浙江钱塘人，著有《玲珑帘词》，深受厉鹗推崇。

徐长龄，字彭年，浙江钱塘人。中年曾游楚湘、两粤，清康熙三十七年(1698)前后，与其姻弟孙元芳静庵同在端州制军幕府。著有《清怀词草》《滇南福清洞天二十四咏》。其《清怀词草》的品评者有二人：西泠孙元芳静庵、当涂徐览竹田，均为徐长龄的亲友，可知徐长龄在词坛的交游不甚广泛。

聂先、曾王孙《百名家词钞》评阅明末清初西泠词人群体词集，主要集中在丁澎《扶荔词》、陆次云《玉山词》、王晫《峡流词》、汪鹤孙《蔗阁诗余》、邵锡荣《探西词》、高士奇《蔬香词》六部词集，在每一部词集的结尾附有清代词坛各地词家对词集的总评。参加《百名家词钞》评阅工作主要有钱谦益、王士禛、邹祇谟、梁清标、尤侗、吴绮、施闰章、曹尔堪、宗元鼎、曹溶、彭孙遹、宋琬、董俞、沈荃、丁澎等为代表的一批词坛名家，而品评明末清初西泠词人群体词作的，主要有梁清标、宗元鼎、范缵、宋实颖、徐陈发、毛先舒、施闰章、毛奇龄、钱谦益、聂先、徐倬、韩炎、丁澎、赵端、聂先共15人。由此可知，明末清初西泠词人群体部分词别集的艺术成就，是得到清初词坛一致认可的。

从清初词坛对明末清初西泠词人群体词别集批评，可以得出以下结论：

（一）清初词坛，无论是明末清初西泠词人群体内部词人，还是群体之外的词人，均从词的立意、字句、篇章、技巧、格律、风格、师法等方面，全面肯定明末清初西泠词人词作的艺术成就。

1. 评徐士俊词。李砺园在评王晫《醉蓬莱·为徐野君先生寿》时，评及

第四章 明末清初西泠词人群体词作的整体风貌

徐士俊其人其词:"野君雪鬓丹颜,天怀自适,词更风流隽逸,堪与斯人并传百祀。"①

2. 评丁澎词。王士禛评《浣溪纱·春词》曰:"藻思巧妙,如晴霞结绮。"②曹尔堪评《蓦山溪·春闺,和陈大樽韵》曰:"大樽以才胜,祠部以韵胜,俞亮并爽,未可轩轾也。"③尤侗评《声声慢·送别》:"此种词为屯田待制能之,药园得其风神,去其俚俗,遂高昔人一等。"④施闰章评新谱犯曲《御带垂金缕·饮严颢亭鲇园,听白下庄蝶庵弹琴》曰:"章法逸俊,得古文序事体,而层次幽折,极似《桃源》《辋川》诸记,不意于填词中见之。"⑤宗元鼎评《扶荔词》词集曰:"试以此词授双鬟,执红牙板,倚雕栏作曼声,命余定其品格,其殆骨细肌柔,恰似当年十七八女郎乎。"⑥

3. 评王晫词。宋琬评《望江南·西湖杂咏》六首曰:"六首情景,有'余春满郊,花树杂锦'之态。"⑦陈椒峰评《清平乐·题梅花松鹤图》:"'夜半一声霜月白',警句。真东坡之遗。通体清拔。"⑧曹尔堪评《摸鱼儿·曹秋岳侍郎招饮米山堂即事分赋,时有校书在座》:"清响浏浏,曲折处又多远韵,可与稼轩作相为伯仲。"⑨严沆评《多丽·赠陆高仲四十初度,次陆荩思韵》:"通篇安顿有法,色泽足以副之,是长调能手。"⑩邹祗谟评《哨遍·纪游》:"触景生情,复缘情布景,节节转换,秾丽周密,非深得词家三昧,未易言此。"⑪对于王晫《莺啼序》"做尽寒威"一首,丁澎评曰:"长调最难工,芜累与痴重同忌,此则语气贯串,不冗不复,徘徊宛转,自然成文,长调之能事尽矣。"⑫毛奇龄评曰:"长调每于换头处生情生意,自有翠叠千峰、蓝拖百顷之致。至其胸怀磊落,傲睨天地,故非汪人可及。"⑬施闰章总评《峡流

---

① 王晫:《峡流词》,卷下,清康熙刻王嗣槐序三十五卷《霞举堂集》所收本。
② 丁澎:《扶荔词》,卷一,清康熙十年(1671)刻本。
③ 丁澎:《扶荔词》,卷二,清康熙十年(1671)刻本。
④ 丁澎:《扶荔词》,卷三,清康熙十年(1671)刻本。
⑤ 丁澎:《扶荔词》,卷三,清康熙十年(1671)刻本。
⑥ 丁澎:《扶荔词》,卷末附,清康熙刻聂先、曾王孙编《百名家词钞》本。
⑦ 王晫:《峡流词》,卷上,清康熙刻王嗣槐序三十五卷《霞举堂集》所收本。
⑧ 王晫:《峡流词》,卷上,清康熙刻王嗣槐序三十五卷《霞举堂集》所收本。
⑨ 王晫:《峡流词》,卷下,清康熙刻王嗣槐序三十五卷《霞举堂集》所收本。
⑩ 王晫:《峡流词》,卷下,清康熙刻王嗣槐序三十五卷《霞举堂集》所收本。
⑪ 王晫:《峡流词》,卷下,清康熙刻王嗣槐序三十五卷《霞举堂集》所收本。
⑫ 王晫:《峡流词》,卷下,清康熙刻王嗣槐序三十五卷《霞举堂集》所收本。
⑬ 王晫:《峡流词》,卷下,清康熙刻王嗣槐序三十五卷《霞举堂集》所收本。

词》曰:"词贵清空,不尚质实。盖清空则灵,质实则滞。所以梦窗、白石,未免有偏胜之弊耳。词名《峡流》,则全以气胜,能使清空质实,相为表里,此丹麓之词,在所必传也夫。"①

4. 评陆次云词。尤侗评《相见欢·游丝》:"风致嫣然。临川'摇漾春如线'句,不足多矣。"②朱彝尊评《浣溪纱·集字》曰:"'良辰美景奈何天',客邸情怀,懊侬更甚。"③汤右曾评《苏幕遮·玫瑰》曰:"云士《茉莉》《玫瑰》二词,真绝调矣。试问之知言者,断不以余为阿好也。"④吴天章评陆次云《青玉案·偶成》曰:"天地间奇书,不可无屈,不可无庄。云士既多忧愤,又复旷达,故能道出两家妙旨。"⑤张丹评《沁园春·语影》曰:"儒者襟怀,才人风度,感慨又复谦和激昂,又复恬静。"⑥徐陈发总评陆次云《玉山词》曰:"世之言词者皆以花间酒底、红牙翠袖作曼声而歌者,则谓婉娈之致尽之矣。窃读《玉山词》,深叹先生之风情蕴义,所重者节烈,所恤者民隐,抑何剀切而笃挚耶!回视世之所尚,可谓远矣。然则没溺于句奇字僻之习者,能无愧让于先生哉!"⑦

5. 评姚炳词。《谒金门·春愁》:"春无赖。到便索人情债。搅起愁肠浑不解。东君新已惫。一簇落花帘外。也被春风厮害。满眼积成愁世界。遣愁何处卖。"赵西村评曰:"满腹鸢飞鱼跃景状,莫作情字会。善读《牡丹亭》填词者,当作如是参。"⑧《东风齐著力·风鸢》:"插翅能飞,妆衣解舞,径入天宫。游丝袅袅,任意嫁东风。好似春愁莫绾,凭一线、牵引情踪。知何处,云情雨意,蓦地相逢。　飘泊绕晴空。谁蒸起,洪炉野马重重。轻盈上下,不住闹苍穹。还怪封家忒劣,无端吹得各西东。绣帘里,凝眸长盼,万缕相同。"朱彝尊评曰:"情与景会,笔飞墨舞,足为此题绝唱。"⑨《沁园春·孤山探梅,效稼轩体》:"梅汝知乎,春将来矣,还待谁哉。想云横庾岭,悬珠累累,雪铺罗岫,削玉皑皑。粉脸才舒,芳心尚抱,且道风情莫漫猜。

---

① 王晫:《峡流词》,卷首,清康熙刻吴山吴仪一选三十三卷《霞举堂集》所收本。
② 陆次云:《玉山词》,卷一,清康熙刻本。
③ 陆次云:《玉山词》,卷一,清康熙刻本。
④ 陆次云:《玉山词》,卷二,清康熙刻本。
⑤ 陆次云:《玉山词》,卷二,清康熙刻本。
⑥ 陆次云:《玉山词》,卷三,清康熙刻本。
⑦ 陆次云:《玉山词》,卷末附,清康熙刻聂先、曾王孙编《百名家词钞》本。
⑧ 姚炳:《苏溪集》,卷十二,清康熙四十五年(1706)听秋楼刻本。
⑨ 姚炳:《苏溪集》,卷十三,清康熙四十五年(1706)听秋楼刻本。

还须待,到桃腮未晕,柳眼初开。 而今趁早安排。好一段春心苦自埋。把长堤佳气,香魂暗摄,一亭逸韵,老干深培。何日题诗,几时放鹤,也愿逋仙为我催。与君约,是春前腊后,载酒重来。"赵西村曰:"爽气横扑,确是稼轩本色。"①

6. 评仲恒词。《鹧鸪天·次一日同人又集,再赋十二首》其一:"楼外垂杨学画眉。千丝万缕动人悲。青梅嚼齿酸难解,莲子成房苦自知。 辞绣榻,整残棋。鸾笺空砑忆君诗。还思旧日分吟处,正是西窗月上时。"钟飞涛评曰:"谢公《花心动》一阕,和者充栋,曾梦见青梅、莲子二句否?"②沈丰垣评曰:"收句真花间本色。"③《醉花阴·春词》:"无情风雨春将暮。又把春光误。强欲整春情,春鸟春花,都逐春归去。 春来原是无凭据。春去知何处。把酒问春风,我欲留春,怎得春应许。"金长舆评曰:"字字清秀,言言神俊,逸群之作。"④《水调歌头·夜坐》:"寒夜篝灯坐,风触纸窗鸣。乾坤浩浩荡荡,何处不堪行。鸿鹄抟飞霄汉,豹儿隐身岩谷,各遂百年情。陡起顾衾影,漏下已三更。 杯中月,石中火,水中萍。不应当时未悟,后此几时醒。曾见花开花谢,曾见月圆月缺,潮落又潮生。短发萧然白,何日更青青。"钟飞涛评曰:"读前段,自觉挑灯独坐时,真有如许神想。至后段排宕处,连下三句,不见堆叠之迹,非大力不能。"⑤《念奴娇·春雨》:"琐窗兀坐,怨春光何事,困人无已。雨雨风风朝复暮,逼得愁人如醉。小阁灯昏,阶前草绿,帘影摇空翠。曲钩双燕,欲飞还又栖止。 回看巷陌乌衣,笙歌簇处,那是风流子。数尽更筹浑不寐,塞雁悲鸣天际。三径荒芜,东山高卧,莫问当前事。双鬟忽道,柳梢明月初起。"丁介评曰:"不雕不琢,疏疏洒洒,行乎其所不得不行,止乎其所不得不止,大家之笔。"⑥钟飞涛评曰:"一

---

① 姚炳:《苏溪集》,卷十三,清康熙四十五年(1706)听秋楼刻本。
② 仲恒:《雪亭词》,卷六,清稿本,张宏生编《清词珍本丛刊》第7册,南京,凤凰出版社,2007年,第1版,第319—320页。
③ 仲恒:《雪亭词》,卷六,清稿本,张宏生编《清词珍本丛刊》第7册,南京,凤凰出版社,2007年,第1版,第320页。
④ 仲恒:《雪亭词》,卷五,清稿本,张宏生编《清词珍本丛刊》第7册,南京,凤凰出版社,2007年,第1版,第263页。
⑤ 仲恒:《雪亭词》,卷十一,清稿本,张宏生编《清词珍本丛刊》第7册,南京,凤凰出版社,2007年,第1版,第593—594页。
⑥ 仲恒:《雪亭词》,卷十三,清稿本,张宏生编《清词珍本丛刊》第7册,南京,凤凰出版社,2007年,第1版,第691—692页。

结精湛无偶。"①

7. 评胡荣词。柴陛升评《瑞鹤仙·容安早春唱和次王鲁斋》曰:"出入于玉田、碧山之间,而细腻过之。"②徐叶圻评《望远行·春日泛湖分调》曰:"酷似李易安,三复其词,令我神醉。"③王绍曾评《南乡子·惜春》曰:"好辞在秦、柳之间。"④李越千评《白苹香·喜晴,戒禽鸟花草桃柳》曰:"是稼轩得意句。"⑤吴焯评《满江红·端阳前四日观竞渡》曰:"绝似稼轩。"⑥王绍曾总评《容安诗草附诗余》曰:"词虽贵乎南唐北宋,而姜白石、吴梦窗甚有驾千古人上矣。今读容安新词,流畅似姜,华藻似吴,无苏、荀雄犷难遏之势,真当代词笔也。"⑦

8. 评徐长龄词。评《南浦·春水》曰:"字字幽蒨,不冗不复,与碧山、笑翁《春水》词俱堪并峙。"⑧评《乌夜啼·送春》曰:"《花间集》中妙语。"⑨评《卖花声·九日江上》曰:"逼似放翁。"⑩评《满江红·苍梧怀古》曰:"气魄雄壮,压倒辛陆矣。"⑪评《钗头凤·闺情》曰:"前段是玩春图,后半段是春倦图,合做一处,情态恍然在目。"⑫

9. 评汪鹤孙词。钱谦益评汪鹤孙《蕉阁诗余》曰:"梅坡吾忘年友也,吾友然明先生之后,又得一然明,亡友为不死矣,乐奚加焉。梅坡出诗余若干阕,击节叹其必传。盖词家婉媚、豪纵二体每不能兼,梅坡刻意婉媚,则追

---

① 仲恒:《雪亭词》,卷十三,清稿本,张宏生编《清词珍本丛刊》第7册,南京,凤凰出版社,2007年,第1版,第692页。
② 胡荣:《容安诗草》,卷十,清康熙刻三色套印本,《四库未收书辑刊》8辑23册,北京,北京出版社,1997年,第1版,第703页。
③ 胡荣:《容安诗草》,卷十,清康熙刻三色套印本,《四库未收书辑刊》8辑23册,北京,北京出版社,1997年,第1版,第704页。
④ 胡荣:《容安诗草》,卷十,清康熙刻三色套印本,《四库未收书辑刊》8辑23册,北京,北京出版社,1997年,第1版,第703页。
⑤ 胡荣:《容安诗草》,卷十,清康熙刻三色套印本,《四库未收书辑刊》8辑23册,北京,北京出版社,1997年,第1版,第704页。
⑥ 胡荣:《容安诗草》,卷十,清康熙刻三色套印本,《四库未收书辑刊》8辑23册,北京,北京出版社,1997年,第1版,第704页。
⑦ 胡荣:《容安诗草》,卷十,清康熙刻三色套印本,《四库未收书辑刊》8辑23册,北京,北京出版社,1997年,第1版,第706页。
⑧ 徐长龄:《清怀词草》,清刻本。
⑨ 徐长龄:《清怀词草》,清刻本。
⑩ 徐长龄:《清怀词草》,清刻本。
⑪ 徐长龄:《清怀词草》,清刻本。
⑫ 徐长龄:《清怀词草》,清刻本。

第四章 明末清初西泠词人群体词作的整体风貌

神大晟,溢为豪纵,亦吸髓稼轩,丽不伤于纤淫,放不失之俚鄙,填词之蕴,可谓探索无余矣。异日者,出其宏辞,以宣扬朝廷之雅化,歌功德而被之,朱弦清瑟之间,其以振末俗之隃靡,维元音于弗坠,且共天地为昭焉,又奚必沾沾与清真诸子,争祖祢之位哉!"①

10. 评邵锡荣词。徐倬总评《探西词》曰:"邵子以弱冠之年,含毫构思,备诸家之美,南唐北宋之间,且将高置一座。予独喋喋焉,分周柳而别苏辛,予且瞠乎后矣。"②韩菼总评《探西词》曰:"二峰世兄梓其填词小令,冰心玉骨,腻致柔情,字里珠玑,行间香艳,真能得词中三昧者乎!"③

11. 评高士奇词。丁澎总评《疏香词》曰:"月是何色,水是何味,芝兰之香何香,水烟山雾之气何气,其间皆有自然化境,本之于天,印之于心,出而成声,沉雄浩瀚,有非人力所能臆造者。如学士所制《疏香词》,比之菊英兰露,香沁心脾,读之信然。"④赵端总评《疏香词》曰:"学士天才英博,凤踞词坛。学问品谊之高,足称盛世羽仪。再读其词调,则翛然尘外之风,固已度越寻常者远矣。"⑤

(二) 清初词坛,无论是明末清初西泠词人群体内部词人,还是群体之外的词人,均肯定西泠词人群体在新谱自度曲、新谱犯曲、新谱翻曲和词变等词律创新方面的探索。如丁澎新谱自度曲《花里》:"早起。为惜嫩红花里。小蕊未曾开。怕蜂来。"王士禄评曰:"似孟珠子夜,含情蕴意,殊有小致。"⑥如丁澎自度曲《燕衔花·闺情》:"吹落燕衔花絮。着意留他住。帘栊斜入复飞来,凝眸乍,已随春暗去。　欹枕小眠惊起。没个安排处。剔匀残穗又灯花,郎归也,正潇潇暮雨。"张丹评曰:"周美成'马滑霜浓,不如休去',飞涛'即归也,正萧萧暮雨',檀口温存,一般香味。"⑦

如王晫自度曲《松风梦·书怀》:"胸少甲兵。眼多青白,生成不合时宜。爱读陶公诗句,兴来聊复为之。静掩柴门,任五陵年少,裘马轻肥。人生乐事,有时醉酒,或者弹棋。在我都无系恋,惟愁花落莺啼。梦醒松

---

① 汪鹤孙:《蔗阁诗余》,卷末附,清康熙刻聂先、曾王孙编《百名家词钞》本。
② 邵锡荣:《探西词》,卷末附,清康熙刻聂先、曾王孙编《百名家词钞》本。
③ 邵锡荣:《探西词》,卷末附,清康熙刻聂先、曾王孙编《百名家词钞》本。
④ 高士奇:《疏香词》,卷末附,清康熙刻聂先、曾王孙编《百名家词钞》本。
⑤ 高士奇:《疏香词》,卷末附,清康熙刻聂先、曾王孙编《百名家词钞》本。
⑥ 丁澎:《扶荔词》,卷一,清康熙十年(1671)刻本。
⑦ 丁澎:《扶荔词》,卷一,清康熙十年(1671)刻本。

风,觉尘缘易尽,悔作情痴。"牛潜子评曰:"丹麓恬淡萧远,有靖节风,此篇书怀,直自写照。"①

如丁澎新谱犯曲《一痕眉碧·湖上行春》:"风送画桥春渌。戏水紫鸳争逐。柳花落尽短长亭,偏乱惹低鬟绿。　人倚翠楼如玉。忍使妩眉长蹙。鹧鸪飞上竹枝啼,停樽且尽吴娘曲。"季孚公评曰:"寓哀情于促节,正胜歌毛熙震《玉树后庭花》一阕。"②再如丁澎新谱犯曲《金门归去·怀张补阙螺浮病假归禾中》:"辞金阙。何似茂陵归切。东山丝竹西山笏。海天还弄明月。　曾记柳条初折。又是马蹄霜结。延秋门外花如雪。今年别恁时节。"范默庵评曰:"犯曲非深于宫调者不能协,芦川《四犯剪梅花》用《解连环》《醉蓬莱》《雪师儿》成一调,当时脍炙。读药园新谱未为多奇也。"③如丁澎新谱犯曲《玉女度千秋·情思》:"的的红珠,滴向鞋尖幺凤。双缠倩冷。长被香尘拥。肌消罗带缓,愁压檀痕重。东风怯,几回惊起巫山梦。我亦怜卿,追忆妩眉常捧。暗雨昏灯,底事恹恹重。鸳衾香尚腻,玉臂寒谁共。欢须早,他年莫吊相思冢。"范默庵评曰:"入犯处宫和调浃如坡老,撰腔命名,不妨自我作古。药园新谱诸词永,堪作词家楷则。"④如丁澎新谱翻曲《眉萼·忆旧》:"绿窗人静榴花瘦。眉萼翠香依旧。记得堂前,簸钱羞走。　不合当时迤逗。愁时候。心头念着,小字千回,忍将伊咒。"吴长庚评曰:"柳耆卿'算伊心里,却冤人薄幸',不若药园'将伊咒'倍是情深。"⑤

（三）反映出明末清初西泠词人群体的创作交游和词人本事。

如在评价丁澎《扶荔词》时,不仅谈论丁澎诗词创作本身,还谈及其生平仕途及和交游。丁澎《一剪梅·为朱人远题汉皋解佩图小影》:"芙蓉江岸楚天长。雁在衡阳。月在潇湘。仙源别洞路微茫。误却渔郎。赚得刘郎。　凌波小袜扣鸳鸯。翠袖生凉。珠佩生香。行云何计挽霓裳。去也难将。梦也难偿。"丁素涵评曰:"抄本'偿'作'忘',意似太露,不若仍从旧本作'偿'字,隽永可思,不然阳台冶艳,至今倘恍,如在目前,俱未知能偿梦者几何人耶？"⑥毛先舒评《爪茉莉·闺怨,和屯田韵》曰:"祠部集中如《眉

---

① 王晫:《峡流词》,卷中,清康熙刻王嗣槐序三十五卷《霞举堂集》所收本。
② 丁澎:《扶荔词》,卷一,清康熙十年(1671)刻本。
③ 丁澎:《扶荔词》,卷一,清康熙十年(1671)刻本。
④ 丁澎:《扶荔词》,卷二,清康熙十年(1671)刻本。
⑤ 丁澎:《扶荔词》,卷一,清康熙十年(1671)刻本。
⑥ 丁澎:《扶荔词》,卷二,清康熙十年(1671)刻本。

第四章 明末清初西泠词人群体词作的整体风貌

莩》之'心头念着,小字千回,忍将伊咒',《玉女度千秋》之'欢须早,他年莫吊相思冢',并此词之'含糊过、翻恨成悲'、'被风吹、直到海天云底'等句白描生写,几于刻髓镂神,善作情语,当推独步。"①如丁澎新谱翻曲《芦花雪·旅感》:"君不见,坂上车,江头楫。恁消磨、古今豪杰。断岸横流,铜驼不锁瑶台月。秋风夜吼,更吹来、楚宫秦阙。 叹人生,能几何,多半是,伤离别。灞桥柳、年年空折。露白园荒,武陵人去谁家笛。江天又早,塞鸿飞、芦花如雪。"宋琬评曰:"韩冬郎诗云'四时最好是三月,一去不回惟少年',每读一过,令人骨惊。祠部得意名场,以文章被谪,致郁十余年,故叹息韶华,辄多仲宣流离之感。"②丁澎《醉太平·为严补阙题古秋堂》:"芙蓉作楼。鸧鹒作洲。主人有酒宜秋。插黄花满头。 苕湖一舟。桐江一裘。山中猿鹤相留。道先生且休。"曹尔堪评曰:"短章妙有顿挫,其情深《招隐》,乃见西泠诸公交情真挚处。"③

如在评价王晫《峡流词》时,往往点出王晫与同时词人的交往情况和词中人物本事。如王嗣槐评王晫《春从天上来·喜邹程村至》:"深秀之极,雅称程邨,埋玉掩芒,读此令人惋悒。"④指出明末清初西泠词人群体与邹袛谟之间交谊之深厚的事实。柳靖公评王晫《合璧·冬夜季孚公先生张乐会客,送别诸骏男,即席赋诗,纸不暇给,为谱新声,以纪其概》:"今日相逢,草草者多矣,若非贤主佳宾,那能安排如许乐事。"⑤点出王晫自度曲热情好客,善于交游的品性。王羽墀评王晫《满江红·次韵酬沈巨山》曰:"酬和之间,抽黄对白,不独才堪为敌,更须心贵相知,读此吾何间然。"⑥点出王晫与词友间的交游并非停留在词作层面,而是以心相知相交。张纳孙评《忆秦娥·为胡生悼亡》曰:"槎云,予妹也。诗才绝群,不幸早没。读'灯青月黑'句,觉环玉初动,佩珠轻蹑,仿佛见之。"⑦点出张丹之妹张槎云的生前往事。周立五评《阮郎归·哀沈去矜》曰:"伯牙操簏,钟子期死而弦辍。丹麓笃于友道,读此词,真似哀鸿叫空,独鹤唳野,清夜一响,令人断肠。"⑧归

---

① 丁澎:《扶荔词》,卷二,清康熙十年(1671)刻本。
② 丁澎:《扶荔词》,卷二,清康熙十年(1671)刻本。
③ 丁澎:《扶荔词》,卷一,清康熙十年(1671)刻本。
④ 王晫:《峡流词》,卷下,清康熙刻王嗣槐序三十五卷《霞举堂集》所收本。
⑤ 王晫:《峡流词》,卷下,清康熙刻王嗣槐序三十五卷《霞举堂集》所收本。
⑥ 王晫:《峡流词》,卷下,清康熙刻王嗣槐序三十五卷《霞举堂集》所收本。
⑦ 王晫:《峡流词》,卷上,清康熙刻王嗣槐序三十五卷《霞举堂集》所收本。
⑧ 王晫:《峡流词》,卷上,清康熙刻王嗣槐序三十五卷《霞举堂集》所收本。

元功评《满江红·过张祖望隐居》曰:"班固载仲长统《乐志论》,自非千户侯,不可卒得。秦亭安贫高隐,自赋结庐,得此高咏,更觉神怡心旷。"①点出词中人物张丹清贫自守的高洁个性。

如秦松龄评陆次云《喜迁莺·惠泉》曰:"康熙癸亥徐使君来令锡山,乙丑陆使君来令澄江,吾常一时得两廉吏。二公情性相孚得晤,每临泉上,如水之交,亦可见其风致。志此,以为他时乘志之光。"②点出陆次云与徐孝思的交游和仕途情况。王嗣槐评陆次云《风流子·题青藤古坞图》曰:"此云士为梁承笃先生作也,语不及题画,曲终以四字结出,尚不留迹。"③点出此词的写作缘由,以及陆次云与梁允植之间的交谊。如徐长龄《菩萨蛮·春日忆西湖》:"六桥此日舒红绿。湖头西子新妆束。水面镜含光。远山眉黛长。 他乡风景异。缩地愁无计。归得到杭州。丹枫别样秋。"此词被评曰:"乡景故佳,思归亦切,不觉现于笔端。"④点出徐长龄长年客游他乡的思归之情。

综上所述,清初词坛与明末清初西泠词人群体的词学互评风貌,一方面反映了清初词坛创作非常繁荣,词学交流非常活跃。各地词家以词作为媒介,互相批评切磋,探讨作词技巧,交流习词宗法,发表读词感受,试图建立起相对统一的词作审美标准,极大地推动了清代词学的建构。另一方面反映了明末清初西泠词人群体积极参与清初词坛的互动情况,西泠词人从交游酬唱、词作创作、词作批评及词学理论建构活动,以豪放与婉约并举的词学理念和词作实践,为清代词学建构做出了不可忽视的成就和贡献。

二、选词:明末清初词坛选本和丛刊中的明末清初西泠词人群体词作

清代词学家遴选明末清初西泠词人词作,主要有两种形式,一为选本,二为丛刊。选本主要有:清顺治十七年(1660)邹祗谟与王士禛《倚声初集》,清康熙十年(1671)吴逢原、陈维崧等《今词苑》,清康熙二十五年(1686)蒋景祁《瑶华集》、纳兰性德《今词初集》,清康熙年间张渊懿和田茂遇《清平初选后集》等,丛刊主要有聂先和曾王孙《百名家词钞》。清代词学家在遴选明末清初西泠词人词作时,一方面充分肯定西泠词人群体词作之

---

① 王晫:《峡流词》,卷上,清康熙刻王嗣槐序三十五卷《霞举堂集》所收本。
② 陆次云:《玉山词》,卷三,清康熙刻本。
③ 陆次云:《玉山词》,卷三,清康熙刻本。
④ 徐长龄:《清怀词草》,清刻本。

第四章 明末清初西泠词人群体词作的整体风貌

盛,另一方面非常看重西泠词人群体的艳词之作。

清顺治十七年(1660)邹祗谟与王士禛所编刻《倚声初集》,共二十卷,其中小令十卷,中调四卷,长调六卷。此选共收录明末清初西泠词人群体18位词人——胡文焕、王舟瑶、卓发之、吴惟修、丁奇遇、卓人月、严沆、程光禋、徐士俊、胡介、沈谦、张丹、诸九鼎、毛先舒、毛远公、周遇缘、金长舆、陆进,入选词作62首,其中艳词共36首,占入选词作的一半以上。清顺治十七年(1660)既是清代词坛百废待兴的时期,也是明末清初西泠词人群体的第一代词人和第二代词人的交替时期。第一代词人逐渐退出词坛,如卓发之、卓人月已经去世,徐士俊58岁,程光禋也年事已高。第二代词人在词坛崭露头角,胡介44岁,严沆43岁,张丹41岁,毛先舒和沈谦均40岁,丁澎38岁(未入选),陆进35岁。此时,明末清初西泠词人群体的词风,延续了明代末年《花间集》《草堂诗余》的创作风尚,以绮错柔媚的婉约词为主。这一情况,从《倚声初集》所选的前4位词人词作可以看出:徐士俊16首(艳词7首)、卓人月15首(艳词10首)、沈谦9首(艳词9首)、程光禋7首(艳词4首)。详见表4-10。

表4-10 清顺治十七年(1660)邹祗谟、王士禛《倚声初集》[①]
遴选明末清初西泠词人群体词作汇总表

词人(共18人)	词集名	入选词作(共62首)	入选词作中的艳词(共36首)
胡文焕(全庵)		0首:有目无词	0首
王舟瑶(白虹)	《艺花集》	1首:《阮郎归·春暮》	0首
卓发之(左车)	《漉篱集》	3首:《如梦令·艳情》《菩萨蛮·落花》《西江月·次坡公悼朝云韵悼亡姬》	1首:《如梦令·艳情》
吴惟修(余常)	《方丈山词》	2首:《一剪梅·戏赠会生》《水龙吟·咏杨花和坡公韵》	0首
丁奇遇(梦佳)		2首:《兰陵王·花烛词》《稍遍·花烛词》	2首:《兰陵王·花烛词》《稍遍·花烛词》

[①] 邹祗谟、王士禛编:《倚声初集》,清顺治十七年(1660)刻本,《续修四库全书》集部第1729册,上海,上海古籍出版社,2002年,第1版。

续 表

词人（共18人）	词集名	入选词作（共62首）	入选词作中的艳词（共36首）
卓人月（珂月、蕊渊）	《蕊渊集》	15首:《望江南·纤趾》《减字木兰花·燕姬坠马图》《菩萨蛮·私欢迎送词》二首《桃源忆故人·薆瓶》《三字令·暮春》《虞美人·赋虞美人花》《钗头凤·错认》《解佩令·偶赠》二首《送入我门来·去年今日》《洞仙歌·次坡公孟蜀宫词韵》《满江红·拜鄂王祠追和王韵》《水龙吟·咏杨花和坡公韵》《雨霖铃·旅雪拟辛稼轩》	10首:《望江南·纤趾》《减字木兰花·燕姬坠马图》《菩萨蛮·私欢迎送词》二首《桃源忆故人·薆瓶》《三字令·暮春》《钗头凤·错认》《解佩令·偶赠》二首《送入我门来·去年今日》
严沆（子餐、颢亭）		0首:有目无词	0首
程光禋（奕先）	《浣渠春集》	7首:《浣溪沙·春意》《菩萨蛮·闺情》《虞美人·有怀》《惜分钗·代简》《临江仙·游女》《沁园春·贺何广文领印》《贺新郎·偶然间》	4首:《菩萨蛮·闺情》《虞美人·有怀》《惜分钗·代简》《临江仙·游女》
徐士俊（野君、三有）	《晤歌》《雁楼集》	16首:《荷叶杯·春语》《如梦令·咏金丝桃》《长相思·春暮》《菩萨蛮·回文》《好事近·春恨》《画堂春·与珂月对酌》《三字令·春瘦》《虞美人·赋虞美人花》《蝶恋花·卜居,和杨孟载韵》《解佩令·李天根花烛》《解佩令·苕中雨归》《祝英台近·春别次辛稼轩韵》《最高楼·梅花步司马九皋韵》《水龙吟·咏杨花和坡公韵》《望海潮·钱塘观潮作》《风流子·咏蕉》	7首:《荷叶杯·春语》《菩萨蛮·回文》《好事近·春恨》《三字令·春瘦》《虞美人·赋虞美人花》《解佩令·李天根花烛》《祝英台近·春别次辛稼轩韵》
胡介（彦远、旅堂）	《河渚吟》	2首:《长相思·闺意》《贺新郎·曹秋岳侍郎外补云中过旅堂话旧赋别》	1首:《长相思·闺意》

第四章 明末清初西泠词人群体词作的整体风貌

续　表

词人（共18人）	词集名	入选词作（共62首）	入选词作中的艳词（共36首）
沈谦（去矜）	《云华馆词》《沈氏词韵》	9首：《醉花阴·睡起》《踏莎行·恨情》《蝶恋花·幽会用李后主韵》《青玉案·写恨》《粉蝶儿·自恨和毛泽民韵》《满江红·书恨用张安国韵》《念奴娇·春情用李易安韵》《花心动·怨词用谢无逸韵》《西河·感旧用周美成韵》	9首：《醉花阴·睡起》《踏莎行·恨情》《蝶恋花·幽会用李后主韵》《青玉案·写恨》《粉蝶儿·自恨和毛泽民韵》《满江红·书恨用张安国韵》《念奴娇·春情用李易安韵》《花心动·怨词用谢无逸韵》《西河·感旧用周美成韵》
张丹（祖望）	《从野堂诗余》	1首：《昭君怨·秋夜》	0首
诸九鼎（骏男）		1首：《贺新郎·自述》	0首
毛先舒（一名骙，驰黄）	《诗辨坻》《韵学通指》	0首：有目无词	0首
毛远公（季莲）	《琼枝集》	0首：有目无词	0首
周遇缘（兼三）		1首：《河传·桃叶渡访妓不遇》	1首：《河传·桃叶渡访妓不遇》
金长舆（虎文）		1首：《柳梢青·咏眉》	1首：《柳梢青·咏眉》
陆进（荩思）	《巢青阁词》	1首：《减字木兰花·垂柳》	0首

但是与此同时，《倚声初集》的编选者邹祇谟，对于明末清初西泠词人群体的艳词，还是持有不同意见。他在《远志斋词衷》中评价卓人月《蕊渊词》和徐士俊《雁楼词》时，有一些婉转的批评："但过于尖透处，未免浸淫元曲耳。"[①]同时期的词学批评家王庭也说："蕊渊于词家别开生面，但于宋人蕴藉处，不无快意欲尽之病。"[②]邹祇谟和王庭，均看到以卓人月和徐士俊为代表的明末清初西泠词人群体艳词之作的不足之处，即过于尖新外露，

---

① 邹祇谟：《远志斋词衷》，唐圭璋编《词话丛编》，北京，中华书局，1986年，第1版，第655页。
② 沈雄：《古今词话·词评》，下卷，唐圭璋编《词话丛编》，北京，中华书局，1986年，第1版，第1032页。

类似抒情泼辣直白的元曲,而不似含蓄蕴藉的宋词。

事实上,卓人月、徐士俊二人在选词与评词时,对于词与曲两种文体之间的界限,在理论层面还是有着比较清晰的区分。比如明人吴鼎芳《解佩令·蟋蟀》:"梧桐篱落,苔花院宇。一声声、关心凉露。有甚干缠,恰催起、天涯离悰。又来催、灯前梦破。　殷殷相告,频频嘱付。这情怀、哀怜些个。蟋蟀哥哥,倘后夜、暗风凄雨。再休来、小窗悲诉。"①卓人月、徐士俊《古今词统》选录此词,并评云:"似欲拦宋人词入元人曲。"②又如明人林章《八六子·望钟山》:"翠娉婷。只为一片墙儿,费了双睛。正禁苑春风动处,御沟流水忙时,教人怎生。　东君应惜多情。草绿不当幽巷,鸟啼都隔重城。道是个、三千里头人也,梦儿孤另,影儿清冷,不如燕子年年汉寝,梨花岁岁唐陵。倚空亭。斜阳照人欲凝。"③卓人月、徐士俊《古今词统》选录此词,并评云:"渐近歌曲矣,可不慎其余乎?"④但是在创作层面,卓人月与徐士俊往往不自觉地打破词与曲的界限,以曲为词,其他西泠词人如沈谦、丁澎、毛先舒亦如此。这不单单是明末清初西泠词人群体关于词曲之分的理论与创作的差距,也是清初词人在理论与创作方面存在的共同问题。

经过十一年之后,清康熙十年(1671)吴逢原、陈维崧等编刻《今词苑》,共三卷。《今词苑》遴选的明末清初西泠词人群体阵容,主要为第二代词人中的佼佼者,共11人:俞士彪、徐士俊、徐灿、沈谦、陆进、毛先舒、王晫、诸九鼎、诸匡鼎、柳葵、丁澎。在入选的48首词作中,数量居前五位的西泠词人是:徐灿、沈谦、徐士俊、丁澎和俞士彪。其中西泠闺秀词人徐灿,特别受到选家的关注,入选词作16首,艳词3首,占据选阵的榜首;沈谦入选词作12首,艳词9首;徐士俊入选词作7首,艳词4首;丁澎第一次进入选家的视野,入选词作3首,艳词0首;俞士彪为第三代词人的领袖,也是第一次进入选家的视野,入词作3首,艳词3首。

作为以稼轩词风为宗尚的清初阳羡词派的领袖,吴逢原和陈维崧在编

---

① 卓人月、徐士俊编:《古今词统》,卷十,明崇祯刻本,《续修四库全书》集部第1729册,上海,上海古籍出版社,2002年,第1版,第16页。
② 卓人月、徐士俊编:《古今词统》,卷十,明崇祯刻本,《续修四库全书》集部第1729册,上海,上海古籍出版社,2002年,第1版,第16页。
③ 卓人月、徐士俊编:《古今词统》,卷十一,明崇祯刻本,《续修四库全书》集部第1729册,上海,上海古籍出版社,2002年,第1版,第42页。
④ 卓人月、徐士俊编:《古今词统》,卷十一,明崇祯刻本,《续修四库全书》集部第1729册,上海,上海古籍出版社,2002年,第1版,第42页。

第四章 明末清初西泠词人群体词作的整体风貌

选《今词苑》时,对于清初词人词作的选择,并没有将稼轩词风作为唯一的选词标准,而是在尊重词人不同创作风格的基础上,将其词作风格与成就在词选中给予客观呈现。在处理明末清初西泠词人群体的入选阵容时,尤其体现了这一特点。比如徐灿为闺秀词人,在其词作中闺阁幽怨和吊古伤时题材兼而有之,尤以后者最为出彩,因此《今词苑》入选徐灿词16首,其中13首为吊古伤时之作,充分体现出徐灿的巾帼豪气。而对于明末清初西泠词人群体词人的徐士俊、沈谦、毛先舒、俞士彪,则充分尊重其以婉约为正宗的创作观念,四人共入选词作24首,18首为艳词,艳词所占比重为四分之三。丁澎作为曾经被贬谪边塞、历经苦寒的落魄词人,其后期词作一洗前期婉丽浮艳词风,而以慷慨磊落著称,《今词苑》所选入的3首词作,正是其后期词风的体现。详见表4-11。

表 4-11 清康熙十年(1671)吴逢原、陈维崧等《今词苑》①
遴选明末清初西泠词人群体词作汇总表

词人 (共 11 人)	入选词作(共 48 首)	入选词作中的艳词 (共 23 首)
俞士彪	3首:《浣溪纱·即事》《清平乐·夜感》《荆州亭·闺恨》	3首:《浣溪纱·即事》《清平乐·夜感》《荆州亭·闺恨》
徐士俊	7首:《卜算子·悼亡,次坡公韵》《菩萨蛮·初三日与柳姬闲话》《南乡子·梦》《行香子·杏花》《小桃红·咏桃花》《千秋岁引·慰病》《念奴娇·次坡公赤壁韵,檃栝〈前赤壁赋〉》	4首:《菩萨蛮·初三日与柳姬闲话》《行香子·杏花》《小桃红·咏桃花》《千秋岁引·慰病》
徐灿	16首:《卜算子·春愁》《醉花阴·风雨》《蝶恋花·春晚》《唐多令·感怀》《一剪梅·送春》《青玉案·吊古》《千秋岁·感怀》《河满子·闺情》《御街行·燕京元夜》《洞仙歌·梦江南》《满江红·闻雁》《满庭芳·丙戌立春除夕》《念奴娇·初冬》《水龙吟·次素庵感旧》《永遇乐·舟中感旧》《风流子·用素庵韵感旧》	3首:《蝶恋花·春晚》《一剪梅·送春》《河满子·闺情》

---

① 吴逢原、陈维崧、吴本嵩、潘眉:《今词苑》,清康熙十年(1671)徐喈凤南碉山房刻本。

续　表

词人 (共11人)	入选词作(共48首)	入选词作中的艳词 (共23首)
沈谦	12首:《菩萨蛮·再见》《清平乐·教鹦鹉语》《清平乐·春闷》《清平乐·春游赠妓》《西江月·小楼》《西江月·春夜》《惜分飞·堂堂》《蝶恋花·晓起有怀》《销夏·雨窗读〈巢青阁词〉》《离鸾》《高阳台·次答陆荩思》《菩萨蛮慢·答友人寄怀》	9首:《菩萨蛮·再见》《清平乐·教鹦鹉语》《清平乐·春闷》《清平乐·春游赠妓》《西江月·小楼》《西江月·春夜》《惜分飞·堂堂》《蝶恋花·晓起有怀》《离鸾》
陆进	1首:《菩萨蛮·悼亡》	0首
毛先舒	2首:《清平乐·清歌》《清平乐·春闺》	2首:《清平乐·清歌》《清平乐·春闺》
王晫	1首:《忆少年·春情》	1首《忆少年·春情》
诸九鼎	1首:《秋蕊香·纪梦》	1首:《秋蕊香·纪梦》
诸匡鼎	1首:《柳梢青·田家》	0首
柳葵	1首:《蝶恋花·送春》	0首
丁澎	3首:《柳初新·本意》《贺新郎·塞上》《玉女摇仙佩·吊望春宫》	0首

在《倚声初集》编制二十六年之后,清康熙二十五年(1686)蒋景祁编刻《瑶华集》,共二十二卷。这是清代以来收录词人词作数量最多、卷帙规模最大的一部词选,共遴选明末清初西泠词人群体词人60位,入选词作236首,其中艳词有88首。在入选词人中,既有第一代词人关键、徐之瑞、王舟瑶、卓人月、徐士俊等,也有第二代词人严沆、丁澎、沈谦、毛先舒、张丹、胡介、王晫、陆进等;也有第三代词人吴仪一、诸匡鼎、俞士彪、张台柱、沈丰垣、徐昌薇等。这说明,明末清初西泠词人群体此时已经到达其全盛时期,三代词人相继在词坛产生一定的影响力。入选10首以上词作的词人是:沈谦40首(艳词18首),丁澎28首(艳词15首),毛先舒20首(艳词9首),张台柱15首(艳词8首),沈丰垣13首(艳词9首),陆进12首(艳词1首),徐灿10首(艳词2首)。在这一个庞大的选阵中,既有三代词人的领袖人物,也有三代词人中的普通词人,还有方外词人和闺秀词人。

可以看出,《瑶华集》所选明末清初西泠词人群体的词人词作,是把这一群体的代际传承、嬗变历程、创作成就和艺术风格放在清初词坛大背景

第四章　明末清初西泠词人群体词作的整体风貌

下的第一次整体展示,比如第二代群体领袖沈谦和丁澎对于第一代群体领袖卓人月、徐士俊的婉约词风的继承,第三代词人张台柱和沈丰垣对于第一代、第二代群体领袖的婉约词风的继承。也可以说,明末清初西泠词人群体在清初词坛的第一次整体亮相,是在《瑶华集》中得以实现的。

《瑶华集》之所以能够清晰地勾勒出明末清初西泠词人群体的整体风貌,与清康熙十四年(1675)刊刻的标志着明末清初西泠词人群体进入全盛时期的《西陵词选》关系密切。将《瑶华集》与《西陵词选》进行比对,会发现在《西陵词选》阵容中入选词作数量较多的词人,在《瑶华集》中基本同样如此,如第三代词人张台柱和沈丰垣,《西陵词选》选录词作数量为30首和32首,《瑶华集》选录词作数量分别为15首和13首。此外,《瑶华集》所选词作,基本上出自《西陵词选》所选词作。这足以说明,《西陵词选》是《瑶华集》的选源之一。

此外,《瑶华集》的编选者蒋景祁特别偏爱艳词。比如卷十七选录朱彝尊《沁园春·李孔德出情人所留指甲索词》咏美人指甲,又选录朱彝尊《沁园春·拟艳》十四首,分咏美人的额、鼻、耳、齿、胆、肠、肩、背、臂、掌、乳、膝、眉、心十四个身体部位。明末清初西泠词人群体的艳词,也受到《瑶华集》的特别青睐。如沈谦、丁澎、张台柱、沈丰垣入选《瑶华集》艳词与其他词作的比例,基本都在一比一。详见表4-12。

表4-12　清康熙二十五年(1686)蒋景祁《瑶华集》[①]
遴选明末清初西泠词人群体词作汇总表

词人(共60人)	词集名	入选词作(共236首)	入选词作中的艳词(共88首)
关键(六铃)		1首:《鹊踏花翻·落梅,和顾且庵》	0首
徐之瑞(兰生)	《横秋》	1首:《水龙吟·登瓜步江楼》	0首
王舟瑶(白虹)	《艺花》	1首:《尉迟杯·闻笛》	0首
卓人月(珂月)	《寤歌》	1首:《满江红·拜岳鄂王墓》	0首

[①] 蒋景祁编:《瑶华集》,清康熙二十五年(1686)刻本,《续修四库全书》集部第1730册,上海,上海古籍出版社,2002年,第1版。

续　表

词人（共60人）	词集名	入选词作（共236首）	入选词作中的艳词（共88首）
徐士俊（野君）	《雁楼》	2首:《小桃红·桃花》《水龙吟·咏杨花,和坡公韵》	0首
严沆（颢亭）		3首:《卜算子·秋夜》《念奴娇·京口归舟》《贺新郎·春游》	0首
丁澎（飞涛、药园）	《扶荔》	28首:《望江南·白门漫兴》三首《西溪子·本意》《长相思·采花》《浣溪纱·春词》二首《番女八拍·本意》《柳梢青·寄怨》《一痕眉碧·湖上行春》《醉花阴·寒食》《燕衔花·春闺》《雨中花·春去》《浪淘沙·宫怨》《虞美人·春恨》《虞美人·怨情》《临江仙·春睡》《苏幕遮·杜鹃》《凤衔杯·旧恨》《月上纱窗乌夜啼·冬至》《月上海棠·偶见》《千年调·本意》《侧犯·贞娘墓》《柳初新·本意》《水调歌头·少年》《声声慢·秋夜,和漱玉词》《御带垂金缕·饮严颢亭皋园听庄蝶庵弹琴》《玉女摇仙佩·吊望春宫》	15首:《长相思·采花》《浣溪纱·春词》二首《柳梢青·寄怨》《醉花阴·寒食》《燕衔花·春闺》《雨中花·春去》《浪淘沙·宫怨》《虞美人·春恨》《虞美人·怨情》《临江仙·春睡》《凤衔杯·旧恨》《月上纱窗乌夜啼·冬至》《月上海棠·偶见》《柳初新·本意》
沈谦（去矜）	《东江》	40首:《美人鬘·歌伎》《清平乐·罗带》《清平乐·春闺》《清平乐·春游赠伎》《柳梢青·咏柳寄伎》《西江月·小楼》《浪淘沙·春恨》《浪淘沙·夜怨》《鹊桥仙·喻风》《鹊桥仙·早梅》《鹊桥仙·春恨》《鹊桥仙·闰七夕》《后庭宴·咏蜂》《金门贺圣朝·夏夕雨》《渔家傲·立春晓起偶作》《苏幕	18首:《美人鬘·歌伎》《清平乐·罗带》《清平乐·春闺》《清平乐·春游赠伎》《柳梢青·咏柳寄伎》《西江月·小楼》《浪淘沙·春恨》《浪淘沙·夜怨》《鹊桥仙·春恨》《鹊桥仙·闰七夕》《苏幕遮·立春》《蝶恋小桃红·秋思》《念奴娇·咏冰》《念奴娇·春

第四章 明末清初西泠词人群体词作的整体风貌

续 表

词人（共60人）	词集名	入选词作（共236首）	入选词作中的艳词（共88首）
沈谦（去矜）	《东江》	遮·立春》《解佩令·寄丁象岩》《东风无力·南楼春望》《蝶恋小桃红·秋思》《满江红·咏柳》《满江红·咏灯》《满江红·读沈通声新词，次洪昉思韵》《双燕笑孤鸾·旅思》《八声甘州·听唐铧如弹琴》《昼夜乐·亡妇遗钗志感》《念奴娇·咏冰》《念奴娇·春情》《山溪满路花·故障山中访伎》《齐天乐·二月二十日风雨感怀》《喜迁莺·寄俞季瑮》《一萼红·春情》《风流子·代闻元亮悼亡》《沁园春·寄赠王扬州》二首（按，即王士禛。）《贺新郎·西窗有感》《摸鱼儿·夏夕同郎晋扬饮商霖宅》《夏云峰·晚登南楼观云作》《兰陵王·春夜病中听雨》《多丽·忆吴门旧游》《六州歌头·凤凰山吊南宋行宫》	情》《山溪满路花·故障山中访伎》《齐天乐·二月二十日风雨感怀》《一萼红·春情》《贺新郎·西窗有感》
毛先舒（稚黄）	《鸾情》	20首：《二十字令·无题》《清平乐·清歌》《凤来朝·湖头春晓》《拨香灰·春恨》《雨中花·春梦》《蝶恋花·皋亭》《渔家傲·元庆山房偶题》《醉春风·紫人》《侧犯·闺情》《满江红·暮春柳》《水调歌头·孤山偶题》《汉宫春·飞来峰》《十二桥·讯胡大漾秋山卧病》《念奴娇·秋夕听歌》《水龙吟·一夜》《一萼红·东园屋子》《沁园春·荆卿》《沁园春·自快》《兰陵王·秋日感怀》《浪淘沙慢·春思》	9首：《二十字令·无题》《清平乐·清歌》《凤来朝·湖头春晓》《拨香灰·春恨》《雨中花·春梦》《醉春风·紫人》《侧犯·闺情》《水龙吟·一夜》《兰陵王·秋日感怀》

225

续 表

词人（共60人）	词集名	入选词作（共236首）	入选词作中的艳词（共88首）
胡介（彦远）	《河渚》	2首:《如梦令·送杜湘草渡江》《少年游·叶子词》	0首
陆嘉淑（冰修）		2首:《念奴娇·西湖逢集生并讯其年》《多丽·湖上赠竹逸》	0首
吴农祥（庆伯）		1首:《多丽·西湖》	0首
朱一是（近修）	《梅里》	1首:《二郎神·登燕子矶秋眺》	0首
程光禋（奕先）		1首:《凤凰台上忆吹箫·闺思》	0首
查容（韬荒）		2首:《春云怨·怀旧,寄粤东数子》《个侬·偶忆》	1首:《个侬·偶忆》
袁袾（丹六）		1首:《蝶恋花·春景》	1首:《蝶恋花·春景》
张丹（祖望）	《秦亭》	3首:《相见欢·越中感怀》《满江红·与祖定坐从野堂看秦亭绝顶》《贺新郎·过天寿山》	0首
吴仪一（璨符）	《草堂》	5首:《相见欢·初秋》《乌夜啼·过东阳》《清平乐·思客》《七娘子·夹城月夜》《摸鱼儿·过中后所有感》	0首
汪鹤孙（梅坡、雯远）		1首:《桃源忆故人·咏画眉》	1首:《桃源忆故人·咏画眉》
汪霦（东川、曼采）		1首:《满庭芳·元日》	0首
高士奇（澹人）		6首:《双调望江南·本意》二首《斗百花·咏瓶中海棠》《青玉案·赠蒋京少》《贺新郎·赠其年即和来韵》《贺新郎·送成容若扈从》	0首
王嗣槐（仲昭）	《锦带连珠》	1首:《满庭芳·感旧》	0首

第四章　明末清初西泠词人群体词作的整体风貌

续　表

词人（共60人）	词集名	入选词作（共236首）	入选词作中的艳词（共88首）
查嗣琏（夏重，改名慎行）	《他山》	3首：《虞美人·听韬兄话金陵之游》《齐天乐·秋声》《沁园春·寄徐初邻金陵》	0首
金张（介山）		5首：《减字木兰花·柳》《菩萨蛮·雨坐横潭》《孤鸾·咏梅，和赵虚斋韵》《兰陵王·送春，和刘须溪韵》《卖花声·本意，和黄子常》	0首
诸匡鼎（虎男）	《茗柯》	5首：《山花子·暮春》《柳梢青·田家》《鹧鸪天·有赠》《满庭芳·秋夜斜桥步月》《贺新郎·九日飞来峰登高》	2首：《山花子·暮春》《鹧鸪天·有赠》
李式玉（东琪）	《曼声》	1首：《拜星月慢·三茅观》	0首
陆进（荩思）	《付雪》	12首：《三台令·无题》《霜天晓角·梨花》《卜算子·旅况》《好事近·送沈方邺游罗浮》《临江仙·登韬光庵感旧》《㛑人娇·秋闺》《粉蝶儿·篱菊》《水调歌头·湖泛有感》《念奴娇·清明后一日集吴山望西湖》《桂枝香·立秋》《沁园春·重修放鹤亭》《摸鱼儿·秋岳先生招集米山堂》	1首：《㛑人娇·秋闺》
王晫（丹麓）	《峡流》	5首：《忆少年·春情》《误佳期·访某校书不值》《满江红·过张祖望隐居》《六州歌头·过村中古墓》《稍遍·纪游》	2首：《忆少年·春情》《误佳期·访某校书不值》
陆次云	《北墅》	1首：《水调歌头·言志》	0首
毛远公（季莲，榜姓王）	《琼枝》	4首：《南歌子·无题》《南乡子·本意》二首《甘草子·无题》	3首：《南乡子·本意》二首《甘草子·无题》

227

续 表

词人(共 60 人)	词集名	入选词作(共 236 首)	入选词作中的艳词(共 88 首)
沈丰垣(遹声)	《兰思》	13首:《南歌子·闺晚》《江城子·秋夜》《清平乐·晚湖有感》《探春令·幽期》《浪淘沙·春闺》《玉楼春·春晚》《蝶恋花·春情》《蕊花结·灯下寄怀》《诉衷情近·秋怀》《满江红·分离》《木兰花慢·别意》《贺新郎·春怨》《个侬·有忆》	9首:《南歌子·闺晚》《江城子·秋夜》《探春令·幽期》《浪淘沙·春闺》《蕊花结·灯下寄怀》《满江红·分离》《木兰花慢·别意》《贺新郎·春怨》《个侬·有忆》
张台柱(砥中)	《洗铅》	15首:《望江南·送人》《西溪子·荷花》《思帝乡·幽期》《卜算子·送别》《少年游·闺情》《怨王孙·闺情》《浪淘沙·咏烟》《浪淘沙·不寐》《雨中花·夜怀》《鹧鸪天·有感》《雨中花·春暮》《苏幕遮·春闺》《满庭芳·寓目》《念奴娇·暮春》《贺新郎·感怀为袁择庵先生赋》	8首:《思帝乡·幽期》《卜算子·送别》《少年游·闺情》《怨王孙·闺情》《浪淘沙·不寐》《鹧鸪天·有感》《苏幕遮·春闺》《念奴娇·暮春》
俞士彪(季琅)		4首:《望江南·新浴》《清平乐·夜感》《鹊桥仙·春闺》《多丽·西湖春暮》	3首:《望江南·新浴》《清平乐·夜感》《鹊桥仙·春闺》
姜培颖(亶贻)	《池上楼词》	1首:《多丽·长安怀古》	0首
张云锦(景龙)	《啸竹》	1首:《二郎神·咏泪》	1首:《二郎神·咏泪》
关仙渠(过庭)		1首:《满江红·丰台芍药》	0首
姚鑑(竹斋)		1首:《满江红·咏萤》	1首:《满江红·咏萤》
柳葵(靖公)	《余清》	1首:《虞美人·晚妆》	0首
潘云赤(夏珠)	《桐鱼》	3首:《望江南·春闺》《苏幕遮·春暮》《百媚娘·本意》	2首:《望江南·春闺》《百媚娘·本意》
沈叔培(御冷)	《东苑》	1首:《山花子·自慰》	1首:《山花子·自慰》
丁漋(素涵)	《秉翟》	1首:《山花子·赋南唐事,和李后主韵》	0首
徐昌薇(紫凝)	《春晖》	2首:《蝶恋花·春情》《白苎·闺怨》	1首:《白苎·闺怨》

第四章 明末清初西泠词人群体词作的整体风貌

续　表

词人（共 60 人）	词集名	入选词作（共 236 首）	入选词作中的艳词（共 88 首）
姜光被（载锡）		1 首：《浣溪沙·无题》	1 首：《浣溪沙·无题》
朱尔迈（人远）		1 首：《虞美人·感怀》	0 首
徐汾（武令）	《碎琴》	1 首：《永遇乐·春暮》	0 首
洪昇（昉思）	《啸月》	5 首：《声声慢·江干观射》《念奴娇·殷仲弟初度兼怀季弟在燕》《兰陵王·无题》《大酺·无题》《戚氏·暮春》	1 首：《兰陵王·无题》
顾有年（向中）		1 首：《南歌子·春闺》	1 首：《南歌子·春闺》
姚期颖		1 首：《念奴娇·咏月》	0 首
沈长益（时晋，误作"时音"）		1 首：《定风波·春闺》	1 首：《定风波·春闺》
周禹吉（敷文）	《青萝》	1 首：《捣练子·即事》	0 首
严曾相（右君）		2 首：《诉衷情·红桥即事》《苏幕遮·调筝》	1 首：《苏幕遮·调筝》
沈潎（方舟）	《玉树楼》	1 首：《江城子·新月》	1 首：《江城子·新月》
章士麒（玉虎）		1 首：《贺新郎·秋夜》	0 首
以下为方外词人			
余一淳（体厓）		1 首：《好事近·入大涤山》	0 首
释正嵒（豁堂）	《屏山》	1 首：《点绛唇·湖上》	0 首
释济日		1 首：《锦缠道·夏景》	0 首
以下为闺秀词人			
徐灿（陈之遴夫人）	《拙政园》	10 首：《浣溪沙·春闺》《惜分钗·偶感》《唐多令·感怀》《青玉案·吊古》《河满子·闺情》《御街行·燕京元夜》《满江红·闻雁》《水龙吟·次素庵感旧》《永遇乐·舟中感旧》《风流子·感旧》	2 首：《浣溪沙·春闺》《河满子·闺情》
赵氏（查容妇）		1 首：《烛影摇红·无题》	0 首

229

续　表

词人（共 60 人）	词集名	入选词作（共 236 首）	入选词作中的艳词（共 88 首）
严曾杼		1首:《小重山·初夏》	0首
杨琇（倩玉，沈丰垣侧室）		1首:《江城子·闺词》	1首:《江城子·闺词》

值得一提的是，清康熙年间还有另外两部词选，一部为顾贞观、纳兰性德编刻的《今词初集》，另一部为张渊懿、田茂遇编刻的《清平初选后集》，均对明末清初西泠词人群体的繁盛情况有所展示。

顾贞观、纳兰性德编刻的《今词初集》，共选录明末清初西泠词人群体词人 15 位，分别为徐士俊、严沆、沈谦、陆次云、严曾榘、张台柱、沈丰垣、毛先舒、丁澎、高士奇、王晫、陆进、柴静仪、赵氏、徐灿，选录上述词人的词作共 63 首，其中艳词 37 首。这一阵容是明末清初西泠词人群体的第二代词人和第三代词人的代表，且将闺秀词人亦纳入选录的范围。入选词作 3 首以上的词人分别为：丁澎 19 首、徐灿 9 首、沈丰垣 8 首、沈谦 5 首、毛先舒 5 首、徐士俊 3 首、严沆 3 首、张台柱 3 首。

在《今词初集》所选阵容中，丁澎入选词作的数量远远超过其他词人。丁澎于清顺治十二年(1655)中进士开始，一直活跃在京城文坛，与京城名流交游酬唱，顾贞观与纳兰性德亦是其同僚与文友。清顺治十四年(1657)，丁澎充任河南乡试副考官，因"进呈试录《四书》三篇，皆由己作，不用闱墨，有违定例"[①]而被谏官弹劾。清顺治十五年(1658)，丁澎被革去职务，除去功名，谪徙至尚阳堡，历时五载。清康熙二年(1663)，丁澎自尚阳堡还京都，与旧游重逢。顾贞观与纳兰性德作为文学活动主要在京城的选家，他们二人对于丁澎的际遇及词作的了解，远远超过其他明末清初西泠词人群体的其他词人。也就是说，《今词初集》对于明末清初西泠词人群体的展示，虽然在一定程度上带有因交谊存词的特点，但这并不能遮盖顾贞观和纳兰性德对于明末清初西泠词人群体词作成就的重视和保存。详见表 4－13。

---

① 王先谦：《东华录》，"顺治十四年"条，上海古籍出版社藏清光绪十年(1884)长沙王氏刻本，《续修四库全书》史部第 369 册，上海，上海古籍出版社，2002 年，第 1 版，第 427 页。

第四章 明末清初西泠词人群体词作的整体风貌

表 4-13　清康熙年间顾贞观、纳兰性德《今词初集》①
遴选明末清初西泠词人群体词作汇总表

词人（共 15 人）	入选词作（共 63 首）	入选词作中的艳词（共 37 首）
徐士俊	3 首：《卜算子》《好事近》《忆秦娥》	3 首：《卜算子》《好事近》《忆秦娥》
严沆	3 首：《如梦令》《苏幕遮》《念奴娇·京口》	1 首：《苏幕遮》
沈谦	5 首：《清平乐·带》二首、《西江月》《雨中花》《浪淘沙》	5 首：《清平乐·带》二首、《西江月》《雨中花》《浪淘沙》
陆次云	1 首：《清平乐·扑蝶》	1 首：《清平乐·扑蝶》
严曾榘	1 首：《相思引》	1 首：《相思引》
张台柱	3 首：《思帝乡》《重叠金》《浪淘沙》	2 首：《思帝乡》《重叠金》
沈丰垣	8 首：《忆王孙》《谒金门》《卜算子》二首、《西江月》《玉楼春》《苏幕遮》《诉衷情近》	8 首：《忆王孙》《谒金门》《卜算子》二首、《西江月》《玉楼春》《苏幕遮》《诉衷情近》
毛先舒	5 首：《朝中措·题画》《凤来明》《拨香灰》《玉楼春》《江城子》	5 首：《朝中措·题画》《凤来明》《拨香灰》《玉楼春》《江城子》
丁澎	19 首：《梦江南·秦淮》《西溪子》《生查子》《点绛唇》《中兴乐》《南唐浣溪沙》二首、《番女八拍》《醉花阴》《虞美人》《凤衔杯》《行香子》《侧犯·贞娘墓》《芦花雪》《千秋岁引》《洞仙歌》《霜叶飞》《沁园春·采石矶题大白祠》《玉女摇仙珮·望春楼故邸》	7 首：《点绛唇》《醉花阴》《虞美人》《凤衔杯》《行香子》《千秋岁引》《洞仙歌》
高士奇	2 首：《梦江南》二首	2 首：《梦江南》二首
王晫	1 首：《误佳期》	1 首：《误佳期》

---

① 顾贞观、纳兰性德：《今词初集》，《续修四库全书》集部第 1729 册，上海，上海古籍出版社，2002 年，第 1 版。

续　表

词人（共15人）	入选词作（共63首）	入选词作中的艳词（共37首）
陆进	1首：《千秋岁》	0首
闺秀			
柴静仪	1首：《风入松》	0首
赵氏	1首：《烛影摇红》	0首
徐灿	9首：《西江月》《唐多令·上阳有感》《一剪梅》《青玉案·广陵怀古》《御街行·燕京上元》《洞仙歌》《念奴娇》《永遇乐·南还感旧》《风流子》	1首：《一剪梅》

　　张渊懿、田茂遇编刻的《清平初选后集》十卷，总体规模比较小，共收录明末清初西泠词人群体词人词作共8家20首，分别是卓人月2首、徐士俊4首、沈谦5首、丁澎4首、毛先舒1首、陆进2首、沈丰垣1首、徐之瑞1首。20首词作中，有11首为艳词，占比超过一半。清康熙十七年（1678）孟秋，张渊懿在《清平初选凡例八则》中谈及选词标准时说："词虽雕虫小技，亦本性情所近，周柳辛苏各存本色。总之，情景两协，才法兼备，洪音纤响，豪致幽怀，俱属擅场，是选亟为登列。"①这说明此选具有很强的包容性。具体到明末西泠词人群体词作的选取，选家还是有所侧重的，即在尊重西泠词作婉约与豪放并举的基础上，略偏重艳词的遴选，这既与选家所属云间词派宗尚花草词风有关，也与西泠词人自身偏爱艳词的写作习惯和创作积累有关。因为在此选编纂之前的清康熙十四年（1675），包罗明末清初西泠词人群体词作的地域词选《西陵词选》已经问世："迩来选家林立，《倚声》一集，向所服膺，近又获见《今词选本》及《西泠词选》，互有取裁。"②可知，选家对于这一群体创作的总体风貌非常了解，并且相当赞赏其艳词成就，比如张渊懿在评价沈谦《醉花阴·睡起》说："情致斐亹，在淮海屯田之间。"③详见表4-14。

---

① 张渊懿、田茂遇：《清平初选后集》，卷首，清康熙刻本。
② 张渊懿、田茂遇：《清平初选后集》，卷首，清康熙刻本。
③ 张渊懿、田茂遇：《清平初选后集》，卷四，清康熙刻本。

第四章　明末清初西泠词人群体词作的整体风貌

表4-14　清康熙年间张渊懿、田茂遇《清平初选后集》①
遴选明末清初西泠词人群体词作汇总表

词人（共8人）	入选词作（共20首）	入选词作中的艳词（共11首）
卓人月（珂月）	2首：《钗头凤·错认》《水龙吟·咏杨花，和坡公韵》	1首：《钗头凤·错认》
徐士俊（野君）	4首：《好事近·春恨》《眼儿媚·赠妓》《三字令·春瘦》《水龙吟·咏杨花，和坡公韵》	3首：《好事近·春恨》《眼儿媚·赠妓》《三字令·春瘦》
沈谦（去矜）	5首：《菩萨蛮·闲情》《踏莎行·恨情》《醉花阴·睡起》《粉蝶儿·自恨，和毛泽民韵》《花心动·怨词，用谢无逸韵》	4首：《菩萨蛮·闲情》《踏莎行·恨情》《粉蝶儿·自恨，和毛泽民韵》《花心动·怨词，用谢无逸韵》
丁澎（飞涛）	4首：《生查子·山中》《行香子·离情》《江城梅花引·秋恨》《玉女摇仙珮·望春楼故乡》	2首：《行香子·离情》《江城梅花引·秋恨》
毛先舒（稚黄）	1首：《兰陵王·秋日感怀》	1首：《兰陵王·秋日感怀》
陆进（荩思）	2首：《法驾导引·别内子之新安》《减字木兰花·垂柳》	0首
沈丰垣（遹声）	1首：《琵琶仙·过访秋岳述旧》	0首
徐之瑞（兰生）	1首：《琵琶仙·过访秋岳述旧》	0首

《百名家词钞》是清初聂先、曾王孙二人纂辑的一部规模宏大的清词别集丛刊，共收清初词家百余人，人各一集。《百名家词钞》的编纂方法为，以各家词别集为选源，择优钞录为各家词专集。编纂体例为各家词专集前列有词目，专集后附有同时其他词人或选家的评语。关于《百名家词钞》的始刻时间，孙克强《清代词学年表》认为始刻于清康熙二十三年（1684）②，张宏生《清词年表初编》认为始刻于清康熙二十五年（1686）③，随后分批多次刊刻，因此目前存世主要有上海图书馆藏清康熙绿荫堂刻本、湖北省图书馆藏清康熙绿荫堂刻本等多种版本。④ 笔者以上海图书馆藏清康熙绿荫

---

① 张渊懿、田茂遇：《清平初选后集》，清康熙刻本。
② 孙克强：《清代词学年表》，《南阳师范学院学报》（社会科学版）2003年第2卷第8期，第61页。
③ 张宏生：《清代词学的建构》，南京，江苏古籍出版社，1999年，第1版，第300页。
④ 闵丰：《〈百名家词钞〉版刻源流探考》，《古典文献研究》第十辑（2007年），第194—214页。

堂刻本、湖北省图书馆藏清康熙绿荫堂刻本中的《百名家词钞征词总目》为基础,综合闵丰《〈百名家词钞〉版刻源流探考》一文中所提供的其他版本《百名家词钞》目录信息,将《百名家词钞》拟钞录明末清初西泠词人群体词集目录进行汇总,形成表 4-15。

表 4-15　聂先、曾王孙《百名家词钞》拟钞录明末清初西泠词人群体词集汇总表①

西泠词人(12 人)	词集(12 种)
高士奇	《蔬香词》
丁澎	《扶荔词》
王晫	《峡流词》
汪鹤孙	《蔗阁诗余》
邵锡荣	《探酉词》
陆次云	《玉山词》
严曾渠(按,当作"榘"。)②	《叠萝词》
陆进③	《巢青阁词》
丁潆④	《秉翟词》
吴磊⑤	《留莺词》
徐吴升⑥	《蕊珠词》
沈丰垣⑦	《兰思词》

---

　　① 闵丰:《〈百名家词钞〉版刻源流探考》,《古典文献研究》第十辑(2007 年),第 194—214 页。
　　② 据聂先、曾王孙辑《名家词钞总目》补,湖北省图书馆藏清康熙绿荫堂刻本,《四库全书存目丛书补编》第 45 册,济南,齐鲁书社,1997 年,第 1 版。
　　③ 据聂先、曾王孙辑《名家词钞总目》补,湖北省图书馆藏清康熙绿荫堂刻本,《四库全书存目丛书补编》第 45 册,济南,齐鲁书社,1997 年,第 1 版。
　　④ 据浙江图书馆藏 53 卷残本乙本聂先、曾王孙辑《名家词钞总目》补,详见闵丰《〈百名家词钞〉版刻源流探考》,《古典文献研究》第十辑(2007 年),第 209—210 页。
　　⑤ 据浙江图书馆藏 53 卷残本乙本聂先、曾王孙辑《名家词钞总目》补,详见闵丰《〈百名家词钞〉版刻源流探考》,《古典文献研究》第十辑(2007 年),第 209—210 页。
　　⑥ 据浙江图书馆藏 53 卷残本乙本聂先、曾王孙辑《名家词钞总目》补,详见闵丰《〈百名家词钞〉版刻源流探考》,《古典文献研究》第十辑(2007 年),第 209—210 页。
　　⑦ 据浙江图书馆藏 53 卷残本乙本聂先、曾王孙辑《名家词钞总目》补,详见闵丰《〈百名家词钞〉版刻源流探考》,《古典文献研究》第十辑(2007 年),第 209—210 页。

第四章 明末清初西泠词人群体词作的整体风貌

可以看出,聂先、曾王孙《百名家词钞》拟钞录明末清初西泠词人群体中12位词人的12种词别集,分别为:高士奇《蔬香词》、丁澎《扶荔词》、王晫《峡流词》、汪鹤孙《蔗阁诗余》、邵锡荣《探酉词》、陆次云《玉山词》、严曾榘《叠萝词》、陆进《巢青阁词》、丁漈《秉翟词》、吴磊《留莺词》、徐吴升《蕊珠词》、沈丰垣《兰思词》。这一规模,约占《百名家词钞》总体规模的十分之一。这不仅可以说明清康熙二十五年(1686)明末清初西泠词人群体的创作的繁盛程度,以及西泠词坛名家词集在当时词坛的影响,也可以说明聂先、曾王孙在统筹全国词坛名家时,意识到了在明末清初西泠词人群体中,知名词人的总体规模较为宏大,所以尽可能地将西泠名家词集纳入《百名家词钞征词总目》中。

丁澎在《紫云词序》中提到聂先《百名家词钞》选录己词一事:"吴门聂晋人诸子有《百名家词钞》之选,娄东、合肥而下,下逮芜词,自愧金貂之续,亦聊复尔尔。"[1]又提到清初词坛的创作盛况:"然溯之于古昔,则词调未有富于今日者也。《棠村》蔗阁之句,价重南金;《衍波》听雨之章,名高北阙。《枫香》《载酒》,夺帜旗亭;《金粟》《玉凫》,争传曲部。至于《容斋》《二乡》之艳,《艺香》《邀笛》之奇,难更仆数。当不让周、黄擅誉于前,辛、柳漱芳于齿颊矣。"[2]这一方面说明,以丁澎为代表的西泠词人群体非常关注清初词学的发展动向,而且对于清初词人创作的整体情况十分了解,另一方面说明,西泠词人群体对于自己的词集能够进入代表清初词坛创作集大成的《百名家词钞》中,是十分自信和自豪的。

同时不得不指出,在这一征词目录中,并没有徐士俊、沈谦、毛先舒、张台柱等此前选家们公认的明末清初西泠词人群体的代表性人物,而此前选家们忽略的邵锡荣、丁漈、吴磊、徐吴升却进入被选之列。这其中当然不能排除选家因交游而遴选词人词作的因素,但也可以说明,聂先、曾王孙在编纂《百家名词钞》时,词坛的审美标准已经开始发生转变。

但是在具体编纂刊刻的过程中,或许因为词集无从得到,或许因为刻词资费有限,聂先、曾王孙并没有能够将上表中的12种词集全部钞录刊刻。笔者以上海图书馆藏清康熙绿荫堂刻本、湖北省图书馆藏清康熙绿荫

---

[1] 丁炜:《紫云词》,卷首,清康熙刻本,张宏生编《清词珍本丛刊》第6册,南京,凤凰出版社,2007年,第1版,第746页。

[2] 丁炜:《紫云词》,卷首,清康熙刻本,张宏生编《清词珍本丛刊》第6册,南京,凤凰出版社,2007年,第1版,第747页。

堂刻本中的《百名家词钞》为基础,将聂先、曾王孙《百名家词钞》钞录明末清初西泠词人群体的词人词集情况汇总为表4-16。

表4-16 聂先、曾王孙《百名家词钞》[①]钞录明末清初西泠词人群体词集汇总表

西泠词人(6人)	词集(6种)
丁澎	《扶荔词》
陆次云	《玉山词》
王晫	《峡流词》
汪鹤孙	《蔗阁诗余》
邵锡荣	《探西词》
高士奇	《蔬香词》

从表4-16可以看出,在明末清初西泠词人群体中,一共有6位词人的6种词集入选聂先、曾王孙《百名家词钞》,分别为丁澎《扶荔词》(评者:梁清标、宗元鼎、范缵)、陆次云《玉山词》(评者:宋实颖、徐陈发)、王晫《峡流词》(评者:毛先舒、施闰章、毛奇龄)、汪鹤孙《蔗阁诗余》(评者:钱谦益、聂先)、邵锡荣《探西词》(评者:徐倬、韩荚)、高士奇《蔬香词》(评者:丁澎、赵端、聂先)。考察这6位词人,既有明末清初西泠词人群体的第二代词人领袖丁澎、陆次云,也有喜好结交文坛名士的王晫,也有官高位重的高士奇、汪鹤孙,还有备受丁澎推重第三代词人邵锡荣。这6名词人,有两个共同特点,一即交游甚众,二即文名甚广。也就是说,聂先、曾王孙在选录《百名家词钞》时,并没有单纯遵照词作成就这一标准来选人选词,而是夹杂了词作之外的诸多因素。

总之,从清顺治十七年(1660)邹祗谟与王士禛《倚声初集》、清康熙十年吴逢原和陈维崧等《今词苑》、清康熙二十五年(1686)蒋景祁《瑶华集》、纳兰性德《今词初集》、清康熙年间张渊懿和田茂遇《清平初选后集》等清初词选,到清康熙二十五年(1686)左右的聂先和曾王孙《百名家词钞》这一清词丛刊,明末清初西泠词人群体的创作成就被以上词选和丛刊从不同角度和不同方式得到呈现。这些呈现,既能体现出明末清初西泠词人群体的繁盛面貌、创作水平,以及这一群体在清初词坛的地位和影响,也能体现出清

---

① 聂先、曾王孙编:《百名家词钞》,上海图书馆藏清康熙绿荫堂刻本,《续修四库全书》集部第1721—1722册,上海,上海古籍出版社,2002年,第1版。

第四章　明末清初西泠词人群体词作的整体风貌

初词坛对明末清初西泠词人群体的密切关注和基本客观的评价。

三、词集序跋和词话等：明末清初西泠词人群体与词坛互动的其他形式

除却上述与词坛以评词、选词的方式进行词学双向互动之外，明末清初西泠词人群体还以词集序跋、词话、点将录、集句词、雅号借用等形式，从词学批评、词史建构与词的经典化三个维度进行互动，构建清初词学的大厦。

（一）词集序跋中的词学批评与词人交游：明末清初西泠词人群体与词坛互动的另一种重要方式

表4-17　明末清初西泠词人群体序跋群体外部词集情况表

词人词集	西泠序跋者	序跋名称	序跋时间	文献出处
江闿《春芜词》	徐士俊	《春芜词题词》	清康熙年间	江闿《春芜词》三卷，《黔南丛书》本
徐喈凤《荫绿轩词》	徐士俊	《荫绿轩词序》	清康熙年间	徐喈凤《荫绿轩词正续集》，清光绪二十六年（1900）刻本
龚鼎孳《定山堂词集》	丁澎	《定山堂诗余序》	清康熙癸丑（1673）仲冬	龚鼎孳《定山堂词集》四卷，清康熙十五年（1676）吴兴祚刻本
梁清标《棠村词》	丁澎	《棠村词序》	清康熙丙辰（1676）人日	梁清标《棠村词》三卷，清康熙孙氏留松阁刻本
	陆进	《棠村词题词》	清康熙年间	
徐釚《菊庄词》	丁澎	《菊庄词序》	清康熙甲寅（1674）中春上浣	徐釚《菊庄词》二卷，清康熙刻本
	王嗣槐	《菊庄词引》	清康熙甲寅（1674）花朝前一日	
高不骞《罗裙草》	高士奇	《罗裙草题辞》	清康熙年间	高不骞《罗裙草》五卷，清康熙刻本
丁炜《紫云词》	丁澎	《紫云词序》	清康熙年间	丁炜《紫云词》不分卷，清康熙刻本（张宏生《清词珍本丛刊》第6册）

237

续表

词人词集	西泠序跋者	序跋名称	序跋时间	文献出处
宋俊《岸舫词》	徐士俊	《岸舫词序》	清康熙己未(1679)秋七月八日	宋俊《岸舫词》三卷,清康熙刻本
赵吉士《万青阁词》	查嗣瑮	《万青阁词序》	清康熙年间	赵吉士《万青阁词》四卷,清康熙刻本
李继燕《揿花亭词稿》	沈用济	《揿花亭词稿序》	清康熙丙戌(1706)春正月三日	李继燕《揿花亭词稿》二卷,清康熙刻本
清康熙二十七年(1688)秋,徐倬与吴匡期、吴景劘等10人唱和,编为《流香阁倡和词》	徐旭旦	《流香阁倡和词引》	清康熙年间	徐旭旦《世经堂初集》,卷八,清康熙四十七年(1708)刻本
沈埁《澣桐词》	冯景	《澣桐词序》	清康熙年间	沈埁《澣桐词》四卷,清康熙嘉会堂刻本
厉鹗《秋林琴雅》	徐逢吉	《秋林琴雅序》	清康熙六十一年(1722)壬寅白露前一日	厉鹗《秋林琴雅》四卷,清康熙六十一年(1722)刻本
	吴允嘉	《秋林琴雅序》	当为清康熙壬寅(1722)	
	陈撰	《秋林琴雅序》	清康熙壬寅(1722)立秋日	
	吴焯	《秋林琴雅序》	清康熙壬寅(1722)清和月	

表4-18 明末清初词人序跋明末清初西泠词人群体词集情况表(不含西泠词人自序跋)

词人词集	群体内部序跋者	群体外部序跋者	序跋名称	序跋时间	文献出处
丁介《问鹍词》		尤侗	《问鹍词序》	清康熙年间	尤侗《西堂杂俎三集》,卷三,清康熙刻本

第四章　明末清初西泠词人群体词作的整体风貌

续　表

词人词集	群体内部序跋者	群体外部序跋者	序跋名称	序跋时间	文献出处
陆进《巢青阁集诗余》		周稚廉	《巢青阁集诗余序》	清康熙年间	陆进《巢青阁集诗余》五卷,清康熙刻本(张宏生《清词珍本丛刊》第9册)
		方孝标	《巢青阁集诗余悼亡词题词》	清康熙年间	
	毛先舒		《巢青阁集诗余悼亡词题词》	清康熙年间	
	王晫		《巢青阁集诗余悼亡词题词》	清康熙年间	
	陆阶		《巢青阁集诗余悼亡词题词》	清康熙年间	
	徐士俊		《巢青阁集诗余序》	清康熙年间	
	沈谦		《巢青阁集诗余序》	清康熙年间	
		吴绮	《付雪词序》	清康熙年间	
		梁允植	《付雪词序》	清康熙年间	
		毛甡	《付雪词二集序》	清康熙年间	
		徐喈凤	《付雪词二集序》	清康熙年间	
	丁澎		《付雪词二集序》	清康熙甲辰(1664)	
		张惣	《付雪词三集序》	清康熙年间	
		毛际可	《付雪词三集序》	清康熙二十八年(1689)	
		罗坤	《付雪词三集序》	清康熙年间	
	吴仪一		《付雪词三集序》	清康熙年间	
丁澎《扶荔词》		梁清标	《扶荔词集序》	清康熙戊申(1668)冬日	丁澎《扶荔词》三卷,清康熙十年(1671)刻本
		沈荃	《扶荔词序》	清康熙辛亥(1671)九月	
		宗元鼎	《扶荔词记》	清康熙年间	
沈丰垣《兰思词钞》	徐士俊		《兰思词序》	清康熙壬子(1672)季秋望后四日	沈丰垣《兰思词钞》二卷,清康熙吴山草堂刻本

239

续　表

词人词集	群体内部序跋者	群体外部序跋者	序跋名称	序跋时间	文献出处
俞珮《玉蕤词钞》(俞珮，一名士彪)		梁允植	《玉蕤词钞序》	清康熙年间	俞珮《玉蕤词钞》二卷，清康熙刻本
		方象瑛	《玉蕤词钞序》	清康熙年间	方象瑛《健松斋集》，卷三，清康熙世美堂刻康熙四十年(1701)续刻本(《四库全书存目丛书》)
李声及《问柳词》	孙治		《问柳词序》	清康熙年间	清康熙二十三年(1684)刻本(《四库禁毁书丛刊》)
王晫《峡流词》		毛奇龄	《峡流词序》	清康熙年间	毛奇龄《西河文集》，卷二十九，清康熙刻本(《四库全书》)
姚之骃《镂空集》	洪昇		《镂空集序》	清康熙年间	姚之骃《镂空集》四卷，清康熙刻本
	姚际恒		《镂空集序》	清康熙年间	
徐汾《碎琴词》		方象瑛	《徐武令碎琴词序》	清康熙年间	方象瑛《健松斋集》，卷三，清康熙世美堂刻康熙四十年(1701)续刻本(《四库全书存目丛书》)
诸匡鼎《茗柯词》		方象瑛	《诸虎男〈茗柯词〉序》	清康熙年间	方象瑛《健松斋集》，卷三，清康熙世美堂刻康熙四十年(1701)续刻本(《四库全书存目丛书》)

第四章 明末清初西泠词人群体词作的整体风貌

续 表

词人词集	群体内部序跋者	群体外部序跋者	序跋名称	序跋时间	文献出处
诸匡鼎《橘叟词》	徐旭旦		《橘叟词引》	清康熙年间	徐旭旦《世经堂初集》卷八，清康熙四十七年(1708)刻本
仲恒《雪亭词》		年愚弟澧	《雪亭词序》	清康熙年间	仲恒《雪亭词》十六卷，清稿本(张宏生《清词珍本丛刊》第7册)

从以上表4-17和表4-18的不完全统计，一方面可以看出明末清初西泠词人群体与当时词坛以词集序跋方式进行词学互动，另一方面可以看出明末清初西泠词人群体内部的词集序跋互动情况。这种词集序跋互动，从明末一直持续到清康熙六十一年(1722)，而词集序跋的高峰时段，大概集中在清康熙三年(1664)至清康熙二十八年(1689)之间，这也正是西泠词人群体中第二代、第三代词人创作的成熟期。

明末清初西泠词人群体内部的词集序跋互动，主要体现在西泠三代词人之间长辈对晚辈的代际鼓励、提携和举荐上，比如第一代词人徐士俊，第二代词人毛先舒、沈谦、丁澎、孙治、陆阶、徐旭旦为第三代词人陆进、沈丰垣、俞士彪、李声及、诸匡鼎等人的词集作序跋。如徐士俊为沈丰垣作《兰思词序》云："吾友沈子遹声，深于情者也。深于情而才足以副之，故其所为词言情者什之七，而无不臻于妙丽。每读一首，如睹一琪花；每展一叶，如逢一艳女。若通斯集而观之，则纷红骇绿，惊魂动魄，又不啻巫峰之十二、离宫之三十六矣。美哉！沈子之词乎。"[1]虽然字里行间多溢美之词，但从长辈提携后进的角度来看，这类鼓励和肯定是必要的，因为这有助于词人的成长和群体的壮大。孙治在为李声及所作《问柳词序》中也说："仆生平不喜为词，而诸君子之以词问序于余者，间得而品骘之。然如李子是编，则亦极才人之能事矣。"[2]孙治作为"西泠十子"之一，喜为诗文而不喜为词，

---

[1] 沈丰垣：《兰思词钞》，卷首，清康熙吴山草堂刻本。
[2] 孙治：《孙宇台集》，卷七，清康熙二十三年(1684)孙孝桢刻本，《四库禁毁书丛刊》集部第148册，北京，北京出版社，第1版，第721页。

但还是勉为其难为西泠后进作词序,也是出于提携后进的目的。

而与西泠词人群体互动的群外词人,从籍贯而言,大多来自安徽、浙江、江苏和松江等江南地区,如龚鼎孳、江闿、徐喈凤、方象瑛、毛奇龄、毛际可、吴绮、尤侗、宗元鼎、沈荃、周稚廉等,也有宦游西泠的河北词人如梁允植,还有来自西泠本土但词学主张不同的词人如厉鹗。从词学成就而言,这批群外词人无论在词的创作还是词学理论方面,基本代表了清初词坛的最高水平。从词学交游层面而言,这批群外词人在清初词坛非常活跃,是作词、选词、评词、题写序跋、著述词话等各种词学活动的主要成员和领袖人物。这说明,西泠词人群体的词作成就和词学思想,得到了江南词学界的充分肯定和认同,同时也通过江南词人的认同或举荐向全国传播。而江南词学乃至全国词学中的异质因素,也被西泠词人群体知悉和接受,同时影响着其词学思想和词的创作。

在以上词集序跋互动中,最值得一提的是浙江遂安词人方象瑛和毛际可。清康熙十三年(1674),由于吴三桂、耿精忠甲寅之乱,方象瑛与毛际可曾一同流寓西泠,与西泠词人群体雅集酬唱,极一时之盛。对此,方象瑛在为毛际可所作《安叙堂文钞序》中说:"余与会侯幼同学,会侯少余一岁,制义之暇,相与学为诗古文辞,会侯为余序《四游集》,言之详矣。甲寅之乱,(与毛会侯)同携家侨居钱塘,与稚黄诸子相切劘。时余两人意气豪甚,日以文章、朋友为乐事。"[①]方象瑛《思古堂雅集记》《斐园宴集序》二文,记载了清康熙十四年(1675)其与西泠词人群体在思古堂、斐园诗酒交游的场景:"余自甲寅秋,偕毛会侯避地西陵,播迁之余,惟诗文朋友,稍慰晨夕。明年四月七日,毛子稚黄、李子东琪、徐武令、华徵兄弟、诸子虎男、稚黄从子次瀛招集思古之堂。……肴核既陈,觥筹交错,啜荙羹,噉含桃,极论古今诗文之变,与夫山川名胜人物臧否。"[②]"余既作《思古堂雅集记》,叹良会不可再,乃相隔旬日,又有斐园之游。赏心乐事,半月中两遇之,顾为乐有同有不同。思古之会,稚黄诸子招饮也。斐园之召,则仲昭、丹麓、苰思、璪符诸子也。诸君皆西陵之秀,余得遍识而定交焉。樽酒相邀,不问宾主,其

---

① 方象瑛:《健松斋集》,卷二,湖北省图书馆藏清康熙世美堂刻康熙四十年(1701)续刻本,《四库全书存目丛书》集部第241册,济南,齐鲁书社,1997年,第1版,第45页。

② 方象瑛:《健松斋集》,卷六,湖北省图书馆藏清康熙世美堂刻康熙四十年(1701)续刻本,《四库全书存目丛书》集部第241册,济南,齐鲁书社,1997年,第1版,第104页。

第四章 明末清初西泠词人群体词作的整体风貌

人同也。论辨诗文,盱衡今古,虽促膝雄谈,言不伤虐,其情同也。"①

方象瑛在西泠,除了与西泠词人群体雅集酬唱之外,还给西泠诸君题记写序,如《健松斋集》卷一有《松溪子序》,卷二有《陈际叔集序》《孙宇台文集序》《毛稚黄十二种书序》《王仲昭合集序》《桥西草堂唱和诗序》(丁素涵、顾向中唱和诗集)及《顾向中诗序》,卷三有《王仲昭赋序》《陆冠周诗序》《徐武令〈碎琴词〉序》《诸虎男〈茗柯词〉序》《俞季琈〈玉蕤词钞〉序》《释逸庵诗序》《琴楼合稿序》《静好集序》,卷六有《卓氏传经堂记》等,此外方象瑛给宦游西泠的梁允植和牛奂分别作《梁冶眉诗序》《牛潜庵诗序》。同时,西泠词人毛先舒、王嗣槐、陈廷会为方象瑛《健松斋集》作序。

正因为以上交往经历,方象瑛和毛际可谓是西泠词学繁盛的见证者。方象瑛《诸虎男〈茗柯词〉序》云:"数十年来,词学盛于西陵。余所见诸贤制作,莫不人擅苏辛,家工周柳。其未经寓目者,不知柳浪新声,更何若也。"②这一段话,真实道出西泠词作的繁荣面貌。即便方象瑛本人作词不多,还是尽力为西泠诸子词集作序。他在《披云阁诗余序》中说:"余自甲午以后,不复留心诗余者三十余年矣。间为西陵诸君子作词序,辄笑过时老妪,为人作嫁衣裳,未免顾影自愧。"③毛际可在《付雪词三集序》中则说:"曩者岁在甲寅,余避寇东下,日与西泠诸子吟弄笔墨,以消旅况。今屈指十有五年,同人相继凋谢,存者落落如晨星。而陆子葇思复司训永嘉,踵门言别。以新著《付雪词三集》见示,属为弁言其端。为之讽咏低徊,不觉竟夕。嗟乎!古人云壮盛智慧殊不再来,而陆子词独与年俱进,何也?"④这段话忆昔抚今,从历史发展角度表达对西泠词人群体人员凋零的惋惜和对西泠词人群体的代表性词人陆进词艺精进的肯定,也从侧面说明明末清初西泠词人群体的存在,对于清初词学的发展与繁荣而言,是相当重要的一支推动力量。

---

① 方象瑛:《健松斋集》,卷一,湖北省图书馆藏清康熙世美堂刻康熙四十年(1701)续刻本,《四库全书存目丛书》集部第241册,济南,齐鲁书社,1997年,第1版,第27页。
② 方象瑛:《健松斋集》,卷三,湖北省图书馆藏清康熙世美堂刻康熙四十年(1701)续刻本,《四库全书存目丛书》集部第241册,济南,齐鲁书社,1997年,第1版,第68页。
③ 方象瑛:《健松斋集》,卷三,湖北省图书馆藏清康熙世美堂刻康熙四十年(1701)续刻本,《四库全书存目丛书》集部第241册,济南,齐鲁书社,1997年,第1版,第70页。
④ 陆进:《巢青阁集诗余》,卷首,清康熙刻本,张宏生编《清词珍本丛刊》第9册,南京,凤凰出版社,2007年,第1版,第858—859页。

（二）词话和点将录中的词史建构：将明末清初西泠词人群体词作视为清词复兴的重要环节

在中国词学发展史上，"浙为词薮"是词家共识。如沈德潜在《碧箫词序》中说："词学备于宋，而浙东西尤甚。钱唐则张炎、仇远，秀州则吕渭老，永嘉则卢祖皋，四明则吴文英。"①而西泠一地则是浙地的词学中心，词家辈出，词作繁盛。

清人在建构词史的过程中，把明末清初西泠词人作为词学发展不可或缺的一环。这一建构，从清康熙年间就已经开始。蒋景祁在《刻瑶华集述》中提及浙地词人时说："浙为词薮，六家（二李、一朱、一龚、二沈）特一时偶举耳，固未足概浙西之妙。魏堂柯氏，三世（岸初先生、寓匏昆仲、南陔群从）济美；武林陆君，二难（荩思、云士）分标。其他作家，不可枚数。"②在这里，蒋景祁将西泠词人陆进、陆次云作为浙地词家的代表人物，与以朱彝尊为代表的浙西词派并举，反映出明末清初西泠词人群体在词坛的地位和影响，可以与浙西词派相提并论。

清康熙末年，陈撰在《秋林琴雅序》中说："词于诗同源而殊体，风骚五七字之外，另有此境，而精微诣极，惟南渡德祐、景炎间斯为特绝，吾杭若姜白石、张玉田、周草窗、史梅溪、仇山村诸君所作皆是也。自是以还，正不乏人，而审音之善，二百余年以来，几成辍响。近称西泠词派，或踪迹《花间》，或问津《草堂》，星繁绮合，可为极盛，乃缘情体物，终惜其体制之未工。独吾友樊榭先生起而遥应之，清真雅正，超然神解。"③这段序文纵观唐宋至清中叶词史，认为西泠一地南宋姜张等人是词史上创作成就最为卓绝的词人，明末清初西泠词人承继并复兴西泠词脉，而厉鹗则在西泠词人词学理论及创作基础上进一步回应和提升，实现了"清真雅正"的词学理想审美范式。

清代末年，朱祖谋《清词坛点将录》评量清代词坛具有代表性的一百零八位词家，亦将明末清初西泠词人纳入其中给予排位。如把沈谦排在第二十五位，比附雷横，上应天退星；把沈丰垣排第四十一位，比附郝思文，上应

---

① 冯乾编：《清词序跋汇编》，南京，凤凰出版社，2013年，第1版，第484页。
② 蒋景祁编：《瑶华集》，卷首，清康熙二十五年（1686）刻本，《续修四库全书》集部第1730册，上海，上海古籍出版社，2002年，第1版，第7页。
③ 冯乾编：《清词序跋汇编》，南京，凤凰出版社，2013年，第1版，第416页。

第四章　明末清初西泠词人群体词作的整体风貌

地雄星;把徐灿排第一百零一位,比附顾大嫂,上应地阴星。点将录是一种从明代晚期开始出现的文体,形式为以《水浒传》中一百单八将的名号对应某一领域中人物。现存最早点将录是明末《东林点将录》,清乾嘉时舒位《乾嘉诗坛点将录》把点将录作为一种文学批评方式。而清代词坛点将录主要有朱祖谋《清词坛点将录》、钱仲联《光宣词坛点将录》两种。朱祖谋《清词坛点将录》把沈谦、沈丰垣、徐灿三人的词学成就纳入清代词史中加以考量评判,充分说明了明末清初西泠词人在清词史上的地位。

(三)词话、集句词和雅号借用:清代词坛对明末清初西泠词人群体词作的经典化观照

1. 将明末清初西泠词人群体词作与前人词作进行比较。

邹祇谟在《远志斋词衷》中,一方面肯定卓人月和徐士俊所选《古今词统》对于词学发展的贡献,另一方面也对二人词作成就给予很高评价:"珂月《蕊渊》、野君《雁楼》二集,亦复风致淋漓,艳诀竞响。"①沈雄在《柳塘词话》中,也非常肯定徐士俊对于诗词之别的认识和《雁楼集》创作成就:"野君与余论诗,如康庄九逵,车驱马骤,易为假步。词如深岩曲径,丛篠幽花,源几折而始流,桥独木而方渡,非具骚情赋骨者,未易染指。其言正为吾辈长价。"②

清代词人对于明末清初西泠词人的艳词之作,基本上持肯定态度。如沈雄《古今词话》评价沈谦《东江别集》说:"家去矜诸词,率从屯田、待制浸淫而出,言情最为浓挚,又必欲据秦、黄之垒以鸣得意,所以来宋歇浦之论词书也。"③同时,沈雄又高度评价丁澎的艳词,将丁澎《虞美人》"与郎一处誓同生。除是郎为柳絮妾为萍。依拚水面作杨花。只恐郎为飞絮又天涯"一词,与清人周勒山《女子绝妙好词》所定《吴猷》"约郎约在夜合开。夜合花开不见来。只道夜合花开夜夜合,那道夜合花开夜夜开"进行比较,认为前者"更为真挚而稍觉透露。且丁郎中绝不似柳郎中,有秽亵语"④。

值得一提的是,明末清初西泠词人群体词作的传播,除了依靠词别集

---

① 邹祇谟:《远志斋词衷》,唐圭璋编《词话丛编》,北京,中华书局,1986年,第1版,第655页。
② 沈雄:《古今词话》,《词评》下卷"徐士俊《雁楼词》"条,唐圭璋编《词话丛编》,北京,中华书局,1986年,第1版,第1035页。
③ 沈雄:《古今词话》,《词评》下卷"沈谦《东江别集》"条,唐圭璋编《词话丛编》,北京,中华书局,1986年,第1版,第1041页。
④ 沈雄:《古今词话》,《词话》下卷"丁郎中词"条,唐圭璋编《词话丛编》,北京,中华书局,1986年,第1版,第814页。

的刊刻、词选的收录、词人唱和等传统方式之外,还有一种方式为题壁词。毛奇龄在《西河词话》中,记载了一则俞士彪题壁词的传播轶事：

> 予赴京师,路遇徐仲山,忻然同行。曾于良乡北旅店,见题壁词,迥出恒辈。其词曰:"洒尽穷途泪。看少年一番行役,一番憔悴。雨雪霏霏泥滑滑,上马屡愁颠踬。又况值、金轮西逝。屈指离家能几日,早行来、已是三千里。嗟岁月,似流水。　蒙茸渐觉羊裘敝。怎当他、朔风凄紧,裂肤堕指。莽莽长途谁是主,灯火前村近矣。只无奈望门投止。沽得浊醪聊破冷,向灯前、独饮难成醉。天未晓,又催起。"特不署姓氏,不知为何人作。及到京,钱塘俞季瑮投以词,名《京师杂感》,共九章,皆《贺新郎》调,其首章即是词也,但牢愁盈纸。仲山怫然曰:"甫来京,而得是词,其能顷刻留此地也。"后仲山应试失第,不觳资斧,每依其同姓官京师者,仍不得归去。尝过予饮,曰:"予初赏季瑮词,今恍自道,然予究薄季瑮去留快然,何必尔尔耶。"予因询之,仲山举其第六首前截曰:"抚剑悲歌罢。望长天、惊风飕戾,横河倾泻。有客访予予已醉,且自坐、君床下。有至语、语君休讶。餐菊纫兰徒自洁,看夷光、未字无盐嫁。非诡遇、贱工也。"第九首后截曰:"襟怀岳岳和谁语。笑卞和,楚庭泣玉、徒多悲苦。我有草堂东郭畔,管乐何妨自许。且抱膝、长吟梁甫。有志男儿非困顿,彼扫门、魏勃何须数。不似意,且归去。"①

谢章铤《赌棋山庄词话》卷四也提及此事,认为俞词"极肮脏可喜",并补记俞士彪的生平创作与《贺新郎·京师杂感》九章的流传情况:"是词未登《词综》,而蒋子宣《昭代词选》、姚茝阶《国朝词雅》等书,亦未录及。"②另外,谢章铤所见的毛奇龄《西河词话》中的词调记载是错误的,因此谢章铤对此词在传播中产生的谬误进行订正:"又按此调乃《贺新郎》,西河以为《满庭芳》,误也。"③宋词轶事在历代词话中被重复解读,出现大量重复叙

---

① 毛奇龄:《西河词话》,卷二,唐圭璋编《词话丛编》,北京,中华书局,1986年,第1版,第581页。
② 谢章铤:《赌棋山庄词话》,卷四,唐圭璋编《词话丛编》,北京,中华书局,1986年,第1版,第3366页。
③ 谢章铤:《赌棋山庄词话》,卷四,唐圭璋编《词话丛编》,北京,中华书局,1986年,第1版,第3366页。

第四章 明末清初西泠词人群体词作的整体风貌

事现象,成就了宋词的传播与经典化。而清词轶事在清代词话中的重复叙事,同样促进了清词的传播和经典化。俞士彪题壁词轶事的被重复记载和解读,说明明末清初西泠词人群体的词作,在清代词坛的传播方式是复杂多元的,正是这种复杂多元方式,给清人解读清代词作、建构清代词史提供了更多空间和可能。

对于明末清初西泠词人群体的后期代表词人,如徐逢吉、张台柱等人,清代各个时期的词坛名家均给予极高的评价。如康乾时期,厉鹗就极其推崇徐逢吉的词,认为其词"清微婉妙,绝似宋人"①。乾嘉词人郭麐对于张台柱的词则推崇备至,将其《浪淘沙》"春柳暮烟含。莺燕娇憨。飘绵舞絮恨相兼。雨打风吹收不了,又上眉尖。　系马弄金衔。斜日厌厌。梦中归路又谁谙。渺渺茫茫花一簇,说是江南"一词,与李后主之"梦时不知身是客,一响贪欢"对比,认为二词同样具有"绵邈飘忽之音,最为感人深至"的特质。②而道咸词人丁绍仪在《听秋声馆词话》中,对于明末清初西泠词人群体后期代表词人张星耀与徐逢吉词均给予中肯评价,认为张词"甚尖新",徐词"风格颇近玉田生"。③

2. 将明末清初西泠词人群体词作与当代词人词作进行比较。

清康熙年间李渔《窥词管见》在论词意贵新时,评论其当代词人词作说:"只据眼前词客论之,如董文友、王西樵、王阮亭、曹顾庵、丁药园、尤悔庵、吴薗次、何醒斋、毛稚黄、陈其年、宋荔裳、彭羡门诸君集中,言人所未言,而又不出寻常见闻之外者,不知凡几。"④肯定丁澎和毛先舒在词意创新方面的成绩。

清乾嘉年间吴衡照著《莲子居词话》,不仅认同徐釚《续本事诗》对丁澎词的推重,而且进一步指出,丁澎《扶荔词》"洵才人之笔,在《艺香》《丽农》之间"⑤,把丁澎与吴绮、邹祗谟相提并论,视为创作成就大体相当的同代

---

① 丁绍仪:《听秋声馆词话》,卷五,唐圭璋编《词话丛编》,北京,中华书局,1986年,第1版,第2639页。
② 郭麐:《灵芬馆词话》,卷二,唐圭璋编《词话丛编》,北京,中华书局,1986年,第1版,第1535页。
③ 丁绍仪:《听秋声馆词话》,卷五,唐圭璋编《词话丛编》,北京,中华书局,1986年,第1版,第2639页。
④ 李渔:《窥词管见》,唐圭璋编《词话丛编》,北京,中华书局,1986年,第1版,第552页。
⑤ 吴衡照:《莲子居词话》,唐圭璋编《词话丛编》,北京,中华书局,1986年,第1版,第2441页。

词人。吴衡照在评价毛先舒《鸳情集词》时,首先肯定毛先舒的学术造诣,惋惜其生平遭际:"毛稚黄以古学振起西陵,当时语云'浙中三毛,东南文豪',谓稚黄及遂安、河右也。两毛皆出仕,独先生中年失音,杜门十载后始愈。"① 随后肯定其《江城子》"沧海月明都换泪,还道是、不曾愁"等艳词诸作,"皆警句也"②。又谈及徐逢吉词时说:"徐紫珊逢吉在'西陵后十子'之列,居清波门外学士港,为黄雪山房。南宋时称清波门为暗门,故时人称暗门先生。工词,有《摇鞭微笑》《柳洲清响》《峰楼写生》等集。"③ 谢章铤将毛先舒、毛奇龄和毛际可并举:"国初三毛:稚黄、西河、鹤舫(际可)。稚黄、西河较胜,西河论词多确凿。即稚黄谈艺亦复不苟。议者徒訾其《填词名解》之附会穿凿,遂尽没其真耳。鹤舫与吾闽林西仲善,文亦相似,均非上乘正法眼也。"④

对于丁澎在词史上的地位,论述最为客观的是嘉道词人凌廷堪和晚清词人陈廷焯。凌廷堪将诗词进行比附论述,首先对清代以前词的发展历史进行梳理,然后逐一枚举各个时期的代表性词人:"词者诗之余也,昉于唐,沿于五代,具于北宋,盛于南宋,衰于元,亡于明。"⑤ 谈至清词时则说:"我朝斯道复兴,若严苏友、李秋锦、彭羡门、曹升六、李畊客、陈其年、宋牧仲、丁飞涛、沈南溟、徐电发诸公,率皆雅正,上宗南宋。"⑥ 陈廷焯在论历代词高低时,把词分为"上乘""次乘""下乘"和"不得谓之词"四类,并将清代曹贞吉、陈维崧、朱彝尊等人的词作归入"文过于质"⑦的次乘,而把西泠丁澎

---

① 吴衡照:《莲子居词话》,卷三,唐圭璋编《词话丛编》,北京,中华书局,1986年,第1版,第2457页。
② 吴衡照:《莲子居词话》,卷三,唐圭璋编《词话丛编》,北京,中华书局,1986年,第1版,第2457页。
③ 吴衡照:《莲子居词话》,卷三,唐圭璋编《词话丛编》,北京,中华书局,1986年,第1版,第2457—2458页。
④ 谢章铤:《赌棋山庄词话》,卷八,唐圭璋《词话丛编》,北京,中华书局,1986年,第1版,第3420页。
⑤ 谢章铤:《赌棋山庄词话续编》,卷三,唐圭璋《词话丛编》,北京,中华书局,1986年,第1版,第3510页。
⑥ 谢章铤:《赌棋山庄词话续编》,卷三,唐圭璋《词话丛编》,北京,中华书局,1986年,第1版,第3511页。
⑦ 陈廷焯:《白雨斋词话》,卷八,唐圭璋编《词话丛编》,北京,中华书局,1986年,第1版,第3968页。

第四章 明末清初西泠词人群体词作的整体风貌

与彭孙遹、尤侗、王士禛、毛际可等人的词作,一并归入"有文无质"[①]的下乘。

3. 集句词和雅号借用:将明末清初西泠词人群体词作视为典范加以使用和参照的两种形式。

集句词始于北宋,南宋得到发展,元、明沉歇,至清代急剧发展繁荣。清代集句词的繁荣,是清人学习传播、继承发展前人作品(包括诗、词、曲、文等各种文体形式),将前人作品作为集源的体现,同时也促进了前代作品的经典化。而在清代集句词中,出现了将明末清初西泠词人群体的词作作为集句词创作的集源现象。如清代嘉道词人柳淦,字式如,别号江上三山樵者,丹徒(今江苏镇江)人。生于清嘉庆十三年(1808)。贡生。卒于清道光二十五年(1845)。著有《咏秋轩词集》。柳淦《咏秋轩词集》共词集句词十首,其中有三首词用了西泠词人王晫、丁澎、潘云赤和沈谦四人的五句词作,其他则为前代词人词作和清代其他词人词作,如晚唐五代的阎选、韦庄、魏承班,宋代的叶清臣、欧阳修、贺东山、洪皓、辛弃疾、严仁、蒋捷,元代的曹妙清,明代的于㥒仲、白旃香,清代的吴棠桢、黄之隽等等。详列如下:

浣溪沙
烟外垂杨绿影浮(王晫)。三分春色二分愁(叶清臣)。断云流水晚来收(辛弃疾)。 憔悴不知缘底事(阎选),工夫强半为梳头(于㥒仲)。昼长人梦小红楼(丁澎)。[②]

其三
楼上风吹粉泪香(严仁)。兰闺新浴理残妆(吴棠桢)。夜深珍重下回廊(黄之隽)。 十二曲栏花影瘦(潘云赤),鬓鬟狼籍黛眉长(韦庄)。人间难割是离肠(无名氏)。[③]

浪淘沙
几共醉春朝(魏承班)。湖上舟摇(蒋捷)。画楼西畔是虹桥(沈

---

① 陈廷焯:《白雨斋词话》,卷八,唐圭璋编《词话丛编》,北京,中华书局,1986年,第1版,第3969页。
② 柳淦:《咏秋轩词集》,清咸丰元年(1851)刻本。
③ 柳淦:《咏秋轩词集》,清咸丰元年(1851)刻本。

谦)。六曲纱窗春水碧(白旃香),特地魂消(欧阳修)。　花漏怯春宵(贺东山)。睡不胜娇(赵贻桂)。月明夜夜自吹箫(曹妙清)。十二曲栏花影瘦(潘云赤),还倩谁描(洪皓)。①

这一方面说明,清人对于包括本朝词人的词作成就十分自信,在集句词中将其纳入与前代词人词作同等地位,另一方面说明,清人对于明末清初西泠词人群体的词作不仅十分熟悉,而且已经开始自觉地将其作为创作的材料。

借用雅号,指文学批评中借助前人已有雅号来评论文学作品的现象,是文学批评家惯用的一种批评方式。如卓人月、徐士俊在《古今词统》中评价石孝友《行香子》末三句"且等些时,说些子,做些儿"、刘过《行香子·题山水扇面》末三句"恰似歙湖,似枋口,似斜川"、张先《行香子·闲情》末三句"奈心中事,眼中泪,意中人"时,就借用了张先的"张三影"雅号,其评云:"次仲之'三些',改之之'三似',亦复何减'张三中'?"②通过借用雅号的方式,将石孝友词、刘过词与张先词在书写方式的相似与艺术水准的相当进行对比。

雅号借用,也是清人将明末清初西泠词人群体词作视为典范进行参照的一种典型形式。清人在评论词人词作时,经常会借用前代词人已有的雅号,表达对所评词人的推重。"毛三瘦",本是明末清初西泠词人沈谦给毛先舒所起雅号,因毛先舒有词句"不信我真如影瘦""鹤背山腰同一瘦""书来墨淡知伊瘦",因而嘲之曰"毛三瘦"③。"清末四大家"之一况周颐在其词话《玉栖述雅》中,评价清代同光词人储慧《哦月楼诗余》时说:"《哦月楼词》,《鬓云松令》云:'怪底柳眉浑似皱。袅娜花枝,也向东风瘦。'《蝶恋花·寄芝仙姑母》云:'况是重阳难聚首。寂寞黄花,也似人消瘦。'《惜分飞·忆旧》云:'玉质应非旧。连宵梦见分明瘦。'可与毛三瘦齐名。"④按,储慧,字啸凰,江苏宜兴人,蒋萼之妻,清同光时期人,生卒年不详。著《哦月楼诗存》三卷。《诗余》一卷。续一卷。总之,毛先舒是明末清初西泠词

---

① 柳淦:《咏秋轩词集》,清咸丰元年(1851)刻本。
② 卓人月、徐士俊辑,谷辉之点校:《古今词统》,卷十,上海,上海古籍出版社,2002年,第1版,第375—376页。
③ 毛先舒:《鸾情集选填词》,毛先舒《毛稚黄十四种书》,清康熙毛氏思古堂刻本。
④ 况周颐:《玉栖述雅》,唐圭璋编《词话丛编》,北京,中华书局,1986年,第1版,第4611页。

第四章　明末清初西泠词人群体词作的整体风貌

人群体中的领袖人物,在词韵、词谱、词论等理论层面均出突出创见,其《鸾情词》也独具婉约蕴藉特色,所以会被况周颐用来比附女词人储慧。借用雅号,表面上看是对词作评论意见的戏谑表达,实质上反映出清人对于当代词作成就的肯定态度和在词作经典化过程中的参照意识。

第五章　明末清初西泠词人群体的个体词作特质与成就

　　与明末清初其他词派各有宗法且词派内部词人的创作具有统一风格不同,西泠词人群体的词作呈现出多姿多彩、异质并存的特点。俞士彪《西陵词选序》曰:"(西陵词人)其间学为周、秦者,则极工幽秀;学为黄、柳者,则独标本色;或为苏、辛之雄健,或为谢、陆之萧疏;或年逾耄耋而兴会飚举,或人甫垂髫而藻采炳发。闺中之作,夺清照之丽才;方外之篇,鄙皎如之褢句。连章累牍,唯恐其穷;片玉寸珠,不嫌其寡。可谓各擅所长,俱臻其极者矣。"[1]清初词坛名家方象瑛,曾为多位西泠词人词集作过词序,如《徐武令〈碎琴词〉序》《诸虎男〈茗柯词〉序》《俞季瑮〈玉蕤词钞〉序》等。他在《诸虎男〈茗柯词〉序》中对西泠词人的词作风格也有类似的看法:"数十年来,词学盛于西陵。余所见诸贤制作,莫不人擅苏、辛,家工周、柳。其未经寓目者,不知柳浪新声,更何若也。"[2]

第一节　明末清初西泠词人个体词作与清人对词人词作评判体系的提出和完善

　　正是由于西泠词人群体词作具有千人千面的特点,传统的研究范式,即从整体上对其风格进行宏观把握和梳理,依然显得过于粗疏,无法真实

---

[1]　陆进、俞士彪编:《西陵词选》,卷首,清康熙十四年(1675)刻本。
[2]　方象瑛:《健松斋集》,卷三,湖北省图书馆藏清康熙世美堂刻康熙四十年(1701)续刻本,《四库全书存目丛书》集部第241册,济南,齐鲁书社,1997年,第1版,第68页。

第五章　明末清初西泠词人群体的个体词作特质与成就

准确地反映这一群体的创作特征。有鉴于此,本书拟从西泠词人群体中,抽取若干位具有代表性的词人词作,从个体切入,分别解析其词风的形成和演变,并将所抽取的词人,按照"诗人之词""词人之词"和"学人之词"进行分类讨论。

其实,"诗人之词""词人之词""学人之词"等此类根据创作主体的身份、性情来界定文学作品性质特点的术语和命题,在传统的诗、文、赋批评话语中已经屡见不鲜,比如:"诗人之赋"和"辞人之赋","诗人之诗""文人之诗"和"高士之诗","文人之文""诗人之文""大儒之文""词人之文"和"名理之文"等。汉代扬雄《法言·吾子》有云:"诗人之赋丽以则,辞人之赋丽以淫。"[1]宋代李复《与侯谟秀才》有云:"退之好为文,诗似其文。退之诗非诗人之诗,乃文人之诗也。"[2]宋代朱熹《朱子语类》记载:"五峰《有本亭记》甚好。理固是好,其文章排布之类,是文人之文。"[3]金代赵秉文《答李天英书》有云:"贾谊、董仲舒、司马迁、扬子云、韩愈、欧阳、司马温公,大儒之文也,仆未之能学焉;梁萧、裴休、晁迥、张无尽,名理之文也,吾师之;太白、杜陵、东坡,词人之文也,吾师其词不师其意;渊明、乐天,高士之诗也,吾师其意不师其词。"[4]

"词人之词""文人之词"的命题,最早由明人李开先提出。他在《西野〈春游词〉序》中,谈及传奇戏文与套词小令的起源与正变时说:

> 传奇戏文虽分南北,套词小令虽有短长,其微妙则一而已。悟入之功,存乎作者之天资学力耳。然俱以金、元为准,犹之诗以唐为极也。何也?词肇于金,而盛于元。元不戍边,赋税轻而衣食足,衣食足而歌咏作,乐于心而声于口,长之为套,短之为令,传奇戏文于是乎侈而可准矣。穆玄庵谓:"不可以胡政而少之。"亦天下之公言也。国初如刘东生、王子一、李直夫诸名家,尚有金、元风格。乃后分而两之,用

---

[1] 扬雄著,汪荣宝撰,陈仲夫点校:《法言义疏》,北京,中华书局,1987年,第1版,第49页。
[2] 李复:《潏水集》,卷五,《景印文渊阁四库全书》集部第1121册,台北,台湾商务印书馆,1986年,第1版,第51页。
[3] 朱熹撰,朱杰人、严佐之、刘永翔主编:《朱子全书·朱子语类》,卷一百一,上海,上海古籍出版社,合肥,安徽教育出版社,2010年,第1版,第3403页。
[4] 赵秉文:《滏水集》,卷十九,《景印文渊阁四库全书》集部第1190册,台北,台湾商务印书馆,1986年,第1版,第257页。

本色者为词人之词,否则为文人之词矣。①

这里的"词人之词"和"文人之词",是用来界定"传奇戏文"是否本色当行,是否保留有金、元风格,实际与词体无涉。后来,"词人之词""文人之词"被清代初年的王士禛借取,用于探讨词人词作风格的不同,他在《倚声初集序》中论及世代升降虽有不同,但声音之道始终不废时,提出:

> 诗之为功既穷,而声音之道,势不可以终废。于是温、和生而《花间》作,李、晏出而《草堂》兴。此诗之余,而乐府之变也。诗余者,古诗之苗裔也。语其正,则景、煜为之祖,至淑玉、淮海而极盛,高、史其大成也;语其变,则眉山导其源,至稼轩、放翁而尽变,陈、刘其余波也。有"诗人之词",唐、蜀、五代诸君子是也;有"文人之词",晏、欧、秦、李诸君子是也;有"词人之词",柳永、周美成、康与之之属是也;有"英雄之词",苏、陆、辛、刘之属是也。上而朝堂宴飨,下而士流赠答;西风白雁,折杨怨别之词;朔雪黄龙,横槊临江之赋,无不属辞比事,动魄而惊心,依永和声,投袂而赴节。夫至是声音之道乃臻极致,而诗之为功虽百变而不可以穷。②

《诗大序》有云:"情动于中而形于言,言之不足,故嗟叹之,嗟叹之不足,故永歌之,永歌之不足,不知手之舞之、足之蹈之也。情发于声,声成文谓之音。治世之音,安以乐,其政和。乱世之音,怨以怒,其政乖。亡国之音,哀以思,其民困。故正得失,动天地,感鬼神,莫近于诗。"③王士禛将词纳入"声音之道"的系统,力图证明"声音之道"并没有因《诗三百》的消亡而消亡,而以词的形式发展到另一个高峰。词与《诗三百》一样,一样可以承担起"正得失,动天地,感鬼神"的治世重任,亦有风雅之旨,属于雅正文学的范畴,这对于自晚唐、五代以至元、明,业已成为思维定式的词为"小道"

---

① 李开先著,卜键笺校:《李开先全集·李中麓闲居集》,卷六,上海,上海古籍出版社,2014年,第1版,第596页。
② 邹祗谟、王士禛编:《倚声初集》,卷首,清顺治十七年(1660)刻本,《续修四库全书》集部第1729册,上海,上海古籍出版社,2002年,第1版,第163—164页。
③ 《十三经注疏》整理委员会整理:《十三经注疏·毛诗正义》,北京,北京大学出版社,2000年,第1版,第7—11页。

第五章　明末清初西泠词人群体的个体词作特质与成就

"末技"的观念,无疑是强有力的反拨。王士禛将晚唐、蜀、五代、两宋的词人词作,按照词人身份的不同,将其分为"诗人之词""文人之词""词人之词"和"英雄之词",其意谓"诗人""文人""词人"和"英雄"四类人物的词作,是"声音之道"在晚唐以至两宋臻于极致的表现。此命题提出的时间,是清顺治十七年(1660),其时清初词坛理论建构百废待兴,王士禛也因"秋柳唱和"已经在诗坛声名鹊起,又刚刚进入广陵,意欲在词坛大有作为。对于王士禛而言,借助诗的思维方式论词,将词纳入正统文学的范畴,提高词的地位,是自然而然之事。

在王士禛的理论建构中,晚唐、蜀、五代诸君子之词,如温庭筠、和凝、冯延巳、李煜等人的词作为"诗人之词",晏殊、欧阳修、秦观、李之仪四位北宋词人的词作为"文人之词",柳永、周邦彦、康与之三位词人的词作为"词人之词",苏轼、陆游、辛弃疾、刘过四人之词归为"英雄之词"。"诗人之词""文人之词""词人之词"和"英雄之词"命题的提出,体现出在清代初年词学建构过程中,清人对于词体本质和属性的确认,这些确认包括:词是什么?词的根源是什么?词滥觞于何时?词与诗是否同源?词有哪些特质?词的风格应该如何?诗、词、曲有何差别?如何评判前代词家(包括晚唐、五代、两宋,以至元、明)?哪些前代词家词作应该被奉为经典?如何评判当代词人词作?当代词人词作在词史中的地位如何?等等。

针对后几个问题,王士禛对"诗人之词""词人之词"命题作了进一步阐释,并对明末清初的词人词作进行评判与定位:

> 有"诗人之词",有"词人之词"。"诗人之词",自然胜引,托寄高旷,虞山、曲周、吉水、兰阳、新建、益都诸公是也。"词人之词",缠绵荡往,穷纤极隐,则凝父、退周、蓢僧、去矜诸君而外,此理正难简会。①

"诗人之词"的特征是"自然胜引,托寄高旷"。"胜引",出自萧统《文选》卷二十二"游览"类所收晋殷仲文《南州桓公九井作》:"广筵散泛爱,逸爵纤胜引。"②李善注曰:"胜引,胜友也。引,犹进也,良友所以进己,故通

---

① 邹祗谟:《远志斋词衷》,唐圭璋编《词话丛编》,北京,中华书局,1986年,第1版,第656页。
② 李善等注:《六臣注文选》,卷二十二,北京,中华书局,1987年,第1版,第406页。

呼曰胜引。"①那么,"诗人之词"的特征可以理解为:一、语言自然洒脱,激荡有力;二、词旨寄托高远,开阔豪宕。在王士禛眼中,符合"诗人之词"的明清词人,有六家:钱谦益(虞山)、刘荣嗣(曲周)②、李元鼎(吉水)③、梁云构(南阳)④、熊文举(新建)⑤、赵进美(益都)⑥。细心观察可以发现,此六家皆为明末清初仕宦显贵,与上述王士禛所认定的"诗人之词",即"晚唐、蜀、五代诸君子"的身份地位何其相似;此六人首先因诗歌的卓越成就而称名于世,相比之下,词才要稍逊一筹;最后,此六人以诗人手笔作词,其词作特征正如王士禛所说"自然胜引,托寄高旷"。

"词人之词"的特征是"缠绵荡往,穷纤极隐",意谓抒情缠绵真挚,语言纤秾含蓄,更重要的特点是吕律谐婉,是词作的当行本色。王士禛认为,符合"词人之词"的明末清初词人有四家:吴鼎芳(凝父)⑦、董斯张(遐周)⑧、单恂(荋僧)⑨、沈谦(去矜)。此四家与上述王士禛所认定的三家"词人之词"柳永、周邦彦、康与之相比,也有其共同特点,或位沉下僚,或以布衣、僧侣终老,擅音律,以专力作词,如吴鼎芳在《徐卓晤歌序》中自称:"不慧少事

---

① 李善等注:《六臣注文选》,卷二十二,北京,中华书局,1987年,第1版,第406页。
② 刘荣嗣,字敬仲,曲周人。万历四十四年(1616)进士,除户部主事,调吏部,历郎中,累官至工部尚书,总督河道。有《半舫集》。王士禛云:"曲周刘半舫尚书,诗雅有清裁,卢侍御德水亟称。"详见王士禛:《渔洋诗话》,卷中"刘荣嗣"条,丁福保编《清诗话》,上册,上海,上海古籍出版社,2015年,第1版,第189页。
③ 李元鼎,字梅公,江西吉水人。生于明万历二十三年(1595),明天启二年(1622)进士,入清,官至兵部左侍郎。有《石园集》《文江词》。
④ 梁云构,字匠先,号眉居,兰阳人,明崇祯元年(1628)进士,官至侍郎,顺治六年(1649)卒。著有《豹陵集》。
⑤ 熊文举,字公远,号雪堂,江西新建人。明崇祯四年(1631)进士,知合肥县,擢吏部主事,入清,授右通政,两任吏部左右侍郎。罢归,起补吏部左侍郎兼兵部右侍郎,康熙八年(1669)卒。有《雪堂全集》。
⑥ 赵进美,字韫退,山东益都人。生于明万历四十七年(1619)。崇祯十三年(1640)进士,官少参前给事中。清顺治初补太常博士。十一年(1654)以礼科给事中出为湖广乡试副考官,官广东参政,擢福建按察使。康熙十八年(1679)荐举博学鸿儒,不遇。二十三年(1684)罢职归。三十一年(1692)卒。有《清止阁诗余》。
⑦ 吴鼎芳,字凝父,吴县人,年四十祝发为僧,名大香,号唵嗯,居乌程之霞幕山,与范汭交,二人有《披襟倡和集》。吴鼎芳有《云外集》。
⑧ 董斯张,字遐周,乌程人,国子监生,有《静啸斋集》。
⑨ 单恂,字质生,松江华亭人,崇祯十三年(1640)进士,除知麻城县,有《白燕庵诗集》。入清后剃发为僧,号荋僧。有《竹庵词》。

第五章　明末清初西泠词人群体的个体词作特质与成就

雕虫,有辜吞凤。"①西泠词人沈谦,精擅音韵格律,好自度曲,以倚声为毕生之事业。此四家词作与前三家一样,也是音律谐和,风格婉媚,"缠绵荡往,穷纤极隐"。王士禛将四家词归为"词人之词",名副其实。换句话说,王士禛已经注意到,明末清初西泠词人群体中一部分词人词作,如沈谦《东江别集诗余》,是当时词坛的本色之作,符合"词人之词"的标准。本章之所以沿用王士禛所提出的这一评判体系来对西泠词人群体的词作进行分类研究,也有这一层考虑。

王士禛将明末清初词人词作,纳入晚唐、五代以至两宋的词学系统中予以定位,称其为"诗人之词"或"词人之词",显示出清初词人对于明末清初词学繁荣局面的体认。王士禛的意图,是树立前代以及当代词人中的典范,为当代和后世词人提供学习的标的。其实,这一树立典范的过程,也是清人评判词人词作的价值体系,根据清代词学发展的实际情况,逐渐臻于完善的过程。

王士禛拈出这一评判体系,有其特定的考虑,也不一定很成熟,但是却被后来的清人所接受。王士禛以后,"诗人之词""文人之词""词人之词"的评判体系不仅得到清人广泛的认同,还在不断地被修正和补充。与王士禛同时稍后的蒋景祁和陈玉璂二人,就认为王士禛仅以"词人之词"为当行本色,不足以概括清初词坛的实际创作情况。如蒋景祁就提出"文人之词"应与"词人之词"等而观之,也应属于词之本色。他说:"词于文章家为一体,而今作者率趋焉,纵横凌厉,往往举其全力赴之,固不必专尊'词人之词'为当行本色也。"②陈玉璂根据清初词坛许多词人的创作,往往律韵不谐的情况指出,对待以陈维崧为代表的"才人之词",不能过于苛求音律,应将其与"词人之词"并提。他说:"杨诚斋云:'自古作词,能依句者少,依谱用字,百无一二,夫歌韵不协,奚取哉。'而或又谓:'有才人之词,有词人之词。'似乎才人不妨稍稍出入,如吾家其年词多不免是也。"③但对于何人最早提出"才人之词"的概念,陈玉璂没有进一步的阐释。

清代中期的田同之,则从情与文关系的角度,对"诗人之词""词人之

---

① 卓人月、徐士俊辑,谷辉之点校:《古今词统》,卷末附录,沈阳,辽宁教育出版社2000年,第1版,第615页。
② 徐惺:《横江词》,卷末,清康熙刻聂先、曾王孙编《百名家词钞》本。
③ 陈聂恒:《栩园词》,卷末,清康熙刻聂先、曾王孙编《百名家词钞》本。

词"的涵义做出补充,认为真正符合"词人之词"之"情生于文"标准的本色词人词作并不多,绝大多数的词人词作都以"文生于情"为特点,只能归入"诗人之词"。他说:"从来诗词并称,余谓'诗人之词',真多而假少,'词人之词',假多而真少。"①

清人词人词作评判体系的补充和完善过程,一至持续到清代晚期。继王士禛、蒋景祁、陈玉璂、田同之等人提出和补充"诗人之词""文人之词""词人之词""英雄之词""才人之词"一系列命题之后,清代晚期的俞樾、谭献、陈廷焯、王国维等人,均对这一体系有所补充。

俞樾延续了南宋杨缵、张枢、张炎等人对词之格律尤为倚重的传统,着力强调"词人之词"在格律方面的严格要求,认为不知律,则不足知词。其《徐诚庵荔园词序》云:

> 诗之律,诚有难言。至词之律,则宋元椠媵,犹有可寻,承学之士所宜遵守。然周公谨赋《木兰花慢·西湖十景词》,六日而成。杨守斋见之曰:"语丽矣,如律未谐何?"遂相与订正,数月而后定。填词易而协律难,自昔然矣。张玉田之父寄闲翁赋《瑞鹤仙》词,有云"粉蝶儿、扑定花心不去,闲了寻春两翅"。词成歌之,惟"扑"字不谐,易以"守"字,乃谐。嗟乎!"词人之词",不当如是耶?②

谭献根据清代词人词作的独有特点,又补充提出"学人之词"的命题,并对"才人之词"有进一步的阐发:

> 文字无大小,必有正变,必有家数。《水云楼词》,固清商变徵之声,而流别甚正,家数颇大,与成容若、项莲生二百年中,分鼎三足。咸丰兵事,天挺此才,为倚声家杜老。而晚唐两宋一唱三叹之意,则已微矣。或曰:"何以与成项并论?"应之曰:"阮亭、葆酚一流,为'才人之词'。宛邻、止庵一派,为'学人之词'。惟三家是'词人之词'。与朱厉同工异曲,其他则旁流羽翼而已。"③

---

① 田同之:《西圃词说》,唐圭璋编《词话丛编》,北京,中华书局,1986年,第1版,第1449页。
② 俞樾:《春在堂杂文》,卷一,上海辞书出版社图书馆藏清光绪二十五年(1899)刻春在堂全书本,《续修四库全书》集部第1550册,上海,上海古籍出版社,2002年,第1版,第172页。
③ 谭献:《复堂词话》,唐圭璋编《词话丛编》,北京,中华书局,1986年,第1版,第4013页。

第五章 明末清初西泠词人群体的个体词作特质与成就

王士禛、钱芳标二家词,被谭献归为"才人之词",二人均才华卓著,作词不拘格律,词句出人想外。王士禛年少便享有诗名,以词被称为"衍波才子",为清初文坛名流。钱芳标风神秀异,弱冠之年,即以诗名会举博学鸿儒科,抚臣荐为江南第一才人。吴绮《钱葆馚〈湘瑟词〉序》云:"而葆馚秾纤合度,摇曳成姿。拗益加妍,在疑雨疑云之际;淡还生艳,是非花非雾之间。譬姑射之仙肌,何妨金粉;若太真之艳质,更胜铅华。故使淮海惭声,屯田辍响。"①张琦、周济二家词,被归为"学人之词"。张、周皆以学问为其主业,张琦究心于医学和舆地之学,周济精通史学和文字音韵之学。词之于学人,仅为娱情寄志之用;另外,学问与词在学人的眼中,是源与流的关系,学问胸襟是词的根柢所在。词虽是闲暇之时的消遣,但他们却在其中注入了对于自然和人生的深刻体悟。他们的词作则具有一些共性,大多用词典雅,含蓄蕴藉,这与他们渊博的学识有很大关系。而朱彝尊、厉鹗、纳兰性德、项鸿祚和蒋春霖五人词,被谭献归入"词人之词"一类,显示出谭献本人对于词之当行本色的认定。

陈廷焯则认为,真正的"学人之词",应以"息深达虆,悱恻缠绵"②为特点,并认为词人作词,不可有"腐儒气""俗人气""才子气",尤其不能有"才子气",因为尖巧新颖、发扬暴露会导致轻薄浅尽,误人最深③。王国维对于"学人之词"的态度,则比较保守,他说:"盖有临川、庐陵之高华,而济以白石之疏越者。'学人之词'斯为极则。然古人自然神妙处,尚未见及。"④

至此,清人对于词人词作的评判体系得以完全建立,"诗人之词""文人之词""词人之词""英雄之词""才人之词""学人之词"等命题,代表了清人对于前代词史和当代词史中词人和作品的评价和定位,也意味着清人对于词的本质和属性在认知上的不断加深。本章将试用清人评判前代和当代词人词作的价值体系,即"诗人之词""词人之词"和"学人之词",用以评价

---

① 吴绮:《钱葆馚〈湘瑟词〉序》,《林蕙堂全集》之《林蕙堂文集续刻》,卷六,清乾隆三十九年(1774)、四十一年(1776)衷白堂刻本,《清代诗文集汇编》第68册,上海,上海古籍出版社,2010年,第1版,第89页。
② 陈廷焯:《白雨斋词话》,卷五,唐圭璋编《词话丛编》,北京,中华书局,1986年,第1版,第3892页。
③ 陈廷焯:《白雨斋词话》,卷五,唐圭璋编《词话丛编》,北京,中华书局,1986年,第1版,第3900页。
④ 王国维:《人间词话》,唐圭璋编《词话丛编》,北京,中华书局,1986年,第1版,第4260页。

清初西泠词人群体的词人词作,以还原这一群体创作的本来面貌。本章在行文过程中,将把词人的生平际遇,与其词作风格联系起来进行讨论,以达到知人论世的研究目的。

第二节　诗人之词

在西泠词人群体中具有代表性的"诗人之词"有:丁澎《扶荔词》、陆进《巢青阁集诗余》和丁介《问鹏词》。

一、慷慨悲凉:丁澎的身世与词风

丁澎,字飞涛,号药园,浙江仁和人。明天启二年(1622)生,清顺治十二年(1655)进士,官刑部主事,调礼部郎中,清康熙二十四年(1685)卒。其著述刊刻情况主要如下:《扶荔堂诗稿》十三卷,有清顺治十一年(1654)刻本;《扶荔词》三卷附《词变》一卷,有清康熙十年(1671)刻本;《扶荔堂集》,包括《扶荔堂文集选》十二卷、《扶荔堂诗集选》十二卷、《扶荔词》三卷附《词变》一卷,有清康熙二十二年(1683)文芸馆刻本;其中《扶荔堂文集选》十二卷、《扶荔堂诗集选》十二卷,又有清康熙五十五年(1716)文芸馆刻本。这里需要特别指出的是,《扶荔堂文集选》十二卷收录了丁澎部分词学论文,卷一有《东白堂词选序》,卷二有《正续花间集序》,卷四有《叶司训浮玉词序》,卷十一有《梁尚书棠村词集题辞》《卜峰诗余题辞》《三子合刻题辞》《问鹏词跋》《澹月楼词跋》。

至于丁澎《扶荔词》,一共有两个版本:一为上述《扶荔词》三卷附《词变》一卷,收词二百四十四首,清康熙十年(1671)刻本,后收入清康熙二十二年(1683)文芸馆刻本《扶荔堂集》。卷首有梁清标、沈荃、宗元鼎三人序,卷一由宋琬、严沆选定,卷二由宋既庭、王士禛选定,卷三由曹尔堪、陈维崧选定。另外,每首词后附有同时词人的词评,参与评论的外郡词人有梁清标、宋实颖、曹溶、王士禛、陈维崧、吴伟业、尤侗、宋琬、吴绮、曹尔堪、王士禄、邹祗谟、龚鼎孳、施闰章、彭孙遹、宗元鼎、杜濬、周在浚、余怀、赵钥、袁令昭等人;西泠词人有徐士俊、陆堦、严沆、毛先舒、张丹、丁潆、关键、徐汾等人。一为《扶荔词》一卷,聂先、曾王孙《百名家词钞》本。卷末有梁清标、

第五章 明末清初西泠词人群体的个体词作特质与成就

宗元鼎和范缵的词评。

丁澎是西泠词人群体中间年辈较长、际遇最为坎坷的词人。早年，无论在文坛还是官场，丁澎皆一帆风顺，可谓踌躇满志。丁澎少年才隽，以《白雁楼诗》名噪海内，与其弟丁景鸿、丁潆称"三丁"，与毛先舒、沈谦、陆圻等称"西泠十子"。明崇祯十五年(1642)，丁澎二十一岁中举。清顺治十二年(1655)，丁澎三十四岁进士及第，官至礼部郎中，与施闰章、宋琬、严沆等交游酬唱，有"燕台七子"之称。梁清标《扶荔词序》云："往壬午岁，飞涛丁子举于南，余举于北。当时即闻丁子负隽才，名噪海内。及乙未丁子成进士，官仪部，又得读其诗。组织三唐，飒飒乎大雅之音，上追高岑，下亦不失为钱刘，乃知丁子风雅正宗，弁冕词场，有由然也。"①张潮《虞初新志》卷四所收林璐所作《丁药园外传》云："药园居法曹，无事，日作诗，与宋观察荔裳、施大参愚山、严黄门灏亭，称'燕台七子'，诗名满京师。"②值得注意的是，"盐桥三丁"中的丁潆，亦以词名。丁潆，字素涵，号天庵，浙江仁和人，丁澎三弟，著有《青桂堂集》。

清顺治十四年(1657)，丁澎充任河南乡试副考官，因"进呈试录《四书》三篇，皆由己作，不用闱墨，有违定例"③而被谏官弹劾。实际上，丁澎对于主持河南乡试一事，可谓兢兢业业，不敢有半点懈怠，其《河南乡试录后序》云："臣念海隅一介，三年以前，犹与诸生含毫握椠，咿唔篇卷。筮仕比部，碌碌无善状，荷殊恩拔擢，备员仪曹，一旦授以抡才重任，敢不益精白乃心，以共襄厥职。惟陛辞就道，晨昏遄发，只恐踰期。"④清顺治十五年(1658)，丁澎被革去职务，除去功名，谪徙至尚阳堡，历时五载。自此，丁澎从一个任性骋才于文场、春风得意于科场、崭露头角于官场的少年才俊，沦落为科场案的罪人和阶下囚。清康熙二年(1663)，丁澎自尚阳堡还京都，不久即返回故乡西泠。从此以后，丁澎游历于吴越之间，与友朋诗酒酬唱，落魄终老。

丁澎曾在《遗宋玉叔书》中自叙获罪以后，故交旧游纷纷与其疏离的炎

---

① 丁澎：《扶荔词》，卷首，清康熙十年(1671)刻本。
② 张潮：《虞初新志》，卷四，北京，文学古籍刊行社，1954年，第1版，第55页。
③ 王先谦：《东华录》，"顺治十四年"条，上海古籍出版社藏清光绪十年(1884)长沙王氏刻本，《续修四库全书》史部第369册，上海，上海古籍出版社，2002年，第1版，第427页。
④ 丁澎：《扶荔堂文集选》，卷一，清康熙二十二年(1683)文芸馆刻本。

凉世态:"故自获罪以还,京师诸贵游,咸以仆为戒,见仆一刺,如避荆卿匕首。间有寸牍相通,款书中何如,启缄数行漫灭,殆置蠹楮中,惟恐蠚其指耳。"①在尚阳堡戍所,丁澎所经历的磨难更是常人难以想象,其《归斯轩记》云:"予来靖安,五迁无定所。困顿不能自存,与佣奴杂作,夜起刈草饭牛,朝负薪,易稌而食。天寒雪大下,僵伏坳窖,燋火拥败絮视旦。仄耳远听,山鬼怒号,虎迹纵横户外。朝不采樵,暮不举炊,人生穷阨至此。"②经历过如此大起大落的人生变故,丁澎的心性不能不因此而改变,在《扶荔词》中有所体现。

《扶荔词》三卷,应是丁澎在清康熙十年(1671)以前的词作。清康熙七年(1668)冬,梁清标为《扶荔词》作序并品评③;清康熙九年(1670)春,广陵词人宗元鼎在扬州为《扶荔词》作序并品评④;清康熙十年(1671)秋,云间词人沈荃为《扶荔词》作序并品评⑤,《扶荔词》遂后付梓。梁清标评聂先、曾王孙《百名家词钞》本丁澎《扶荔词》曰:"药园之词,流丽隽永,一往情深,所谓言近指远,语有尽而意无穷者。令人讽咏之余,穆然以思,式歌且舞。至其写闺房之委曲,摹旅况之萧森,畅叙樽罍,流连赠答,事存乎闾巷妇子之微,而情系乎君臣友朋之大。寄寓闳而托兴婉,抑何其乐而不淫,怨而不怒耶?药园非深有得于道者,乌足以语此?"⑥梁清标以儒家诗教的最高水准"温柔敦厚""言近旨远"来评价《扶荔词》,准确地呈现出丁澎本人词为诗教之余的词学观念,另一方面也指出《扶荔词》婉丽多情与慷慨悲愤等多种风格并存的特色。

丁澎年少时,与同里沈谦、毛先舒、张丹等人号称"西泠十子",诗、文、词兼涉。但是,作为初登词坛的新手,丁澎此时还没有形成鲜明独特的词风,而是处于学习、模仿前贤的阶段。"前贤"既包括唐宋词人,也包括明人。和韵,是学习他人作词的一个重要途径,也含有与他人一争高下的用意。那么,对《扶荔词》中的和韵之作加以分析,可以看出丁澎的师法对象,以及丁词风格形成的根源。下表为《扶荔词》中和前贤词韵的作品:

---

① 丁澎:《扶荔堂文集选》,卷七,清康熙二十二年(1683)文芸馆刻本。
② 丁澎:《扶荔堂文集选》,卷八,清康熙二十二年(1683)文芸馆刻本。
③ 丁澎:《扶荔词》,卷首,清康熙十年(1671)刻本。
④ 丁澎:《扶荔词》,卷首,清康熙十年(1671)刻本。
⑤ 丁澎:《扶荔词》,卷首,清康熙十年(1671)刻本。
⑥ 丁澎:《扶荔词》:卷末,清康熙刻聂先、曾王孙编《百名家词钞》本。

第五章　明末清初西泠词人群体的个体词作特质与成就

表5-1　丁澎《扶荔词》和前贤词韵表

卷数	丁澎和作
卷一 （小令）	《诉衷情·春游,和仲殊韵》《卜算子·春恨,和淮海韵》《忆秦娥·中秋,和太白韵》《秋蕊香·当垆,和晏叔原韵》《武陵春·闺思,和李清照韵》《燕归梁·仙姝,和柳耆卿韵》《醉花阴·春暮,和清照韵》
卷二 （中调）	《凤衔杯·旧恨,和柳七韵》《两同心·怀旧,和柳屯田韵》《传言玉女·偶赠,和胡浩然韵》《婆罗门引·送河间令夏公乘归安州,用稼轩别杜叔高韵》《瓜茉莉·闺怨,和屯田韵》《蓦山溪·春闺,和陈大樽韵》《皂罗特髻·寄恨,效东坡体》《皂罗特髻·题越州吴伯憩新词,即用东坡起句》
卷三 （长调）	《声声慢·秋夜,和李清照韵》《念奴娇·和漱玉词原韵》《氐州第一·旅兴,和清真韵》

　　从《扶荔词》及表5-1的统计情况可以看出,丁澎作词,取法甚广。其小令多学晚唐花间之风,兼及南唐李煜,秾艳纤丽,正如顾修远评其《减字鹧鸪天·妆阁梅》："嫡派南唐,花间却步,顾敻、牛峤逊此纤秾。"①除此之外,丁澎作小令,还师法北宋晏几道、秦观和李清照、仲殊等人。至于中调与长调,丁澎多学北宋词人柳永、苏轼、秦观、周邦彦、李清照和辛弃疾。如《扶荔词》中有丁澎和柳永韵的三首词作,其词章铺叙之法显然源自柳永,但二人相较,丁澎词更含蓄蕴藉。朱一是称丁澎词雄视艺林②,绝非虚夸之言。王士禄也说："丁飞涛最善填词,有《扶荔词》三集,为当世所传诵。……是愈出愈妍,后人驾前人之上,真可谓山间明月,凤管箫声,凄楚回环,伤情欲绝矣。"③

　　值得注意的是,无论是小令、中调,还是长调,丁澎对于李清照词都特别偏爱。在丁澎的词作之中,有一种清婉秀美,其源出自李清照。从上表可以看出,在《扶荔词》中,丁澎和李清照韵的词作共有四首。下面将丁澎词与李清照词加以对比。

　　李清照原作《武陵春·春晚》：

---

① 丁澎：《扶荔词》,卷一,清康熙十年(1671)刻本。
② 沈雄：《古今词话》,《词话》卷下,唐圭璋编《词话丛编》,北京,中华书局,1986年,第1版,第814页。
③ 冯金伯：《词苑萃编》,卷八,唐圭璋编《词话丛编》,北京,中华书局,1986年,第1版,第1932页。

风住尘香花已尽,日晚倦梳头。物是人非事事休。欲语泪先流。闻说双溪春尚好,也拟泛轻舟。只恐双溪舴艋舟。载不动、许多愁。①

丁澎《武陵春·闺思,和李清照韵》:

郎去萧滩十八折,折折在心头。泪卷西风无了休。吹送楚江流。 竹格渡前风日好,早晚问归舟。认得艄娘郎去舟。人不是、几回愁。②

李词写大家闺秀"欲赋新词强说愁"的春愁,轻淡优雅,且从容不迫,为宋词经典之作,实难超越。丁澎另辟蹊径,用尖新的口语写小家碧玉的浓烈闺思,别有一番风味。

另外,丁澎词风,在一定程度上也受到云间词人的影响。"西泠十子"初登文坛之时,云间文人陈子龙、宋氏兄弟等已经成为明末文坛的一股强势力量。"西泠十子"是带着仰慕与模仿的心态与云间文人结交的,他们在社事上结为联盟,在文事上形成互动呼应的局面。如在诗歌方面,云间诗人与西泠诗人此唱彼和,互通声气,刊刻于清顺治十一年(1654)的丁澎《扶荔堂诗稿》,其卷首有云间文人张安茂、彭宾、宋征舆三人序。其中张安茂序曰:"我云间二三子出,而修明之西陵起而和之,一盛一衰,一晦一明,岂不系乎人哉。我友丁子飞涛,弁冕乎西陵者也,其诗温丽而含清,雄桀而尽伦。"③那么,在词风上,西泠词人群体面对在词坛逐渐声名鹊起的云间词派,当然有模仿的必要,丁澎也不例外。云间词人中,丁澎所模仿的对象自然是"云间三子"中的陈子龙。如丁澎《蓦山溪·春闺,和陈大樽韵》:

暖日烘帘,睡起抛残绣。衫薄不胜寒,乍朦胧、楚腰如柳。重开鸾镜,扶起半欹鬟,香痕透。眉痕瘦。都付红酥手。 闲愁惯惹,脉脉频回首。新种合欢花,爱看他、倚残罗袖。思寻旧梦,勾引是东风,灯昏

---

① 唐圭璋编:《全宋词》,北京,中华书局,1965年,第1版,第931页。
② 南京大学中国语言文学系《全清词》编纂委员会编:《全清词·顺康卷》,北京,中华书局,2002年,第1版,第3161页。
③ 丁澎:《扶荔堂诗稿》,卷首,清顺治十一年(1654)刻本。

第五章　明末清初西泠词人群体的个体词作特质与成就

候。啼鹃又。吹落巫山后。①

再看陈子龙的原作《蓦山溪·寒食》：

　　碧云芳草，极目平川绣。翡翠点寒塘，雨霏微、淡黄杨柳。玉轮声断，罗袜印花阴，桃花透。梨花瘦。遍试纤纤手。　去年此日，小苑重回首。晕薄酒阑时，掷春心、暗垂红袖。韶光一样，好梦已天涯，斜阳候。黄昏又。人落东风后。②

二词相较，虽同为写春闺，陈词的意境更为清俊高远，上阕开篇便将郊外寻春的闺中之人，置身于"碧云芳草，极目平川绣"的开阔境界之中，将女性之美用"罗袜印花阴"和"遍试纤纤手"两个意象，形象地勾勒出来。下阕荡开一笔，回溯到"去年此日"，将伤春之思与黄昏之景层层递转，极尽委曲之意。丁词则专注于描写闺阁之人的华丽服饰与娇弱神态，过于直白秾艳。当然，同调同题的步韵之词本来就很难出彩，更何况陈子龙原作已经臻于化境，丁澎此词已颇属难得。难怪曹尔堪评二词曰："大樽以才胜，祠部以韵胜，瑜亮并爽，未可轩轾也。"③

丁澎《扶荔词》继承了以花间词风为宗的明词余绪，沈雄曾说："药园祠部于拂意时，不作侘傺伥语，偏工旖旎愁肠。故《扶荔词》，曲尽纤艳之思。"④陈廷焯也认为"丁飞涛亦工为艳词"⑤；谢章铤则认为丁澎词"词意微带豪艳，不脱草堂前明习染"⑥。值得注意的是，丁澎对明词评价颇高，认为词肇于唐、盛于宋而衰于元，而"明人起而持将坠之绪，季迪、孟载舒清越

---

① 南京大学中国语言文学系《全清词》编纂委员会编：《全清词·顺康卷》，北京，中华书局，2002年，第1版，第3179页。
② 饶宗颐、张璋编：《全明词》，北京，中华书局，2004年，第1版，第1915页。
③ 丁澎：《扶荔词》，卷二，清康熙十年(1671)刻本。
④ 沈雄：《古今词话》，《词评》下卷，唐圭璋编《词话丛编》，北京，中华书局，1986年，第1版，第1040页。
⑤ 陈廷焯：《白雨斋词话》，卷三，唐圭璋编《词话丛编》，北京，中华书局，1986年，第1版，第3829页。
⑥ 谢章铤：《赌棋山庄词话续编》，卷三，唐圭璋编《词话丛编》，北京，中华书局，1986年，第1版，第3511页。

之音,成都、太仓抗铮呔之调,铿锵盈耳,沨乎可味矣"①。在清人对明词的一片讨伐声中,丁澎的观点独树一帜。

虽然《扶荔词》中仅有和辛弃疾词一首,但丁澎被放之后的词作,明显带有辛稼轩词悲慨激昂的腾越气势。沈雄认为:"其中调《行香子》《两同心》诸作,犹有酒悲余绪。"②丁澎继承稼轩词风,一方面是他接受了西泠前贤卓人月、徐士俊所编词选《古今词统》对辛弃疾的推崇,认为"珂月《词统》之选,海内咸宗其书,垂四十年,遂成卓氏之家学"③;另一方面与其生平际遇有密切关系。可以说,丁澎词豪放风的形成,既有西泠词人群体前贤的示范作用,也有他与辛弃疾在情感上的异代呼应。《贺新凉·塞上》是丁澎被流放之后,写于边塞的一首词作:

苦塞霜威冽。正穷秋、金风万里,宝刀吹折。古戍黄沙迷断碛,醉卧海天空阔。况毳幕、又添明月。榆历历兮云槭槭,只今宵、便老沙场客。搔首处,鬓如结。 羊裘坐冷千山雪。射雕儿红翎,欲堕马蹄初热。斜鞬紫貂双纤手,挡罢银筝凄绝。弹不尽、英雄泪血。莽莽晴天方过雁,漫掀髯、又见冰花裂。浑河水,助悲咽。④

只有亲身经历过边塞的酷寒与荒凉的谪客,才能如此真切地表达被放逐边关之后,内心的绝望与孤独。在清人眼中,丁澎词比稼轩词还更高一筹,如周在浚就曾以词中"对句"为例,将二者相比,认为稼轩词生硬不可按歌,而丁澎词用事用意皆有情致⑤。

《扶荔词》中的大部分词作,是清康熙二年(1663)丁澎从谪所回关以后所写。此时丁澎已经看透仕途险恶与人情冷漠,唯一让他感到安慰的,是那些昔日文友,如"西泠十子""燕台七子"等人,纷纷以词相抚。清康熙六

---

① 丁澎:《东白堂词选序》,丁澎:《扶荔堂文集选》,卷一,清康熙二十二年(1683)文芸馆刻本。
② 沈雄:《古今词话》,《词评》卷下,唐圭璋编《词话丛编》,北京,中华书局,1986年,第1版,第1040页。
③ 丁澎:《正续花间集序》,《扶荔堂文集选》,卷二,清康熙二十二年(1683)文芸馆刻本。
④ 南京大学中国语言文学系《全清词》编纂委员会编:《全清词·顺康卷》,北京,中华书局,2002年,第1版,第3191页。
⑤ 沈雄:《古今词话》,《词品》卷上,唐圭璋编《词话丛编》,北京,中华书局,1986年,第1版,第841页。

第五章 明末清初西泠词人群体的个体词作特质与成就

年(1667),丁澎先后游湖州、吴门、毗陵、扬州等地,途中与吴绮、陈维崧、曹尔堪、施闰章、徐釚、彭孙遹、王士禄、王士禛交游,故友重逢,唏嘘不已,并有词唱和。在这些友人中,对丁澎词风影响最大的词人应是陈维崧。清康熙六年(1667)二月,丁澎在吴门,与陈维崧、尤侗等人共赋《念奴娇》,试举丁、陈二人词作,比较分析其相似点。丁澎首倡《念奴娇》:

> 木兰庭榭,值主人招客,月弦春仲。寒食东风,开小苑、共傍曲池觞咏。柱史仙才,元龙豪气,更有悲秋宋。佳辰难再,劝君痛饮须纵。
> 人生聚散亡何,少年走马,向铜街争控。而今齐涸酒徒中,忼慨樽前如梦。市上吹箫,城头击筑,再鼓渔阳弄。挥杯未落,飞花乱扑春瓮。①

陈维崧和曰:

> 别来何久,喜今朝坐上,五君二仲。齐作镇西鹧鸪舞,舞罢持杯高咏。蹴踏齐梁,凭陵晋魏,白眼看唐宋。髀虽生肉,公然意气豪纵。
> 最是月落参横,主人留客,不放归鞭控。能得几场花下醉,况是吴宫如梦。锦瑟怜谁,青萍负我,快作临风弄。唾壶阕尽,狂歌乱击春瓮。②

丁澎悲伤慷慨,陈词激昂洒脱,心境各异,风格亦不尽相同,但有一点是值得肯定的,就是丁词与陈词均是稼轩词风在清代的张扬。曹尔堪评丁澎此词曰:"北雁悲笳,不堪回首;耳热歌呼,止许吾辈;领略太尉,低唱浅斟,直是伧父。"③丁澎另有《梦扬州·邗上逢王考功西樵》《水龙吟·和宗鹤问送归原韵》《风流子·送穷》《宝鼎现·遣怀》《哨遍·简施愚山》,均以文为词,在章法上颇有稼轩之风。

丁澎深谙宫调,再加上对词律的精深,使之能够在填词时得心应手,灵活自如,尤其喜欢展现填词技巧的高妙。丁澎喜作回文词,《扶荔词》收有

---

① 南京大学中国语言文学系《全清词》编纂委员会编:《全清词·顺康卷》,北京,中华书局,2002年,第1版,第3187页。
② 南京大学中国语言文学系《全清词》编纂委员会编:《全清词·顺康卷》,北京,中华书局,2002年,第1版,第4095页。
③ 丁澎:《扶荔词》,卷三,清康熙十年(1671)刻本。

《菩萨蛮》回文词8首,其句法均为逐句转换。《菩萨蛮》回文有二体,一为首尾回环,一为逐句转换。后者较前者而言,难度更大,王士禄指出"近时惟丁药园擅此体"①。除此之外,丁澎还著有《词变》一卷,利用两个词调之间的异同,在转换变化中填词,令人耳目一新。丁澎还喜作自度曲,前文已有充分探讨,不再赘述。

二、清新俊逸:陆进的创作取向

陆进,字荩思,浙江余杭人。约生于明天启五年(1625),清康熙三十九年(1700)尚在世。贡生,官温州府学训导。与王晫、王嗣槐、陆隽并称"北门四子"。著有《巢青阁集诗余》,另著有词余《红幺集》,编有《西陵词选》,合编有《东白堂词选》。

陆进《巢青阁集诗余》,清康熙刻本,现收入张宏生《清词珍本丛刊》。《巢青阁集诗余》共包含四部词集:《付雪词初集》《付雪词二集》《付雪词三集》及《悼亡词》。其中,《付雪词初集》初名《巢青阁诗余》,收词15首,大约刊刻于清顺治年间;《付雪词二集》收词85首,大约刊刻于清康熙四年(1665)以后;清康熙十八年(1679)陆进将《付雪词初集》《付雪词二集》,以及未刻《付雪词三集》95首合刊,仍依原名《巢青阁诗余》。清康熙十九年(1680)二月,陆进赴京,五月陆妻去世,陆进悲痛之余,著《悼亡词》一卷,收词60首。清康熙三十九年(1700),陆进将清康熙十八年(1679)以后所作词增辑入《付雪词三集》中,并与已刻《付雪词初集》《付雪词二集》,及未刻《悼亡词》,一并汇刻成集,取名《巢青阁集诗余》。王嗣槐《巢青阁诗序》评曰:"而巢青阁诗词,流布大江南北,人以'北门大陆子'称之。……继西陵而起者,未能或之先也。"②需要注意的是,陆进后期词作中的一部分还收入《巢青阁集》附《诗余》中,《巢青阁集》为陆进门人及其后辈代为辑录。

据陆进《巢青阁集诗余自序》所言,陆进初事填词大约始于清顺治六年(1649),即在他与徐士俊、毛先舒、沈谦结交之后。其时陆进正在习制举业,与族弟陆莱、陆次云、同郡王嗣槐一起,以文章相琢磨,而不屑以冶情绮语见长,所以仅视填词为其余事。但是,陆进的仕途并不如意,棘闱屡蹶,

---

① 冯金伯:《词苑萃编》,卷一,唐圭璋编《词话丛编》,北京,中华书局,1986年,第1版,第1783页。
② 王嗣槐:《桂山堂文选》,卷二,清康熙青筠阁刻本,《四库未收书辑刊》7辑27册,北京,北京出版社,1997年,第1版,第177页。

第五章　明末清初西泠词人群体的个体词作特质与成就

于四人之中,入仕最晚。陆进年轻时曾谒游四方,到过扬州、京师、江西等地,陆进《满江红·感怀》一词,是对多年奔波干谒无果的无奈之叹:

> 问汝何为,终日向、风尘奔走。还只是、青衫皂帽,萧然依旧。十月帆移溢浦雪,三春马系长安柳。看盈头、白发已如丝,真牛后。　沽不尽,村中酒。空击碎,尊前缶。叹利名二字,那堪回首。渐灭祢衡怀里刺,未悬蔡泽腰间绶。念几时、归去卧西溪,梅花瘦。①

清康熙四年(1665),宋琬、吴绮、邹祗谟先后至西泠,与西泠词人群体"花晨月夕,画舫红楼",宴游唱和,陆进亦参与其中,作词渐多。清康熙十一年(1672),陆进与西泠词人俞士彪、吴仪一、张台柱等人结"西泠词社",之后便全力事词,不仅创作日富,同时还从事词选的编纂,清康熙十四年(1675)成书的《西陵词选》和《东白堂词选》,陆进均劳费心力颇多。

陆进一生虽曾仕宦,但毕竟中年才中举,且职微位卑,因此每以隐士自居,以乐酒会友,以诗词自娱,引领骚坛。陆氏巢青阁,则是陆进与友人酬唱的场所。值得一提的是,陆进之父陆茂林,字际明,原为西泠一地的风雅领袖,巢青阁便是陆际明与云间好友董其昌、陈继儒的经年雅集之地。徐士俊《巢青阁诗余序》称赞:"追溯君家此阁中,云间董玄宰、陈眉公两先生,与尊公际明,经年雅集。宗伯固风雅领袖,而徵君又词令妙品,亦知有后来之秀,文采风流,一时振起,如荩思陆子其人者乎?"②陆进《南歌子·蒋大鸿、姜汝皋同至巢青阁》一词,记录了他与友人交往的片段:

> 叶脱青山露,风高白雁翔。美人连袂过茅堂。门掩苍苔一线,映斜阳。　村酒初澄绿,新橙已破黄。贫家况味忒凄凉。添得晚来清供,菊花香。③

无论是在西泠词人群体内部,还是在明末清初词坛,陆进堪称交游广

---

① 南京大学中国语言文学系《全清词》编纂委员会编:《全清词·顺康卷》,北京,中华书局,2002年,第1版,第4371页。
② 陆进:《巢青阁诗余》,卷首,清顺治刻本。
③ 南京大学中国语言文学系《全清词》编纂委员会编:《全清词·顺康卷》,北京,中华书局,2002年,第1版,第4327页。

泛，同郡徐士俊、毛先舒、沈谦、张丹、王晫、王嗣槐、沈丰垣、吴仪一等人，外郡黄大宗、曹溶、宋琬、吴绮、王士禄、杜濬、陈维崧、邹祗谟、周冰持、董苍水、毛奇龄、徐喈凤、徐釚、方象瑛、梁允植、佟世南等人，均与之交谊甚厚。陈维崧《四园竹·题西陵陆荩思〈绕屋梅花图〉》，可视为对陆进一生的高度概括：

  西陵高士，小隐段桥东。十年酒圣，半世诗颠，千古文雄。铜将军，曲道士，楮先生者，三君踪迹时同。　屋如蜂。屋头无数冷香，篱门都浸其中。镇日和烟和雨，点点欹斜，片片朦胧。杯在手，长侧帽，林闲一笛风。①

陆进晚年，昔日的好友和酒徒均已散尽，倍有人生凄凉之感，其《朝玉阶》一词，尤能反映其晚年心境：

  淅淅西风冷剑镡。青衫吾已老、恨还深。当年花月总销沉。不堪明镜里、鬓霜侵。　拟将心事托瑶琴。酒徒都散尽、孰知音。凭高独立泪沾襟。夕阳衰柳外、乱蝉吟。②

陆进词作的风格，根据创作时间与师学范围的不同，可分为前、后两期。

前期词作均收录在《付雪词初集》《付雪词二集》中，其时陆进师游于徐士俊、沈谦、毛先舒、张丹等人，因此宗法对象益多，究其词作，小令、中调宗法唐、五代，以及北宋，如李白、温庭筠、毛文锡、韩偓、李清照、晏殊等人，既有明代花、草词风之艳，又间有独特的清疏明净之美。沈谦《陆荩思诗余序》评曰："近复撰构词曲，流布旗亭，艳思深情，足夺秦、王、周、柳之席，虎变鸟澜，层见叠出，观者眩走，嗟其不穷。"③如陆进有次李白《菩萨蛮》韵的

---

① 南京大学中国语言文学系《全清词》编纂委员会编：《全清词·顺康卷》，北京，中华书局，2002年，第1版，第3987页。
② 南京大学中国语言文学系《全清词》编纂委员会编：《全清词·顺康卷》，北京，中华书局，2002年，第1版，第4332页。
③ 沈谦：《东江集钞》，卷六，清康熙十五年（1676）沈圣昭沈圣晖刻本，《四库全书存目丛书》集部第195册，济南，齐鲁书社，1997年，第1版，第239页。

第五章　明末清初西泠词人群体的个体词作特质与成就

小令,将李词和陆词作对比,可以看到陆词更偏向婉丽绮艳。李白《菩萨蛮》:

　　平林漠漠烟如织。寒山一带伤心碧。暝色入高楼。有人楼上愁。　玉阶空伫立。宿鸟归飞急。何处是归程。长亭更短亭。

陆进《菩萨蛮·次李青莲韵》:

　　依依杨柳春丝织。横波远映春山碧。少妇上红楼。无端生暮愁。　妆成闲自立。懊恨花飞急。芳草忆行程。劳劳何处亭。①

同时也必须看到,陆进的中调也具有清疏豪宕之美,如《甘州遍》一词便是如此。《甘州遍》由后蜀毛文锡始创,其中有二首收入《花间集》,其一虽也与边塞有关,但格调却极为风流华艳:

　　春光好,公子爱闲游。足风流。金鞍白马,雕弓宝剑,红缨锦襜出长楸。　花蔽膝,玉衔头。寻芳逐胜欢宴,丝竹不曾休。美人唱,揭调是甘州。醉红楼。尧年舜日,乐圣永无忧。②

其二则为严格意义上的边塞词,再现了边塞的荒凉与战争的残酷:

　　秋风紧,平碛雁行低。阵云齐。萧萧飒飒,边声四起,愁闻戍角与征鼙。　青冢北,黑山西。沙飞聚散无定,往往路人迷。铁衣冷、战马血沾蹄。破蕃奚。凤皇诏下,步步蹑丹梯。③

陆进所作,显然是参照了第二首词,但二者相比,陆词描写静谧壮阔的夜晚边塞风光和远征思家的边塞戍士,更能展现真正的战争生活,这在陆进所有词作中,独领风骚:

---

① 南京大学中国语言文学系《全清词》编纂委员会编:《全清词·顺康卷》,北京,中华书局,2002年,第1版,第4322页。
② 李冰若:《花间集评注》,卷五,北京,人民文学出版社,1993年,第1版,第120页。
③ 李冰若:《花间集评注》,卷五,北京,人民文学出版社,1993年,第1版,第120页。

塞云晚,天山初撤兵。宿孤营。旗悬明月,剑横秋水,鼓鼙清夜绝无声。　鸿雁落,斗星横。霜浓草白那更,拥甲卧寒冰。思家远、几度泪沾缨。叹功成。时时枕畔,带血宝刀腥。①

陆进前期词中的长调则师法两宋,既有王安石的高旷洒脱、柳永的铺叙缠绵,同时又有周邦彦的格律质实,和稼轩的豪放磊落,仅举一例以说明。如陆进前期词作中,有两首《桂枝香》,明显是对王安石《桂枝香》词的学习和模仿。先看王安石《桂枝香》:

登临送目。正故国晚秋,天气初肃。千里澄江似练,翠峰如簇。征帆去棹残阳里,背西风、酒旗斜矗。彩舟云淡,星河鹭起,画图难足。　念往昔、豪华竞逐。叹门外楼头,悲恨相续。千古凭高,对此谩嗟荣辱。六朝旧事随流水,但寒烟、芳草凝绿。至今商女,时时犹唱,后庭遗曲。②

再看陆进《桂枝香·立秋》:

登高作赋。忽木落惊秋,惹起愁绪。天末凉风乍动,美人何处。罗衣纨扇催时序,下庭阶、纷纷白露。两湖莲韵,六桥柳色,倩谁为主。　况此际、闲情无数。奈箫咽西楼,砧催南浦。门掩清宵,灯似和人相语。漏声滴入芭蕉雨,便沉沉、不教天曙。怕他重见,寒生锦瑟,旧怀难诉。③

又一首《桂枝香·远眺感怀》:

登楼极目。正丽景和风,柳条舒绿。沼上锦鳞初起,白鸥新浴。闲云一片都横翠,斜阳外、危峰高矗。北归鸿迹,南来燕羽,飞飞相

---

① 南京大学中国语言文学系《全清词》编纂委员会编:《全清词·顺康卷》,北京,中华书局,2002年,第1版,第4334页。
② 唐圭璋编:《全宋词》,北京,中华书局,1965年,第1版,第204页。
③ 南京大学中国语言文学系《全清词》编纂委员会编:《全清词·顺康卷》,北京,中华书局,2002年,第1版,第4348页。

第五章　明末清初西泠词人群体的个体词作特质与成就

续。慨梓泽、何如空谷。听一带流泉,琤淙鸣玉。长日如年,懒对花间棋局。兴到漫吟康乐句,问娱情、何必丝竹。苍松月上,晚钟时节,独倾醽醁。①

另外,在《付雪词初集》和《二集》中,有一首檃栝词《哨遍·括白香山〈琵琶行〉》,是陆进向苏轼和辛弃疾学习的结果。用《哨遍》檃栝古人诗、文、赋,以寓己意,始于苏轼,他曾以《哨遍》檃栝陶渊明《归去来词》。此后词人纷纷仿效,其中以辛弃疾的檃栝词最为著名,如用《哨遍》分别檃栝庄子的《秋水》和《徐无鬼》,陶渊明的《归田赋》。陆进创作《哨遍·括白香山〈琵琶行〉》,其实是要表达与白居易相同的仕途落魄之感:

士慕功名,女惜韶华,二者俱为累。梦中人,颠倒着谁来。未醒间,俱成笑戏。谪江州、明月芦花秋思。长江一棹催分袂。叹寂寞浔阳,荒凉湓浦,琵琶幽怨谁子。访佳人、命酒话凄其。半遮面、灯前鬓云低。江绕回肠,月映羞蛾,无声有意。　念。往事堪悲。少年欢乐须臾里。绣户迎朱履,翡翠鸳鸯并比。看夜舞霓裳,朝翻莺舌,教坊第一芳名沸。奈花落山香,酒污衫袖,愁眉蹙断山翠。趁年华、荏苒几多时,渐老大、临妆不自支。嫁商人、浮沉如是。伤情曲不堪理,冷落空船舣。一时捻拨幽怀感动,坐客都教掩泪。江州司马泪还多,湿青衫、为子心碎。②

陆进后期词作,主要收录在《付雪词三集》和《巢青阁集》附《诗余》中。与前期词作相比,后期词作一洗以往的绮丽与浮艳,多写羁游怀古之情,以清新高峻主要特色,无论是小令、中调,还是长调,均是如此,尤以《巢青阁集》附《诗余》为代表。仅举一例以示,如《贺新郎·渡滹沱河怀古》:

北渡滹沱水。向长途、登临怀古,暂停征辔。当日汉皇兵被迫,曾蹑坚冰过此。才脱却、王郎追骑。驻足芜亭供麦饭,叹君臣、潦倒蓬蒿

---

① 南京大学中国语言文学系《全清词》编纂委员会编:《全清词·顺康卷》,北京,中华书局,2002年,第1版,第4349页。
② 南京大学中国语言文学系《全清词》编纂委员会编:《全清词·顺康卷》,北京,中华书局,2002年,第1版,第4357页。

里。遗迹在,感人意。　风云未济还终济。展弘谟、重兴帝业,九州泽被。惆怅鼎湖人去远,白水已沉王气。看依旧、寒涛东逝。芦荻萧萧风瑟瑟,但眠鸥、沙上盼相对。疏树外,夕阳坠。①

值得注意的是,《付雪词三集》中,有数首咏物之作,如《天香·龙涎香》《桂枝香·香蟹》《木兰花慢·茉莉》《水龙吟·白莲》《齐天乐·蝉》《春从天上来·帐》《春从天上来·树兰》《摸鱼儿·踭》等。如《春从天上来·帐》:

翠阁同居。看摇飐鲛绡,稳压流苏。锦衾鸳枕,灯影模糊。一团红玉难扶。让美人春睡,鞋尖凤、微露珊瑚。月明时,映花枝万朵,密意难图。　移向镜中仿佛,见额梅斜贴,倒压虾须。午夜风来,双钩响处,翻嫌梦里人孤。望朦胧娇靥,似轻烟、微映芙蕖。眼慵舒。自萧郎去后,冷落熏炉。②

对于此类咏物词,严迪昌先生认为这是陆进从沈谦一派词风,转向以朱彝尊为代表的浙西词派的证据③,并举蒋景祁《刻〈瑶华集〉述》所云浙西六家"未足概浙西之妙。魏塘柯氏,三世济美;武林二陆,二难分标;其他作家,不可枚数"④,作为陆进、陆次云已经归属浙西词派的辅证。笔者以为,严先生的观点或有可商榷之处。

陆进此类咏物词,的确可能受到浙西词派咏物之风的影响。但必须指出的是,首先,西泠一地本就是咏物词集大成之作《乐府补题》的诞生地,陆进作咏物词,有继承西泠词学传统的必然性。其次,陆进咏物词,仅是陆进后期词作极少部分,据此,并不能由此即断定陆进已经归属浙西词派。再者,笔者以为,蒋景祁所言"浙西",并非指称"浙西词派",而是指称浙西地区,从地理位置上而言,西泠确属浙西地区,而称陆进、陆次云兄弟之词,是

---

① 南京大学中国语言文学系《全清词》编纂委员会编:《全清词·顺康卷》,北京,中华书局,2002年,第1版,第4387页。
② 南京大学中国语言文学系《全清词》编纂委员会编:《全清词·顺康卷》,北京,中华书局,2002年,第1版,第4382页。
③ 严迪昌:《清词史》,南京,江苏古籍出版社,2001年,重印版,第289页。
④ 蒋景祁编:《瑶华集》,卷首,清康熙二十五年(1686)刻本,《续修四库全书》集部第1730册,上海,上海古籍出版社,2002年,第1版,第7页。

浙西地区西泠词人的代表,其言属实。

三、落拓飘零:丁介词中的生命意识

丁介,字于石,号欧冶,浙江仁和人,丁澎从子,诸生。著有《螺亭集》附《问鹂词》。除《问鹂词》之外,丁介应该还有另外两部词集:一为《玉笙词》,一为《碧窗词》。

关于《玉笙词》,据尤侗《问鹂词序》所云:"西湖固词人胜地也,而吾友丁药园,能以宫商雅调鼓吹两峰间,洵为邺下独步矣。乃小阮欧冶复起而叶和之,《玉笙》一卷,药园比之王子晋虬軿鹤氅于缑山顶作楚妃数弄。今来吴门,携《问鹂》新制示予。"①可知,《玉笙词》作于《问鹂词》之前,当为丁介少年所作。

关于《碧窗词》,据丁介《好事近·〈碧窗词〉竟,简徐野君先生》一词:"碧树染丹黄,几许悲秋堪赋。字字都成珠泪,付归鸿传去。 解裘换酒岂无端,正是伤心处。休笑高阳易醉,奈秋风秋雨。"②还可以推断,《碧窗词》完稿后,丁介曾交予徐士俊审阅。

丁介曾师事徐士俊、丁澎,毛先舒等人学词,与沈丰垣、仲恒、王晫、卓允域、卓回、金之坚等人为词友。在上述词人中,卓回与丁介的词学交往甚多。一是《问鹂词》成稿以后,丁介曾寄与卓回审阅。另外,卓回《古今词汇》编成后,也曾示以丁介,丁介有《扫花游·休园先生金陵归,示〈古今词汇〉,兼订闽行》,可资为证:

> 秦淮久客,过几度东风,几番春雨。欲行又阻。守银灯绛帐,唤春同住。换徵移宫,旧日周郎再顾。笔花舞。记拾翠采菱,寻觅如许。 帆影归断浦。正燕语莺啼,听来无数。那禁杜宇。劝春归去了,问归何处。破浪乘潮,应向钱塘早渡。莫担误。怕闽南、荔子迟暮。③

---

① 尤侗:《西堂文集》,《西堂杂俎三集》卷三,复旦大学图书馆藏清康熙刻本,《续修四库全书》集部第1406册,上海,上海古籍出版社,2002年,第1版,第417页。
② 南京大学中国语言文学系《全清词》编纂委员会编:《全清词·顺康卷》,北京,中华书局,2002年,第1版,第10339页。
③ 南京大学中国语言文学系《全清词》编纂委员会编:《全清词·顺康卷》,北京,中华书局,2002年,第1版,第10349页。

丁介是西泠词人群体中,因生计所迫,不得不游历四方的一类词人的典型代表,徐士俊、王嗣槐、诸九鼎等,也属于此类词人。丁介终生落魄,为谋食而奔走四方,曾游历至金陵、扬州、武昌、洛下、丰城、黄河、易水、沧州,晚年还因求食而远游闽南,仲恒《玉女摇仙佩·欧冶闽行话别》一词,慨叹丁介的高才和穷途:

> 君才如骥,伏枥穷年,未展生平壮志。眼底烟云,阶前尘土,何处辨君才器。久卧东山里。奈苍生企望,只今无已。偶念及、岭南佳丽,一骑长征,仗剑千里。好开拓襟期,差足消磨,百般傀儡。　莫谓韶华如驶,环顾河山,忍把雄心抛弃。旅馆绨袍,无家弹铗,不过当年细事。煮酒评诸子。问谁抱才猷,略强人意。君戏拟、幼安同父,改之之辈,可同啸咏。消憔悴、快谈未已征帆起。①

而丁介《醉春风·将行》中"落拓征衫,飘零破帽,久经风雨"②,则是其自画像。沈丰垣《兰思词钞二集》中有《蝶恋花·哭丁欧冶》一词:"荔子闽南红似火。触热归来,曾记扁舟过。感慨风尘无一可。相期灵鹫峰头卧。　岂料春风吹梦破。重到黄垆,泪逐飞花堕。泉路有情应鉴我。瑶琴掷碎从谁和。"③据此词可知,丁介与卓回游闽归乡后的第二年春,因病离世。

丁介的生平遭际,决定了其《问鹃词》多为抒写羁旅行役之感,以及游历怀古之作,如《绮罗香》:

> 客梦初惊,归思乍切,又见萧疏林麓。布被凉生,耐尽雨云翻覆。正阶砌、琐琐鸣蛩,渐离落、亭亭寒菊。漫无聊、门掩今宵,画屏风细袅湘竹。　人生休叹羁旅,还见孤鸿,也向天边驰逐。一片秋声,提起旧愁千斛。倚朱楼、露冷帘旌,度银塘、月移阑曲。听穿云、玉笛无情,夜

---

① 南京大学中国语言文学系《全清词》编纂委员会编:《全清词·顺康卷》,北京,中华书局,2002年,第1版,第4966页。
② 南京大学中国语言文学系《全清词》编纂委员会编:《全清词·顺康卷》,北京,中华书局,2002年,第1版,第10346页。
③ 沈丰垣:《兰思词钞二集》,卷上,清康熙吴山草堂刻本。

第五章 明末清初西泠词人群体的个体词作特质与成就

游谁秉烛。①

而《满江红·述怀》一词,则描写出年华飞逝而壮志未酬的心酸:

倦翮偹然,且消受、溪声山色。问飘零、天涯何处,临风追忆。裁锦有书难寄雁,倾瓶无酒还留客。信半生、落魄是吾徒,头空白。 当时住,分车笠。而今去,随潮汐。奈征途荏苒,燕南赵北。漫灭十年怀里刺。抛残几度床头笔。又何须、浪迹数年华,悲畴昔。②

《问鹃词》的特色,丁介《千年调·〈问鹃词〉赋竟,呈卓休园先生》一词,已经给出了回答,词曰:"底事竟茫茫,浩叹终何益。踢倒昆仑浮海,凌风邀月。忘愁赖酒,酒尽愁无极。吾师也,古之人,唐太白。 征鸿几点,到处空嘹呖。试问红尘冉冉,怎生消歇。凄凉入破,字化烟凝碧。吾谁友,古之人,姜白石。"③丁介效仿李白《月下独酌》中洒脱无羁的处世方略,试图"踢倒昆化浮海,凌风邀月",最终结果却是"忘愁赖酒,酒尽愁无极",学李白而不得。

于是,丁介便舍酒而取词,以词为忘愁之法。在众多前代词家中,他选择了姜夔为词友,因为他从姜夔的身上,找到了江湖浪子的飘零之感。姜夔四十余岁依然不仕,一生落魄江湖,来往于扬州、合肥、杭州等地,便把身世凄凉之感寓寄于词中,形成冷僻幽独的清空词风。所以,无论是身世还是词风,姜夔都成为丁介首选的学习对象,而《问鹃词》的风格,也正有姜夔清幽凄凉的一面,正是丁介《千年调·〈问鹃词〉赋竟,呈卓休园先生》所自述"凄凉入破,字化烟凝碧"。

此外,从《问鹃词》的和韵之作还可以看出,丁介的师法对象除了李白和姜夔,还有柳永、苏轼、周邦彦、朱希真、辛弃疾、刘过、刘辰翁等人。因此,丁介《问鹃词》词风,呈现出清幽凄凉和疏狂不羁并存的特色,正如尤侗

---

① 南京大学中国语言文学系《全清词》编纂委员会编:《全清词·顺康卷》,北京,中华书局,2002年,第1版,第10353页。
② 南京大学中国语言文学系《全清词》编纂委员会编:《全清词·顺康卷》,北京,中华书局,2002年,第1版,第10348页。
③ 南京大学中国语言文学系《全清词》编纂委员会编:《全清词·顺康卷》,北京,中华书局,2002年,第1版,第10347页。

《问鹂词序》所云:"故以《玉台》为锋,《香奁》为锷,《金荃》为脊,《兰畹》为镡,绕以《花间》,带以《草堂》,此欧冶子之词也。予善相词,亦为薛烛矣。"①

第三节　词人之词

在西泠词人群体中,具有代表性的"词人之词"有:沈谦《东江别集诗余》、沈丰垣《兰思词钞》和《兰思词钞二集》、仲恒《雪亭词》。

一、绮艳婉媚:沈谦对明人词风的延续

沈谦(1620—1670),字去矜,号东江,浙江仁和县临平镇人。明崇祯十五年(1642)补县学。入清后嗣其父为岐黄业。好诗赋古文,尤工倚声。著有《东江别集诗余》《填词杂说》《词韵略》,与毛先舒合编有《古今词选》。

沈谦之父沈士逸,字逸真,以医术名震一方,交游亦广,沈氏章庆堂,即为明末清初西泠士人经年馆居和雅集之地。沈谦自幼聪慧,六岁能辨四声,少年时师事刘宗周的门生祝渊,并与西泠文士如陆圻、柴绍炳、孙治、毛先舒、张丹等人交谊甚笃,号"西泠十子"。甲申之变后,沈氏章庆堂被焚,先前馆于沈家的文士皆散,沈谦则继承父业,托迹于方伎,寄情于翰墨,绝口不谈世务,时约友人毛先舒、张丹啸咏于沈氏南楼,时称"南楼三子"。沈谦擅为倚声,从其学词者从多,如洪昇、沈丰垣、陆进、张台柱等人,均是沈门弟子。沈谦早逝于清康熙九年(1670),其时西泠词人群体还未达至其全盛时期。

沈谦早在垂髫之年便究心填词。沈谦《与李东琪书》云:"仆学诗无成,卑而学词,昧昧犹之诗也。"②沈谦《答毛稚黄论填词书》云:"至于填词,仆当垂髫之年,间复游心,音节乖违,缠绵少法。窃见旧谱所胪,言情十九,遂尔拟撰。仆意旨所好,不外周、柳、秦、黄、南唐李主、易安、同叔,俱所愿学,

---

① 尤侗:《西堂文集》,《西堂杂俎三集》卷三,复旦大学图书馆藏清康熙刻本,《续修四库全书》集部第 1406 册,上海,上海古籍出版社,2002 年,第 1 版,第 417 页。
② 沈谦:《东江集钞》,卷七,清康熙十五年(1676)沈圣昭沈圣晖刻本,《四库全书存目丛书》集部第 195 册,济南,齐鲁书社,1997 年,第 1 版,第 243 页。

第五章　明末清初西泠词人群体的个体词作特质与成就

而曾无常师。"①由此可知，沈谦学词，其师法对象众多，包括周邦彦、柳永、秦观、黄庭坚、李煜、李清照、晏殊等。其实，沈谦所说学词"曾无常师"，是专门针对婉约一派的词人而言，并不包括以苏、辛为代表的豪放派词人。沈谦论词，受明代王世贞《艺苑卮言》的影响，以艳情为本色，认为苏、辛之词，纵然以壮采吞跨一世，但与周邦彦、柳永等人相比，却显粗鄙，不无伧俗。沈谦对于法秀师以泥犁呵责山谷作艳曲，颇为不平，曰："月痕花影，亦坐深文，吾不知以何罪待谀谄之辈。"②又指出，除黄庭坚之外，词史上如韩偓、秦观及杨慎等人，皆有郑声，但是，此类郑声，还不足以害诸公之品行，"悠悠冥报，有则共之"③。

沈谦也自知年少所作词过于柔靡华艳，恐遭世人批评指责，再加上世务逐渐繁多，逐渐搁置词事。沈谦《答毛稚黄论填词书》云："晓风残月，累德实多；阳五伴侣，必且为当世所唾耳。此后既人事日繁，即文史无暇该览，况兹琐事而复流连？"④同时，沈谦在《答毛稚黄论填词书》中，也指出填词于功德而言，有损而无益："以仆向作，政复病此，不图足下反以单情见让也。嗟乎！人生旦暮，不朽有三，琐词不足语耳。"⑤

所以，沈谦在《与俞士彪二首》其一中说："淮海、历城，垂名万古，岂非词坛之盛轨？然二子并有功德可称，不专以此事见长也。吾欲足下先其难者，则月露风云，不能复为笔墨之累，试观《闲情赋》《香奁诗》《博南乐府》，其人果何如哉？足下勉之矣。"⑥告诫自己的学生俞士彪，在师法秦观和辛弃疾婉丽词风的同时，还要看到二子皆有功德可称，并不专以填词见长，叮嘱俞士彪要先建功立德，然后再事月露风云，人生不能为笔墨所累。

关于沈谦词作的风格，毛先舒《沈氏词韵序》评曰："其为词雅，不矜壮

---

① 沈谦：《东江集钞》，卷七，清康熙十五年(1676)沈圣昭沈圣晖刻本，《四库全书存目丛书》集部第195册，济南，齐鲁书社，1997年，第1版，第244页。
② 沈谦：《填词杂说》，唐圭璋编《词话丛编》，北京，中华书局，1986年，第1版，第634页。
③ 沈谦：《填词杂说》，唐圭璋编《词话丛编》，北京，中华书局，1986年，第1版，第635页。
④ 沈谦：《东江集钞》，卷七，清康熙十五年(1676)沈圣昭沈圣晖刻本，《四库全书存目丛书》集部第195册，济南，齐鲁书社，1997年，第1版，第244页。
⑤ 沈谦：《东江集钞》，卷七，清康熙十五年(1676)沈圣昭沈圣晖刻本，《四库全书存目丛书》集部第195册，济南，齐鲁书社，1997年，第1版，第245页。
⑥ 沈谦：《东江集钞》，卷七，清康熙十五年(1676)沈圣昭沈圣晖刻本，《四库全书存目丛书》集部第195册，济南，齐鲁书社，1997年，第1版，第251页。

采,而笃尚婉至。"①沈雄《古今词话》之《词评》下卷评云:"家去矜诸词,率从屯田、待制浸淫而出,言情最为浓挚,又必欲据秦、黄之垒以鸣得意。"②王士禛则将沈谦词归入"词人之词"③。总体而言,沈谦词作的风格,可分为前后两期。

沈谦前期词作,部分被选入邹祗谟、王士禛《倚声初集》,往往因刻意过深且纤秾有余,并且沈谦本身又是曲中作手,所以其词难免有曲化之痕,这也是沈谦词作备受后人指责的原因。陈廷焯在《云韶集》中就指斥沈谦词只以香奁见长,去宋、元已远;谢章铤也批评说:"沈去矜谦好尽好排,取法未高,故不尽倚声三昧。长调意不副情,笔不副气,徒觉拖沓耳,且时时阑入元曲。"④其实,不单长调,沈谦的小令、中调,亦染有曲家风范。如《青玉案·幽期,用贺方回韵》:

> 望中渺渺相思路。便咫尺、难来去。幽梦虽轻吹不度。画堂南畔,玉枕西面,谁是无人处。　隔墙花暝春风暮。青鸟仙书无一句。总是伊家真个许。晚云笼罩,重门深闭,又下黄昏雨。⑤

此词情思缠绵,造境凄婉,用语秾丽中却见尖新,如"总是伊家真个许",杂入俚语。因此,王士禛在《倚声初集》卷十三评曰:"抱柱立时,绕廊行处,照见敲遍阑干之况。"⑥

再看《十二时·闺怨,用耆卿韵》:

> 问多情,如何下得,扫却旧恩如洗。子细想、真无意思。撞住吃亏

---

① 毛先舒:《毛驰黄集》,卷六,清康熙刻本。
② 沈雄:《古今词话》,《词评》卷下,唐圭璋编《词话丛编》,北京,中华书局,1986年,第1版,第1041页。
③ 邹祗谟:《远志斋词衷》,唐圭璋编《词话丛编》,北京,中华书局,1986年,第1版,第656页。
④ 谢章铤:《赌棋山庄词话》,卷八,唐圭璋编《词话丛编》,北京,中华书局,1986年,第1版,第3423—3424页。
⑤ 南京大学中国语言文学系《全清词》编纂委员会编:《全清词·顺康卷》,北京,中华书局,2002年,第1版,第2003页。
⑥ 邹祗谟、王士禛编:《倚声初集》,卷十三,清顺治十七年(1660)刻本,《续修四库全书》集部第1729册,上海,上海古籍出版社,2002年,第1版,第349页。

第五章　明末清初西泠词人群体的个体词作特质与成就

忍气。万种禁持,千般啰唣,见了谁提起。都是我、惯了伊家,做出这般,我也无如何耳。　凭着伊,十分怪我,我是至今牵系。人也劝奴,为何守这,冷冷清清地。奴须丢不下,死生只在这里。　算将来,真成痴想,只为旧时情意。清夜无眠,翻来覆去,泪满鸳鸯被。是我难割舍,料伊也拼奴弃。①

此是一首典型的阑入元曲之词,不仅运用大量的口语入词,而且词的内容已经具有叙事功能而故事化,一反传统词作以营造意境为目的,呈现出俚俗绮艳的特点,已与元曲相距不远。

另外,《云华馆别录》也是沈谦前期崇尚艳情的代表性作品。此集是清顺治十七年(1660)沈谦得读《倚声初集》所收俞右吉、董文友所作美人词之后,拟作词十六首,分赋美人口、鼻、眼、眉、腰、足等作品的结集。沈谦在《云华馆别录自序》中,曾将以词描绘美人体态喻作画龙,并云:"彼美人兮,处空谷,隔云雾。予迫之使出,得无讶其唐突乎?然龙以不见神,故若灭若没者,政多未尽。予亦乌能使其必尽?虽未得肉,聊以慰简兮之思云尔。"②

如沈谦写美人眉,调寄《青玉案》:

卷帘深坐苔痕浅。知心里、将谁怨。袅袅蛾儿新出茧。何须京兆,自胜虢国,十样随人换。　镜中巧抹春山远。病起无端又重看。有限青颦愁不断。暂时佳会,此生薄福,消得梁鸿案。③

沈谦晚年自订其词作,将前期和后期的作品均收入《东江别集诗余》中。后期词作虽仍旧崇尚婉丽情思,但其所作,已经非全然艳情,而且词风已经渐趋雅致,时见清奇俊逸,尤其是他的赠答抒怀以及登临怀古之作,更是如此。沈谦在《与邹程村》中谈及自己词风转变的始末:"仆童年刻意过

---

① 南京大学中国语言文学系《全清词》编纂委员会编:《全清词·顺康卷》,北京,中华书局,2002年,第1版,第2025页。
② 沈谦:《东江集钞》,卷六,清康熙十五年(1676)沈圣昭沈圣晖刻本,《四库全书存目丛书》集部第195册,济南,齐鲁书社,1997年,第1版,第240页。
③ 南京大学中国语言文学系《全清词》编纂委员会编:《全清词·顺康卷》,北京,中华书局,2002年,第1版,第2003页。

深,时多透露,前蒙登拔,皆其少篇。近亦幡然一变,将尽扫云华之旧,不知足下之许我否也?"[1]其中"前蒙登拔"即《倚声初集》所收沈谦词作,"云华"即《云华馆别录》。沈谦晚年词作的特色,可以《东湖月》一词为代表。此词为沈谦清康熙八年(1669)五十岁生日时,潘云赤以自度曲《东湖月》为寿,沈谦览后有感,依韵以答:

> 甚钟灵。便珊瑚百丈老重溟。问谈天邹衍,凌云司马,此日敢纵横。骨带铜声敲不响,有黄金伏枥难行。只好衲衣持钵,绣幕闻笙。 山青兼水绿,对萧疏、白发转多情。笑磨厓天半,沉碑潭底,身后枉垂名。雾里看鸢非我事,尽优游下泽同乘。漫道出,堪作雨处亦关星。[2]

总之,沈谦词作,延续明代词风余绪,以婉句丽情为其基本特点,但却无伤大雅,间有清奇新疏之色。赵钥《青玉案·读沈去矜词戏赠》一词,是对沈谦词风的总括:"粉香丛里消魂句。全不似、空中语。才子只应花月侣。朱楼巷陌,银灯歌舞。笔底飞朝雨。 旗亭唱彻黄金缕。旧案新翻会真谱。瘦得休文腰带聚。泥犁谁见,温柔且住。大雅元来腐。"[3]

二、由绮丽到慷慨:折射明末清初词风嬗变的沈丰垣词

沈丰垣,字遹声,号柳亭,浙江钱塘人,诸生,曾入庆元知县梁易斋幕,有陆进《贺新郎·送沈遹声之庆元梁易斋明府幕》为证。沈丰垣年少时与俞士彪、洪昇、张台柱等人共同师事沈谦门下,从其学词。另外,沈丰垣与西泠词人群体先导期词人徐士俊,发展繁荣期词人沈谦、毛先舒、丁澎,余波期词人吴仪一、洪云来、高式青、仲恒等均有唱酬。著有《兰思词钞》《兰思词钞二集》。另外,据厉鹗《倚声初集跋》:"《倚声初集》……中有梅坡、柳

---

[1] 沈谦:《东江集钞》,卷七,清康熙十五年(1676)沈圣昭沈圣晖刻本,《四库全书存目丛书》集部第195册,济南,齐鲁书社,1997年,第1版,第250页。
[2] 南京大学中国语言文学系《全清词》编纂委员会编:《全清词·顺康卷》,北京,中华书局,2002年,第1版,第2017页。
[3] 南京大学中国语言文学系《全清词》编纂委员会编:《全清词·顺康卷》,北京,中华书局,2002年,第1版,第2983页。

第五章　明末清初西泠词人群体的个体词作特质与成就

亭两君手评,可爱也。"①可知,沈丰垣曾手评邹衹谟、王士禛《倚声初集》。蒋景祁《刻瑶华集述》云:"顾舍人梁汾乃极口沈遹声丰垣,或有于人前短遹声少年事者,舍人辄切齿,又其请生还。……人之以友朋为性命,未有不于文章结知己者。世俗衰薄,正须此种事为词林长价耳。"②蒋景祁在这里特意提及清初词坛对沈丰垣人品与词品的褒贬,以及顾梁汾对沈丰垣的青睐,并把二人交谊当成词坛佳话来传播。

《兰思词钞》二卷、《兰思词钞二集》二卷,现藏于中国国家图书馆,均附于沈谦、毛先舒《古今词选》之后,吴山草堂本,半页八行,行十八字,白口,无鱼尾,版心上端分别镌"兰思词钞""兰思词钞二集",下端镌卷数、页码。其中《兰思词钞》前有徐士俊《题兰思词》,《兰思词钞二集》前有郑庆元《征新声谱逸词启》、徐士俊《兰思词序》、吴仪一《评兰思词》八则,陆进、洪昇、汪鹤孙、吴绮、王晫、陈蕴元、张台柱、高式青八人的《兰思词话》。《兰思词钞》二卷,《全清词·顺康卷》已收录;但是,《兰思词钞二集》二卷,《全清词·顺康卷》及《全清词·顺康卷补编》均未收录,可据此补入。据词作内容判断,《兰思词钞》为沈丰垣前期词作,共收词109首;《兰思词钞二集》为后期词作,共收词227首。

《兰思词钞》二集,可补正《全清词·顺康卷》沈丰垣及其妻俞璨、妾杨琇的生平小传。俞璨、杨琇均擅倚声,其词《全清词·顺康卷》均已收录。但是,二人的具体事迹以及她们之间的关系,却无文献可考。据《兰思词钞二集》卷下《满江红·与内子》:"十九来归,人道是、吾家德耀。漫指点、梨花淡月,双星同照。镜影暗摇钗影落,墨痕微沁眉痕巧。记东城、惆怅小楼头,莺声好。　三载妾,埋荒草。三日子,依怀抱。赖生成顾复,十年啼笑。老去未除离别恨,吟笺赋笔都拚了。学刘伶、欣幸不沉酣,新愁扫。"③又据卷上《丑奴儿令·携躬锡扫亡妾墓》:"儿生半月卿亡矣,十载分离。两载相依。怀抱当年只自知。　呼儿冢上浇春酒,酒却沾泥。泪滴成灰。又听空山叫子规。"④由上可知,杨琇嫁与沈丰垣为妾后三载而死,为沈丰垣留下

---

① 厉鹗著、董兆熊注、陈九思标校:《樊榭山房集》,《樊榭山房续集》之《集外文》,上海,上海古籍出版社,1992年,第1版,第1718页。
② 蒋景祁编:《瑶华集》,卷首,清康熙二十五年(1686)刻本,《续修四库全书》集部第1730册,上海,上海古籍出版社,2002年,第1版,第7页。
③ 沈丰垣:《兰思词钞二集》,卷下,清康熙吴山草堂刻本。
④ 沈丰垣:《兰思词钞二集》,卷上,清康熙吴山草堂刻本。

一子,名躬锡,后由沈丰垣之妻俞璈抚育成人。

因此,《兰思词钞二集》的发现,为全面研究沈丰垣的词作风格和成就以及明末清初西泠词人群体的词学活动,提供了重要文献依据。由此也可以判断,以沈丰垣为代表的西泠词人群体,在明末清初词坛具有举足轻重的地位。还有,明末清初西泠词人群体之间的交游酬唱与词艺切磋等词坛生态,如沈丰垣与毛先舒、丁澎、王晫、陆进、吴仪一、张台柱、高式青、徐逢吉、洪昇、佟世南之间的唱和,以及这一群体与同时期其他词派、词人之间的词学互动,如"京华三绝"中的顾贞观、纳兰性德,"红豆词人"吴绮、余怀等,《兰思词钞二集》也有详细的记载。

沈丰垣少年曾师事沈谦学词,师生之间多有唱和之作。如沈丰垣曾离杭游吴,作《满江红》词,沈谦、洪昇二人均有赠和。沈谦作《满江红·读沈丰垣新词,次洪昉思韵》:

> 落魄谁怜,才几日、鬓中堆雪。则除是、猢儿曾见,鹦哥能说。过眼花随流水去,断肠人向西风别。助凄凉、枕上笛声悲,灯明灭。　情已尽,犹啼血。言不尽,空存舌。似残莺宛转,冷泉幽咽。梦醒忽惊时序改,愁来不信乾坤阔。再休将、醉墨写相思,生绡裂。①

沈谦去世,沈丰垣悲痛之余,有《满江红·宿东江草堂,哭沈去矜先生》:

> 蕙草萧萧,风过处、空帷摇扬。何忍见、人亡琴在,影迷尘网。奇字曾携红友问,新词剩与青娥唱。奈重来、清泪洒东湖,和愁涨。　难再觅,知音赏。漫自作,招魂想。怕仙游何处,兰皋徒望。半榻堆书从不整,一灯照梦还微亮。看梅花、如月月如人,南楼上。②

师生情谊,倚声知音,可以想见。沈谦论词,崇尚晚唐北宋小令,作词曾一度宗法周、柳、秦、李、黄,以言情见长。受业师沈谦婉约词风的影响,沈丰垣词作也呈现出工于以婉约小令言说绮艳之情的特色。但与沈谦词

---

① 南京大学中国语言文学系《全清词》编纂委员会编:《全清词·顺康卷》,北京,中华书局,2002年,第1版,第2010页。
② 南京大学中国语言文学系《全清词》编纂委员会编:《全清词·顺康卷》,北京,中华书局,2002年,第1版,第4544页。

第五章　明末清初西泠词人群体的个体词作特质与成就

风有所不同的是,沈丰垣还兼吸取了柳永、周邦彦以铺排迭荡的长调抒情的作词手法。吴仪一评沈丰垣《兰思词》曰:"《兰思词》如湘江月夜,横竹吹秋,商音缭绕,风水为之凝咽;又如废馆迷花,幽窗闭月,冷艳袭人。人皆言沈子工于言情,予更喜其止乎礼义。如……皆有风人之遗。"①徐士俊《兰思词序》曰:"吾友沈子遹声深于情者也,深于情而才足以副之。故其所为词,言情者什之七,而无不臻于妙丽。每读一首如睹一琪花,每展一叶如逢一艳女。若通斯集而观之,则纷红骇绿,惊魂动魄,不啻巫峰之十二,离宫之三十六也。"②

沈丰垣的词作,以其爱妾杨琇逝世为界,可以分为前后两期,分别收入《兰思词钞》及《兰思词钞二集》中。杨琇,字倩玉,浙江钱塘人,为沈丰垣副室,著有《远山楼词》,以婉丽深情见长,清初词选《西陵词选》《东白堂词选初集》《瑶华集》等均收录其词。杨琇本为沈丰垣表妹,战乱被俘,被鬻于驻防旗下,沈丰垣百方将其赎回,纳为妾,为沈丰垣生一子而卒。沈丰垣与杨琇情深意笃,沈丰垣《长相思·夜思》:"晚风清。乱蛩鸣。一点银缸亮到明。衾单梦不成。　忆卿卿。态盈盈。楚楚腰肢淡淡情。相逢足一生。"③杨琇则以《长相思·寄外》回答:"见时羞。别时愁。百转千回不自由。教人争罢休。　懒梳头。怕凝眸。明月光中上小楼。思君枫叶秋。"④但杨琇芳魂早逝,沈丰垣悲痛不已,有多首词作以纪。如《丑奴儿令·忆倩玉》:"卜园几阵催花雨,杏蕊都开。燕子重来。不信芳魂唤不回。　生憎病骨偏如旧,放浪形骸。憔悴情怀。浊酒深深酌一杯。"⑤又如《鹧鸪天·忆倩玉》三首,其一:"此夕西风已变秋。不须重上小红楼。绕床岂意留人种,合镜何缘定好逑。　抛锦瑟,泛扁舟。烟波曾作五湖游。而今欲觅惊鸿影,月白霜浓夜夜愁。"⑥其二:"羞见霜华两鬓新。十年心事向谁论。移将月影翻棋局,强把花容对酒樽。　山敛黛,柳含春。独怜玉骨化

---

① 沈丰垣:《兰思词钞》,卷首,清康熙吴山草堂刻本。
② 沈丰垣:《兰思词钞》,卷首,清康熙吴山草堂刻本。
③ 南京大学中国语言文学系《全清词》编纂委员会编:《全清词·顺康卷》,北京,中华书局,2002年,第1版,第4508—4509页。
④ 南京大学中国语言文学系《全清词》编纂委员会编:《全清词·顺康卷》,北京,中华书局,2002年,第1版,第4554页。
⑤ 南京大学中国语言文学系《全清词》编纂委员会编:《全清词·顺康卷》,北京,中华书局,2002年,第1版,第4559页。
⑥ 沈丰垣:《兰思词钞二集》,卷下,清康熙吴山草堂刻本。

清尘。临风拟说新来恨,只恐重消地下魂。"①其三:"玉骨冰肌不染尘。当年谁道化行云。镂冰难贮相思泪,琢玉空成舞掌身。　明镜暗,旧钗新。夜台花草肯生春。一番燕语莺啼后,不唤鸳鸯梦里人。"②

虽然沈丰垣《兰思词钞》《兰思词钞二集》均以言情见长,却呈现出两种截然不同的风格。陈蕴元评沈丰垣生平及其词作说:"沈柳亭者,少负逸才,凤标慧性,栏边染翰,笔开芍药之花;池畔摘文,纸变芙蓉之色。迨乃茂陵病后,恒倡新词;巫岭梦回,时填雅调,合为一集名曰《兰思》。空谷之花,无人自馥;断金之性,同心愈芳。披吟一过,如闻纫佩之香;省览数回,岂乏焚蕙之恨。昔传《兰畹》,今睹《兰思》,前后擅奇,足称臭味者矣。"③

《兰思词钞》是沈丰垣前期词作的结集,多为闺阁之思、时令之叹,以及羁旅之愁,以绮艳多情为其特色,"笛"与"月"为这一时期词作的典型意象。吴仪一曾评《兰思词》曰:"洪昉思尝举遹声词'一床夜月吹羌笛''草白烟青,何处画楼吹笛''闭着窗儿自剔,不怕高楼吹笛',谓可称'沈三笛'。予谓沈词如'画屏飞去潇湘月''枕儿畔,挂一片、明河月''南楼过雁,一声唤起明月'皆警句,称'沈三月'较胜。"④

仅举《踏莎行》中"一床夜月吹羌笛"以示,其小序云:

> 星移物换,人世皆虚;梗逝蓬飘,吾生靡定。是以求仙学佛,群笑为迂;饮酒被纳,元非过激。聊蛰龙而伸蠖,或呼马以应牛。仆本有情,兼遭多难。秋风大泽,情殊屈子之悲;春水横桥,恨学尾生之信。双珠待握,一剑惊飞。王孙之草徒芳,姊妹之花半死。天高离恨,总唤奈何;乡老温柔,翻为醉梦。伴狂自废,啼则襟袖都淹;恍恍如痴,笑则冠缨欲绝。然而佳人不再,淑丽难双。未曾断藕,莲复生心;纵是枯杨,絮还惹恨。但使小家碧玉,终嫁汝南;赵国才人,不归厮养。则虽荜门陋巷,敌金屋之繁华;汃水流泉,胜琼浆之隽永。夜窥石镜,朝起藜床。宁怀犊鼻之惭,岂下牛衣之泣。无如薄命,空复多愁。肠无瓶绠,侵晓还牵;腹有车轮,何时不转。书空靡益,说鬼偏宜。且寄兴于

---

① 沈丰垣:《兰思词钞二集》,卷下,清康熙吴山草堂刻本。
② 沈丰垣:《兰思词钞二集》,卷下,清康熙吴山草堂刻本。
③ 沈丰垣:《兰思词钞》,卷首,清康熙吴山草堂刻本。
④ 沈丰垣:《兰思词钞》,卷首,清康熙吴山草堂刻本。

第五章 明末清初西泠词人群体的个体词作特质与成就

小词,即征歌于长恨。①

词云:

> 积雨埋红,沉烟漾碧。小楼春信催寒食。踏青斗草总无心,自家憔悴谁怜惜。 枉裂香罗,虚劳黛笔。东风笑杀多情客。瑶琴元不是知音,一床夜月吹羌笛。②

此序是沈丰垣前半生心态的高度概括,此词则是沈丰垣前期词作的典型代表。对于《兰思词钞》,王晫评云,沈丰垣善作昵语,以质见佳,是柳七、黄九神诣;汪鹤孙则认为,《兰思词》如同美人教鹦鹉学舌,细语娇音,都向花阴柳径中传出,堪称闺襜绝唱。

值得注意的是,沈丰垣《兰思词钞》,已经透露出向慷慨悲情转换的讯息,如长调《十二时·旅夜》:

> 夜深沉、冷风穿壁,灯暗鼠窥檐际。正羁旅、终宵无寐。渐渐寒侵孤被。哀狖啼霜,征鸿叫月,待不听无计。欹枕久、恼杀愁心,那更小溪,引到潺湲流水。 天不明,披衣坐守,没个更筹催起。万籁欲清,如何槛外,虫叫厌厌地。约略时夜半,邻鸡早是聒耳。 细听来,秋声无数,总是凄凉滋味。倦眼朦胧,归魂迢递。刚到香闺里。晓鸦惊梦断,依然身在客邸。③

此词以"夜深沉"作起,以"秋声无数"句作骨,将种种夜声如鸿、狖、鸡、虫、壁风、溪水等杂糅于词中。上阕以"没个更筹催起"结句,呼应"正羁旅、中宵无寐";下阕结句"晓鸦惊梦断,依然身在客邸",照应"倦眼朦胧,归魂迢递",奇变缜密。全词构思奇特,章法极妙,在长调中可谓不可多得。此

---

① 南京大学中国语言文学系《全清词》编纂委员会编:《全清词·顺康卷》,北京,中华书局,2002年,第1版,第4527页。
② 南京大学中国语言文学系《全清词》编纂委员会编:《全清词·顺康卷》,北京,中华书局,2002年,第1版,第4527页。
③ 南京大学中国语言文学系《全清词》编纂委员会编:《全清词·顺康卷》,北京,中华书局,2002年,第1版,第4522页。

外,《兰思词钞》中还有《满江红》十二首,均可视为词风转型之作。

中年以后,沈丰垣仕途宕延,生活困顿,又经丧偶之痛。另外,此时恩师沈谦已经离世,沈丰垣所交往的词友,主要以毛稚黄、王晫、仲恒、丁介、徐逢吉、吴仪一、高式青、金峤庵等人为代表,而昔日的沈门词友如俞士彪、洪昇、张台柱,皆饥驱四方,《兰思词钞二集》有《鹧鸪天·寄洪昉思京邸》:"云海苍茫足雁鱼。经年未得故人书。深杯潦倒惟应醉,旧宅荒凉不可居。三径在,片帆孤。北燕南越定何如。东风一棹归来后,见面还同惜别初。"①

在后期,沈丰垣作词功力益进,词风也由秾丽转向苍劲。所以《兰思词钞二集》多言离情,还有怀古赠答悼亡之作,主要以慷慨悲愤为其特色。陆进《兰思词话》论沈丰垣曰:"昔东江沈先生与余札有云:'《兰思词》精思殊采,不愧淮海、屯田,惜不令程邨见之。'今沈先生宿草矣,而遒声词益进。使东江读是编,其击节又当何如?钟期已逝,流水空弹,言念赏音,为之太息。"②"是编"当指《兰思词钞二集》。《兰思词钞二集》有《满江红》四十首,可视为沈丰垣后期词风的典型代表。举四例以示,如《满江红·十五夜,与高则原、朱景亭》:

> 人道元宵,浑不信、又逢佳节。我已到、中年之后,满怀萧瑟。闭户强斟桑落酒,开窗怕见团圞月。指梅花、结个岁寒盟,心如铁。　翠竹上,余残雪。帘影外、灯明灭。愿故人长健,月圆无缺。蹋地呼天伤往事,文期酒会成辽阔。侍颓然、一枕学庄周,迷蝴蝶。③

此词自叙元宵节夜晚与好友高则原、朱景亭诗酒言欢的场面,以及中年之后人生的孤独凄凉和萧瑟颓废,与李清照《永遇乐》"如今憔悴,风鬟雾鬓,怕见夜间出去。不如向帘儿底下,听人笑语",堪称同工。又如《满江红·元夜,怀吴瑺符、张砥中、顾梁汾、洪昉思、陈兴公》:

> 妒月嫌灯,试屈指、故人都远。从别后、酒旗戏鼓,几年芳燕。缟

---

① 沈丰垣:《兰思词钞二集》,卷下,清康熙吴山草堂刻本。
② 沈丰垣:《兰思词钞》,卷首,清康熙吴山草堂刻本。
③ 沈丰垣:《兰思词钞二集》,卷下,清康熙吴山草堂刻本。

第五章 明末清初西泠词人群体的个体词作特质与成就

带谁堪留季札,秋风偏不催张翰。羡虎头、声价满长安,传黄绢。 良贪永,星球烂。极目处,云山间。继和凝曲子,洪郎歌遍。竹槛兰窗聊独倚,红尘紫陌无人见。忆元方、买棹过前溪,东风便。①

此词与前词写于同一个元宵夜,旨在怀思故人吴仪一、张台柱、顾贞观、洪昇和陈之群,表达良会有期的美好愿望。又如《满江红·同仲道久、丁欧冶湖上分赋》:

黯淡湖光,放一缕、客愁无着。只爱向、孤山亭畔,访梅招鹤。芳草萋萋无限路,前朝南渡曾行乐。问人间、何地可无愁,余将托。 天上月,今非昨。尘世事,都成错。对六桥杨柳,依然绰约。鱼鸟眼前堪啸傲,烟云笔底供挥霍。向旗亭、赌听唱新词,相欢噱。②

愁与悔,是沈丰垣后期作品的感情基调,此词亦是。强欲解愁,又无法可解,无处可托;又思昔事故人,均成过往,而今物是人非,只留心头悔恨,付与新词。又如《满江红·同王丹麓、徐紫凝、金厚余、家方舟溯原秦亭山看花遇雨》:

散步烟郊,肯闲却、浮生如寄。且暂憩、秦亭山麓,野花开未。怪石危峰非蜀道,小溪曲涧闻流水。只一觞一咏一徘徊,同修禊。 柳线弱,春如系。梨雪薄,云还缀。忽飘来微雨,东风可意。片刻阴晴难自料,何须俯仰思陈事。任路傍、人笑折巾回,颓然醉。③

此词写与同仁春天郊游秦亭山的见闻与感受,是落拓困顿中难得的娱乐和慰藉,有稼轩风调。正如沈丰垣好友高式青评其词云:"沈子遹声天生绣腕,自负情痴,乃红叶方题而桃花浪恶,以无限之悲凉寄幽怀于雅调,故其词发乎情,情本乎真,镂冰雕雪,不假丹铅,沁骨钻心,一言一泪,其婉丽清新,即求之《兰畹》《花间》亦为仅构。"④谭献也说:"沈遹声倚声柔丽,探

---

① 沈丰垣:《兰思词钞二集》,卷下,清康熙吴山草堂刻本。
② 沈丰垣:《兰思词钞二集》,卷下,清康熙吴山草堂刻本。
③ 沈丰垣:《兰思词钞二集》,卷下,清康熙吴山草堂刻本。
④ 沈丰垣:《兰思词钞》,卷首,清康熙吴山草堂刻本。

源淮海、方回,所谓层台缓步,高谢风尘,有竟体芳兰之妙。"①

总之,沈丰垣《兰思词钞》和《兰思词钞二集》,体现出其词风由对明代绮丽婉媚词风的继承,转向与清代初年慷慨悲凉稼轩词风的靠拢。沈丰垣的转变,可视为清初词坛词风嬗变的一个缩影。

三、以词寓不平之鸣:在困厄中执着于词的仲恒

仲恒,字道久,号雪亭,晚号渔隐道人,浙江仁和人,诸生,约生于明天启间。九岁能文,长负气节,于书无所不读,与妇钟筠校雠卷帙,家贫,不得志。仲恒与同里沈丰垣、卓苍涛、钟飞涛、丁介、金长舆、金之坚、高式青等人为词友,经常雅集酬唱。清康熙三十三年(1694),年逾七十,尚在人世。著有《词韵》《雪亭词》等。

关于《雪亭词》的版本,现仅存民国二十五年(1936)秋叶恭绰题记的清稿本。叶恭绰在清稿本《雪亭词题记》中说:"此词题名,不知何时挖去,无从推度当属,未居易文,穷搜旁证,结果从《古今词汇》《词综》诸书,考得《雪亭词》乃仲恒所作。"②可知《雪亭词》未曾付梓刊刻。稿本《雪亭词》共十六卷,其中一卷至七卷为小令,八卷至十卷为中调,十一卷至十六卷为长调,计选调《十六字令》至《莺啼序》共402调,计制词1002首,共计66074字,收入张宏生所编《清词珍本丛刊》。

仲恒《雪亭词》前有"年愚弟澧"所撰序,序中称:"雪亭主人夙擅倚声,著名艺圃,大江南北,风雅主盟。顷以大作《词钞》见示,客中多暇,快读一过,不胜悦服。盖词重清空,兼重性灵,而声律摹古,何可废也?大作学力既富,阅历亦深,可以抗手前辈,夺席时人矣。读毕,郑重归之,遂书数语以弁首。"③大致道出仲恒在清初词坛的地位和影响,以及《雪亭词》的内容及风格。

仲恒一生,视功名若无物,曾作《沁园春·送制义,和同人韵》:

放浪浮生,石火萤光,空负形骸。念陵阳不辨,莫邪为钝,黄钟毁

---

① 谭献:《复堂词话》,唐圭璋编《词话丛编》,北京,中华书局,1986年,第1版,第4008页。
② 仲恒:《雪亭词》,卷一,清稿本,张宏生编《清词珍本丛刊》第7册,南京,凤凰出版社,2007年,第1版,第27页。
③ 仲恒:《雪亭词》,卷首,清稿本,张宏生编《清词珍本丛刊》第7册,南京,凤凰出版社,2007年,第1版,第1—2页。

第五章　明末清初西泠词人群体的个体词作特质与成就

弃,瓦釜登台。刺股洛阳,下帷董相,多少英贤壮志埋。况今日,仅七篇八股,百计为灾。　功名岂必无阶。又何苦、纷纷射覆猜。想凌烟事业,各舒所抱,长杨赋就,东阁时开。赠汝成言,舍吾而去,聊侁迂词汝自裁。制义道,候香飘桂子,令嗣偕来。①

在困顿寥落的生存状态下,仲恒每以诗、词抒怀,他在《满江红·和前辈宋荔裳韵》中感叹:

我志何如,伤今日、犹惭俯仰。只半卷、残诗零落,一生孟浪。醉里雄谈沧海外,梦中挟志青云上。奈醒来、仍是旧头颅,眠孤帐。　对明镜,泚盈颡。看白发,三千丈。且提壶蹀躞,秋风五两。白眼看人成我僻,青灯搦管由心赏。问今宵、明月可曾来,谁同赏。②

再如《沁园春·暮年自慨》:

一世辛勤,笔怨墨嗟,暮景如何。谓登高俯视,气吞一切,万言立就,势若悬河。老合藏锋,闭门休息,还望携琴载酒过。君应悟,这当前种种,尽么魑。　从今跳出风波。须急觅、尧夫安乐窝。看贫轻富重,今人所尚,老欺少长,谁念蹒跚。录此名言,永留天壤,教后人休着此魔。谨自饬,但扃门晚食,闲倚庭柯。③

由于入仕无门,仲恒专以读书著文为生,所著丰富,其《雪亭词》用词调402个,作词达1002首,是明末清初西泠词人群体中使用词调最广、存词最多的词人。清康熙间王奕清所编《钦定词谱》收826个词调,而《雪亭词》用调,所占比例几近一半。仲恒《系裙腰·余年已老,集生平所作诗词录出,欲编成帙,有人笑问,赋此以答》一词,是其对功名与文章的看法:"衰年

---

①　南京大学中国语言文学系《全清词》编纂委员会编:《全清词·顺康卷》,北京,中华书局,2002年,第1版,第4955页。
②　南京大学中国语言文学系《全清词》编纂委员会编:《全清词·顺康卷》,北京,中华书局,2002年,第1版,第4900页。
③　南京大学中国语言文学系《全清词》编纂委员会编:《全清词·顺康卷》,北京,中华书局,2002年,第1版,第4955页。

自笑白驹忙。才重九,又初阳。濡毫日夕弄词章。斜阳落,犹哦咏,费商量。　怪人投刺走名场。乘雨露,冒风霜。只知人世有炎凉。青鬓易,朱颜改,竟相忘。"①

与其他西泠词人一样,填词、论词之于仲恒,是人生之必不可少之事,仲恒增补沈谦《词韵略》,以编撰《词韵》,目的就是满足自己填词之需。《虞美人·录自作词稿》:"囊空自谓文堪卖。句拙谁来买。兴高草就数千言。不道山前惊起、夜啼猿。　凉凉踽踽无人趣。心绪凭谁诉。斜阳一片度山隈。却似有心怜我、故徘徊。"②词人心中的无奈与孤独,无人与诉。

仲恒词学观以中庸平和、开放包容为特点,可以从其《满江红·同人辨论词体,即席分赋》管窥一二:

愁对秋光,闲检点、破愁诗卷。还自笑、揶揄鬼市,讥评月旦。千百载传真蕴藉,二三子志胡冰炭。按红牙、字字寄商声,随征雁。　今与古,谁堪辨。青与白,还相半。任少年情绪,西园梁苑。郊岛不妨寒瘦调,苏辛翻尽风流案。唤西风、吹净碧天云,明双眼。③

此词认为,今人词与古人词不分高下,周、柳、秦、黄庭坚,苏轼和辛弃疾词不宜偏废。仲恒论词,与沈谦、沈丰垣偏爱纤秾词风有所不同,他不喜晚唐《花间》之绮艳秾丽,转而崇尚两宋词人的清新俊逸,在《雪亭词》中,仲恒与之和韵词家,既有北宋的苏轼、黄庭坚、柳永、晏殊、晏几道、李清照,也有南宋的蒋捷、陆游和辛弃疾,更有明代词家刘基。即使仲恒和花间词人的闺情之作,也是一改其温丽之风,转向清疏。如《河传·依温庭筠体》:

春去。无据。暗沉沉。烟锁沙汀。柳亭。雨声凄惨鞍上听。行行。关山第几程。　迢递浑忘去国远。肠欲断。鸦噪斜阳晚。　宿

---

① 南京大学中国语言文学系《全清词》编纂委员会编:《全清词·顺康卷》,北京,中华书局,2002年,第1版,第4857页。
② 南京大学中国语言文学系《全清词》编纂委员会编:《全清词·顺康卷》,北京,中华书局,2002年,第1版,第4848页。
③ 南京大学中国语言文学系《全清词》编纂委员会编:《全清词·顺康卷》,北京,中华书局,2002年,第1版,第4898页。

第五章 明末清初西泠词人群体的个体词作特质与成就

溪桥。风萧萧。寂寥。闷怀何处消。①

温庭筠《河传》有三首,风格相同,仅举其一:

江畔。相唤。晓妆鲜。仙景个女采莲。请君莫向那岸边。少年。好花新满船。 红袖摇曳逐风暖。垂玉腕。肠向柳丝断。浦南归。浦北归。莫知。晚来人已稀。②

仲恒并举婉约、豪放两派,但两者相比,更偏爱于苏、辛一派,常以苏、辛自比。辛弃疾最喜欢用的词调为《鹧鸪天》,动辄赋组词十余首。仲恒曾与词友沈柳亭、张介山、卓九如、苍涛、钟飞涛、丁欧冶雅集,众人分别次辛弃疾《鹧鸪天》"秋"字韵和"眉"字韵赋词两组,每组十二首,共计二十四首,且互相品评。③钟飞涛总评此二十四首词曰:"诗以馀名,明夫诗之馀也。三百篇中,不废风雅;《九歌》而降,尽属《离骚》。窃笑世之论者,往往以意为好尚。喜浓艳者,遂至绝口辛、苏,则自'晓风残月'而外,皆可废也。志豪放者,竟至痛挤周、柳,则自'大江长剑'而外,举可删也。亦见其固已。是词二十四阕中,奇正相生,浓淡杂出,真得言情本色。其词之清丽,气之苍凉,则又不减'二十四桥吹箫明月'也。"④间接道出仲恒作词刚柔两兼的特点。

除此次雅集之外,仲恒与词友在其他雅集场合,分赋作词时也往往选择步稼轩词韵。如《一剪梅·夏日介山、欧冶、柳亭、九如、苍涛小斋留饮,临别分赋,步稼轩韵》:"肯到茅堂心窃喜。浊酒三杯,有意如无意。长幼欢呼莫问齿。兴阑欲已何妨已。 雄辩高谈休漫记。千载风流,谁共苏辛比。雨打梨花飞不起。熏风阵阵吹人醉。"⑤再如《念奴娇·试茶,集卓氏鬘云轩,同金介山、丁欧冶、沈柳亭、宋受谷、卓九如、苍涛及男清分赋,步辛

---

① 南京大学中国语言文学系《全清词》编纂委员会编:《全清词·顺康卷》,北京,中华书局,2002年,第1版,第4829页。
② 李冰若:《花间集评注》,卷二,北京,人民文学出版社,1993年,第1版,第42页。
③ 仲恒:《雪亭词》,卷六,清稿本,张宏生编《清词珍本丛刊》第7册,南京,凤凰出版社,2007年,第1版,第312—326页。
④ 仲恒:《雪亭词》,卷六,清稿本,张宏生编《清词珍本丛刊》第7册,南京,凤凰出版社,2007年,第1版,第326—327页。
⑤ 仲恒:《雪亭词》,卷八,清稿本,张宏生编《清词珍本丛刊》第7册,南京,凤凰出版社,2007年,第1版,第423—424页。

稼轩韵》："泠泉初沸,赋新词、各抱隋珠荆璧。(茶原有珠璧之拟。)绿脚云垂,(茶初熟之象。)烦渴解、玉碗香浮粉碧。露浥山根,风生腋底,谁闯卢仝席。探春紫笋,(二茶名。)能仁不数岩石。(能仁,释家佛菩萨通称;岩石,高僧名,善制茶者。) 还思昨日春归,单衣初试,堪慰临邛客。(司马相如有消渴病,最爱茶。)莫谓夏兴冬可废,(古咏茶诗中之语。)一岁顿分今昔。未见甘心,先迎苦口,(亦咏茶诗中之句。)量已看看窄。枪旗争战,(《茶品》云:茶梗为枪,茶叶为旗。)问君何日休息。"[1]一同雅集的词友丁欧冶介评曰:"韵极自然,无步趋之迹。"[2]金介山峤庵评曰:"化工点染,第觉蕴藉风流,座中最上乘也。"[3]需要指出的是,在此词自注中,丁介详细解释了词句中出现的与茶相关的名物与典故,可谓开启清代词人重视词中自注的先河。

仲恒还有诸多词作用辛稼轩韵,如《水调歌头·望春词,依东坡韵》《贺新郎·夏日,张介山、卓九如、苍涛偕我子田叔,过沈氏梧斋,与斋主赓裳永令,及同人陆德方,拈调分赋小词,取竹林七贤意,限步稼轩韵,戏续赋以赠》《贺新郎·再赋前事次韵》《贺新郎·赋前事甫毕,适友欲制词赠恒山梁冶崛先生,时梁以司马领钱塘县事,用前韵》《稍遍·依苏东坡韵》等。

其中《贺新郎·夏日,张介山、卓九如、苍涛偕我子田叔,过沈氏梧斋,与斋主赓裳永令,及同人陆德方,拈调分赋小词,取竹林七贤意,限步稼轩韵,戏续赋以赠》:

> 日色沉西矣。羡群英、高才磊落,只今无几。掣电轰雷光满座,不问当前余事。有何处、窥君忧喜。槛外榴花新吐焰,想从来、逸兴谁如是。竹林伴,差相似。 青山隐约浮云里。忆兰亭、流觞曲水,略同情味。鹿鹿红尘名利客,那识个中至理。吟赋罢、清歌竞起。嵇阮诸君声藉甚,谅风流、不过如斯耳。千载后,十四子。[4]

---

[1] 仲恒:《雪亭词》,卷十三,清稿本,张宏生编《清词珍本丛刊》第7册,南京,凤凰出版社,2007年,第1版,第684—685页。
[2] 仲恒:《雪亭词》,卷十三,清稿本,张宏生编《清词珍本丛刊》第7册,南京,凤凰出版社,2007年,第1版,第685页。
[3] 仲恒:《雪亭词》,卷十三,清稿本,张宏生编《清词珍本丛刊》第7册,南京,凤凰出版社,2007年,第1版,第685页。
[4] 仲恒:《雪亭词》,卷十六,清稿本,张宏生编《清词珍本丛刊》第7册,南京,凤凰出版社,2007年,第1版,第838—840页。

第五章 明末清初西泠词人群体的个体词作特质与成就

钟飞涛评此词云:"通体隽爽,六字结得有胆。腐儒见之,自应咋舌,不能收矣。"①再与辛弃疾原词《贺新郎》作比较:

> 甚矣吾衰矣。怅平生、交游零落,只今余几。白发空垂三千丈,一笑人间万事。问何物、能令公喜。我见青山多妩媚,料青山、见我应如是。情与貌,略相似。 一樽搔首东窗里。想渊明、停云诗就,此时风味。江左沉酣求名者,岂识浊醪妙理。回首叫、云飞风起。不恨古人吾不见,恨古人、不见吾狂耳。知我者,二三子。②

仲恒词用阮籍、嵇康"竹林七贤"和王羲之、谢安"兰亭雅集"之典故,表现孤傲清逸之旨趣,辛弃疾词用李白、陶渊明之典故,表现洒脱狂豪之情怀,二者各具千秋。

在仲恒《雪亭词》中,有《念奴娇》35首、《满江红》45首、《水调歌头》15首、《满庭芳》13首、《贺新郎》10首、《摸鱼儿》7首、《沁园春》6首,其风格均为豪放磊落一派。如《水调歌头·秋夜旅舍》:

> 秋气何萧索,薄雾涨深溪。堤上凄凄衰柳,惨淡似愁眉。更奈寒蛩悲咽,偏向离人耳底,故作别时啼。华发明镜里,谁念在天涯。 强自步,凭梦语,数归期。归期已卜,乍疑乍信乍寻思。欲问鱼鳞雁足,又恐舟行帆捷,彼此各东西。独立芙蓉下,露冷忘添衣。③

从题材而言,《雪亭词》所涉广泛,几乎无事不可入词。除了传统题材如闺情闺思、节序景物、羁旅行役、留别赠答、游胜览古、咏物题跋之外,《雪亭词》中,还有许多自慨、有慨、寄慨、自遣、遣愁、遣怀、写怀、答嘲和慨世之作,仲恒曾云以自慨为题作词十六卷,并云《雪亭词》就是寓其不平之鸣。《雪亭词》除了闺情闺思的题材外,其他题材大多呈现出清朗峻拔、洒脱飘逸的词风,也体现出苏、辛以诗为词、以文为词的特点。

---

① 仲恒:《雪亭词》,卷十六,清稿本,张宏生编《清词珍本丛刊》第7册,南京,凤凰出版社,2007年,第1版,第840页。
② 唐圭璋编:《全宋词》,北京,中华书局,1965年,第1版,第1915页。
③ 仲恒:《雪亭词》,卷十一,清稿本,张宏生编《清词珍本丛刊》第7册,南京,凤凰出版社,2007年,第1版,第594—595页。

由于仲恒对于词调和词韵非常精通,喜欢借助填词刻意展露自己的才学,所以无论常调还是僻调,仲恒均尝试填之,尤其喜欢用僻调,如《琴调相思引》《金蕉叶》《荆州亭》《滴滴金》《月中行》《风来朝》《留春令》《四和香》《锯解令》《摘红英》《翻香令》《桌牌子》《于飞乐》《蕙兰芳引》《满园花》《离别难》《云仙引》《三部乐》《泛清波》《夜飞鹊》等,不胜枚举。如《蕙兰芳引·纪同人课集和金峤庵韵》:"修竹茂林,忆当日、清幽庭院。蔼蔼聚群英,绮阁上、熏风暖。挥毫落楮,云霭里、轰雷掣电。看文光熳烂,十里荷香拂面。 月上疏帘,风来函丈,梁园初晚。想天上老人,也应燃藜下看。兰亭佳话,碧桃春宴。问何如、此日风流俊远。"①

除了喜填僻调之外,仲恒也喜欢用次韵、步韵、依韵等和韵方式,在别人以为不可为处而为之,出奇制胜,以示高妙,如在《雪亭词》中,除了上述次稼轩韵二十四首之外,还有次或依周邦彦、苏轼、李清照、秦观、蒋捷、刘青田和同道词友等人词韵,并且一韵动辄作数首。仲恒对此颇为自豪,他说:"古人论和韵有不可者三,非必不可和,盖为才短者言耳。若果天才,正于盘错以别利器,奚和韵之足云。"②

仲恒还曾用"福唐独木桥体"作《寿楼春》一词,檃栝韩愈《送孟东野序》。他在自序中说:"檃栝韩昌黎《送孟东野序》,因自慨作词十六卷,作诗过之,亦犹石屏云:夫诗者,皆吾依平日愁叹之声之意云尔。"此序点明仲恒以诗词创作,作为抒发人生不平之鸣的初衷。其词云:

  心难平而鸣。遡皋夔稷禹,胡事皆鸣。五子伊周相继,那宜俱鸣。周以后,谁当鸣。楚屈原、离骚悲鸣。想泽畔行吟,怀才被谤,应有不平鸣。 东西汉,何人鸣。有相如马贾,经世之鸣。最后唐人诗士,孟郊哀鸣。愁所至,聊为鸣。命与天、乌能无鸣。到今日吾生,忧愁莫解,雪亭词寓鸣。③

"福唐独木桥体"为黄庭坚首创,作《阮郎归》全用"山"字韵;辛弃疾继

---

① 仲恒:《雪亭词》,卷十,清稿本,张宏生编《清词珍本丛刊》第7册,南京,凤凰出版社,2007年,第1版,第544页。
② 王又华:《古今词论》,唐圭璋编《词话丛编》,北京,中华书局,1986年,第1版,第611页。
③ 仲恒:《雪亭词》,卷十四,清稿本,张宏生编《清词珍本丛刊》第7册,南京,凤凰出版社,2007年,第1版,第768—769页。

第五章 明末清初西泠词人群体的个体词作特质与成就

之,作《柳梢青》全用"难"字韵。其特点就在于全词用同一字押韵,难度极大。仲恒此作,既为"福唐独木桥体",全词用"鸣"字韵;同时又属于檃栝词,改编前人的作品。所以,无论是词的形式还是题材,均受到限制,可谓难上加难。《雪亭词》卷十《醉翁操》词题云:"此琴曲也,最不易写。偶读欧公《醉翁亭记》,檃栝赋之。"[1]明确点出仲恒写作檃栝词,试图与前贤之作一较高低的创作心理。此外,《雪亭词》中还有《十二时》《瑞龙吟》《多丽》《玉女摇仙佩》《六丑》《六州歌头》《小诺皋》《宝鼎现》《哨遍》《莺啼序》各一首,均为一百三十字以上的长调。正因为这些词调极难填写,恰恰可以展示填词技艺的高超,仲恒的目的就在于此。

与词友同题酬唱,也是仲恒争胜骋才的一种方式。其《瑞龙吟·咏星》的小序,就记载了他与词友斗才的始末:"一日,偶寓友人斋中,居停未归,同寓者乃词中能手。酒后散步空庭,时方下弦,有星无月,因谓余曰:'古未有咏星者。二人闲窗无事,盍拈调咏之,何如?'余唯唯应诺。久之,各无所就。因思题难,虽能者棘手。今其人已逝,安能起九原而促之?偶谈及此,率笔补识。"[2]此典既显示出仲恒强烈的好胜之心,更能说明他对于词体的重视。其词云:

> 天何事。悬挂几许荧荧,零零如粟。凭高登眺,宛然明珠累累,光芒互瞩。璿玑局。无数冠裳绅士,腰金佩玉。专司明灭祯祥,宜禳宜庆,敬修庄肃。　罗照幅员分野,有时相聚,相逢相促。还怕巨天蚩尤,经旬连宿。紫薇照耀,群邪谁敢触。稔从古、君臣一德,众星从欲。万姓俱休沐。　当今圣主,垂裳恭肃。四海如春旭。夫是以、凭看诸辰炫目。各依划度,要荒宾服。[3]

王又华《古今词论》记载了仲恒关于作词技法的观点:"作词用意,须出人想外,用字如在人口头。创语新,炼字响。翻案不雕刻以伤气,自然远

---

[1] 仲恒:《雪亭词》,卷十,清稿本,张宏生编《清词珍本丛刊》第7册,南京,凤凰出版社,2007年,第1版,第558页。
[2] 仲恒:《雪亭词》,卷十六,清稿本,张宏生编《清词珍本丛刊》第7册,南京,凤凰出版社,2007年,第1版,第860—861页。
[3] 仲恒:《雪亭词》,卷十六,清稿本,张宏生编《清词珍本丛刊》第7册,南京,凤凰出版社,2007年,第1版,第861—862页。

庸,熟而求生。再以周清真之典丽,姜白石之秀雅,史梅溪之句法,吴君特之字面,用其所长,弃其所短,规模研揣,岂不能与诸公争雄长哉。"①此论对于常州词派领袖周济"问途碧山,历梦窗、稼轩,以还清真之浑化"的学词门径,有所启发。需要指出的是,《雪亭词》也偶有不合词律之处,如《高阳台·中秋独酌,寄钟飞涛》之末句"奈欲说无由",依万树《词律》应为四字。

纵观仲恒一生,可谓在困厄的境遇中坚持着对词的执着,无论是《雪亭词》,还是其所编《词韵》,均显示出他对词的热爱和为词所付出的心力。

第四节 学人之词

在西泠词人群体中,学者型词人的数量相当可观,这也与其他地域性词派或词人群体形成鲜明的对照。他们的词作数量不多,但佳作不少。具有代表性的"学人之词"有:毛先舒《鸾情集选填词》、姚之骃《镂空集》和姚炳《荪溪集诗余》。

一、温柔敦厚:毛先舒的创作追求

毛先舒(1620—1688),字稚黄,初名骙,字驰黄,浙江仁和人,诸生。毛先舒与沈谦、纲孙号称"南楼三子",又与陆圻、柴绍炳、吴百朋等人号称"西泠十子",与毛奇龄、毛际可称"浙中三毛"。毛奇龄《毛稚黄墓志铭》云:"君少无宦情,后以父命为诸生,及父殁,仍弃如故。"②毛先舒家境窘迫,其《一萼红·东园屋子》云:"借东园,恰三间屋子,好在是清幽。剪纸糊窗,编茅隔水,水边别构孤楼。当好夜、吹灯兀坐,凑树阴、密处月如钩。鼠啮残书,萤穿败壁,未是穷愁。"③从此词内容,可以想见毛先舒中年以后穷困潦倒的生存状态。另外,毛先舒体弱多病,卧床十余年,陈维崧《水调歌头·送恽南田之钱塘并柬毛稚黄》劝解云:"果否别来无恙,底事断诗筒。人世作

---

① 王又华:《古今词论》,唐圭璋编《词话丛编》,北京,中华书局,1986年,第1版,第610—611页。
② 毛奇龄:《西河文集》,《西河合集》之《墓志铭》卷九,《清代诗文集汇编》第88册,上海,上海古籍出版社,2010年,第1版,第54页。
③ 南京大学中国语言文学系《全清词》编纂委员会编:《全清词·顺康卷》,北京,中华书局,2002年,第1版,第2197页。

第五章　明末清初西泠词人群体的个体词作特质与成就

达耳,长邑郁焉穷。"①

毛先舒年轻时曾受知于陈子龙,所作《白榆堂诗》深得子龙叹赏,并从其学诗古文,中年不幸久困场屋,晚年学问精进,多有涉猎,以著书为乐。王嗣槐《与毛稚黄书》云:"比足下受知于陈大樽先生,诗古文辞日益工,士大夫过武林者,莫不与足下结缟带欢,足下享有盛名四十余年。仆与足下困场屋,年过五十。仆既颓老自放,足下病卧六七年,日惟著书为乐,兼闻四子书,多所论说,窃喜足下老而专精,探索大有发明。"②据毛奇龄《毛稚黄墓志铭》记载,毛先舒还曾向刘宗周请教性命之学:"会山阴刘中丞讲学于蕺山之麓,君执贽问性命之学。当是时,君方弃举义,与诸子赋诗谈道。"③

毛先舒首先是一个音韵学家和经学家,毛奇龄《毛稚黄墓志铭》评云:"顾生平,好谈韵学,著《韵学指归》,以为字有声、有音、有韵,而韵为尤要。顾韵有六条:一曰穿鼻,二曰展辅,三曰敛唇,四曰抵腭,五曰直喉,六曰闭口。又撰《唐韵四声表》及《词韵》《南曲韵》诸书,其大指与柴氏《韵通》、顾氏《韵正》相表里。其他所著,有《思古堂集》《匡林》《潠书》《螺峰说录》《毛驰黄集》《小匡文钞》《圣学真语》《格物问答》《东苑文钞》《东苑诗钞》《蕊云集》《晚唱》《诗辨坻》《韵白》《鸾情集选》《填词名解》。诸书皆镂版行世,其未镂者,存于家。"④毛先舒音韵学著作有《韵学通指》《韵白》《唐韵四声表》《声韵丛说》《韵问》《南曲韵》;经学著作有《螺峰说录》《圣学真语》《格物问答》《匡林》;另有史学著作《南唐拾遗记》。其次,毛先舒擅长诗文,著有《毛驰黄集》《思古堂集》《潠书》《小匡文钞》《东苑诗文钞》《蕊云集》《晚唱》《诗辩坻》;作词、论词、选词仅为毛先舒究心学问之余事,著有《鸾情集选填词》《填词名解》,与沈谦合编《古今词选》。

毛先舒为文,力求文辞通达而道义备至,要作有根柢之文。毛奇龄《毛稚黄墓志铭》记载了毛先舒的文章观:"尝曰:文须具根柢。根柢者,如草木

---

① 南京大学中国语言文学系《全清词》编纂委员会编:《全清词·顺康卷》,北京,中华书局,2002年,第1版,第4052页。
② 王嗣槐:《桂山堂文选》,卷三,清康熙青筠阁刻本,《四库未收书辑刊》7辑27册,北京,北京出版社,1997年,第1版,第210页。
③ 毛奇龄:《西河文集》,《西河合集》之《墓志铭》卷九,《清代诗文集汇编》第88册,上海,上海古籍出版社,2010年,第1版,第53页。
④ 毛奇龄:《西河文集》,《西河合集》之《墓志铭》卷九,《清代诗文集汇编》第88册,上海,上海古籍出版社,2010年,第1版,第54页。

之有根荄也。然而,根柢无他,诚、厚、虚、静而已矣。诚通天心,厚养元气,虚则受益,静乃生慧。诚、厚、虚、静四字,当记文章本根,端在乎是。每自颂之,为作文箴云。"①清初著名学者潘耒在为毛先舒所作《毛氏家刻序》中,将文章品格分为三类:花叶之文、条干之文和根柢之文,并指出:"竞华泽,尚藻采,纂组雕镂,标新领异,是谓花叶之文,辞工矣而未深乎义也;考典制,论事理,辨博而不浮,疏通而致用,是谓条干之文,义畅矣而未几乎道也;若夫穷天人之渊源,阐心性之阃奥,羽翼经传,综贯百家,此则根柢之文,道备而辞与义无不该焉。近代号为文人者,苟能为花叶之文,斯已哀然;自命作者其能通达条干者,十不得一;究极根柢者,百不得一也。"②在此序中,潘耒盛赞毛先舒之文属于"根柢之文":"毛之子文,盖数变而几于道,舍其所已工,勉其所未至,必造乎根柢而止,可谓至难。要唯其人冲恬清素,游心物表,不婴世事,故能敛华就实,与道合真。盖毛子之文成。而其人已渺然于埃壒之外矣。"③这三条文献可以证明,毛先舒所著文章,是其文章观的实际践行。

毛先舒论词、作词,与其论文、作文的态度基本是一致的。他认为,填词如作文,也必须有根柢,而根柢就是学问,二者为流与源的关系。他在《丽农词序》中深入地探讨了这一问题:"邹子䜣士寄情填词,先后有《丽农》诸刻。其笔墨之妙,如流波,如静女,其设色落想,都似不从人间来。今读之,风刺揄扬,隐而微中,使人留连焉,惝恍焉,其意义视《三百篇》何以异哉?虽然,余谓皆䜣士之学为之耳。盖䜣士负宏博才,其于文章,真能穷源极流者也。所著文抄、经术、史学,条贯纷纶,而便便出之,如云属河注。故虽作一词,皆有大气精思贯其表里,而足以益人性情如此。"④对于自己的门生洪昇,毛先舒也是再三强调学问之于词和人生的重要性,其《水调歌头·与洪昇》云:"君子慎微细,虚薄是浮名。子家素号学海,书籍拥专城。不在风云月露,耽搁花笺彩笔,且问十三经。屋漏本幽暗,笃敬乃生明。 百

---

① 毛奇龄:《西河文集》,《西河合集》之《墓志铭》卷九,《清代诗文集汇编》第88册,上海,上海古籍出版社,2010年,第1版,第53页。
② 潘耒:《遂初堂文集》,卷八,《续修四库全书》集部第1417册,上海,上海古籍出版社,2002年,第1版,第501—502页。
③ 潘耒:《遂初堂文集》,卷八,《续修四库全书》第1417册,上海,上海古籍出版社,2002年,第1版,第502页。
④ 毛先舒:《潠书》,卷一,北京图书馆藏清康熙刻思古堂十四种书本,《四库全书存目丛书》集部第210册,济南,齐鲁书社,1997年,第1版,第622页。

第五章　明末清初西泠词人群体的个体词作特质与成就

年事,千古业,几宵灯。莫愁风迅雨疾,鸡唱是前程。心欲小之又小,气欲敛之又敛,到候薄青冥。勿谓常谈耳,斯语可箴铭。"①

毛先舒十一二岁即喜小词,根据毛先舒《鸳情集选自题》所述,正式学作填词当在二十余岁。沈谦将其所作进行删选,后又有新作补入,汇刻为《鸳情集选》,即《鸳情集选填词》。"鸳情"之名,源自唐代王勃《怀仙》:"鹤岑有奇径,麟洲富仙家。紫泉漱珠液,玄岩列丹葩。常希披尘网,眇然登云车。鸳情极霄汉,凤想疲烟霞。道存蓬瀛近,意惬朝市赊。无为坐惆怅,虚此江上华。"意谓《鸳情集选填词》的词作寓有游仙求道之思。毛先舒在《鸳情集选自题》中对此解释道:"盖余多病,而时玩心养生家书,故寓怀游仙耳。其中旷然者有之,亦颇有涉昵者。然率多叙宫闺情事,间作善和坊题帕语,亦有所托形。其别思若桑间、墙阴,一无敢染。夫笔墨庶几乎佚,而乃慎其存心焉。或曰,废之善。或曰,不必废也。昔子云悔其少作而赋不火,何故?抑如放翁所云《渔歌》《菱唱》犹不能止,且所以志过者耶?"②由此可知,《鸳情集选填词》多写闺情艳想,其中别有寄托之意,风格则以绮丽旖旎为主。

其中《玉楼春·闺晚》《踏莎行·书来》《意难忘·幽恨》诸词,当是毛先舒年少时的游戏模拟之作,堪称是其闺情艳想词作的典型代表,也是他受到晚明以来花草词风影响的表现:

闲庭悄立愁时候。秋色满阶花似绣。月明背着陡然惊,不信我真如影瘦。　嘹嘹孤雁丁丁漏。又是三冬街鼓后。露珠珠泪一般多,谁湿银纱衫子袖。③(《玉楼春·闺晚》)

数点黄花,一行衰柳。凄其客况秋时候。空闺寂寂念相闻,书来墨淡知伊瘦。　心似悬旌,人如中酒。恹恹最怕黄昏后。枕头耳热浪频猜,想伊不忍将人咒。④(《踏莎行·书来》)

玉色香尘。是谁将腻手,捏就湘云。珠梁斜却月,翠黛慢娇春。

---

① 毛先舒:《鸳情集选填词》,毛先舒《毛稚黄十四种书》,清康熙毛氏思古堂刻本。
② 毛先舒:《鸳情集选填词》,毛先舒《毛稚黄十四种书》,清康熙毛氏思古堂刻本。
③ 毛先舒:《鸳情集选填词》,毛先舒《毛稚黄十四种书》,清康熙毛氏思古堂刻本。
④ 毛先舒:《鸳情集选填词》,毛先舒《毛稚黄十四种书》,清康熙毛氏思古堂刻本。

烟惹迹,月留魂。总缱绻难分。背烛花,香弯一捻,试约罗裙。当初忆共金樽。又谁知命薄,短笑长颦。回肠心不住,掩面意难论。烘绣被,浥檀痕。悔不与温存。到今朝,行寻梦想,费尽精神。①(《意难忘·幽恨》)

当然,毛先舒词作中,不乏其所谓"旷然者",直抒其磊落洒脱、淡泊隐逸的性情,代表作有《水调歌头·醉》和《临江仙·写意》:

人世不解醉,醉不解高歌。直须洗去糟粕,人籁与天和。忽坠吟鞭佳兴,相泣酒垆心事,都付与苍波。蓦地狂拍手,对面不知他。 朱零落,碧萧飒,翠倭陀。眼中便尔如此,吾亦奈之何。不得酒泉作郡,犹喜酒星照面,秋梦与婆娑。一醉六十日,还苦夜长么。②(《水调歌头·醉》)

我醉古人千日酒,醒来月挂床边。仰头大笑看青天。胸中无险歹,江海总平川。 鹤背山腰同一瘦,且看若个诗仙。抱琴抚弄意冷然。不思明日事,更探杖头钱。③(《临江仙·写意》)

毛先舒在《临江仙·写意》后自注云:"沈去矜尝举余词'不信我真如影瘦'、'鹤背山腰同一瘦'、'书来墨淡知伊瘦',因嘲余曰:'昔子野称张三影,君今可谓毛三瘦矣。'"④这段自注一方面说明毛先舒作词,有意模仿晚唐以至北宋的小令技法,含蓄蕴藉,寄托遥深;另一方面说明毛先舒、沈谦在作词过程中,时常阅读品评对方的作品,在词学理论、创作技巧和审美倾向上既有一定的共识,也有个性差异,这是创作层面明末清初西泠词人群体得以形成的重要基础。毛先舒《鸳情集选填词》中有数首酬答词,可以印证明末清初西泠词人群体在群体内部和外部探讨词论、切磋词技的情况,如《临江仙·寄沈去矜》《满江红·潘蔚湘宅,送诸骏男游齐,即席作》《满江红·秋初湖上酬夏乐只》《凤凰台上忆吹箫·读常州邹讦士新词作》《凤凰

---

① 毛先舒:《鸳情集选填词》,毛先舒《毛稚黄十四种书》,清康熙毛氏思古堂刻本。
② 毛先舒:《鸳情集选填词》,毛先舒《毛稚黄十四种书》,清康熙毛氏思古堂刻本。
③ 毛先舒:《鸳情集选填词》,毛先舒《毛稚黄十四种书》,清康熙毛氏思古堂刻本。
④ 毛先舒:《鸳情集选填词》,毛先舒《毛稚黄十四种书》,清康熙毛氏思古堂刻本。

第五章　明末清初西泠词人群体的个体词作特质与成就

台上忆吹箫·与诸虎男》《念奴娇·赋得步出城东门》等。

此外,清康熙毛氏思古堂刻本中,保留了沈谦品评毛先舒词的六条评语,也是毛、沈二人词人互动的印证。如毛先舒《念奴娇·漫兴》:"天乎何意,着江干憔悴,斯人被褐。风去台空山自在,灵气鬼神诃喝。柳叶藏莺,桃花扑马,兴到谁能遏。临风酾酒,千堆跳起波沫。　不晓点点浮沤,从何缘起,缩取精魂活。尝尽世间滋味好,无过桂辛椒辣。消息微乎,乾坤大矣,裈虱谁蹭脱。刘郎已误,露英不救干渴。"①沈去矜评云:"磊落雄奇,横旦横笔,当令稼轩辟易百步。"②从词作立意和风格两个层面,指出毛先舒对辛弃疾词的学习和模仿。

毛先舒还有怀古咏史之作,如《望海潮·吴山伍公庙作》:

　　山川磅礴,激为俊物,作人须是英雄。战国未成,春秋之末,江南特地生公。佳气最高峰。看丹青别殿,香火行官。北望苏台,杜鹃无血洒东风。　难平浩气如虹。现银涛白马,驰骤江中。却怪为谁,心惊铁弩,潮头忽尔回东。不屑与争锋。但眼中竖子,付与奇功。千古兴亡,且将孤啸对冥鸿。③

此词以春秋末年的伍子胥为引,慨叹昔日英雄今已荡然不存,千古兴亡事,唯留孤鸿鸣,词句中隐藏慷慨的社稷之悲,具有直贯长虹之气。

毛先舒也偶有抒写隐逸闲适之情的作品,如《沁园春·自快》:

　　自快吾生,生长钱塘,西子湖头。爱净慈南岸,藕花烂熳,林逋西岭,梅树清幽。螺翠浮来,虹腰忽断,零落风情晚未收。层楼外,听一声铁笛,鹤过沧洲。　古今驶若云流。况叶落、梧桐万象秋。要知心几个,不衫不履,扁舟一叶,随鹭随鸥。我醉欲眠,卿今且去,明日携琴续胜游。君不信,照钱祠岳墓,孤月含愁。④

总之,毛先舒对于词的创作有很高的追求,以学问胸襟为作词的根基,

---

① 毛先舒:《鸳情集选填词》,毛先舒《毛稚黄十四种书》,清康熙毛氏思古堂刻本。
② 毛先舒:《鸳情集选填词》,毛先舒《毛稚黄十四种书》,清康熙毛氏思古堂刻本。
③ 毛先舒:《鸳情集选填词》,毛先舒《毛稚黄十四种书》,清康熙毛氏思古堂刻本。
④ 毛先舒:《鸳情集选填词》,毛先舒《毛稚黄十四种书》,清康熙毛氏思古堂刻本。

是他的理想境界,但其词作,总体上仍然囿于明代婉艳词风之中。当然,毛先舒亦有多首其所倡导的学问胸襟之词,其作所《水调歌头·七夕》《水调歌头·风雨》《水调歌头·醉》《水调歌头·湖心亭遇大风》《念奴娇·漫兴》《念奴娇·赋得步出城东门》《念奴娇·一笑》《水龙吟·一夜》《望海潮·吴山伍公庙作》《一萼红·雪居》《兰陵王·秋日感怀》等词,皆是气吞五岳、胸怀万卷之作品。

二、儒者襟怀:陆次云《玉山词》

陆次云,字云士,浙江钱塘(今杭州)诸生。清康熙十一年(1672)游洞庭,继至京师,与陈维崧、朱彝尊等唱和,后与章昹、韩铨同辑《见山亭词选》。清康熙十八年(1679)荐试鸿博,放罢。清康熙十九年(1680)授河南郏县知县,未几以忧归。清康熙二十四年(1685),起复知江苏江阴县,至清康熙二十七年(1688)归。著有《澄江集》《玉山词》。

陆次云《玉山词》共有两个版本:一为清康熙刻本《玉山词》三卷,严绳孙序,吴门尤侗悔庵、梁溪秦松龄对岩评,南京图书馆有藏。清康熙刻本《玉山词》正文附有清初词坛名家共45人的评语,其中群体之内词人有4人,洪昇、章昹、丁澎、张丹,均有在京仕游的经历;群体之外词人有41人,如尤侗、秦松龄、宋实颖、汤右曾、毛奇龄、蔡方炳、陈维崧、李天馥、蒋景祁、朱彝尊、王士禛、梁清标、王嗣槐、曹亮武、徐乾学、吴农祥、徐釚、沙张白、吴倬、严绳孙等。

另一为聂先、曾王孙《百名家词钞》本《玉山词》一卷,卷末附有宋既庭实颖、徐衮侯陈发对词集的总评。从《玉山词》的品评刊刻传播情况,可知陆次云在文坛的交游之广与声誉之大,这从严绳孙《玉山词序》可以得到印证:"余始识陆侯云士于京邸,名士也。方挟其诗歌古文以走四方,而取世之名作日夕论次。"[①]

与明末清初其他西泠词人偏爱《花间》《草堂》词风不同,陆次云词以健笔写才情,主要表现其儒者襟怀,如咏物词、咏史词、抒怀词、写景词和羁旅词。

陆次云间有哀感顽艳的闺情词,主要为游戏仿作。清康熙初年,朱彝尊《红豆》词一出,传遍词坛,仿者甚多,陆次云在京师受到此风的影响,也

---

① 陆次云:《玉山词》,卷首,清康熙刻本。

第五章 明末清初西泠词人群体的个体词作特质与成就

有仿作。

> 凝珠吹黍。似早梅乍萼,新桐初乳。莫是珊瑚,零落敲残石家树。记得南中旧事,金齿屐,小鬟蛮女。向两岸,树底盈盈,抬素手摘新雨。　延伫。碧云暮。休逗入茜裙,欲寻无处。唱歌归去。先向绿窗饲鹦鹉。惆怅檀郎终远,待寄与、相思犹阻。烛影下、开玉合,背人暗数。①(朱彝尊《暗香·咏红豆》)

> 颗颗累累。拟山樱欲实,含桃将蕊。一似鲛人,泣下数行泪。可把佳期暗卜,成对处、令人私喜。宜好个名儿,唤做相思子。　珍贵。同珠翠。当付与红红,好将歌记。握来素指。拳赌金尊等猜谜。三五掌中细数,逗下又还寻起。频翻覆、更胜负,为伊赚醉。②(陆次云《红情·红豆》)

陆次云一方面继承了唐宋以来词学传统,同时在题材取向上又有所扩大。如其以唐人白居易创调《花非花》而咏浪花和雪花二词,一改白词的朦胧飘忽风格,而以清新蕴藉出彩:

> 花非花,雾非雾。乍翻来,旋覆去。重重起灭在须臾,古今不断浔阳渡。③(《花非花·浪花》)

> 花非花,雾非雾。六出冬,春减五。玉山霁后似亲人,清光闪淡摇云母。④(《花非花·雪花》)

宋既庭评此二词曰:"读香山《花非花》词,不解其何所指。云士以浪雪

---

① 南京大学中国语言文学系《全清词》编纂委员会编:《全清词·顺康卷》,北京,中华书局,2002年,第1版,第5334页。
② 南京大学中国语言文学系《全清词》编纂委员会编:《全清词·顺康卷》,北京,中华书局,2002年,第1版,第6866页。
③ 南京大学中国语言文学系《全清词》编纂委员会编:《全清词·顺康卷》,北京,中华书局,2002年,第1版,第6845页。
④ 南京大学中国语言文学系《全清词》编纂委员会编:《全清词·顺康卷》,北京,中华书局,2002年,第1版,第6845页。

命题,方于调意有合,措意更复绝佳。"① 尤悔庵也评曰:"较唐人词,但觉后人居上。"②

陆次云一生为官四方,特别关注各地风俗的差异,并且以词将奇特见闻记录下来,有意识地拓宽了词的题材。如其描写蹴鞠场面的《喜迁莺·观蹴鞠》:

> 平台如洗。似星列三隅,苎衫绚履。互掷群尖,交驰两膝,顶踵放摩未已。忽自背中跃出,又复回旋众体。真矫捷,即僚丸技巧,亦难方拟。 落地。乍相惊,珠走盘中,一踢还腾起。高仅踰眉。低恒绕足,变化纵横旖旎。炫目直如零乱,中有神明条理。看场圆压,人人说道,余观止矣。③

其描写杂技走索表演场面的《东风第一枝·走索》:

> 绣带青衫,修绳矗架,佳人腾起一个。疾徐中节游行,却走亦能稳妥。有时忽坐,有时节、折腰如卧。更有时、故意惊人,堕矣依然不堕。 插绿鬟、鹩摇花朵。行碧落、彩云踏破。虽然跌宕飞扬,恰甚风流袅娜。印泥量过,刚三寸、不曾略大。甚亏他、双履纤纤,履险绝无颠播。④

又如其描写杂技十番表演场面的《念奴娇·十番》:

> 虎丘月美,载吴侬满座,半塘春水。众乐未鸣齐会守,横竹悠然忽起。小盏轻锣,圆鱼叠板,间杂偏清脆。九勾遍击,弦索又调素指。中置羯鼓花筐,疾徐应节,轻重回环擂。前后风云多变调,细听曲文亹

---

① 陆次云:《玉山词》,卷一,清康熙刻本。
② 陆次云:《玉山词》,卷一,清康熙刻本。
③ 南京大学中国语言文学系《全清词》编纂委员会编:《全清词·顺康卷》,北京,中华书局,2002年,第1版,第6870页。
④ 南京大学中国语言文学系《全清词》编纂委员会编:《全清词·顺康卷》,北京,中华书局,2002年,第1版,第6866页。

第五章　明末清初西泠词人群体的个体词作特质与成就

臺。隔舫佳人,绕堤游子,倾听方无已。繁音正闹,妙处忽然而止。①

又如其描写杂剧倒喇表演场面的《满庭芳·倒喇》:

左抱琵琶,右持琥珀,胡琴中倚秦筝。冰弦忽奏,玉指一时鸣。唱到繁音入破,龟兹曲、尽作边声。倾耳际、忽悲忽喜,忽又恨难平。舞人矜舞态,双瓯分顶,顶上然灯。更口嚼湘竹,击节堪听。旋复回风滚雪,摇绛蜡、故使人惊。哀艳极,色飞心骇,四座不胜情。(按倒喇二字,金元戏剧名也。似俗而雅,赋此以当稗乘。自记。)②

又如其描写杂技表演舞旗场面的《烛影摇红·百丈旗》:

箫鼓喧阗,春灯炫彩然华烛。一夫踊跃独登场,颜色如丹渥。手执朱杆三尺。剪生绡、卷成一束。徐徐初引,舒展烟云,回旋轮轴。闪淡离奇,疾风动处光如玉。恍疑飞电走金蛇,变化讶神速。舞罢舞人归矣,令观者、犹然洞目。吴侬换席,细竹单丝,又歌清曲。③

尤悔庵评价此词曰:"此等题极宜留咏,为一时风俗通也。云士《倒喇》《百丈旗》二首,工于写照,当与申胡子算粟,公孙大娘舞剑器二歌并传矣。"④李湘北也评价《烛影摇红·百丈旗》曰:"小技耳,写得生动如此。"⑤以上二词说明,陆次云在词作题材的选择上,有作意好奇的一面,倾向于选择前人未曾涉及的领域入词。在《玉山词》中,陆次云作意好奇的词作还有很多,如《扫花游·观猎》《水龙吟·观潮》《贺新郎·海市》等。

陆次云《玉山词》中,还有大量咏物词,如《诉衷情·蟋蟀》《减字木兰花·蟹》《减字木兰花·佛手》《减字木兰花·风筝》《太常引·芙蓉》《一七

---

① 南京大学中国语言文学系《全清词》编纂委员会编:《全清词·顺康卷》,北京,中华书局,2002年,第1版,第6866—6867页。
② 南京大学中国语言文学系《全清词》编纂委员会编:《全清词·顺康卷》,北京,中华书局,2002年,第1版,第6865页。
③ 南京大学中国语言文学系《全清词》编纂委员会编:《全清词·顺康卷》,北京,中华书局,2002年,第1版,第6865页。
④ 陆次云:《玉山词》,卷三,清康熙刻本。
⑤ 陆次云:《玉山词》,卷三,清康熙刻本。

令·琴》《一七令·棋》《金凤钩·虾》《南乡子·剑》《小重山·鸥》《唐多令·芭蕉》《苏幕遮·玫瑰》《风中柳·鼠》《离亭燕·河豚》《满江红·梅》《玉漏迟·血影石》《暗香·兰》《齐天乐·虱》《齐天乐·蝉》《齐天乐·听煮茶》《恋芳春慢·草》《宴清都·萤火》《喜迁莺·云》《花心动·蚊》《沁园春·白燕》《沁园春·牛》《摸鱼儿·莼》《摸鱼儿·白莲》《贺新郎·虎》等。

  关于咏物词,明末清初西泠词人群体大部分成员的写作模式是一致的,即从各个不同的维度,尽可能地将咏物引向闺情,把咏物词改造为传统的闺思艳情词。但陆次云的写法却与众不同,在西泠词人群体中独树一帜。首先,他所吟咏的对象,有意避开与闺阁相关的事物,或选择文人生活事物,如琴棋剑茶,或选择日常生活俗物如虱、牛、蚊等,或选择日常生活不易见到的奇物如虎、血影石等。其次,他的咏物词是单纯地吟咏事物,在以所咏之物为中心展开文学联想时,注意将事物的外形、品性等特征与历史典故联系起来进行创作。如《齐天乐·虱》:

  赋形琐琐纤还细,略与琵琶相似。败絮为身,垢污为足,毕竟谁非谁是。胡为若此。每摸索裈中,劳人素指。痒处难搔,几回捉得旋为避。　相须游过御览,曾经艺苑,虽为佳事。如此么么,可憎实甚,岂得容伊尔尔。拈来就齿。更试问苍天,有如蚊蚤、以及苍蝇,要生他何意。①

  此词上阕从虱的外形与生存状态写起,写它给人类带来的烦扰和人类的厌恶态度,下阕写古代典籍中关于虱的典故非常多,但它的确可憎,又将其与蚊蚤、苍蝇类比,疑惑苍天为何创造此类事物。类似的写法,也用在其《贺新郎·虎》一词:

  岑寂秋阴里。蓦忽地、怒号万窍,烈风骤起。归鸟飞鸣天半沸,草木尽皆披靡。两炬炷、光摇电紫。大吼一声轰霹雳,万峰巅、掷下斑烂体。齐震慑,虎来矣。　英雄方把吴钩倚。正咨嗟、无从用武,听之狂喜。走向冈前寻白额,赤手倒持钢尾。除大害、平驱伥鬼。昔日山君

---

① 南京大学中国语言文学系《全清词》编纂委员会编:《全清词·顺康卷》,北京,中华书局,2002年,第1版,第6867—6868页。

威太厉,到如今、狐兔谁堪比。周处在,岂容尔。①

陆次云一生,为官勤勉,治学专笃,作词亦极为严正博识。正如严绳孙《玉山词序》云:"因读侯诗余,而叹武林词学渊流有自,且其著作之甚小者,犹多且工若是,是其为治之整暇而多余力,益可见也。遂书以复侯,且质之世之知侯者。"②

三、博学醇雅:姚际恒家族的词学观与词作

(一) 姚氏家学

姚际恒家族,原籍为安徽休宁荪溪,后迁徙至西泠(即今杭州),世居于此,以经商读书为生。卢文弨《姚君广之家传》云:"君讳家勤,字广之,姓姚氏,国学生。先世由休宁荪溪迁杭州,著籍钱塘。本生曾祖首源公,讳际恒,邃经学,富著述,所交游皆一时贤达,与同里吴征士庆百、萧山毛检讨大可尤相契。"③

至清代初年,姚际恒家族成为西泠的书香世家,姚际恒及其两位侄儿姚之骃、姚炳均以治经、史而闻名。姚际恒(1647—?),字立方,号首源,著有《九经通论》《庸言录》《古今伪书考》《好古堂书目》等。姚际恒以刻苦博学,著述等身,受到同时及后世学者的推重。清初人毛奇龄《西河诗话》云:"亡兄大千为仁和广文,尝曰:'仁和只一学者,犹是新安人。'谓姚际恒也。予尝作《何氏存心堂藏书记》以示兄,兄曰:'何氏藏书有几,不过如姚立方腹笥已耳!'"④其侄姚之骃《好古堂书目序》则称:"先生首束发受书,已能沉酣故籍,乃一生坎壈,兀兀穷年,惟日手一编枯坐。先世既有藏书,乃更搜之市肆,布函巾箱,汗牛充栋。久之而插架者与腹笥俱富矣。然则千古之多藏而善读者,孰如首源先生哉!"⑤姚之骃,字鲁思,号仲容,浙江钱塘

---

① 南京大学中国语言文学系《全清词》编纂委员会编:《全清词·顺康卷》,北京,中华书局,2002年,第1版,第6876页。
② 陆次云:《玉山词》,卷首,清康熙刻本。
③ 卢文弨:《抱经堂文集》,卷二十九,清乾隆六十年(1795)刻本,《续修四库全书》集部第1433册,第40页。
④ 毛奇龄:《西河诗话》,卷四,清康熙李塨等刊《西河合集》本。
⑤ 姚际恒:《好古堂书目》,卷首,《稿抄本明清藏书目三种》,北京,北京图书馆出版社,2003年,第1版,第719页。

人。姚炳仲兄。清康熙四十年(1701)，清圣祖南巡，以所著《类林新咏》进呈。清康熙六十年(1721)进士，授翰林院编修，历官至陕西道监察御史。著有《后汉书补遗》《元明事类钞》《镂空集》等。姚炳，字彦晖，浙江钱塘人，与其仲兄姚之骃齐名。著有《荪溪集》《诗识名解》等。其中姚氏昆仲的《后汉书补遗》《元明事类钞》和《诗识名解》，均被收入《四库全书》。

在经学与史学成就之外，姚际恒及其两位侄儿在词学领域也卓有建树，尤其姚之骃、姚炳昆仲，其词作成就可继"西泠十子"之后。具体而言，虽然姚际恒四十余岁时尽弃词章之学，专心于治经，无词作存世，但其论词却有独到见解；姚之骃所著《镂空集》四卷，实词之合集；姚炳《荪溪集》的十二、十三卷为诗余，即《荪溪集诗余》。

姚之骃、姚炳与西泠词人王晫、吴百朋、洪昇、吴农祥、吴焯等人均有交游，高士奇的外甥沈堡曾作《酒泉子·怀西陵王丹麓、百朋、洪昉思、吴宝崖、尺凫、冯山公、柴陛升、李白山、成桂洲、姚鲁思、彦晖、家瑶岑》曰："西望钱江衣带水。隔断武林千万里。忘年老友最堪思。况复少年时。　月明照破残灯绿。颜色犹疑满梁屋。天风何日到蓬莱。吹下数人来。"[①]可资为证。此外，从姚际恒《好古堂书目》可以发现，姚家藏有卓人月、沈谦、毛先舒、丁澎、陆圻、王晫等西泠词人的别集，那么，姚氏叔侄对于西泠词人群体的词学活动及词作，应该是非常熟悉的。

也就是说，姚际恒、姚之骃、姚炳叔侄，也是西泠词人群体的成员，他们的词学观及词作，是西泠词学的一个侧面反映，属于清词复兴过程中出现的特有文学现象：学人之词。在中国词史上，学人之词的创作，始于南宋，以朱熹等理学家之词之代表。延至清代，学人之词极盛一时，对此，钱仲联先生在《全清词序》论到："清词人之主盟坛坫或以词雄者，多为学人，朱彝尊、张惠言、周济、龚自珍、陈澧、谭献、刘熙载、俞樾、李慈铭、王闿运、沈曾植、文廷式、曹元忠、张尔田、王国维，其尤著者也。盖清贤惩明人空疏不学之敝，昌明实学，迈越唐宋。诗家称学人之诗与诗人之诗合，词家亦学人之词与词人之词合。"[②]可见，学人之词是清代词史一个非常重要的组成部分。下文拟就姚氏家族的词学观及词作展开讨论。

---

① 张宏生编：《全清词·顺康卷补编》，南京，南京大学出版社，2008年，第1版，第2389页。
② 南京大学中国语言文学系《全清词》编纂委员会编：《全清词·顺康卷》，北京，中华书局，2002年，第1版，第2页。

第五章　明末清初西泠词人群体的个体词作特质与成就

（二）姚氏家族的词学观

作为博通经、史的学者，就治学思想而言，姚氏叔侄无论治经，还是治史，均显示出理性化倾向，有着强烈的疑古辨伪、考证补阙精神。姚际恒的辨伪学专著是《古今伪书考》，考辨的古书涵盖经、史、子共九十余种，在中国辨伪学史上的具有重要地位。另外，姚际恒《诗经通论》《伪古文尚书》等，也自始至终贯彻疑古辨伪的精神。梁启超在《中国近三百年学术史》中谈及清代经学建设时，认为姚际恒是清初一位勇于疑古的学者："立方50岁着手注九经，阅十四年而成，名曰《九经通论》；又著《庸言录》，杂论经史理学诸子。这两部书，我都未见得，不知其内容如何？所见者只有他的《古今伪书考》。自《易经》的孔子十翼起，下至许多经注，许多子书，他都怀疑，真算一位'疑古的急先锋'了。"[①]然而，姚氏叔侄的词学观念却相当传统，尤其在词体论方面，恪守词为艳科、小道、诗余的词学观念。而就词风论和创作论而言，姚氏叔侄主张婉约与豪放并举，师法众家，兼收并蓄。这些，均与明末清初的西泠词人群体保持高度的一致。另外，姚氏叔侄的词学观还有些鲜明的家族特色。

首先，姚氏叔侄认为，就词之本体而论，词为艳科，当以婉约为正宗。因此，无论刻月雕云，还是镂脂镂粉，均应是词之本色。那么，论词当以晚唐五代的花间词风为宗，向以《花间集》为代表的原典回归。这与姚际恒治《诗》的基本原则是一致的："惟是涵泳篇章，寻绎文义，辨别前说，以从其是而黜其非，庶使诗意不致大歧，埋没于若固、若妄、若凿之中；其不可详者，宁为未定之辞，务守阙疑之训，俾原《诗经》之真面目悉存，犹愈于漫加粉蠹，贻误后世而已。"[②]姚际恒反思了明代王学末流的空谈心性、束书不观的弊端，主张回归原典，以经书本身作为论证解经的标准和根据，崇尚扎实稳固的治学风格，这也影响到他的词学观念。

姚氏叔侄的词学观念，与西泠词人群体颇有契合之处。从词之本体而言，姚氏叔侄认为，词为艳科，以婉约为正宗，刻月雕云、镂脂镂粉是其本色，故应宗法晚唐五代《花间》词风。姚之骃在《镂空集题辞》中曰："予惟填词之体，贵宛转绵丽，句艳字冶，故词宗法温助教、牛给事辈，大都端意闺

[①]　梁启超：《中国近三百年学术史》，北京，东方出版社，2004年，第1版，第83页。
[②]　姚际恒：《诗经通论》，北京，中华书局，1958年，第1版，第9页。

幨,则镌脂镂粉,修饰哀怨,毕填词之能事矣。"①并给自己的词集取名为《镂空集》。

"镂空"一词,源自宋释惠洪《冷斋夜话》卷十所记载"邪言罪恶之由"典故:"法云秀关西铁面严冷,能以理折人。鲁直名重天下,诗词一出,人争传之。师尝谓鲁直曰:'诗多作无害,艳歌小词可罢之。'鲁直笑曰:'空中语耳,非杀非偷,终不至坐此堕恶道。'师曰:'若以邪言荡人淫心,使彼逾礼越禁,为罪恶之由,吾恐非止堕恶道而已。'鲁直领之,自是不复作词曲。"②姚之骃以《镂空集》给自己的词集命名,意谓集中所收艳词,皆为空中之语,不可当真。同样还有,明代西泠词人马洪,也曾出于此因,欲以"空中语"名集,后觉不文,遂以《花影集》名之。事实上,"花影"与"空中语"含义相当,意谓月下灯前,无中生有,以为假则真,为实犹涉虚之意。

姚之骃《镂空集》与马洪《花影集》,折射出明末清初词人对词体卑下地位的不自觉认同,即便是生长在西泠这一词学胜地的词人,也不能轻易摆脱词为"艳科""小道"这一传统文体观念的束缚。也就是说,清初词人对于词体的推尊,还仅仅只是词坛某些执牛耳者的词学理想,可能并没有得到大多数中下层词人的整体认同与贯彻,清代词人对于词体地位的提升还任重道远。

姚际恒在姚之骃"侧艳之词为空中之语"的基础上,进一步指出,即使词人所作皆为艳情之语,也大可不必用"镂空"之名作为绮语艳情之词的遮掩,羞于承认,因为众生之相,本来即是如此。他在为姚之骃所作《镂空集序》中说:

> 谢康乐言,学道必须慧业,具慧业未有不通于禅。昔阿难结习法藏,首示蕴空之旨。以今观之,刻月雕云,描风绘雪,妙景之空也;红香泥魄,白骨观心,艳色之空也;玉台歇寂,金粉销沉,绮语之空也。佛言众生为情世界,惟情至斯能忘情,未有木石而可以语道者。春女易伤,秋士多悲,欲薪不燃则不熄,波澜不翻则不洇,既熄而洇,然后真空实相,呈露欲尽,理还情终,性现泥犁狱,一转侧即青莲座矣。不然枯木

---

① 姚之骃:《镂空集》,卷首,清康熙刻本。
② 惠洪撰,李保民、金圆校点:《冷斋夜话》,卷十,上海,上海古籍出版社,2012年,第1版,第59页。

第五章 明末清初西泠词人群体的个体词作特质与成就

寒崖,冬无暖气,奚至为上智所诃哉。①

所以,姚际恒认为"秀师未必得黄九,正未必失耳"②,《镂空集》完全可以当作文字禅,作者与读者皆可从中悟得禅意。姚际恒在《镂空集序》中还针对那些工于艳词,却以风骚为借口的词人批驳道:"若夫世之工绮语者,动举《国风》之好色,《骚》《辩》之美人,矜相比论,犹觉伧父矣。"③姚氏叔侄从禅宗的角度,对于词为艳科作出了新的阐释,令人耳目一新。

其次,姚氏叔侄关于词的风格论,则恪守中庸之道。他们并不排斥豪放词风,认为婉约与豪放可以并存,婉约有婉约之本色,豪放有豪放之本色,均为填词本体。就这一点而言,姚氏家族与明末清初西泠词人群体的词风论是一致的。西泠词人群体中的领袖人物卓人月、徐士俊,已在《古今词统》这一通代词选中旗帜鲜明地提出婉约与豪放并重的词学观念,认为豪放词与婉约词一样,均为词之一脉,力图使二者并美,绝不偏废。

第三,姚氏叔侄关于词的创作论,则呈现出兼容并收的特点。他们都主张作词应师法众家,如温庭筠、韦庄、周邦彦、柳永、苏轼、辛弃疾诸大家,均可以驱使于词人笔下。如姚际恒在评姚炳《意难忘·花烛词》时说:"香艳极矣。"④姚炳长兄姚荃园评《苏溪集诗余》曰:"曼声冶调,软美疑出香奁;豪格雄风,暴兀堪歌铁板。盖以缘情绮靡,半是无题;吊古徘徊,多因感遇。惟各当填词之本体,亦不为大雅之罪人。汤临川词余云'花花草草由人恋',吾于彦晖诸词亦云。"⑤充分肯定姚炳软美与雄豪并重的词风,这与明末西泠词人群体兼容并蓄的词风观是一致的。

另外,需要特别指出的是,姚氏家族的词学观在与西泠词人群体保持一致的同时,也有明显的家族特点,主要表现在以下三个方面:

一、持论根基深厚。清代学人治学精于训诂,长于考证,尤其善于追源溯流,论词亦是如此。根据清康熙五十四年(1715)姚际恒著录姚氏家族藏书的《好古堂书目》所载,姚家的词学藏书颇为丰富全面:词集有如赵崇祚《花间集》、黄昇《花庵绝妙词选》、杨慎评点《草堂诗余》、沈际飞《草堂诗

---

① 姚之骃:《镂空集》,卷首,清康熙刻本。
② 姚之骃:《镂空集》,卷首,清康熙刻本。
③ 姚之骃:《镂空集》,卷首,清康熙刻本。
④ 姚炳:《苏溪集》,卷十三,清康熙四十五年(1706)听秋楼刻本。
⑤ 姚炳:《苏溪集》,卷十二首附,清康熙四十五年(1706)听秋楼刻本。

余》四集、陈耀文《花草粹编》、朱彝尊《词综》、无名氏《古今词选》、无名氏《宋十名家词》（晏殊、欧阳修、柳永、苏轼、黄庭坚、秦观、晏几道、毛滂、陆游、辛弃疾）、周密《绝妙好词》、邹祇谟与王士禛《倚声初集》、陆进与俞士彪《西陵词选》等；词韵词谱有无名氏《词韵》、程明善《啸余谱》等。因此，姚氏家族词学观的形成，是以通览自唐宋以至清初的词学文献为基础的。

二、偏重学识赡富的词人，尤喜苏轼、黄庭坚、辛弃疾和周邦彦。根据姚际恒《好古堂书目》集部所录，姚氏家族藏书中收有苏轼别集8个版本、黄庭坚别集3个版本。前已述及，姚际恒、姚之驷为黄庭坚因作艳词而被法秀师呵责，深为不平，极力为之争辩。姚际恒在评姚炳《卜算子·落梅》时说："小词往往神到，不让清真。"①又评姚炳《鹧鸪天·试茶》中"只须买取中泠水，载向蒙山顶上居"二句："末二语，涪翁所未及。"②这说明，姚际恒对于周邦彦词和黄庭坚的词作及词风是非常熟悉的。另外，在姚之驷《镂空集》和姚炳《苏溪集诗余》中，各有一首调寄《稍遍》的檃栝词，檃栝题材分别为庄子的《逍遥游》和《秋水》。"檃栝"，原指矫正弯木的一种工具。檃栝词之"檃栝"，则有提炼、概括之意，即将诗文概括、改写为词的形式。檃栝词的首创者为苏轼，黄庭坚继之，辛弃疾将其发扬到极致。姚氏词人之所以偏爱檃栝词，不排除可以借此炫耀才学以及高妙填词技巧的用意。

三、浓重的佛学印迹。在姚氏家族的藏书中，有大量的佛典，如《心经略疏》《心经文句》《金刚经汇解》《金刚经略议》《金刚经疑解》《涅槃经科疏》《妙法莲华经》《首楞严经义海》等近50余种③。姚氏叔侄对佛典的潜心研习，使其在论词时，佛学典故信手拈来，将词之意境提升至佛法义理的高度来进行探讨。如姚际恒在《镂空集序》中借佛学以论词学，并进一步指出姚之驷《镂空集》完全可以当作佛家的文字禅，作者与读者皆可从中悟得禅意。这与明末西泠词人卓发之在《莲漏词序》中以禅论词，可谓所见略同。

（三）姚之驷《镂空集》、姚炳《苏溪集诗余》

姚氏家族的词作卓有成就，呈现出博学醇雅、温婉蕴藉的特点。姚际恒的词作已经失传，无从可考。姚氏家族的词作，主要以姚之驷《镂空集》、

---

① 姚炳：《苏溪集》，卷十二，清康熙四十五年(1706)听秋楼刻本。
② 姚炳：《苏溪集》，卷十二，清康熙四十五年(1706)听秋楼刻本。
③ 姚际恒：《好古堂书目》，子部，《稿抄本明清藏书目三种》，北京图书馆出版社，2003年，第1版，第813—818页。

第五章 明末清初西泠词人群体的个体词作特质与成就

姚炳《苏溪集诗余》为代表。冯景的《苏溪集序》,明确指出姚之骃、姚炳昆仲在西泠词坛的地位:"西泠词章之盛,昔推十子,今五十年间,零落尽矣。方虞极盛之后难为继,乃今得同里二姚昆弟出,而并登风雅之坛,文章典丽,洵足鼓吹。休明彦晖,才气雄健,与其兄鲁思齐驾,固如昔人所称王元琳季琰兄弟云。"①

严迪昌《清词史》认为,姚之骃是清乾隆年间的重要词家。② 此论断不确。据姚之骃《镂空集题辞》所云:"酉秋失意后,白云黄叶,水涸霜凝,秋寒之际,尤难为怀,日取寸许薄蹄,拈弄长短句,久而汇钞,都成一集。"可知,《镂空集》应是姚之骃于酉秋科举失意后所作。"酉秋"应指哪一年呢?按,姚之骃为清康熙六十年(1721)进士,此前凡有癸酉(清康熙三十二年,1693)、乙酉(清康熙四十四年,1705)和清丁酉(清康熙五十六年,1717年)。又姚之骃《镂空集》前有洪昇序,而洪昇卒于清康熙四十三年(1704)。那么,《镂空集》应成稿于清康熙四十三年(1704)以前。并且,姚之骃《镂空集》的大部分词作,是与姚炳酬唱分韵的结果,而姚炳《苏溪集诗余》刊刻于清康熙四十五年(1706)。又按,姚炳《苏溪集》卷首有冯景、吴农祥、姚之骃三人序,均识"康熙丙戌秋",即清康熙四十五年(1706)秋。据此可以推断,姚之骃《镂空集》的词作,应始作于清康熙三十二年(癸酉,1693)秋天科举失意之后,成稿于清康熙四十三年(1704)以前,刊刻于清康熙四十三年(1704)以后。所以,姚之骃、姚炳昆仲均为康熙中后期的重要词人,而非乾隆年间的词人。

姚之骃《镂空集》四卷,刊刻于清康熙四十三年(1704)以后,收词213首,前有洪昇、姚际恒《镂空集序》、姚之骃本人的《镂空集题辞》。姚炳《苏溪集》刊刻于清康熙四十五年(1706)秋,卷首有冯景、吴农祥、仲兄之骃三人序,卷十二、十三为诗余,收词60首,卷十二首页有洪昇、赵西村、兄荃园对词的总评,每首词后附有其伯父姚际恒首源、朱彝尊、洪昇、赵西村、毛奇龄、兄荃园等人的评点。

姚之骃、姚炳二人兄弟情深,自幼同窗苦读。姚之骃《苏溪集序》云:"忆自剪髯之年,洎乎佩觿之日,尔肃向床之拜,予自倾醨;我愧塌地之跳,汝还刻蜡。尔乃趋庭对礼,侍帐谭经,频共砚以摛文,并操觚而染翰。狱埋

---

① 姚炳:《苏溪集》,卷首,清康熙四十五年(1706)听秋楼刻本。
② 严迪昌:《清词史》,南京,江苏古籍出版社,2001年,重印版,第418页。

双剑,曾涂鹦鹈之膏;石煅千金,竞采骊龙之颔。然而虎能成绣,伟节更杰于三人;马自称良,季常诚推为独工。成集哀然,予心快矣。"[①]共同的生活、学习环境,不仅使姚氏兄弟在词学观念上有很多相似之处,而且还给他们营造出一个在词学上互相砥砺的家庭环境。

从姚之骃《镂空集》、姚炳《苏溪集诗余》可以看出,姚氏兄弟二人经常以词唱和,唱和词作为数甚多,或同调同题,或同调异题,或异调同题。在押韵方面,有时同调异题同韵,有同调同题异韵,甚至同调同题同韵。只是,姚炳《苏溪诗余》存词数量不足《镂空集》的三分之一,应该在付梓时多有删除。关于姚氏昆仲以词唱和的具体情况,详见表5-2。

表5-2 姚氏昆仲唱和词表

姚之骃《镂空集》	姚炳《苏溪集诗余》
《十六字令》"帘上影"	《十六字令》"新月影"
《南歌子》四首	《南歌子》四首
《渔父》"小艇寒汀挂钓丝"	《渔父》"荇线牵风冒钓竿"
《南乡子》六首	《南乡子》三首
《忆王孙·咏草》"青青踏乱又芊绵"	《忆王孙·春草》"春风掠地润如酥"
《如梦令》四首	《如梦令》三首
《长相思》"垂杨丝""紫烟凝"二首	《长相思》"青雀儿""秋水盈"二首
《调笑令》六首,咏太真、紫玉、执拂女、明妃、卓文君、霍小玉	《调笑令》三首,咏王昭君、卓文君、杨太真
《生查子》"荼蘼生屋檐"	《生查子》"鸠声寂不闻"
《浣溪沙》"玉鸭香残过二更"、《浣溪沙·秋恨》"络纬宵啼织暮寒"	《浣溪沙》"昼永频将绣谱移"、《浣溪沙·新秋晚望》"风搅轻绡凉沁肤"
《卜算子》"滑榼发如蒕"	《卜算子·落梅》"只为占春先"
《菩萨蛮·刺绣,回文》"瘦来慵向花床绣"	《菩萨蛮·刺绣》"倚床慵绣葡萄锦"
《谒金门·春愁》"愁乍苦"	《谒金门·春愁》"春无赖"
《南歌子·斗草》"怕撷丁香子"	《卜算子·斗草词》"春压鬓边花"
《木兰花令·咏剑》"堇山破裂耶溪涸"	《减字木兰花·咏剑》"双龙猛吼"

---

① 姚炳:《苏溪集》,卷首,清康熙四十五年(1706)听秋楼刻本。

第五章 明末清初西泠词人群体的个体词作特质与成就

续 表

姚之骃《镂空集》	姚炳《荪溪集诗余》
《鹧鸪天·试茶》"雷荚携来破翠尘"	《鹧鸪天·试茶》"活火烹茶拥地垆"
《虞美人·咏虞美人花》"困烟酣雨低无力"	《虞美人·咏虞美人花》"阑珊花事春逾半"
《南乡子·晓景,用周清真韵》(第三体)"双燕话层楼"	《南乡子·晓景,和周清真韵》(第三体)"清旭射红楼"
《鹊桥仙·七夕》"新月如梳"	《鹊桥仙·闰七夕》"重钩月帐"
《踏莎行》"红意浓妆"	《踏莎行·花影》"烟袅成丝"
《甘州遍》二首	《甘州遍》二首
《卖花声》"雨过芳园"	《卖花声》"晓梦初浓"
《祝英台近·鹦鹉》"翠衿披"	《惜分钗·鹦鹉》"新妆束"
《沁园春·游仙》"鞭竹成龙"	《好事近·游仙词》"底事上清游"
《念奴娇·上巳兰亭怀古,和同人作》"蕙兰风转"	《念奴娇·上巳兰亭怀古》"风刚逢丑"
《念奴娇·潮》"赭山瀑布"	《念奴娇·观潮》"冯夷击鼓"
《风流子·题梳妆楼》"鸳鸯寒古瓦"	《风流子·梳妆楼怀古》"残虹余翠嶂"
《满江红·拜鄂王墓,追和王韵》	《满江红·拜鄂王墓,追和原韵》
《沁园春·论杯,效辛稼轩体》"杯汝无然"	《沁园春·孤山探梅,效稼轩体》"梅汝知乎"
《沁园春·谒范忠贞公祠》	《沁园春·谒范忠贞公祠》
《摸鱼儿·秋思》"花放芙蓉了"	《摸鱼儿·秋思》"问天宫几时秋到"
《兰陵王》"绣帘外"	《兰陵王》"春又暮"
《多丽·美人》"倚琼窗"	《多丽·题美人图》"斗新妆"
《哨遍·檃栝〈逍遥游〉》"北冥鲲鱼"	《哨遍·檃栝〈秋水篇〉》"旷览百川"

　　姚氏昆仲的唱和词作,从所用词调角度分析,以小令和中调居多,长调较少,可能因二人视词为余事,不愿过多投入。但是,在他们的唱和词作中也有少量结构复杂的长调,如《多丽》《兰陵王》《哨遍》等,显示出姚氏昆仲对词律的谙熟及其腾挪闪跃的填词技艺。从唱和词作的题材内容分析,多以抒写闺情和咏物居多,吟咏的对象极为广泛,如草、剑、茶、晓景、斗草、刺绣等,也有一些游历怀古的词作,如《念奴娇·上巳兰亭怀古》《满江红·拜

鄂王墓,追和王韵》《念奴娇·观潮》等。

在创作风格上,姚之骃与姚炳的词作是他们词学观念的实践,二人既有差别,也有不同。姚之骃《镂空集题辞》自叙云:"《镂空集》)亦惟以宛转绵丽为趋,不觉其已见讥于法秀师也。昔人云:'以水色山光替却玉肌华貌。'予甚愧斯言,因取涪翁语以解嘲。"①姚之骃此说,其实过于自谦。纵观《镂空集》,既有婉转绵丽之作,亦有豪宕清新之风。其婉转绵丽,主要宗法晚唐五代词家温庭筠、牛峤、皇甫松,以及两宋周邦彦、李清照、黄庭坚等人;其豪宕清新,主要宗法苏轼、辛弃疾和岳飞。洪昇《镂空集序》对姚之骃词评价极高:"三复斯篇,悠然心折。既迥异于导淫,且悬殊乎劝百。固如九方相马,非徒牝牡之间;吴札论诗,均匪刺讥之列。"②

与兄长一样,姚炳《苏溪集诗余》也是香艳与高逸并存,师法众多,温庭筠、柳永、周邦彦、黄庭坚、苏轼、岳飞、辛弃疾等晚唐、五代以至两宋词家,均是他学习的对象。正如洪昇所评:"苏溪随体分填,不拘一格,而各臻工妙,故能摹绣阁之纤情,唱大江之伟调,具足怔魂动魄、眩目惊心也。"③赵西村也说:"读姚子填词,阔步苏辛,细寻温柳,其艳处字字生香,其逸处言言起舞,洵撷花草之菁华,萃为一集者也。"④

但是,二人的词作风格也同中有异。总体而言,姚之骃的词作以直接写景抒情见长,明白晓畅;而姚炳的词作比较注重典故的运用,委婉蕴藉。仅举一例以示之,姚之骃《沁园春·谒范忠贞公祠》:

> 座拥三台,城当万里,群贼胆惊。叹石头未复,不惭故节,粤王难系,空请长缨。齿嚼睢阳,血污太尉,玉帐中宵坠大星。骑箕去,作山河壮气,麟阁功成。　流芳汗简长青。对明圣恩波俎豆荣。望四贤祠畔,鸡彝同献,孤山亭外,鸟革连甍。玉筒泥封,银钩彩绚,棹楔高悬日月明。抠衣拜,听祠前遗老,还载歌声。⑤

姚炳《沁园春·谒范忠贞公祠》:

---

① 姚之骃:《镂空集》,卷首,清康熙刻本。
② 姚之骃:《镂空集》,卷首,清康熙刻本。
③ 姚炳:《苏溪集》,卷十二首附,清康熙四十五年(1706)听秋楼刻本。
④ 姚炳:《苏溪集》,卷十二首附,清康熙四十五年(1706)听秋楼刻本。
⑤ 姚之骃:《镂空集》,卷四,清康熙刻本。

第五章 明末清初西泠词人群体的个体词作特质与成就

保障江南,血食湖西,伟哉范公。想刚成百炼,吞毡肠肚,丹留一点,化碧心胸。齿砺睢阳,头轻巴汉,老子芳名万古雄。明湖上,看两高风雨,尚荷帡幪。 云霞新启祠宫。读碑版龙文篆正红。叹臣子忠贞,光悬日月,君王明圣,藻舞虬龙。祠并名贤,地邻处士,千载应看意气通。还不尽,浙东西到处,俎豆重重。①

"范忠贞公",即范承谟,顺治九年(1652)进士,历官浙江巡抚、福建总督。任上历勘浙江荒田,请免赋三十余万亩,赈灾抚民,漕米改折。"三藩之乱"起,被耿精忠囚禁,后被杀。卒年五十三。赠兵部尚书,谥忠贞公。姚氏昆仲均以豪壮之笔,写出范承谟的功勋人生与壮烈之死。但姚之骃词在豪壮中对注重历史的直接追述,属于尊史而叹;而姚炳词在豪壮中则注重对历史典故的间接化用和类比,如仅"想刚成百炼,吞毡肠肚,丹留一点,化碧心胸"一句,就化用了《汉书·苏武传》中苏武"卧雪啮毡"、《庄子·外物》之"苌弘化碧"两个典故,属于托典而叹。

其实,姚氏昆仲在词学思想和词作风格方面的趋同,也在常理之中。相同的成长、读书、创作环境,再加上二人经常共同分韵酬唱,均是产生这一结果的原因。同一家族的成员受到社会、历史、地域及文化风会的影响,必然形成独特的词学思想和审美标准;并且,同一家族成员在词的创作风格上,既存在必然的相似性,也呈现出求变求新的自觉。这就说明,在家族内部,词学既有传承性又有变异性。所谓传承,是说在一个家族内部,由于人文环境相似,加上家庭成员之间由于血缘关系而产生影响力,家族词学有时会呈现出相同的因子。所谓变异,顾名思义,是说家族成员的词作呈现出不同的风貌。

---

① 姚炳:《苏溪集》,卷十三,清康熙四十五年(1706)听秋楼刻本。

第六章　明末清初西泠词人群体的词学选政

在明末清初众多词派及词人群体中,西泠词人群体是最热衷于操持词学选政的一个群体,它的成员在其存在的近百年内,一共编选了九部词选,分别为:卓人月和徐士俊的《古今词统》、沈谦和毛先舒的《古今词选》、陆进和俞士彪的《西陵词选》、陆次云和章晛的《见山亭古今词选》、陆进、张台柱和佟世南的《东白堂词选初集》、卓回和周在浚的《古今词汇》、吴农祥《词苑》、卓长龄《正续花间集》和闺秀词人卓灿《历朝词汇》。

其中,吴农祥所辑《词苑》,共六十卷。此书未见存世,仅见于文献记载。钱林《文献征存录》卷九"吴农祥"条云:"吴农祥……又有《钱邑志林》《唐诗辨疑》《词苑》等书。"[1]又秦瀛《己未词科录》卷六"吴农祥"条云:"吴农祥……著有《宣斋》《南归》《雪鸿》等诗集一百三十四卷、古文一百四十卷、骈体文四十卷、诗余二十四卷、《萧台集》二百四十卷、《梧园杂著》二十卷、《流铅集》四十卷、《舆图隶史汇考》《钱邑志林》《补录文献通考》《啸台读史录》《唐诗辨疑》《词苑》等书。"[2]又李榕等《[民国]杭州府志》卷九十五云:"《词苑》六十卷,仁和吴农祥辑。"[3]关于卓长龄《正续花间集》,卷数不详,亦未见存世,仅存丁澎《正续花间集序》。[4] 关于卓灿《历朝词汇》,亦未见存世,仅见于李榕等《[民国]杭州府志》卷九十五所记[5]。

---

[1] 钱林:《文献征存录》,卷九"吴农祥"条,清咸丰八年(1858)刻有嘉树轩藏本,周骏富《清代传记丛刊》第11册,台北,明文书局,1985年,第1版,第521页。

[2] 秦瀛:《己未词科录》卷六"吴农祥"条,清嘉庆十二年(1807)刻本,周骏富《清代传记丛刊》第14册,台北,明文书局,1985年,第1版,第381—382页。

[3] 李榕等:《[民国]杭州府志》,卷九十五,《中国地方志集成·浙江府县志辑》辑1第2册,上海,上海书店出版社,1993年,第688页。

[4] 丁澎:《扶荔堂文集选》,卷二,清康熙二十二年(1683)文芸馆刻本。

[5] 李榕等:《[民国]杭州府志》,卷九十五,《中国地方志集成·浙江府县志辑》辑1第2册,上海,上海书店出版社,1993年,第688页。

第六章　明末清初西泠词人群体的词学选政

在以上明末清初西泠词人群体所编九部词选中,既有通代词选和断代词选,也有断代郡邑词选;既有标志着明末清初词学嬗变之机的《古今词统》,也有代表西泠一地词学繁盛的《西陵词选》,更有敏锐体察明清词学通变的《东白堂词选初集》。

明末清初西泠词人群体不同时期的轴心人物,都曾经主持词选的编纂工作,其先导期的主要词人徐士俊和卓人月,发展繁荣期的主要词人如沈谦和毛先舒,余波期的主要词人如陆进、俞士彪、陆次云等均有词选问世。尤其值得一提的是,西泠词人群体中的卓氏家族,将选政视为卓氏家学。卓氏家族的第二代词人卓人月和卓回,分别编选《古今词统》和《古今词汇》,第三代词人卓麟异,第四代词人卓允域、卓允基、卓令式、卓长龄等,均参与了《古今词汇》的编辑和选校。

明末清初西泠词人群体编纂词选,其成员并不囿于群体内部的词人,他们非常注意与同时代其他词派和群体之间的互动和交流,联合群体之外的著名词人编纂词选,如陆进、张星耀与金陵词人佟世南联袂编选《东白堂词选初集》,佟世南为清顺治浙江巡抚佟国器之子,著有《东白堂词》;卓回与河南祥符词人周在浚联袂编选《古今词统》,而周在浚是清康熙十年(1671)"秋水轩唱和"的主持者和组织者。不仅如此,他们还延请明末清初词坛众多的扛鼎人物,如曹尔堪、尤侗、宋琬、陈维崧等人加入其中,对词选进行审阅和校读。陆进、俞士彪在《西陵词选·凡例》中,对他们的审校之功颇为感激:"阅定诸公,皆海内名贤,夙经就正,碔砆鱼目之消,吾知免矣。"①可以看出,西泠词人群体在词选之政方面,秉持集思广益的通达态度,并没有狭隘的郡邑和派别观念,在明末清初词坛中独树一帜。

第一节　选词之难与选词之弊:对词选学最早的理性反思

丰富的选词实践,促使西泠词人群体对词选学进行理性反思,他们提出的核心观点之一是:作词难,选词亦难。这一论点,虽然明代词人俞彦在论及南宋《草堂诗余》选词不精时,已经有所涉及:"非惟作者难,选者亦难

---

① 陆进、俞士彪编:《西陵词选》,卷首,清康熙十四年(1675)刻本。

耳。"①但并没有作进一步的解释。俞彦以后,再无人提及类似言论。直到明代末年,以西泠词人群体先驱徐士俊为代表的《古今词统》评阅者,在评论明代钱允治《国朝诗余序》时,不仅再次提出"选词亦难"的观点,而且还明确指出选词为何如此之难:"持衡千古,存者星星,而且日久论定。持衡于今,作者毛蝟,而且见疏闻局,其难易相去万万也。非独诗余,选诗、选集、选文皆然。"②虽然《古今词统》的评阅者所言"选词之难",主要是针对编选今词选本而言,但是他在体会到选词之难的同时,敏锐地将它作为一个话题严肃地加以讨论,恰恰表明了西泠词人群体对词选学的理性反思。

其后,西泠词人群体发展繁荣期的词人严沆,延续了明代词家俞彦和乡贤徐士俊的话题。他在《见山亭古今词选序》中更加旗帜鲜明地指出:"词虽小技,匪惟作者之难,而选之尤不易也。"③那么,选词到底难在哪里呢?关键在于词人和词作的存留去取之难。对此,严沆《见山亭古今词选序》枚举前代词选加以论证:"选词若《尊前》《复雅》诸集,既不传。叔旸《绝妙》之选,大醇小疵。至《草堂》一编,以尧章之词,竟置不录;顾以伯可、浩然鄙俗之作,亟为登择,不知何以独行于世。《天羽》续之,既多挂漏。玉叔《花草粹编》,博矣而不精。珂月《词统》,差为善本,然俚者犹未尽去。"④严沆此语,透露出隐藏在其话语之外的,评价一部词选是否为善本的标准:于词人而言,要博而全备;于词作而言,要精而醇雅。这就对操选政者的审美鉴赏水平提出了很高的要求,必须以选者之心度古今词人之腹,对所选词人的词作水平还要具有准确定位的能力。晚清词家陈廷焯也曾有类似言论:"作词难,选词尤难。以我之才思,发我之性情,犹易也。以我之性情,通古人之性情,则非易矣。"⑤

事实上,选词者在把握好对词人词作去留存取标准的前提下,往往还必须借助所编词选表达一定的词学观念,正如鲁迅在《集外集·选本》中谈及选本的"势力"时所说:"凡是对于文术,自有主张的作家,他所赖以发表

---

① 俞彦:《爰园词话》,唐圭璋编《词话丛编》,北京,中华书局,1986年,第1版,第401页。
② 卓人月、徐士俊辑,谷辉之点校:《古今词统》,卷首附录,沈阳,辽宁教育出版社2000年,第1版,第16—17页。
③ 陆次云、章昞编:《见山亭古今词选》,卷首,清康熙十四年(1675)刻本。
④ 陆次云、章昞编:《见山亭古今词选》,卷首,清康熙十四年(1675)刻本。
⑤ 陈廷焯:《白雨斋词话》,卷八,唐圭璋编《词话丛编》,北京,中华书局,1986年,第1版,第3970页。

第六章 明末清初西泠词人群体的词学选政

和流布自己的主张的手段,倒并不在作文心,文则,诗品,诗话,而在出选本。选本可以借古人的文章,寓自己的意见。"①也就是说,对于操选政者而言,他所面对的难题就在于,如何把对词人词作的去取与自己所要表达的词学思想,以最佳的方式结合在一起,并以词选形式体现出来。如果偏向两者中的任何一面,要么招致"历下""竟陵"之嘲,要么被后人嗤以"博矣而不精"。孟称舜《古今词统序》称赞卓人月在选词时"能出其手眼,以与作者之情合"②,否则就仅能"得词之郛矣,而未尽其致也,选者之情隐,而作者之情亦掩也"③。

除了对选词之难进行理性反思之外,西泠词人群体还对当世词坛的选词之弊提出了批评。王晫在《与友论选词书》中,将明末清初词坛的选政之弊总结为以下四个方面:一、以交情的深浅选词;二、以个人的爱憎选词;三、以刻资的厚薄选词;四、以社会地位的高低贵贱选词。④ 操选政者往往为以上因素所左右,决定词的去留存删,这不仅会导致词选的鄙陋不堪,更严重的是,由于词选天生的导向作用,词坛的创作生态乃至一个时代的词风,都会因此被引入比较恶劣的环境之中。对此,王晫《与友论选词书》并不讳言:"吾见少年以所选为羔雁之具,藉此纳交于大人;宿儒以所选为声气之媒,藉此取润于当事。有刻一封面,而其书终身不完;有偏索刻资,而其余尽充囊橐。"⑤对于以交情操纵选政对作者个人造成的负面影响,王晫在《与吴枚吉》中也有论述:"诗词一道,事关千古。能者自优为之,不能者无庸强也。窃怪近日选家,只取要津大僚,及二二瞎友。明知其人之不能,必多方假饰,为邀利弋名之计。彼方自以为得,而议者早已鄙之。鄙之者众,其书终不克行于当时,安望其千古哉?"⑥

事实上,明末清初词坛选政,除了以上四弊,还有一弊,那就是词选中每每附录连篇累牍的评点。对此,卓回在《古今词汇缘起》中斥之曰:"迩来

---

① 鲁迅:《鲁迅全集》,北京,人民文学出版社,2005年,第1版,第138页。
② 卓人月、徐士俊辑,谷辉之点校:《古今词统》,卷首,沈阳,辽宁教育出版社,2000年,第1版,第3页。
③ 卓人月、徐士俊辑,谷辉之点校:《古今词统》,卷首,沈阳,辽宁教育出版社,2000年,第1版,第4页。
④ 王晫:《霞举堂集》,卷五,清康熙刻本。
⑤ 王晫:《霞举堂集》,卷五,清康熙刻本。
⑥ 王晫:《尺牍偶存》,卷下,清康熙刻王嗣槐序三十五卷《霞举堂集》所收本。

选政纷驰,评骘满纸,多为谀词,鲜达词旨。"①词选中评点的出现,与明代诗、文、曲领域所盛行的评点之风密切相关,它是选者自己或他人对所选词作的意境、语法、本事、典故等内涵的理解,具有词学批评的功能,当然,也不排除词人群体之间的互相推举赞誉之词。客观而言,词选中的评点对于读者理解作者之旨与选者之心,有诸多的裨益。但是,如果词选中的评点,大部分为阿谀之词,就失去了其应有的审美功能,成为词人之间互相标榜吹捧的工具,甚至还有误导读者的可能。因此,对于词选而言,此弊与前四弊相比,其危害可谓有过之而无不及。

在意识到选词极难和选词之弊,并对之作出理性思考的基础上,明末清初西泠词人群体形成了一套系统的选词观念:

一、选词应兼收并蓄,不拘一格。西泠词人群体在操选政时,对词人和词作并无特殊的偏好,兼而收之,自第一部词选《古今词统》到最后一部《古今词汇》,这种选词基调自始至终被坚持。徐士俊《古今词统序》在论及《古今词统》的选词标准时说:"兹役也,吾二人渔猎群书,裒其妙好,自谓薄有苦心。……其按词之法,则如杨诚斋所撰《词家五要》,一曰择腔,二曰应律,三曰按谱,四曰详韵,五曰立新意。而且曰幽曰奇,曰淡曰艳,曰敛曰放,曰秾曰纤,种种毕具,不使子瞻受'词诗'之号,稼轩居'词论'之名。"②王晫《与友论选词书》对这一选词基调有更为详细的阐释:

> 夫历下选唐诗,非选唐诗也,选唐诗之似历下者,是以历下选历下也。竟陵选唐诗,亦非选唐诗也,选唐诗之似竟陵者,是以竟陵选竟陵也。今之选词亦然。习周、柳者,尽黜苏、辛;好苏、辛者,尽黜周柳。使二者可以偏废,则作者似宜专工,何以当日有苏、辛,又有周、柳?即选者亦宜独存,何以旧选列周、柳,又列苏、辛?况苏、辛亦有便娟之调,周、柳亦有豪宕之音,何可执一以概百也。故操选者,如奏乐然,必八音竞奏,然后足以悦耳;如调羹然,必五味咸调,然后足以适口。如执一音以为乐,执一味以为羹,而谓足以适口悦耳者,断断无是

---

① 卓回编:《古今词汇二编》,卷首,赵尊岳编《明词汇刊》,上海,上海古籍出版社,1992年,第1版,第1544页。

② 卓人月、徐士俊辑,谷辉之点校:《古今词统》,卷首,沈阳,辽宁教育出版社,2000年,第1版,第2页。

第六章 明末清初西泠词人群体的词学选政

理也。①

其实,这一兼收并蓄的选词基调,与西泠词人群体对词体的理解有着密切的关系。明末著名词曲家孟称舜,与《古今词统》的编选者卓人月于词持论极合。孟称舜《古今词统序》提及自己对词体的看法,认为词、诗、曲的体格虽异,而同本于作者之情,只要作词者能够"极情尽态,而听者洞心耸耳,如是者皆为当行,皆为本色,宁必姝姝媛媛,学儿女子语,而后为词哉。"②因此,"柔音曼声"与"清俊雄放"各有其美,亦各有其病③,"然达其情而不以词掩,则皆填词者之所宗,不可以优劣言也"④。而卓人月、徐士俊《古今词统》选词的标准,就是基于"词无定格,要以摹写情态,令人一展卷而魂动魄化者为上"⑤这一对词体的把握之上。至于明末清初西泠词人群体的其他几部词选,其编选者对词体的理解与把握,亦大抵如此。

二、明末清初西泠词人群体指出,理性的选词者应遵守以下选词步骤,才能真正做到持衡古今,客观公允:第一,选人,取海内名词家,但为数不能过多,并要豪宕与婉约兼顾。第二,尽取第一步所选中的词家全部词作,衡量定夺,抽其精华之作,还要使选中之词最具有代表性,勿被一己之爱憎左右。对此,王晫《与友论选词书》论述颇为详赡:"首宜选人,海内名词家,为数原不能多,人数果定,自无庸恶陋劣之徒,见种种诸相矣。然后取数中人之词,而衡量之。毋以己意横于胸中,第就本集中孰佳,孰为尤佳,细加论定。则便娟者无失其为便娟,豪宕者无失其为豪宕,合苏、辛、周、柳于一堂,何至如历下、竟陵,贻笑后人耶?"⑥因此,卓回在《古今词汇·凡例》中首先声明自己秉公选词的态度:"无亲无疏,无爱无憎,无相识不相识,无为情不为情,只求是绝妙好词耳。顾作者须自信,勿以休园一人

---

① 王晫:《霞举堂集》,卷五,清康熙刻本。
② 卓人月、徐士俊辑,谷辉之点校:《古今词统》,卷首,沈阳,辽宁教育出版社,2000年,第1版,第3页。
③ 卓人月、徐士俊辑,谷辉之点校:《古今词统》,卷首,沈阳,辽宁教育出版社,2000年,第1版,第3页。
④ 卓人月、徐士俊辑,谷辉之点校:《古今词统》,卷首,沈阳,辽宁教育出版社,2000年,第1版,第3页。
⑤ 卓人月、徐士俊辑,谷辉之点校:《古今词统》,卷首,沈阳,辽宁教育出版社,2000年,第1版,第3页。
⑥ 王晫:《霞举堂集》,卷五,清康熙刻本。

好恶为妍媸;读者须理会,勿以休园一时论议为月旦。"①陆次云《见山亭古今词选自序》则云:"作词者当以《三百篇》为师,选词者亦以《三百篇》为法,使不失四始六艺之旨,则得矣。"②在这里,陆次云将选词提升至与孔子删诗同等严肃客观的高度。《西陵词选》的编选者陆进,持论大致与陆次云相同。可见,作为选词者,西泠词人群体已经充分地意识到自己所处的地位与责任,以求尽量完美地处理作者、选者与读者之间的关系。

总之,由于西泠词人群体所编词选众多,所以,他们对于选词之难,有着切身的体会。他们如此关注选词之难,反映出他们对唐宋以来词选学发展状况的理性反思,并走在了这一理性反思的前沿。从徐士俊到后来严沆、王晫、卓回等人,西泠词人群体继明代俞彦提出"选词亦难"之后,明确指出选词所以之难、选词之弊以及如何选词等等,这在当时词坛可谓振聋发聩,同时代的其他词派或词人群体,无有能与之相匹者。直至晚清陈廷焯,才延续了这一话题的讨论。

第二节 婉约与豪放并重:通代词选

西泠词人群体编选的通代词选共有四部:分别为卓人月和徐士俊《古今词统》、沈谦和毛先舒《古今词选》、陆次云和章畹《见山亭古今词选》、卓回和周在浚《古今词汇》。它们前后相承,均秉持着香软与雄肆并举的选词观念;同时,它们又各具特色,具有不同的词史意义。

一、明末清初的词风嬗变:《古今词统》

(一)《古今词统》成书及其版本问题

《古今词统》十六卷,附《徐卓晤歌》一卷,刊刻于明崇祯六年(1633),由卓人月汇选、徐士俊参评。现存版本主要有三种:一是明崇祯六年间(1633)刻本,此本存录徐士俊《古今词统序》与孟称舜《古今词统序》于卷首,现藏于中国国家图书馆、上海图书馆及浙江省图书馆等处,《续修四库全书》集部第1728、1729册亦有收录;二是明崇祯年间易名翻印本《草堂诗

---

① 卓回编:《古今词汇三编》,卷首,清康熙刻本。
② 陆次云、章畹编:《见山亭古今词选》,卷首,清康熙十四年(1675)刻本。

第六章 明末清初西泠词人群体的词学选政

余》,署"陈继儒眉公评选",此本存录孟称舜《湘蘅馆主人识》及《草堂诗余序》于卷首,现藏于中国国家图书馆等处;三是明崇祯年间易名翻印本《诗余广选》,署"陈继儒眉公评选,卓人月珂月汇选,徐士俊野君参评",其卷首仅收录陈继儒《诗余广选序》,现藏于中国国家图书馆等处。今人谷辉之有以浙江图书馆藏明崇祯刻本《古今词统》为底本,残缺漫漶处据中国国家图书馆、上海图书馆等藏本及有关词籍校补的点校本,辽宁教育出版社2000年出版。

关于署名"陈继儒评选"《草堂诗余》,赵万里《校辑宋金元人词引用书目》在"《古今词统》十六卷"考证曰:"案此书后印者,改题《草堂诗余》,并剜加'陈继儒眉公评选'一行,不足据。"①署名"陈继儒眉公评选,卓人月珂月汇选,徐士俊野君参评"《诗余广选》的刊刻情况亦与此相类似。因此,上述《草堂诗余》《诗余广选》二书,当为明代书商为射利而妄加篡改杜撰。

此外,本文以《续修四库全书》所收明崇祯六年(1633)刻本卓人月汇选、徐士俊参评《古今词统》和谷辉之点校本《古今词统》为文献基础,对两种版本《古今词统》的体例和内容进行比对研究之后,发现二者略有差异:《续修四库全书》本《古今词统》所收《徐卓晤歌》自《虞美人·别恨》以下阙如;谷辉之点校本《古今词统》与《续修四库全书》本《古今词统》在体例上略有差异,卷首孟称舜《古今词统序》与徐士俊《古今词统序》次序颠倒,附录文献"杂说"放在目次之后。

《古今词统》卷首有孟称舜《古今词统序》、徐士俊《古今词统序》,另附"旧序"和"杂说"。其中"旧序"包括何良俊《草堂诗余序》、黄河清《续草堂诗余序》、陈仁锡《续诗余序》、杨慎《词品序》、王世贞《词评序》、钱允治《国朝诗余序》、沈际飞《诗余四集序》、沈际飞《诗余别集序》等,"杂说"包括张玉田《乐府指迷》、杨万里《作词五要》、王世贞《论诗余》、张綖《论诗余》、徐师曾《论诗余》、沈际飞《诗余发凡》。

《古今词统》的词作目次前附有词人氏籍,上自隋唐,下迄明崇祯年间,共收录词人491家,词作2030首。其中隋1家,唐33家,五代19家,宋221家,金21家,元91家,明105家。谷辉之点校本《古今词统》之《本书说明》将所收词人误计为486家,实际上《古今词统》所收宋代词家应有221家,非谷辉之所言216家。《古今词统》所收词作,以词调字数多寡编排目

---

① 赵万里:《校辑宋金元人词》,北京,国家图书馆出版社,2013年,第1版,第27页。

次,自十六字至二百三十四字,正如徐士俊《古今词统序》所云:"如岁朝之酢,先其少者,后其老者。"①这种编排体例,与自明人顾从敬所刻南宋《草堂诗余》开始盛行的以小令、中调、长调编次的体例相比,极具开创性,且更为科学审慎。此外,《古今词统》对于词调之一调多体者,均注明第几体。《古今词统》以词调系词作词人,间或在天头附有选家词评,在词作之中附带选家圈点,在词作之后附词注和前代词家评语。

  需要说明的是,与宋代以来词选所附词评的批评对象仅限于批评词作本身不同,《古今词统》词评的批评对象,不仅限于词作本身,还对所附杂说、旧序、词注及《徐卓晤歌》进行批评。比如司马槱《蝶恋花》"妾本钱塘江上住"一词,词作正文附有三条文献,一是王世贞《词评》对此词的评语,二是《古今词统》所注司马槱与钱塘苏小小的爱情本事,三是《古今词统》所引明代弘治年间于景瞻、马浩澜关于此词起乩钱塘苏小小创作七律的典故。此词被批评的痕迹有三处:一是词作正文中有圈点。第二处批评痕迹是词评,位于附录第二条文献的上方,曰:"结松下之同心,搵幽兰之啼眼。咄咄司马,何让文园佳遇哉?"②批评对象是司马槱与钱塘苏小小的爱情本事。第三处批评痕迹也是词评,位于第三条文献的上方,曰:"南齐人反效唐律耶?"③批评对象是钱塘苏小小鬼魂所作唱和马浩澜而作的七律诗:"此地曾经歌舞来,风流回首即尘埃。王孙芳草为谁绿,寒食梨花无主开。郎去排云叫阊阖,妾今行雨在阳台。衷情诉与辽东鹤,松柏西陵正可哀。"④由此可以大致推断卓人月、徐士俊《古今词统》的编纂与刊刻程序如下:选家首先选定词作,同时选编相关附录文献,形成词选初稿,再把词选初稿交给评阅者,评阅者在初稿基础上进行审阅、圈点和批评,形成词选的评阅版,并交给选家,选家最终将词选评阅版付梓刊刻成书。

  另外,《古今词统》选家词评的著作权也需要进一步说明。《古今词统》在每条词评前后,并没有标注评者姓名信息,而是在各卷卷首处标注"杭州

---

  ① 卓人月、徐士俊辑,谷辉之点校:《古今词统》,卷首,沈阳,辽宁教育出版社,2000年,第1版,第2页。
  ② 卓人月、徐士俊编:《古今词统》,卷九,明崇祯刻本,《续修四库全书》集部第1728册,上海,上海古籍出版社,2002年,第1版,第646页。
  ③ 卓人月、徐士俊编:《古今词统》,卷九,明崇祯刻本,《续修四库全书》集部第1728册,上海,上海古籍出版社,2002年,第1版,第646页。
  ④ 卓人月、徐士俊编:《古今词统》,卷九,明崇祯刻本,《续修四库全书》集部第1728册,上海,上海古籍出版社,2002年,第1版,第646页。

第六章 明末清初西泠词人群体的词学选政

卓人月珂月汇选、徐士俊野君参评"。这表明,《古今词统》选家词评出自多人,徐士俊是参评者之一。从《古今词统》个别词评的内容和语气,也可以推断其他评阅者不只一人。如评隋炀帝《望江南·湖上月》曰:"炀帝《望江南》八首。皆双调,不似六朝人语,杨升庵疑之。余止存四首,每首又止存其半调,亦不忍竟削耳。"①这说明《古今词统》的选家卓人月,也是评阅者之一。又如评辛弃疾《六幺令·用陆氏事送玉山令陆德隆侍亲归吴》:"珂月赠野君诗,取徐氏之见于史册者三十六人为赋,与辛词合券。"②再如《古今词统》评徐君宝妻《满庭芳·题壁》曰:"野君阅此,得句云'一道白虹惊绿水,数行红泪送青春'。"③这两条评语都说明,评阅者不仅与卓人月、徐士俊极其熟稔,而且非常了解卓、徐二的文学创作情况,是二人的文友。

另外,徐士俊和卓人月二人所著的唱和词集《徐卓晤歌》,也有评阅者的圈点和评语。又如《徐卓晤歌》中评徐士俊《画堂春·与珂月对酌》曰:"二人俱不善饮,读此词偏觉酒趣无尽。"④说明《徐晫晤歌》的评阅者对徐、卓二人的生活习惯非常了解。如评徐士俊《南乡子·伤暮,次珂月韵》曰:"袁昭令评野君是柳耆卿后身,要非虚语。"⑤"袁昭令"为"袁令昭"之误。袁令昭,即袁于令(1592—1674),江苏吴县人,一名晋,字令昭,又字韫玉,又号吉衣主人。明末生员,入清以后始入仕,历官水部郎、山东东昌府临清关监督、荆州府知府等。这条评语说明《徐晫晤歌》的评阅者是徐、卓二人的词友,与袁令昭也相识。

综上所述,《古今词统》评阅者,除徐士俊之外,还有卓人月本人,也有卓人月、徐士俊和袁于令的同道词友。无论除卓人月、徐士俊之外的那些评阅者是谁,他们的词学思想和审美标准,无疑与卓人月、徐士俊是一致的,不影响对《古今词统》词学宗尚的总体判断。

---

① 卓人月、徐士俊编:《古今词统》,卷一,明崇祯刻本,《续修四库全书》集部第1728册,上海,上海古籍出版社,2002年,第1版,第470—471页。
② 卓人月、徐士俊编:《古今词统》,卷十二,明崇祯刻本,《续修四库全书》集部第1729册,上海,上海古籍出版社,2002年,第1版,第55页。
③ 卓人月、徐士俊编:《古今词统》,卷十二,明崇祯刻本,《续修四库全书》集部第1729册,上海,上海古籍出版社,2002年,第1版,第63页。
④ 卓人月、徐士俊:《徐卓晤歌》,卓人月、徐士俊辑,谷辉之点校《古今词统》,卷末附录,沈阳,辽宁教育出版社,2000年,第1版,第635页。
⑤ 卓人月、徐士俊:《徐卓晤歌》,卓人月、徐士俊辑,谷辉之点校《古今词统》,卷末附录,沈阳,辽宁教育出版社,2000年,第1版,第642页。

徐士俊、卓人月《古今词统》是明代第一部涉及当代词人词作的通代词选，无论是编纂体例，还是选词宗旨，均开明末清初词选编纂之先河，在清初影响甚大。邹祗谟曾曰："卓珂月、徐野君《词统》一书，搜奇葺僻，可谓词苑功臣。"[①]邹祗谟和王士禛所编评的《倚声初集》，在卷首附有《倚声初集前编》四卷，分别收录明末清初人的"词话"和"韵辨"，接下来依次为"爵里"，介绍词人字号、籍贯和词著信息，"目次"分小令、中调、长调，以调系词人词作，入选词作带有选家圈点和评语。这些信息足以说明，《倚声初集》的编纂体例，受到了《古今词统》的启发。

(二) 辨正之一：《古今词统》是否属于《草堂诗余》系列

徐士俊、卓人月《古今词统》以明代存世的《古今词选》为底本，包括赵崇祚《花间集》、无名氏《尊前集》、何士信《草堂诗余》、黄昇《花庵词选》、杨慎《词林万选》、钱允治《国朝诗余》、沈际飞《草堂诗余四集》等，不拘流别，古今并重。清初王士禛《倚声初集序》："《花间》《草堂》尚矣，《花庵》博而未核，《尊前》约而多疏。《词统》一编，稍撮诸家之胜。"[②]

有学者依据徐士俊、卓人月《古今词统》采用了《草堂诗余》系列词选为底本、卷首收有"旧序"与"杂说"二项，并且各卷卷首题作"草堂诗余"卷某，进而推论《古今词统》属于明代《草堂诗余》系列的词选，如李康化《明清之际江南词学思想研究》、朱丽霞《清代辛稼轩接受史》等。其实事实并非如此，原因在于：其一，卓人月、徐士俊编选《古今词统》，的确采用了《草堂诗余》系列词选作为底本，但这不能成为《古今词统》也是《草堂诗余》系列词选的证据。并且，《草堂诗余》并非《古今词统》的唯一底本，这从上述《古今词统》所用底本情况可以看出。另外，《古今词统》收录前人词话及前代词选的旧序、杂说，这是沿袭明代词选的惯用体例。

其二，李康化先生所谓"各卷卷首题作'草堂诗余'卷某"，不知从何而来。笔者所见的明崇祯刻本《古今词统》，各卷卷首均题"'古今词统'卷某，杭州卓人月汇选、徐士俊参评"，并无"'草堂诗余'卷某"字样。按，据赵万里先生考证，《古今词统》曾被书商剜挖窜改，伪以《草堂诗余》之名刊行。

---

① 邹祗谟：《远志斋词衷》，唐圭璋编《词话丛编》，北京，中华书局，1986年，第1版，第655页。
② 邹祗谟、王士禛编：《倚声初集》，卷四，清顺治十七年(1660)刻本，《续修四库全书》集部第1729册，上海，上海古籍出版社，2002年，第1版，第164页。

那么,李康化先生所见,应为以《草堂诗余》之名刊行的《古今词统》。所以,"各卷卷首题作'草堂诗余'卷某",亦不能成为《古今词统》为《草堂诗余》系列词选的证据。

其三,卓人月、徐士俊的选词宗旨,并非继承《草堂诗余》,而是要一统古今之词。这从徐士俊《古今词统序》中可以看出:"兹役也,吾二人渔猎群书,衷其妙好,自谓薄有苦心。……虽非古今之盟主,亦不愧词苑之功臣矣。……世人但知《花间》《草堂》《兰畹》之为三珠树,而不知《词统》之集大成也哉!……或曰:诗余兴而乐府亡,歌曲兴而诗余亡,夫有统之者,何患其亡也哉?倘更有上官氏者出,高踞楼头,称量天下,则余二人之为沈为宋,是未可知耳。"① 徐士俊称《古今词统》为词之集大成者,有了《古今词统》便不患词亡,可见他们的选词宗旨,不是《草堂诗余》之余绪所能囊括的。

据此,《古今词统》并非《草堂诗余》系列的词选,而是一个独立的、意图一统古今之词的词选。

(三)《古今词统》的词学思想

1. 婉约与豪放并重,兼重格律。

词以婉丽为正,这是从晚唐《花间集》问世以后,词体被赋予的得到后世公认的特性,而以苏、辛为代表的豪放雄肆一派,自其产生之时,就被宋人被归为词之变体或异调。即便如此,宋人对豪放词风,还是持着豪放与婉约两种词风对等的态度,是一种包容共存的心态。延至明代,词坛以《花间》《草堂》大行其道,受其影响,明人崇尚婉丽,排斥豪放之词风,几乎达到了极致。王世贞《艺苑卮言》在谈及词之正宗与变体时说:"言其业,李氏、晏氏父子、耆卿、子野、美成、少游、易安至矣,词之正宗也。温韦艳而促,黄九精而险,长公丽而壮,幼安辨而奇,又其次也,词之变体也。"② 他又进一步强调:"故词须宛转绵丽,浅至儇俏,挟春月烟花于闺幨之内奏之,一语之艳,令人魂绝,一字之工,令人色飞,乃为贵耳。至于慷慨磊落,纵横豪爽,抑亦其次,不作可耳。作则宁为大雅罪人,勿儒冠而胡服也。"③

---

① 卓人月、徐士俊辑,谷辉之点校:《古今词统》,卷首,沈阳,辽宁教育出版社,2000年,第1版,第2页。
② 王世贞:《艺苑卮言》,唐圭璋编《词话丛编》,北京,中华书局,1986年,第1版,第385页。
③ 王世贞:《艺苑卮言》,唐圭璋编《词话丛编》,北京,中华书局,1986年,第1版,第385页。

卓人月、徐士俊《古今词统》在明代词坛以婉丽词风为尚的情况下,有针对性地提出婉约与豪放并存的词学思想。卓人月认为,《古今词统》的选词宗旨,就是要使"委曲""雄肆"即婉约与豪放两种风格并存,互为补充。对此,他在《古今诗余选序》中明确指出:"昔人论词曲,必以委曲为体,雄肆其下乎。然晏同叔云:'先君生平不作妇人语。夫委曲之弊入于妇人,与雄肆之弊入于村汉等耳。'余兹选并存委曲、雄肆二种,使之各相救也。"①

　　这种使"委曲"与"雄肆"互救的词学观,在徐士俊和孟称舜那里也有强烈的呼应,如徐士俊《古今词统序》认为"铜将军""铁绰板"与"十七八女郎"不能分道而驰:"而犹有议之者,谓'铜将军''铁绰板',与'十七八女郎'相去殊绝,无乃统之者无其人,遂使倒流三峡,竟分道而驰耶。余与珂月,起而任之,曰:是不然。吾欲分风,风不可分;吾欲劈流,流不可劈。"②孟称舜《古今词统序》则曰:"作者极情尽态,而听者洞心耸耳,如是者皆为当行,皆为本色,宁必姝姝媛媛,学儿女子语,而后为词哉? 故幽思曲想,张、柳之词工矣,然其失则俗而腻也,古者妖童冶妇之所遗也。伤时吊古,苏、辛之词工矣,然其失则莽而俚也,古者征夫放士之所托也。两家各有其美,亦各有其病,然达其情而不以词掩,则皆填词者之所宗,不可以优劣言也。予友珂月,生平持说,多与予合。"③因此,孟称舜认为以张先、柳永为代表的柔音曼声,与以苏轼、辛弃疾为代表的清俊雄放,皆应为当行本色,不能偏废。

　　这一选词标准,从《古今词统》所选的词人词作数量可以一窥端倪,详见表6-1:《古今词统》所选两宋词人词作数量居前10位情况表。

表6-1　《古今词统》所选两宋词人词作数量情况表(前10位)

作者	辛弃疾	周邦彦	吴文英	苏轼	刘克庄	蒋捷	秦观	陆游	黄庭坚	高观国
数量	138	53	49	48	45	38	37	36	34	29

　　可以看出,除辛弃疾以138首高踞第一位以外,周邦彦、吴文英与苏轼、刘克庄四人几乎平分秋色,严格执行了婉约与豪放并重的词学思想,不

---

① 卓人月:《蟾台集》,卷二,明崇祯刻本。
② 卓人月、徐士俊辑,谷辉之点校:《古今词统》,卷首,沈阳,辽宁教育出版社,2000年,第1版,第2页。
③ 卓人月、徐士俊辑,谷辉之点校:《古今词统》,卷首,沈阳,辽宁教育出版社,2000年,第1版,第3页。

第六章　明末清初西泠词人群体的词学选政

偏爱北宋或者南宋，也勿论小令、中调，还是长调。这一观念，比此后云间词派专力标举晚唐、五代以至北宋的秾艳淡逸词风，鄙薄南宋词风，要显得更加豁达开明。如云间词派领袖陈子龙《幽兰草词序》认为："南渡以还，此声遂渺。寄慨者亢率而近于伧武，谐俗者鄙浅而入于优伶。"①

另外，《古今词统》选录周邦彦53首、吴文英49首，多于苏轼和刘克庄，显示出选者对词律的偏重。周邦彦词以本色当行盛行于世，而本色当行，也就意味着周词音律的精准。周邦彦精通音律，善于创调和自度曲，其所制《瑞龙吟》《兰陵王》《六丑》等曲，曲雅韵清。而吴文英则瓣香周邦彦，深得周词之妙，不仅亦能自度曲，如《梦窗词》中的《古香慢》《玉京谣》《西子妆慢》等词调，还遍填周邦彦所用词调。周邦彦和吴文英二人，一北宋一南宋，是格律派词人的典型代表，正如宋人尹焕所云："求词于吾宋者，前有清真，后有梦窗。此非焕之言，四海之公言也。"②明人作词，无词律词韵可依，率性而为，流于曲化和鄙俗，在这种现状下，《古今词统》推重格律词人周邦彦和吴文英，其用心可想而知。

2. 从"尊辛"入手，张扬豪放词风。

如果说，《徐卓晤歌》初步展现出婉约与豪放并重的词学思想，并以"尊苏"作为张扬豪放词风的策略。那么，卓人月、徐士俊《古今词统》，则在兼举婉约与豪放的基础上，对"尊苏"的策略进行反思和调整，进而把张扬的重点放在辛弃疾身上，以"尊辛"来救纤艳之弊。

卓人月、徐士俊《古今词统》对辛稼轩的异代追慕，实际上受到明代杨慎和王世贞的影响。最明显的证据就是，《古今词统》在评论辛弃疾词时，常常注引王世贞和杨慎的言论。如《古今词统》卷十六注引王世贞《词评》曰："词至稼轩而变，其源实自苏长公，至刘改之诸公极矣。南宋如曾觌、张抡辈应制之作，志在铺张，故多雄丽。稼轩辈抚时之作，意存感慨，故饶明爽然，而秾情致语，几于尽矣。"③又注引杨慎《词品》云："近日作词者惟说周美成、姜尧章，而以东坡为词诗，稼轩为词论。盖曲者曲也，固当以委曲

---

① 陈子龙：《幽兰草词序》，《安雅堂稿》，卷五，明末刻本。
② 黄昇选编，杨万里点校集评《中兴以来绝妙词选》，卷十"吴君特"条，《花庵词选》，上海，上海古籍出版社，2019年，第1版，第493页。
③ 卓人月、徐士俊编：《古今词统》，卷十六，明崇祯刻本，《续修四库全书》集部第1729册，上海，上海古籍出版社，2002年，第1版，第132页。

为体,然徒狃于风情婉恋,则亦易厌。回视稼轩诸作,岂非万古一清风哉。"①

对于卓人月、徐士俊《古今词统》推崇稼轩词的原因,有学者认为是因为稼轩词"直抒性情",如朱丽霞:"徐士俊之所以选入辛词如此之多,根本原因在于'种种毕具,……不使稼轩居词论之名',证明稼轩词皆'性情'之作的词学主张。"②此种观点,其实并未切中肯綮。

笔者以为,《古今词统》推崇稼轩的目的,就是要以稼轩词的豪放之风,以救明代词坛的艳词流弊。对此,卓人月《古今诗余选序》有明确的表述:"太白雄矣,而艳骨具在,其词之圣乎。继是而男有后主,女有易安,其艳词之圣乎。自唐以下,此种不绝。而辛幼安独以一人之悲放,欲与唐以下数百家对峙,安得不圣。余每读《花间》未及半,而柔声曼节不觉思卧草堂;至长调则粗俚之态百出,夫《花间》不足餍人也。犹有诸工艳者,堪与壮色;而为粗俚人壮色者,惟一稼轩。余益不得不壮稼轩之色,以与艳词争矣。"③这里值得注意的是,卓人月把"壮词之圣"的头衔冠以辛弃疾,而不是苏轼。不仅如此,《古今词统》在评论辛词时,还极赞曰:"'雄深雅健'四字,幼安可以自赠。"④

可见,卓人月针对明代词坛花草之风盛行的现状,的确刻意壮大以稼轩为首的豪放词风,从而在明末词坛达到振衰起弊的目的。

3. 从"苏、辛"到"辛、苏"。

卓人月、徐士俊《古今词统》将辛弃疾在词史上的地位,提至苏轼以前,即从"苏辛"转变为"辛苏"。卓人月在《古今诗余选序》中指出:"奈何有一最不合时宜之人,为东坡;而东坡又有一最不合腔拍之词,为《大江东去》者,上坏太白之宗风,下袭稼轩之体,而人反不敢非之。必以铜将军所唱,堪配十七八女子所歌,此余之所大不平者也。故余兹选,选坡词极少,以剔雄放之弊,以谢词家委曲之论;选辛词独多,以救靡靡之音,以升雄词之位。

---

① 卓人月、徐士俊编:《古今词统》,卷十六,明崇祯刻本,《续修四库全书》集部第1729册,上海,上海古籍出版社,2002年,第1版,第132页。
② 朱丽霞:《清代辛稼轩接受史》,济南,齐鲁书社,2005年,第1版,第555页。
③ 卓人月:《蟾台集》,卷二,明崇祯刻本。
④ 卓人月、徐士俊:《古今词统》,卷十五,明崇祯刻本,《续修四库全书》集部第1729册,上海,上海古籍出版社,2002年,第1版,第120页。

置而词场之上,遂荡荡乎辟两径云。"①

对于苏轼和辛弃疾在豪放词史中的地位,历来以"苏、辛"称之,即以苏轼为宗,辛弃疾继其后。如明代最盛行的南宋人所选《草堂诗余》,选录苏轼词为 22 首,选录辛弃疾词只有 9 首。可见"苏、辛"的概念,至少自南宋《草堂诗余》以来,已经为词坛所接受。

然而,"苏、辛"的概念,也并非没有人提出过质疑。首次提出辛词优于苏词的人是辛弃疾的门人范开,他认为稼轩词中"固有清而丽、婉而妩媚者,此又坡词之所无,而公词之所独也。"②但范开以后几百年间,此论并没有得到后人的响应。至晚明的卓人月,在《古今词统》中选录辛弃疾词达 138 首,而苏轼仅 47 首,使已经得到词坛公认的"苏、辛"的概念,更改为"辛、苏"。他认为,东坡是"最不合时宜之人",又有"最不合腔拍之词《大江东去》"。所谓"最不合腔拍",意谓最不合词之格律。

卓人月所以如此批评苏轼,话语背后有一个两宋词史的参照系,那就是以北宋周邦彦和南宋吴文英为代表的格律派。《古今词统》选入周邦彦词 53 首,吴文英词 48 首,分居第二位和第三位,第四位才是苏轼。苏词不守格律,破坏了词的基本特性,进而连累了后人对辛弃疾词不能做出公正的评断。而辛词则不然,辛弃疾词不仅恪守词律,还在词史上具有集大成的地位。王易《词曲史》评云:"(辛词)激昂排宕,不可一世;而潇洒俊逸,旖旎风光,亦各极其能事。东坡有其胸襟无其才气,清真有其情韵无其风骨。"③

所以卓人月、徐士俊《古今词统》选苏词极少,"以剔雄放之弊,以谢词家委曲之论";选辛词独多,以救明代词坛的"靡靡之音","以升雄词之位"。正因为如此,《古今词统》才可以"置而词场之上,遂荡荡乎辟两径云"。纵观明代及以前的词选,《古今词统》是第一部选录辛词数量超过苏词的词选。这也表明,苏轼与辛弃疾在明代末年词坛选家眼中的地位,已经发生了本质变化,详见表 6-2。

---

① 卓人月:《蟾台集》,卷二,明崇祯刻本。
② 范开:《稼轩词序》,辛更儒笺注《辛弃疾集编年笺注》,北京,中华书局,2015 年,第 1 版,第 2252 页。
③ 王易:《词曲史》,台北,台北洪氏出版社,1981 年,第 1 版,第 172 页。

表 6-2 明末词选选入苏辛词作数量对比表

词选	选者	苏词	辛词
《草堂诗余》	坊间	22	9
《词林万选》	杨慎	15	6
《花草粹编》	陈耀文	52	26
《古今词统》	卓人月、徐士俊	47	138
《词的》	茅暎	4	9

总之,卓人月、徐士俊《古今词统》对苏轼、辛弃疾在词坛地位的重新认定,对辛弃疾词的异代追慕,为涤荡明代纤艳词风找到了一个强有力典范。这对于清代词人推尊词体、振兴词体,无疑有振聋发聩的作用。如清初纳兰性德就曾曰:"词虽苏辛并称,而辛实胜苏,苏诗伤学,词伤才。"①晚清周济则称应退苏进辛,因为"世以苏、辛并称,苏之自在处,辛偶能到。辛之当行处,苏必不能到。二公之词,不可同日而语也"②。

所以,清初词坛盛行的稼轩风,可以追溯到卓人月、徐士俊的《古今词统》。学者历来认为,在明代以婉艳为主流词风的背景下,稼轩词风已经被挤压到词史的边缘,甚至一度退出明代词人的话语范畴。而清初词坛盛行的稼轩风,是明清之际历史风云交会的结果,是清人的必然选择。也就是说,清人才是稼轩风的首倡者。现在看来,此结论还有待修正。

(四)《古今词统》的意义及影响

卓人月、徐士俊《古今词统》是明代第一部通代词选,它不仅给后世词人提供了典范之作,还在"杂说"一项中收录了沈义父的《乐府指迷》、杨万里的《作词五要》、王世贞的《论诗余》、张綖的《论诗余》、徐师曾的《论诗余》、沈际飞的《诗余发凡》等词话,这对于矫正后世词人的词学观念和创作方法不无裨益。明代虽然有钱允治《国朝诗余》、沈际飞《草堂诗余四集》、杨慎《词林万选》等词选,但大都名实相乖,漫无体例。而《古今词统》则充分发挥了选本张扬文学观念的作用,体现了卓人月、徐士俊锐意扭转词风和垂范后世的词学意识,在明末凋零的词坛中显示出新的气象。

---

① 纳兰性德:《通志堂集》,卷十八,上海,上海古籍出版社,1979 年,第 1 版,第 717 页。
② 周济:《介存斋论词杂著》,唐圭璋编《词话丛编》,北京,中华书局,1986 年,第 1 版,第 1633 页。

第六章　明末清初西泠词人群体的词学选政

明清之际的词风嬗变，传统观点以为肇始于明末陈子龙的云间词派。其实不然，在此之前的《古今词统》已经开启词风嬗变之端绪，突破了明代词坛以婉约艳丽为尚的《花间》《草堂》之风。清初词坛大家王庭评曰："《词统》一书，为之规规而矩矩，亦词家一大功臣也。"①徐士俊对于《古今词统》在词史上的地位及将要产生的深远影响，也颇为自信。他在《古今词统序》中说："或曰：诗余兴而乐府亡，歌曲兴而诗余亡。夫有统之者，何患其亡也哉？倘更有上官氏者出，高踞楼头，称量天下，则余二人之为沈为宋，是未可知耳。"②然而《古今词统》在刊行之初却并没有立即引起时人的共鸣，卓回写于清康熙十七年(1678)的《古今词汇缘起》分析了其中的缘由：

　　余兄《词统》一书，成于壬申、癸酉间，迄兹四十五载。其时制科，专尚文艺，守一经而研八股，未之或变。乃适当文风极盛之会，士之奇才博奥者，不尚拘挛，力摹周、秦、两汉、唐、宋大家之文，然售者百一。盖庸人司命，鲜不惊怪，斥之宜也。于是又降心而为肤浅腐臭，熨帖如题，父兄督其子弟，师徒相授，友朋相切磋，曰如此则售，不如此则不售，白首溺沉，而不之改。习诗古文若仇雠，况词乎？兄意独否，然当其时，犹齐庭之瑟也，赏音者或寡矣。方今词学大兴，识者奉为金科玉律。③

一方面指出在明代末年词坛衰凋的局面下，《古今词统》有着独标风雅的作用；另一方面指出在清初词学兴盛之时，《古今词统》又引领一时词坛风尚。尤侗曾在《璧月词序》盛赞云："昔西里卓珂月、徐野君两先生有《词统》一书，予童时即喜读之。今卓君逝矣，徐君岿然独存，风雅嗣音，鼓吹不绝，何西里之多才也。"④另外，从词话著作中也可略窥《古今词统》在清代的盛行，如唐圭璋《词话丛编》所收清人词话，论及《古今词统》多达62次，

---

① 沈雄：《古今词话》，《词评》下卷，唐圭璋编《词话丛编》，北京，中华书局，1986年，第1版，第1032页。
② 卓人月、徐士俊编：《古今词统》，卷首，明崇祯刻本，《续修四库全书》集部第1728册，上海，上海古籍出版社，2002年，第1版，第442—443页。
③ 卓回编：《古今词汇二编》，卷首，赵尊岳编《明词汇刊》，上海，上海古籍出版社，1992年，第1版，第1544页。
④ 尤侗：《西堂文集》，《西堂杂俎三集》卷三，复旦大学图书馆藏清康熙刻本，《续修四库全书》集部第1406册，上海，上海古籍出版社，2002年，第1版，第418页。

如邹祗谟《远志斋词衷》、王士禛《花草蒙拾》、沈雄《古今词话》等。正如丁澎在《正续花间集序》中所评："珂月《词统》之选,海内咸宗其书,垂四十年,遂成卓氏之家学。"[①]《古今词统》能大行于世,得到后世学者的认可,究其原因还在于卓人月、徐士俊审词、选词、评词的独到见解。

二、西泠词坛的初步繁盛:《古今词选》

（一）现存七卷本《古今词选》应为残本

《古今词选》七卷,清康熙刻本。现藏于中国国家图书馆。半页十行,行二十字,小字双行,左右双边,花口,单黑鱼尾,版心上镌"古今词选",鱼尾下刻相关卷次、调式及页码。无序、跋、凡例、评点等。此集以调编次,卷一至卷六为小令,卷七中调,无长调。所选自唐迄清,计词人255家,此外尚有托名女鬼、鬼仙各1家,无名氏12家,计词作741首,其中清代词人73家,词250首。

在《古今词选》所选清人词作中,西泠词人有30余人,可见,与《古今词统》不同的是,《古今词选》具有张扬西泠一地词风的作用。据笔者粗略统计,《古今词选》所收清人词作中,有十余首未收入《全清词·顺康卷》及《全清词·顺康卷补编》,可据此补入。

《古今词选》的编纂体例,与《古今词统》类似,以小令、中调、长调为序,但相对于《词统》以词之字数编次,稍显粗略;同时,对于词调之对于同体异名者,则注明其别名;同名多体者,均注明所选为第几体。值得注意的是,《古今词选》七卷中,六卷为小令,中调仅占一卷,集中没有长调,这显然有悖常理。如果按照明代至清初年间通代词选的一般编选规模,小令、中调、长调各自所占卷数的比例大约应为2∶1∶1.25,那么,《古今词选》中小令有六卷,中调和长调就分别应为三卷和四卷。显然,中国国家图书馆所藏七卷本《古今词选》实为残本,原刻的卷数应为十三卷。

（二）《古今词选》的编选者及编选时间

《古今词选》的各卷卷首题"钱塘沈谦去矜氏、毛先舒稚黄氏同选",又皆题本卷参订之人,七卷各不相同,卷一为同学徐士俊野君氏参阅、受业沈丰垣邅声氏订正;卷二为同学陆进荩思氏参阅、受业胡大漈文漪氏订正;卷

---

① 丁澎:《扶荔堂文集选》,卷二,清康熙二十二年(1683)文艺馆刻本。

第六章　明末清初西泠词人群体的词学选政

三为同学诸九鼎骏男氏参阅、受业潘云赤夏珠氏订正；卷四同学王晫丹麓氏参阅、受业聂鼎元汝调氏订正；卷五为同学金璐功在氏参阅、受业沈丰垣遹声氏订正；卷六为同学诸匡鼎虎男氏参阅、受业洪昇昉思氏订正；卷七为同学张竞光觉庵氏参阅、受业张台柱砥中氏订正。可以看出，《古今词选》的主编为沈谦和毛先舒，而各卷的参阅者是沈谦、毛先舒的长辈或同辈词人，如徐士俊、陆进、诸九鼎、王晫、金璐功、诸匡鼎、张竞光；订正者则为沈谦和毛先舒的门人，如沈丰垣、胡大漾、潘云赤、聂鼎元、洪昇、张台柱。因此，《古今词选》的编纂，是西泠词人群体三代词人的第一次词学合作，标志着西泠词学的初步繁荣。

至于《古今词选》的编纂时间，虽然集中没有序、跋、凡例等文献材料可以提供有效的参考信息，但是仍然可加以考订。《古今词选》卷二收有胡大漾《诉衷情·悼内子槎云》一词，词云："怕闻花底杜鹃鸣。都是别离情。东风不知人意，吹入小银屏。　肠已断，梦难成。泪盈盈，翠衾香冷。罗帐灯残，想是三更。"词中有"花底杜鹃鸣""东风"之语，可知此词应作于春天。又据《全清词·顺康卷》所列张昊（字槎云）小传，张昊卒于清康熙七年（1668），那么《古今词选》应该始编于清康熙七年（1668）春张昊逝世以后。而《古今词选》的主要编选者沈谦，卒于清康熙九年（1670）二月十三日，是则《古今词选》的成书应在清康熙九年二月以前。根据以上线索，大致可以推断出，《古今词选》大约于始编于清康熙七年（1668）春天以后，成书于清康熙九年（1670）二月以前。

（三）《古今词选》的词选参照系

前经考证得出，《古今词选》始编于清康熙七年（1668）春以后，成书于清康熙九年（1670）二月以前。那么，编纂时间的确定，就对于我们考察《古今词选》编选的词选参照系，提供了一个准确的依据。此前两部词选的出现，为《古今词选》的编纂提供了借鉴和启发，那就是刊刻于明崇祯六年（1633）的《古今词统》和清顺治十七年（1660）成书的《倚声初集》。

首先，沈谦、毛先舒编选《古今词选》，受到了乡贤卓人月、徐士俊《古今词统》的启发。作为明代第一部古今通代词选，《古今词统》对于在其以后出现的通代词选，有不可多得的垂范作用。虽然《古今词选》的编纂，始于《古今词统》成书35年以后，但是，时间的距离，并没有成为这种启发的障碍。这种启发，不仅表现在《古今词选》在编选体例上对《古今词统》的沿袭（具体情况前已经述及）。更为直接的证据是，《古今词统》的参评者徐士

339

俊,受沈谦、毛先舒的延请,也参加了《古今词选》的参阅工作。值得一提的是,以沈谦、毛先舒为代表的西泠词人群体,对于乡贤徐士俊相当尊敬和仰慕,沈谦就有《庆春宫·答徐野君》一词,极赞徐士俊"名重词坛,春波妙曲,几番吹雪萦尘"①。另外,沈谦和毛先舒应当对《古今词统》非常熟谙。毛先舒《韵白》之《音韵琐语二十五条》"陈继儒《昭君怨》"条认为,《古今词统》卷三所刻陈继儒《昭君怨·舟中挟王六妓》一词有误:"此词甚佳,而《词统》刻本小异,颇劣。至第二句'柳蘸鹅黄春水',不但不及原句,并韵失之。"②

另外,毛先舒撰《填词名解》时,所参用的词选之一,就是卓人月、徐士俊的《古今词统》。毛先舒《填词名解·略例》第八条云:"是编采缀,非徒一家。然本唐崔令钦、段安节,宋王灼、黄朝英,以至杨慎、都穆、何良俊、陈耀文、卓人月、徐士俊、沈际飞、郭绍孔诸词家书,因藉为多。"③卓回《古今词汇缘起》云:"余兄《词统》一书,成于壬申、癸酉间,迄兹四十五载。……方今词学大兴,识者奉为金科玉律。"④所以,《古今词统》应是沈谦和毛先舒自幼研习的词选,耳熟能详,对其加以考证,并在编著词选和词话时加以参考和引用,是理所当然之事。也就是说,《古今词选》其实是《古今词统》词学思想在清代的继承和发扬,也是清初西泠词人对于明末乡贤卓人月、徐士俊词学事业的继续。

其次,在清康熙七年(1668)以前,还有一本词选的产生,对沈谦和毛先舒有着很大的启发,那就是清顺治十七年(1660)由邹祇谟与王士禛合编的《倚声初集》。实际上,《倚声初集》本身,也是对西泠卓人月、徐士俊《古今词统》的承续。王士禛在清顺治十七年(1660)所作《倚声初集序》中,谈及《倚声初集》的编纂原因:"《花间》《草堂》尚矣,《花庵》博而未覈,《尊前》约而多疏。《词统》一编,稍撮诸家之胜,然亦详于隆、万,略于启、祯。邹子与予盖尝叹之,因网罗五十年来荐绅、隐逸、宫闱之制,汇为一书,以续《花间》

---

① 南京大学中国语言文学系《全清词》编纂委员会编:《全清词·顺康卷》,北京,中华书局,2002年,第1版,第2018页。
② 毛先舒:《韵白》,北京图书馆藏清康熙刻思古堂十四种书本,《四库全书存目丛书》经部第217册,济南,齐鲁书社,1997年,第1版,第458页。
③ 毛先舒:《填词名解》,卷首,查继超辑、吴熊和点校《词学全书》,北京,书目文献出版社,1986年,第1版,第16页。
④ 卓回编:《古今词汇二编》,卷首,卷首,赵尊岳编《明词汇刊》,上海,上海古籍出版社,1992年,第1版,第1544页。

第六章 明末清初西泠词人群体的词学选政

《草堂》之后,使夫声音之道,不至湮没而无传,亦犹尼父歌弦之意也。"①王士禛还曾评赞《古今词统》"搜采鉴别,大有廓清之力"②。

另外,从《倚声初集》的编选体例可以看出,它与《古今词统》之间存在一定的前后延续性,如沿袭《古今词统》所开创的以词的篇幅字数编次方法,又如对于一调多体者则注明所选为第几体等。需要特别强调的是,《倚声初集》的《前编》第二卷和第四卷,分别收录毛先舒和沈谦的词话和词韵论著,如毛先舒《词辨坻》(选五则)、《与沈去矜论填词书》《词韵序》《词韵说》(三则)、《声韵丛说》(选三则)等,以及沈谦《沈氏词韵略》。这一方面充分反映了以邹祗谟与王士禛为代表的清初词坛领袖对西泠词学的肯定和赞同,另一方面对于毛先舒和沈谦编选《古今词选》,在某种程度上无疑是一种鼓励和支持。

沈谦最早得读《倚声初集》,当在清顺治十八年(1667)春。其时邹祗谟重游杭州,会晤西泠词人沈谦、毛先舒、丁澎、王晫等人,并将《倚声初集》赠予沈谦,沈谦在《云华馆别录自序》云:"近晤毗陵邹程村,贻予《倚声集》。"③沈谦得到《倚声初集》,如获至宝,经常挑灯夜读,并有《玉女剔银灯·夜阅〈倚声集〉,怀邹程村》一词:"天气初寒,楼外月华如雪。孤灯弄影,展卷空悲咽。词唱金荃,歌翻玉树,谁似风流英绝。梅花堪折。记分手、樱桃时节。　万丈庐山,梦来时、怕阻截。素书题就,见晓星窥阙。马去关河,人稀驿路,谁信雁鸿能说。神交但切。岂畏远离长别。"④此词为沈谦在邹祗谟客游江西时所作,表露出他与邹祗谟之间的笃厚交谊,以及对《倚声初集》的叹服。

将《古今词选》与《倚声初集》的体例相比较,会发现除了它们均对《古今词统》的体例有所沿袭之外,在对词调的处理方法上,二者还有一个相同之处,即对于同调异名者均注明其别名,这也是《古今词选》对《倚声初集》有所借鉴的证据之一。

---

① 邹祗谟、王士禛编:《倚声初集》,卷首,清顺治十七年(1660)刻本,《续修四库全书》集部第1729册,上海,上海古籍出版社,2002年,第1版,第164页。
② 王士禛:《花草蒙拾》,唐圭璋编《词话丛编》,北京,中华书局,1986年,第1版,第685页。
③ 沈谦:《东江集钞》,卷六,清康熙十五年(1676)沈圣昭沈圣晖刻本,《四库全书存目丛书》集部第195册,济南,齐鲁书社,1997年,第1版,第240页。
④ 南京大学中国语言文学系《全清词》编纂委员会编:《全清词·顺康卷》,北京,中华书局,2002年,第1版,第2009页。

(四)《古今词选》的词学思想

由于现存七卷本《古今词选》为残本,所以无法从词选本身考察其词学思想;只有从沈谦和毛先舒的论词片段中,一窥其选者之心。在对待婉约和豪放两种词风的态度上,沈谦和毛先舒亦与卓人月、徐士俊采取了一致的方式,那就是兼容并收,不愿偏废。在这里,虽然沈谦对绮艳的词风更为偏爱,其《答毛稚黄论填词书》:"仆意旨所好,不外周、柳、秦、黄、南唐李主、易安、同叔,俱所愿学,而曾无常师。"[①]但他并不排斥豪放词风:"词不在大小浅深,贵于移情。'晓风残月'、'大江东去',体制虽殊,读之皆若身历其境,惝恍迷离,不能自主,文之至也。"[②]毛先舒在《题吴舒凫诗余》中,也曾论及自己对"雄高"词风的看法:"谐韵之文屡变,而极于词曲,要皆本源于《三百篇》。论者偏于情艳,一涉雄高,谓非本色。余以为,《诗》亡论《南》《雅》《三颂》,即《十三国风》,颇多壮节。傥欲专歌东门之茹藘而废小戎,非定论也。"[③]明确指出,"情艳"与"雄高",二者皆为词之当行本色,皆有可取之处。可以看出,沈谦和毛先舒二人,对于婉约和豪放词风二者并重的问题上,还是有其共同语言的,而《古今词选》也正是二人词学思想交锋之后的综合反映,保持了《古今词统》婉约与豪放并重的西泠选词传统。

三、"词衰藏于盛"论:《见山亭古今词选》

(一)《见山亭古今词选》其书及编纂体例

《见山亭古今词选》三卷,清康熙十四年(1675)刻本。现藏于北京大学图书馆,半页八行,行十八字,小字双行,左右双边,花口,无鱼尾,版心上镌"古今词选",下镌"见山亭",中间刻相关卷次、页码。首清康熙十四年(1675)严沆序;次陆次云自序;次词选目录。各卷卷首题"西陵陆次云云士、章晒天节选,韩铨子衡校"。

《见山亭古今词选》亦以词调小令、中调、长调编次;对于一调多体者,均注明所选为第几体。收录上自隋炀帝、下迄清初的词人凡 362 家,词作 770 首。其中清初词人约有 208 家,词作约 460 首,而西泠词人有 103 人。

---

① 沈谦:《东江集钞》,卷七,清康熙十五年(1676)沈圣昭沈圣晖刻本,《四库全书存目丛书》集部第 195 册,济南,齐鲁书社,1997 年,第 1 版,第 244 页。
② 沈谦:《填词杂说》,唐圭璋编《词话丛编》,北京,中华书局,1986 年,第 1 版,第 629 页。
③ 毛先舒:《东苑文钞》,卷上,北京图书馆藏清康熙刻思古堂十四种书本,《四库全书存目丛书》集部第 211 册,济南,齐鲁书社,1997 年,第 1 版,第 7 页。

总体而言,《见山亭古今词选》既是继《古今词统》《古今词选》之后,西泠词人编纂的又一部通代词选;同时与《古今词选》一样,《见山亭古今词选》也有张扬西泠一地词风的意图。

　　(二)《见山亭古今词选》的首倡者及编选时间

　　《见山亭古今词选》的编选者陆次云、章晒,校阅者韩铨,均为西泠词人。

　　"见山亭",是章晒的书斋之名。章晒(1635—1691),字天节,余杭人,诸生。为人正直磊落,刚硬不屈,怀抱高迈,与宋琬、曹溶、吴绮、罗弘载、曹亮武、孙默、毛先舒、张丹、陆进、陆次云等均有交游投赠。诗词兼擅,著有《见山亭诗集》二卷,清康熙五十七年(1718)刻本,现藏于南京图书馆。除此之外,章晒还著有《见山亭诗论》,以《诗经》为原本,讨论诗之渊源流变。王嗣槐《诗论题辞》曾评:"今读章子天节所辑《见山亭诸论》,言在意中,旨通语外,滔滔汩汩,使人怡然以解,亦何必不叹匡鼎复来哉?"[①]

　　由此看来,章晒与《见山亭古今词选》之间,有着超出字面之外密切的联系,那就是,章晒不仅是《见山亭古今词选》编选者之一,更为重要的是,他还是此选的首倡者。虽然严沆《见山亭古今词选序》和陆次云自序,并未提及章晒是词选的首倡者之事,但这并不影响论断的得出。

　　至于陆次云,则是此选的主选者。陆次云,字云士,钱塘诸生。清康熙十一年(1672)游洞庭,继至京师,与陈维崧、朱彝尊等唱和,后与章晒、韩铨同辑《见山亭古今词选》。清康熙十八年(1679)荐试鸿博,放罢。十九年授河南郏县知县,未几丁忧归。重游洞庭、沅、湘。清康熙二十四年(1685)起复知江苏江阴县,至二十七年(1688)归,在任期间与汤右曾等人互相酬唱,极一时风流韵事。著有《澄江集》《玉山词》,另有《八纮荒史》《皇清诗选》《北墅绪言》《湖壖杂记》等。陆次云《玉山词》入选聂先、曾王孙《百名家词钞》,宋既庭以"能采风雅无穷意,始是乾坤绝妙词"[②]评之,沈雄则认为陆次云为"风雅专家,蕴藉处正是其生动处"[③],四库馆臣则认为《玉山词》"所

[①] 王嗣槐:《桂山堂文选》,卷三,清康熙青筠阁刻本,《四库未收书辑刊》7辑27册,北京,北京出版社,1997年,第1版,第246页。
[②] 陆次云:《玉山词》,卷末,清康熙刻聂先、曾王孙编《百名家词钞》本。
[③] 沈雄:《古今词话》,《词评》卷下,唐圭璋编《词话丛编》,北京,中华书局,1986年,第1版,第1049页。

作乃往往多似元曲,不能如书中所称周、秦、苏、辛体也"①。

那么,陆次云、章旸二人何时开始编选《见山亭古今词选》呢?此前学者认为,《见山亭古今词选》的编选时间,大概在清康熙十三年(1674)左右陆次云、章旸、韩铨谒游京师期间。事实上,这一结论还有待商榷。据西泠词人俞士彪的词作《庆清朝慢·壬子腊八,同毛大可、陆荩思先生,沈御泠、陆云士、章天节、柳靖公、吴璟符诸子宴集》可知,清康熙十一年(1672)腊八,陆次云自洞庭归乡西泠,与章旸等人雅集。此后,二人结伴,共游京师。值得注意的是,此次雅集以前,即清康熙十一年(1672)时,章旸极有可能已经开始着手编选《见山亭古今词选》了。清康熙十二年(1673),章、陆二人结伴游谒京师,此时,陆次云才加入编选的工作中来。

章旸与陆次云既为知音,亦为难友,其《同姜西溟罗宏载过访陆云士赋赠》云:"天地胡为者,如君亦复贫。十年迷道路,一剑困风尘。华发伤流辈,苍颜忆老亲。友朋时过慰,来往不辞频。"②此诗应作于章旸与陆次云清康熙十二年(1673)以后淹留京师时。也正是在此期间,陆次云、章旸共同编选了《见山亭古今词选》。陆次云《见山亭古今词选自序》亦有云:"岁甲寅,寄迹燕山,韩子子衡延余问字,启观行笈,见携所辑诸集,玩而乐之。"③又根据后文所叙,"所辑诸集"其一即为《见山亭古今词选》。可知,清康熙十三年(1674)时,此选已经辑成。

(三)《见山亭古今词选》的编纂背景

要了解《见山亭古今词选》,就必须将其置于清康熙十一年(1672)前后的西泠词坛和清康熙十二年(1673)、清康熙十三年(1674)京师词坛两个大背景中加以考察。

首先看西泠词史。从历时性而言,此前已论及,在《见山亭古今词选》编纂以前,西泠地区已经产生了两部通代词选,一为《古今词统》,一为《古今词选》。很显然,《见山亭古今词选》是在明末清初西泠地区浓厚的选政氛围中产生的,是余波期词人陆次云、章旸对于乡贤词选事业的继承和发扬。

---

① 永瑢等:《四库全书总目》,卷二〇〇,词曲类存目"《玉山词》"条,北京,中华书局,1965年,第1版,第1832页。
② 潘衍桐编:《两浙輶轩续录》,卷三,《续修四库全书》集部第1685册,上海,上海古籍出版社,2002年,第1版,第95页。
③ 陆次云、章旸编:《见山亭古今词选》,卷首,清康熙十四年(1675)刻本。

第六章 明末清初西泠词人群体的词学选政

从共时性而言,《见山亭古今词选》的编纂与刊刻时间,几乎与西泠词人编选的另一部词选《西陵词选》同时。不同之处在于,《见山亭古今词选》始编地点在西泠,后转移至京城;《西陵词选》的编选地点则一直在西泠。更耐人寻味的是,在清康熙十一年(1672)腊八日的雅集中,参加者除了《见山亭古今词选》的编选人陆次云、章昞之外,还有《西陵词选》的两位编选人陆进和俞士彪。以上种种,并非历史的巧合。

实际上,《见山亭古今词选》的编纂者陆次云和章昞,与《西陵词选》的编纂者陆进和俞士彪,不但属同郡词人,而且交游频繁。陆进与陆次云二人,还有更深一层的同族兄弟关系,情谊笃厚。陆次云年少时漫游他乡,与陆进一直以词相赠答,陆进有《渡江云·送云士弟之夜郎》《水调歌头·接云士弟洞庭寄札》。另外,陆进与章昞也有交谊,并有词作《孤鸾·为章天节悼亡》。从词学关系上看,陆进是"北门四子"之一,又是"西泠词社"的发起人,在西泠词坛有举足轻重的地位。陆次云与章昞虽然没有参与"西泠词社",但经常一同宴集游玩,以词酬唱。因此,陆次云、章昞、陆进、俞士彪四人在共同的词学活动中,词学观念趋于一致,是自然的事情。

也就是说,清康熙十一年(1672)腊八日的那次雅集,其实孕育了西泠人的两部词选,而这两部词选,一为西泠词人对古今词人词作的再次权衡,一为对清初西泠一地词学繁盛之况的首次论定。

再看清康熙十二年(1673)、清康熙十三年(1674)的京师词坛。清康熙十二年(1673),章昞与陆次云同游京师,携带未完成的《见山亭古今词选》。在京师,陆次云的才学既得到当时政界显达如李天馥、梁清标、方象瑛的赏识,如陆次云与李天馥有《贺新郎·上容斋先生》《贺新郎·和原韵,赠云士》的唱和,梁清标《雨中花慢·赠陆云士归武林》有"江左词人,幞被囊诗,京华数载淹留。有三都赋就,纸贵神州。户外车轮尝满,句中烟景全收。问王家簟扇,座上群贤,谁夺先筹"[1]之句;也得到包括陈维岳、严沆等仕宦或流寓在京的词坛名宿的认同。陈维岳《贺新郎·赠陆云士》:"骚雅推英物。算人间、朗吟低唱,几番风月。爱煞西湖佳丽处,才子连绵不绝。况门地、机云锤厥。绣口锦心成妙作,使苏黄、欧柳仍生活。杯畔韵,壁间跋。

相逢燕市狂歌发。尽欢呼、旁人大笑,飞扬突兀。虎踞词坛千载在,万事

---

[1] 南京大学中国语言文学系《全清词》编纂委员会编:《全清词·顺康卷》,北京,中华书局,2002年,第1版,第2277页。

乾坤豪末。好称意、淋漓批抹。我出无车徒步苦,视禁城、天上愁难达。君莫怪,知吾拙。"①也就是说,陆次云、章昞、韩铨三人在京师,得以与当时宦游于京师的各地词人交游,从而能够尽可能地搜罗或得读他们的全部词作,这为《见山亭古今词选》的编纂,可谓提供了天时、地利、人和的良好条件。这些优势,是在其之前的《古今词统》《古今词选》所不具备的,也增强了《见山亭古今词选》能够全面反映清初词坛盛况的必然性。

(四)《见山亭古今词选》的"词衰藏于盛"论

陆次云、章昞编选《见山亭古今词选》的目的有二,其一是合古今词作于一选,一统古今之词;其二是揭示词学衰亡的原因,以彰盛杜衰。前者与卓人月和徐士俊《古今词统》、沈谦和毛先舒《古今词选》一脉相承,后者则是《古今词统》《古今词选》认识比较模糊的地方。陆次云、章昞《见山亭古今词选》则敏锐意识到明末清初词学繁荣背后所隐藏的衰落危机及其原因,有更加明确的"彰盛杜衰"的意识。

陆次云《见山亭古今词选自序》云:

> 余合古今而一之,彰其盛,抑以杜其衰也。子衡曰:"既云盛矣,何言乎衰?"余曰:"自风变而骚,骚变而赋,赋变而词,词再变而为南北调,滥觞极矣。然南北之调于词,锱铢间耳。稍一阑入,其体遂失,是宜辨者在格律。而诗余方盛,学步之家,纷然鹊起,谓短长诸阕,专咏柔情,娇花解语,竞工桑濮之音;芳草怀人,争染芍兰之色。大雅贻讥,衰藏于盛矣。"②

陆次云认为,清初词坛的繁盛只是表面现象,背后却隐藏着词体的衰落,其因有二,一是清初词作的音韵格律之失,二是清初词作的温柔敦厚意旨之失。两者相比,后者对词的危害程度要更大。与陆次云的忧虑形成鲜明对比的,是为《见山亭古今词选》作序的严沆,他对于陆次云眼中的衰敝,秉持宽容认可的态度。严沆《见山亭古今词选序》云:"比年以来,海内骚雅之士,多肆意于词,为之者辄工,虽未审其宫商之悉叶于律,而合之唐宋元

---

① 南京大学中国语言文学系《全清词》编纂委员会编:《全清词·顺康卷》,北京,中华书局,2002年,第1版,第6606页。

② 陆次云、章昞编:《见山亭古今词选》,卷首,清康熙十四年(1675)刻本。

人之作，无有间焉。盖词失其旨，且三百年剥穷而复固，风会使然尔。"①意谓清初词坛的繁盛是风会使然，具有必然性，不必过于苛求词作的音律或意旨之失。严沆代表了清初词人的大数观点，他们对于清初词坛的认识，远远没有陆次云那样深刻。

陆次云"词衰藏于盛"的忧患意识，可以在他以后的词人那里可以找到回应。如徐釚在为成书于清康熙中叶的傅燮詷《词觏》作序时说："词至今日而极盛，亦至今日而极衰。……自姜白石辈间为自度曲，于是作者纷然。金元以后，遂不复能谱旧词矣。传至今日，放失益滋，染指者愈多，则舛谬者愈甚，余故以为极衰也。"②万树品评曹亮武《南耕词》时说："词至今日为极盛矣。余独曰，未也。何也？以古词之所以可歌者多不讲也。……今之负才者，多假借声律以工，妙其语言，而人尤尚之，转相仿效，初若蚁漏，终于溃堤，而词不可问矣。"③与陆次云不同的是，徐釚、万红友等人仅强调清初词作的声韵格律之失，认为这才是词将在清代衰亡的真正原因。

对于陆次云、章昹而言，如何借助《见山亭古今词选》彰盛杜衰呢？陆次云强调，对于选词者而言，要师法《诗三百》，以"四始""六义"之旨，作为选词的标准："子衡曰：'杜衰奈何？'余曰：'作词者，当以《三百篇》师；选词者，亦以《三百篇》为法，使不失四始六义之旨，则得矣。'"④以"四始""六义"之旨作为选词标准，有两层含义：一、尊体。将词纳入《诗三百》的正统文学系统，提升词的地位。二、以词选为导向，促使作者在词作中承续《诗三百》的风雅之旨，这样才能从源头上保证词的绵延不衰。

陆次云在强调"四始""六义"的选词标准的同时，也不排斥艳曲，其《见山亭古今词选自序》云："子衡低徊卒业，悠然久之曰：'而犹有疑者，既斥淫哇，何以多存艳曲，将无益薪而止沸欤？'余曰：'余之所斥者，惟自缋绘登徒之容，刻画河间之态者耳。若空中之语，好色不淫，何敢议闲情为白璧微瑕，效小儿之解事哉？'"⑤对于艳曲，陆次云将其分为两类，一为纯粹以描写女性容貌体态为主，毫无寄托者；一为以艳曲为托志之载体者。后一类

---

① 陆次云、章昹编：《见山亭古今词选》，卷首，清康熙十四年(1675)刻本。
② 徐釚：《南州草堂集》，卷二十一，清康熙三十四年(1695)刻本，《续修四库全书》集部第1415册，上海，上海古籍出版社，2002年，第1版，第375页。
③ 曹亮武：《南耕词》，卷五，清康熙刻本。
④ 陆次云、章昹编：《见山亭古今词选》，卷首，清康熙刻十四年(1675)刻本。
⑤ 陆次云、章昹编：《见山亭古今词选》，卷首，清康熙十四年(1675)刻本。

词作中的艳情仅为空中之语,可以入选。将艳情视为空中之语,而非泥犁之灾的祸端,陆次云这一观点,与西泠词人卓发之、沈谦、姚际恒等是一致的。

《见山亭古今词选》选词时还注重约古详今,各种风格并存。陆次云《见山亭古今词选自序》认为,相对于诗文气运的代代衰落,唯有词在明末清初独树一帜:"诗文气运,视彼江河,欲挽东澜,天吴无力。故元明不及两宋,两宋不及三唐,三唐不及汉魏先秦,汉魏先秦不及三古。今之作者不乏大家,莫越前人范围之内,故可相置。惟诗余一道,骎骎乎驾古人而上之不见。"①又列举明末清初词别集二十四种,并给予极高评价:"夫有专集者,有若《香严》《梅村》《棠村》《衍波》《南溪》《容斋》《寄愁》《扶荔》《炊闻》《乌丝》《百末》《艺香》《延露》《含影》《二乡》《丽农》《樗亭》《蔗阁》《山晓》《雁楼》《蓉渡》《付雪》《洗铅》《峡流》诸刻,莫不韵轶《金荃》,香踰《兰畹》,使隐其姓氏,将新词与旧曲杂书,其婉丽者皆宜付艳女红牙,雄放者并可按铜将军之绰板,莫辨其孰古孰今也。"②严沆《见山亭古今词选序》也指出:"观集中所采,其于古人词约矣,而不见其少,于今人广矣,而不见其多。……因述古词人之流别,而信今之词,可合乎古,清真、白石、梅溪之遗调未坠。"③前已述及,《见山亭古今词选》收录上自隋炀帝、下迄清初的词人凡362家,词作770首;其中清初词人约有208家,词作约460首。两组数据对比之下,足可以证明陆次云约古重今的选词主张。

另外,陆次云、章昞并存各种词风的选词宗旨,也可以从其选录两宋词家的词作数量,得到佐证,如辛弃疾入选17首、秦观入选16首,形成婉约与豪放对峙之势,并没有偏重某一边,详见下表:

表6-3 《见山亭古今词选》所选两宋词人词作情况表(前10位)

作者	辛弃疾	秦观	苏轼	欧阳修	李清照	蒋捷	周邦彦	李煜	刘过	陆游
数量	17	16	14	10	9	8	7	7	6	6

另外,陆次云、章昞《见山亭古今词选》虽然是一部通代词选,但选词时也隐含有张扬西泠一地词风的目的。《见山亭古今词选》选入西泠词人达

---

① 陆次云、章昞编:《见山亭古今词选》,卷首,清康熙十四年(1675)刻本。
② 陆次云、章昞编:《见山亭古今词选》,卷首,清康熙十四年(1675)刻本。
③ 陆次云、章昞编:《见山亭古今词选》,卷首,清康熙十四年(1675)刻本。

103家,占总人数的28%,占清初词人入选总人数的近50%。陆次云作为西泠词人,对西泠一地词风之盛,自然较为看重。严沆《见山亭古今词选序》对于西泠词史上的作者、选者之多,也是极其自豪:"且喜作者前有美成,后有浩澜;选者自珂月后,复得陆子,皆出于吾乡,曲使倚声歌之,亦足以豪矣。"①因此,《见山亭古今词选》所收西泠词人词作之多,可以视作对清初西泠地域词选《西陵词选》的补充。西泠一地词风之盛,可从这两部词选中得到见证。

四、"稼轩词风"的继续高扬:《古今词汇》

(一)《古今词汇》其书

《古今词汇》二十四卷。全书按照所选词作所属朝代,共分三编,《初编》十二卷,选唐宋金元词,刊刻于清康熙十六年(1677)秋;《二编》四编,选明词,刊刻于清康熙十七年(1678)秋;《三编》八卷,选清初词,刊刻于清康熙十八年(1679)秋。全书沿袭《古今词统》的编选体例,即以词的篇幅字数编次,从十六字至二百三十四字;对于一调多体者,均注明为第几体。此外,《古今词汇》也依照《古今词统》的做法,于卷末附录古今词论、词韵论、词韵若干种。全书共选唐以下至清初词人620余家,词作近2500首,其中唐至元词人300余家,词作1300余首;明代词人120余家词作464首;清初词人208家,词作707首。

相对于前三部通代词选,《古今词汇》的特别之处在于,它是西泠词人群体与群体之外成员合作编选的一部词选,同时也是规模最大、卷帙最富的一部词选。

(二)《古今词汇》的编选始末及宗旨

《古今词汇》的编纂者卓回,字休园,为《古今词统》的编选者卓人月之从弟,卓人月遗集《蟾台集》即为卓回校阅。与其兄卓人月年少时即倚声填词不同,卓回学词在其晚年,其《古今词汇·凡例》自称:"余晚岁偶学为辞,愧未窥堂奥。"②

丁澎曾曰:"先是珂月《词统》之选,海内咸宗其书,垂四十年,遂成卓氏

---

① 陆次云、章畹编:《见山亭古今词选》,卷首,清康熙十四年(1675)刻本。
② 卓回编:《古今词汇三编》,卷首,清康熙刻本。

之家学。"①又据卓回《古今词汇缘起》所称,明末清初词学大兴,识者奉《古今词统》为金科玉律,不料《古今词统》的刻版因遭火焚,存世甚少,流传遂绝:"余兄《词统》一书,成于壬申、癸酉间,迄兹四十五载。……然当其时,犹齐庭之瑟也,赏音者或寡矣。方今词学大兴,识者奉为金科玉律,而造物者又妒之,祝融一炬,流传谁遍,宁不痛惜?"②因此,卓回编选《古今词汇》的目的之一,就是要继承和发扬卓氏之家学:"余既迫于良朋赞诀,实欲补其所未备,庶几一线之续。"③

卓回编选《古今词汇》,不仅在词作的编排体例上沿袭《古今词统》;同时,他对于"词"这一文体的定义和称谓,亦源自《古今词统》。卓回在《古今词汇·凡例》中,将"词"称之谓"辞"。而"辞",恰好与徐士俊《古今词统序》中对词所下定义一致:"(词)又作'辞',从辛。辛者,新也。《汉志》曰:'悉新于辛。'词固以新为贵也。又《说文》曰:'辛象人股,壬象人胫。'故'童'、'妾'二字,皆从辛省。汉人选妃,册曰'秘辛',犹言股间隐处也。然则词又当描写柔情,曲尽幽隐乎?"④

当然,与《见山亭古今词选》的选者陆次云一样,卓回在编选《古今词汇》时,也意识到了清初词学的复兴,意图以词选来存词存人。卓回《古今词汇序》云:"至三十年来,作者累累,真珠翠羽,照耀行墨,尤堪媲美历代作者,以永其传,此则予与梨庄殿以三编之意尔。"⑤同样,卓回也注意到了清词复兴背后隐藏的危机,其《古今词汇缘起》曰:"是书肇自乙卯之七月,与严司农颢亭执手潞河,深言近日词家多,会者犹少,由未得古词善本为模楷,譬日饮水不问源流。"⑥

卓回所云"梨庄",即周在浚,字雪客,河南祥符人,寓居金陵。雪客为周亮工栎园长子,夙承家学,淹通史传,是清康熙十年(1671)"秋水轩唱和"

---

① 丁澎:《扶荔堂文集选》,卷二,清康熙二十二年(1683)文芸馆刻本。
② 卓回编:《古今词汇二编》,卷首,卷首,赵尊岳编《明词汇刊》,上海,上海古籍出版社,1992年,第1版,第1544页。
③ 卓回编:《古今词汇二编》,卷首,卷首,赵尊岳编《明词汇刊》,上海,上海古籍出版社,1992年,第1版,第1544页。
④ 卓人月、徐士俊辑,谷辉之点校:《古今词统》,沈阳,辽宁教育出版社,2000年,第1版,第1—2页。
⑤ 卓回编:《古今词汇二编》,卷首,赵尊岳编《明词汇刊》,上海,上海古籍出版社,1992年,第1版,第1544页。
⑥ 卓回编:《古今词汇》,卷首,清康熙刻本。

第六章　明末清初西泠词人群体的词学选政

的发起人和组织者。其实,周在浚在与卓回同辑《古今词汇》之前,与卓氏词人卓允域已有交游。卓允域,字永瞻,卓天寅长子,卓人月嫡孙,曾助卓回辑《古今词汇》。据徐釚《桥西草堂词序》记载,清康熙十一年(1672)卓永瞻游京师,与徐釚、周在浚、叶元礼、宋楚鸿、朱尔迈等人定交,并与京城的名士如徐乾学、宋琬、曹尔堪、周纶等交往频繁,与之均有诗词酬唱。徐釚《桥西草堂词序》云:"余于壬子年,得交于次厚之亡兄永瞻。永瞻为人慷慨磊落,有所撰著,援笔立成。每同人分题击钵,永瞻作出,则诸子悉咨嗟叹赏而去。余方以永瞻之才,必能献赋金马,出入彤庭。不意一蹶之后,别去一两年间,遂困顿抑郁以死。"①

此年六月,周在浚、卓允域、徐釚、曹尔堪等曾雅集宴饮于周纶寓斋,诸人以《水调歌头》彼此唱和,极尽风雅之事。徐釚有《水调歌头·壬子季夏,海宁朱人远,大梁周雪客,云间宋楚鸿、周鹰垂、王季友,武林卓永瞻,同邑叶元礼,置酒寓斋,招同武塘曹掌公雅集,时掌公初至都门,雪客将归大梁,余南游钱塘》②,周纶有《水调歌头·寓斋集曹掌公、徐电发、朱人远、叶元礼、卓永瞻、宋楚鸿、王季友、家雪客,时电发将之钱塘,雪客将还大梁》③。

二十年之后,徐釚回忆此次唱和活动时,依然记忆犹新。徐釚《月珮词序》云:"二十年前客京师,偕汾湖叶元礼同寓声为长短句,相倡和者大梁周雪客、武林卓永瞻及余,凡四人。流传旗亭风雪间,缪为当世所推,颇与阳羡陈髯、长水朱十方驾一时。亡何永瞻、元礼化为异物,余与雪客游宦各天。惟陈髯、朱十同在史馆,得时时过从,然方奉敕纂修,无暇为词矣。今忽忽又十余年,余已衰老,放归田间,追思往事,不胜存殁升沉之感。"④

那么,卓回与周在浚于何时何地定交,并有词选之订呢?应在清康熙十三年(1674)春夏之交,地点为朱四均的半水园。据方亨咸《古今词汇·鸠资疏》:"方水之言曰:甲寅春夏,与雪客相逢半水园,论及填词,水乳相合,遂有商略点次之意。"⑤方亨咸,字邵村,安徽桐城人。清顺治四年

---

① 徐釚:《南州草堂集》,卷十九,《续修四库全书》集部第1415册,上海,上海古籍出版社,2002年,第1版,第362页。
② 南京大学中国语言文学系《全清词》编纂委员会编:《全清词·顺康卷》,北京,中华书局,2002年,第1版,第6779页。
③ 张宏生编:《全清词·顺康卷补编》,南京,南京大学出版社,2008年,第1版,第1174页。
④ 徐釚:《南州草堂集》,卷二十一,《续修四库全书》第1415册,上海,上海古籍出版社,2002年,第1版,第376页。
⑤ 卓回编:《古今词汇》,卷末,清康熙刻本。

(1647)进士,官至御史,与卓回有交游,有《品令·为休园书扇》三首词,收入卓回《古今词汇三编》。

其实,在卓、周二人相遇之前,周在浚于清康熙十年(1671)已有编刻词选的计划。方亨咸《古今词汇·鸠资疏》有云:"雪客之言曰:岁辛亥曾与汪蛟门、朱彝尊会于京师,将从事铅椠甲乙,旋以分携罢去。"①当时,周在浚在京师发起"秋水轩唱和",并与朱彝尊、汪懋麟二人交游甚密,受其影响,颇有志于词。三年以后,他与卓回相遇,二人于填词志趣相投,遂有词选之订。

此后的清康熙十四年(1675)七月,卓回将词选之事告知于西泠词人严沆,得到严沆的击节赞赏:"是书肇自乙卯之七月,与严司农执手潞河,深言:'近日词家多,会者犹少,由未得古词善本为模楷,譬曰饮水,不问源流。子往秣陵,盍图之。'不知先是予与雪客已有订,特刳剔无资,安能公之天下。"②遂后,卓回又去征求金镇长真、吴兴祚伯成、魏学渠青城、曹尔堪顾庵、钱尔斐菊农等人的意见,均得到肯定的答复。

自此,卓回开始四处搜罗词籍旧本,着手编辑《古今词汇》的准备工作。卓回《古今词汇缘起》云:"念予飘泊一生,家无藏书。丙辰(清康熙十五年,1676)冬暂还里,于火传侄借阅《词统》,于张子介山借《汲古阁》,检阅六十家中,或未能尽佳。"③正如卓回所言,由于卓家无藏书,且无资金支持,仅靠卓回一人之力,不可能完成《古今词汇》的编选。所以,卓回必须与周在浚联合,借助周家丰富的藏书资源,完成《古今词汇》的编选。另外,清康熙十五年(1676),卓回、丁澎二人还曾为周在浚《梨庄词》作序。卓回《梨庄词序》云:"余去秋游通、潞,偶以语严子颢亭,击节称快云:'子盍归而谋诸梨庄,急公所好于天下,令人知溯源穷流。岂惟观水之术应如是,将词苑功臣,唯二子莫与京。'"④又卓回《古今词汇缘起》云:"是书肇自乙卯之七月,与严司农执手潞河,深言:'近日词家多,会者犹少,由未得古词善本为模楷,譬曰饮水,不问源流。子往秣陵,盍图之。'不知先是予与雪客已有订,特刳剔无资,安能公之天下。"⑤按,清康熙乙卯为1675年,下推一年为清

---

① 卓回编:《古今词汇》,卷末,清康熙刻本。
② 卓回编:《古今词汇》,卷首,清康熙刻本。
③ 卓回编:《古今词汇》,卷首,清康熙刻本。
④ 周在浚:《梨庄词》,卷首,清康熙刻本。
⑤ 卓回编:《古今词汇》,卷首,清康熙刻本。

第六章　明末清初西泠词人群体的词学选政

康熙十五年(1676),即卓回作《梨庄词序》的时间。那么,丁澎为周在浚作《梨庄词序》,也应该在清康熙十五年(1676)左右。

卓回与周在浚共同进行《古今词汇初编》的编选工作,则在清康熙十六年(1677)初秋,此时卓回已经年逾七十。此年初秋,卓回自西泠走百里至江宁,与周在浚会合。卓回的合作诚意,深深打动了周在浚。在此后的合作中,周在浚以全力相助,不仅示以家中所藏宋元秘本,还出资向当时著名的藏书家如黄虞稷、张怡、朱彝尊等人,丐贷珍本秘笈。对此,卓回十分感激,其《古今词汇缘起》云:"去秋复自家之江宁,雪客启藏书楼阁,检验宋元秘本,且丐贷于俞邰、瑶星、锡鬯诸子,予任手钞共删订,无遗力。"①历时两月,《初编》便告竣付梓,梓费由金镇捐俸以助。

可见,卓回与周在浚在《古今词汇初编》的编选过程中,二人的合作是非常愉快且顺利的。在《初编》告竣前夕,卓、周二人曾以《贺新郎》相唱和。卓回《贺新郎·丁巳初秋重游建康,同周子雪客合辑词汇,偶题二阕,用张白云饷鹤词韵》,其一:

倦矣孤飞鹤。怪人猜、芝田不宿,大江漂泊。最耻鸢乌能攫肉,遑问稻粱精凿。掬秋水、一泓云壑。孔思周情如断梗,且拍张、按节从时乐。浣脂粉,当良药。　原泉汩汩曾无涸。有彩笔、非秋垂露,供吾斟酌。大雅爱书谁定例,俯首雕虫生活。笑蟪李、薈腾匍匐。天地元音应未坠,漫文言、某某传衣钵。真风雅,竟寥廓。②

其二:

顾曲周郎者。是当年、裴王子弟,如龙如马。听说群贤京洛聚,秋水题名歌社。再有似、兰亭风雅。杨柳池边初招手,识襟情、肮脏堪心写。定交日,好闲暇。　重嗟词法江河下。倩伊谁、总持韵府,放怀潇洒。忆得故人双碧眼,镜净纤尘不挂。唤西风、早驱残夏。满载缥缃和寸篠,谅洪钟、不禁人撞打。整铅椠,吾来也。③

---

①　卓回编:《古今词汇》,卷首,清康熙刻本。
②　卓回编:《古今词汇》,卷首,清康熙刻本。
③　卓回编:《古今词汇》,卷首,清康熙刻本。

周在浚《贺新郎·钱塘卓方水,年七十,走数百里来白下,觅予合选词汇,于其垂成,作此志喜。再用瑶星韵》,其一:

> 辛似天边鹤。听云中、一声长唳,翔翔高泊。且道涪翁能绝俗,却又怪他穿凿。苏又别、生成丘壑。柳七苦遭脂粉脚,但红牙、低按供人乐。医俗眼,少灵药。　吾曹肯使源头涸。漫搜求、缥缃秘籍,互加斟酌。大雅独存真不易,陈腐何能生活。况又是、依人俯仰。堆垛饾饤尤可叹,叹昔今、传习非真钵。披毒雾,见寥廓。①

其二:

> 举世何为者。展双眸、纷纷攘攘,尘埃野马。只有披裘垂钓客,来入汝南诗社。共太息、淫风变雅。戛戛陈言之务去,看谁能、自把胸怀写。学绮语,苦无暇。　惭予双眼难高下。展残编、研朱和露,任情挥洒。尔我忘形无芥蒂,去取胸怀不挂。更何必、经冬历夏。七十老翁偏好事,夜焚膏、手录更三打。垂成日,快心也。②

二人的唱和,既有面对词法江河日下,匹夫有责力挽狂澜的共识;亦有二人对词人如周、辛、黄、柳等词人所分别代表的婉约、雄肆之词风,兼而取之的一致的选词观念。对此,卓回《古今词统·凡例》论述颇详:"辞调风气聿开,拘士扁心,专尚香奁,弊流鄙亵。于是英人俊物,襟怀宕往者,起而百之,悬旌树帜,聚讼不休。余以为皆非也,夫矜奇负气,舍稼轩、坡老安傲? 缠绵温丽,舍清真、花庵奚归? 然苏、辛未尝乏缠绵温丽之篇,黄、周时亦露矜奇负气之句,大要不失绝妙好辞四字宗旨耳,此可令两家扪舌者也。"③并且,卓回自己也认为,周在浚的词学观与自己没有多大差异,其《古今词汇缘起》云:"明年秋入建康,梨庄篝灯抵掌,纵横论议,与余怀来管见,不大刺谬。"④

卓人月《古今词统》、陆次云《见山亭古今词选》、卓回《古今词汇初编》

---

① 卓回编:《古今词汇》,卷首,清康熙刻本。
② 卓回编:《古今词汇》,卷首,清康熙刻本。
③ 卓回编:《古今词汇三编》,卷首,清康熙刻本。
④ 卓回编:《古今词汇》,卷首,清康熙刻本。

第六章　明末清初西泠词人群体的词学选政

选录两宋词人词作数量居前四位的情况对比,详见表6-4。

表6-4 《古今词统》《见山亭古今词选》《古今词汇初编》所选两宋词人词作数量对比表

《古今词统》 （前四位）	《见山亭古今词选》 （前四位）	《古今词汇初编》 （前四位）
辛弃疾(138)	辛弃疾(17)	辛弃疾(89)
周邦彦(53)	秦观(16)	苏轼(51)
吴文英(49)	苏轼(14)	吴文英(39)
苏轼(48)	欧阳修(10)	周邦彦(45)

可以看出,《古今词统》《见山亭古今词选》和《古今词汇三编》对于辛弃疾的推举是非常一致的。相对于陆次云《见山亭古今词选》,卓回《古今词汇初编》更为直接地继承了其兄卓人月《古今词统》的选词阵容,主要表现在:二者选录词作数量占据前四位的词人均为辛弃疾、周邦彦、吴文英和苏轼,显示出婉约与豪放并重的词学观;并且,二者选录辛弃疾词作的数量,均远远超出位居第二的词人,显示出对稼轩词风的大力推扬。有所不同的是,《古今词统》更加注重以周邦彦、吴文英为代表的婉约一派,将其放在苏轼的前面;而《古今词汇初编》则把苏轼提到吴文英和周邦彦的前面,对豪放词风较为偏爱。因此,《古今词汇初编》的词学思想可以概括为:在婉约与豪放并重的基础上,对以辛弃疾、苏轼为代表的豪放词风的继续高扬。

《古今词汇初编》完成之后,卓、周二人继续《二编》的工作。大约在清康熙十七年(1678)春,卓回还归西泠。卓回《古今词汇缘起》云:"抱帙以归,里之亲串及吾宗好学子弟,醵镌《二编》。"①"帙"应指《古今词汇二编》的稿本,此时卓回、周在浚二人已经完成《二编》的编选工作,但未付梓,所以才有西泠词人及卓氏子弟凑钱刊刻《二编》之事。西泠词人丁介有《扫花游·休园先生金陵归,示〈古今词汇〉,兼订闽行》一词,也可证明卓回自金陵归乡,当在清康熙十七年(1678)春天,且《古今词汇二编》的编选已经完成。《古今词汇二编》于清康熙十七年(1678)秋付梓,在所载《词汇缘起》中,卓回依然对周在浚之于《二编》的辑选之功肯定有加:"予固陋且懒,好

---

① 卓回编:《古今词汇》,卷首,清康熙刻本。

古云尔,敏求岂敢。雪客世学相传,孜孜罔怠,蒐罗考较,功倍于余。书既成,余不欲列名姓简编,思以逃拙。而雪客韬晦有同心,余敬而从之。"①

至于《古今词汇三编》,则刊刻于清康熙十八年(1679)初秋。根据所载卓回《古今词汇凡例》所述,编纂《古今词汇三编》时,遇到了三个困难:一是周在浚虽收集时贤稿本颇多,但颇吝啬传示,卓回等人无从得见;二是梓费乏绝;三是选者卓回年已七十有二,衰耄日甚,力不从心,周在浚兴且阑珊,意已不在此,编选的主要工作由卓氏子弟辅助才得以完成。所以,卓回及卓氏子弟不得不对《三编》的篇幅加以缩减,由最初卓、周二人议定的四五百页,绌而为二百余页。

(三)"卓、周之争"探源

如上文所述,在卓回所强调的编辑《古今词汇三编》的三个困难中,有两个是针对周在浚而发,显然,二人之间的合作关系出现了裂隙。那么,卓回与周在浚之间的裂隙,是不是词学观念上的差异而造成的呢? 如果不是,真正的原因是什么呢? 学者对此议论纷纷,莫衷一是。严迪昌先生《清词史》认为卓、周在词学观念上固有的差异导致了二人关系的破裂;闵丰亦认为二人之间的确存在矛盾,导致卓回撇开周在浚,向内转向卓氏子弟寻求帮助,但对于矛盾的根源,却悬而未论。需要注意的是,以上无论何种结论,所用证据均出自卓回一人之口,而并未考虑到周在浚一方。

事实究竟为何,需要回到当时的情境中,对卓、周二人的际遇及心态分别加以考察,才能得出最接近真相的结论。前已论及并且可以肯定的是,在《古今词汇初编》和《二编》的编选过程中,卓回和周在浚之间,并不存在词学观念的差异。因此,造成卓、周二人矛盾的缘由,首先可以排除词学观念差异的因素,可以尝试从其他方面进行探讨。

对于卓回而言,他需要给读者一个大幅缩减《古今词汇三编》篇帙的合理解释。因为,他在清康熙十七年(1678)已经刊行的《古今词汇二编》所载《词汇缘起》中,曾对即将编选《三编》的宏大规模夸下海口:"若《三编》皆当世名流,日星云汉,昭示人间,书带邮筒,不禁集取。然遗珠之憾,鉴衡家不免,且余固东西南北之人,实绝迹无枝之士也。即梨庄见闻广博,又寓大邑通都,而世之高简隐人,祇欲自怡,倦于持赠,亦或不乏能无阙略乎? 然既

---

① 卓回编:《古今词汇》,卷首,清康熙刻本。

号三编,则四之五之应无不可,度此书增华补缺,与运会相终始,又何虑焉。"①言下之意,《三编》应为当世名流词作之总汇,即便卷帙过富,《三编》不足以容之,还可以有《四编》《五编》之补。他还特别提到,与自己相比,周在浚在人脉、学脉与地缘上有很大的优势,进而推测,世之时贤名流、高简隐人,会非常乐意把自己的词集贻赠周在浚,以供编辑词选之需。

那么,周在浚是否真如卓回所言,得到时贤名流、高简隐人所馈赠的词集稿本,却颇吝传示呢?事实情况已经无从知晓。但是,有一点是确定无疑的,那就是周在浚的为人并非卓回所认为的那样吝啬,相反,其性情尤其慷慨豪爽,乐游擅交。也正因为如此,他才能在清康熙十年(1671)的京师发起并组织一场规模宏大的"秋水轩唱和",使稼轩词风得以张扬。另外需要注意的是,卓回编选《古今词汇初编》《二编》之时,正是周在浚在文献上给予他大力支持。卓回《古今词汇缘起》云:"启藏书楼阁,检验宋元秘本,且丐贷于俞邰、瑶星、锡鬯诸子。"②所以,卓回言称周在浚颇吝传示时贤旧本,于情于理都无法成立。唯一的解释就是,周在浚并未收罗到如卓回所说的那么多时贤稿本,自然也无法传示给卓回。

另外,周在浚是否对于《古今词汇三编》的工作意兴阑珊呢?真实情况也不得而知。即便属实,也是情有可原。因为《古今词汇》的编选历时三年,从清康熙十六年(1677)至清康熙十八年(1679),时间漫长是不争的事实,周在浚编选《初编》《二编》时的热情,在编选《三编》时,极有可能已经不在。再加上卓回、周在浚分别在西泠与金陵两地,空间上的距离使二人不可能时时沟通,难免彼此产生误会,《三编》的编纂计划几乎难以实施。对此,卓回《古今词汇·凡例》云:"二年息景里门,村深路绝,见闻绝寡。"③最后,卓回、周在浚二人在年纪上也有相当的差距,一为七十余岁的长者,一为三十余岁的后辈,二人在识见上有所差异,也是很正常的事情。

因此,卓、周二人之间的裂隙,其实是因时间、空间、年岁等因素而导致的沟通不畅而产生的,而非严先生所说词学观念的差异。

---

① 卓回编:《古今词汇》,卷首,清康熙刻本。
② 卓回编:《古今词汇》,卷首,清康熙刻本。
③ 卓回编:《古今词汇三编》,卷首,清康熙刻本。

第三节 西泠风雅之聚焦:《西陵词选》

一、《西陵词选》其书

《西陵词选》共有两种版本:

一种为八卷本,并附《宦游词选》一卷,清康熙十四年(1675)刊刻,南京图书馆和中国国家图书馆均有收藏。半页八行,行十八字,小字双行,左右双边,花口,无鱼尾,版心上端镌"西陵词选",中间刻相关卷次、页码。首清康熙乙卯(即清康熙十四年,1675)梁允植序;次丁澎序;次俞士彪序;次陆进序;次陆进、俞士彪所撰凡例八则;次"西陵宦游词姓氏",共 10 人,乃任职本地之外籍郡守、知县:宋琬、赵进美、嵇宗孟、梁允植、孟卜、牛奂、张瓒、赵钥、季式祖、毛万龄;次"西陵词选姓氏",载词人 158 家,另方外 6 家,闺秀 11 家,总计 175 家;次词作目录。集前附《宦游词选》一卷,选以上宋琬等 10 人词作共 78 首。总之,全书共收西泠一郡词人 185 家,词作 665 首。

集中各卷卷首题"郡人陆进荩思、俞士彪季瑮同辑",又皆题本卷阅定者,且八卷各不相同:卷一曹尔堪、尤侗;卷二曹溶、吴绮;卷三王士禛、陈维崧;卷四彭孙遹、毛甡;卷五蒋平阶、陈玉璂;卷六纪映钟、李天馥;卷七徐喈凤、董俞;卷八黄周星、吴刚思。

据闵丰《清初清词选本版本叙录》所论,另外一种也为八卷本,但无附录,清康熙十四年(1675)刊刻,现藏于上海图书馆。版式行款与八卷本附录一卷相同,无序文、凡例及目录,八卷词作亦与前本尽合。[①]

《西陵词选》所选皆清初西泠一郡词人,它是清初西泠词人所编选的一部断代地域词选,从总体上反映出清初西泠词学的繁盛状况。

二、《西陵词选》的编选过程

《西陵词选》的编选者陆进、俞士彪,均是西泠词人群体余波期的主要词人。陆进年少时专心科举制艺,不事小词。其致力倚声,自清顺治六年

[①] 闵丰:《清初清词选本考论》,上海,上海古籍出版社,2008 年,第 1 版,第 353 页。

(1649)与徐士俊、毛先舒、沈谦定交开始。俞士彪则自十六岁起,师从沈谦学词,为沈门诸子之一。

陆进与俞士彪有词选之订,当在清康熙十一年(1672)"西泠词社"成立之后。其实,对于西泠词人而言,清康熙十一年(1672)是非常重要的一年。首先,从明末清初至清康熙十一年(1672)左右,西泠一地的词学,发展至其全盛之时期,不仅词人数量众多,而且创作极富,几乎人各有集。其次,此年陆进首倡"西泠词社",参与者除俞士彪之外,还有沈丰垣、吴璟符、张星耀。"西泠词社"的成立,标志着西泠词群体余波期词人正式登上历史舞台。最后,前已论及,此年腊八,西泠词人群体有一次极具历史意义的雅集。因为参加此次雅集的词人,除了"西泠词社"的成员陆进、俞士彪、吴仪一之外,还有《见山亭古今词选》的编选者陆次云和章晒。也就是说,清康熙十一年(1672)的西泠词人雅集,是西泠词人群体余波期词人在词学观念上一次重要的沟通和交流,从而促成了清康熙十四年(1675)《西陵词选》与《见山亭古今词选》的同时问世,使西泠一地词学的盛况得以永存史册。

据陆进、俞士彪《西陵词选·凡例》所述,《西陵词选》的编选始于清康熙十二年(1673)冬,成书于清康熙十四年(1675)秋。陆进《西陵词选序》对编选始末有较为具体的记载:"西陵山川秀美,人文卓荦。宋、元以来,以词名家者众矣。迄于今日,词风弥盛。然篇帙浩繁,颇多散佚。……予生长兹土,有志未逮。今颠毛种种,偶与俞子季瑮论及之,慨然欲成其事。因取时贤名词,裒辑论定,共得八卷。而以宦游诸公之词,冠于卷首。"[①]很显然,《西陵词选》应是"西泠词社"成立之后,以"西泠词社"成员为代表的西泠词人群体余波期的主要词人,对清初西泠词学的一次全面总结。

西泠词人群体发展繁荣期的重要词人,"西泠十子"之一丁澎,以孔子删诗赞喻《西陵词选》的编选之功,并欣然为之作序曰:"陆子莐思、俞子季瑮,取同人之作,扬扢而裒葺之。凡入选者,精融浑脱,必调合而旨远,断然以风雅为归。我西陵之词,遂彬彬冠海内焉。"[②]除了西泠本土词人之外,宦游西泠的词人,如时任钱塘令的梁允植,也极其推许《西陵词选》,他从儒家礼乐教化的角度,认为"声音之道与政治可通",对于执政者而言,选词亦

---

① 陆进、俞士彪编:《西陵词选》,卷首,清康熙十四年(1675)刻本。
② 陆进、俞士彪编:《西陵词选》,卷首,清康熙十四年(1675)刻本。

如昔太史官之采风,倘能贡于天子,授于乐官,可以以此审视一郡民风的贞淫与美恶。因此,词选可以视为执政之辅佐,治民之良策。

《西陵词选》的编选,得到了西泠本郡词人的大力支持,除了陆进、俞士彪之外,参与《西陵词选》选辑之役的还有十位词人,分别为:徐士俊、丁澎、张丹、王晫、沈丰垣、吴仪一、毛先舒、王嗣槐、张星耀、徐昌薇。其中既有西泠词人群体中的先导者,也有群体发展繁荣期的重要词人,更有群体余波期的代表人物;既有此前曾经参与过《古今词统》《古今词选》编辑的徐士俊、毛先舒、陆进、沈丰垣、王晫、张台柱等人,也有第一次参与选辑之役的丁澎、张丹、王嗣槐、吴仪一和徐昌薇。可以看出,《西陵词选》的编辑阵容,是西泠词人群体三个时期主导力量的汇聚,也显示出西泠词人前贤辅助后学的齐心协力。

另外,西泠词人群体之外的词人,也参与了《西陵词选》的阅定工作,如曹尔堪、尤侗、曹溶、吴绮、王士禛、陈维崧等共十六人,这一阵容几乎涵括了清初各个词派或词人群体的所有扛鼎人物,一方面显示出西泠词人群体与其他词派或词人群体,在词学观念上的密切交流与联系,同时也表明清初词坛的各个流派或群体,对于西泠词人群体词学造诣的肯定和认同。

三、《西陵词选》的选词目的与宗旨

陆进、俞士彪编选《西陵词选》的首要目的,就是张扬一地词风。西泠词人对于本地自北宋周邦彦以来所积淀的深厚词学传统,以及明末清初时期西泠词风的复盛,颇为自豪,正如陆进、俞士彪《西陵词选·凡例》所云:"今海内词风蔚起,在有名人,新声旧谱,较盛于诗。使生其地者,不为搜缉编次,以俟采风,则邦国何赖乎?吾杭秀毓湖山,向多作者,宋之清真,明之浩澜,久为词坛矩矱,近且得宋荔裳、梁冶湄诸先生来宦是土,表率人文,鼓吹风雅,益复家吟户咏,卷帙成林,直可掩千秋而夸四方矣。"[①]因此,编纂一部当代西泠词人的词选,就成为张扬一地词风所必须之事。因此,丁澎《西陵词选序》非常肯定西泠词人陆进、俞士彪的编纂之功:"取同人之作,扬扢而裒葺之。……我西陵之词,遂彬彬冠海内焉。"[②]

---

① 陆进、俞士彪编:《西陵词选》,卷首,清康熙十四年(1675)刻本。
② 陆进、俞士彪编:《西陵词选》,卷首,清康熙十四年(1675)刻本。

第六章 明末清初西泠词人群体的词学选政

与通代词选《古今词统》《古今词选》《见山亭古今词选》《古今词汇》一样，《西陵词选》的选词原则，亦是婉约与雄肆并收，不拘一格。据俞士彪《西陵词选序》所述，西陵词人群体的创作，本来就呈现出师法众家，各擅一端的局面："其间学为周、秦者，则极工幽秀；学为黄、柳者，则独标本色；或为苏、辛之雄健，或为谢、陆之萧疏；或年逾耄耋，而兴会飚举；或人甫垂髫，而藻采炳发；闺中之作，夺清照之丽才；方外之篇，鄙皎如之衷句。连章累牍，唯恐其穷；片玉寸珠，不嫌其寡。可谓各擅所长，俱臻其极者矣。"①所以，只有兼收并取，才能完整地保存西泠词学的繁盛面貌。

西泠词人在创作上对词的音韵格律，要求十分严格；作为选者亦是如此，但要显得相对通达一些。陆进、俞士彪《西陵词选·凡例》云："词韵向无成书，自沈去矜氏始辑《词韵》。而茁次吴公、千门赵公，皆剞劂流传，考订精简。予所选词，悉依其本，差讹者概不录，然语句新丽而平仄偶有不调，间在收取。"②除了在音韵格律上对词作严加筛选以外，在词的语言、意境、主旨等方面，《西陵词选》选词也有极高的标准。对此，丁澎《西陵词选序》称："凡入选者，精融浑脱，必调合而旨远，断然以风雅为归。"③将选词与孔子删诗相提并论，其意义在于，将作词、选词纳入《诗三百》的系统之内，提升词体在文学领域的地位，起到推尊词体的作用。这与陆次云《见山亭古今词选》提出以"四始""六义"为归的选词宗旨，意义是完全一致的。

至于《西陵词选》的选词阵容，前章已经有表格说明，不再赘述。下面仅将入选词作10首以上的西泠词人，以及他们在西泠词坛的排名，加以分析。

表6-5 《西陵词选》所选词人词作数量表（10首以上）

作者	沈丰垣	陆进	沈谦	俞士彪	张台柱	丁澎	毛先舒	徐灿	徐昌薇	张纲孙	吴仪一	潘云赤	徐士俊	洪昇
数量	32	31	30	30	30	23	23	15	15	14	14	13	11	11

如果剔除掉编选者有意多选录己作的因素，表6-5基本可以反映清初西泠词坛的排名情况。西泠后进词人沈丰垣入选词作数量最多，位居首

---

① 陆进、俞士彪编：《西陵词选》，卷首，清康熙刻本。
② 陆进、俞士彪编：《西陵词选》，卷首，清康熙十四年（1675）刻本。
③ 陆进、俞士彪编：《西陵词选》，卷首，清康熙十四年（1675）刻本。

位。除去沈丰垣以外,表中的另外四位词人俞士彪、张台柱、吴仪一、潘云赤、洪昇,也属于沈氏词人群体,师从"西泠十子"之一沈谦学词,而沈谦本人亦入选词作30首,仅次于沈丰垣和陆进。因此,沈谦及其诸位弟子,占了清初西泠词坛的大半壁江山。除去沈谦以外,"西泠十子"中的丁澎、毛先舒、张丹亦在前六位当中,在西泠词坛的地位也是举足轻重。还有徐士俊和陆进,一位是西泠词人群体的先行者和《古今词统》的编纂者,另外一位是清初"西泠词社"的发起人和组织者,同时又是《西陵词选》和《东白堂词选初集》的编选者,二人在西泠词坛的作用,都不可小觑。此外,西泠闺秀词人徐灿入选词作15首,与徐昌薇并列,比"西泠十子"之一张丹还多1首,一方面说明了《西陵词选》对于闺秀词人词作的看重,更说明了西泠一地闺秀词人之多与创作之丰,是西泠词坛不可缺少的组成部分,从侧面反映了西泠词学之盛。

《西陵词选》的编选具有以下特点,首先,从编刻时间而言,刊行于清康熙十四年(1675)的《西陵词选》是清初词坛所出现的诸多郡邑词选中相对较早的一部,仅晚于清顺治年间的《柳洲词选》。而清初其他郡邑词选如蒋景祁、曹亮武《荆溪词初集》刊行于清康熙十七年(1678),张渊懿、田茂遇《清平初选后集》刊行于清康熙十七年(1678),龚翔麟《浙西六家词》刊行于清康熙十八年(1679),侯槃辰《梁溪词选》刊行于清康熙五十一年(1712),均出现于《西陵词选》之后。可以看出,与清初词坛其他地域性词派或词人群体相比,西泠词人具有明确的借助词选以张扬一地词风的超前意识,这与西泠词人群体自明代末年以来,一直重视词选学的传统有莫大关系。

其次,从所选词人的身份而言,《西陵词选》与清初多数郡邑词选仅选录本郡词人不同,它将西泠一地所有词人全都囊括入内。《西陵词选》所选词人,主要包括:西泠宦游词人、西泠本郡词人、方外词人和闺秀词人。而将宦游、方外、闺秀词人均纳入到选阵中,这在清初出现的郡邑词选中,是非常特殊的现象。之所以如此,是因为《西陵词选》想要全面客观地反映清初西泠一地词风之盛。这种编排体制,对其以后的郡邑词选,影响甚大,如《荆溪词初集》,在选入宜兴一地词人的同时,亦将名宦、流寓、方外纳入其中。

第四节　对明末清初词风嬗变的敏锐体察:《东白堂词选初集》

一、《东白堂词选初集》其书

《东白堂词选初集》十五卷,清康熙十七年(1678)刻本,现藏于中国国家图书馆。半页九行,行二十字,左右双边,花口,单黑鱼尾,版心上镌"东白堂词选",鱼尾下刻相关卷次,页码。首佟世南序;次陆进序;次张星耀《词论》十三则;次清康熙十七年(1678)佟世南所撰凡例八则;次词人姓氏目录,载其姓字里贯,计371人;次作品总目,计1671首。各卷卷首题"三韩佟世南梅岑选,大涤陆进荩思、西陵张星耀砥中定",又皆题参阅者之名,十五卷十五人:曹溶、李天馥、纪映钟、曹尔堪、彭孙遹、尤侗、陈维崧、王士禛、顾贞观、梁允植、沈丰垣、俞士彪、徐士俊、丁澎、王晫。

据闵丰《清初清词选本版本叙录》所论,《东白堂词选初集》全书实际选人376家,较姓氏目录多5家;选词1668首,较词作总目少3首。又丁澎《扶荔堂文集》卷一有《东白堂词选序》,未见于此选本,则是选或尚有他本。①

《东白堂词选初集》的编排体例,亦沿袭《古今词统》所开创的、以词的篇幅字数多寡为先后的处理方法;对于同调多名者,只注明其定名,不再注明其别名;对于一调多体者,因兹集是以词的字数多寡为先后,则无须注明所选者为第几体。

《东白堂词选初集》是一部选录明末清初词人词作的词选,西泠词人虽然并未在此选之役中担任主选者的角色,但是此选的审定和参阅工作,却主要是依靠西泠词人群体完成的。而参与编定与审阅《东白堂词选初集》所有西泠词人——陆进、俞士彪、徐士俊、丁澎、沈丰垣、王晫、张星耀,此前曾是清康熙十四年(1675)《西陵词选》的编选和审阅者。再者,《东白堂词选初集》选录西泠词人词作也为数极丰。因此,可以说《东白堂词选初集》是《西陵词选》的续编。

---

① 闵丰:《清初清词选本考论》,上海,上海古籍出版社,2008年,第1版,第352—353页。

二、《东白堂词选初集》的编选始末

《东白堂词选初集》的主选者为佟世南,世南字梅岑,原籍辽东襄平,移居江苏南京,隶汉军正蓝旗。清顺治浙江巡抚佟国器之子。著有《东白堂词》。

据陆进《东白堂词选序》所述,此选的编辑时间,是在陆进与俞士彪收竣《西陵词选》编选工作的第三年,即清康熙十七年(1678年)。此年二月,佟世南自金陵至西泠,晤陆进、张台柱。三人均有编辑词选以正当世词学之意,遂开始收集文献,编选《东白堂词选初集》。佟世南《东白堂词选初集小引》也说:"我朝易鼎三十年来,词人蔚起,浓丽者仿佛二唐,流畅者居然北宋,第好尚不同,趋合各异。尝欲订一选,以为词学正法。戊午春,适游武林,晤陆子荩思、张子砥中,有水乳之合。遂共搜散帙,以图付梓。"①除佟世南与西泠词人群体之外,参与《东白堂词选初集》审阅工作的,还有来自其他词派或词人群体的十位词人,如曹溶、曹尔堪、李天馥等,值得注意的是,他们此前也曾是《西陵词选》的审阅者。

词选的编辑历时三月,有佟世南《御街行·忆亲》中"西陵滞迹今三月,叹久与庭闱别"一句为证。同年五月,《东白堂词选初集》十五卷编成并付梓。随后,张台柱北上游历,佟世南归金陵。佟世南《东白堂词选初集凡例》云:"词选既成,余与砥中南北分途。或谓余曰:'风流云散,二集之举将托之空言耶。'荩思曰:'不然,二集之成正在斯矣。'余问其故,荩思曰:'我辈是选,盖以步履数椽,未得旷观海内之大,故所选西陵人氏,与天下士相半。今则河北名词,砥中收拾囊中;江南奇句,梅岑又投之箧底;两浙三吴佳稿,予将遍征。则半载之后,又将成帙,不几比《初集》更盛矣哉。'余与砥中闻是言,遂大笑扬帆而去。"②佟世南、陆进、张台柱三人关于《东白堂词选二集》的编选计划可谓完备,也信心十足,但不知何种原因,《东白堂词选二集》最终未能成书。

参与《东白堂词选初集》编选、审阅工作的词人,在闲暇之时曾雅集酬唱,其中有文献可考者一共有两次。第一次雅集的时间,大约在《东白堂词选初集》编选之初。雅集地点是佟梅岑在西泠的寓所"一经堂",《西陵词

---

① 佟世南、陆进编:《东白堂词选初集》,卷首,清康熙十七年(1678)刻本。
② 佟世南、陆进编:《东白堂词选初集》,卷首,清康熙十七年(1678)刻本。

第六章　明末清初西泠词人群体的词学选政

选》的编选者俞士彪《念奴娇·同李笠翁、丁药园、吴庆伯、丁弋云、李东琪、丁素涵、陆荩思诸先生,诸虎男、钱右玉、张砥中、徐紫凝、沈方舟诸子,集佟梅岑一经堂》一词,记载了此次雅集的盛况,云:"浪游归也,喜今朝正值,南皮高会。看着如云冠盖集,偏我形容憔悴。曳屦升阶,科头入座,拍案频频起。主人情重,不妨狂态如此。　因念公子风流,接谈终日,已被醇醪醉。况复满堂丝与竹,那不玉山斜倚。屈指而今,让谁千古,争夺词坛帜。有怀未已,漫云歌以言志。"①此次雅集的参加者中,除去李渔寓居于西泠之外,其他十三人均是西泠本郡的著名词人,可视为西泠词人群体主体力量的一次集中展现,也表明西泠词人群体对佟世南《东白堂词选初集》编纂工作的支持和重视。

另一次雅集唱和的时间是清康熙十七年(1678)五月,其时《东白堂词选初集》的编选工作已经告竣,佟世南即将自西泠归金陵。雅集地点应为杭州西湖。参加者除佟世南外,有多位西泠词人,如陆进、俞士彪、洪云来等。此次雅集,以"送佟梅岑归金陵"为题,分韵酬唱。

陆进《洞庭秋色·送佟梅岑归金陵》:

　　莺语辞春,蝉声入夏,节序如流。正明湖波暖,丝牵翠荇,平堤绿暗,花放红榴。满耳歌声听不得,说公子将归白鹭洲。情难说,向河桥折柳,无计相留。　屈指十年坛坫,冷落尽、酒侣诗俦。赖君家崛起,词填彩笔,骚人高会,酒泛金瓯。回首青山斜照外,渐拂拂南风催去舟。惆怅甚,问何时握手,细话重游。②

俞士彪《贺新郎·送佟梅岑归金陵》:

　　风雅今谁好。羡翩翩、才华俊逸,如君绝少。立志欲寻千古业,赢得一时倾倒。浑笑杀、轻肥年少。懒向凤池鸣玉佩,且暂来、湖上闲登眺。招我辈,共长啸。　无端便尔催归棹。立长亭、江风吹面,斜阳低照。花满画船诗满袖,玉盏红醪香绕。更不羡、遨游瀛岛。此日唱酬

---

① 南京大学中国语言文学系《全清词》编纂委员会编:《全清词·顺康卷》,北京,中华书局,2002年,第1版,第4426页。
② 南京大学中国语言文学系《全清词》编纂委员会编:《全清词·顺康卷》,北京,中华书局,2002年,第1版,第4353页。

俱少壮,便别离、何必增烦恼。相忆处,听啼鸟。①

洪云来《洞庭春色·送佟梅岑归秣陵》:

柳带垂丝,荷钱浮翠,寂历小亭。喜良朋载酒,林开新月,虚怀问字,坐落晨星。似尔知音今绝少,听一阕、长歌万古情。歌起处、有高山窅窅,流水泠泠。　良宵画堂高会,尽邹枚胜侣,笔阵纵横。正霏霏玉屑,风清檀尘。盈盈金缕,谱按鸾笙。一夕尊前千里梦,忽江上、蒲帆指秣陵。船开也、见烟飞日落,无限销凝。②

吴农祥《望远行·西陵赠别佟梅岑》:

别离容易成辜负。望眼秦淮归路。渔灯水驿,戍鼓江城,金粉六朝何处。璧月琼枝,坐拂留床冰簟,犹畏昔年擒虎。想伧荒、初驾鼋鼍夜渡。　烟树。潮头镇西旧宅,见石马、故侯廊庑。燕识飞钗,蛟沉宝镜,记得鸾歌凤舞。剩有禁钥铜街,小楼金市,仿佛栖鸦无数。但绮阑风急,萧萧江暮。③

从西泠词人送别佟世南的词作中,可以看到他们对于佟世南词才的肯定和推重,以及与佟世南的惺惺相惜之情。

三、《东白堂词选初集》的编选目的与宗旨

据佟世南《东白堂词选初集小引》所述,编纂《东白堂词选初集》的首要目的,就是"为词学正法"④。首先,佟世南、陆进、张星耀三人,对于明代至清初词风的颓衰深感为忧虑,这从丁澎为之所作《东白堂词选序》可以得到印证。丁澎《东白堂词选序》提及,明代的二三流词人,只知以追琢字句为

---

① 南京大学中国语言文学系《全清词》编纂委员会编:《全清词·顺康卷》,北京,中华书局,2002年,第1版,第4412页。
② 南京大学中国语言文学系《全清词》编纂委员会编:《全清词·顺康卷》,北京,中华书局,2002年,第1版,第4506页。
③ 张宏生编:《全清词·顺康卷补编》,南京,南京大学出版社,2008年,第1版,第998页。
④ 佟世南、陆进编:《东白堂词选初集》,卷首,清康熙十七年(1678)刻本。

第六章 明末清初西泠词人群体的词学选政

工,从不知风流蕴藉、句韵天成为何物;更有下者,则流于叫嚣怒骂、淫亵俚俗。至于清初,虽然"填词之盛,轶南唐、北宋而上"①,然而"才俊者循其节矣,而莫能明其义;思深者扶其微矣,而莫能举其声"②。

佟世南《东白堂词选初集小引》认为,此为词之大厄,一旦这种词风被初学者所效仿,其危害更是不可估量,所以意欲编订一选,重新给词学定位,以飨后学。③ 其实,对词学兴衰的深切忧患意识,自卓人月、徐士俊编选《古今词统》开始,已经在西泠词人的心中形成了代代承继的传统。因此,当佟世南于清康熙十七年(1678)春自金陵来到西泠后,就与陆进、张星耀达成了共识。《东白堂词选初集》既是金陵词人与西泠词人合作的产物,亦是金陵词学与西泠词学在词学观念上的契合。丁澎《东白堂词选序》对于三子的编选之功,评价颇高:"吾友苾思、砥中、梅岑诸子,深晰原本,恐《花间》《草堂》而后,嗣者阙焉,元声几不可复。……此予于是选,多三子之功,以其能存三代之声也。"④

其次,"合胜国、本朝"之词而荟萃其美,也是《东白堂词选初集》的编纂目的。对此,陆进《东白堂词选序》专门论及:"余故谓唐《花间》一选,则词之发源也。宋之《草堂》《尊前》《绝妙》诸选,则放而为江河也。至于《词统》选,止于明。《倚声》《词苑》,又仅及于昭代,新声迭起,人握骊珠,洋洋乎成巨浸矣。虽然,前此诸选,或取远而略近,舍旧而谋新,皆自为一代之书,未有合胜国、本朝而会萃其美者。"⑤

需要指出的是,这里的"合胜国、本朝",并非指将有明一代以至清初的词人词作,全部纳入选词范围之内,而专指将明末至清初这一时间段内的词人词作,作为选录的对象,如此,才能真实展现当时词学复兴的态势,达到荟萃其美的目的。《东白堂词选初集》的编纂者佟世南、陆进,已经意识到清初词学繁荣的源头,应追溯至明代末年;同时也注意到当时已经刊行的通代或断代词选,如《古今词统》《倚声初集》《今词苑》等,并没有将明末词学与清初词学之间的内部联系,真实地反映出来。因此,《东白堂词选初集》的编选,可以补此前诸多词选之未备,正如佟世南《东白堂词选初集·

---

① 丁澎:《东白堂词选序》,丁澎《扶荔堂文集选》,卷一,清康熙二十二年(1683)文芸馆刻本。
② 丁澎:《东白堂词选序》,丁澎《扶荔堂文集选》,卷一,清康熙二十二年(1683)文芸馆刻本。
③ 佟世南、陆进编:《东白堂词选初集》,卷首,清康熙十七年(1678)刻本。
④ 丁澎:《扶荔堂文集选》,卷一,清康熙二十二年(1683)文芸馆刻本。
⑤ 佟世南、陆进编:《东白堂词选初集》,卷首,清康熙十七年(1678)刻本。

凡例》所云:"故明诸家及本朝著作,未得合选,以成巨观。遂刻期搜辑,得若干首。"①丁澎《东白堂词选序》亦评曰:"故自胜国以迄昭代,考订精确,以义合之,以声昭之,义合声和,以备古采风入乐之旨。"②

《东白堂词选初集》的编选目的,决定了其选词宗旨必然是兼取众家之词,不拘一格,这与西泠词人所编选的其他词选具有传统的一致性,从明末的《古今词统》至清康熙十八年(1679)的《古今词汇》,莫不如此。此外,出于对绝妙好词的珍爱,《东白堂词选初集》对于词的音韵格律,要求亦不是太高。佟世南《东白堂词选初集·凡例》云:"词学之不讲也久矣,日久相沿,失调失韵者不可胜数,文人兴至,难拘工拙。是刻间有绝妙好辞而音律犹有未协者,亦得入选,以见一代词风之盛云。"③这与《西陵词选》不会因为词的格律音韵之偶失而删黜佳作的原则,基本也是一致的。

四、《东白堂词选初集》的选词阵容

在《东白堂词选初集》所选词人阵容中,西泠词人约三分之一,其中入选词作 10 首及以上者有 10 人,见表 6-6。

表 6-6 《东白堂词选初集》所选西泠词人词作情况表(10 首及以上)

作者	张星耀	沈谦	陆进	沈丰垣	洪云来	丁澎	毛先舒	王晫	吴仪一	张纲孙
数量	110	73	47	46	25	22	17	16	10	10

在这 10 位西泠词人中,张星耀入选词作数量位居第一,并不表明他的创作水平在西泠词坛为最高,而是他作为《东白堂词选初集》的编选词者之一,自然会借助词选多收己作,这种现象在清初选坛较为常见,可置而不论。而其他 9 位词人的占位,则基本上反映出他们在西泠词坛中词作水平的高下。比如沈谦,入选词作 73 首,远远超过其他词人,说明他在西泠词坛是当之无愧的领袖人物。在这一阵容中,还出现了以前不被重视的两位词人,一为沈丰垣,一为洪云来。

在西泠词人群体之外,《东白堂词选初集》选录明末清初其他词人词作阵容,按照入选数量的多少,占前 12 位的词人见表 6-7。

---

① 佟世南、陆进编:《东白堂词选初集》,卷首,清康熙十七年(1678)刻本。
② 丁澎:《扶荔堂文集选》,卷一,清康熙二十二年(1683)文芸馆刻本。
③ 佟世南、陆进编:《东白堂词选初集》,卷首,清康熙十七年(1678)刻本。

第六章 明末清初西泠词人群体的词学选政

表6-7 《东白堂词选初集》所选明末清初其他词人词作情况表（前12位）

作者	佟世南	王士禛	梁清标	陈子龙	吴绮	陈维崧	顾贞观	尤侗	王士禄	蒋平阶	曹溶	朱彝尊
数量	61	37	37	29	27	17	16	11	9	7	6	4

佟世南的情况与张星耀一样，亦可置而不论。从表6-7可以看出，《东白堂词选初集》将云间词人陈子龙，作为明末清初词学复兴的振大力者，抬举出来，选录其词作达29首。对于陈子龙的推尊，《东白堂词选初集》卷首所附张台柱《词论十三则》，将这一意图表达得十分明确："考词于明，……大樽其周、秦之匹乎？"①周邦彦和秦观之于宋词，有着中流砥柱之功，将陈子龙之于明词的意义与周、秦二人相比附，选者之心，不言自明。

此前的明末清初词选，要么未将陈子龙纳入选择范围，造成他在明末清初词选中的缺席，如卓人月、徐士俊所编通代词选《古今词统》，仅止于明代崇祯年间，不可能收录陈子龙；再如陈维崧所编清初断代词选《今词苑》，因陈子龙为明人，也未将他纳入其中。要么选录了陈子龙，然而由于词选编刻时间过早，对清初词学复兴的真实状态反映不够，如邹祗谟、王士禛《倚声初集》虽然收入陈子龙，但所选清初词人词作，仅止于清顺治十七年（1660），对于清顺治十七年（1660）以后至清康熙十七年（1678）之间清初词坛的繁盛面貌，由于时间原因而无法如实呈现。

然而陈子龙又的确是明末清初词坛的重要词人，而明末清初词坛的繁荣局面，也亟需一部跨越明、清两代的词选对之史存。所以，《东白堂词选初集》就应运而生。无独有偶，在清康熙十六年（1677），顾贞观、纳兰性德所选《今词初集》，名义上欲选"本朝三十年"之词，实际亦将陈子龙纳入选择范围，且选入词作达29首，居全集之首，同样也意识到陈子龙在明末清初词学复兴过程中的开辟之功。《今词初集》和《东白堂词选初集》，一北一南，几乎同时对明末清初词坛的复兴局面作出了历史性总结，说明西泠词人在对明末清初词史的把握和持衡上，有着独到而精深的见解。

---

① 佟世南、陆进编：《东白堂词选初集》，卷首，清康熙十七年（1678）刻本。

第七章　明末清初西泠词人群体的词学理论

　　明末清初的西泠词人群体,相对于当时词坛其他词派或词人群体而言,在词学理论上的建树尤为卓著,对词体有着全面缜密的理性思考。西泠词人论词,沿袭了明人余绪,与云间词派、广陵词人有着天然的相似性。即便如此,西泠词人群体的词学理论,还是有其鲜明的特质,如强调诗词曲之辨,重视词的音韵格律,注意探讨作词之法,以及兼取众美的词风观念等等。而这种特质,正是由西泠一地悠久深厚的词学传统,以及西泠词人自身精通音韵、词曲兼擅的文化素养所决定的。

　　从北宋周邦彦到南宋杨缵《作词五要》、张炎《词源》,两宋时期的西泠词人已经开始对词体的发展流变进行总结,这一词学传统自然会对西泠一地的后代词人,包括明末清初的西泠词人群体在内,产生熏陶和浸润。明末清初西泠词人群体的主要成员,如沈谦、柴绍炳、毛先舒等人,本身就是音韵学家,并且形成了一个音韵学研究圈。毛先舒《韵学通指自序》回忆诸子的交游:"戊子岁杪,先舒撰《唐人韵四声表》及《南曲正韵》既成。适同郡柴子虎臣撰《柴氏古韵通》,沈子去矜撰《沈氏词韵》,钱雍明先生撰《中原十九韵说》,其书皆综次精核,可以为辞家之宗法。"[①]不仅如此,许多西泠词人还创作杂剧、传奇和散曲,名震一时,如卓人月有杂剧《花舫缘》,徐士俊有杂剧《春波影》《络冰丝》,沈谦有传奇七种,洪昇有传奇《长生殿》《四婵娟》等等,陆进有散曲集《红幺集》。这种词曲兼擅的现象,在明末清初词坛,是非常少见的。

　　本章的研究对象,从广义上而言,应包括西泠词人群体关于词体、词人、词作、词选、词律、词韵的所有理论。由于西泠词人群体的词选,第六章

---

① 毛先舒:《韵学通指》,卷首,北京图书馆藏清康熙刻思古堂十四种书本,《四库全书存目丛书》经部第217册,济南,齐鲁书社,1997年,第1版,第414页。

第七章　明末清初西泠词人群体的词学理论

已经专门论及,此章将不再赘述,而主要针对除词选之外的其他方面进行讨论。

正如丁澎《西陵词选序》所云:"吾党论词,深悉厥旨。"①西泠词人的词学理论,主要保存于成卷的词话、词律、词韵著作之中:词话著作如沈谦《填词杂说》一卷、毛先舒《诗辩坻》之词曲部分、王又华《古今词论》一卷、张星耀《词论十三则》等,词调、词律著作如毛先舒《填词名解》四卷、赖以邠《填词图谱》四卷,词韵著作如胡文焕《文会堂词韵》、沈谦《词韵略》一卷、仲恒《词韵》二卷等。清康熙十八年(1679)冬,西泠词人查继超将上述毛先舒《填词名解》、王又华《古今词论》、赖以邠《填词图谱》、仲恒《词韵》四书,汇刻为涵括词调、词论、词谱、词谱的《词学全书》。《词学全书》既是明末清初西泠词人群体词学成就的全面汇总,又给当时词人提供了系统完整的词学知识,成为清代最受欢迎的词学工具全书。

除此之外,西泠词人还有大量的论词片段,散见于词集评论、词集序跋、词选序跋,以及论词诗、论词词之中,如吴仪一《吴山草堂词》中所附《吴山草堂词话》、沈丰垣《兰思词钞》所附《兰思词话》、聂先和曾王孙《百名家钞》中所附词评等等,不胜枚举。本章将以上述文献为依据,对西泠词人群体的词学理论进行系统的探讨和总结。

第一节　词体论之一:追源溯流,辨体尊体

清人对词体的推尊,实质上应追溯至明代末年西泠词人群体的先导卓人月、徐士俊那里。传统观点因囿于西泠词人群体是云间派余绪,而陈子龙又视词为"小道"的成见,往往忽视了西泠词人群体在尊体理论方面的开辟之功。西泠词人群体对于词体推尊,主要围绕着词的概念、词的起源与滥觞、诗词曲之辨三个层面展开。

一、词的概念

推尊词体,必须首先明确词是什么。明末以前词人对于词体的认识,或从词与音乐的关系出发,称之为"曲子"或"曲子词";或从词参差不一的

---

① 陆进、俞士彪编:《西陵词选》,卷首,清康熙十四年(1675)刻本。

句式出发,称之为"长短句";或从诗与词的关系出发,称之为"诗余"。西泠词人对词体的定义,主要有两种观点:一种以徐士俊为代表,认为词为"诗余";另一种以毛先舒为代表,将词定义为"填词"。

明崇祯六年(1633),明末清初西泠词人群体的先导徐士俊在《古今词统序》中,使用拆字法,并引证《说文解字》,给词体以三个方面的定性:一、词为诗余。虽然诗道大而词道小,且在形式上词与诗大相径庭,如词有小令、中调、长调之分,各调又有宫、商、角、徵、羽五声之分,但二者"意内言外"的本质是一致的。所谓"意内言外",意谓词要有寄托,要有深旨远蕴,如不知内意,仅务外言,则不能称其为词。二、词以新为贵。意谓词立意须新,陈言务去,不可步人后尘,与南宋杨缵《作词五要》之"立新意"一线相承。三、词要描写柔情,曲尽幽隐。意谓词要善于抒写隐幽之情,纤毫毕现。① 对于这一点,徐士俊在《兰思词序》中有更进一步的解释:"词之一道,多温丽柔香,缠绵宛转之致。(南唐、北宋迄今)虽手笔各有参差,断以清新婉媚者为上,非情之近于词,乃词之善言情也。"②对此,与徐士俊几乎同时的沈际飞,也有相似的言论,其《诗余四集序》云:"(词)以参差不齐之句,写郁勃难状之情,则尤至也。"③徐士俊对词所下的定义,基本上奠定了西泠词人群体关于词体认识的基础。

对于徐士俊"词为诗余"之说,丁澎持以赞同的态度,并且从句式长短的角度,指出《诗经》与词之间的一致性,从而推论出,词实为《诗三百》之余。丁澎《西陵词选序》云:"词果有合于诗乎?曰:按其调而知之也。……凡此烦促相宜,短长互用,以启后人协律之原,岂非《三百篇》实祖祢哉?"④曾师事徐士俊,并从其学词的陆进,持论与徐士俊、丁澎也基本相同,认为词为"诗之余"。并且,他也采取了与丁澎相似的论证过程,认为就形式而言,《诗》之三言、四言、五言、六言等差次不齐的句式是词之长短句的发源,所以词与《诗》在内质上必然是相一致的。陆进《西陵词选序》曰:"词之格犹有古诗之遗焉。……(词)内有温厚和平之旨,外为风华绮丽之章,岂徒

---

① 卓人月、徐士俊辑,谷辉之点校:《古今词统》,卷首序,沈阳,辽宁教育出版社,2000年,第1版,第1—2页。
② 沈丰垣:《兰思词钞》,卷首,清康熙吴山草堂刻本。
③ 卓人月、徐士俊辑,谷辉之点校:《古今词统》,卷首附论,沈阳,辽宁教育出版社,2000年,第1版,第17页。
④ 陆进、俞士彪编:《西陵词选》,卷首,清康熙十四年(1675)刻本。

第七章　明末清初西泠词人群体的词学理论

以舞衣歌扇,称艳一时哉?"①

但是,西泠词人群体发展繁荣期的代表词人毛先舒,则认为词有别于诗,是为一种独立的文体,不是诗的附庸,更不可称其为"诗余"。这一认识,不仅不同于其他西泠词人,而且在清初词坛也是独树一帜。他在其文《填词名说》中指出:"填词者,填其词也,不得名'诗余'。填词不得名'诗余',犹曲自名曲,不得名'词余'也;又诗有近体,不得名'古诗余';楚骚,不得名'经余'也。"②原因在于,诗与词二种文体与音乐的关系截然不同。其《填词名说》云:"盖古歌皆作者随意造之,歌者寻变入节传之,以声而歌,故乐有谱,歌无谱也。后世歌法渐密,故作定例,而使作者按例以就之,平平仄仄,照调制曲,预设声节,填入辞华,盖其法自填词始。故填词本按实得名,名实恰合,何必名'诗余'哉?"③对于诗而言,先有诗歌而后才有歌者的音乐曲谱,诗歌创作不受音乐曲谱的束缚;但是词与音乐的关系则截然相反,先有音乐谱调,才可能依照曲谱而填词。所以,词是一种不同于诗的独立文体,别是一家,不能称其为"诗余"。

毛先舒此论,实质上源于李清照《词论》:"盖诗文分平侧,而歌词分五音,又分五声,又分六律,又分清、浊、轻、重。……乃知别是一家。"④毛先舒与李清照不同的是,李清照强调词对于音乐本身的依赖,即倚声填词;毛先舒则着重强调词对于音乐曲谱乃至词谱的依赖,即按谱填词。元明以降,词与音乐逐渐疏远;延至清初,词与音乐之间已经彻底分离,二者之间的联系,仅剩下由音乐曲谱演变而成的词谱。所以,对于清初的毛先舒而言,能从词与音乐之间的关系出发,从根源上索求词的文体特性,实属难能可贵。

表面上看来,西泠词人群体对于词体两种不同的认识,是截然相反的。然而实质上,二者均是对词体的推尊。无论是将词定义为"诗余",即"《诗三百》之余",强调词与诗、《诗三百》之间在文体上的一致性,意图将诗的雅正特质如"意内而言外""四始""六义""风雅之旨"移植给词,尽最大可能将

---

① 陆进、俞士彪编:《西陵词选》,卷首,清康熙十四年(1675)刻本。
② 毛先舒:《填词名说》,《潠书》,卷四,北京图书馆藏清康熙刻思古堂十四种书本,《四库全书存目丛书》集部第210册,济南,齐鲁书社,1997年,第1版,第676页。
③ 毛先舒:《填词名说》,《潠书》,卷四,北京图书馆藏清康熙刻思古堂十四种书本,《四库全书存目丛书》集部第210册,济南,齐鲁书社,1997年,第1版,第676页。
④ 李清照:《词论》,王仲闻校注《李清照集校注》,卷三,北京,中华书局,2020年,第1版,第226页。

词拉入到正统文学的范畴;还是强调词本身的文体特性,别为一家,并以"填词"这一称谓对其特性加以固定,竭力反对将词视为诗的附庸,突出词在文体领域与诗并列的重要价值,所有这些努力,都说明了西泠词人群体从词的定义层面,对词体进行的理性反思,最终目的都是最大限度地提高词的文体地位。

二、词之本源与滥觞

宋人对词的本源,有两种不同的认识:一、认为词源于古乐府,以王灼、王应麟为代表。二、认为词源于唐近体诗,以胡仔为代表。到了明代,明人从词的艳体之特性,联系到六朝乐府以靡丽相尚,遂提出词源于六朝乐府之说,代表人物有陈霆、杨慎。明末清初,西泠词人群体对于词之起源的认识,既有对明人"词源于六朝乐府"观点的继承和修正,也有自己的创新。总体而言,西泠词人群体将词之本源与词之滥觞两个概念截然分开,认为本源意谓最根本的源头,滥觞意谓发端、开始。他们认为,词的本源是《诗三百》,但是,在词滥觞于何种文体的问题上,却意见不同,或认为始于六朝乐府,或认为始于汉乐府,或认为滥觞于唐。

在词本源于《三百篇》的问题上,徐士俊、沈谦、毛先舒、丁澎、陆进、俞士彪的观点是一致的。如毛先舒《题吴舒凫诗余》认为:"谐韵之文屡变,而极于词曲,要皆本源于《三百篇》。"[①]丁澎《叶司训浮玉词序》也说:"词虽小道,固接迹于《三百篇》者也。"[②]陆进《西陵词选序》则从文体演进角度,指出词与《三百篇》的渊源:"《三百篇》亡,而后有骚、赋;骚、赋难以入乐,而后有古乐府;古乐府不谐俗,而后以唐绝句为乐府;绝句少宛转,而后有词。"[③]俞士彪《西陵词选序》明确指出:"词原于《诗》,《诗》起于里巷之谣诵。"[④]西泠词人将词之起源追溯至《诗三百》,其用意也在于给词找到一个绝对高雅正统的出身,从而推尊词体。

在词的滥觞问题上,西泠词人产生了分歧,主流意见以沈谦、毛先舒、陆进为代表,认为词滥觞于六朝乐府,如沈谦《答毛稚黄论填词书》云:"仆

---

① 毛先舒:《东苑文钞》,卷上,北京图书馆藏清康熙刻思古堂十四种书本,《四库全书存目丛书》集部第 211 册,济南,齐鲁书社,1997 年,第 1 版,第 7 页。
② 丁澎:《扶荔堂文集选》,卷四,清康熙二十二年(1683)文芸馆刻本。
③ 陆进、俞士彪编:《西陵词选》,卷首,清康熙十四年(1675)刻本。
④ 陆进、俞士彪编:《西陵词选》,卷首,清康熙十四年(1675)刻本。

第七章　明末清初西泠词人群体的词学理论

惟填词之源,不始太白。六朝君臣,赓色颂酒,朝云龙笛,玉树后庭,厥惟滥觞,流风不泯。"①毛先舒《填词名解·略例》也说:"填词缘起于六朝,显于唐,盛于宋,微于金元。自后南曲大兴,而其调多与填词合。乃知斯道与气运相为盛衰。余之摘次是编,无但掌故攸详,抑亦可以论世。"②陆进《西陵词选序》持论也大致相同:"六代君臣,颂酒赓色,务标艳语,实为词之鼻祖也。"③

但丁澎则不同意沈、毛、陆三人的观点,其《西陵词选序》认为词滥觞于汉古乐府:"秦、汉无词,晋、魏亦无词,迨六朝,以靡丽相尚,始有《望江南》《长相思》独传。不知《房中》《铙歌》《横笛》《相和》等曲,试按节循声,出风入雅,被管弦以隶乐府,不犹乎今之诗余也哉?"④"西泠十子"之一孙治,也不同意以上众人的观点,其《问柳词序》认为:"夫词滥觞于唐而盛于宋,有元以来,张、扬、虞、赵之流,泉流云拥,西湖一隅之地,动盈于轴。今海内诗人,家家自以为辛苏,人人自以为周柳。"⑤

需要指出的是,西泠词人是怀着矛盾的心态来推尊词体的。他们一方面承认词的卑从地位,与诗赋文等高文典册相比,的确是"小道""末技",甚至"琐词",尤以毛先舒和沈谦为代表。毛先舒《填词名解·略例》认为填词属"小道"⑥。其《汪闻远填词序》则认为:"填词,末技也。"⑦其《平远楼外集自序》也云:"外集者何?集填词也。外者何?外之也。何以外之?古经不得已,而变风雅;古诗不得已,而变六朝;近体不得已,而变中晚。中晚,诗之末也。填词,抑末也。其辞荡于心,其节谐于吻,其惕音乎道古者耻言之,而予又何从事于斯?"⑧沈谦在《答毛稚黄论填词书》则云:"人生旦暮,

---

① 沈谦:《东江集钞》,卷七,清康熙十五年(1676)沈圣昭沈圣晖刻本,《四库全书存目丛书》集部第195册,济南,齐鲁书社,1997年,第1版,第245页。
② 毛先舒:《填词名解》,卷首,查继超辑、吴熊和点校《词学全书》本,北京,书目文献出版社,1986年,第1版,第15页。
③ 陆进、俞士彪编:《西陵词选》,卷首,清康熙十四年(1675)刻本。
④ 陆进、俞士彪编:《西陵词选》,卷首,清康熙十四年(1675)刻本。
⑤ 孙治:《孙宇台集》,卷七,清康熙二十三年(1684)孙孝桢刻本,《四库禁毁书丛刊》集部第148册,北京,北京出版社,第1版,第721页。
⑥ 毛先舒:《填词名解》,卷首,查继超辑、吴熊和点校《词学全书》,北京,书目文献出版社,1986年,第1版,第15页。
⑦ 毛先舒:《潠书》,卷一,北京图书馆藏清康熙刻思古堂十四种书本,《四库全书存目丛书》集部第210册,济南,齐鲁书社,1997年,第1版,第633页。
⑧ 毛先舒:《潠书》,卷一,北京图书馆藏清康熙刻思古堂十四种书本,《四库全书存目丛书》集部第210册,济南,齐鲁书社,1997年,第1版,第630页。

375

不朽有三,琐词不足语耳。"①认为词为琐碎之作,与人生不朽之事业相比,远不足语。

另一方面,西泠词人又在努力提高词的地位,将其与高文典册等而视之,如毛先舒《填词名解·略例》认为:"填词虽属小道,然宋世明堂封禅、虞主祔庙之文皆用。比于周、汉雅颂乐府,亦各一代之制也。既巨典攸存,故毋宜轻置矣。"②其《汪闻远填词序》则云:"(填词)然其不易工,与高文典册正等,传亦如之。"③

这种矛盾的心态,其实反映出西泠词人群体对词体的焦虑。闵丰《辨体:作者之难与选者之难》认为,"文体焦虑"是指清初词人在士人文学序列中,为词体安排角色时所遭遇到的两难境地,并认为这种焦虑心态集中体现在清人辨析词体的努力中,而在推尊词体的过程中并不存在。④但我们从西泠词人群体在尊体过程中互相矛盾的言论,却恰恰看到了他们内心对于词体的焦虑心态。他们既无法摆脱自晚唐五代以来,积淀在文人心中的词体卑下意识,却又不得不面对词在明末清初时期呈现出的复兴势头,只能用古今通变的观点对此加以解释,如毛先舒《丽农词序》:

> 天地之开人,以文章也,有不得不开之势。故文人之趋于变也,亦有不得不变之势。善论文者因势以为功,不善论文者反之。夫《三百》降而为楚骚也,商周之作者,必不知后之复有骚也。骚之降而为汉乐府也,屈景之徒,必不知后之复有乐府也。等此而递下,亡不然已。尝疑孔子录《诗》,而遗古《元首》《南风》《涂山》《五子》诸作,大略取周为多,间及商先王而止,毋亦以时代殷遥,稍从迁祧之例也欤?今世文章家,泥古而罕知尽变。与溯而追源,则欣然欲往;与顺而穷流,则掉头去之,曰:是僭音也,宕往而不返者也。嗟乎!千古旦暮耳,其可以一成之规画之欤?……夫文章之日开而趋于变也,天也。孔子且不能违

---

① 沈谦:《东江集钞》,卷七,清康熙十五年(1676)沈圣昭沈圣晖刻本,《四库全书存目丛书》集部第195册,济南,齐鲁书社,1997年,第1版,第245页。
② 毛先舒:《填词名解》,卷首,查继超辑、吴熊和点校《词学全书》,北京,书目文献出版社,1986年,第1版,第15页。
③ 毛先舒:《潠书》,卷一,北京图书馆藏清康熙刻思古堂十四种书本,《四库全书存目丛书》集部第210册,济南,齐鲁书社,1997年,第1版,第633页。
④ 闵丰:《清初清词选本考论》,上海,上海古籍出版社,2008年,第1版,第202页。

天,而必因乎世。今之善论文者,亦知之邪?①

毛先舒极力强调,词体复兴是文体发展不可违逆的规律,重视词之于当下的价值,与孔子《三百篇》略古而详今的意义,可等而视之。

三、诗词曲之辨

文体的复兴往往以理论上的辨体和尊体为其先导,词体在明末清初的复兴亦是如此。元、明以来,词体曲化现象严重,明末清初词人欲复兴词体,首先必须解决的问题就是区分诗词曲之间的差别,明确辨析词体。明末清初的诗词曲之辨,是继李清照《词论》发起诗、词之辨以后,又一次词学辨体高潮,主要着力于探讨诗、词、曲的分界,辨析并推尊词体,为词体的复兴提供了理论基础。

明代王骥德在《曲律》曾经涉及诗词曲之辨的问题,然而他是从曲的角度出发,指出明代曲作家在创作时以诗、词入曲,结果使曲失去当行本色,并非针对词坛以诗、曲入词的现象而发,也没有明确提出"诗词曲之辨"这一论题。从现存文献来看,明末清初西泠词人群体对于"诗词曲之辨"的讨论,在明末清初词坛的所有词派和词人群体中是最早的,具有开山之功,体现出明末清初西泠词人群体对词体的反思和定位。明末清初西泠词人群体的先导徐士俊,率先提出"诗词曲之辨"的话题:"上不类诗,下不类曲者,词之正位也。"②指出词体的本质不同于诗与曲。

徐士俊此论引发了明末清初词人对诗词曲之辨的一次深刻探讨,此后,不仅西泠词人沈谦、毛先舒等人加入其中,其他词派或词人群体的成员,亦开始对这一话题展开讨论。如曹溶《古今词话序》云:"上不牵累唐诗,下不滥侵元曲者,词之正位也。"③李渔《窥词管见》则认为:"作词之难,难于上不似诗,下不类曲,不淄不磷,立于二者之中。"④王士禛《花草蒙拾》

---

① 毛先舒:《潠书》,卷一,北京图书馆藏清康熙刻思古堂十四种书本,《四库全书存目丛书》集部第 210 册,济南,齐鲁书社,1997 年,第 1 版,第 622 页。
② 沈雄:《古今词话》,《词话》下卷,唐圭璋编《词话丛编》,北京,中华书局,1986 年,第 1 版,第 794 页。
③ 沈雄:《古今词话》,卷首,唐圭璋编《词话丛编》,北京,中华书局,1986 年,第 1 版,第 729 页。
④ 李渔:《窥词管见》,唐圭璋编《词话丛编》,北京,中华书局,1986 年,第 1 版,第 549 页。

也曾有类似言论:"'无可奈何花落去,似曾相识燕归来',定非香奁诗。'良辰美景奈何天,赏心乐事谁家院',定非草堂词也。"①

与李渔几乎同时代的西泠词人沈谦,在《填词杂说》中延续徐士俊的话题:"承诗启曲者,词也,上不可似诗,下不可似曲。然诗曲又俱可入词,贵人自运。"②沈谦首先强调在文体形成的时间上,词介于诗与曲之间;在内在特性上,词既不同于诗,也不同于曲。同时,与徐士俊相比,沈谦《填词杂说》将诗词曲之辨向前推进了一步,认为诗与曲俱可入词,关键在于作者自己的把握与运用。

对沈谦关于词曲关系的看法,毛先舒颇不认同,在《与沈去矜论填词书》中与沈谦商榷道:"又足下论曲与词近,法可通贯。鄙意仍谓尚有畦畛,所宜区别,兹不尽谈。"③事实也的确如此,词人如何把握诗词曲之间的界限,并非易事。孙执升指出:"良以词之视曲,其道甚远,词之去曲,其界甚微,又不能不为词家守壁耳。"④王士禛在《倚声初集》卷二评董以宁《如梦令·赋别》(绮语和郎细诵)一词时,也谈及董以宁曾自述词曲之辨的困难,并表示自己的认同:"文友少工小词,捉笔辄得数十首,清新婉艳,妙不一种。此等作,复屡经删润,务归大雅。每自云:'词曲之辨甚微,正不容门外汉轻道。'"⑤可见,明末清初词人中的有识之士,大部分已经明确地意识到词曲之间的差别,但同时也认为词曲之间的差别极其微小,如果非词曲均擅之人,则不能甄别。比如词与曲在语言上的差别,李渔就认为:"一字一句之微,即是词曲分歧之界,此就浅者而言。至论神情气度,则纸上之忧乐笑啼,与场上之悲欢离合,亦有似同而实别,可意会而不可言诠者。"⑥

另外,对于诗、词之间的差别,西泠词人群体的讨论也更为深入,他们主要从诗与词两种文体在气韵、格调等方面的差异,进行辨体。清顺治十一年(1654),徐士俊在《巢青阁诗余序》中,将诗与词进行比较,阐释二者的不同:"盖诗之一道,譬诸康庄九逵,车驱马骤,不能不假步其间。至于词,

---

① 王士禛:《花草蒙拾》,唐圭璋编《词话丛编》,北京,中华书局,1986年,第1版,第686页。
② 沈谦:《填词杂说》,唐圭璋编《词话丛编》,北京,中华书局,1986年,第1版,第629页。
③ 毛先舒:《毛驰黄集》,卷五,清康熙刻本。
④ 沈雄:《古今词话》,《词话》下卷,唐圭璋编《词话丛编》,北京,中华书局,1986年,第1版,第807页。
⑤ 邹祗谟、王士禛编:《倚声初集》,卷二,清顺治十七年(1660)刻本,《续修四库全书》集部第1729册,上海,上海古籍出版社,2002年,第1版,第226页。
⑥ 李渔:《窥词管见》,唐圭璋编《词话丛编》,北京,中华书局,1986年,第1版,第550页。

第七章　明末清初西泠词人群体的词学理论

则深岩曲迳,丛竹幽花,泉几折而始流,桥独木而方度。"①从诗、词之间内在气韵的差别,来进行辨体。毛先舒的观点与徐士俊比较类似:"填词长调难作,不下于诗之歌行长篇。然歌行犹可使气,长调使气便非本色,高手当纯以情致见佳耳。余谓歌行如骏马蓦坡,可以一往称快。词长调如娇女步春,旁去扶持,独行芳径,徙倚而前,一步一态,一态一度,虽有强力健足,无所用之。"将诗的歌行体与词中长调进行对比,指出二者在文气上差别。

此外,毛先舒曾谈到诗与词格调的不同:"盖诗必求格,而情语近昵,则易于卑弱;词则昵乃当行,高顾反失之。"②丁澎也曾引用梁苍岩的观点,指出诗、词在格调的迥异:"诗尚沉雄,忌纤靡;词贵轻婉,戒浮腻。较然分途,若枘凿然。此诗之不可类乎词,犹词之不可以似乎诗也。"③李式玉关于诗、词格调的观点,与毛先舒、丁澎大体一致:"诗庄词媚,其体元别。然不得因媚辄写入淫亵一路。媚中仍存庄意,风雅庶几不坠。"④强调词的格调不能过媚而失风雅之旨。不但如此,毛先舒还认为,宋人的文化素养和内在精神决定了他们只能填词,不适合作诗:"宋人词才,若天纵之,诗才若天绌之。宋人作词多绵婉,作诗便硬。作词多蕴藉,作诗便露。作词颇能用虚,作诗便实。作词颇能尽变,作诗便板。"⑤

其实"诗词之辨"这一话题,宋代李清照就已经提出,并得出"词别是一家"的结论。明末清初词人之所以重新拈出这一话题,并不是拾古人牙慧,旧调重弹,而是要重新认定并强调词体的独立性。词体发展至明末清初,已不再是李清照时代的"词",它与音乐彻底脱离,演变为长短不葺之诗。在这种情况下,只有明确词不同于诗的内在规定性,如按谱填写,词韵不同于诗韵等等,才能保证词这种文体不至于与诗混淆,从而起到推尊词体的目的。

诗、词、曲的语言互相融化借用本来就是自然而然的事情,并没有截然分明的界限,如果仅从语言的角度定义词曲之别,显然不可能明确词曲二种文体的差异性。所以,明末清初词人才会致力于词选、词谱、词韵的整

---

① 陆进:《巢青阁诗余》,卷首,清顺治刻本。
② 毛先舒:《诗辩坻》,卷三,郭绍虞编《清诗话续编》,上海,上海古籍出版社,1983年,第1版,第60页。
③ 徐钒:《菊庄词》,卷首,清康熙刻聂先、曾王孙编《百名家词钞》本。
④ 王又华:《古今词论》,唐圭璋编《词话丛编》,北京,中华书局,1986年,第1版,第606页。
⑤ 王又华:《古今词论》,唐圭璋编《词话丛编》,北京,中华书局,1986年,第1版,第609页。

379

理、编纂和撰写,以求在理性的层面,为当时词家提供填词之规矩,并熟谙诗、词、曲三种文体之间的差别。

第二节 词体论之二:精审的词律

明末清初西泠词人对于词律的重视,秉承了两宋乡贤周邦彦、杨缵、张炎等人所建立的、以音律为词体之关键的传统。他们对于词律的重视,主要表现在两个方面,一为考订诠释词调名,如毛先舒《填词名解》;二为编撰词谱,如赖以邠《填词图谱》。

一、首部考释词调名的专书:毛先舒《填词名解》

《填词名解》四卷,毛先舒(1620—1688)撰,清康熙十八年(1679)查继超所刻《词学全书》本。其中卷一至卷三以小令、中调、长调将词调调名进行分类;卷四为补遗,不分调类。全书凡考释词调381调,并附录毛先舒自度曲15调。毛先舒一生著述特富,且涉猎广博,他编撰《填词名解》的时间,当在清顺治十六年(1659)以前。据孙治《毛驰黄集序》:"今其书满家。兹特《七录》之一,而余为之序者如此。《七录》者何? 一曰《毛驰黄集》,此编是也。一曰《诗辩坻》,一曰《平远楼外集》,一曰《古逸诗乘》,一曰《填词名解》,一曰《南唐拾遗记》,一曰《南曲正韵》,凡若干卷。"[①]可知,孙治在撰写《毛驰黄集序》时,《填词名解》已经成书。又按,毛先舒本字驰黄,四十岁时即清顺治十六年(1659)改字稚黄。据此可以推论,《填词名解》应成书于清顺治十六年(1659)以前。清康熙十八年(1679),查继超将《填词名解》收入《词学全书》,并付梓刊刻。

词调自唐代产生,经两宋、元、明,延至清初,在近千年传播和使用的过程中,各调名混乱而驳杂,且讹误甚多,令词人无所适从。毛先舒《填词名解·略例》云:"词有一调而数名者。亦有一名数调者。又有首调一名,余调间出他新名者。又有同此调,中差一二衬字句法,遂别创名者。"[②]针对

---

① 毛先舒:《毛驰黄集》,卷首,清康熙刻本。
② 毛先舒:《填词名解》,卷首,查继超辑、吴熊和点校《词学全书》,北京,书目文献出版社,1986年,第1版,第15页。

第七章　明末清初西泠词人群体的词学理论

这一现象,毛先舒因撰《填词名解》,专门诠释词调调名,考证各个词调的创始者以及调名的缘起。实际上,词调调名原本为曲调调名,考释调名可以了解曲调创作者的本事,以及乐曲本身的渊源和内涵,这对于词人选择合适的词调作词,或是学者考订词史,都意义重大。

关于词调调名的考证和诠释,自宋王灼《碧鸡漫志》至明杨慎《词品》、都穆《南濠诗话》、沈际飞《草堂诗余四集·诗余发凡》等,都有较为深入的探讨,缺点在于均为零简碎编,不成系统。明末西泠词人群体的先导者卓人月、徐士俊,在所编词选《古今词统》中,已经对词调调名有所考释:或对于同调异名者,列举其别名、改名,如卷一《望江南》,后注明"一名《忆江南》,一名《梦江南》,一名《谢秋娘》",卷八《梅花引》,后注明"高仲常改名《贫也乐》";或举出调名的原创者,如卷一《花非花》,注明为"乐天自度曲"。《古今词统》也曾试图对同调异名这一现象作出解释:"名异而调同者,词家好新,诡立美名耳。张宗瑞词多若此。"①吴仪一在评沈丰垣《兰思词》时,也提到词调调名之讹:"词调之失,出于传写之讹,成于小说之伪,而作者之滥觞,不可不慎。"②对此,吴仪一进一步举例云:"如徐师川《卜算子》'不见凌波步'一首,多一韵多一字;黄山谷'要见不得见'词,亦是《卜算子》,而前后迭皆同师川句法;后无名氏'蹙破眉峰碧'词,末句又多一字,读者以其不类《卜算子》,竟取《眉峰碧》三字标名,自为一调,实误也。又如《谒金门》阙一句,别作《薄命女》;《烛影摇红》半阕分段入小令,宋人已有此误。若美成《苏幕遮》'断雨残云,只怕巫山晓'本九字,后人失落'雨残'二字,列谱者分为二体,甚可笑。要之,传讹犹可,妄立名目更误后人。"③

西泠词人群体发展繁荣期重要词人毛先舒的《填词名解》,是第一部系统全面地考释词调调名的专书,以调名为纲目,旁征博引,逐一对调名考释。毛先舒《填词名解·略例》第八条云:"是编采缀,非徒一家。然本唐崔令钦、段安节,宋王灼、黄朝英,以至杨慎、都穆、何良俊、陈耀文、卓人月、徐士俊、沈际飞、郭绍孔诸词家书,因藉为多。"④也就是说,唐崔令钦《教坊

---

① 卓人月、徐士俊辑,谷辉之点校:《古今词统》,卷首,沈阳,辽宁教育出版社,2000年,第1版,第37页。
② 沈丰垣:《兰思词钞》,卷首,清康熙吴山草堂刻本。
③ 沈丰垣:《兰思词钞》,卷首,清康熙吴山草堂刻本
④ 毛先舒:《填词名解》,卷首,查继超辑,吴熊和点校《词学全书》,北京,书目文献出版社,1986年,第1版,第16页。

记》、段安节《乐府杂录》、宋王灼《碧鸡漫志》、黄朝英《靖康缃素杂记》、明杨慎《词品》、都穆《南濠诗话》、何良俊《四友斋丛说》、陈耀文《花草粹编》、卓人月和徐士俊《古今词统》、沈际飞《草堂诗余四集》和郭绍孔《词谱》等著，均为《填词名解》考释词调的文献依据。

　　毛先舒《填词名解》对于词调调名的考释，主要包括以下几个方面：一、列举调名的异名，如："《卖花声》，一名《谢池春》。"①二、考释调名的由来，如："《朝天紫》，蜀牡丹花名，其色正紫，如金紫大夫之服色，故名。后因以题曲，讳'紫'作'子'，非也。"②"《芳草渡》，取胡宿诗：'荡桨远从芳草渡。'"③三、考证词调的原创者，如："《忆余杭》，宋潘阆创此调，词云：'长忆西湖湖水上。'一时大传，东坡爱之，书于玉堂屏风。"④四、追溯词调调名的演变，如："《秋霁》之调，创自李后主，至宋胡浩然用此调作春晴词，遂名《春霁》，又作秋晴词，亦名《秋霁》，盖是一调。"⑤五、考证词调所属的宫调，如："《戚氏》，中吕调曲也。"⑥"大酺，越调曲也。"⑦"《十二时》，林钟调也。"⑧六、考释各个词调之间的演变关系，如"《瑞鹧鸪》，一名《鹧鸪词》，其第一体又名《舞春风》，(惟此体声调稳顺，变体则异矣。)盖唐人七言律叶之声歌也。特起句第二句，须作平声，不得如诗可平可仄。《小秦王》亦是七言绝句，然可随意平仄，与唐人作诗无异。《鹧鸪天》则《瑞鹧鸪》之变体也。《忆王孙》《浣溪沙》则《小秦王》之变体也。苕溪渔隐云：'《瑞鹧鸪》依宁可歌，

---

① 毛先舒：《填词名解》，卷四，查继超辑、吴熊和点校《词学全书》，北京，书目文献出版社，1986年，第1版，第88页。
② 毛先舒：《填词名解》，卷四，查继超辑、吴熊和点校《词学全书》，北京，书目文献出版社，1986年，第1版，第88页。
③ 毛先舒：《填词名解》，查继超辑、吴熊和点校《词学全书》，北京，书目文献出版社，1986年，第1版，第42页。
④ 毛先舒：《填词名解》，卷四，查继超辑、吴熊和点校《词学全书》，北京，书目文献出版社，1986年，第1版，第87页。
⑤ 毛先舒：《填词名解》，卷三，查继超辑、吴熊和点校《词学全书》，北京，书目文献出版社，1986年，第1版，第75页。
⑥ 毛先舒：《填词名解》，卷三，查继超辑、吴熊和点校《词学全书》，北京，书目文献出版社，1986年，第1版，第85页。
⑦ 毛先舒：《填词名解》，卷三，查继超辑、吴熊和点校《词学全书》，北京，书目文献出版社，1986年，第1版，第81页。
⑧ 毛先舒：《填词名解》，卷三，查继超辑、吴熊和点校《词学全书》，北京，书目文献出版社，1986年，第1版，第80页。

第七章 明末清初西泠词人群体的词学理论

若《小秦王》必杂以虚子乃可歌。'"①

江合友《明清词谱史》曾对《填词名解》所考释调名的来源,加以总结枚举,凡十三类,包括:以词中所咏之事物为调名;以词中之情意为调名;以词中之字句为调名;以句举词,因而名调;以全篇之字数为调名;古乐府名;教坊乐曲名;取古人诗语以为调名;以宫室门庭为调名;以地名作调名;以人名作调名;自度曲;以词中句法为名。② 可以看出,毛先舒旁征博引,尽最大可能对每一个词调调名进行考释和辨正,并试图将这些词调调名纳入一个规范的框架内,以供后人参考,有时就难免牵强附会,似是而非。也正因为如此,才遭到四库馆臣的指责:"掇拾古语以牵合词调名义,始于杨慎《丹铅录》。先舒又从而衍之,附会支离,多不足据。"③

毛先舒《填词名解》除了对词调调名加以考释之外,还有一个不容忽视的贡献,即确定小令、中调和长调的字数多少。毛先舒在《填词名解》卷一末云:"凡填词,五十八字以内为小令,自五十九字始至九十字止为中调,九十一字以外者俱长调也。此古人定例也。"④从体裁上将词分为小令、中调、长调三种类型,始自明人顾从敬所刻南宋《草堂诗余》,后人自此延用并约定成俗,但大都是约略而已,并没有字数上的具体限制。毛先舒《填词名解》在《草堂诗余》的基础上,进一步地从词的篇幅字数上,对小令、中调和长调加以规范。虽然此种划分方法的科学性备受后人质疑,但客观而言,它无论是对于词人作词、选词,还是论词,提供了可操作性。

另外,毛先舒《填词名解》,不仅收录宋人自度曲,还收录明人自度曲,如杨慎《落灯风》、王世贞《小诺皋》《怨朱弦》,并在书末附录中收入自己的自度曲15首,显示出毛先舒对自度曲的偏爱。其实,明末清初西泠词人群体中,偏爱自度曲的不止毛先舒,还有沈谦、丁澎、潘云赤等人,这呈现出一种群体效应。《四库全书》将明清词人的自度曲现象,批驳为自我作古,英雄欺人:"惟词为当时(两)宋所盛行,故作者每自度曲亦解其声,故能制其

---

① 毛先舒:《填词名解》,卷一,查继超辑、吴熊和点校《词学全书》,北京,书目文献出版社,1986年,第1版,第42页。
② 江合友:《顺康词坛与词谱的成立》,《明清词谱史》,上海,上海古籍出版社,2008年,第1版,第97页。
③ 永瑢等:《四库全书总目》,卷二〇〇,词曲类存目"《填词名解》"条,北京,中华书局,1965年,第1版,第1834页。
④ 毛先舒:《填词名解》,卷一,查继超辑、吴熊和点校《词学全书》,北京,书目文献出版社,1986年,第1版,第44页。

调耳。金、元以来,南北曲行而词律亡。作是体者,不过考证旧词,知其句法平仄,参证同调之词,知某句可长可短,某字可平可仄而已。当时宫调已茫然不省,而乃虚凭臆见,自制新腔,无论其分析精微,断不能识,即人人习见之白石词,其所云《念奴娇》鬲指声者,今能解为何语乎?英雄欺人,此之谓矣。"[1]

作为第一部全面而系统考释词调调名的专书,毛先舒《填词名解》对于后世的影响不容忽视。清康熙二十六年(1687)所刊万树《词律》,应参考过毛先舒《填词名解》,因为《词律·发凡》对毛先舒以字数的多寡为标准来定义词之小令、中调和长调的方法颇为不满:"钱唐毛氏云:'五十八字以内为小令,五十九字至九十字为中调,九十一字以外为长调,古人定例也。'愚谓此亦就《草堂》所分而拘执之,所谓定例,有何所据?若以少一字为短,多一字为长,必无是理。"[2]并特别在《词律发凡》中声明说:"故本谱但叙字数,不分小令、中、长之名。"[3]另外,清康熙五十四年(1715)清廷官方所编《钦定词谱》,以及清乾隆年间王汲《词名集解》六卷、《续编》二卷,亦曾借鉴过《填词名解》。

二、连接明清词谱的桥梁:赖以邠《填词图谱》

词谱,是由词的音乐曲谱演化而来的文字格律形式。词在隋唐最初产生时,本是用以应乐的燕乐歌辞,每首词都有其固定的音谱。宋代以来,词逐渐与音乐分离,而趋向诗律化,演变成为一种独立的抒情诗体,原来的音谱就随之演化为纯粹的格律形式,成为词谱,亦称"词牌""词调"。词谱最大的特点是调有定句,句有定字,字有定声。

(一)词谱在明代的产生及发展

学者历来认为,从词谱编撰史的角度而言,词谱的编撰始于明张綖《诗余图谱》。清人邹祗谟《远志斋词衷》,以及近代学者宛敏灏《词学概论》、唐圭璋《历代词学研究论略》、王易《词曲史》等等,均沿用此说。万树在《词律

---

[1] 永瑢等:《四库全书总目》,卷二〇〇,词曲类存目"《填词名解》"条,北京,中华书局,1965年,第1版,第1834—1835页。
[2] 万树:《词律》,卷首,据清光绪二年(1876)本影印,上海,上海古籍出版社,1984年,第1版,第9页。
[3] 万树:《词律》,卷首,据清光绪二年(1876)本影印,上海,上海古籍出版社,1984年,第1版,第9页。

第七章 明末清初西泠词人群体的词学理论

自叙》中对于词谱的产生及发展,已经表述得非常明白:"维扬张氏据词而为图,钱唐谢氏广之,吴江徐氏去图而著谱,新安程氏辑之,于是《啸余谱》一书,通行天壤,靡不骇称博覈,奉作章程矣。"①

明嘉靖年间张綖的《诗余图谱》三卷《附录》二卷,是词谱编撰的真正源头。其谱分列词调,旁注图谱,每谱逐字注明平仄:白圈表平,黑圈表仄,半白半黑表可平可仄。此谱奠定了后世词谱的编撰宗旨及体例,具有开山之功,但舛误也多,《四库全书总目》对此批驳曰:"往往不据古词,意为填注,于古人故为拗句以取抗坠之节者,多改谐诗句之律。又校雠不精,所谓黑圈为仄,白圈为平,半黑半白为平仄通者,亦多混淆,殊非善本。"②

此后对张綖《诗余图谱》加以大幅修订增补的主要有两人:一为谢天瑞,一为徐师曾。明万历初年,钱塘谢天瑞对张綖《诗余图谱》加以增广,编为《新镌补遗诗余图谱》十二卷。谢天瑞,名甫,字思山,自称"素潜心乐府,粗知音律",另著有《诗法》十卷。他在《新镌补遗诗余图谱序》中云:"诗有弦,词有谱,犹金之有范,物之有则也。"③而补遗张綖《诗余图谱》之目的则是:"引初学之入门,谨按调而填词,随词而叶韵。"④与张綖《诗余图谱》相比,谢天瑞《新镌补遗诗余图谱》在体例上有所改良,在词调收录上尽量完备,其《新镌补遗诗余图谱序》云:"其四声五音之当辨者,句分而字注之,一一详载。凡有一词即著一谱,毫无遗漏,以为初学之标的。"⑤而徐师曾《文体明辨》之卷三至卷十一《诗余》,详列词调。相对于张綖《诗余图谱》,徐师曾《文体明辨》的编排体例有所创新,如在词谱中排列词调异体,如以分类法分列词调,而非张綖小令、中调、长调三分法。对此,江合友《明清词谱史》指出:"(徐师曾)在其文体学总结性著作中收入'诗余'一体,并为之详列谱式,说明词谱已渐渐步入文体学研究的范畴,词调谱式成为词体描写

---

① 万树:《词律》,卷首,据清光绪二年(1876)本影印,上海,上海古籍出版社,1984年,第1版,第6页。
② 永瑢等:《四库全书总目》,卷二〇〇,词曲类存目"《诗余图谱》"条,北京,中华书局,1965年,第1版,第1835页。
③ 张綖、谢天瑞:《诗余图谱》,卷首,国家图书馆藏明万历二十七年(1599)谢天瑞刻本,《续修四库全书》集部第1735册,上海,上海古籍出版社,2002年,第1版,第469页。
④ 谢天瑞:《新镌补遗诗余图谱序》,张綖、谢天瑞《诗余图谱》,卷首,国家图书馆藏明万历二十七年(1599)谢天瑞刻本,《续修四库全书》集部第1735册,第470页。
⑤ 张綖、谢天瑞:《诗余图谱》,卷首,国家图书馆藏明万历二十七年(1599)谢天瑞刻本,《续修四库全书》集部第1735册,上海,上海古籍出版社,2002年,第1版,第470页。

的主要方式。"①

至明万历末年,程明善在上述三部词谱《诗余图谱》《新镌补遗诗余图谱》《文体明辨》的基础上,编撰《啸余谱》。江合友《明清词谱史》认为,与以前词谱相比,此谱体例有所改进:"其一为谱词合体,随文标示;其二为利用例词文字的自明性,不再一一标示平仄,而是用简要的符号在旁注释。"②同时,此谱讹误仍然很多,万树《词律自叙》讥云:"于是《啸余谱》一书,通行天壤,靡不骇称博藪,奉作章程矣。百年以来,蒸尝弗辍,近岁所见,剞劂载新,而未察其触目瑕瘢,通身罅漏也。"③《四库全书总目》亦批驳曰:"所列词谱第一体、第二体之类,以及平仄字数,皆出臆定,久为词家所驳。"④如同调异名者被分列为两调,另有错乱句读、增减字数、妄分韵脚等等,不胜枚举。

（二）清初顺、康词坛用谱情况

在赖以邠《填词图谱》成书之前,清初词坛最流行的词谱,是张綖《诗余图谱》和程明善《啸余谱》。田同之《西圃词学》有云:"宋元人所撰词谱,流传者少。自国初至康熙十年前,填词家多沿明人,遵守《啸余谱》一书。"⑤王士禛在《阮亭诗余自序》中,亦曾言及自己填词唯《啸余谱》是从:"向十许岁,学作长短句,不工,辄弃去。今夏楼居,效比丘休夏自恣⋯⋯偶读《啸余谱》,辄拈笔填词,次第得三十首。"⑥清人对此二谱,评价甚高,尤其是张綖《诗余图谱》,如邹祗谟称《诗余图谱》"于词学失传之日,创为谱系,有筚路蓝缕之功"⑦。沈雄则云:"维扬张世文为图谱,绝不似《啸余谱》《词体明辨》之有舛错,而为之规规矩矩,亦填词家之一助也。"⑧

---

① 江合友:《明清词谱史》,上海,上海古籍出版社,2008 年,第 1 版,第 56 页。
② 江合友:《明清词谱史》,上海,上海古籍出版社,2008 年,第 1 版,第 59 页。
③ 万树:《词律》,卷首,据清光绪二年(1876)本影印,上海,上海古籍出版社,1984 年,第 1 版,第 6 页。
④ 永瑢等:《四库全书总目》,卷二〇〇,词曲类存目"《啸余谱》"条,北京,中华书局,1965 年,第 1 版,第 1835 页。
⑤ 田同之:《西圃词学》,唐圭璋编《词话丛编》,北京,中华书局,1986 年,第 1 版,第 1473 页。
⑥ 王士禛:《衍波词》,卷首,广州,广东人民出版社,1986 年,第 1 版,第 147 页。
⑦ 邹祗谟:《远志斋词衷》,唐圭璋编《词话丛编》,北京,中华书局,1986 年,第 1 版,第 658 页。
⑧ 沈雄:《古今词话》,《词评》下卷,唐圭璋编《词话丛编》,北京,中华书局,1986 年,第 1 版,第 1029 页。

第七章　明末清初西泠词人群体的词学理论

与此同时,清人对张綖《诗余图谱》、程明善《啸余谱》的疏漏舛误,也有颇多不满,呼吁有识之士对之加以驳正,重修词谱,其中以邹祗谟最为典型:

> 今人作诗余,多据张南湖《诗余图谱》,及程明善《啸余谱》二书。《南湖谱》平仄差核,而用黑白及半黑半白圈,以分别之,不无鱼豕之讹。且载调太略,如《粉蝶儿》与《惜奴娇》,本系两体,但字数稍同,及起句相似,遂误为一体,恐亦未安。至《啸余谱》则舛误益甚,如《念奴娇》之与《无俗念》《百字谣》《大江乘》,《贺新郎》之与《金缕曲》,《金人捧露盘》之与《上西平》,本一体也,而分载数体。《燕春台》之即《燕台春》,《大江乘》之即《大江东》,《秋霁》之即《春霁》,《棘影》之即《疏影》,本无异名也,而误仍讹字。或列数体,或逸本名。甚至错乱句读,增减字数,而强缀标目,妄分韵脚。又如《千年调》《六州歌头》《阳关引》《帝台春》之类,句数率皆淆乱。成谱如是,学者奉为金科玉律,何以迄无驳正者耶?[1]

(三) 清初西泠词人群体的词谱编撰

在清初词坛对当下所流行的明人词谱极其不满意,亟需一部精审完备词谱的大环境下,西泠词人群体承继乡贤谢天瑞所创立的词谱编撰传统,对于词谱编撰显示出极大的热情。在清初西泠词人群体中,先后从事词谱编撰的共有两人,一为沈谦,一为赖以邠。

沈谦所著词谱,未见传世,仅见于沈谦本人及好友毛先舒所述。沈谦在《答沈声令》书中云:"赠墨一囊,岂十二龙宾俱至邪?刻下方撰《南曲韵》及《诗余谱》,便当令侍儿辈竭其顶踵,不欲使不佞反受其磨也。"[2]据毛先舒《沈去矜墓志铭》:"(去矜)所著《东江集钞》《词韵》《词谱》《南曲谱》《古今词选》《临平记》《沈氏族谱》《传奇》,凡若干卷。"[3]沈谦所云"《诗余谱》",应

---

[1] 邹祗谟:《远志斋词衷》,唐圭璋编《词话丛编》,北京,中华书局,1986年,第1版,第643页。

[2] 沈谦:《东江集钞》,卷七,清康熙十五年(1676)沈圣昭沈圣晖刻本,《四库全书存目丛书》集部第195册,济南,齐鲁书社,1997年,第1版,第247页。

[3] 沈谦:《东江集钞》,卷末附录,清康熙十五年(1676)沈圣昭沈圣晖刻本,《四库全书存目丛书》集部第195册,济南,齐鲁书社,1997年,第1版,第275页。

与毛先舒所云"《词谱》",为同一书,即沈谦所编词谱。此谱又名《词苑手镜》,毛先舒又拟名之《词学几书》。对于此书,毛先舒《与去矜书二首》其二论之甚详:

> 相聚才一日耳,言别何遽,殊怏怏。《词苑手镜》一书,必行必传,然鄙意只名《词学几书》为雅。《南曲正韵》,仆书已是论定,但《正韵》外,尚当参以《中原》及足下《词韵》耳。前论填词分句法,仆细思,止是四字句当别出一、三句法,如《行香子》第六句是也;五字句当别出三、二句法;七字句当别出三、四句法;九字句当分四、五与五、四两样句法。此外更不必多所分别,但当听人神而明之。此是确有所见者,但言长,须面得尽。又曲谱亦须指陈要者,无用过苛,即如《黄莺儿》"满城风雨还重九",三上声字,音调固佳,但谓凡作者必当如此,则亦拘矣,谱中他处持论率多如此。窃谓立法不可太略,亦不可太烦,太烦反是一弊,且使后人生驳议,将并废全书矣。范昆白撰《中州全韵》,分阴去阳去、阴入阳入,其法密于周挺斋,亦未尝不是,而后人终莫遵用者,法太烦故也,况法外多生支节者乎! 此事虽属小道,然亦须使考质千古,无悖无疑。若徒作聪明,以苦来学,恐非垂远意也。愿雅思,再垂详寻,自当涣释。①

虽然沈谦《词谱》未曾传世,但其词律思想可以从沈谦、毛先舒所编《古今词选》一窥端倪。《古今词选》以小令、中调、长调编排,词调同体异名者均注明其别名,同名多体者均注明所选为第几体,如《古今词选》卷三、卷四共选《贺圣朝》三体、《柳梢青》三体、《应天长》两体、《少年游》两体,均注明所选为第几体及其别名。这一编撰体例,应是沈谦词律思想在其词选中的体现。据此也可以断定,沈谦《词谱》是对张綖《诗余图谱》和程明善《啸余谱》的承继。

赖以邠《填词图谱》六卷《续集》三卷,清康熙十八年(1679)查继超所刻《词学全书》本。每卷卷首均题"西泠赖以邠损庵著、查继超随庵增辑,查曾荣春谷、王又华逸庵同辑,东海查王望先生鉴定,同学毛先舒稚黄、仲恒雪

---

① 毛先舒:《潠书》,卷七,北京图书馆藏清康熙刻思古堂十四种书本,《四库全书存目丛书》集部第210册,济南,齐鲁书社,1997年,第1版,第744页。

第七章 明末清初西泠词人群体的词学理论

亭参订"。全书共收词调548调682体。

根据沈谦与赖以邠在年龄辈分的长幼,大致可以推断,赖以邠《填词图谱》应作于沈谦《词谱》之后,是一部在明代词谱和清初词谱的基础上,增益修补而成的词谱。《四库全书总目》评介此书云:"是编踵张綖之书而作,亦取古词为谱,而以黑白圈记其平仄为图。颠倒错乱,罅漏百出。为万树《词律》所驳者,不能缕数。"[①]

实际上,赖以邠《填词图谱》,是对明代词谱的复古和创新,主要体现在两个方面:一、参考文献极其丰富,所录词调空前完备。此谱参稽的文献,除了明代通行词谱张綖《诗余图谱》、谢天瑞《新镌补遗诗余图谱》、程明善《啸余谱》之外,根据查继超《填词图谱序》所述还有吴绮《选声集》、沈璟《九宫谱》、赵崇祚《花间集》、何士信《草堂诗余》、毛晋汲古阁所刻《宋六十名家词》。因此《填词图谱》所录词调数量,大大超过此前所有的词谱。据江合友《明清词谱史》统计,《填词图谱》所有词调数量,是谢天瑞《新镌诗余谱图》的1.59倍,是程明善《啸余谱》的1.65倍。[②] 二、编撰体例是明代词谱的综合和改良,对后世词谱多有启发。《填词图谱》的图谱形式,继承了张綖《诗余图谱》以黑白圈标示平仄的方法,同时还依照张谱,在词调后注明此调各段的句数、全调字数,以及全调韵数(包括平韵数和仄韵数);继承了程明善《啸余谱》处理词调之同名异体的方法,即标注为第某体。除此之外,《填词图谱》对于明代词谱也有所创新,如在选择某个词调的例词时,严格以宋词为标准,没有宋词可选时,才会依时间顺序选择唐、金、元、明词,这与沈谦编撰《词韵》时,以宋词用韵为标准的原则是一致的。可见,西泠词人无论编撰词谱,还是词韵,均以宋词的格律和音韵为依据,之所以如此,一是词在宋代达至其极盛时期,宋词最具有词体代表性;还有更重要的一点,只有在词学领域确立宋词的唯一典范地位,才能定制出统一的标准,使初学者有章法可循。

虽然《填词图谱》也存在校勘不精、因求完备而选调不够审慎等诸多缺漏,但是从词谱编撰史的角度而言,它是联系明清词谱的一个桥梁,其编撰体例既继承了明代词谱的诸多优点,又对此后的清代词谱如万树《词律》和

---

① 永瑢等:《四库全书总目》,卷二〇〇,集部五词曲类存目"《填词图谱》"条,北京,中华书局,1965年,第1版,第1835页。

② 江合友:《明清词谱史》,上海,上海古籍出版社,2008年,第1版,第89—90页。

官方编撰的《钦定词谱》多有启发,促进了词谱学在清康熙中后叶的成熟。

第三节 词体论之三:严格的词韵

词在与音乐分离之前,是合乐歌唱的文词,词人填词只要顺依乐律即可,不必在文字上依傍格律与韵书。宋元以后,词与音乐分离,为了保持词的文体特性,词人填词就必须在文字上讲究协律与押韵。戈载《词林正韵·发凡》曾论填词之要旨有二:"一曰律,二曰韵。律不协则声音之道乖,韵不审则宫调之理失。"①叶韵之于词,尤为重要。龙榆生《令词之声韵组织》总结叶韵的作用说:"一为应用同声相应之理,俾易和协美听;一为调节情感,表示某种境界或心理之转变。"②可是,清代以前,词韵向无专书。在清代以前,词韵并无专书,朱希真《词韵》《菉斐轩词林要韵》和胡文焕《文会堂词韵》三书,或真实性备受学者质疑,或名为词韵,实则阑入诗韵和曲韵,均非真正意义上的词韵著作。元明词体衰落的重要原因之一,就是词人填词时,没有一部真正的词韵可以依傍。明人沈际飞坦言道:"自词韵无成书,而近来名手操觚者,随意调叶,不按古法。"③词学的振兴必须以词韵学的精审严明为基础,这是清人在词学建构中必须首先解决的问题之一。

明末清初西泠词人群体成员多熟谙音韵,其中不乏名震一时的音韵学家,如毛先舒、沈谦、柴绍炳、仲恒等人。同时,他们还注意培养门生后进的音韵学功底,比如毛先舒就对洪昇抱有很高的期望,其《诗骚韵注序》云:"同郡洪昇,从余游,性近韵学。……今昇为是役,其为便于吐属啸歌已也,抑将有以进于此欤? 余也且深望之。"④再加上自两宋以来,由西泠先贤周邦彦、杨缵、张炎等人所积淀下来的注重词之音韵格律的词学传统,促使西泠词人群体对于词韵尤为关注,不仅在创作时严审音韵,更重要的是,他们对词韵编撰表示出极大的热情。明末清初西泠词人编撰的词韵专书主要

---

① 戈载:《词林正韵》,上海,上海古籍出版社,1981年,第1版,第35页。
② 龙榆生:《龙榆生词学论集》,上海,上海古籍出版社,1997年,第1版,第174—175页。
③ 邹祗谟:《远志斋词衷》,唐圭璋编《词话丛编》,北京,中华书局,1986年,第1版,第664页。
④ 毛先舒:《溪书》,卷二,北京图书馆藏清康熙刻思古堂十四种书本,《四库全书存目丛书》集部第210册,济南,齐鲁书社,1997年,第1版,第637页。

有两部，分别为沈谦《词韵》和仲恒《词韵》，除此之外，毛先舒《韵学通指》《声韵丛说》《韵白》亦有零碎的词韵论述。本节将以此为依据，探讨西泠一地的词韵编撰历史，以及明末清初西泠词人群体的词韵思想。

一、明代的西泠词韵：谢天瑞《词韵》和胡文焕《文会堂词韵》

明代西泠一地的词人，已经具有词韵不同于诗韵、曲韵，应别为一家的敏锐意识，并已经开始着手词韵的编撰制作，其中以谢天瑞和胡文焕为代表。谢天瑞所撰《词韵》，未见传世，仅见于毛先舒所述："近古无词韵，周德清所编曲韵也。故以入声作平、上、去者约二三，而'支''思'单用，唐宋诸词家概无是例。谢天瑞暨胡文焕所录韵，虽稍取正韵附益之，而终乖古奏。"①据此可以推断，谢天瑞《词韵》，应是在周德清《中原音韵》基础上增补而成，与宋词用韵的实际情况相距甚远，从严格意义上而言仍是曲韵，而非词韵。随后的胡文焕《文会堂词韵》也是如此，胡氏词韵现存有《格致丛书》本，成书于明万历年间。胡文焕，字德甫，号全庵，一号抱琴居士，钱塘人。明人沈际飞在《草堂诗余四集·诗余发凡》中指出胡氏词韵的优点与缺点："诗韵严而琐，在词当并其独用为通用者綦多，曲韵近矣。然以上支、纸、置分作支、思韵，下支、纸、置分作齐、微韵，上麻、马、祃分作家、麻韵，下麻、马、祃分作车、遮韵，而入声隶之平、上、去三声，则曲韵不可以为词韵矣。钱塘胡文焕有《文会堂词韵》，似乎开眼，乃平、上、去三声用曲韵，入声用诗韵，居然大盲。世不复考，将词韵不亡于无，而亡于有，可深叹也。愿另为一编正之。"②

即使谢天瑞《词韵》与胡文焕《文会堂词韵》，并未完全脱离以周德清《中原音韵》为代表的曲韵系统，被明清学者再三批驳。但是，二书毕竟揭示出明人先进的词韵思想，他们已经意识到明代词坛诗韵、词韵、曲韵混用的杂乱局面，并试图编撰词韵专书，从而将词韵与诗韵、曲韵分离开来。因此，谢天瑞《词韵》与胡文焕《文会堂词韵》，不仅是明代西泠一地词人敏锐词韵思想的代表，也是有明一代词人词韵思想的代表。

---

① 徐釚著，王百里校笺：《词苑丛谈校笺》，卷二，北京，人民文学出版社，1988年，第1版，第112页。
② 卓人月、徐士俊辑，谷辉之点校：《古今词统》，卷首附录《杂说》，沈阳，辽宁教育出版社，2000年，第1版，第39页。

二、清初西泠词韵之发轫：沈谦《词韵略》

沈谦《词韵略》是清代第一部真正意义上的词韵专书，在总结宋词用韵规律的基础上编撰而成，对清代词韵学的发展产生了重要影响，如仲恒《词韵》、吴宁《榕园词韵》、谢元淮《碎金词韵》、戈载《词林正韵》等，均是在沈谦《词韵略》的基础上，对词韵进一步加以辨证，后出转精。然而，关于沈谦《词韵略》的词史意义，学者所论不甚详备，本章拟对此进行探讨。

（一）沈谦《词韵略》的成书过程

编撰词韵的人，必备两个条件：一要精通音韵之学，善于稽古；二须深谙音律，工于填词，而沈谦恰好两者皆备。他音韵学功底深厚，与毛先舒、柴绍炳、张丹、钱雍明，以及音韵学大家毛奇龄过从甚密，彼此之间形成了一个音韵学研究群体。沈谦经常与以上诸人书信往还，商榷音韵之学。毛先舒《韵学通指序》回忆诸子的交游："戊子岁杪，先舒撰《唐人韵四声表》及《南曲正韵》既成。适同郡柴虎臣撰《柴氏古韵通》，沈子去矜撰《沈氏词韵》，钱雍明先生撰《中原十九韵说》，其书皆综次精核，可以为辞家之宗法。"[①]《四库全书总目》指出沈谦、毛先舒、柴绍炳三人在音韵学方面的密切关系："是编（《韵学通指》）与柴绍炳《古韵通》、沈谦《词韵》同时而出。三人本相友善，故兼举二家之说，其得失离合，亦略相等。"[②]除了在音韵学方面的造诣之外，更重要的是，沈谦擅长音律，工于倚声，兼及南北曲，名列"西泠十子"之首，著有《东江别集》五卷，其词三卷曲二卷。王士禛、邹祗谟将其词收录入《倚声初集》，并推许为"词人之词"，孙默曾经计划将其词收入《国朝名家诗余》。此外，沈谦的门生众多，大都从其填词，如洪昇、沈丰垣、俞士彪等，在西泠地区形成了一个庞大的沈门词人群体。他们不仅作词、论词，还编纂词选，极盛一时。

编撰一部精准的词韵，并非易事。因为虽有明代乡贤谢天瑞《词韵》和胡文焕《文会堂词韵》可资参考，但是二书毕竟并非严格的词韵专书，所以对于沈谦来说，只有"博考旧词，裁成独断，使古近胪列，作者知趋，

---

① 毛先舒：《韵学通指》，卷首，北京图书馆藏清康熙刻思古堂十四种书本，《四库全书存目丛书》经部第217册，济南，齐鲁书社，1997年，第1版，第414页。
② 永瑢等撰：《四库全书总目》，卷四十四，北京，中华书局，1965年，第1版，第389页。

众著为令,目同画一焉"①,即通过博搜旧词,考察其用韵情况,才能总结出词的押韵规律。可是,唐宋人作词,即便秦观、周邦彦这样的词家,也时有出韵。沈际飞有云:"盖词韵本无萧画,作者遽难曹随。分合之间,辨极铢黍,苟能多引古籍,参以神明,源流自见。"②由于沈谦编撰《词韵》,是基于对唐宋词的精收博考和词作用韵的严格审辨之上,毛先舒对此颇为赞赏:"沈氏著此谱,取证古词,考据甚博。然详而反约,唯以名手雅篇,灼然无弊者为准。"③

清顺治五年(1648),沈谦《词韵》成书,随即被毛先舒收入《韵学通指》,并为之括略、作注,后《词韵》遂以此括略本传世。关于沈谦《词韵略》版本,主要有韵学丛书、词学丛书、词话,以及词选附录四种形式。单行本较少,现存单行本仅有清绿雪轩刻本,南京图书馆有收藏。④沈谦《词韵》一书,可谓继明人之后,清人探讨词韵之先河。

(二) 沈谦《词韵略》成为清代词学之矩矱

《词韵略》一出,即受到清代词家的普遍推重,纷纷在词选、词话、词学丛书中加以收录。仅举几例如下:

表7-1 清代词学典籍收录沈谦《词韵略》举隅表

文献类别	名称	编撰时间	编撰者	出处
词选	《倚声初集》	清顺治十七年	邹祗谟、王士禛	附录卷四
	《瑶华集》	清康熙二十五年	蒋景祁	附录卷二
词话	《词苑丛谈》	清康熙二十七年	徐釚	卷二
	《词学萃编》	清嘉庆十年	冯金伯	卷十九
词学丛书	《词学全书》	清康熙十八年	查继超	

可见,从清顺治五年(1648)至清代中期,沈谦《词韵略》被绝大多数清人所接受,成为他们的填词指南。以邹祗谟、王士禛《倚声初集》为例,尽管

---

① 冯金伯:《词苑萃编》,卷十九,唐圭璋编《词话丛编》,北京,中华书局,1986年,第1版,第2155页。

② 邹祗谟:《远志斋词衷》,唐圭璋编《词话丛编》,北京,中华书局,1986年,第1版,第663页。

③ 冯金伯:《词苑萃编》,卷十九,唐圭璋编《词话丛编》,北京,中华书局,1986年,第1版,第2155页。

④ 周焕卿:《清初遗民词人群体研究》,上海,上海古籍出版社,2008年,第1版,第362页。

邹祗谟在《远志斋词衷》中，对于沈谦《词韵略》多有质疑："今有去矜《词韵》……但内中如支纸佳蟹二部，与周韵齐微皆来近，元阮一部，与周韵寒山桓欢先天殊。周韵平上去声十九部，而沈韵平上去声止十四部，故通用处较宽。然四支竟全通十灰，半元寒删先全通用，虽宋词苏柳间然，毕竟稍滥，觉不如周韵之有别。且上去二声，宋词上如纸尾语御荠，去如寘未御遇霁，多有通用，近词亦然。而平韵如支微鱼虞齐，则断无合理，似又未能概以平贯去入。盖词韵本无萧画，作者遽难曹随。分合之间，辨极铢黍，苟能多引古籍，参以神明，源流自见。"①

除此之外，词坛操选政者大都依照沈谦《词韵》来选词，除上表中所列邹祗谟、王士禛、蒋景祁之外，清康熙十四年（1675），西泠词人陆进、俞士彪在编纂《西陵词选》时，也以沈谦《词韵》为准的，严格审选词作。陆进、俞士彪《西陵词选·凡例》云："词韵向无成书，自沈去矜氏始辑《词韵》，而茼次吴公、千门赵公皆剞劂流传，考订精简。予所选词，悉依其本，差讹者概置不录。"②词话编撰者也认同沈谦《词韵》，比如徐釚《词苑丛谈》收录沈谦《词韵略》，并在《词苑丛谈·凡例》中说："今一以沈东江氏《词韵略》为则。"③再三强调沈谦《词韵略》的重要性。

总体而言，清人对沈谦《词韵》普遍持肯定态度。清代初期的词学大家对之尤为推崇，如毛先舒说："去矜手辑《词韵》一编，旁罗曲证，尤极精确。"④又说："则去矜此书，不徒开绝学于将来，且上订数百年之谬矣。"⑤邹祗谟也称赞它"考据该洽，部分秩如，可为填词家之指南"⑥，对于其中问题仅敢质疑一二，不敢轻为嗤点。万树《词律发凡》则认为："（沈谦《词韵》）可为当行，近日俱遵用之，无烦更变。"⑦清代中期，词人对《词韵》仍然赞赏有

---

① 邹祗谟：《远志斋词衷》，唐圭璋编《词话丛编》，北京，中华书局，1986年，第1版，第663页。
② 陆进、俞士彪编：《西陵词选》，卷首，清康熙十四年（1675）刻本。
③ 徐釚著，王百里校笺：《词苑丛谈校笺》，卷首，北京，人民文学出版社，1988年，第1版，第7页。
④ 冯金伯：《词苑萃编》，卷十九，唐圭璋编《词话丛编》，北京，中华书局，1986年，第1版，第2155页。
⑤ 冯金伯：《词苑萃编》，卷十九，唐圭璋编《词话丛编》，北京，中华书局，1986年，第1版，第2155页。
⑥ 邹祗谟：《远志斋词衷》，唐圭璋编《词话丛编》，北京，中华书局，1986年，第1版，第663页。
⑦ 万树：《词律》，卷首，据清光绪二年（1876）本影印，上海，上海古籍出版社，1984年，第1版，第18页。

第七章　明末清初西泠词人群体的词学理论

加,孙麟趾认为:"词韵向无定本,惟沈去矜韵最妥。"①谢元淮则从作词的角度指出:"填词家遵用沈去矜《词韵》,极为切当,本不必旁及曲韵。"②清代晚期的谢章铤则把沈谦《词韵》与万树《词律》并称,认为二者"皆声名极盛之作"③。

当然,对沈谦《词韵》持否定态度的亦不乏其人,如清初的毛奇龄,清中期的戈载,和清晚期的张德瀛等。其中尤以毛奇龄的态度最为激烈:"词本无韵,故宋人不制韵,任意取押,虽与诗韵相通不远,然要是无限度者。予友沈子去矜创为《词韵》,而家稚黄取刻之,虽有功于词甚明,然反失古意。"④原因就在于,编撰词韵,一则了无依据,从而不足推求;二则词盛于宋,盛时尚不作词韵,而今作词韵,无此必要;三则即使词韵编成,而与古韵不同,致使从之者不安,刺之者有间,何必自讨苦吃。

对于毛奇龄的全盘否定态度,蒋景祁并不赞同,与之争辩道:"西河洞晓音律,为词学宗师,其推驳宋韵,严辨出入,至精且晰。然以去矜之书为不必作,则又矫枉过其正矣。夫谓音声比合,随俗调叶,虽不知词者,晓之似也。而五方言语,各从其乡,不以中州为准的,则彼此参错,岷峨滥觞,其流将不可止,岂非词学之忧乎?去矜之书,盖重有忧也。斥去矜之书,而听之时俗之揣度,譬之因噎而废食也。"⑤蒋景祁的观点,还是颇为公允的。吴衡照《莲子居词话》则直接质疑毛奇龄本人是否深晓词韵:"毛奇龄言,词本无韵,今创为韵,转失古意。西河初不知宋词韵也,故为是言。"⑥戈载《词林正韵·发凡》虽然对沈谦《词韵》亦不甚满意,但他对毛奇龄否定词韵的观点,却极力反驳:"毛氏论韵,穿凿附会,本多自我作古,不料丧心病狂,败坏词学,至于此极。"⑦

---

① 孙麟趾:《词迳》,唐圭璋编《词话丛编》,北京,中华书局,1986年,第1版,第2553页。
② 谢元淮:《填词浅说》,唐圭璋编《词话丛编》,北京,中华书局,1986年,第1版,第2513页。
③ 谢章铤:《赌棋山庄词话》,卷八,唐圭璋编《词话丛编》,北京,中华书局,1986年,第1版,第3424页。
④ 毛奇龄:《西河词话》,卷一,唐圭璋编《词话丛编》,北京,中华书局,1986年,第1版,第568页。
⑤ 蒋景祁编:《瑶华集》,卷末附录二,清康熙二十五年(1686)刻本,《续修四库全书》集部第1730册,上海,上海古籍出版社,2002年,第1版,第386页。
⑥ 吴衡照:《莲子居词话》,卷一,唐圭璋编《词话丛编》,北京,中华书局,1986年,第1版,第2401—2402页。
⑦ 戈载:《词林正韵》,上海,上海古籍出版社,1981年,第1版,第86页。

今天反观当时的争论,毛奇龄在批评沈谦《词韵》时,仅仅考虑到沈谦编撰《词韵》失去了宋词"古意",却没有意识到词体发展至清初,已经成为长短不葺之诗。在这种情况下,只有从格律与音韵两个方面对之加以规定束缚,才能保持词的文体特性。沈谦以及对《词韵》持肯定态度的人,正是从词体存亡的角度,意识到了编撰词韵的重要性和迫切性。沈谦《词韵》之后一百多年,虽然也有其他众多韵书问世,但是均无法与沈谦《词韵》在清代词坛的地位相抗衡。直至清道光元年(1821)戈载编成《词林正韵》,沈谦《词韵》的地位才逐渐被取代。

(三)《词韵略》之于诗词曲之辨的意义

在清代词韵演进的过程中,沈谦《词韵》的编撰标志着词韵与曲韵的首度明确分离。据仲恒所编《词韵·词韵论略》记载,清人陆进就认为:"予友沈去矜著《词韵》一书,未及梓行而没。余谓此书实词学功臣,何也?诗词之道虽不同,而一规于韵。韵之不讲,词于何有?去矜博考古词,参之音律,以正当世误用曲韵之病。"①

沈谦《词韵》,与曲韵代表著作如周德清《中原音韵》相比,后者分平、上、去声为十九部,而前者分平、上、去声仅为十四部,每部韵不但总统三声,而且明分平、仄,通用处较宽。另外,词韵与曲韵的最大区别是入声韵的使用,曲韵中没有入声,而宋人作词则严审入声。如何恰当处理入声韵,成为沈谦编撰《词韵》的难题。沈谦考虑到在宋词中,入声没有与平、上、去声通押之法,所以把入声单独列出,分为五部。

据沈雄《古今词话》的《词品》上卷记载,赵钥对于沈谦别立五韵极为赞同,他说:"入声最难牵合,颁韵分为四韵,今人亦别立五韵,亦就宋词中较其大略以为区别耳。……(入声)前辈既以游移,今日仍无畛域,此道将流于漫漶无极矣。故守韵宜严也,今当以去矜所分者分之。"②这种方法也成为后人处理入声韵的范式,如戈载《词林正韵》就沿用了沈谦单列入声五部的处理方法。关于沈谦《词韵》韵部分布情况,详见表7-2。此表据毛先舒《韵学通指》所收《词韵略》编成,与谢桃坊《中国词学史》第三章第七节"沈

---

① 仲恒:《词韵》,查继超辑、吴熊和点校《词学全书》,北京,书目文献出版社,1986年,第1版,第749—750页。
② 沈雄:《古今词话》,《词品》上卷,唐圭璋编《词话丛编》,北京,中华书局,1986年,第1版,第834页。

谦《词韵略》"的列表略有差别。

表7-2 沈谦《词韵》韵部分布情况表

韵部	平声	仄声	入声
一、东董韵	一东二冬通用	(上)一董二肿(去)一送二宋通用	
二、江讲韵	三江七阳通用	(上)三讲二十二养(去)三绛二十二漾通用	
三、支纸韵	四支五微八齐十灰半通用	(上)四纸五尾八荠十贿半(去)四寘五未八霁九泰半十队半通用	
四、鱼语韵	六鱼七虞通用	(上)六语七麌(去)六御七遇通用	
五、佳蟹韵	九佳半、十灰半通用	(上)九蟹半十贿半(去)九泰半十队半通用	
六、真轸韵	十一真十二文十三元半通用	(上)十一轸十二吻十三阮半(去)十一震十二问十三愿半通用	
七、元阮韵	十三元半十四寒十五删一先通用	(上)十三阮半十四旱十五潸十六铣(去)十三愿半十四翰十五谏十六霰通用	
八、萧筱韵	二萧三肴四豪通用	(上)十七筱十八巧十九皓(去)十七啸十八效十九号通用	
九、歌哿韵	五歌独用	(上)九蟹半二十哿(去)二十一个通用	
十、佳马韵	九佳半六麻通用	(上)九蟹半二十一马(去)九泰半二十一祃通用	
十一、庚梗韵	八庚九青十蒸通用	(上)二十三梗二十四迥二十五拯(去)二十三映二十四径二十五证通用	
十二、尤有韵	十一尤独用	(上)二十五有(去)二十六宥通用	

397

续　表

韵部	平声	仄声	入声
十三、侵寝韵	十二侵独用	(上)二十七寝(去)二十七沁通用	
十四、覃感韵	十三覃十四盐十五咸通用	(上)二十八感二十九琰三十豏(去)二十八勘二十九艳三十陷通用	
屋沃韵			一屋二沃通用
觉药韵			三觉十药通用
质陌韵			四质十一陌十二锡十三职十四缉通用
物月韵			五物六月七曷八黠九屑十六叶通用
合洽韵			十五合十七洽通用

一部清代词史，就其本质来说，就是一部尊体的历史。张宏生《明人词谱及其在清初的反思》指出，所谓尊体，实际上是苏轼"自是一家"和李清照"别是一家"二说的延续。前者意在拉近词与诗在抒情功能上的距离，后者则突出词本身的文体特点。[①]清代词曲之辨，是继李清照诗词之辨之后，又一次词学辨体活动，最终目的在于推尊词体。沈谦《词韵》将词韵与曲韵剥离，使词曲之辨的策略更趋理性化，为清代词人推尊词体打下了坚实的基础。

当然，划清词曲两种文体之间的界限，清初词人所采取的最为直观和朴素的策略，是从语言风格上区分二者，前有李渔云："一字一句之微，即是词曲分歧之界，此就浅者而言。至论神情气度，则纸上之忧乐笑啼，与场上之悲欢离合，亦有似同而实别，可意会而不可言诠者。"[②]后有王士禛在《花草蒙拾》中云："或问诗词曲分界，予曰：'无可奈何花落去，似曾相识燕归来'定非香奁诗。'良辰美景奈何天，赏心乐事谁家院'定非《草堂》词也。"[③]词与曲在语言上的差别，只可意会不可言传，关键在于词人自身的

---

① 张宏生：《清词探微》，上海，上海古籍出版社，2008年，第1版，第80页。
② 李渔：《窥词管见》，唐圭璋编《词话丛编》，北京，中华书局，1986年，第1版，第550页。
③ 王士禛：《花草蒙拾》，唐圭璋编《词话丛编》，北京，中华书局，1986年，第1版，第686页。

把握。这一方法针对词学大家而言,当然行之有效。但对于普通词人或初学者来说,就显得过于高深莫测,不可捉摸,或者说过于模糊,不具有可操作性。再者,不同文体语言之间的融化借用,本来就是自然而然的事情,不可能有截然分明的界限。因此,仅从语言角度讨论词曲之别,显然达不到将词曲分开的目的。

据张宏生《明人词谱及其在清初的反思》,随着词的创作上的繁荣和词学理论的深入,清人逐渐意识到,只有从格律①、音韵、意境三个层面将词与曲剥离开来,才能重构词体雅正的美学价值和严格的格律规范,为词体的复兴进行理论上的开拓,进而给当世词人明确的创作范式。其中,编写词韵,就成为词曲之辨的必由之路。其实,沈谦本人对于词曲之辨,亦经历了从语言辨析上升为理论辨析的类似过程,他曾经在《填词杂说》中说:"承诗启曲者,词也,上不可似诗,下不可似曲。然诗曲又俱可入词,贵人自运。"②沈谦本人为诗坛作手,又词曲兼擅,所以对于诗、词、曲三者之差异可谓了然于胸,所以才会得出"贵人自运"这种不具有推广性的辨别词曲之策略。沈谦之所以选择编撰词韵以区分曲韵,意在使词曲之辨有章可循,不再局限于主观上的泛泛而论。

而沈谦《词韵》,也的确起到了在文体上将词与曲分开的作用。据仲恒《词韵·词韵论略》记载,西泠词人仲嗣璜曾曰:"曲卑于词,而词为诗之余,曲有成韵,而词无定则。严谨者以诗韵为韵,放逸者以无韵为韵。填词之法,遂无正律。非沈氏酌古准今,辨晰音义,此道几如歧路。当世之士,不遵诗韵,则遵曲韵。"③沈谦《词韵》有功于清词,正在于它从音韵学的角度,初步结束了词与曲纠结不清的局面,使清词走上了健康发展的道路。

(四)《词韵略》对于清代词韵学发展的意义

在沈谦《词韵》的助推下,清代词坛形成词韵学研究的热潮。清人或编撰词韵,或探讨词韵问题,如怎样合理统筹编排韵目才能使词韵更加科学、更易于操作。表7-3为清顺治五年(1648)至道光元年(1821)清人编纂词韵的概况。

---

① 张宏生:《清词探微》,上海,上海古籍出版社,2008年,第1版,第80页。
② 沈谦:《填词杂说》,唐圭璋编《词话丛编》,北京,中华书局,1986年,第1版,第629页。
③ 仲恒:《词韵》,查继超辑、吴熊和点校《词学全书》,北京,书目文献出版社,1986年,第1版,第753—754页。

表 7-3　清顺治五年(1648)至道光元年(1821)清人词韵编纂概况表

编撰者	韵书名称	编撰或刊刻年代
应㧑谦	《词韵选集》	清康熙年间
仲恒	《词韵》	清康熙十八年(1679)
吴绮	《词韵简》	清康熙年间
曹亮武	《词韵》	清康熙年间
赵钥	《词韵》	清康熙年间
李渔	《笠翁词韵》	清康熙年间
许昂霄	《词韵考略》	清康雍年间
无名氏	《菉斐轩词韵》	清乾隆年间秦恩复刻
郑春波	《绿漪亭词韵》	清乾隆年间
吴烺、程名世	《学宋斋词韵》	清乾隆三十年(1765)
吴宁	《榕园词韵》	清乾隆四十九年(1784)
王讷	《晚翠轩词韵》	清嘉庆年间
谢元淮	《碎金词韵》	清嘉庆年间
戈载	《词林正韵》	清道光元年(1821)

　　上述词韵专著，或宗法沈谦《词韵》，如仲恒《词韵》、吴绮《词韵简》、吴烺《学宋斋词韵》、吴宁《榕园词韵》、谢元淮《碎金词韵》；或托名宋代词韵，如《菉斐轩词韵》。其中以宗法沈谦者居多。

　　吴衡照对沈谦之后清人所编词韵的学术渊源论证极为透彻，他说："钱塘沈谦取刘渊、阴时夫，而参之周德清韵，并其所分，分其所并，甚至割裂数字，并失《广韵》二百六部所属，诚多可议。莱阳赵钥、宜兴曹亮武次第刊行，均失之也。全椒吴烺学宋斋本小变其面目，终亦沿沈氏误处。近日海盐吴应和《榕园韵》，遵《广韵》部目，斟酌分并，平声从沈氏，上、去以平为准，入以平、上、去为准，最确。其中有增益删汰而无割裂，亦属至是。"[①]虽然吴衡照认为沈谦《词韵》有许多争议之处，但同时他也指出了赵钥、曹亮武、吴烺、吴宁各自所编词韵与沈谦《词韵》之间的承继关系与学术渊薮。

---

① 吴衡照：《莲子居词话》，卷一，唐圭璋编《词话丛编》，北京，中华书局，1986年，第1版，第2401—2402页。

第七章　明末清初西泠词人群体的词学理论

即使戈载《词林正韵》,可谓词韵学的集大成之作,亦不免宗法沈谦《词韵》。陈匪石有云:"(戈载)因沈韵以考宋词,用集韵之目,救平水韵界限不清之失,而十四部五部之分,一沿沈氏之旧。"①当然,从清顺治五年(1648)沈谦《词韵》始,至清道光元年(1821)戈载《词林正韵》编成以前,众多词韵的编撰,仍未达到确立词韵规范的目标。

清人对词韵的探讨主要集中在理论与创作两个层面。从理论而言,探讨的范围从宋词韵扩大至唐宋词韵,比如唐词韵与宋词韵有何关系与区别,怎样编排韵目,才能使词韵接近唐宋词原貌,且使之更具操作性。针对这一问题,毛先舒作《唐词通韵说》《唐宋词韵互通说》《词韵不两溷说》三文进行讨论,收入其所著《韵白》中。其《唐词通韵说》认为:"唐词多守诗韵,然亦有通别韵用之略如宋词韵者。"②同时,他又在《唐宋词韵互通说》中,以白居易《长相思》、秦观《千秋岁》、辛弃疾《沁园春》为例,指出"由是观之,唐词亦可用宋韵,宋词亦可用唐韵,自不必过判区畛耳"③。其《词韵不两溷说》则以主客问答方式进一步强调,虽然唐词、宋词多交用唐人诗韵和宋人词韵,但是"作者仍须专按一谱,如用唐韵则不得更通入宋韵,用宋韵者亦不得更通入唐韵"④。

入声韵的分目问题也是人们争论的焦点。赵钥论曰:"入声最难牵合,颁韵分为四韵,今人亦别立五韵,亦就宋词中较其大略以为区别耳。今检昔词如去矜者十之七,彼此牵混者亦什之三。"⑤虽然赵钥指出了沈谦《词韵》中入声韵分目的谬误,但是如何更加合理地处理入声韵,却语焉不详。

另外,宋人作词时有出韵,且杂以方音入韵,如果词韵编撰者对之不详加考辨,一旦将其当成叶韵定式编进韵书,必将以讹传讹,贻误后人。毛先舒针对沈谦《词韵》存在的此类问题,又逐一订证。他说:"盖宋词多有越韵

---

① 陈匪石:《声执》,卷上,唐圭璋编《词话丛编》,北京,中华书局,1986 年,第 1 版,第 4930 页。
② 毛先舒:《韵白》,北京图书馆藏清康熙刻思古堂十四种书本,《四库全书存目丛书》经部第 217 册,济南,齐鲁书社,1997 年,第 1 版,第 445 页。
③ 毛先舒:《韵白》,北京图书馆藏清康熙刻思古堂十四种书本,《四库全书存目丛书》经部第 217 册,济南,齐鲁书社,1997 年,第 1 版,第 446 页。
④ 毛先舒:《韵白》,北京图书馆藏清康熙刻思古堂十四种书本,《四库全书存目丛书》经部第 217 册,济南,齐鲁书社,1997 年,第 1 版,第 446 页。
⑤ 沈雄:《古今词话》,《词品》上卷,唐圭璋编《词话丛编》,北京,中华书局,1986 年,第 1 版,第 834 页。

者,至南渡又甚。……古人堕法护前,类复尔尔,未足遽以为式也。"①沈际飞亦云:"宋人词韵有通用至数韵者,有忽然出一韵者,有数人如一辙者,有一首而仅见者。后人不察,利为轻便,一韵偶侵,遂延他部,数字相引,竟及全文。……学者但遵成法,并举习见者于绳尺,自鲜蹉跌。"②

毛先舒在《声韵丛说四十一则》中,谈到韵学之弊时说:"韵学之弊有四,浅学之士,妄撰韵书,重诬古人,讹误来学,其弊一也;次有塞于牙吻,囿于偏方,虽稍窥古法,而吐咳不明,音注之间,毫厘万里,其弊二也;又有妄作之徒,不知稽古,孟浪押韵,其弊三也;才劣而口给者,操觚之际,利趁口而畏引绳,故乐就三弊,且为之张帜,其弊四也。"③毛先舒所斥虽然并非专指词韵,也并非一定是受到沈谦《词韵》的影响而感发,但无论如何,毛先舒之言对于清初以后词韵编撰者还是具有警醒作用。

类似于此类的讨论还有很多,均是仁者见仁,智者见智,并没有得出普遍令人信服的结论。然而,在讨论的过程中,清人对唐宋词韵的认识也进一步加深,使后人所编词韵尽可能地接近历史真相。张宏生《明人词谱及其在清初的反思》在论及明清词谱的编撰时说:"有时所谓真相,却也没有特别切实的依据,因为前人本来也是比较混乱的。"④清人针对唐宋词韵的争论,其实恰恰呈现出唐宋词韵本身存在的复杂而混乱情况,但混乱并不意味着无章可循。清人对于唐宋词韵复杂情况的认识程度,决定了他们编撰词韵的精准度和可信度。

当然,清代初年在词韵探讨过程中出现的异类声调,如毛奇龄认为宋词本无韵,任意取押即可,编撰词韵毫无必要,清代中期亦有人回应,且有过之而无不及。如先著《词洁·发凡》则完全反对时人编撰词韵:"近人有以诗韵为词者,虽诗通用之韵,亦不敢假借,此亦求其说而不得,自为之程或可耳。设取以律他人,则非也。"⑤《四库全书总目》在论及仲恒《词韵》时,也认为宋词无韵可言,更无定式可循:"考填词莫盛于宋,而二百余载作

---

① 冯金伯:《词苑萃编》,卷十九,唐圭璋编《词话丛编》,北京,中华书局,1986年,第1版,第2156页。
② 邹祗谟:《远志斋词衷》,唐圭璋编《词话丛编》,北京,中华书局,1986年,第1版,第663页。
③ 毛先舒:《韵学通指》,北京图书馆藏清康熙刻思古堂十四种书本,《四库全书存目丛书》经部第217册,济南,齐鲁书社,1997年,第1版,第435页。
④ 张宏生:《清词探微》,上海,上海古籍出版社,2008年,第1版,第97页。
⑤ 先著:《词洁》,唐圭璋编《词话丛编》,北京,中华书局,1986年,第1版,第1331页。

第七章 明末清初西泠词人群体的词学理论

者云兴,但有制调之文,绝无撰韵之事。核其所作,或竟用诗韵,或各杂方言,亦绝无一定之律。"①但是,通过否定宋人词韵的存在,进而否定词韵的编撰,毕竟是少数人的论调,不能与主流观点相抗衡。随着清人对词韵探讨的深入,编撰词韵的必要性与可行性越来越毋庸置疑。编撰词韵,已经成为清代词学建构中必须完成的课题。

从创作而言,清代词人则注重探讨当代词作中的出韵现象。沈际飞就特别注重时人词作中出现的叶韵疏漏问题,他批评贺裳《词筌》及其词作曰:"贺黄公《词筌》一书,引断曲敔,而于词韵未尝留意。其所制《红牙集》,长调多有出入,如《一萼红·感旧》之成、温、音、吟通叶,《风流子·本意》之阴、温、青、裙、及、衣、褥、歔、医通叶,《多丽·本意》之零、薰、裙、屏通叶,则支、齐、鱼、虞四韵,庚、青、蒸、侵、真、文、元七韵,均不辨矣。"②同时,沈际飞又指出柳洲词人亦对词韵较为疏生,作词叶韵不仅杂入方音,混肴韵目,而且不懂入声为何物:"柳洲诸家,有以鱼、虞、歌三韵通用者,良由浙音使然。更甚者,寒、山、先、天、覃、咸、盐七韵,递相牵缀,庞然杂出。而入声一韵,尤随手填凑,淄渑无别。"③作词不懂词韵,不遵词韵,最终结果只能是因一韵之误而坐累全篇。针对作词的出韵问题,清人经常根据自己的作词经验,向他人推荐最为精准的词韵专书,以及阐明如何有效地使用。王士禛就建议词人作词时,至少应准备两部韵书以供查阅,比如沈谦《词韵》与周德清《中原音韵》,若能多部同用,出错的概率就会更小。

沈谦《词韵》所引发的编撰词韵与探讨词韵问题的热潮,对词韵观念在清代的不断深化起到了推进作用,同时也为戈载《词林正韵》的编撰提供了可资借鉴的丰富资源。经过清人近两百年的探讨,戈载集其大成,于清道光元年(1821)编成《词林正韵》,标志着清代词韵学的成熟。

要之,沈谦《词韵》是清代第一部词韵,也是中国词史上第一部被词人普遍认同的词韵。它反映了清初词坛对词韵探讨的初步成果。这部词韵虽然不够科学完善,未必能够真实反映宋词用韵的原貌,因而或许不能够

---

① 永瑢等:《四库全书总目》,卷二〇〇之词曲类存目"《词韵》",北京,中华书局,1965年,第1版,第1835页。
② 邹祗谟:《远志斋词衷》,唐圭璋编《词话丛编》,北京,中华书局,1986年,第1版,第664页。
③ 邹祗谟:《远志斋词衷》,唐圭璋编《词话丛编》,北京,中华书局,1986年,第1版,第664页。

对清人填词提供毫无争议的音韵指导。但是,沈谦编撰《词韵》的目的,并非仅仅是提供填词之矩矱,更深一层的则是唤起清代词人的词韵意识,引起他们对词韵的关注与探讨,进而振衰起弊,中兴词坛。从这个角度来看,清代词人固然对沈谦《词韵》存有质疑,但他们以沈谦《词韵》为基石,针对词韵问题各抒己见,或仿效沈谦编撰词韵专书,使清代词韵建构呈现出多元并存的格局。同时词韵属于专门之学,需要研究者在拥有渊博音韵学知识的同时,又能深谙词体,这决定了清代的词韵建构无疑将是一个漫长而艰难的过程,而沈谦《词韵》正是这一过程的起点,因此具有重要的词史意义。

三、清初西泠词韵的成熟:仲恒《词韵》

《词韵》二卷附《词韵论略》一卷,清康熙十八年(1679)《词学全书》本。《词韵》卷首注"钱塘雪亭仲恒道久编次,王又华静斋补切,男嗣瑠田叔订注"。仲恒,字道久,号雪亭,晚号渔隐道人,钱塘人,另著有《雪亭词》。由于精通词韵,仲恒对于词之和韵尤为自信:"古人论和韵不可者三,非必不可和,盖为才短者言耳。若果天才,正于盘错以别利器,奚和韵之足云。"①

仲恒《词韵》,主要是在沈谦《词韵》基础上增益订正而成,沈谦弟子沈丰垣对于仲恒《词韵》与沈谦《词韵》之间的渊源,以及仲恒编撰《词韵》之目的和原则论述颇深:

> 自有词以来,韵书漫无所宗。仆因丁子欧治,得交仲子雪亭。雪亭著作累千百,时出其诗词与余商确。一日,袖沈氏《词韵》示仆曰:"是编为词家津筏,奈缮本既多讹误,刊书又复鲁鱼亥豕,参错遗漏,余细心考较,三阅月而成书。"仆笑曰:"子有是编,岂宜独秘?"雪亭曰:"是辑原为奚囊之用,非欲公之海内也。"仆叩其说。雪亭谓:"韵书向以音声为序次,如一东必自东、冻、蛛联贯而下,采用者苦于翻阅。余臆为次第,以作词之常用者列于前,偶用者次之,难用者又次之。以此问世,或者狃于成法,反以舛错见讥。"仆曰:"否。否。书以适用为贵。前此去矜先生既取诗韵而分合之。吴薗次、赵千门两先生之刻,复有

---

① 王又华:《古今词论》,唐圭璋编《词话丛编》,北京,中华书局,1986年,第1版,第611页。

第七章　明末清初西泠词人群体的词学理论

删有改,已不遵休文原韵。剪其繁芜,而另为编辑。子之序次,又何碍焉。"①

从沈仲二人对话可知,仲恒在编撰《词韵》时,不仅参考了沈谦《词韵》的刊行本,即经毛先舒括略的《词韵略》,还参阅了沈谦《词韵》的抄本,因此,仲恒《词韵》,实际上在保留了沈谦《词韵》全貌的基础上而有所订正,主要是满足自己填词所需,以适用便利为原则。除沈谦《词韵》之外,仲恒《词韵》还参考了吴绮《词韵简》和赵钥《词韵便遵》。据仲恒《词韵·词韵论略》记载,仲恒之子仲嗣瑠曾说:"家严取去矜韵,参以菡次、千门两先生旧刻,斟酌损益,汇写成帙,以供吟啸之需。适吾友王子静斋见之,曰:'词韵久无定律,是编足为世楷模,曷不寿之梨枣,以公海内?'因从所请,爰付剞劂。"②其实,无论是吴绮《词韵简》,还是赵钥《词韵便遵》,均是对沈谦《词韵略》的删改,仍属于沈氏词韵系统。所以,严格意义上,仲恒《词韵》是对沈谦《词韵》的全面校订,标志着西泠词韵的成熟,正如陆荩思所说:"去矜韵不可易,雪亭起而订定之,《词韵》其完书矣。"③

仲恒《词韵》对于韵目的编排,以及对于入声韵问题的处理,基本上延续沈谦《词韵》所立的规则,将平、上、去声分为十四个韵部,每个韵部不但总领三声,而且明分平、仄,通用处较宽。在入声问题上,仲恒也把入声单独列出,分为五部。对此,仲恒强调:"入声不与平韵通押,亦不与上、去声通用,另列五部。"④从这里可以看出,沈谦《词韵》对于入声韵的处理方法,已经成为清人公认的定论。

同时,仲恒《词韵》与沈谦《词韵》相比,不仅在韵部的编排上有所改进,而且更加成熟,更便于词家操作。比如对于"佳"字韵的处理上,沈谦《词韵》将其一分为二,一半归入"佳蟹"韵,与"十灰半"通用,另一半归入"佳马"韵,与"麻"字韵通用,牵涉颇多,使用时过于烦琐;而仲恒《词韵》则将

---

① 仲恒:《词韵》,卷首《词韵论略》,查继超辑、吴熊和点校《词学全书》,北京,书目文献出版社,第749页。
② 仲恒:《词韵》,卷首《词韵论略》,查继超辑、吴熊和点校《词学全书》,北京,书目文献出版社,第754页。
③ 仲恒:《词韵》,卷首《词韵论略》,查继超辑、吴熊和点校《词学全书》,北京,书目文献出版社,第750页。
④ 仲恒:《词韵》,卷下,查继超辑、吴熊和点校《词学全书》,北京,书目文献出版社,第841页。

"佳"字韵全部归入"佳蟹"韵,与"十灰半"通用,既符合韵目的科学编排和统筹,又更易于词家记忆和运用。另外,仲恒《词韵》一改传统韵书以音声为序次来编排韵字的方法,有意将作词的常用字列于前,偶用者次之,难用者又次之,更利于词家检索和查阅。还有,仲词《词韵》对于生僻字,还旁缀其发音和注释,承担了说文解字的功能,其实也是为了方便自己和他人作词时所用。比如"艴",注曰"弗,怒色";再如"頞",注曰"揭,鼻梁"。

表7-4 仲韵《词韵》韵部编排情况表

韵部	平声	仄声	入声
一、东董韵	一东二冬通用	(上)一董二肿(去)一送二宋通用	
二、江讲韵	三江七阳通用	(上)三讲二十二养(去)三绛二十三漾通用	
三、支纸韵	四支五微八齐十灰半通用	(上)四纸五尾八荠十贿半(去)四寘五未八霁九泰半十一队半通用	
四、鱼语韵	六鱼七虞通用	(上)六语七麌(去)六御七遇通用	
五、佳蟹韵	九佳十灰半通用	(上)九蟹半十贿半(去)九泰半十卦半十一队半通用	
六、真轸韵	十一真十二文十三元半通用	(上)十一轸十二吻十三元半(去)十二震十三问十四愿半通用	
七、寒阮韵	十四寒十五删一先十三元半通用	(上)十三阮半十四旱十五潸十六铣(去)十四愿半十五翰十六谏十七霰通用	
八、萧筱韵	二萧三肴四豪通用	(上)十七筱十八巧十九皓(去)十八啸十九效二十号通用	
九、歌哿韵	五歌独用	(上)二十哿(去)二十一个通用	
十、麻马韵	六麻独用	(上)二十一马(去)十卦半二十二祃通用	
十一、庚梗韵	八庚九青十蒸通用	(上)二十三梗二十四迥(去)二十四敬二十五径通用	

第七章 明末清初西泠词人群体的词学理论

续　表

韵部	平声	仄声	入声
十二、尤有韵	十一尤独用	(上)二十五有(去)二十六宥通用	
十三、侵寝韵	十二侵独用	(上)二十六寝(去)二十七沁通用	
十四、覃感韵	十三覃十四盐十五咸通用	(上)二十七感二十八琰二十九豏(去)二十八勘二十九艳三十陷通用	
屋沃韵			一屋二沃通用
觉药韵			三觉十药通用
质陌韵			四质十一陌十二锡十三职十四缉通用
物月韵			五物六月七曷八黠九屑十六叶通用
合洽韵			十五合十七洽通用

仲恒《词韵》卷首所附《词韵论略》一卷，是明末清初西泠词人词韵思想的汇总。除杨慎、邹祗谟、赵钥三人外，《词韵论略》共收录了西泠毛先舒、丁介、沈丰垣、陆进、仲恒、仲子观(仲恒之兄)、仲曾庵(仲恒之侄)、仲嗣瑠(仲恒之子，字田叔)、李玉田共九人的词韵论述。从这些论述中可以看出，西泠词人群体对于词韵和词韵编撰的一致意见：作词押韵不可造次，必须严格依照宋词之韵，所以编撰词韵专书不仅是可行的，而且是亟需的。如仲恒论曰：

> 古无词韵，既曰诗余，自应以诗韵为准。唐人以诗取士，且颁行成式，不敢游移，故唐词多守沈韵。然太白、乐天辈，每有旁通。夫业已流滥，而不分界限。毋怪高才达见者，辄曰："词何尝有韵哉，随意而已。"今世不无通韵之人，第虑韵书一出，而议论哗然。编者一片苦心，而闻者反增咋舌。词韵之订，其何如郑重欤？①

---

① 仲恒：《词韵》，卷首《词韵论略》，查继超辑、吴熊和点校《词学全书》，北京，书目文献出版社，第750页。

这与清初词坛的另外一种观点形成鲜明对比,这种观点的代表人物是毛奇龄和四库馆臣,认为宋词本无韵,任意取押即可,不必编撰词韵专书,而沈谦《词韵》与仲恒《词韵》,纯属无用之功:"沈谦既不明此理,强作解事;恒又沿讹踵谬,缪辀弥增。"①总体而言,以毛奇龄和四库馆臣为代表反对编撰词韵的声音,并没有在清代占据主导地位。继明末的胡文焕《文会堂词韵》,至清初沈谦《词韵》、仲恒《词韵》等书问世以后,清代词韵专书的编撰可谓层出不穷,日臻完善。而明末清初的西泠词韵,正为清代词韵学的发展和成熟进行了可贵的探索;而明末清初西泠词人群体,则是众多清代词韵编撰者中的先行者和奠基者。

第四节　词风论:"本色"之争

"本色"一词,原意为本来面目。用"本色"来论词,最早出自北宋陈师道《后山诗话》:"退之以文为诗,子瞻以诗为词,如教坊雷大使之舞,虽极天下之工,要非本色。今代词手,唯秦七、黄九尔,唐诸人不逮也。"②意谓以秦观、黄庭坚为代表的婉媚词风为"本色",而以苏轼为代表的雄肆词风,则为非"本色"。自此,"本色"便被后世作为专门术语,用以品评词风的正变。

明末清初西泠词人对于词之"本色"的体认,主要分为两种意见,一种以沈谦、陆进为代表,主张以"婉媚温丽"为本色,这与明末清初其他词派或词人群体对词体的认识基本一致,如云间词派、广陵词人等;一种以卓人月、徐士俊、毛先舒、王晫、俞士彪、张台柱为代表,认为不应该仅仅以"婉媚温丽"为词之"本色",无论"婉媚"还是"雄肆",皆为词之"本色"。这种开放通达的词风观,在明末清初词坛以婉媚词风为尚的大气候中,不仅独树一帜,更为重要的是,他们对豪放词风给予大力的推重和张扬,显示出明末清初词风嬗变的先机。

---

　①　永瑢等:《四库全书总目》,卷二〇〇之词曲类存目"《词韵》"条,北京,中华书局1965年,第1版,第1835页。
　②　陈师道:《后山诗话》,何文焕辑《历代诗话》上册,北京,中华书局,1981年,第1版,第309页。

第七章　明末清初西泠词人群体的词学理论

一、以沈谦、陆进为代表：专尚婉媚温丽

沈谦在《答毛稚黄论填词书》中谈及对晚唐、两宋词风流变的认识：

> 仆惟填词之源，不始太白。六朝君臣，赓色颂酒，朝云龙笛，玉树后庭，厥惟滥觞，流风不泯。迨后三唐继作，此调为多。飞卿新制，号曰《金荃》；崇祚《花间》，大都情语。艳体之尚，由来已久。奚俟成都太仓，始分上次；及夫盛宋美成，就官考谱。七郎奉旨填词，径辟歧分，不无阑入，甚至燔柴凤驾，庆年颂治，下及退闲高咏，登眺狂歌，无不寻声按字，杂然交作，此为词之变调，非词之正宗也。至夫苏、辛壮采，吞跨一世，何得非佳。然方之周、柳诸君，不无伧父。而《大江》一词，当时已有"关西"之讽。后山又云："正如教坊雷大使舞，虽极天下之工，要非本色。"小吏不讳于面讥，本朝早定其月旦。秦七雅词，多属婉媚，即东坡亦推为"今之词手"。他如子野"秋千"，子京"红杏"，一时传诵，岂皆激厉为工，奥博称绝哉？至于情文相生，著述皆尔，浮言胪事，淘汰当严。仆于诗文亦然，非特填词而异矣！①

在沈谦看来，词本滥觞于六朝艳体诗，从《金荃》《花间》开始，已经确定了以艳情婉媚为本色的特性。其后词风的流变，从周邦彦以至秦观，基本上沿此一路。至于柳永，已属词之变调，苏、辛壮采，虽间有可取，但已是词中伧父。

沈谦此论，实源自明代的王世贞："盖六朝诸君臣，颂酒赓色，务裁艳语，默启词端，实为滥觞之始。故词须宛转绵丽，浅至儇俏，挟春月烟花于闺幨内奏之，一语之艳，令人魂绝，一字之工，令人色飞，乃为贵耳。至于慷慨磊落，纵横豪爽，抑亦其次，不作可耳。作则宁为大雅罪人，勿儒冠而胡服也。"②可以看出，沈谦的词学观，是明人以《花》《草》软美绮艳为正之词风的承续，在明末清初极具代表性。毛先舒《沈氏词韵序》也曾论及沈谦以婉媚为尚的观念："临平沈子去矜，词笔妙天下，尝慨周、柳不作，斯道放坠。

---

① 沈谦：《东江集钞》，卷七，清康熙十五年（1676）沈圣昭沈圣晖刻本，《四库全书存目丛书》集部第195册，济南，齐鲁书社，1997年，第1版，第245页。
② 王世贞：《艺苑卮言》，唐圭璋编《词话丛编》，北京，中华书局，1986年，第1版，第385页。

最下者既不及情,而高才之士,又往往仗气骋博,离去本色。故其为词雅,不矜壮采,而笃尚婉至,方于古作者,斌斌侔矣。"①

西泠词人陆进的风格论与沈谦一样,亦以北宋欧阳修、秦观、周邦彦清新婉媚为尚。他对于豪壮磊落一派,虽并不断然排斥,但态度也相当保守。这从其《满江红》一词可以得到印证:"按谱填词,问今古、推谁第一。须信道、欧秦周柳,超超风格。低唱漫矜兰畹句,缓歌却误花间集。叹骚坛、伎俩果谁工,君堪式。　金缕唱,非朝夕。阳关曲,休增益。忽移宫换羽,周郎莫识。依样葫芦非妙手,别裁机杼称佳客。岂才人,落笔便新奇,来攻击。"②陆进《西陵词选序》又云:"一字之工,令人色飞;一语之艳,令人魂绝。斯则词之本体也。"③此论其实是对明代王世贞词风论的重复。另外,西泠词人诸匡鼎在评梁清标《南乡子·柳村小憩》时也认为,"气体温润"④应为词之当行本色。总之,以陆进和沈谦等人为代表的词风观,是明代词风在清初的延续,在明末清初词坛具有极强的代表性,如云间词派、广陵词人、柳洲词派,对于词之本色的认识,都与沈谦和陆进有相似之处。

能入沈谦法眼的前代词家,其词作皆以婉媚绮错为特点。沈谦曾说:"仆意旨所好,不外周、柳、秦、黄,南唐李主、易安、同叔,俱所愿学,而曾无常师。"⑤在这些词人当中,沈谦尤为推崇李煜和李清照:"男中李后主,女中李易安,极是当行本色。"⑥他极其欣赏李煜"数点雨声风约住,朦胧淡月云来去",认为无论张先的"红杏枝头春意闹",还是宋祁的"云破月来花弄影",均不及之,并赞曰:"予尝谓李后主拙于治国,在词中犹不失南面王,觉张郎中、宋尚书,直衙官耳。"⑦实际上,沈谦对于词人词作的取舍,也受到王世贞极大的影响。王世贞《艺苑卮言》:"言其业,李氏、晏氏父子、耆卿、子野、美成、少游、易安至矣,词之正宗也。温韦艳而促,黄九精而险,长公

---

① 毛先舒:《毛驰黄集》,卷六,清康熙刻本。
② 陆进:《付雪词三集》,清康熙刻本。按,此词《全清词·顺康卷》及《全清词·顺康卷补编》均未收录。
③ 陆进、俞士彪编:《西陵词选》,卷首,清康熙十四年(1675)刻本。
④ 梁清标:《棠村词》,卷上,清康熙刻本。
⑤ 沈谦:《东江集钞》,卷七,清康熙十五年(1676)沈圣昭沈圣晖刻本,《四库全书存目丛书》集部第195册,济南,齐鲁书社,1997年,第1版,第244页。
⑥ 沈谦:《填词杂说》,唐圭璋编《词话丛编》,北京,中华书局,1986年,第1版,第631页。
⑦ 沈谦:《填词杂说》,唐圭璋编《词话丛编》,北京,中华书局,1986年,第1版,第632页。

第七章　明末清初西泠词人群体的词学理论

丽而壮,幼安辨而奇,又其次也,词之变体也。"①与王世贞不同的是,沈谦并不排斥苏轼、辛弃疾词的豪壮风格,如论稼轩词:"稼轩词以激扬奋厉为工,至'宝钗分,桃叶渡'一曲,昵狎温柔,魂销意尽,才人伎俩,真不可测。昔人论画云,能寸人豆马,可作千丈松,知言哉。"②

对于当代词人,得到沈谦认可的,主要是广陵词人的词作,如邹祗谟《丽农词》、彭孙遹《延露词》、王士禛《衍波词》、董以宁《蓉渡词》。清康熙三年(1664),孙默在扬州将邹、彭、王三家词,汇刻为《三家诗余》。沈谦在书信《与邹程村》中,认为《三家诗余》之于清初词坛独领风骚,昭示着清词的转型,且与自己词风的变化不谋而合:"每读《三家诗余》,辄叹风流之美。……然仆以填词一途,于今为盛,亦为极衰。约者见肘,丰者假皮。学周、柳或近于淫哇,仿苏、辛半入噍杀。生香真色,磊砢不群,此三家之所以独绝也。仆童年刻意过深,时多透露,前蒙登拔,皆其少篇。近亦幡然一变,将尽扫云华之旧,不知足下之许我否也?"③在三家词中,《丽农词》"其词修洁,有《花间》遗意"④,《延露词》"得温、李神髓,由其骨妍,故辞媚而非俗艳"⑤,《衍波词》"作为《花间》隽语,极哀艳之深情,穷倩盼之逸趣"⑥。广陵《三家诗余》的共同特点,在于其宗法《花间》,婉媚而深情,这与西泠沈谦的词风观念形成了空间上的遥相呼应。

沈谦的《填词杂说》记载有彭孙遹、邹祗谟二人,对沈谦、董文友词作的讨论:"彭金粟在广陵,见予小词及董文友《蓉渡集》,笑谓邹程村曰:'泥犁中皆若人,故无俗物。'"⑦"泥犁"一典,出自《扪虱新话》:"黄鲁直初好作艳歌小词,道人法秀谓其以笔墨诲淫于我法中,当坠泥犁之狱,鲁直自是不作。"沈谦深为黄庭坚不平曰:"山谷喜为艳曲,秀法师以泥犁吓之,月痕花

---

① 王世贞:《艺苑卮言》,唐圭璋编《词话丛编》,北京,中华书局,1986年,第1版,第385页。
② 沈谦:《填词杂说》,唐圭璋编《词话丛编》,北京,中华书局,1986年,第1版,第630页。
③ 沈谦:《东江集钞》,卷七,清康熙十五年(1676)沈圣昭沈圣晖刻本,《四库全书存目丛书》集部第195册,济南,齐鲁书社,1997年,第1版,第250页。
④ 谢章铤:《赌棋山庄词话》,卷八,唐圭璋编《词话丛编》,北京,中华书局,1986年,第1版,第3420页。
⑤ 谢章铤:《赌棋山庄词话》,卷八,唐圭璋编《词话丛编》,北京,中华书局,1986年,第1版,第3421页。
⑥ 王士禛:《衍波词》,卷首唐允甲《衍波词序》,清康熙刻本。
⑦ 沈谦:《填词杂说》,唐圭璋编《词话丛编》,北京,中华书局,1986年,第1版,第635页。

影,亦坐深文,吾不知以何罪待谗谄之辈。"①又云:"夫韩偓、秦观、黄庭坚及杨慎辈,皆有郑声,既不足以害诸公之品,悠悠冥报,有则共之。"②从以上可以洞晓沈谦对艳词的基本看法,以及推崇三家词的原因。

二、以卓、徐、毛、王等人为代表:婉媚与雄肆兼美

相对于沈谦、陆进而言,明末清初西泠词人群体中的大部分成员,对于词之本色的认识,持论比较开明通达,认为词之本色,不应该仅囿于"婉媚"一种风格,"婉媚"有"婉媚"之本色,"雄肆"也有"雄肆"之本色。这种容通的词风观,对于笼在《花》《草》绮丽词风中的明末清初词坛而言可谓独标异格,它无疑是一股新生的力量,有利于词风的转向和词体的复兴。

从西泠词人群体的先导者卓人月和徐士俊开始,已经旗帜鲜明地提出这一客观公允的风格论。卓人月《古今诗余选序》云:

> 昔人论词曲,必以委曲为体,雄肆其下乎?然晏同叔云:"先君生平不作妇人语。"夫委曲之弊入于妇人,与雄肆之弊入于村汉等耳。余兹选并存委曲、雄肆二种,使之各相救也。太白雄矣,而艳骨具在,其词之圣乎?继是而男有后主,女有易安,其艳词之圣乎?自唐以下,此种不绝。而辛幼安独以一人之悲放,欲与唐以下数百家对峙,安得不圣。余每读《花间》,未及半,而柔声曼节,不觉思卧草堂,至长调则粗俚之态百出,夫《花间》不足餍人也。犹有诸工艳者,堪与壮色,而为粗俚人壮色者,惟一稼轩。余益不得不壮稼轩之色,以与艳词争矣。奈何有一最不合时宜之人为东坡,而东坡又有一最不合腔拍之词,为大江东去者,上坏太白之宗风,下亵稼轩之体,而人反不敢非之,必以铜将军所唱,堪配十七八女子所歌,此余之所大不平者也。故余兹选,选坡词极少,以剔雄放之弊,以谢词家委曲之论。选辛词独多,以救靡靡之音,以升雄词之位,置而词场之上,遂荡荡乎辟两径云。③

《古今词统》刊刻于明崇祯六年(1633),那么此序的完成时间,至少在

---

① 沈谦:《填词杂说》,唐圭璋编《词话丛编》,北京,中华书局,1986年,第1版,第634页。
② 沈谦:《填词杂说》,唐圭璋编《词话丛编》,北京,中华书局,1986年,第1版,第635页。
③ 卓人月:《蟾台集》,卷二,明崇祯刻本。

第七章 明末清初西泠词人群体的词学理论

明崇祯六年(1633)《古今词统》付梓以前。在《古今诗余选序》中,卓人月就已经针对明代末年词坛以《花间》词风为尚的靡靡之音,有目的地提出了"委曲"与"雄肆"并举的词风观,还特别强调要"升雄词之位"。《古今词统》的另一位编选、评论者徐士俊,持论与卓人月完全相合。徐士俊《古今词统序》指出《古今词统》的编选宗旨是:"曰幽,曰奇,曰淡,曰艳,曰敛,曰放,曰秾,曰纤,种种毕具,不使子瞻受'词诗'之号,稼轩居'词论'之名。"[1]也就是说,明末清初西泠词人群体的先导者们在明代崇祯初年,已经开始审视明代词体日益衰颓的现状,力图从包括词风论在内的各个层面,对明末词坛进行全方位的改革和肃清,有意识地振兴词学。

西泠词人群体中以毛先舒、丁澎、王晫为代表的发展繁荣期词人,对于卓人月、徐士俊提出的词学主张一以贯之。毛先舒《题吴舒凫诗余》认为:"论(词)者偏于情艳,一涉雄高,谓非本色。余以为,《诗》亡论《南》《雅》《三颂》,即《十三国风》,颇多壮节。傥欲专歌东门之茹而废小戎,非定论也。"[2]毛先舒在《与沈去矜论填词书》中又云:"乃若词句参差,本便旖旎;然雄放磊落,亦属伟观。"[3]无论"情艳""旖旎",还是"雄高""雄放磊落",在沈谦看来,均是词之本色,均属"伟观",不可偏废。

毛先舒《晚唱》一集中,收有两首论词诗《沈汉仪填词殊有惆怅》《题宋填词》,其中《题宋填词》一诗,可视作毛先舒词论的注解:"天上清歌地上闻,红牙铁板派微分。谁知湘客愁边泪,会化兰台梦里云。"[4]意谓传统的"红牙""铁板"词风分类方式,的确过于僵化,并不能代表全部的词作风格。比如,慷慨愤激的贬谪之情、流离之感,也存在用婉丽蕴藉词风表达的可能性。所以,毛先舒认为北宋词的繁盛,其妙处不在豪快,而在高健;不在艳褒,而在幽咽,因为"豪快可以气取,艳褒可以意工。高健幽咽,则关乎神理骨性,难可强也"[5]。丁澎对于词风的多样性也持以包容的态度,如评

---

[1] 卓人月、徐士俊辑,谷辉之点校:《古今词统》,卷首附录《杂说》,沈阳,辽宁教育出版社,2000年,第1版,第2页。
[2] 毛先舒:《东苑文钞》,卷上,北京图书馆藏清康熙刻思古堂十四种书本,《四库全书存目丛书》集部第211册,济南,齐鲁书社,1997年,第1版,第7页。
[3] 毛先舒:《毛驰黄集》,卷五,清康熙刻本。
[4] 毛先舒:《晚唱》,北京图书馆藏清康熙刻思古堂十四种书本,《四库全书存目丛书》集部第211册,济南,齐鲁书社,1997年,第1版,第97页。
[5] 王又华:《古今词论》,唐圭璋编《词话丛编》,北京,中华书局,1986年,第1版,第607页。

价沈其构①《留云词》"若快马腾空,瞬息千里,冲风掣电,不可端倪"②;评邵锡荣《探西词》"若三河少年,臂鹰走犬,平原草枯,狡兔突起"③;评丁澎《秉翟词》"若邯郸艳女,隔幔挡筝,心事如诉"④。在此基础上,丁澎《梨庄词序》更加推崇稼轩词风,认为辛弃疾才高而学博,其词以遒丽取胜,引典用事如从口出,无论是先秦两汉之文,还是汉魏乐府,皆信手拈来,驱驰于笔下。所以,唐宋以来,言词必推辛弃疾,犹如言诗必推杜甫,可谓"横视角出,一人而已"⑤。王晫在《方文虎〈倚和词〉跋》中,对于明末清初词坛盛行的绮艳词风也极为不满:"近填词家,如云涌泉流,日新月盛。然一出于淫冶纤靡之音,几令见者欲呕,此杜工部所以'欲语羞雷同'也。"⑥同样,王晫《兰思词评》也认为:"(词)固以含蓄蕴藉为工,然爽直真至亦是一派。"⑦这与毛先舒不期而合。卓回《古今词汇缘起》则认为,仅以香奁为词之本色,完全不能够反映词风的多样性,并提出更为持中的"本色之论":"香奁自有香奁之本色当行,吊古诸题自有吊古诸题之本色当行。倘概以软美塞当行之责,必非风雅之笃论也。"⑧

毛先舒、丁澎等人对前代词人词作的品评,亦与其词学观一致。在两宋词人中,毛先舒最推崇周邦彦,认为其词是词中"神品",并以周邦彦"衣染黄莺"一词为例,认为此词"忽而欢笑,忽而悲泣,如同枕席,又在天畔,真所谓不可解不必解者。此等最是难作,作亦最难得佳"⑨。同时,毛先舒认为苏轼词也自成一家:"(东坡)文自为文,歌自为歌,然歌不碍文,文不碍

---

① 沈其构,其名不详,浙江仁和人,曾评丁澎《西江月》云:"贺方回'玉人和月折梅花',正似此词幽致。"详见丁澎:《扶荔词》附《词变》,清康熙十年(1671)刻本。沈其构也属于西泠词人群体成员,只是未见有词存世,与西泠词人邵锡荣、丁漈交游甚笃。邵锡荣有《家震敷携酒探西轩,饮沈其构薛扞公》,详见阮元编:《两浙辖轩录》,卷十五"邵锡荣"条,山东省图书馆藏清嘉庆仁和朱氏碧溪草堂钱塘陈氏种榆仙馆刻本,《续修四库全书》集部第1683册,上海,上海古籍出版社,2002年,第1版,第524页。
② 丁澎:《三子合刻题辞》,《扶荔堂文集选》,卷十一,清康熙二十二年(1683)文芸馆刻本。
③ 丁澎:《三子合刻题辞》,《扶荔堂文集选》,卷十一,清康熙二十二年(1683)文芸馆刻本。
④ 丁澎:《三子合刻题辞》,《扶荔堂文集选》,卷十一,清康熙二十二年(1683)文芸馆刻本。
⑤ 周在浚:《梨庄词》,卷首,清康熙刻本。
⑥ 王晫:《霞举堂集》,卷十,清康熙刻本。
⑦ 沈丰垣:《兰思词钞》,卷首,清康熙吴山草堂刻本。
⑧ 卓回编:《古今词汇二编》,卷首,赵尊岳编《明词汇刊》,上海,上海古籍出版社,1992年,第1版,第1544页。
⑨ 王又华:《古今词论》,唐圭璋编《词话丛编》,北京,中华书局,1986年,第1版,第608页。

歌,是坡公雄才自放处。他家间亦有之,亦词家一法也。"①在毛先舒看来,最下乘的宋代词人是柳永,认为柳词情语多俚俗浅陋,已失风雅之旨,如其"祝告天发愿,从今永无抛弃"一词,已经开元曲一派②。毛先舒还在《烟柳词评》中说:"宋词人并称周、柳,其实柳不逮周甚远。盖清真词虽描摹闺襜而不及亵,为能不失大雅之遗。屯田方之则坠矣。"③他还指出,最粗俗可厌的宋代词人是胡浩然,但其词也间有情致,亦足可取④。在明代词人中,毛先舒最赞赏杨慎,认为杨词有沐兰浴芳、吐露含雪之妙,其流丽辉映,足以雄视有明一代,与《花间》《草堂》相比,可谓皆撮其长处。⑤对于当代词人,毛先舒最为推崇邹祗谟、董以宁、陈维崧、王晫、吴仪一等,其《丽农词序》评邹祗谟词云:"其笔墨之妙,如流波,如静女,其设色落想,都似不从人间来。今读之,风刺揄扬,隐而微中,使人留连焉,惝恍焉,其意义视《三百篇》何以异哉?"⑥

丁澎作为聂先、曾王孙《百名家词钞》的品评人,对于清初词人词作如吴伟业《梅村词》、王顼龄《螺舟绮语》、刘壮国《东皋诗余》、周清原《浣初词》、吴秉仁《摄闲词》、徐釚《菊庄词》、成德《饮水词》等,均有评论。这些评语纵然不乏应酬推许之词,但从中还是能够管窥丁澎的词学观以及对以上当代诸位词家的认同,如丁澎认为吴伟业词有稼轩之风,其词"惟步稼轩,故无一字放逸,但见其得力句,唾壶欲碎,仰固是独绝"⑦,而周清源、徐釚、成德词不仅情景并胜,温柔敦厚,而且极具声调之美,是周、柳之续。

西泠词人群体余波期的词人,如俞士彪、张台柱、洪昇等,对于前辈词人通达的词学观也持认同的态度。陆进、俞士彪《西陵词选·凡例》认为"香艳""骈宕"两种词风同等重要,并且,两种词风的功能不同,"香艳"词风

---

① 王又华:《古今词论》,唐圭璋编《词话丛编》,北京,中华书局,1986年,第1版,第608页。
② 毛先舒:《诗辩坻》,卷四,郭绍虞编《清诗话续编》,上海,上海古籍出版社,1980年,第1版,第91页。
③ 孙克强:《毛先舒〈词辩坻〉》,《词学》,第十七辑,上海,华东师范大学出版社,2006年,第1版,第298页。
④ 毛先舒:《诗辩坻》,卷四,郭绍虞编《清诗话续编》,上海,上海古籍出版社,1980年,第1版,第90页。
⑤ 毛先舒:《诗辩坻》,卷四,郭绍虞编《清诗话续编》,上海,上海古籍出版社,1980年,第1版,第91页。
⑥ 毛先舒:《潠书》,卷一,北京图书馆藏清康熙刻思古堂十四种书本,《四库全书存目丛书》集部第210册,济南,齐鲁书社,1997年,第1版,第622页。
⑦ 吴伟业:《梅村词》,卷末,清康熙刻聂先、曾王孙编《百名家词钞》本。

可以寄寓词人之情,"骀宕"词风可以抒宣词人之气①。张台柱对词之当行本色的体认,有一个前后转变的过程。他本是沈谦的入室弟子,早年从其学词,所以最初秉承了沈氏以"艳情"为本色的词风观,如他在《兰思词评》中,就认为词体首先以"柔昵"为当行本色,而辛、陆一派,则为词家杂乱之丛薮:

> 才情纵放者,多宗法辛陆,诋柔昵为琐亵,不知词体当行,首称柔昵。故虽宏材巨学,举无所施,不是不敛气就格,约为婉丽之章,南唐、北宋间不敢纵越者,职是故也。迨后辛、陆辈出,逞其奔逸之才,史书经传悉入新声,腐语俚言都成韵语,此时虽称极盛,实则词家杂乱之丛薮也。然幼安词如"宝钗分""更能消几番风雨"诸阕,务观词如"红酥手""摩诃池上追游路"诸阕,何尝不柔昵绝伦,是知二公佳处,正不在卤莽粗豪。②

此论实源自沈谦:"稼轩词以激扬奋厉为工,至'宝钗分,桃叶渡'一曲,昵狎温柔,魂销意尽,才人伎俩,真不可测。"③师徒二人所论,如出一辙。但张台柱在清康熙十七年(1678)所刻《东白堂词选》卷首附录《词论十三则》中,就对词体的体认迥然一变。他认为,词有四种风格:一、风流蕴藉,二、绵婉真致,三、高凉雄爽,四、自然流畅。只要风流蕴藉而不入于淫亵,绵婉真致而不失于鄙俚,高凉雄爽而不近于激怒,自然流畅而不流于浅易,均为词之上乘。但是,词中之"尘黩者、堆弹者、纤巧者、议论者、诡谲者,皆非词也,皆词之厄也"④。此论与他早年专以"艳情"为词之本色相比,更加宏通客观,这也表明西泠词人对于词体的认识,在逐渐深入。

俞士彪、张台柱、洪昇等对两宋词人词作的品评,亦比较公允。张台柱举出以上四种词风的代表性词人,风流蕴藉以少游、美成为代表,绵婉真致以易安、耆卿为代表,高凉雄爽以辛、陆为代表,自然流畅以李后主为代表,"然而诸君皆不免四者之流弊,是在节取其长而已"⑤。对于明代词人,张

---

① 陆进、俞士彪编:《西陵词选》,卷首,清康熙十四年(1675)刻本。
② 沈丰垣:《兰思词钞》,卷首,清康熙吴山草堂本。
③ 沈谦:《填词杂说》,唐圭璋编《词话丛编》,北京,中华书局,1986年,第1版,第630页。
④ 张台柱:《词论十三则》,佟世南、陆进编《东白堂词选初集》,清康熙十七年(1678)刻本。
⑤ 张台柱:《词论十三则》,佟世南、陆进编《东白堂词选初集》,清康熙十七年(1678)刻本。

台柱认为刘基之词,可与辛、陆相媲美,而陈子龙词可与周、秦匹敌。① 对于当代词人,俞士彪、张台柱、洪昇更是推举备至:

> 昭代词人之盛,不特凌铄元、明,直可并肩唐、宋。如《香岩》之雄瞻,《棠村》之韶令,《容斋》之新秀,《衍波》之大雅,《延露》之俊逸,《丽农》之宏富,《东江》之绵缈,《弹指》之幽艳,《乌丝》之悲壮,《艺香》之浓鲜,《玉凫》之清润,《兰思》之真致,《玉蕤》之周密。余如秋岳、锡鬯、容若、云士、舒凫、夏珠、昉思诸公,未窥全豹,微露一斑。而《二乡》《远山》《云诵》《扶荔》《鸾情》《南溪》《炊闻》《百末》《含影》《支机》《蓉渡》《锦瑟》《柳村》《遏云》《当楼》《青城》《蝶庵》《秋水》《峡流》《吹香》《椒峰》《萝村》《菊庄》《移春》《山晓》《梨庄》《红蕉》《柯亭》诸集,可谓家操和璧,人握隋珠,一时群聚。噫,盛矣。②

第五节 词法论:注重词技,转益多师

两宋以来,从杨缵《作词五要》、张炎《词源》开始,西泠词人一直注重总结词的创作规律,如杨缵《作词五要》就认为作词有五个关键环节:一择腔,二择律,三填词按谱,四随律押韵,五立新意。而张源《词源》卷下对作词的各个层面,如音谱、拍眼、制曲、句法、字面、虚字、清空、用事、咏物、节序、赋情、离情等等,进行了深入探讨。《作词五要》与《词源》,奠定了两宋以后词人论词、作词的理论基础。

明末清初的西泠词人群体,继承了前辈乡贤所倡导的讲求词法的词学传统,认为作词极难,掌握并熟练运用作词技法,是作词的第一要务。毛先舒曾云"诗故难作,作词亦未易也"③;陆次云《见山亭古今词选序》也说:"盖诗余为技小,而为体难。"④那么,作词到底难在哪里呢?徐士俊在《巢青阁诗余序》中对此解释道:"予观海内文人,作诗者什之九,作词者什之

---

① 张台柱:《词论十三则》,佟世南、陆进编《东白堂词选初集》,清康熙十七年(1678)刻本。
② 张台柱:《词论十三则》,佟世南、陆进编《东白堂词选初集》,清康熙十七年(1678)刻本。
③ 毛先舒:《诗辩坻》,卷四,郭绍虞编《清诗话续编》,上海,上海古籍出版社,1980年,第1版,第94页。
④ 陆次云、章旸编:《见山亭古今词选》,卷首,清康熙十四年(1675)刻本。

一。非词之难也,有词而不好作之难也,亦非擅作词之难也,能按辞之谱而得其意与致之难也。"①可见,作词之难,难在按谱填词,严守词之音韵格律的同时,还必须得词之"意与致"。所谓词之"意与致",指词的意趣与情致。

因此,明末清初西泠词人群体首先把眼光投向乡贤杨缵和张炎,从西泠地区深厚的词学积淀之中发掘可以借鉴的资源,研求并学习古人的作词技巧。徐士俊《古今词统序》认为,按谱填词之法,应守杨缵《作词五要》②;卓回《古今词汇缘起》则认为,张炎的《词源》是"后学津梁"③。同时,西泠词人也自己撰写词话,探讨总结作词的技巧,如沈谦的《填词杂说》、毛先舒的《词辨坻》、张台柱的《词论十三则》等等,继南宋杨缵《作词五要》、张源《词源》之后,由西泠词人发起了探讨词法的又一次高潮。例如张台柱《词论十三则》,其中有七则在探讨词的体裁调式、句法、下字、对仗、押韵等问题。

西泠词人群体对词法的强调与重视,在明末清初词坛是极其少见的。他们对词之技法的讨论,集中在词的选调、立意、押韵、句法、设色、结构、用字、用事等问题上。如沈谦云:"词要不亢不卑,不触不悖,蓦然而来,悠然而逝。立意贵新,设色贵雅,构局贵变,言情贵含蓄,如骄马弄衔而欲行,粲女窥帘而未出,得之矣。"④丁澎也曰:"诗余一艺,须在未立意时选调,未成句时谐声,声调之情,酿于未然,左旋右折,如不忍遽出手口,则下笔自然有一唱三叹之妙。若徒以香艳尖新,尚论词人于皮毛吞吐间,则失之千里矣。"⑤毛先舒则认为立意、语言、设色必须巧妙搭配,才能有最佳效果:"词家刻意、俊语、浓色,此三者皆作者神明。然须有浅淡处平处,忽着一二乃佳耳。"⑥诸如此类的论词片段很多,零碎而不成系统,本书拟对西泠词人的作词技巧加以总结,尽量完整地展现他们的作词心得。

---

① 陆进:《巢青阁诗余》,卷首,清顺治刻本。
② 卓人月、徐士俊辑,谷辉之点校:《古今词统》,卷首附录《杂说》,沈阳,辽宁教育出版社,2000年,第1版,第2页。
③ 卓回编:《古今词汇二编》,卷首,赵尊岳编《明词汇刊》,上海,上海古籍出版社,1992年,第1版,第1544页。
④ 沈谦:《填词杂说》,唐圭璋编《词话丛编》,北京,中华书局,1986年,第1版,第635页。
⑤ 周清原:《浣初词》,卷首,清康熙刻聂选、曾王孙《百名家词钞》本。
⑥ 毛先舒:《诗辩坻》,卷四,郭绍虞编《清诗话续编》,上海,上海古籍出版社,1980年,第1版,第90页。

第七章 明末清初西泠词人群体的词学理论

一、选调

西泠词人精通音律,所以对词的格律要求极严。但由于词从元、明以来,已经演变成为长短不葺之诗,再无"音谱""拍眼"可遵循,宋人的倚乐声填词,在清人那里,已经变成按词谱填词。西泠词人李式玉曾言及清人填词的无奈:"论古词而由其腔,则音节柔缓,无驰骤之法,故体裁宜妩媚,不宜庄激。论古词而由其调,则诸调各有所属。后人但以小令、中、长分之,不复问某调在九宫,某调在十三调,竞制新犯名目,矜巧争奇。不知有可犯者,有不必不可犯者。如黄钟不可先商调,商调亦不可与仙吕相出入。苟不深知音律,莫若依样葫芦之为得也。"①

西泠词人认为,作词的第一步,就是要选词调。不同的词调,结构、气韵、章法均不相同。从体裁而言,词调有小令、中调、长调之分,"小令要言短意长,忌尖弱;中调要骨肉停匀,忌平板;长调要操纵自如,忌粗率。能于豪爽中,着一二精致语,绵婉中着一二激厉语,尤见错综"②;从使用频率而言,词调有常调、僻调之分,"僻词作者少,宜浑脱,乃近自然。常调作者多,宜生新,斯能振动"③。正如张台柱所言:"凡作词,第一须论体裁。如调自十四字起,至二百三十余字止。短调须取意,如一丘一壑,安置得宜,其间烟云变幻,令人寻绎无穷;长调须取势,如长江大河,安流千里,遇风生澜,随势转折,而不失自然之妙。斯得之矣。"④李式玉也有类似的言论:"小令叙事须简净,再着一二景物语,便觉笔有余闲。中调须骨肉停匀,语有尽而意无穷。长调切忌过于铺叙,其对仗处,须十分警策,方能动人。设色既穷,忽转出别境,方不窘于边幅。"⑤

二、立意

立意,即命意,指词作的主旨或寄托。张炎云:"作慢词,看是甚题目,先择曲名,然后命意。"⑥其实这一步骤不仅适用于慢词,也适用于小令和

---

① 王又华:《古今词论》,唐圭璋编《词话丛编》,北京,中华书局,1986年,第1版,第606页。
② 沈谦:《填词杂说》,唐圭璋编《词话丛编》,北京,中华书局,1986年,第1版,第629页。
③ 沈谦:《填词杂说》,唐圭璋编《词话丛编》,北京,中华书局,1986年,第1版,第630页。
④ 张台柱:《词论十三则》,佟世南、陆进编《东白堂词选初集》,清康熙十七年(1678)刻本。
⑤ 王又华:《古今词论》,唐圭璋编《词话丛编》,北京,中华书局,1986年,第1版,第606页。
⑥ 张炎:《词源》,卷下,唐圭璋编《词话丛编》,北京,中华书局,1986年,第1版,第258页。

中调。命意的核心要求,就是新和奇,发前人所未发,杨缵在《作词五要》中,提出作词的关键要素之一就是立新意:"若用前人诗词意为之,则蹈袭意无足奇也。须自作不经人道语,或翻前人意,便觉出奇。或只能炼字,诵才数过,便无精神,不可不知也。更忌三重四同,始为具美。"①明末清初的西泠词人群体,秉承了乡贤的词学传统,一致强调作词必须立意新奇,能出人意料之外,如仲恒就曾经指出"作词用意,须出人想外"②,沈谦也认为作词"立意贵新"③。

三、用韵

由于自身的音韵素养深厚,所以西泠词人群体对于词韵、诗韵和曲韵的异同,以及作词的和韵和押韵,均有论述和辨析,见解独到,代表词人有沈谦、毛先舒、仲恒、陆进和张台柱等。如陆进认为:"今以古词参之音律,以正当世词用曲韵之病者。曲韵宗中原音韵,四声通用,而入声不列。考之唐宋词家,概无是例。至于肱、轰、崩、烹、盲、弘、鹏等字,词韵收入庚、梗韵者,而曲韵收入东、钟韵。浮字收入尤、有韵者,而曲韵收入鱼、模韵。则曲韵之不通于词韵昭然矣。或曰,德清《曲韵》不可遵,《洪武正韵》所必遵也。夫正韵作词,不无扞格,且晚近为词韵者,利于易押,苟且傅会所致,将古诗风雅而亦以词韵例之乎。"④

对于作词用韵而言,第一步是选韵,词人可以根据自身才学的高低,自由选择宽平或窄险之韵,但有时,作者必须和他人之韵,没有选择的自由。张炎《词源》曾提出和韵之难:"词不宜强和人韵,若倡者之曲韵宽平,庶可赓歌;倘韵险又为人所先,则必牵强赓和,句意安能融贯,徒费苦思,未见有全章妥溜者。"⑤第二步是押韵,杨缵《作词五要》指出要随律押韵,并举例云:"如越调《水龙吟》、商调《二郎神》,皆合用平入声韵。古词俱押去声,所以转折怪异,成不祥之音。昧律者反称赏之,是真可解颐而启齿也。"⑥

---

① 张炎:《词源》,卷末附录,唐圭璋编《词话丛编》,北京,中华书局,1986 年,第 1 版,第 268 页。
② 王又华:《古今词论》,唐圭璋编《词话丛编》,北京,中华书局,1986 年,第 1 版,第 610 页。
③ 沈谦:《填词杂说》,唐圭璋编《词话丛编》,北京,中华书局,1986 年,第 1 版,第 635 页。
④ 沈雄:《古今词话》,《词品》上卷,唐圭璋编《词话丛编》,北京,中华书局,1986 年,第 1 版,第 835 页。
⑤ 张炎:《词源》,卷下,唐圭璋编《词话丛编》,北京,中华书局,1986 年,第 1 版,第 265 页。
⑥ 杨缵:《作词五要》,唐圭璋编《词话丛编》,北京,中华书局,1986 年,第 1 版,第 268 页。

第七章 明末清初西泠词人群体的词学理论

仲恒作为《词韵》的编撰者，对于词韵自然极其熟谙，他对张炎所论和韵之难，颇不以为然，认为那是才短者所言，"若果天才，正于盘错以别利器，奚和韵之足云"①。张台柱则曾对作词押韵的渊源流变，进行过梳理："词之押韵，日久日杂。晚唐五代，无失韵者；北宋之失韵者，不过十分之一；南宋十有二三；金元不相叶者半；至明而失韵者八九矣。不知词韵自有一定，不可移易，前人偶尔一误，后人即以借口。近日名人，悉究心词学，渐将反正，然必以沈氏《词韵》为宗。"②一方面指出词韵日久驳乱，至明末失韵之弊达至极致；一方面又指出清初西泠词人在词韵学方面的突出贡献，如沈谦《词韵略》一书，成为清初词人作词用韵必遵之规矩。

四、句法

张炎指出："词中句法，要平妥精粹。一曲之中，安能句句高妙，只要拍搭衬副得去，于好发挥笔力处，极要用功，不可轻易放过，读之使人击节可也。"③西泠词人对于句法也尤为关注，认为句法的掌握是作词的关键之一："一须论句，句自一字起，至九字止。……凡此俱宜细辩，不得混用。"④毛先舒就曾对北宋词人的句法有所总结，他说："前半泛写，后半专叙，盛宋词人多此法。"⑤西泠词人对句法的论述，主要集中在起句、结句、顺句、拗句、重句、对仗等问题上，其中以张台柱《词论十三则》对句法的论述最为精深。

关于起句、结句问题，西泠词人认为，词的起句必须高远。如张台柱《兰思词评》指出，词中警策之处，虽全在前、后两结，然而起句也很重要，譬若登高而呼，百谷响应。⑥ 至于词的结句，沈谦《填词杂说》认为，结句须用虚语，或以动荡见奇，或以迷离称隽，不能着一实语。张台柱《词论十三则》也说："词之前后两结，最是要紧，通首命脉，全在于此。前结如奔马收缰，要勒得住，还存后面余地，仍有住而不住之势；后结如众流而归海，要收得

---

① 王又华：《古今词论》，唐圭璋编《词话丛编》，北京，中华书局，1986年，第1版，第611页。
② 张台柱：《词论十三则》，佟世南、陆进编《东白堂词选初集》，清康熙十七年(1678)刻本。
③ 张炎：《词源》，卷下，唐圭璋编《词话丛编》，北京，中华书局，1986年，第1版，第258页。
④ 张台柱：《词论十三则》，佟世南、陆进编《东白堂词选初集》，清康熙十七年(1678)刻本。
⑤ 毛先舒：《诗辩坻》，卷四，郭绍虞编《清诗话续编》，上海，上海古籍出版社，1980年，第1版，第91页。
⑥ 沈丰垣：《兰思词钞》，卷首，清康熙吴山草堂刻本。

尽,足完通首脉络,仍有尽而不尽之意。"①其《词论十三则》又云:"词有两结,是通篇紧要处。如前半一顿,乃山龙之过脉也;后一总结,乃尽龙结穴也。如两结少懈,则全首索然。"②

关于词的顺句、拗句问题,张台柱《词论十三则》认为:"一调之中,通首皆拗者,遇顺句必须精警;通首皆顺者,遇拗句必须极熟,此句法之要也。"③重句,即前后重复之句,张台柱《词论十三则》对于重句问题的论述颇为精深。他指出,词中的重句,是一首词中最关键的地方,主要可分为三种类型:如《忆秦娥》中"秦楼月"、《醉春风》中"闷闷闷",是承上接下语,必须一气转下,其中仍有留连之意;如《如梦令》中"如梦如梦"、《转应曲》中"肠断肠断",是转语,其语意必须重说为佳;如《钗头凤》中"莫莫莫"、《惜分钗》中"悠悠",是结上语,结语要接得着,结得住。否则,或承上而不接下,有不必重说而重说,接不着结不住,整首词便味同嚼蜡。④

关于对仗,张台柱《词论十三则》认为:"词必用对起者,……断不可参差失体。凡遇对句,必须斤两悉称,不可似对非对。"⑤

五、语言

西泠词人一致认为词作应以表现至情为根本,词的语言首先必须以雅正为上,绝对不能鄙俗,尤其是艳词。以词著称的沈谦,在讨论词作对情感表现时说:"词不在大小浅深,贵于移情。晓风残月,大江东去,体制虽殊,读之皆若身历其境,惝恍迷离,不能自主,文之至也。"⑥他在论及词的白描与修饰则说:"白描不可近俗,修饰不得太文,生香真色,在离即之间,不特难知,亦难言。"⑦毛先舒则说:"词家意欲层深,语欲浑成。作词者大抵意层深者,语便刻画,语浑成者,意便肤浅,两难兼也。……永叔词云:'泪眼问花花不语。乱红飞过秋千去。'此可谓层深而浑成,……又绝无费力之迹。"⑧张丹也说:"词虽小道,第一要辨雅俗,结构天成。而中有艳

---

① 佟世南、陆进编:《东白堂词选初集》,卷首,清康熙十七年(1678)刻本。
② 佟世南、陆进编:《东白堂词选初集》,卷首,清康熙十七年(1678)刻本。
③ 佟世南、陆进编:《东白堂词选初集》,卷首,清康熙十七年(1678)刻本。
④ 佟世南、陆进编:《东白堂词选初集》,卷首,清康熙十七年(1678)刻本。
⑤ 佟世南、陆进编:《东白堂词选初集》,卷首,清康熙十七年(1678)刻本。
⑥ 王又华:《古今词论》,唐圭璋编《词话丛编》,北京,中华书局,1986年,第1版,第605页。
⑦ 王又华:《古今词论》,唐圭璋编《词话丛编》,北京,中华书局,1986年,第1版,第605页。
⑧ 王又华:《古今词论》,唐圭璋编《词话丛编》,北京,中华书局,1986年,第1版,第608页。

第七章 明末清初西泠词人群体的词学理论

语、隽语、奇语、豪语、苦语、痴语、没要紧语,如巧匠运斤,毫无痕迹,方为妙手。……至如'密约偷期,把灯扑灭,巫山云雨,好梦惊散'等,字面恶俗,不特见者欲呕,亦且伤风败俗,大雅君子所不道也。"①要求在词作中杜绝使用恶俗之语。

对于艳词写作,柴绍炳有更为直接的论述:"指取温柔,词归蕴藉。昵而闺帷,勿浸而巷曲。浸而巷曲,勿堕而村鄙。"②又指出词作语言的最高境界是雅致畅达:"语境则咸阳古道,汴水长流。语事则赤壁周郎,江州司马。语景则岸草平沙,晓风残月。语情则红雨飞愁,黄花比瘦。"③另外,词的语言还要含蓄蕴藉,不能争奇竞豪;要用前人词中所未经见之字,不可妄下一字;实与空、言情与言景、白描与修饰、浅淡与深涩、警策与平易等等,均要在离合之间,搭配巧妙,才能达到最好的艺术效果。

由于西泠词人的此类论述纷杂而零乱,仅枚举一二,以资参考。如卓人月、徐士俊《古今词统》卷十五在品评刘克庄《沁园春·寄九华叶贤良》一词时,探讨了使事用典与词境实空的关系:"用人用物,用事用言,愈实愈空。正如善用剑者,但见寒光一片,不见剑,亦不见身。"④又如沈谦《填词杂说》论述白描与修饰之间的微妙关系:"白描不可近俗,修饰不得太文,生香真色,在离即之间,不特难知,亦难言。"⑤王晫《兰思词评》认为:"词家之妙,在平处着警语,淡处着浓语,方是神境。"⑥毛先舒《与沈去矜论填词书》说:"盖词家之旨,妙在离合。或感忆之作,时见欣怡,风流之绪,更出凄断;或本题咏物,中去而言情;或初旨述怀,末乃专摘一鸟一卉,盖兴缘鸟卉,雅志昭焉。是案语斯离,谋情方合也。夫语不离则调不变宕,情不合则绪不联贯。每见柳氏句句粘合,意过久许,笔犹未休,此是其病,不足可师。"⑦

值得注意的是,除了讲究作词技法之外,西泠词人认为作词还必须向

---

① 王又华:《古今词论》,唐圭璋编《词话丛编》,北京,中华书局,1986年,第1版,第605—606页。
② 王又华:《古今词论》,唐圭璋编《词话丛编》,北京,中华书局,1986年,第1版,第608页。
③ 王又华:《古今词论》,唐圭璋编《词话丛编》,北京,中华书局,1986年,第1版,第608页。
④ 卓人月、徐士俊编:《古今词统》,卷十五,明崇祯刻本,《续修四库全书》集部第1729册,上海,上海古籍出版社,2002年,第1版,第121页。
⑤ 沈谦:《填词杂说》,唐圭璋编《词话丛编》,北京,中华书局,1986年,第1版,第629页。
⑥ 沈丰垣:《兰思词钞》,卷首,清康熙吴山草堂刻本。
⑦ 毛先舒:《毛驰黄集》,卷五,清康熙刻本。

前人模仿和学习。沈谦《填词杂说》曾言："予少时和唐宋词三百阕。"①毛先舒《诗辩坻》则认为学词，如同学文、学诗、学书："必先求其似，然后求其不必似，乃得。"②西泠词人同时还强调，向前人学习作词，绝对不能宗法一家，不能被一人之词法所囿，必须转益多师，如洪昇在品评姚炳词时认为："填词溯源隋唐，沿及五季，至宋而大备矣。体虽不同，要以绮丽其词，流轶其致，则温、韦、周、柳均可供驱使耳。"③柴绍炳说："语境则咸阳古道，汴水长流；语事则赤壁周郎，江州司马；语景则岸草平沙，晓风残月；语情则红雨飞愁，黄花比瘦。"④意谓可以根据自身创作的需要，自由选择不同的前贤名家，作为师法对象。

西泠词人认为，转益多师是学习作词重要的第一步，在熟谙各家作词技法的前提下，才能抛开众人津筏，独立作词而无所依傍，最后自成一家。如毛先舒《答孙无言书》就说："今人论文，每云某家某派，不知古人始即临模，终期脱化，遗筌舍筏，掉臂孤行，盘礴之余，亦不知其所从出。初或未尝无纷纷同异，久之论定，遂更尊之为家派耳。古来作者率如此。规规然奉一先生而株守之，不堪其苦矣。"⑤

西泠词人转益多师的学习观，其实受到乡贤张炎的影响，其《词源序》有云："作词者能取诸人之所长，去诸人之所短，精加玩味，象而为之，岂不能与美成辈争雄长哉？"⑥可见，西泠词人继承了两宋以来西泠一地词人的词法观念，极其重视作词技巧的学习和总结，强调转益多师，这也是西泠词人群体不同于同时期词派或词人群体的地方。

---

① 沈谦：《填词杂说》，唐圭璋编《词话丛编》，北京，中华书局，1986年，第1版，第633页。
② 毛先舒：《诗辩坻》，卷三，郭绍虞编《清诗话续编》，上海，上海古籍出版社，1980年，第1版，第67页。
③ 姚炳：《苏溪集》，卷十二首附，清康熙四十五年(1706)听秋楼刻本。
④ 毛先舒：《诗辩坻》，卷四，郭绍虞编《清诗话续编》，上海，上海古籍出版社，1980年，第1版，第94页。
⑤ 毛先舒：《潠书》，卷七，北京图书馆藏清康熙思古堂十四种书本，《四库全书存目丛书》集部第210册，济南，齐鲁书社，1997年，第1版，第738—739页。
⑥ 张炎：《词源》，卷下，唐圭璋编《词话丛编》，北京，中华书局，1986年，第1版，第255页。

第八章　明末清初西泠词人群体的交游与唱和

文学流派或群体，构成了文学发展演变过程中的一个个片段，而这些片段本身也时刻处于变动之中。这种变动，不单是指流派或群体内部的发展演变，还指它与同时期其他文学流派或群体之间，也时刻保持着密切的交游和互动，明末清初的西泠词人群体也是如此。

明末清初词坛先后出现了众多流派或群体，主要有西泠词人群体、云间词派、柳州词派、毗陵词人群体、广陵词坛、阳羡词派、浙西词派。而在这些词派或词人群体中，西泠词人群体是历时最长的一支，它诞生于明代天启年间，直至清康熙中后期仍历久不衰，在此期间，它与明末清初其他词派或词人群体均有交往和互动。

西泠词人群体拥有自己相对独立的词学思想，在始终保持着"和而不同"生存状态的同时，与其他词派或词人群体以词为媒介进行交游，或唱和，或序评，或在词学问题上进行争论，或合作编选刊刻词集词选。这种词学上的大量交流和互动，使西泠词人群体的词学思想在自成体系的基础上，也时刻保持着与外界的沟通和碰撞，并深受其影响。另外，这些交游和互动，也标志着词在清代的全面复兴。

除此之外，西泠词人群体还与许多游离于词派之外的词人有交谊，如黄宗羲、尤侗、宋实颖、施闰章、徐釚等，囿于篇幅，本章仅讨论与西泠词人群体有交游的词派或词人群体。在行文的过程中，本章将首先按照词派或词人群体形成的先后顺序，对西泠词人群体与同时其他词派或词人群体的词学交游活动进行勾勒，对若干事件详加考证；其次将对西泠词人群体唱和之什（分为内部唱和、外部唱和两种）的产生过程、词学风格和词史意义加以剖析。

第一节　西泠与云间、柳洲、毗陵

继西泠词人群体在明代末年形成之后,云间词派、柳洲词派、毗陵词人群体也先后形成,在江南词坛各领一地风尚。从地理位置上而言,西泠处于江南词坛的中心;从词学传统而言,西泠一地具有深厚的词学积累。所以,对于云间、柳洲、毗陵词人而言,西泠一地有着很强的吸引力。

一、与云间词派的交游

前已论及,西泠词人群体并非云间词派的支脉,但是二者之间的交往还是比较密切的。现存资料显示,西泠词人先导期的主要词人卓人月与徐士俊,与云间词人没有任何交往。发展繁荣期的主要词人如"西泠十子"与陈子龙,从所存文献看,与云间词派仅限于诗文上的师授,并无词学上的指点或酬唱。真正与西泠词人群体有词学互动的,还是云间词派的中后期词人,如蒋平阶、沈荃、董俞、周纶等人。下文将分别论述。

（一）蒋平阶、沈荃与"西泠十子"

蒋平阶,初名雯阶,字驭闳,江苏华亭人,明诸生,初入几社,继而师事陈子龙。明亡以后赴闽臣事唐王,闽破遂流寓齐鲁吴越之间,著有《支机集》。南京图书馆所藏沈谦《东江集钞》九卷附录一卷,清康熙刻本,卷首有蒋平阶、陆圻、毛先舒、祝文襄所作序。此版本与《四库全书存目丛书》集部第195册所收清康熙十五年(1676)沈圣昭沈圣晖刻本《东江集钞》不同,后者无蒋序。蒋平阶在为沈谦所作《东江集钞序》中,述及自己与"西泠十子"的同道之谊:"自吾党诸子以文章声誉交与四国,四国贤豪莫不起而应之,而风尚之尤合者无如西陵。故虽相去三百里,而遥而酬对,若在几席。世变后,尤致力于古文词。厥有'西陵十子'与予特善,沈子去矜则其一也。犹忆壬辰、癸巳间,张筵高会,去矜幅巾方领,扬觯登坛,姿度闲畅。"①此序是西泠词人与蒋平阶交游的直接证据,并且,蒋平阶对于清顺治九年(1652)沈谦参加由云间词人发起的一次聚会的印象尤其深刻,极力称赞其风度和言谈。

---

① 沈谦:《东江集钞》,卷首,清康熙刻本。

第八章　明末清初西泠词人群体的交游与唱和

蒋平阶还曾给陆进《巢青阁集》作序,序中不仅勾勒出明末清初西泠文脉的概况,还认为陆进之词可堪承继"西泠十子"之盛。蒋平阶在《巢青阁集序》中说:"天官家言,年来南极星明。南极者,文明之象,光动巽维。而钱唐介于吴越,当牛斗之交,尤光气所出入,灵物攸萃。故一介之士,咸能怀铅握椠,谱宫度商,斌斌乎成文雅之俗焉,顺天气也。吾郡昔为风始,诸方莫能和,独钱唐起而和之。三十年来,哲士蔚兴,闻于四远。予所把臂称同调者,丽京、骧武、药园、祖望、稚黄十数子,以为擅人伦之胜选,罄川渎之英翘矣。于时有荩思陆子,偕数子同术同方,而思得驾出其上。予因数子得与荩思游,盖有年。窃见其敦古好交,宾客日进,声誉日起,而未可涯测也。见其所为诗词古文,惟才所至,不专一家,而无不极量也。荩思真当世之才人哉! 又岂双目、洞霄、两湖、三浙所得区而隅之者乎? 予尝慨此十数子(即"西泠十子"等人)者,既已名著词坛,为时宗尚。而其人或没或存,或仕或隐,曾不如邺中西邸,连舆接席,觞咏流行,洵为可乐,时焉取道西陵,忾焉寤叹,感聚散之难常也。而幸有荩思,为能乘飚泛沫,领袖群贤,吾道藉此其不孤乎?"①

沈荃(1624—1684),字贞蕤,号绎堂,江苏华亭人。清顺治九年(1652)探花,授翰林院编修,官至礼部侍郎。尤善书法,著《充斋集》。清顺治十二年(1655),丁澎进士举第后,沈荃与之订交,并有论诗佐觞之谊。清康熙十年(1671),沈荃为丁澎《扶荔词》作序,述及旧谊,又称丁澎因贬谪流徙之故,拚弃诗古文,而以专力填词:"既入玉关,复仰瞻宫阙,与故交凤契重结缟带,置酒相劳,欢若平生。辄发而为小词,如屯田、淮海,缠绵婉恻,清绮柔澹。"②对于丁澎其人其词,沈荃可谓知之甚深。

(二) 董俞与"北门四子"

与"北门四子"陆进、王晫交游比较密切的,是云间词人董俞。董俞(1631—?),字苍水,号樗亭,江苏金山人,著《玉凫词》。董俞《玉凫词》中有《蓦山溪·西湖》和《满江红·重到西湖忆旧》二词,说明董俞至少两次到杭州,并与"北门四子"中的陆进、王晫有交游,其中可以确考的一次为清康熙六年(1667)春,其时邹祗谟同在杭州,董俞曾作《沁园春·湖上送邹程邨之

---

① 陆进:《巢青阁集》,卷首,清康熙刘愫等刻本,《四库未收书辑刊》8 辑 20 册,北京,北京出版社,1997年,第 1 版,第 148 页。
② 丁澎《扶荔词》,卷首,清康熙十年(1671)刻本。

江右》。此次交游以后,董俞还曾将《玉凫词》赠予陆进,陆进有《后庭宴·寄云间董孝廉苍水》:

> 新草铺烟,残梅飘玉。春云满覆樗亭曲。玉凫新制欲销魂,泖湖光映须眉绿。　西陵别后三秋,几度情萦幽独。空梁落照,辄把君诗读。潇洒晋陶潜,风流唐杜牧。①

王晫亦有《忆王孙·寄董苍水》:

> 九峰高峙接苍烟。三泖晴波荡画船。惆怅伊人隔远天。又新年。不见新诗一字传。②

(三)两次唱和活动

云间词派与西泠词人之间比较重要的大型唱和活动,有文献可考的有两次。第一次为清康熙十一年(1672)六月,朱尔迈、卓允域游谒京师,与云间词人周纶、宋思玉、王鸿绪以词酬唱,吴江词人徐釚、叶舒崇,柳洲词人曹平,大梁词人周在浚当时亦在座。周纶,字鹰垂,江苏华亭人,著《不碍云山楼稿词》。宋思玉,字楚鸿,江苏青浦人,著有《棣萼轩词》。王鸿绪,原名度心,字季友,号俨斋,又号横云山人,清康熙十二年(1673)进士,著有《横云山人词》。其中周纶作《水调歌头》曰:

> 燕市说吴市,万里故人同。兑得余杭清酿,呼取酒徒雄。衮衮词坛称霸,多少生瑜生亮,妆点笔花工。作恶是离别,南北与西东。　林逋宅,梁王苑,去匆匆。红尘队里,车如流水马如龙。争似一鞭归也,检校鸥盟鹤梦,添个伴渔翁。无恙旧山在,回首夕阳中。③

---

① 南京大学中国语言文学系《全清词》编纂委员会编:《全清词·顺康卷》,北京,中华书局,2002年,第1版,第4333页。
② 南京大学中国语言文学系《全清词》编纂委员会编:《全清词·顺康卷》,北京,中华书局,2002年,第1版,第6666页。
③ 南京大学中国语言文学系《全清词》编纂委员会编:《全清词·顺康卷》,北京,中华书局,2002年,第1版,第1174页。

第八章　明末清初西泠词人群体的交游与唱和

第二次为清康熙二十四年(1685),蒋平阶、董俞、张光曙、张彦之和朱崧五位云间词人,参加了由王晫发起的"千秋雅调"唱和。张光曙,字淇园,江苏华亭人,著有《砚北词》。张彦之,字兆侯,江苏华亭人。著有《揽秀阁稿》。朱崧,字品方,江苏华亭人。其中董俞在《千秋岁·为王子丹麓五十赋》中,有"忆昔游湖墅,欢宴犹能记。叹荏苒,韶光逝"①,又述及昔日与西泠词人的交谊。

可以看出,西泠词人群体与云间词人的词学交游,主要是词作的酬唱以及词艺的切磋。这种交游得以形成的原因,除了西泠词人群体与云间词人之间拥有深厚的学脉关系之外,还在于他们在词学观念上有一定的共识,比如二者对于婉约词风的认同。但也要看到,西泠词人群体与云间词人的词学思想还是迥然不同的,西泠词人群体注重对词体的推尊,于词体之风格亦持开放融通的态度,于词的创作也强调宗法众家,转益多师。凡此种种,与云间词人的词学思想格格不入。所以,西泠词人群体与云间词派之间的交游,从性质而言,是地位平等的词学同道者之间的互动,不存在传授或师承的关系。因此,正如吴熊和先生所指出的,西泠词人群体"与云间词派交往甚密,但不是云间支派"②。

二、与柳洲词派的交游

柳洲词派,指明末清初活动在嘉善地区的词人群体,吴熊和先生指出:"柳洲词派创派之早、历时之久、词人之多,在相邻的地方性词派中间是很突出的。"③柳洲词派以曹尔堪为代表,而西泠词人与柳洲词派的交往,也主要体现在曹尔堪身上。

清康熙四年(1665)春,曹尔堪、王士禄与宋琬相聚于西湖,以《满江红》词调互相唱和,一韵八章,这就是被同时及以后词人不断追和的"江村唱和"。"江村唱和"的发起人即曹尔堪(1617—1679),字子顾,号顾庵,著有《南溪词》。那么,作为东道主的西泠词人群体,在"江村唱和"活动中处于

---

① 南京大学中国语言文学系《全清词》编纂委员会编:《全清词·顺康卷》,北京,中华书局,2002年,第1版,第6020页。
② 吴熊和:《〈西陵词选〉与西陵词派——明清之际词派研究之二》,《吴熊和词学论集》,杭州,杭州大学出版社,1999年,第1版,第419页。
③ 吴熊和:《〈柳洲词选〉与柳洲词派——明清之际词派研究之一》,《吴熊和词学论集》,杭州,杭州大学出版社,1999年,第1版,第380页。

429

什么样的地位呢？"江村唱和"之于西泠词人群体的词学观念，又有什么样的影响呢？

首先，西泠词人群体在"江村唱和"中，主要扮演评品者的角色。西泠词人群体先驱徐士俊，被曹、王、宋三人延请为《三子唱和词》的考评人，并为之作序，序曰：

> 盖三先生胸中各抱怀思，互相感叹，不托诸诗，而一一寓之于词。岂非以诗之谨严，反多豪放；词之妍秀，足耐幽寻者乎？①

此序指出了三子选择以词唱和的原因，并指出，三子均将寄托怀思倾注于词中，词旨含蓄蕴藉，词风慷慨磊落。而毛先舒则是《三子唱和词》的题词人，其《题三先生词》云：

> 填词，小道也。古来独推东坡、稼轩，能于此中寓豪宕顿挫之致。所谓绝似文章太史公者，二公有焉始。莱阳宋夫子为浙臬，持宪平浙以治，未一岁而无妄之狱起。既而新城王西樵、吾乡曹子顾，亦先后以事或谪或削，久之得雪。今年夏月，适相聚于西湖。子顾先倡《满江红》词，一韵八章，二先生和之，俱极工思，高脱沉壮。至其悲天悯人、忧谗畏讥之意，尤三致怀焉，而不能已。呜呼！何其厚也。一夕，夫子召余观邯郸卢生入枕中事，中坐皆泣，已而相笑。然余以谓百折不挠，九死靡悔，此真大丈夫，闻道以后事政，不必梦醒仙去如卢生也。今观三先生之作，惓惓之思，终有所不能。是仙者，必以梦醒为醒；而儒者之醒，不必离于梦也。然则读是词者，但当求三先生之心于昔苏辛二公所处何如耳？噫！此二公之词所以独推千载也欤？②

毛先舒详细叙述了"江村唱和"活动的始末，同时也强调三子词作的风格俱为"高脱沉壮"，感情基调俱为"悲天悯人、忧谗畏讥"。徐士俊与毛先舒的言辞之中，均透露出对于三子坎坷遭遇的无限同情和对世事的悲伤慨

---

① 曹尔堪、王士禄、宋琬：《三子唱和词》，卷首，清康熙刻本。
② 毛先舒：《潠书》，卷二，北京图书馆藏清康熙刻思古堂十四种书本，《四库全书存目丛书》集部第210册，济南，齐鲁书社，1997年，第1版，第639页。

第八章　明末清初西泠词人群体的交游与唱和

叹。作为苟活于清朝的明代遗民,徐士俊、毛先舒自然与遭谪徙的曹、王、宋三子心有戚戚焉。

其次,西泠词人徐士俊、王晫等人,也先后参与了此次唱和。如徐士俊有《满江红·宋荔裳观察、王西樵考功、曹顾庵学士,一时同在西湖,倡和二十四章,属余评定,即次原韵,赠三先生》：

> 墨共烟浓,临湖水、绿波偕涨。增秀句、桃花补种,旧堤无恙。八咏一时清福地,三人百尺高楼上。看齐将、风雅作资粮,犹堪饷。　望车旆,乘春漾。惊坐客,擎瓯唱。任夏云热触,秋风寒酿。谈剧不妨挥玉麈,诗成最喜题梅杖。更何人、搔首问青天,峰头状。①

王晫《满江红·读曹顾庵学士、王西樵考功、宋荔裳观察三先生倡和词次韵》：

> 大雅将衰,看尘世、烟迷雾涨。还喜得、典型犹在,骚坛无恙。十载神交形影内,一时星聚湖山上。简奚囊、春草句偏多,交相饷。　青雀舫,随凫漾。白雪曲,凌云唱。但胸中垒块,须浇名酿。遣兴频筹争劫子,放怀待策登高杖。诵新篇、欲语耻雷同,惊人状。②

西泠词人陆进以诗歌记载了在"江村唱和"前后,宋琬、曹尔堪和王士禄三子与西泠词人群体的交游情况,其诗《宋荔裳宪长招同林铁崖、曹顾庵、王西樵三先生登孤山》可为佐证："晨向城西游,明湖来景风。山山如屏障,合沓排晴空。此时望孤屿,独峙清波中。相与陟其巅,长啸倚梧桐。背指石甑山,面对巾子峰。渔舟时往还,水鸟飞西东。将开白海榴,遐映青芙蓉。偕游俱名贤,和歌难为工。"③

第三,清康熙四年(1665)的"江村唱和"带给西泠词坛的,是稼轩词风

---

① 南京大学中国语言文学系《全清词》编纂委员会编:《全清词·顺康卷》,北京,中华书局,2002年,第1版,第163页。

② 南京大学中国语言文学系《全清词》编纂委员会编:《全清词·顺康卷》,北京,中华书局,2002年,第1版,第6685—6686页。

③ 陆进:《巢青阁集》,卷三,清康熙刘愫等刻本,《四库未收书辑刊》8辑20册,北京,北京出版社,1997年,第1版,第162页。

的进一步高扬。西泠词人群体自卓人月、徐士俊编选《古今词统》开始,已经开始有意识地将稼轩词风引入明末词坛,以改变明代以《花》《草》之"婉约绮艳"词风为正的衰颓局面,奠定西泠词人群体婉约与豪放并重的论词基调。到了以"西泠十子""北门四子"为代表的发展繁荣期,继续坚持卓人月、徐士俊的词学主张,尤其是承受着易鼎之痛的毛先舒、张丹,以及人生大起大落、历尽贬谪流徙之苦的丁澎,对于稼轩词风的认同和张扬,比之于先导词人徐士俊和卓人月,有过之而无不及,而其词作表露出的激昂悲愤之情,更是不可抑制。所以,当清康熙四年(1665)春,曹尔堪、王士禄、宋琬三位流谪之人来到西泠之后,与西泠词人群体的词学主张道同契合,即有"江村唱和"的发生。

所以,"江村唱和"的发生,曹、王、宋三人高超的词学造诣、坎坷的人生经历固然是不可缺少的因素,而西泠词坛对于豪放词风的包容心态和有意识的推重,也是此次唱和得以形成的重要因素。而发生在西泠的"江村唱和",也传递出明末清初词坛词风转变的讯息。

三、与毗陵词人群体的交游

毗陵词人群体,即活动在今常州一地的词人群体。西泠词人群体与毗陵词人的交游,主要以邹祗谟为代表。

(一) 邹祗谟

邹祗谟,字订士,号程村,别号丽农山人,江苏武进人。清顺治十五年(1658)进士。学识博赡,经史百家之书,无不悉记,而诗词尤工。清康熙九年(1670)卒。著有词集《丽农词》,词话《远志斋词衷》,又与王士禛合选《倚声初集》。因为邹祗谟在进入广陵词坛之前,已经与西泠词人有交游,所以把他放在毗陵词人群体中加以论述。

邹祗谟与西泠词人的定交,可追溯至清顺治十四年(1657)。按,清康熙六年(1667)春,邹祗谟重游杭州,西泠词人王晫、沈谦、丁澎三人均有词以酬。其中沈谦《氐州第一·送邹程村之江西》中有"十载相思能一晤。有无限、幽情难诉"①,丁澎《水调歌头·别邹讦士》有"相见十年后,狂

----

① 南京大学中国语言文学系《全清词》编纂委员会编:《全清词·顺康卷》,北京,中华书局,2002年,第1版,第2017页。

第八章　明末清初西泠词人群体的交游与唱和

客尽芦中"①,王晫《春从天上来·喜邹程村至》有"故人重访,忽破愁城"②。据此可推断,早在清顺治十四年(1657),邹祗谟应该已经与西泠词人定交。需要注意的是,邹祗谟之父邹自规与"西泠十子"陆圻之父陆运昌本为世交。清顺治十五年(1658),邹祗谟进士及第,陆圻作《寄邹讦士》,叙及两家先辈的交情,情真意切:"昔予甫童稚,予考遇邹师。知己义不薄,辟呼而诏之。念此恩分隆,金石永不移。忽忽四十载,年齿疾如驰。所天既陨丧,窭步日陵迟。沉忧困辀张,气结中心悲。久甘樗栎废,宁论翰墨为。何意遇讦士,绳武扬芳徽。赋诗咀汉魏,摘辞灿珠玑。负望极公辅,郁为世羽仪。予也愧蠖伏,坠于浊水泥。虽忝通家谊,殊负国士知。权藉不在手,何以报德施。慕君岂能见,愿言凌风飞。"③按,此诗附后有陆圻弟陆堦之评,曰:"先君受知肇敏先生,殊有国士之感。今讦士绳武克世,郁为雅宗,宜阿兄嗟慕之言,情深而文明也。"④"绳武",应指邹祗谟进士及第,能继承祖业,所以系此诗于清顺治十五年。

清顺治十七年(1660),邹祗谟与王士禛所编《倚声初集》付梓。邹祗谟在《倚声初集序》中说:"然近世如用修、元美、元朗、仲茅诸先生无不寻流溯源,探其旨趣,而词学复明,犁然指掌;然如钱功甫、卓珂月、沈天羽诸前辈有成书而网罗未备,贺黄公、毛驰黄、刘公㦲诸同志有论断而甄汰未闻。"⑤此语对于明末清初西泠词人群体的词坛贡献给予充分肯定。此外,《倚声初集》中不仅收录、品评卓发之、卓人月、徐士俊、沈谦等西泠词人群体的词作,其《前编》还收有沈谦与毛先舒的词话和词韵著作。如《前编》第二卷《词话二》收录毛先舒《词辨坻》(选五则)、《与沈去矜论填词书》;第四卷《韵辨一》收录沈谦所著、毛先舒为之括略并注的《沈氏词韵略》,以及毛先舒《词韵序》《词韵说》(三则)、《声韵丛说》(选三则)。

---

① 南京大学中国语言文学系《全清词》编纂委员会编:《全清词·顺康卷》,北京,中华书局,2002年,第1版,第3183页。
② 南京大学中国语言文学系《全清词》编纂委员会编:《全清词·顺康卷》,北京,中华书局,2002年,第1版,第6692页。
③ 陆圻:《威凤堂文集》,卷三"诗部"五言古诗,清康熙刻本,《四库未收书辑刊》7辑20册,北京,北京出版社,1997年,第1版,第60页。
④ 陆圻:《威凤堂文集》,卷三"诗部"五言古诗,清康熙刻本,《四库未收书辑刊》7辑20册,北京,北京出版社,1997年,第1版,第60页。
⑤ 邹祗谟、王士禛编:《倚声初集》,卷首,清顺治十七年(1660)刻本,《续修四库全书》集部第1729册,上海,上海古籍出版社,2002年,第1版,第166—167页。

可以看出，邹祗谟对于胡文焕、卓发之、卓人月等已故西泠词人有追随名贤风雅的仰慕，对于徐士俊、严沆、沈谦、毛先舒等当代西泠词人则有同声相应的情谊。也可以说，明末清初西泠词人群体在词坛第一次集体亮相和词学展示，是借助邹祗谟、王士禛《倚声初集》这一选本的推动才得以实现。中国国家图书馆藏清康熙刻本徐士俊《尺牍新语》，其卷十八收录邹祗谟尺牍《寄周兼三》，并附有徐士俊评语。徐士俊在评语中提及邹祗谟、王士禛所选评《倚声初集》，并深有感触："《倚声》一集，余深感程村、阮亭两先生品题。"[1]此外，《倚声初集》对沈谦、毛先舒清康熙八年(1669)所选《古今词选》深有启发，第六章已对此详细论述。

清顺治十八年(1661)夏，邹祗谟重游湖上，晤徐士俊、沈谦和毛先舒，并将所刻《倚声初集》赠予沈谦。沈谦深为感动，并在书信《与邹程村》中说："昨奉清尘，积忧冰释，更荷《倚声》之惠，感知遇之深。"[2]此次西泠之游，邹祗谟还携有己作《丽农词》，以示徐士俊、毛先舒和沈谦。徐士俊在《尺牍新语》卷十八品评邹祗谟尺牍《寄周兼三》时，也提及《丽农词》："今岁西湖，又得与程村盘桓款洽，读其煌煌大篇，欣赏无已。"[3]毛先舒则有《凤凰台上忆吹箫·读常州邹皋士新词作》一词，表达对《丽农词》的叹服：

> 近水拖蓝，远峰开紫，九春风雨新晴。正吹残柳絮，唤老莺声。谁唱新词绝妙，吹箫客、制曲初成。清豪甚，看酒和珠露，剑倚寒星。泠泠。御风欲去，想此际停毫，何物关情。爱芙蓉罨画，掩映分明。如此著书岁月，穷愁字、未了平生。西风后，一杯还赐金茎。[4]

邹祗谟还延请毛先舒为其《丽农词》撰序，毛先舒序曰："兰陵邹子讦士，寄情填词，先后有《丽农》诸刻。其笔墨之妙，如流波，如静女，其设色落想，都似不从人间来。今读之风刺揄扬，隐而微中，使人留连焉，惝恍焉，其

---

[1] 徐士俊编：《尺牍新语》，卷十八，清康熙刻本。
[2] 沈谦：《东江集钞》，卷七，清康熙十五年(1676)沈圣昭沈圣晖刻本，《四库全书存目丛书》集部第195册，济南，齐鲁书社，1997年，第1版，第250页。
[3] 徐士俊编：《尺牍新语》，卷十八，清康熙刻本。
[4] 南京大学中国语言文学系《全清词》编纂委员会编：《全清词·顺康卷》，北京，中华书局，2002年，第1版，第2188页。

第八章　明末清初西泠词人群体的交游与唱和

意义视《三百篇》何以异哉？"①此序极赞邹祗谟学问之博大与填词之精妙。此后毛先舒又再三慨叹《丽农词》的工妙，其《与邹讦士书》云："三四年前读《丽农集》，或呢喃如莺燕尔汝，又或如裂檀槽作瀹索声，一鼓一歌，叹为工妙，不但娱目，直移我情也。"②沈谦每读包括邹祗谟《丽农词》在内的《三家诗余》，深叹其风流之美，并致书信《与邹程村》给邹祗谟曰："波驳雨㴲，动逾岁时，无能与足下敷衽论心，考宫商，数杯酌，终日怊怅，情何可言。"③所以，徐士俊、毛先舒和沈谦二人均十分敬慕邹祗谟在词学方面的造诣，尤其是沈谦，更视邹祗谟为填词益友，曾把自己的词作选集《沈氏词选》交与邹祗谟审读，有《万峰攒翠·〈沈氏词选〉成，寄常州邹程村》一词为证："春暖玉屏风细细。兰畹幽香如醉。唱遍新词空洒泪。旁人不会。　烟波何处毗陵，楼外斜阳又坠。人不南来愁却至。万峰攒翠。"④

清顺治十八年(1661)五月十九日，邹祗谟与陆进、王晫、王猷定、施闰章、罗弘载等人，雅集王晫霞举堂。对此，王晫《霞举堂集·松溪漫兴》有《五月十九日，南州王于一、宣城施愚山、晋陵邹程村、山阴徐伯调、会稽罗弘载诸公过草堂》⑤诗以记。施闰章则在《王丹麓松溪诗集序》云："往岁辛丑客西湖，丹麓觞予霞举堂。是时新建王于一、山阴徐伯调、武进邹讦士、会稽罗弘载，与比邻陆荩思、高仲兄弟皆在，穷日夜咏，言醉则就榻，今十许年耳。"⑥邹祗谟又将《丽农词》示以王晫等人。王晫作《春从天上来·喜邹程村至》，极赞邹祗谟的个人风采及词艺的高超：

春色飘零。叹寂寞空斋，卷帙尘生。故人重访，忽破愁城。年来

---

① 毛先舒：《潠书》，卷一，北京图书馆藏清康熙刻思古堂十四种书本，《四库全书存目丛书》集部第210册，济南，齐鲁书社，1997年，第1版，第622页。
② 毛先舒：《潠书》，卷六，北京图书馆藏清康熙刻思古堂十四种书本，《四库全书存目丛书》集部第210册，济南，齐鲁书社，1997年，第1版，第732页。
③ 沈谦：《东江集钞》，卷七，清康熙十五年(1676)沈圣昭沈圣晖刻本，《四库全书存目丛书》集部第195册，济南，齐鲁书社，1997年，第1版，第250页。
④ 南京大学中国语言文学系《全清词》编纂委员会编：《全清词·顺康卷》，北京，中华书局，2002年，第1版，第1987页。
⑤ 王晫：《霞举堂集·松溪漫兴》，卷五，清康熙刻本，《清代诗文集汇编》编纂委员会编《清代诗文集汇编》第144册，上海，上海古籍出版社，2010年，第1版，第100页。
⑥ 施闰章：《施愚山先生学余文集》，卷七"诗文序"，清康熙四十七年(1708)刻本，《清代诗文集汇编》编纂委员会编《清代诗文集汇编》第67册，上海，上海古籍出版社，2010年，第1版，第62页。

到处逢迎。问西江游记,有多少、感动山灵。检行囊,似深藏玉采,漫掷金声。　新词更标幽艳,看若个双鬟,唱彻旗亭。意气倾人,风流名世,顿觉一坐皆惊。写银笺应遍,经题品、胜似丹青。且开怀、正小庭新绿,尚语残莺。①

此年六月,邹祗谟归里,将自己在西泠抄录的毛先舒文章,示以陈玉璂,陈玉璂刻入所辑《文统》中。陈玉璂《毛稚黄巽书序》:"癸丑冬,予游武林,侨寓西湖昭庆寺。越日,走访毛稚黄先生。稚黄病卧方起,语格格不吐,相与拜于床下。稚黄急出所著《巽书》,属予序。先是,稚黄曾属友见寄,浮沉莫可问。而亡友邹程村客武林时,尝手钞稚黄文数篇归。予见之,急刻入《文统》中,因叹才如稚黄而所见仅是。今得尽读之,乃大快。"②此后几年间,邹祗谟与沈谦、毛先舒一直以书信往来,但未尝晤面。

清康熙五年(1666)春,邹祗谟意欲直接往游江西九江,并告以毛先舒。毛先舒邀请其先至西泠,再去江西。毛先舒《潠书》卷六《与邹讦士书》云:"足下倘必欲西南向,仆何望哉?"③应指欲游江西事。清康熙六年(1667)春,邹祗谟第三次游西泠,晤沈谦、毛先舒、王晫等人,之后离开西泠,往游江西南昌。关于邹祗谟清康熙六年(1667)夏往游江西南昌之前的行踪和交游,蒋寅《清代词人邹祗谟行年考》(载《山西大学学报(哲学社会科学版)》2007年第3期)、沙先一和丁玲玲《邹祗谟著述和生平考论》(载《中国韵文学刊》2007年第4期),均付之阙如。又据李振裕《白石山房稿》卷五《远志斋文集序》关于邹祗谟的记载可资佐证:"程村之作豫章游也,过太湖,涉钱塘瀫水,经历须江楮溪而西。"④此处可补入《邹祗谟行年考》。

沈谦作《氐州第一·送邹程村之江西》以送:

万古钱唐,波浪涌雪,滔滔日夜东注。别酒淋漓,孤舟摇漾,残照

---

① 南京大学中国语言文学系《全清词》编纂委员会编:《全清词·顺康卷》,北京,中华书局,2002年,第1版,第6692页。
② 陈玉璂:《学文堂文集》,卷二,清康熙十二年(1673)刻本,《丛书集成续编》第155册,台北,新文丰出版公司,1988年,第1版,第316—317页。
③ 毛先舒:《潠书》,卷六,北京图书馆藏清康熙刻思古堂十四种书本,《四库全书存目丛书》集部第210册,济南,齐鲁书社,1997年,第1版,第732页。
④ 李振裕:《白石山房文稿》,卷五《远志斋文集序》,北京大学图书馆藏清康熙刻本,《四库全书存目丛书》集部第243册,济南,齐鲁书社,1997年,第1版,第406页。

第八章 明末清初西泠词人群体的交游与唱和

低云满路。执手方凄恻,人说潮平可渡。野鸭鸣沙,林蝉噪柳,更听柔橹。　十载相思能一晤。有无限、幽情难诉。流水空弹,凌云初就,怕蛾眉嫉妒。豫章城、星子县,堪纵目、襟吴带楚。倘遇秋鸿,寄书来、水天朝暮。①

此年秋,沈谦又作《玉女剔银灯·夜阅〈倚声集〉,怀邹程村》以寄思远在江西的邹祗谟:

天气初寒,楼外月华如雪。孤灯弄影,展卷空悲咽。词唱金荃,歌翻玉树,谁似风流英绝。梅花堪折。记分手、樱桃时节。　万丈庐山,梦来时、怕阻截。素书题就,见晓星窥阅。马去关河,人稀驿路,谁信雁鸿能说。神交但切。岂畏远离长别。②

丁澎《水调歌头·别邹讦士》一词,则作于清康熙六年(1667)秋天与邹祗谟在江西南昌相聚,复又分别之时:

相见十年后,狂客尽芦中。屈指使君与仆,时数论英雄。我道穷如元叔,君道愁如洗马。慷慨两心同。莫唱公无渡,挂席正西风。　裁金缕,翻象拍,酒初浓。红衫窄袖起舞,低唱俲伶工。昨日吴头楚尾,明日伯劳飞燕,今日莫匆匆。我去君犹在,独步任江东。③

总而言之,邹祗谟对于西泠词人群体,既有词学上的知遇之恩,又为同道益友,无论是《丽农词》《倚声初集》,还是词话《远志斋词衷》,都对西泠词人群体大有裨益。

(二) 恽寿平

恽寿平与西泠词人交游颇为频繁,但很少有人提及。恽寿平(1633—

---

① 南京大学中国语言文学系《全清词》编纂委员会编:《全清词·顺康卷》,北京,中华书局,2002年,第1版,第2017页。
② 按,此词后有沈谦自注:"程邨时客江西。"详见南京大学中国语言文学系《全清词》编纂委员会:《全清词·顺康卷》,北京,中华书局,2002年,第1版,第2009页。
③ 南京大学中国语言文学系《全清词》编纂委员会编:《全清词·顺康卷》,北京,中华书局,2002年,第1版,第3183页。

1690),初名格,字寿平,后以字行,改字正叔,号南田,精擅山水花卉,陆进曾以《踏莎行·寄恽正叔索画幛》,向其索画。从现有文献来看,恽寿平经常往来于毗陵与西湖之间,与陆进、俞士彪、沈谦、诸匡鼎、洪昇、李式玉、王晫、汪光被等人,均有交往雅集。俞士彪《一斛珠·同沈去矜夫子、恽正叔、诸虎男、洪昉思湖上小集》一词正是雅集时的唱和之作。恽寿平自杭州回毗陵时,李式玉、陆进、王晫分别作词以赠。其中李式玉《应天长·初春送恽正叔归毗陵》:

> 君家远在兰陵住。细雨春帆江上路。酒盈尊,天欲暮。满树梅花君又去。　问何时、还再聚。约在石榴红吐。又怕听残杜宇。西陵慵问渡。①

第二节　西泠与广陵、阳羡、浙西

相对于云间词派、柳洲词派、毗陵词人群体而言,广陵词坛、阳羡词派、浙西词派的形成时间要晚一些。此时,西泠词人群体不仅成员众多,历久不衰,并且在词学上也取得了一定的成就,在江南词坛已经拥有相当高的地位。所以广陵、阳羡、浙西词人,均与西泠词人群体有词学上的交游和互动。

一、与广陵词坛的交游

以清顺治十七年(1660)年春,王士禛任扬州推官为契机而形成的广陵词坛,既是清顺治、康熙之际词人的雅集之所,也是清初各个词派的词学观点交融之地。广陵词坛的词学观点,主要体现以下几点:一、以诗三百为词之起源的尊体论;二、婉约与豪放并举,北宋与南宋兼容的风格论;三、针对诗、词、曲不分的现状而提出的辨体论。这些词学观点,在很大程度上都与西陵词人持论有契合之处。同其他词人群体或词派相比,西陵词人群体与广陵词坛词人的词学交游更为频繁,交游的焦点则集中在广陵词坛

---

① 南京大学中国语言文学系《全清词》编纂委员会编:《全清词·顺康卷》,北京,中华书局,2002年,第1版,第2200页。

第八章　明末清初西泠词人群体的交游与唱和

的中心人物王士禛、王士禄、孙默、彭孙遹、吴绮、宗观、宗元鼎等人身上。

（一）王士禛和"红桥雅集"

清康熙三年(1664)春，张丹漫游广陵，王士禛与之结交，并招游平山堂。张丹《风入松》记载了这一时刻："东风吹散木兰桡。春色闹河桥。胜游俱集平山港，一丝丝、罗绮香飘。凫鸭栏边歌板，蒲葵亭外吹箫。　衍波才子把人招。诗压柳花娇。酒阑薄暮纱灯乱，待归去、满路光摇。处处红楼醉也，画帘明月初高。"[①]此年三月三日，张丹参加了由王士禛发起的"红桥雅集"修禊活动，在这次雅集中，张丹得与广陵词坛词人群体结识，如杜于皇、孙枝蔚、林茂之、程穆倩、许师六、孙默等人。

随后，张丹自广陵返西泠，并携王士禛致沈谦书信，兼赠书数种。沈谦以书答谢，其《与王阮亭》曰：

> 仆偃伏江左，蓬蒿满门，亦知济南有阮亭先生者。才大德隆，震铄一世，皆以为于鳞、稼轩再来，爱而不见，可胜反侧。岂意佐郡维扬，仅一江之限也。祖望南还，持足下书至，兼之名集种种，文气岸特，时辈罕俦。因知足下与辛、李二公亦偶同其地耳，而诗词品目宁遽逊之，仆不觉怃然有积薪之叹矣。《沁园》再奏，不足追步雅篇，聊寄相思，兼以请益。冰坚雪甚，欲渡无梁，未审何时得瞻矩范，续红桥之胜游也。[②]

并附次王士禛《沁园春》韵二首，遥寄相思之意，兼以此请益。沈谦《沁园春·寄赠王扬州阮亭，即用其偶兴韵》云：

> 不断长江，滚雪翻云，日夜东流。怪万里烟花，终沉伍剑，二分明月，先照隋钩。郡县劳人，文章绝世，斗大如何困一州。偏豪迈，在词中拜将，醉里封侯。　琼华寄我难酬。奈水满、芜城夜色浮。道执卷跨牛，其中有乐，腰钱骑鹤，此外何求。素札空传，玉箫谁教，泛泛还同

[①] 南京大学中国语言文学系《全清词》编纂委员会编：《全清词·顺康卷》，北京，中华书局，2002年，第1版，第1584页。

[②] 沈谦：《东江集钞》，卷七，清康熙十五年(1676)沈圣昭沈圣晖刻本，《四库全书存目丛书》集部第195册，济南，齐鲁书社，1997年，第1版，第250页。

沙际鸥。虚名误,但浓斟玉液,暖被貂裘。①

其二云:

羡尔高情,濯足淮河,振衣蜀冈。便眺览烟云,何妨薄宦,沉酣典籍,不愧清狂。骏马穿花,佳人雪藕,摘遍朱荷水一方。新歌奏,早声传北里,色艳东皇。　墨痕锦袖淋浪。但怅望、星桥有报章。任岁月驱驰,官中磨蝎,风尘黯黮,路上亡羊。一日不斋,百年浑醉,携手频游翰墨场。休回首,纵兰陵酒美,何处吾乡。②

自此,沈、王二人定交。沈谦还另有《菩萨蛮·戏和王阮亭使君题〈清溪遗事〉画册》一词。以"《清溪遗事》画册"为题作词,由王士禛于清康熙十八年(1679)首倡,邹祗谟、彭孙遹等人均有和作,沈谦此作,应是与广陵词人群体定交之后的追和之作。另外,王士禛还将沈谦词归为"词人之词"③,赞叹不已。需要指出的是,王士禛离开扬州,就官燕邸之后,对于西泠词人吴仪一、徐逢吉、洪昇等人亦非常推重,晚年作《寄怀西泠三子》诗曰:"稗畦乐府紫山诗,更有吴山绝妙词。此是西泠三子者,老夫无日不相思。"④

"红桥雅集"之于西泠词人群体的意义在于,它是西泠词人群体与广陵词坛词学交游的开端,自此,西泠词人群体的词学交游范围,不再仅仅囿于环太湖流域,而扩展至淮左名都,开拓了西泠词人群体的词学视野。另外,自两宋以来,西泠与扬州,一为词人胜地,如尤侗《问鹍词序》云:"西湖固词人胜地也。"⑤一为诗余之地,如尤侗《延露词序》云:"维扬固诗余之地。"⑥二者都是词家们的偏爱聚集之地,更是词学思想交汇融通的枢纽,而清代

---

① 南京大学中国语言文学系《全清词》编纂委员会编:《全清词·顺康卷》,北京,中华书局,2002年,第1版,第2021页。
② 南京大学中国语言文学系《全清词》编纂委员会编:《全清词·顺康卷》,北京,中华书局,2002年,第1版,第2022页。
③ 邹祗谟:《远志斋词衷》,唐圭璋编《词话丛编》,北京,中华书局,1986年,第1版,第656页。
④ 王昶编:《国朝词综》,卷十三"吴仪一"条,清嘉庆七年(1802)刻本。
⑤ 尤侗:《西堂文集》《西堂杂俎三集》,卷三,复旦大学图书馆藏清康熙刻本,《续修四库全书》集部第1406册,上海,上海古籍出版社,2002年,第1版,第417页。
⑥ 尤侗:《延露词序》,彭孙遹《延露词》,卷首,清康熙孙氏留松阁刻本。

初年的"红桥唱和",正式将二者巧妙地联系在一起,形成了一个在词学思想上各领风骚,自成体系,但同时又在人气上脉络贯通、互相推举的词学联盟。在清初词坛,广陵词坛是西泠词人群体交游最为频繁的群体,同时也是最为重要的词学同道。

(二) 王士禄

清康熙三年(1664),丁澎游扬州,与王士禄相遇。王士禄(1626—1673),字子底,号西樵山人,山东新城人。清顺治九年(1652)进士,选莱州府教授,迁国子监助教,擢吏部考功司主事,迁员外郎。清康熙二年(1663)典河南乡试,因罪下狱,事白,流寓吴越。著有《炊闻词》。据王先谦《东华录》"顺治十四年"条记载:"给事中朱绍凤劾奏河南主考官黄钲、丁澎进呈试录《四书》三篇,皆由己作,不用闱墨,有违定例。……丁澎亦著革职察议。"①同书"顺治十五年"条记载:"辛酉刑部议河南主考黄钲、丁澎违例更改举人原文作程文,且于中式举人朱卷内用墨笔添改字句。黄钲又于正额供应之外,恣取人蔘等物。黄钲应照新例籍没家产,与丁澎俱责四十板,不准折赎,流徙尚阳堡。命免钲、澎责,如议流徙。"②丁澎在尚阳堡磨砺五年,始得归乡。共同的贬谪经历,使丁、王人一见如故,不胜唏嘘。丁澎《梦扬州·邗上逢王考功西樵》:

公言愁。愁未了,我始言愁。总是愁城,何日破除方休。吴市里酒徒落魄,王生召我为俦。桓野笛,杨恽缶,并呼鼓史岑牟。　同作南冠楚囚。各相对唏嘘,亦复何求。散尽千金,一剑蒯缑空留。歌相乐、也因而泣,怎销磨、短发盈头。只落得,两人白眼,共醉扬州。③

在扬州,丁澎同时还与王士禛、邹祇谟、许师六、孙默、吴绮、宗观、宗元鼎等人结下了深交,并作有《凤楼仙·红桥夜玩》一词。丁澎离开扬州时,作《望远行·别王仪曹阮亭》一词以赠王士禛:"马度青门杨柳垂。此去倍

---

① 王先谦:《东华录》,"顺治十四年"条,上海古籍出版社藏清光绪十年(1884)长沙王氏刻本,《续修四库全书》史部369册,上海,上海古籍出版社,2002年,第1版,第427页。
② 王先谦:《东华录》,"顺治十五年"条,上海古籍出版社藏清光绪十年(1884)长沙王氏刻本,《续修四库全书》史部369册,上海,上海古籍出版社,2002年,第1版,第440页。
③ 南京大学中国语言文学系《全清词》编纂委员会编:《全清词·顺康卷》,北京,中华书局,2002年,第1版,第3183页。

堪思。旗亭炙酒唤红儿。教唱衍波词。　鹦武客,旧裁诗。竹西歌吹休迟。东方割肉细君知。芙蓉远黛照春瓷。回首红桥渡,洒酒对君时。"①另外,丁澎《扶荔词》中还有《天仙子·为许师六题像》《忆醉乡·送孙无言归黄山》《水龙吟·和宗鹤问送归原韵》等词作,均是丁澎与广陵词人交游的见证。清康熙九年(1670),宗元鼎在扬州评阅丁澎《扶荔词》,并为之作序,称其词"骨细肌柔",无愧"扶荔"之名②。

清康熙四年(1665)春,王士禄至湖上,与曹尔堪、宋琬三人有"江村唱和",并与西泠词人徐士俊、毛先舒等人有交游,如《炊闻词》中有《眼儿媚·和徐野君赠人韵》。另外,西泠词人徐士俊、陆进、王嗣槐等人也参与了评点王士禄《炊闻词》。

(三)孙默

孙默与西泠词人群体的交游,主要集中在《国朝名家诗余》的刊刻问题上。清康熙三年(1664),孙默在扬州刻邹祗谟《丽农词》、彭孙遹《延露词》、王士禛《衍波词》三家词,并寄赠给沈谦阅读。沈谦在书信《与邹程村》中论及三家词,倾慕之情溢于言表:"每读《三家诗余》,辄叹风流之美。阮亭就官燕邸,羡门与足下则近在数百里之内也。时欲扁舟一见,写其劳剧,而波驳雨䬃,动踰岁时,无能与足下敷衽论心,考宫商,数杯酌。终日怊怅,情何可言。"③随后,孙默在扬州向沈谦遥征其词以刻,沈谦便自选己作,编为《沈氏词选》以寄之,同时寄给邹祗谟审阅,但是不知何故,兹刻未有结果。对此,沈谦均有词以纪,其中《探春慢·孙无言征刻予词于扬州,遥有此寄》:

> 一树琼花,二分明月,扬州自古佳丽。杜牧曾游,何郎不再,试问风流谁继。才子飘零尽,还喜得、词编玑瑨,知音千古寥寥,能识高山流水。念我朱颜易老,奈江梦少花,洒笔成泪。浪许金荃,羞称玉树,何处更将愁讳。从此然脂夜,免冻了、春纤十指。虞生不恨,相逢竟须沉醉。④

---

① 南京大学中国语言文学系《全清词》编纂委员会编:《全清词·顺康卷》,北京,中华书局,2002年,第1版,第3171页。
② 丁澎:《扶荔词》,卷首,清康熙十年(1671)刻本。
③ 沈谦:《东江集钞》,卷七,清康熙十五年(1676)沈圣昭沈圣晖刻本,《四库全书存目丛书》集部第195册,济南,齐鲁书社,1997年,第1版,第250页。
④ 南京大学中国语言文学系《全清词》编纂委员会编:《全清词·顺康卷》,北京,中华书局,2002年,第1版,第2018页。

第八章　明末清初西泠词人群体的交游与唱和

此词后附沈谦自注曰："无言尝刻邹程村、彭羡门、王阮亭三家诗余。"①同时，孙默亦向毛先舒征求词作，先舒以《答孙无言书》谢却，曰：

> 然小词历落疏纵，当其神来，亦复自喜，豪苏腻柳，总付水滨。后有嗜痂之人，当必有好之者。今人论文，每云某家某派，不知古人始即临模，终期脱化，遗筌舍筏，掉臂孤行，盘礴之余，亦不知其所从出。初或未尝无纷纷同异，久之论定，遂更尊之为家派耳。古来作者率如此。规规然奉一先生而株守之，不堪其苦矣。足下解人，闻此或必有当心处，故相为陈之，仆词不足道也。②

孙默除了向沈谦、毛先舒征集词作之外，还计划刊刻西泠词人严沆、朱一是的词集。这说明，孙默对西泠词人的词学造诣颇为肯定，并将其归入清初词坛名家之列。遗憾的是，由于种种原因，《国朝名家诗余》已刻十八家词中，并无西泠词人的词集。清康熙四年（1665）秋，孙默漫游西泠，与宋琬、王士禄、毛先舒、王嗣槐、王丹麓、陆进、章昞等雅集于孤山放鹤亭，并有诗词酬唱，陆进《同宋荔裳、林铁崖、王西樵三先生，暨孙无言、陈集生、毛稚黄、王仲昭、丹麓、张效青、步青、邺仙、章天节、沈禹诚、弟高仲，集孤山放鹤亭，同作放鹤亭歌》③一诗，可资为证。

（四）彭孙遹

彭孙遹（1631—1700），字骏孙，号羡门，别号金粟山人，浙江海盐人，著有《延露词》《金粟词话》。彭孙遹词，以绮丽艳情著称，这与西泠词人沈谦的词学观念不谋而合。因此，沈谦得读孙默所赠三家词后，对彭逊遹《金粟词》极为称道，并有多首和作。沈谦《东江集钞》中有《惜秋华·秋思，次彭金粟韵》《行香子·赋恨，次彭金粟韵》二词，均是此类作品。另外，彭孙遹与西泠词人金长舆也有唱和，有《沁园春·和韵，答金峤庵》：

---

① 南京大学中国语言文学系《全清词》编纂委员会编：《全清词·顺康卷》，北京，中华书局，2002年，第1版，第2018页。
② 毛先舒：《潠书》，卷七，北京图书馆藏清康熙刻思古堂十四种书本，《四库全书存目丛书》集部第210册，济南，齐鲁书社，1997年，第1版，第738—739页。
③ 陆进：《巢青阁集》，卷四，清康熙刘愫等刻本，《四库未收书辑刊》8辑20册，北京，北京出版社，1997年，第1版，第173页。

443

往古来今，如许英雄，钟鼎旗常。尽飘风冷雨，余声销灭，寒烟蔓草，陈迹苍茫。南顾昆明，东瞻闽越，二十年来一战场。到今日，喜丰年多黍，兵气销光。　溪山老我何伤。且买醉、时探肘后囊。须我歌若舞，乌乌击缶，倡予和汝，款款飞觞。仆射不如，尚书不顾，羯鼓频催不记行。才倾倒，早一轮红日，涌上扶桑。①

二、与阳羡词派的交游

据严迪昌先生《阳羡词派研究》，阳羡词派以其"力尊词'意'的本体功能论、独崇真情的风格兼容论、情韵兼求的声律观"②，而在清初词坛独树一帜。同时，这些词学观在西泠词人那里，都能找到相似之处。那么，对于早已在词坛声名鹊起的西泠词人群体，阳羡词人又持何种态度呢？陈维崧在为曹亮武所作《荆溪词初集序》中将西泠词人群体与云间词人、松陵词人、魏里词人并称为"词场卓荦者"③，为一时之盛，欲仿效他们编撰词选；万树《词律发凡》则对沈谦《词韵》评价甚高："词之用韵，较宽于诗，而真侵互施，先盐并叶，虽古有然，终属不妥。沈氏去矜所辑，可谓当行，今日俱遵用之，无烦更变。"④

清康熙二十五年(1686)蒋景祁《瑶华集》付梓，共收明末清初词人507家，其中浙江词人有145家，西泠词人则有60家，约占全书所收词人的百分之十二。蒋景祁还托吴逢原携《瑶华集》至西泠以赠陆进，陆进赋《一寸金》以谢，述及三人的交谊，并兼寄近集。吴逢原，字枚吉，江苏宜兴人，与陈维崧等同选《今词苑》。陆进《一寸金·兰陵蒋京少选〈瑶华集〉，滥收余词。吴枚吉携以见惠，赋谢京少，兼寄近集》词云："曾到澄江，拟向兰陵探春色。好与君把袂，酒浮桑落，茶烹阳羡，倚声弄笛。月挂梧千尺，主人去、潇湘作客。回船转，看罢樱桃、高卧西泠自扪虱。　有友乘流，轻风吹送，瑶华载新集。倚雕阑、细读琳琅，满目金荃兰畹，一齐甄识。燕石惭非玉。

---

① 南京大学中国语言文学系《全清词》编纂委员会编：《全清词·顺康卷》，北京，中华书局，2002年，第1版，第5937页。
② 严迪昌：《阳羡词派研究》，济南，齐鲁书社，1993年，第1版，第92—113页。
③ 曹亮武：《荆溪词初集》，卷首，清康熙南耕草堂刻本。
④ 万树：《词律》，卷首，据清光绪二年本影印，上海，上海古籍出版社，1984年，第1版，第18页。

第八章　明末清初西泠词人群体的交游与唱和

与昭华、却同收拾。感知音,重寄缄藤,再茸琼文笈。"①

另外,与邹祗谟、王士禛《倚声初集》将沈谦《词韵略》作为附编收录一样,蒋景祁在《瑶华集》"卷附二"也收录沈谦《沈氏词韵略》一卷。蒋景祁《刻〈瑶华集〉述》云:"词韵比诗稍通,宋人填写太无纪律,如有宥之通语虞,五歌之通六麻,泛引博取,流弊无极,名家或所不免。沈去矜氏谦《韵略》折衷最当,后之作者宁严毋宽,虽不能上守休文,亦不应颓唐自放也。"②此外,蒋景祁在《瑶华集》"卷附二"中将毛先舒、毛奇龄二人关于沈谦《沈氏词韵略》的批评一并录入,一方面同意毛先舒对《沈氏词韵略》的肯定意见,认为《沈氏词韵略》有大功于词史,另一方面极力反驳毛奇龄否定《沈氏词韵略》的言论。蒋景祁认为:"西河洞晓音律,为词学宗师,其推驳宋韵,严辨出入,至精且晰。然以去矜之书为不必作,则又矫枉过其正矣。夫谓音声比合,随俗调叶,虽不知词者,晓之似也。而五方言语,各从其乡,不以中州为准的,则彼此参错岷峨,滥觞其流,将不可止,岂非词学之忧乎?去矜之书,盖重有忧也。斥去矜之书,而听之时俗之揣度,譬之因噎而废食也。"③

此外,明末清初西泠词人群体与阳羡词派成员在词的创作与品评等方面,也有频繁的学习和探讨。如阳羡词派吴逢原与西泠词人王晫,就属于这种情况。王晫有《汉宫春·题吴枚吉〈红蕉词〉》一词云:"青镂舒华,看剡溪藤上,幅幅霞光。红蕉新句,尽可收尽春阳。词源喷玉,费心情、刻羽流商。君到此,知音竞赏,一时传遍词场。　总是弘才无敌,要提将秦柳,压倒苏黄。燃脂更烦瞑写,珍重缥缃。风流酝藉,料千秋、翰墨生香。须再遣,双鬟按拍,从今不数霓裳。"④下文将以陈维崧、徐喈凤为代表,探讨西泠词人群体与阳羡词派的交游。

(一)陈维崧

陈维崧(1625—1682),字其年,号迦陵,宜兴人。陈维崧与"西泠十子"均曾师事陈子龙门下,据马祖熙《陈维崧年谱》,明崇祯三年(1630)陈维崧

---

① 张宏生编:《全清词·顺康卷补编》,南京,南京大学出版社,2008年,第1版,第794页。
② 蒋景祁编:《瑶华集》,卷首,清康熙二十五年(1686)刻本,《续修四库全书》集部第1730册,上海,上海古籍出版社,2002年,第1版,第9页。
③ 蒋景祁编:《瑶华集》,卷末附录二,清康熙二十五年(1686)刻本,《续修四库全书》集部第1730册,上海,上海古籍出版社,2002年,第1版,第386页。
④ 南京大学中国语言文学系《全清词》编纂委员会编:《全清词·顺康卷》,北京,中华书局,2002年,第1版,第6690页。

六岁时,陈子龙举乡试,游宜兴,寓陈贞慧家中,贞慧延请陈子龙为陈维崧启蒙老师,月余而去[①];明崇祯十二年(1639)冬,陈维崧十五岁时,尝学诗于陈子龙[②];明崇祯十三年(1640)年八月,陈子龙赴绍兴任推官[③]。而"西泠十子"从陈子龙学诗,则在陈子龙任绍兴推官以后。以毛先舒为例,据毛奇龄《毛稚黄墓志铭》所记:"(毛先舒)十八岁著《白榆堂诗》,镂之版。华亭陈子龙为绍兴推官,见而咨嗟,于其赴行省,特诣君。君感其知己,师之。时复有《歇景楼诗》质子龙,子龙为之序。后因过绍兴,谒子龙官署。"[④]其他西泠诸子师事陈子龙,亦大约在此时。因此,虽然陈维崧与"西泠十子"曾先后师事陈子龙,但并没有机会定交。

陈维崧与西泠词人毛先舒、陆圻、吴百朋、张丹、孙治等"西泠十子"正式定交,当在清顺治十二年(1655)陈维崧游杭州之时。陈维崧《湖海楼诗集》卷一甲辰有《广陵赠陆景宣》一诗,曰:"昔年见子西陵陲,吹箫挟弹相追随。吴质雅能好声伎(锦雯),毛苌只解谈声诗(驰黄)。钱塘门外北风大,四人蹑臂上床卧。夜半鸡鸣非恶声,吾为楚歌若且和。吴毛一别八九年,传闻落魄真可怜。陆生药囊提在手,杖头亦少青铜钱。陈郎连岁客江浒,乞食为佣更辛苦。"[⑤]按,此诗作于清康熙三年甲辰(1664),上溯九年,"昔年"应为清顺治十二年乙未(1655)。

清康熙十四年(1675)年,毛先舒有《与陈其年书》云:"阔别者二十载,每怀昔游,与足下偕锦雯、祖望西湖之楼,脱略盘礴,辩锋互起,旁坐者惊以为哄斗,已乃相视而笑,命酒如初。此时风调,视谓寻常,于今追之,邈不可得,其为怅恨,可胜遒哉!日接手札,恍如对面,不啻旧欢之复聚也。"[⑥]另外,张丹《张秦亭诗集》卷三也有《湖上访陈其年不遇,过南屏于浦口相值》一诗。可知,陈维崧与西泠词人之间的关系,既是亲密无间的挚友,也是

---

① 马祖熙:《陈维崧年谱》,"崇祯三年"条,上海,上海古籍出版社,2007年,第1版,第7页。
② 马祖熙:《陈维崧年谱》,"崇祯十二年"条,上海,上海古籍出版社,2007年,第1版,第21页。
③ 马祖熙:《陈维崧年谱》,"崇祯十三年"条,上海,上海古籍出版社,2007年,第1版,第23页。
④ 毛奇龄:《西河文集》,《西河合集》之《墓志铭》卷九,《清代诗文集汇编》第88册,上海,上海古籍出版社,2010年,第1版,第53页。
⑤ 陈维崧:《湖海楼诗集》,卷一甲辰,《四部丛刊初编》所收上海涵芬楼藏患立堂刊本。
⑥ 毛先舒:《思古堂集》,卷二,北京图书馆藏清康熙刻思古堂十四种书本,《四库全书存目丛书》集部第210册,济南,齐鲁书社,1997年,第1版,第805页。

第八章 明末清初西泠词人群体的交游与唱和

"辩锋互起"的诤友。虽然陈维崧一生饥驱四方,但是他与西泠词人群体之间的交往,并没有因此而中断,而是保持着紧密的联系。从现存文献来看,陈维崧与西泠词人群体中的先导期、发展繁荣期、余波期词人,均有交游。

先看陈维崧与西泠词人群体先导徐士俊的交往。清顺治十八年(1661)秋,徐士俊、王晫游阳羡,陈维崧因浪迹梁溪,未得一晤。陈维崧曾作《春从天上来》一词,抒写遗憾之情:

> 烟月杭州。记徐卓当年,诗酒风流。水市露井,桂桨莲舟。老铁吹裂龙湫。奈十年一梦,断桥上、落叶飕飕。恨年来,只无情皓月,犹挂湖头。　王郎清歌绝妙,邀白发词人,同下长洲。瑟瑟丹枫,濛濛白雁,秣陵总不宜秋。叹龙峰归后,人去远、烟缆难留。漫登楼。数枝残菊,还替人愁。①

可知,对于卓人月、徐士俊当年的词采风流,陈维崧是持仰慕态度的。

陈维崧与西泠词人群体中发展繁荣期词人的交往,主要是以"西泠十子"为代表。前已述及,陈维崧与"西泠十子"定交于清顺治十二年(1655)。此后,陈维崧与"西泠十子"的相聚,均是在颠沛流离的旅途之中。清康熙十三年(1674),陈维崧曾游杭。清康熙十四年(1675)年,毛先舒以书相询,寄所著《匡林》请为厘正,并为所绘晓霁图请题。《与陈其年书》云:"闻去岁到杭,过寻不获,独行湖头,徘徊而去,良晤阻遥,怆焉累日。……近刻《匡林》一帙送去,相知定文,舍君谁属?幸大加绳削,定不嫌之。晓霁图想像入妙,此道久不搦管,勉尔为题,粗疏唐突,恐不足益髯之颊三毫耳,一笑。"②

清康熙三年(1664)十一月,陆圻游广陵,遇陈维崧。陈维崧以《广陵赠陆景宣》赠陆圻,述及昔日在西泠与陆圻、吴百朋、毛先舒的交游情况,唏嘘不已。

清康熙六年(1667)二月,陈维崧游吴门,听闻丁澎亦在吴门,恨不得一见,以《疏影》一词寄怀;待与丁澎相见后,陈维崧喜极而赋《贺新郎》:

---

① 南京大学中国语言文学系《全清词》编纂委员会编:《全清词·顺康卷》,北京,中华书局,2002年,第1版,第4156页。

② 毛先舒:《思古堂集》,卷二,北京图书馆藏清康熙刻思古堂十四种书本,《四库全书存目丛书》集部第210册,济南,齐鲁书社,1997年,第1版,第805页。

生入榆关鞴。记曾尝、锦州银鼠,辽河鲜鲊。雪窖羝羊天万里,雁足帛书谁射。长梦汝、李陵台下。头白如今归故国,见人民、城郭心惊怕。携瓢笠,无牵挂。　断桥十里荷香酒。恰晴湖、乱余西子,蛾眉重画。一笑风前齐得丧,世事塞翁之马。稽首谢、狮王棒打。落拓苏台知己少,只青山、尚似当时者。杯正绿,掌堪藉。①

又作《哨遍·酒后柬丁飞涛,即次其赠施愚山韵》：

大叫高歌,脱帽骧呼,头没酒杯里。记昨年、马角未曾生,几唤公为无是。君不见庄周,漆园傲吏,洸洋玩弄人间世。又不见信陵,暮年失路,醇酒妇人而已。为汝拔剑上崦嵫,令虎豹君门勿然疑。古人有云,虽不得肉,亦且快意。　君言在辽西,大鱼如阜海无际。饥咽冬青子,雪窖人、聊复尔。土炕夜偏长,烛花垄涌,琵琶帐外连天起。更万里乡心,三更雁叫,那不愁肠如醉。我劝君、莫负赏花时。幸归矣、长嘘复奚为。算人生、亦欲豪耳。今宵饮博达旦,酒三行以后,汝为我舞,吾为若语,手作拍张言志。黄须笑捋凭红肌。论英雄、如此足矣。②

丁澎遭难以后,昔日故交大多与之疏离,仅有陈维崧、王士禄、宋琬、王士禛、尤侗、梁清标等人,依然与之保持旧谊。而陈维崧的这些词作,以慷慨淋漓的肺腑之言,和感同身受的动情之语,给丁澎以难得的慰藉。清康熙六年(1667)三月,丁澎去吴,往游毗陵,陈维崧赋诗《吴门晤丁飞涛即送其之毗陵》以赠行："吴地逢君草色新,若为送客更伤神。玉关纵入形容老,锦瑟才弹涕泪频。水尽南天连驿路,莺啼北郭搅离人。兰陵镇上须回首,我在姑苏已暮春。"③清康熙八年(1669),丁澎游山东青州,登望春楼,睹蔓

---

① 南京大学中国语言文学系《全清词》编纂委员会编:《全清词·顺康卷》,北京,中华书局,2002年,第1版,第4240页。
② 南京大学中国语言文学系《全清词》编纂委员会编:《全清词·顺康卷》,北京,中华书局,2002年,第1版,第4284页。
③ 陈维崧:《湖海楼诗集》,卷二丁未,《四部丛刊初编》所收上海涵芬楼藏患立堂刊本。

第八章 明末清初西泠词人群体的交游与唱和

草零烟,不胜华清宫阙之感,因作《玉女摇仙珮》一词。① 陈维崧评此词曰:"津阳门外,奉诚园里,何必身到此间,令人增蔓草零烟之感,药园移我情矣。"②

陈维崧与西泠词人群体余波期词人的交游,从时间上而言,在清康熙十八年(1679)进京赴博学鸿辞试以后,其中主要以吴仪一为代表。前已经述及,吴仪一性情狂放,其词风类似苏辛。毛先舒《题吴舒凫诗余》评价吴词风格云:"舒凫托怀豪逸,笔与兴俱,填词亭亭矫矫,兀傲乎不可遏,余尝读而壮之。"③这都与陈维崧的品性、词作风格相类,因此二人在词学上颇为投缘。据吴仪一《付雪词三集序》记载,清康熙十八年(1679)秋,吴仪一客居燕市,曾与陈维崧论及填词:

> 因更忆在燕邸,同阳羡陈迦陵论填词,时雨过骤凉,垂帏篝灯。迦陵言南北宋词人正变妍媸,较如数指上文。而予谓以宋求词,词勿工也。夫词,必裁之风骚,以洁其体;参之汉魏六朝乐府,以通其情;采之初盛,以和其声而张其气;熟之中晚,以安其字。至金元人曲剧,逗秦柳二七之余波者,不可不知而避之。若以宋师片玉者,仅得尧章,学白石者,流为浩澜,格斯下矣。迦陵掀髯大笑起舞。予披帷视日,已照西阤屋内,灯犹荧荧也。嗟夫,今迦陵化为异物,旧游邈然,而茝思词格益工。④

另外,陈维崧在京时,曾以《迦陵填词图》向文人名流遍索题词。西泠词人群体中,有多位词人和作:洪昇为作《集贤宾》散套,吴仪一为作《贺新郎》一阕,高士奇为作《渔家傲》一阕,陆繁弨为作《点绛唇》一阕,毛先舒为作《木兰花慢》一阕,吴农祥为作《风流子》一阕、《凤凰台上忆吹箫》一阕和《沁园春》三阕,徐林鸿为作《沁园春》两阕。其中毛先舒《木兰花慢·题迦

---

① 冯金伯:《词苑萃编》,卷十七,唐圭璋编《词话丛编》,北京,中华书局,1986年,第1版,第2123页。
② 丁澎:《扶荔词》,卷三,清康熙十年(1671)刻本。
③ 毛先舒:《东苑文钞》,卷上,北京图书馆藏清康熙刻思古堂十四种书本,《四库全书存目丛书》集部第211册,济南,齐鲁书社,1997年,第1版,第7页。
④ 陆进:《巢青阁集诗余》,卷首,清康熙刻本,张宏生编《清词珍本丛刊》第9册,南京,凤凰出版社,2007年,第1版,第861—862页。

陵先生填词图》：

> 生绡何太腻滑，刺煞紫毫端。便写来、落落萧疏神韵，懒嫚衣冠。长髯飘动数尺，是风尘之外一仙官。却恨襕边行尽，添修竹千竿。
> 多年不访太湖山。望断五云湾。想填词未阕，看花眼皱，咽酒肠宽。含商嚼徵入妙，问此中、还有几声酸。心惜美人持拍，莫教纤指多寒。①

毛先舒此词，将陈维崧的飘逸风姿与慷慨词风概括毕尽。

清康熙十九年（1680），毛先舒接陈维崧信札，被嘱咐为其骈体文集作序，毛先舒亦请陈维崧为《填词图谱》作序。毛先舒《与吴志伊书》云："仆庚岁山中，接其年札，谓拟刻骈体百篇，要仆序之，仆亦烦其作《填词》序。嗣后通书者再，未尝不谆谆问此也。"②清康熙二十一年（1682）五月七日，陈维崧卒于京邸，年五十八，洪昇作《哭陈其年检讨》痛悼曰："相逢白首未嫌迟，谁料黄垆永别离。地下那能偿旧序，人间何处乞新词。开尊东阁看花夜，飞盖西园踏月时。犹记先生相对语，好风吹动万茎髭。"③此年秋，毛先舒作《陈其年骈体序》，八月付邮入燕，此时才闻知陈维崧已在五月离世，悲痛不已。毛先舒《与吴志伊书》："仆于去秋操觚，完此宿诺。八月缄书并序，邮入燕邸，而闻其在五月中即世，伤哉！计仆文脱稿时，则其年撤瑟，已九十余日矣。"④

从清顺治十二年（1655）至清康熙二十一年（1682），陈维崧与西泠词人群体之间的交往，整整持续了近三十年，是所有与西泠词人有交往的词人中持续时间最长的。陈维崧之于西泠词人群体中的先导期、发展繁荣期和余波期词人，有着非同寻常的意义。陈维崧对于西泠词人群体的先导者如徐士俊，持以尊敬和钦慕的态度；对于以"西泠十子"为代表的发展繁荣期

---

① 南京大学中国语言文学系《全清词》编纂委员会编：《全清词·顺康卷》，北京，中华书局，2002年，第1版，第534页。
② 毛先舒：《思古堂集》，卷二，北京图书馆藏清康熙刻思古堂十四种书本，《四库全书存目丛书》集部第210册，济南，齐鲁书社，1997年，第1版，第805页。
③ 洪昇著，刘辉笺校：《洪昇集·稗畦集》，杭州，浙江古籍出版社，1992年，第1版，第342页。
④ 毛先舒：《思古堂集》，卷二，北京图书馆藏清康熙刻思古堂十四种书本，《四库全书存目丛书》集部第210册，济南，齐鲁书社，1997年，第1版，第805页。

第八章　明末清初西泠词人群体的交游与唱和

词人,则视为患难之交和词学良友;对于以吴仪一为代表的余波期词人,则以包容的心态,时时加以鼓励和提携。而以陈维崧为代表的阳羡词派,也将西泠词人群体一直倡导的稼轩词风张扬到极致,完全打破了明代以来婉约词风一统词坛的局面,为清词的繁荣扫清了阴霾。

(二) 徐喈凤

陈维崧的好友和词学同道徐喈凤,与西泠词人群体中的徐士俊、王晫、陆进均为好友,有着亲密的交游。徐喈凤,字竹逸,江苏宜兴人。明天启二年(1622)生。清顺治十五年(1658)进士,官至云南永昌府推官,清康熙十八年(1679)以"奏销案"降调,告归。著有《荫绿轩词》初集、续集。

清顺治十八年(1661)秋,徐士俊、王晫游阳羡,得晤徐喈凤,徐喈凤作《蕙兰芳引·武林王丹麓同家野君见访》以志喜:

> 曾到圣湖泛,青雀满斟醽醁。念公等多情,酣倚画阑歌曲。一从别后,每梦绕、万花书屋。纵几番尺素,怎似西窗剪烛。　五柳霜凋,双扉风冷,客叩吾竹。喜青眼如前,添得新词一束。灯花频结,应留信宿。期首春重会,六桥三竺。①

从词意可知,徐竹逸同西泠词人群体定交,当在清顺治十八年(1661)秋以前,且宴乐欢如,陆嘉淑有《多丽·湖上赠徐竹逸喈凤》以记:

> 爱明湖,晚来千顷秋清。更雾髻、云鬟不定,吴山鹫岭南屏。遥天拉、三层西竺,轻绡卷一片孤城。红糁江枫,青留岸草,百年风景见升平。高低绕、名园别墅,处处倚雕楹。笙歌妁、寻芳拾翠,棹棠纵横。　待重来、山川如昨,一尊寂寞频倾。戍烟空、横飘断角,山钟暗怒吼霜鲸。紫燕空归,塞鸿不断,西风紧处听残莺。还应懒、登临宴集,相向写幽情。高吟罢、客归人醉,纤月初生。②

---

① 南京大学中国语言文学系《全清词》编纂委员会编:《全清词·顺康卷》,北京,中华书局,2002年,第1版,第3066页。
② 南京大学中国语言文学系《全清词》编纂委员会编:《全清词·顺康卷》,北京,中华书局,2002年,第1版,第506页。

此后,徐竹逸经常与他们有新词相寄。王晫也时时有忆徐喈凤,其《鹧鸪天·坐雨忽忆徐竹逸》:

　　云压重檐暗不开。廉纤积雨长莓苔。遣愁聊自亲书卷,寻兴何人共酒杯。　湖海气,凤麟才。那堪投老客天涯。南州到处应留榻,浪阔难随好梦来。①

此词在对徐竹逸的人品和才学深为叹服的同时,又对其因"奏销案"牵连而罢归深为同情。另外,陆进也曾游阳羡,与徐竹逸同饮,其《越溪春·同友人饮徐竹逸荫绿轩》中有"雪儿一曲尊前,暗自惜年华。长念良朋难会,当兹清夜,拼醉为佳。明日锦帆江上,相忆各天涯"②之句。

三、与浙西词派的交游

浙西词派形成于清康熙十八年(1679)的北京,此时明末清初西泠词人群体正处于其余波期,依然引领西泠一地词风。西泠,从地域而言,位于钱塘江以西,即浙西地区。此浙西与浙西词派之"浙西",意义并不相同。浙西词派以"浙西"自名,仅因为词派中的几位代表性词人是浙西人,并不代表清初浙西地区所有词人,包括西泠词人群体,都已经皈依到其门下。在浙西词派初期的几位重要词人中,只有龚翔麟是西泠人,但是,他年少便跟随朱彝尊游谒四方,并未真正在西泠词坛留下过足迹,亦未与西泠词人群体有过交往。

从清康熙十八年(1679)浙西词派在北京成立,至清康熙六十年(1721)徐逢吉与厉鹗定交,共有四十余年。期间,西泠词派与浙西词派,形成南北对峙之势,它们在地域上相距遥远,词人之间的交游非常有限,西泠词人只有在漫游京都时,才会与浙西词人发生互动。所以,浙西词派以朱彝尊为领袖的时期,对西泠词人群体的词学观念和创作风格虽有影响,但效果不大;直至浙西词派中期厉鹗的出现,才在真正意义上对西泠词人产生吸引。

本书将以浙西词派发轫期、前期、中期的三位领袖人物——曹溶、朱彝

---

① 南京大学中国语言文学系《全清词》编纂委员会编:《全清词·顺康卷》,北京,中华书局,2002年,第1版,第6675页。
② 南京大学中国语言文学系《全清词》编纂委员会编:《全清词·顺康卷》,北京,中华书局,2002年,第1版,第4337页。

第八章 明末清初西泠词人群体的交游与唱和

尊和厉鹗为代表,探讨西泠词人群体与浙西词派的交游情况。

(一) 曹溶

曹溶(1613—1685),字洁躬,号秋岳,一号倦圃。浙江秀水人。曹溶是明末清初词坛最为德高望重的耆宿之一,与西泠词人群体中的徐士俊、查继佐、徐之瑞、陆冰修、胡介、金梦蜚、陆进、章昞等人均有交游,深得西泠词人群体的敬重。曹溶一生曾数次来游西泠,并与西泠词人群体交游,其中有明确时间可考的有四次,第一次为清顺治十八年(1661),第二次为清康熙六年(1667)赴任山西按察使之前,第三次为清康熙七年(1668),第四次为清康熙九年(1670)。阳羡词人徐喈凤《最高楼·湖上喜晤曹秋岳先生》一词,真实地记录了曹溶与西泠词人交往的风雅场景:"西湖上,词客集琳琅。七步让陈王。雨丝飞着笺纹润,荷风飘入笔花香。喜相逢,心莫逆,重文章。　也莫问、白香山的友。也莫问、苏东坡的柳。勤唱和,且徜徉。风流尽可追皮陆,放舟同醉藕花塘。水波中,山影里,乐洋洋。"[1]而西湖之滨的米山堂,也曾是曹溶与西泠词人的雅集宴饮之所。

清康熙六年(1667),曹溶在备兵山西大同之前,来游西泠,徐士俊作《一剪梅·赠曹秋岳先生备兵山右》以赠:

　　三晋云山似画图。情重西湖。梦绕京都。春风细柳景堪娱。虎豹喑鸣。莺燕歌呼。　千里金城大雅扶。文采欧苏。韬略孙吴。蒲萄美酒拥貂狐。异政花敷。高谊霞铺。[2]

另外,陆嘉淑也作《贺新郎·同胡彦远介送曹秋岳先生溶》以赠行,还有《青玉案·寿曹秋岳先生溶》一词:

　　锦裘横带开清啸。看磊落、英雄表。廿载人间功业邵。司农卿二,台端独坐,犹是人年少。　词场又见阳春调。文章不碍经纶妙。

---

[1] 南京大学中国语言文学系《全清词》编纂委员会编:《全清词·顺康卷》,北京,中华书局,2002年,第1版,第3064页。

[2] 南京大学中国语言文学系《全清词》编纂委员会编:《全清词·顺康卷》,北京,中华书局,2002年,第1版,第166页。

453

谱乘何人堪并较。平原子建,济阳武惠,合并千秋妙。①

二词均对曹溶的品德和词才,敬慕有加。除此之外,西泠词人还有数首词作,记录了与曹溶唱和酬答的盛况,如徐之瑞有《蓦山溪·戊申孟夏,同年钱尔斐,招同曹秋岳、金梦蜚、张士至湖中小集》《探春慢·庚戌初夏,同曹秋岳湖上看莺粟花,因忆昔年冯氏园亭燕集,追悼金梦蜚,凄然有作》《琵琶仙·壬子孟冬,过访秋岳述旧,明日嘱予同适吴门,余舟先发,因和来韵答之》,陆嘉淑有《念奴娇·和曹秋岳溶别胡旅堂介韵》《千秋岁·和曹秋岳溶为林铁崖嗣环赠侍儿邓猷》,王晫有《摸鱼儿·曹秋岳侍郎招饮米山堂即事分赋,时有校书在座》,陆进有《摸鱼儿·曹秋岳侍郎招同人集米山堂,座有钱校书》《摸鱼儿·同人再集米山堂,次曹秋岳侍郎韵》等。

(二) 朱彝尊

浙西词派的形成时间较晚,而朱彝尊(1629—1709)作为浙西词派的领袖人物,与西泠词人群体有交游亦十分有限,据现存资料来看,西泠词人群体成员中,与朱彝尊有词学交游的,主要有诸九鼎、陆次云、查容三人。

其实,在清康熙十八年(1679)浙西词派形成之前,朱彝尊已经与西泠词人胡介、诸九鼎、张丹有交游,但此时的交游,并不涉及词学。据杨谦《朱竹垞先生年谱》,在清康熙十八年(1679)以前,朱彝尊曾数次往游西泠,其中最早一次与西泠词人产生交游的,则是清顺治十八年(1661)夏。其时,朱彝尊与曹溶同游西泠,寓西湖昭庆寺,与西泠词人胡介、诸九鼎等雅集赋诗②。西泠词人张丹(1619—1687)有《朱锡鬯》一诗,云:"鹤鹭翔京邑,皓皓玉为颜。鹤兮向北留,鹭兮向南还。一别燕吴远,寸心无江关。每思知己意,晤言愿田间。"③此诗记载了张丹年轻时北游京邑,与朱彝尊相遇并定交一事,又据杨谦《朱竹垞先生年谱》,朱彝尊于清康熙三年(1664)八月

---

① 南京大学中国语言文学系《全清词》编纂委员会编:《全清词·顺康卷》,北京,中华书局,2002年,第1版,第513页。
② 杨谦:《朱竹垞先生年谱》,"顺治十八年"条,《北京图书馆藏珍本年谱丛刊》第79册,北京,北京图书馆出版社,1999年,第1版,第497—499页。
③ 张丹:《张秦亭诗集》,卷三"寄怀三子"其一"朱锡鬯",南京图书馆藏清康熙石甑山房刻本,《四库全书存目丛书》集部第210册,济南,齐鲁书社,1997年,第1版,第510页。

游京都①。可知,二人定交于清康熙三年(1664)八月。

　　清康熙十八年(1679),随着《浙西六家词》的刊刻,浙西词派正式成立于京都,朱彝尊遂成为词派领袖,声名鹊起。而此时,西泠词人群体中一些成员如诸九鼎、陆进、陆次云、查容等人,此时也在京都游谒,自然与朱彝尊有所交游。在朱彝尊的词作中,有五首赠送西泠词人的作品,如《水调歌头·送诸骏男赴楚抚幕》《金缕歌·得诸骏男楚中书,订移家就长水之约,集句酬之》《醉花间·送王古直还西湖》《迈陂塘·题查韬荒词集》《满江红·送陆云士宰江阴》等。如清康熙二十四年(1685)秋,陆次云起复江阴知县,朱彝尊以《满江红·送陆云士宰江阴》词赠行:

　　　　仙令行时,正柿叶、翻红满村。易州酒、菊英泛泛,细注离樽。恰值蠲租新诏下,先教凫舄指南云。问桥东、青竹马骑来,凡几群。　　君山翠,堆县门。香湾白,流树根。任垂帘清昼,谱曲黄昏。十里秋花春桂粒,一痕春水上河豚。判明年、小舫练江头,吟对君。②

　　词末"判明年、小舫练江头,吟对君"二句,道出朱彝尊对二人重聚的期盼。值得注意的是,陆进《巢青阁集诗余》、陆次云《玉山词》中,存有数首咏物词,显示出西泠词人开始受到浙西词派浸润的讯息。如陆进的《天香·龙涎香》《桂枝香·蟹》《木兰花慢·茉莉》《水龙吟·白莲》《齐天乐·蝉》《春从天上来·树兰》《摸鱼儿·莼》等,陆次云的《齐天乐·虱》《齐天乐·蝉》《恋芳春慢·草》《宴清都·萤火》《喜迁莺·云》《花心动·蚊》《沁园春·白燕》《沁园春·牛》《摸鱼儿·莼》《摸鱼儿·白莲》《贺新郎·海市》《贺新郎·虎》等。这些长调咏物词可以分为三类:《天香·龙涎香》《桂枝香·蟹》《水龙吟·白莲》《齐天乐·蝉》《摸鱼儿·莼》《摸鱼儿·白莲》是对《乐府补题》咏物词的词调、题材和词技的有意模仿;《木兰花慢·茉莉》《春从天上来·树兰》《恋芳春慢·草》《宴清都·萤火》《喜迁莺·云》《沁园春·白燕》则是在吸取《乐府补题》咏物词创作经验的基础上,对身边高洁

---

① 杨谦:《朱竹垞先生年谱》,"康熙三年"条,《北京图书馆藏珍本年谱丛刊》第79册,北京,北京图书馆出版社,1999年,第1版,第502页。
② 南京大学中国语言文学系《全清词》编纂委员会编:《全清词·顺康卷》,北京,中华书局,2002年,第1版,第5292页。

事物的吟咏，类乎骚人《橘颂》之遗音；《齐天乐·虱》《花心动·蚊》《沁园春·牛》《贺新郎·海市》《贺新郎·虎》则是超出了《乐府补题》咏物范畴和传统词作题材范围，或吟咏日常生活中的琐碎之物，或吟咏所见新奇事物。

但是，此类作品只占全部词作的极少部分，说明西泠词人还依旧保持着词学思想和创作的独立性。朱彝尊《迈陂塘·题查韬荒词集》是现存朱彝尊对西泠词人词作有所评价的唯一文献。查韬荒（1636—1685），名容，号浙江，海宁人，朱彝尊外弟，著有《浣花词》。

（三）厉鹗

作为浙西词派中期的代表人物，厉鹗一登上词坛，便有主导浙西一地词风之势。而此时，西泠词人群体的主要人物，大部分已经离世，仅徐逢吉（1655—1740）还依然健在。清康熙六十年（1721），徐逢吉六十七岁，偶然得读厉鹗词作，极为叹服，遂以词与厉鹗结为忘年交，情谊甚笃，频频酬唱[1]。自此，徐逢吉在厉鹗的引导下，以姜夔和张炎为宗，词风与浙西词派趋同。清康熙六十一年（1722）徐逢吉在《秋林琴雅题辞》中，道出自己晚年因受厉鹗影响而在词风上的变迁：

余束发喜学为词，同时有洪稗村、沈柳亭辈尝为倡和，彼皆尚《花庵》《草堂》余习，往往所论不合。未几，各为他事牵去，出处靡定，不能专工于一。……独余沉酣斯道，几五十年，未能洗净繁芜，尚存故我。以视樊榭壮年，一往奔诣，宁不有愧乎？[2]

厉鹗也有《绮罗香·壬寅春分约徐丈紫山同赋》一词：

水榭收灯，虹梁待燕，判断韶华如许。九十芳辰，一半自今堪数。娇意绪、欲暖翻寒，懒心性、乍晴还雨。已飘残、梅雪鳞鳞，并桃花信未迟暮。　箫楼应惜冶思，谁在生香径里，和莺低语。约略东风，好似破瓜眉妩。刚宿露、蝶梦挽匀，更惹烟、柳丝偷取。怅年时，一掬春愁，试

---

[1] 徐逢吉曾自叙与厉鹗定交的始末："去腊于友人华秋岳所读樊榭《高阳台》二阕，生香异色，无半点烟火气，心向往之。新年过访，披襟畅谈，语语沁入心脾，遂相订为倡和之作。"详见冯金伯《词苑萃编》，卷八，唐圭璋编《词话丛编》，北京，中华书局，1986年，第1版，第1949页。

[2] 厉鹗著，董兆熊注，陈九思标校：《樊榭山房集》，《秋林琴雅》卷首，上海，上海古籍出版社，1992年，第1版，第879页。

分知解否。①

另外,厉鹗《樊榭山房集》中,还有《怀徐丈紫山客金陵二首》《寄徐丈紫山岭南》《春雨有怀徐丈紫山湖上》《徐丈紫山今年八十三矣,居清波门外湖滨,病足不出户,日事吟咏,寄示近作,赋此仰酬》等诗作,记录了厉、徐交往的经过。清乾隆八年癸亥(1743)春,徐逢吉逝世三年,厉鹗曾作《徐丈紫山没三年矣,闻湖上故居名黄雪山房者已拆卖于人,雪樵有诗吊之,予亦次韵》以凭吊:"逸气凌霄一剑飞,眼中人物似翁稀。百年无地悲华屋,万古空山陨少微。春雨如闻吟屐响,夕阳不见钓船归。门前鸭脚青青在,为访遗踪泪满衣。"②诗句中蕴含了厉鹗对故人长逝、物是人非的无比沉痛和悲伤,徐、厉之交情,经久弥深。

第三节　明末清初西泠词人群体的唱和词集

明末清初西泠词人群体的唱和词集,主要可分为两类:一类为西泠词人群体成员之间的唱和,即内部唱和词集;另一类为西泠词人群体与同时期其他词派或词人群体之间的唱和,即外部唱和词集。为了研究之便,本章将分而述之。

一、内部唱和词集之一:开风气之先的《徐卓晤歌》

(一)"栖水唱和"与《徐卓晤歌》

《徐卓晤歌》一卷,是卓人月、徐士俊的唱和词集,附于明崇祯六年(1633)所刻《古今词统》之后,共收词136首,其中徐士俊69首,卓人月67首。《徐卓晤歌》是西泠词人群体成员之间最早的酬唱之什。

明天启五年(1625),仁和县唐栖镇的两位词人卓人月、徐士俊定交,其时徐士俊二十四岁,卓人月二十岁。徐、卓二人的定交过程,王晫《徐野君

---

① 厉鹗著,董兆熊注,陈九思标校:《樊榭山房集》,卷九,上海,上海古籍出版社,1992年,第1版,第674页。
② 厉鹗著,董兆熊注,陈九思标校:《樊榭山房集》,《樊榭山房续集》卷三,上海,上海古籍出版社,1992年,第1版,第1125页。

先生传》有详细的记载:"同里卓珂月,才人也。少年负盛名,走四方如鹜。一日偶见先生作,惊曰:'里有名士,不相闻名,予之过矣。'即日具书币,延之于家。诗晨酒夕,欣得良友,自此有《徐卓晤歌》传于人间。"①徐士俊《祭卓珂月文》也说:"与兄定交,乙丑之年。"②徐、卓定交,对于明末清初的西泠词人群体而言,是一个极具历史意义的事件,它标志着西泠词人群体的初步形成。自此,徐、卓二人不仅有《徐卓晤歌》的唱和,还共同编选《古今词统》,拉开了明末清初西泠地区词风繁盛的序幕。

徐士俊与卓人月定交以后,朝夕相聚于卓家的相于阁。徐士俊《卓子创调序》:"忆乙丑岁(明天启五年,1624),余二人暂止于相于阁。珂月每于黯灯残篆下,拈一义,辄如张生煮海,百怪丛跃。惊而起问,则瓶花为之甲拆,落月为之倒行。"③二人"文情璧合,道谊珠联"④,"有义共析,有诗互笺"⑤。他们在应付科举制艺的闲暇,诗酒酬唱,这就是著名的"栖水唱和",《徐卓晤歌》即为"栖水唱和"词作的结集。清顺治十一年(1654)徐士俊《巢青阁诗余序》云:"忆予与珂月作《徐卓晤歌》时,已三十年矣。风流坠地,和者寥寥。"⑥末识"时顺治甲午仲春之吉"⑦。从清顺治十一年(1654)上推30年,恰好是明天启五年(1625),也就是徐、卓二人定交以后"栖水唱和",创作《徐卓晤歌》的时间⑧。徐士俊《同卓珂月相于阁夜坐》云:"风雨

---

① 王晫:《霞举堂集·南窗文略》,卷四,清康熙刻本,《清代诗文集汇编》第144册,上海,上海古籍出版社,2010年,第1版,第34页。
② 徐士俊:《雁楼集》,卷二十四,清康熙刻本。
③ 徐士俊:《雁楼集》,卷十五,清康熙刻本。
④ 徐士俊:《祭卓珂月文》,《雁楼集》,卷二十四,清康熙刻本。
⑤ 徐士俊:《祭卓珂月文》,《雁楼集》,卷二十四,清康熙刻本。
⑥ 陆进:《巢青阁诗余》,卷首,清顺治刻本。
⑦ 陆进:《巢青阁诗余》,卷首,清顺治刻本。
⑧ 关于卓人月、徐士俊"栖水唱和",即《徐卓晤歌》的创作时间,周焕卿《西陵词人群的互动——徐、卓二人的"栖水唱和"》认为是明天启二年(1622),理由是《徐卓晤歌》所收徐士俊《百字令·次坡公赤壁韵,檃栝前赤壁赋》中,首句为"是年壬戌",据此断定"栖水唱和"的时间为明天启二年壬戌(1622),详见周焕卿《西陵词人群的互动——徐、卓二人的"栖水唱和"》,《清初遗民词人研究》,上海,上海古籍出版社,2008年,第1版,第105页。其实,徐士俊《百字令·次坡公赤壁韵,檃栝前赤壁赋》首句为"是年壬戌,记老苏秋兴、江山风物",由于该词为裁剪改写苏轼《前赤壁赋》的檃栝词,那么此处"壬戌"应指苏轼游赤壁的时间,即宋神宗元丰五年(1082),而非徐士俊《百字令·次坡公赤壁韵,檃栝前赤壁赋》一词的创作时间。又,苏轼《前赤壁赋》有云:"壬戌之秋,七月既望,苏子与客泛舟游于赤壁之下。"可与徐士俊词的首句互相印证。此外,徐士俊又作《百字令·再次坡公韵,檃栝后赤壁赋》,内容则是苏轼《后赤壁赋》的裁剪改写。因此,《徐卓晤歌》应创作于明天启五年(1625)徐、卓定交以后,而非明天启二年(1622)。

楼中夜,诗文醉里禅。冲寒搜险句,怀古入高天。墨燥非嫌黑,香残欲送烟。分灯人去后,独自抱琴眠。"①可谓是对《徐卓晤歌》创作环境的真实写照。

(二)《徐卓晤歌》的艺术特色及词学思想

《徐卓晤歌》前有"云外僧唵嗏香"所作序,"云外僧唵嗏香"即晚明词人吴鼎芳,吴鼎芳字凝父,吴县人。晚年为僧,法号唵嗏或唵嗏香。大约卒于明崇祯末年。吴鼎芳与卓人月之父卓发之为至交,与徐、卓二人也交谊甚好,《古今词统》收录其词22首。邹祗谟《倚声初集》选录吴鼎芳词六首《薄命女·潜来》《醉公子·好梦》《惜分飞·睡起》《虞美人·春色》《蝶恋花·愁来》《送入我门来·闺怨》,皆为楚恻绮丽之作。吴鼎芳《徐卓晤歌》序云:

> 至人凝神,众人徇欲。凝神则九有自超,徇欲则五道所滑。《首楞严》云:"汝爱我心,我怜汝色。经百千劫,常在缠绵。"嗟乎!情苗一瓣,爱种千株,十二颠倒,庚相流变,何自苦乃尔。栖水徐子野君,卓子蕊渊,文情媲美。所著《晤歌》一编,令自十六字以至百字等,总百三十余阕,无非摩写纱厨月淡,绣阁香浓。镂玉成笺,戛金为韵,语别泪则露花点点,叙幽惊则风柳丝丝。霞绮渐新,烟姿逊媚,一展心动,再视魂消。如在万花谷中,陈设七宝步障,坐聆李家宠姐清喉,声耳相及,亦厚幸矣。不慧少事雕虫,有辜吞凤;幻毒才谙,名发并弃。私诧二君具有出世之禀,而为世缘所蛰。奚不挥慧剑,剐愁肠,着解脱鞭,骋无为路,然后倒驾慈航,利涉苦海,一现婆须蜜女,一现锁子骨菩萨。凡适子之馆,亲子之仪,揽子之袪,喹子之吻,或奉频申,或邀回顾,皆获舍离贪欲,恒住寂静,庄严王三昧。此等文章小技,梦想俱消,利益当何如哉!②

此序以禅论词,指出《徐卓晤歌》"摩写纱厨月淡,绣阁香浓,镂玉成笺,戛金为韵。语别泪则露花点点,叙幽惊则风柳丝丝"的香艳浓情之特点,与卓发之《莲漏词序》有异曲同工之妙;同时又强调词为"文章小技",沿袭了

---

① 徐士俊:《雁楼集》,卷六,清康熙刻本。
② 卓人月、徐士俊:《徐卓晤歌》,卓人月、徐士俊辑,谷辉之点校《古今词统》,卷末附录,沈阳,辽宁教育出版社,2000年,第1版,第615页。

明人鄙薄词体的一贯论调。《徐卓晤歌》显示，卓人月、徐士俊的词风主要还是沿着明代盛行的《花间》《草堂》之纤艳一路。徐士俊在《哭卓珂月六首》其四云："忆昔挑灯作《晤歌》，花痕粉晕不嫌多。君才未尽身先尽，每展残编唤奈何。"①"花痕粉晕"是对《徐卓晤歌》秾丽绮艳特点的形象概括，从《徐卓晤歌》可以看出，徐、卓二人对晚唐五代、两宋以至明代的婉约派词人情有独钟，曾分别和李白、皇甫松、温庭筠、李煜、李清照、秦观、陆游、汤显祖等前代词家韵。在以上词人中，他们尤其推重"三李"，即李白、李煜、李清照，卓人月有《如梦令·自题三李斋》："欲问斋中三李。太白风流无底。后主洵多情，俊煞易安居士。欢喜。欢喜。我有嘉宾如此。"②

需要指出的是，即使同为艳科，卓人月、徐士俊二人的词风也有不同，相对而言，徐词清新俊逸，卓词尖新俚俗。试以徐、卓次李清照《声声慢》韵为例示之。徐士俊《声声慢·次李易安韵》：

> 担愁担恨，担怕担惊，担忧担闷担戚。深坐空闺，缄口夫人如息。不知春到几许，那问他、管弦繁急。才社日，燕飞来，和我似曾相识。
> 还怕雕梁尘积。为点缀，新窝落红齐摘。倦寝花房，最苦银灯吹黑。起来试描浅黛，比青山、翠色欲滴。人不见，但有个、佳梦落得。③

再看卓人月《声声慢·次李易安韵》：

> 谁怜谁念，谁唱谁酬，谁亲谁眷谁戚。寥落孤单，久不闻郎消息。日高帘影未卷，又送来、老莺声急。算不若，草青青，图个没些知识。
> 空有缥缃充积。要一卷，消愁那厢寻摘。想是文人，个个心儿偏黑。床头试翻绣枕，夜舒莲、几许露滴。但聚首，便不戴、纱帽也得。④

---

① 徐士俊：《雁楼集》，卷十二，清康熙刻本。
② 卓人月、徐士俊：《徐卓晤歌》，卓人月、徐士俊辑，谷辉之点校《古今词统》，卷末附录，沈阳，辽宁教育出版社，2000年，第1版，第626页。
③ 卓人月、徐士俊：《徐卓晤歌》，卓人月、徐士俊辑，谷辉之点校《古今词统》，卷末附录，沈阳，辽宁教育出版社，2000年，第1版，第657页。
④ 卓人月、徐士俊：《徐卓晤歌》，卓人月、徐士俊辑，谷辉之点校《古今词统》，卷末附录，沈阳，辽宁教育出版社，2000年，第1版，第656页。

第八章　明末清初西泠词人群体的交游与唱和

《徐卓晤歌》的特色,除吴鼎芳所说香艳浓情之外,还夹有豪放磊落之气,这既是徐卓二人对自我率真性情的抒写,带有自娱的性质,也是他们对豪放词风的有意尝试。正如卓人月《徐卓晤歌引》所说:

> 野君既合予诗选讫,偶举洪崖先生句云:"下调无人赏,高心又被嗔,不知时俗意,教我若为人。"相与太息。余谓情之所近,其诗最真。拟作何等语,为何等格,未有不失真者。今人争尚豪壮,几于村中老塾,喜为剑气之歌,使人匿笑不止。若夫无艳情而为艳语,无岑寂之气而裁岑寂之章,其病类然。我辈率真而已,无意于高,无意于下,亦无意于问时俗,又何不快然自娱之有。乃一笑而罢,属余识之。①

《徐卓晤歌》中,和苏轼、辛弃疾、岳飞词韵的词作共有17首,其中和苏轼13首,和辛弃疾2首,和岳飞2首。除去《卜算子·次坡公悼超超韵,为寒氏悼亡》2首、《西江月·次坡公悼朝云韵,为寒氏悼亡》2首、《祝英台近·春别,次辛稼轩韵》1首为婉艳词风之外,其他12首词作均为豪放之作(其中和苏轼词韵9首,和辛弃疾词韵1首),约占《徐卓晤歌》的十分之一。试举例示之,卓人月《水龙吟·次坡公杨花韵》:

> 天孙慵绣珠衣,唾绒数点空中坠。上无云惹,下无泥涴,禅心侠思。缥缈悠扬,穿林渡莽,烟衢难闲。笑鳞鳞桃片,田田榆荚,卧苍藓,谁能起。　独有轻魂耐舞。耻追随、石家行缀。不教蚁捉,未容鱼唼,休防莺碎。更露奇踪,化为萍叶,入于池水。但玉楼、怨汝驱春,弹与一般般泪。②

徐士俊《水龙吟·次坡公杨花韵》:

> 莺儿啼老枝头,卷帘无数春光坠。水边风色,槛边云影,长怀短思。好似郎踪,犹疑妾梦,重门深闭。惜芳菲抛掷,韶华撒漫,奈幽病,

---

① 卓人月:《蟾台集》,卷二,明崇祯刻本。
② 卓人月、徐士俊:《徐卓晤歌》,卓人月、徐士俊辑,谷辉之点校《古今词统》,卷末附录,沈阳,辽宁教育出版社,2000年,第1版,第659页。

461

扶难起。　不是霜花乱舞。倩谁将、软绵缝缀。马嵬坡下,佛堂西畔,轻将魂碎。那比楼东,一枝梅萼,瘦临寒水。更有人唱道,江南落尽,暗弹清泪。①

邹祗谟、王士禛《倚声初集》收入以上二词,并评卓人月词曰:"咏物善作奇丽语,便觉才情烂熳,此体自义山后,宋惟西昆诸公能之。"②又评曰:"左车谓坡公词惟《杨花》一阕雄奇幽艳,自可合并,吾于珂月亦云。"③评徐士俊词曰:"姜白石咏梅云:'想昭君、夜月环佩归来,化作此花幽独。'今野君以太真比杨花,复将梅精相较,比前人更想落天际,文情缥缈,不可思议。"④

总之,《徐卓晤歌》体现了卓人月、徐士俊婉约与豪放并重的词学思想,是他们对明代《花》《草》纤艳词风的反思。王庭评《徐卓晤歌》曰:"蕊渊于词家独开生面……余见其与徐士俊栖水倡和,有《晤歌》诸篇什。迄今倚声之学遍天下,盖得风气之先者。"⑤

需要特别指出的是,在《徐卓晤歌》之后,徐、卓又有《古今词统》的编选和品评。如果说,《徐卓晤歌》初步展现出婉约与豪放并重的词学思想,以模仿苏、辛、岳三人词作,尤其是刻意推尊苏轼,作为张扬豪放词风的策略,那么《古今词统》则在兼举婉约与豪放的基础上,对《徐卓晤歌》的"尊苏"策略进行反思和调整,进而把张扬的重点放在辛弃疾身上,以"尊辛"来拯救明词纤艳之弊。由《徐卓晤歌》的"尊苏",到《古今词统》的"尊辛",显示出徐、卓词学思想的逐步成熟。徐、卓词学策略的变化和词学思想的成熟,以及背后的动因,第六章已进行专门论述。

---

① 卓人月、徐士俊:《徐卓晤歌》,卓人月、徐士俊辑,谷辉之点校《古今词统》,卷末附录,沈阳,辽宁教育出版社,2000年,第1版,第660页。
② 邹祗谟、王士禛编:《倚声初集》,卷十七,清顺治十七年(1660)刻本,《续修四库全书》集部第1729册,上海,上海古籍出版社,2002年,第1版,第406页。
③ 邹祗谟、王士禛编:《倚声初集》,卷十七,清顺治十七年(1660)刻本,《续修四库全书》集部第1729册,上海,上海古籍出版社,2002年,第1版,第406页。
④ 邹祗谟、王士禛编:《倚声初集》,卷十七,清顺治十七年(1660)刻本,《续修四库全书》集部第1729册,上海,上海古籍出版社,2002年,第1版,第406页。
⑤ 沈雄:《古今词话》,《词评》下卷,唐圭璋编《词话丛编》,北京,中华书局,1986年,第1版,第1032页。

第八章　明末清初西泠词人群体的交游与唱和

二、内部唱和词集之二：骋才斗智的《东皋草堂词集》

（一）《东皋草堂词集》其书

《东皋草堂词集》，不分卷，清康熙刻本。半页八行，行二十字。白口。版心上端镌"东皋草堂词集"，下端镌页码。《东皋草堂词集》是西泠徐叶圻、周世荣、徐旭升三人的唱和词集，共收词65首，其中徐叶圻20首，周世荣20首，徐旭升24首，末附徐旭升弟徐旭昌《金缕曲》一首。《东皋草堂词集》是西泠词人群体余波期的唱和之什。

（二）"东皋草堂唱和"的地点、人物、时间

《东皋草堂词集》既然以徐旭升寓斋"东皋草堂"命名，那么，"东皋草堂"应是三位唱和词人的经常雅集之所。此外，在《东皋草堂词集》中，收有徐叶圻《春从天上来·春日集世经堂，即席分调限韵》、徐旭升《喜迁莺·春日集世经堂，即席分调限韵》、周世荣《东风第一枝·春日集世经堂，即席分调限韵》三首，可以看出，徐氏家族的世经堂，也是他们的宴觞吟咏之地。

"东皋草堂"的主人徐旭升，是"东皋草堂唱和"的组织者。徐旭升与其兄徐旭旦、其弟徐旭昌，均以文鸣世。徐氏三兄弟中，以徐旭旦为最长。徐旭旦，字浴咸，号西泠，别署圣湖渔父，钱塘人。先以副贡充康亲王尚善幕。清康熙十八年（1679）举鸿博，历补兴化知县。清康熙四十九年（1710）移宁远，擢连平知州。殁于清康熙五十二年（1713）后。有《世经堂初集》《世经堂诗词曲钞》《世经堂集唐诗词删》等。徐旭旦与西泠词人群体先驱徐士俊，"西泠十子"中的毛先舒、孙治、张丹，以及西泠词人后进诸匡鼎等人，均有词学交游。

但是，现存徐旭旦所刊之作，存在一些篇章与前人或同时人的作品全文或部分相同的现象，颇令人质疑。据扬州大学教授黄强《徐旭旦〈世经堂初集〉抄袭之作述考》[1]、《徐旭旦〈世经堂词钞〉中抄袭之作考》[2]、《徐旭旦〈世经堂词钞〉中的前人之作——〈桃花扇〉中〈寄扇〉〈余韵〉出套曲作者再考辨》[3]考订，在《世经堂初集》三十卷四百九十五篇作品中，有六篇与明以

---

[1] 黄强：《徐旭旦〈世经堂初集〉抄袭之作述考》，《文学遗产》2012年第1期，第90页。
[2] 黄强：《徐旭旦〈世经堂词钞〉中抄袭之作考》，《文献》2015年第3期，第117页。
[3] 黄强：《徐旭旦〈世经堂词钞〉中的前人之作——〈桃花扇〉中〈寄扇〉〈余韵〉出套曲作者再考辨》，《江南大学学报》（人文社会科学版）2018年第3期，第54页。

463

前人的文章全文或部分相同,有五十九篇与明人的文章全文或部分相同,有二十二篇与徐氏同时代人的文章全文或部分相同;在《世经堂词钞》五卷五百二十九首词作中,有七首词与宋人之作全文或部分相同,有四十一首词与明人之作全文或部分相同,有五十九首词与徐氏同时代人之作全文或部分相同。针对这一现象,黄强教授得出的结论是,徐旭旦不同程度地抄袭了他人之作,侵占了他人著作权。

徐旭旦《世经堂初集》卷八收有他为诸匡鼎词集所作《橘叟词引》,此文除却篇名与所涉当事人字号,与汪琬《钝翁续稿》所收《姚氏长短句序》基本相同。尤其需要指出的是,在徐旭旦《世经堂词钞》中,有《满江红·赠宋、王、曹三前辈,依原韵》一词,内容与徐士俊《满江红·宋荔裳观察、王西樵考功、曹顾庵学士,一时同在西湖,倡和二十四章,属余评定,即次原韵,赠三先生》完全相同。此词是徐士俊为清康熙四年(1665)发生在杭州西湖的"江村唱和"而作。"江村唱和"由柳洲词人曹尔堪主倡,徐士俊其时担任《三子唱和词》的考评人,且为《三子唱和词》作序,另有唱和词一首,即为此作。因此,此词确定为徐士俊词,而阑入徐旭旦《世经堂词》。至于为何阑入,其因不详。另外,由于常年仕宦异乡,徐旭旦并未参与"东皋草堂唱和"活动。

徐旭升,字上扶,号东皋。钱塘诸生。精医术,工诗词。有《东皋草堂诗集》,又与弟旭昌等合刻《东皋草堂唱和词》。毛先舒《东皋草堂集序略》曰:"徐子风神潇洒,气度俊爽。其为诗独抒性灵,不拘格套。焚香默坐,是其诗境;放浪山水,是其诗怀;脱尽铅华,是其诗品;独见沉挚,是其诗骨。此殆以真性情而为真诗者耶。"[①]其作词亦大略如此。王修玉《东皋草堂集序略》曰:"东皋徐君,其为人冲和谦抑,蔼然之气被人。其先世巨翁先生,以忠节为宋名臣后裔之贤,前者虽不可述,而近时以来,如世臣先生倡登楼之集,振踔西陵。其后群从宗人咸以文鸣当代,东皋特其一耳。"[②]

徐旭昌,号北溟,钱塘人,旭旦、旭升弟,能诗文。

---

① 阮元编:《两浙輶轩录》,卷八"徐旭升"条,山东省图书馆藏清嘉庆仁和朱氏碧溪草堂钱塘陈氏种榆仙馆刻本,《续修四库全书》集部第1683册,上海,上海古籍出版社,2002年,第1版,第356页。

② 阮元编:《两浙輶轩录》,卷八"徐旭升"条,山东省图书馆藏清嘉庆仁和朱氏碧溪草堂钱塘陈氏种榆仙馆刻本,《续修四库全书》集部第1683册,上海,上海古籍出版社,2002年,第1版,第356页。

第八章　明末清初西泠词人群体的交游与唱和

　　徐旭旦、徐旭升、徐旭昌三兄弟秉承家学，均以诗文著，在西泠词人群体余波期，地位举足轻重。吴颢《国朝杭郡诗辑》"徐旭升"条评价徐氏三兄弟曰："东皋风神萧爽，襟抱冲和，与兄西泠、弟北溟称'徐氏三珠树'。"①

　　参与"东皋草堂唱和"的词人，除了徐旭升和徐旭昌之外，还有徐叶圻和周世荣。徐叶圻，号龙门，钱塘人。周世荣，号南山，钱塘人。除此之外，并无关于徐叶圻和周世荣更为详细的文献记载。

　　关于"东皋草堂唱和"的发生时间问题，从《东皋草堂词集》所收词作的内容判断，词集中的作品应非一时所作，而是经由多次唱和才得以完成。并且，每次唱和的首倡者各不相同，徐叶圻、周世荣、徐旭升三人均曾以首倡者的身份发起唱和。尽管如此，我们还是可以对"东皋草堂唱和"的发生时间段作一个大致推断。

　　在《东皋草堂词集》中，有具体日期可考的词作共有两首，一首为周世荣《鹧鸪天·九日甲寅吴门作》："三径荒凉深闭门。客中佳节病中身。黄花有意还怜我，白酒无情不醉人。　愁满眼，暗销魂。故园戎马正纷纷。几回强欲登高去，只恐登高更怆神。"②按，"甲寅"即清康熙十三年（1674）。"故园戎马正纷纷"，应指清康熙十三年（1674）耿精忠叛乱之事。另一首为徐叶圻《金缕曲·和韵》，其小序曰："余内子周，唱随者十有二年。幽贞贤孝，戚党共闻。戊午秋仲，忽背予去。今读东皋伤逝之作，情文哀惋，愈增伉俪之重。勔思畴昔，痛何可言。因次其原韵，工拙固无论耳。龙门氏识。"③按，戊午即清康熙十七年（1678）。推这首词的创作时间可以推断，"东皋草堂唱和"的时间，大致应在清康熙十三年（1674）至清康熙十七年（1678）之间。

　　（三）《东皋草堂词集》中的词作唱和

表8-1　《东皋草堂词集》所收词人词作唱和表

词题	徐叶圻（龙门）	周世荣（南山）	徐旭升（东皋）
西湖宴集	满庭芳	永遇乐	烛影摇红（首倡）
梅、柳各一首	江城子	望江南	蝶恋花（首倡）

----
① 吴颢：《国朝杭郡诗辑》，卷七"徐旭升"条，清同治十三年（1874）钱塘丁氏刻本。
② 徐叶圻、周世荣、徐旭升：《东皋草堂词集》，清康熙刻本。
③ 徐叶圻、周世荣、徐旭升：《东皋草堂词集》，清康熙刻本。

续　表

词题	徐叶圻(龙门)	周世荣(南山)	徐旭升(东皋)
纸鸢	卜算子		点绛唇(首倡)
赠歌姬		清平乐(首倡)	西江月
春日风雨书怀	雨中花		怨王孙(首倡)
西湖即事	花心动	十二时(首倡)	传言玉女
春闺	桃源忆故人		虞美人(首倡)
春日集世经堂，即席分调限韵	春从天上来(首倡)	东风第一枝	喜迁莺
长夏斋中	剪牡丹(步韵)		剪牡丹(首倡)
秋宵		如梦令	捣练子(首倡)
春游偶见		浣溪沙(首倡)	浣溪沙(和韵)
双燕	茶瓶儿(首倡)	添字昭君怨	减字木兰花
秋日感怀	大江东去(步韵)	大江东去(首倡)	大江东去(步韵)
艳情	阳台梦	生查子(首倡)	少年游
七夕	重叠金	桂殿秋二首	鬓云松(首倡)
西施桃	醉春风(首倡)		醉春风(和韵)
元夕雪霁		罗敷媚(首倡)	长相思(和韵)
叹落花	浪淘沙	一丛花(首倡)	踏莎行
赋得阴阴夏木啭黄鹂	凤凰台上忆吹箫	祝英台近(首倡)	连理枝
端午	谒金门	十拍子	贺圣朝(首倡)
中秋对月	拜星月(首倡)	望云涯引	青玉案
九日	满江红	鹧鸪天	南柯子(首倡)
雪景	醉蓬莱		霜天晓角(首倡)
伤逝	金缕曲	金缕曲(步韵)	金缕曲(首倡)
	末附徐旭昌(北溟)和词《金缕曲》(步韵)一首		

从表8-1可以看出，《东皋草堂词集》共收录了徐叶圻、周世荣、徐旭升三人以24题互相唱和的词作，包括节序、宴集、咏物、写景、咏怀、艳情、赠答、檃栝诗句等等，范围相当广泛。在《东皋草堂词集》中，除了同题同调

第八章　明末清初西泠词人群体的交游与唱和

唱和的情况以外,三位词人在使用不同词调唱和同一主题时,则有意避免词调的重复。即使同一词人所用的全部词调,也绝无重复的现象。从这些迹象可以判断,龙门、南山、东皋三人的唱和,具有明显的练习、切磋词法的特点。

在《东皋草堂词集》中,唱和者所使用的唱和形式主要分为四种情况:一为同题异调,不和韵;二为同题异调,和韵;三为同题同调,和韵;四为同题同调,步韵。其中,第一种情况是较为常见,且易于操作的词作唱和形式;第二、三、四种情况则是比较少见,且难度比较大的词作唱和形式。而在《东皋草堂词集》中,属于第二、三、四种情况的唱和共有6个主题,占全部主题的25%。

和韵,又称依韵,即依照别人诗、词的原韵,创作诗、词以唱和。张炎曾论及和韵作词之难:"词不宜强和人韵,若倡者之曲韵宽平,庶可赓歌。倘韵险又为人所先,则必牵强赓和,句意安能融贯,徒费苦思,未见有全章妥溜者。"①邹祗谟也认为和韵极难,原因在于"词语句参错,复格以成韵,支分驱染,欲合得离"②。步韵,又称次韵,即用他人诗、词韵脚的原字及其先后次第,创作诗、词以唱和,属于和韵唱和中难度最大的一种方式。它始于唐代诗人元稹、白居易的互相唱和,至宋代而极盛。

和韵、步韵,再加上同题同调的限制,留给词人自由发挥的空间相当有限。然而词人却热衷于在如此苛刻的条件下相互唱和,主要有两种目的:一为切磋词艺,二为骋才斗智。那么《东皋草堂词集》中占全部词作25%的同题同调的步韵、和韵之作,就显示出三位词人高超的倚声技巧和出奇制胜的文学才能。周世荣的《东风第一枝·春日集世经堂,即席分调限韵》,再现了三人雅集分赋、词坛角逐的真实场面:

> 我岂贪杯,人皆笑我,浊醪只自斟酌。胸中百丈愁城,必须曲生攻却。况逢今日,有知己、相招同乐。也休论、饮者留名,谁是刘伶毕卓。　　拈险韵、词坛竞角。浮大白、觥筹交错。帘前春色如何,爱他老梅舒萼。风光若此,尽豪兴、恣情欢谑。奈主人、送客留髡,醉杀夜来

---

① 张炎:《词源》,卷下,唐圭璋编《词话丛编》,北京,中华书局,1986年,第1版,第265页。
② 邹祗谟:《远志斋词衷》,唐圭璋编《词话丛编》,北京,中华书局,1986年,第1版,第653页。

狂药。①

尽管是同题同调步韵之作,周南山世荣、徐龙门叶圻、徐东皋旭升三人各施其才,各咏其怀,各自词作所构建的意境迥异,词风也各领风骚:南山词豪爽慷慨,东皋词闲澹飘逸,龙门词悲伤啸傲。同时,这种在异类词风并存前提下展开的交流与竞争,也显示出西泠词人群体宽博融通、异质兼融的词学理念。以主题"秋日感怀"为例,周世荣首倡,调寄《大江东去》曰:

> 剑寒心热,恨青天万里,浮云难扫。四壁萧条谁似我,二十年来草草。醉倚高楼,西风偏恶,一夜吹人老。天香飘处,桂花又说开了。试看多少英雄,茫茫今古,总在邯郸道。春换秋移同客舍,那比十洲三岛。石火光中,隙驹影惊,忙煞昏和晓。不如渔父,江潭鼓枻归早。②

徐旭升和曰:

> 蝇头蜗角,便从今、慧剑一时都扫。不学为农须学圃,料理灌花芟草。桃李枝空,芰荷香尽,又见芙蓉老。双九催迫,浮生若个闲了。笑我息影衡门,乐饥泌水,懒上长安道。隔断红尘无俗事,便是蓬壶瑶岛。画纸为棋,敲针作钓,此乐谁能晓。正将进酒,东方月已来早。③

徐叶圻和曰:

> 悲哉秋气,看疏林、惨淡晓来如扫。落木萧萧飞不住,都付荒烟衰草。抚景伤怀,菱花怯对,只恐朱颜老。研田书债,不知何日才了。可惜空度韶华,怦怦太息,辛苦谁知道。临水登山长啸傲,自有眼前蓬岛。醉月三更,赏花五夜,忘却鸡声晓。及时行乐,吾曹记取须早。④

---

① 徐叶圻、周世荣、徐旭升:《东皋草堂词集》,清康熙刻本。
② 徐叶圻、周世荣、徐旭升:《东皋草堂词集》,清康熙刻本。
③ 徐叶圻、周世荣、徐旭升:《东皋草堂词集》,清康熙刻本。
④ 徐叶圻、周世荣、徐旭升:《东皋草堂词集》,清康熙刻本。

第八章 明末清初西泠词人群体的交游与唱和

三、外部唱和词集：雅正敦厚的《千秋岁唱和词》

（一）《千秋岁唱和词》及"《千秋岁》唱和"

《千秋岁唱和词》三卷，又名《千秋雅调》，共有两个版本。一为清康熙王氏墙东草堂刻本[①]，王晫辑；一为清康熙霞举堂刻《王丹麓五种》本，王晫之子王言慎辑（按，本书所依据的为后一种版本）。清康熙霞举堂刻《千秋岁唱和词》，半页十行，行二十字，小字双行，四周单边，花口，单黑鱼尾，版心上端象鼻镌"千秋雅调"，下端象鼻镌"霞举堂"。首李涛《千秋雅调序》，次方象瑛《千秋雅调题辞》，次尤侗《千秋雅调引》。卷首"千秋岁倡和词"名下注"一名千秋雅调"，又题"钱塘王言慎旂敬辑"。全书共收词人213家（包括王晫），词作233首，调寄《千秋岁》，详见表8－2。

表8－2 《千秋岁唱和词》所收词人表

姓名	字号	籍贯	姓名	字号	籍贯
尤侗	悔庵	长洲	魏学渠	青城	嘉善
曹溶	秋岳	嘉兴	徐釚	电发	吴江
梁清标	玉立	真定	高兆	云客	云客
宋荦	牧仲	商丘	任弘嘉	葵尊	宜兴
林云铭	西仲	闽县	钱中谐	宫声	吴县
宋实颖	既庭	吴县	丁澎	药园	仁和
杨大鹤	芝田	武进	沈鼐	止岳	嘉善
徐喈凤	竹逸	宜兴	汪懋麟	蛟门	扬州
毛奇龄	大可	萧山	毛际可	会侯	遂安
张芳	菊人	句容	余怀	澹心	莆田
王庭	迈人	嘉兴	杜首昌	湘草	山阳
洪若皋	虞邻	临海	吴山涛	岱观	余杭
黄永	艾庵	太仓	邵衡	子湘	常州
徐倬	方虎	德清	杨体元	香岩	大兴
秦松龄	对岩	无锡	黄锡朋	珍百	宜兴

[①] 闵丰：《清初清词选本考论》，上海，上海古籍出版社，2008年，第1版，第372页。

续 表

姓名	字号	籍贯	姓名	字号	籍贯
严允肇	修人	归安	毛蕡	稚宾	嘉善
张惣	僧持	江宁	蒋平阶	大鸿	华亭
董俞	苍水	华亭	史惟圆	云臣	宜兴
宗元鼎	梅岑	江都	周起辛	次修	萧山
钱肃润	础日	无锡	钱肇修	石臣	杭州
方象璜	雪岷	遂安	沈泌	方邺	宣城
盛际斯	筠斋	嘉善	沈永令	文人	吴江
陈至言	山堂	萧山	吴启思	睿公	归安
顾有孝	茂伦	吴江	万锦雯	云皺	宜兴
梅文鼎	定九	宣城	魏允枏	交让	嘉善
聂先	晋人	庐陵	吴沐	应辰	萧山
沈兆琏	器先	杭州	周筼	青士	嘉兴
蔡方炳	九霞	长洲	张纲孙	祖望	仁和
孙琮	执升	嘉善	毛端士	行九	武进
张远	迩可	萧山	吴农祥	庆百	钱塘
汪文桢	周士	休宁	姜垚	汝皋	会稽
张彦之	兆侯	华亭	李葵生	西雯	嘉善
汪耀麟	叔定	江都	顾樵	樵水	吴江
董宗原	予九	余杭	毛先舒	稚黄	仁和
刘雷恒	震修	无锡	汪森	晋贤	休宁
蒋景祁	京少	宜兴	黄泰来	石间	泰州
刘淑因	子端	颍州	汪光被	幼安	杭州
毛远公	季莲	杭州	曹亮武	南耕	宜兴
黄始	静御	吴县	冯景	山公	钱塘
吴仪一	舒凫	钱塘	曹鉴平	掌公	嘉善
韩魏	醉白	江都	吴权	超士	吴江

第八章　明末清初西泠词人群体的交游与唱和

续　表

姓名	字号	籍贯	姓名	字号	籍贯
姚士陛	玉阶	桐城	严允弘	敷五	归安
俞旸	犀月	长洲	秦保寅	乐天	无锡
沈丰垣	遹声	仁和	胡兆凤	翙羽	山阴
吴梅鼎	天篆	宜兴	汤永宽	硕人	南丰
许渼	锦雯	侯官	恽格	正叔	常州
张夏	秋绍	无锡	魏晳嗣	孝仪	嘉善
高简	淡游	苏州	蔡琳	紫佩	萧山
周珂	越石	嘉善	林沅	芷之	闽县
陈于王	健夫	宛平	汪蟾	舟渫	仁和
徐旭旦	浴咸	钱塘	仇兆麟	人玉	宜兴
黄容	叙九	吴江	张适	鹤民	苏州
何之杰	伯兴	萧山	汤松龄	绥眉	吴江
徐瑶	天璧	宜兴	李应机	寰瀛	嘉善
魏允札	州来	嘉善	朱宗文	景亭	杭州
邵锡荣	景桓	仁和	苏卓	立原	如皋
张光曙	淇园	华亭	高式青	则原	钱塘
陈维岱	鲁望	宜兴	庄武孙	寅三	武进
徐逢吉	紫凝	钱塘	陶芳宾	燕公	会稽
钱永基	烛臣	嘉善	周芳	天研	慈溪
沈用济	方舟	仁和	高菖生	节培	无锡
王嗣槐	仲昭	钱塘	陈铽	云铭	嘉善
王九征	明侯	侯官	史许	华青	山阴
王复礼	草堂	山阴	吕方嘉	惠九	常州
胡应宸	殿陈	嘉兴	郑道煌	春山	长洲
陈亮	宾王	溧阳	金侃	晋藩	仁和
吴镪	闻玮	吴江	卢生	歇庵	泰州

471

续　表

姓名	字号	籍贯	姓名	字号	籍贯
陈枚	简候	杭州	沈元琨	瑶铭	仁和
任巳任	范巳	萧山	王沆	宋臣	嘉兴
徐栴	硕林	吴县	钱岳	十青	吴县
徐翙凤	竹虚	宜兴	魏儒勋	景书	嘉善
金张	介山	钱塘	何倬炎	卓人	萧山
龚廷钧	肇权	嘉善	梅悫	景宗	长洲
仲恒	雪亭	仁和	龚在璿	玉行	嘉善
杨文言	道声	武进	陈大成	集生	无锡
姚士在	君山	桐城	邬汝霖	松将	仁和
孙绎武	武经	无锡	史启汾	唐令	吴江
吴应辰	奎臣	吴江	沈嘉	善长	嘉善
诸匡鼎	虎男	杭州	杨昌言	大声	武进
卓允基	次厚	仁和	柳葵	靖公	杭州
沈大纶	允言	慈溪	朱遹成	求仲	嘉善
沈夏铤	亭峙	嘉善	汪榮	定武	钱塘
徐体仁	德俊	萧山	沈进	山子	嘉兴
关仙阊	樊桐	杭州	宋琦	受谷	仁和
郑郊	官五	闽县	史荃	储李	萧山
孙凤仪	愚亭	钱塘	徐垓	彦通	长洲
秦潭	汉碧	无锡	魏儒照	超宗	嘉善
丁潆	素涵	仁和	胡埏	潜九	山阴
蒋廷栋	苍符	嘉善	蒋汉纪	波澄	仁和
仲陈清	田叔	钱塘	王尧臣	圣佐	慈溪
仲以懿	尔承	扬州	顾正阳	起东	吴江
江纫佩	芳仲	湖州	黄弘修	式序	钱塘
黄敬修	右序	杭州	仇元善	长文	宜兴

第八章　明末清初西泠词人群体的交游与唱和

续　表

姓名	字号	籍贯	姓名	字号	籍贯
秦永芳	玉庭	无锡	沈雄	偶僧	吴江
徐在	皆山	嘉兴	王溶	惊澜	钱塘
张士茂	彦若	杭州	许顾青	岱观	钱塘
何廷相	赓上	嘉善	董仲元	老泉	余杭
梅熏	公燮	长洲	王沄	圣涛	杭州
周禹吉	敷文	仁和	王武功	雏荣	钱塘
邓陆律	鸣嘉	吴江	释弘修	梵林	会稽
沈霆发	若千	嘉善	释宗渭	筠士	吴县
吴升	征吉	萧山	释宏伦	叙彝	宜兴
陈景鳌	又王	钱塘	姜希辙	定庵	会稽
陈谋道	心微	嘉善	关键	六钤	杭州
张宗城	我藩	吴江	朱嵩	品方	华亭
何祖仁	火传	嘉善	释济乘	栗庵	吴江

"《千秋岁》唱和"的发起人是王晫，初名荦，号木庵，一号丹麓，别号松溪子。浙江仁和人。生于明崇祯九年（1636），康熙三十四年（1695）尚在世。诸生，好学博览，遍交天下名士。著有《峡流词》，汇辑有《千秋雅调》，另著有《霞举堂集》《今世说》等。

需要说明的是，王晫《峡流词》一共有三个版本：一为清康熙刻吴山吴仪一选，毛奇龄、洪若皋、方象瑛序三十三卷本《霞举堂集》所收《峡流词》二卷，卷首有名家"词评"总评词集，评论者有施闰章、毛先舒、吴仪一、方炳、李天馥、曹尔堪、吴绮、丁澎、卓回、毛奇龄、董俞十一人，词作附评点，但未署评点者姓名，南京图书馆有收藏；一为清康熙刻王嗣槐序《霞举堂集》三十五卷本《峡流词》三卷，词作附评点，并署评点者姓名，所收词作及评点与吴舒凫选本均有差异，词集后附毛先舒词集总评及方炳、王用说跋，毛先舒总评当摘自清康熙刻吴山吴仪一选本，《清代诗文集汇编》有收录；一为清康熙刻聂先、曾王孙《百名家词钞》本《峡流词》一卷，所收词作与以上两个版本均有差异，词作中有圈点，集后附名家毛先舒、施闰章、毛奇龄的词集

473

总评，当摘自清康熙刻吴山吴仪一选本。其中，清康熙刻王嗣槐序《霞举堂集》三十五卷本《峡流词》三卷为后出，是在清康熙刻吴山吴仪一选三十三卷本《霞举堂集》所收《峡流词》三卷基础上的补充和完善，不仅增补了评点者姓名，而且增加了一部分评者评语。

另外，毛奇龄作有《峡流词序》一篇，保存于其《西河集》和《西河文集》中，当应王晫所请而作，未见于以上诸本《峡流词》。毛奇龄《峡流词序》云："王子丹麓擅掞天之才，华文四发，自著记撰述外，多为诗歌雅骚。凡比声切律，调商按徵，无不启其扃镭，而开其幼眇，乃复以余者，溢而为词。予受读之一，何情之厚而辞之绮如是也夫。……读《峡流词》，吾将徘徊于黄牛朝暮之间矣。"①此序虽多溢美之词，但也非常明确地肯定了王晫词情厚辞绮的风格特点。

从以上三个版本对于《峡流词》的评点来看，无论是明末清初西泠词人群体内部词人还是清初词坛其他词人，对于王晫词作的评价都很高，比如明末清初西泠词人群体的毛先舒曰："旖旎风流，又兼远韵清豪，顿挫不堕嘈杂，此南唐、北宋人之所难有也。吾读丹麓词，便谓山谷、少游、清真、子野诸公间，当虚一座以待。"②吴仪一曰："填词太堆垛则伤气，太柔泥则损格。惟于淡泚之中发秀艳之色，斯能情辞匀适，音调圆美。吾读《峡流词》，观其敷景设色，不事雕琢，而逸响起于行间，藻思伏于字里，既免聱牙之讥，亦鲜滑口之病。正如旗亭雅制，晟府新篇，语出名流，声传妙伎，不必矜繁斗丽，自然夺意骇魂。此南唐之遗音，北宋之正则也。"③明末清初西泠词人群体的卓回曰："宋词陈与义《太常引》，今词王晫《鹧鸪天》，并至性血泪，特表而出之，以见香奁不足以尽词也。"④丁澎曰："《峡流》中调，极疏爽之致，如秋山歇雨，苍翠可挹。"⑤吴绮曰："中调滥觞于南唐，竞流于北宋，范、欧诸公染指，尚有古音，至大晟新制，尽变极妍矣。《峡流》于此体颇称俊爽，即有降格，所为亦不失周、柳本色。"⑥董俞曰："填长调者周、辛二宗分

---

① 毛奇龄：《西河文集》，《西河合集》之《序》卷六，《清代诗文集汇编》第87册，上海，上海古籍出版社，2010年，第1版，第235—236页。
② 王晫：《峡流词》，卷首，清康熙刻吴山吴仪一选三十三卷《霞举堂集》所收本。
③ 王晫：《峡流词》，卷首，清康熙刻吴山吴仪一选三十三卷《霞举堂集》所收本。
④ 王晫：《峡流词》，卷首，清康熙刻吴山吴仪一选三十三卷《霞举堂集》所收本。
⑤ 王晫：《峡流词》，卷首，清康熙刻吴山吴仪一选三十三卷《霞举堂集》所收本。
⑥ 王晫：《峡流词》，卷首，清康熙刻吴山吴仪一选三十三卷《霞举堂集》所收本。

第八章 明末清初西泠词人群体的交游与唱和

榜交讪,乃其流失堆垛与粗率等耳。丹麓能削片玉之靡色,戢稼轩之铁气,风格浏漓,神致绵邈,当求之东坡、淮海之间。"①

王晫习词,既与同郡西泠词人切磋,也向群体之外清初词坛大家学习。王晫与同郡词人徐士俊、毛先舒、沈谦、张丹、朱一是、张振孙、陆进、俞士彪、沈丰垣、吴仪一、诸九鼎、诸匡鼎、徐汾、张台柱、卓有枚等均为词友,以词记载日常生活,并互相切磋。他在《与俞季琜》中说:"秋霖不止,剥啄颇稀。丛竹萧萧,似听愁滴。偶拈小令一二阕,虽不足比温絜韦,但觉尔时胸中,却无秦七黄九,遣疾足驰正,得毋欲摘王生之舌耶?"②董俞在清初以云间词派后劲著称,名遍天下。曹尔堪为其作《玉凫词序》,称赞其词"抉髓花间,夺胎兰畹"③。王晫便以董俞词作为习词典范和竞争对手,并与他交流创作心得。王晫《与董苍水孝廉》尺牍云:"始读足下词,自以为能过足下。试效足下所为,尽力规模,便只可仅似足下。迨越数日复视之,声律神气之间,益远不及足下矣。始信姑射仙姿,尘世美人亦望而却步,乃村姑里媪遽欲与之较其短长,何其不知量也。"④言语中虽有自谦成分,但也可以一窥王晫与群体之外词人的创作互动原貌。王晫借其在文坛的影响力,顺势传播自己的《峡流词》。他曾把《峡流词》邮寄给在清初词坛交游甚众的孙默,希望得到孙默的指点与传播。王晫在《与孙无言》书信中说:"诗余至今日而盛矣。剪绿者,愈剪愈新;雕琼者,益雕益巧。几令《花间》《草堂》诸公,无专坐处。然非得足下为之左提右挈,集其大成,又谁知当世词坛之盛,一至此乎?仆于此道,近颇留意,有词三卷,名曰《峡流》,但未知与孙郎有缘否?偶然谈及,得无疑亲为说客耶?"⑤王晫《峡流词》清秀与豪放之作兼而有之,既诸体皆备,又欲自成一家,被清初词坛推崇备至,亦被选入聂先、曾王孙《百名家词钞》。

但公允而论,《峡流词》的艺术成就,还是稍逊于丁澎、沈谦、毛先舒。或者可以说,《峡流词》在清初词坛之所以能够盛誉有加,不能排除王晫在文坛广泛交游的因素。王晫也是西泠词人群体中一位典型的交游型词人,

---

① 王晫:《峡流词》,卷首,清康熙刻吴山吴仪一选三十三卷《霞举堂集》所收本。
② 王晫:《尺牍偶存》,卷上,清康熙刻王嗣槐序三十五卷《霞举堂集》所收本。
③ 董俞:《玉凫词》,卷首,清康熙孙氏留松阁刻本,张宏生编《清词珍本丛刊》第5册,南京,凤凰出版社,2007年,第1版,第841页。
④ 王晫:《尺牍偶存》,卷下,清康熙刻王嗣槐序三十五卷《霞举堂集》所收本。
⑤ 王晫:《尺牍偶存》,卷下,清康熙刻王嗣槐序三十五卷《霞举堂集》所收本。

475

非常看重交游在士人树立声名过程中的重要作用。王晫《尺牍偶存》保留了其与当时同郡文人和文坛名流交往的书信散文152篇,施闰章、毛奇龄、周亮工、曹溶、李天馥、曹尔堪、邹祗谟、尤侗均与其交游甚密。他在《与方文虎》书信中说:"仆尝谓声名未立,宜结交前辈。盖借前辈之游扬,而后我之声名,可以通之天下。声名已立,又宜结交后辈,盖借后辈之推尊,而后我之声名可以传之永久。然亦顾其实学何如耳,若使中无所得,欲交前而前者却,欲交后而后者拒,虽强之不可得也。"①王晫位于仁和北墅的王氏霞举堂,不仅是西泠词人经常宴会酬唱的场所,也是清初其他郡邑文人的雅集流连之地。王晫曾邀请邹祗谟至霞举堂赏花雅集,其《简邹程村进士》尺牍云:"牡丹几有十株,开花不盈数朵,想富贵花终不肯向寒士逗颜色。然我辈意兴自豪,岂因枝头零落,遂致沮丧耶?翊日当剪蔬煮酒,敢邀足下及二三知己,轰饮霞举堂中,使花神见而色愧,亦一快事。临风翘首,跂望惠来。"②

清康熙二十四年(1685)乙丑王晫五十岁寿,自作《千秋岁·初度感怀》一词,其小序曰:"乙丑三月十日为仆五十生辰,学易未能,知非自愧,繄年华之不再,徒老大之堪悲。偶述小词,聊复寄慨。览者或惜其志,依韵赐以和言,则仆一日犹千秋也。"③王晫本来就享有隆盛的文名,此议一经提出,便有众多词人酬答响应,遍及清初词坛。图8-1为参加"《千秋岁》唱和"的词人按籍贯分类,人数占前10位者的统计图。

从图8-1可以看出,参加《千秋岁》唱和活动的词人,其籍贯大多分布在环太湖流域,如杭州府、嘉兴府、湖州府、常州府、苏州府、松江府,进而辐射至宁波府、江宁府、扬州府、徽州府、宁国府等地。这一方面说明王晫在当时词坛的交游之广与《千秋岁》唱和活动对当时词人的吸引力之大,另一方面说明以王晫为代表的明末清初西泠词人群体,在当时全国词学中心江南地区已经拥有举足重轻的地位。

(二)"《千秋岁》唱和"的特点及意义

相对于清康熙四年(1665)同时发生在杭州的"江村唱和"而言,"《千秋岁》唱和"具有以下几个特点:

---

① 王晫:《尺牍偶存》,卷下,清康熙刻王嗣槐序三十五卷《霞举堂集》所收本。
② 王晫:《尺牍偶存》,卷下,清康熙刻王嗣槐序三十五卷《霞举堂集》所收本。
③ 王言慎辑:《千秋岁唱和词》,卷一,清康熙霞举堂刻本。

第八章　明末清初西泠词人群体的交游与唱和

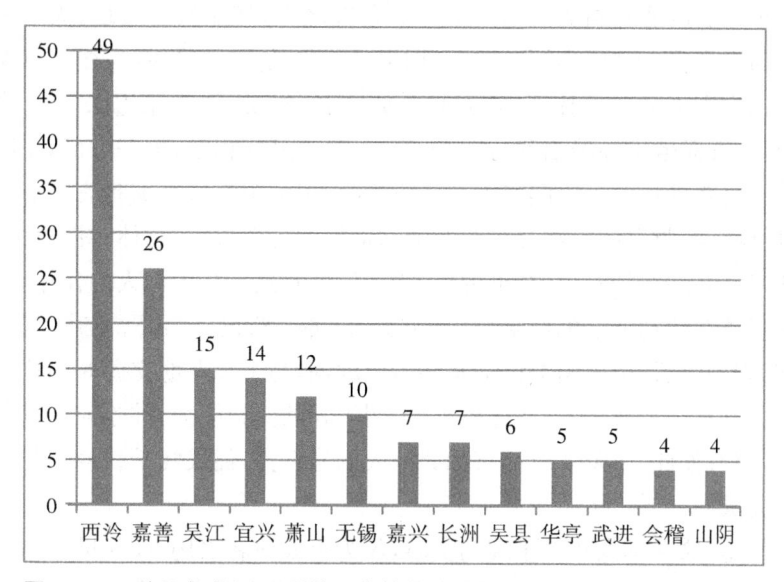

图8-1　《千秋岁唱和词》所收词人籍贯统计图(同籍贯人数居前10位者)

一、由西泠词人首倡,而且这种倡导是有意为之的。"江村唱和"由柳洲词人曹尔堪主倡,西泠词人徐士俊、毛先舒、王晫等人虽然参与了此次唱和活动,如徐士俊担任《三子唱和词》的考评人,且为《三子唱和词》作序,另有唱和词一首,毛先舒为《三子唱和词》题词,但是从总体而言,西泠词人群体在"江村唱和"中,仅处于被动的应和地位,而王晫"《千秋岁》唱和"的情况则完全不同。首先,西泠词人王晫是这次唱和活动的发起人。王晫在《千秋岁·初度感怀》词序中,道出他策划这次唱和活动的刻意和用心:"乙丑三月十日为仆五十生辰,学易未能,知非自愧,繄年华之不再,徒老大之堪悲。偶述小词,聊复寄慨。览者或惜其志,依韵赐以和言,则仆一日犹千秋也。"[①]不难看出,以词为寿,以词唱和,以词抒同情之志,是王晫发起"《千秋岁》唱和"的用意所在。

二、唱和规模空前壮大,参与者多达213人,遍及清初词坛的各个词派或词人群体,是清初词坛规模最大的一次唱和活动。王晫之所以能够带动如此多的词人参与"《千秋岁》唱和",因其在清初词坛有着广泛的人脉资源。王晫不仅在西泠词人群体中是一个交游型的词人,而且在清初词坛也

[①]　王言慎辑:《千秋岁唱和词》,卷一,清康熙霞举堂刻本。

477

是一个知名度非常高的人物。王晫本布衣之士,却能蜚声文坛,天下名士争向与之交往,他"博学擅才藻,一时名声满江左。居北郭,为往来舟车之冲。四方士大夫过武林者,必先趋其庐,问字纳交,停轭不忍去"①。究其原因,一方面他生性淡泊和易,与人交往,每以肝肺相示;另一方面,王晫又很善于自我推誉。清康熙二十二年(1683),王晫辑当世名家雅言高行而成《今世说》,所收录的人物几乎遍及清初词坛的各个流派、群体和游离词人。因此,从实际效果而言,《今世说》于清初词坛起到了存人传人的作用,也加强了王晫在清初词坛的影响力,既为誉人,亦为誉己。另外,王晫词集《峡流词》刊刻以后,他遍赠海内词家并索取题词,与平日友朋交游时的赠送之作结集,以成《兰言集》。凡此种种,表明王晫的交游能力,并不亚于其作词能力,只有如此,王晫才可能有如此巨大的号召力,促成"《千秋岁》唱和"活动的完成。

但是,这并不意味着王晫的交游,仅为个人沽名之用,而无助于西泠词坛乃至整个清代词坛。文学领域,当然需要文学大家以其卓越的理论和创作,以示风雅所向;同时更需要具交游能力和凝聚作用的领袖,一呼百应,从而形成文坛气候。汉代梁孝王刘武之于菟园文学圈,南宋书商陈起之于江湖诗派,清代文人孙默之于《国朝名家诗余》,均是此类。正如张宏生《江湖诗派研究》所论:"江湖诗派的形成,固然是因为社会的、文学的客观需要,但陈起在其中的声气鼓吹、组织联络作用也不可忽视。"②而《兰言集》《千秋雅调》的结集刊刻,也在客观上提高了西泠词人群体在清代词坛的影响。

三、在参与唱和的词人中,西泠词人群体占主导地位。首先,从数量上而言,参与"《千秋岁》唱和"的西泠词人多达49人,占参与者总数的23%。与之形成鲜明对比的是,参与唱和的柳洲词人有26位,占参与者总数的12%;阳羡词人有14位,占6%。从参与唱和的西泠词人在西泠词人群体中的地位来说,既有群体中的领袖人物或著名词人,如毛先舒、张丹、仲恒、沈丰垣、吴仪一,更有名不见经传,仅有一两首作品传世的词人。因此,参与"《千秋岁》唱和"的49位西泠词人,对于西泠词人群体而言,极其

---

① 王晫:《今世说》,卷三,周骏富《清代传记丛刊》第18册,台北,明文书局,1985年,第1版,第34页。
② 张宏生:《江湖诗派研究》,北京,中华书局,1995年,第1版,第20页。

第八章　明末清初西泠词人群体的交游与唱和

具有代表性。

四、从唱和的主题而言,如果说清康熙四年(1665)的"江村唱和",是清代顺康之际在严酷文网与凶险政坛之中苟活求生的士大夫对贬谪之感的集体释放和慨叹,"搀和着余悸和庆幸,隐寄以怨愤和颓伤,表现为对尘世的勘透,但求于山水中颐养劫后余生"①;那么,《千秋岁》唱和"则是在清康熙盛世的光环笼罩下,在野文人对建功立业的渴求和对光阴荏苒的惋惜。这一点,可以从王晫首倡《千秋岁》词一窥端倪:

> 年华偷换。百岁今过半。青鬓易,朱颜变。金多人自贵,才短吾应贱。堪悔甚,一生断送残书卷。　莫说春将晏。是处莺花乱。凭好景,惟增叹。空存泉石志,难慰妻孥愿。浑不解,天公生我如斯幻。②

对于此词主旨,王晫《今世说》之《风度》"王丹麓年逾四十"一则,可作为诠释:

> 王丹麓年逾四十,益复困顿。妇戏语曰:"同学少年皆不贱,奈何夫子独长贫?"王曰:"吴庐少詹有言:'贫者,上天所设以待学者之清俸。'金陵吴介兹亦言:'天以贫德人。'今处俦类之中,天幸德我,特颁清俸,义难独享,愿以共卿。"妇哂曰:"君意良厚,但不知何日俸满耳。"③

王晫《千秋岁》一词,奠定了"《千秋岁》唱和"的温柔敦厚、怨而不怒的感情基调。曾经参与过"江村唱和"的毛先舒,也参与了"《千秋岁》唱和",其《千秋岁·和丹麓五十自寿韵》曰:

> 岁华初换。春色应过半。古道岂,随时变。敝裘堪自拥,高枕元非贱。尽日里,牙签锦轴书千卷。　眼且看朝晏。耳不闻离乱。潇洒

---

① 严迪昌:《清词史》,南京,江苏古籍出版社,2001年,重印版,第53页。
② 王言慎:《千秋雅调》,卷一,清康熙霞举堂刻《王丹麓五种》本。
③ 王晫:《今世说》,卷八,周骏富《清代传记丛刊》第18册,台北,明文书局,1985年,第1版,第100页。

479

意、追元叹。山林真有癖,富贵非吾愿。花落也,韶光过处都成幻。①

毛先舒本为明朝遗民,清康熙四年(1665)其为曹尔堪、宋琬、王士禄"江村唱和"所撰《题三子唱和词》云:"悲天悯人、忧谗畏讥之意,尤三致怀焉而不能已。"②其时毛先舒的心态与曹、宋、王三人完全契合。相比之下,毛先舒参加王晫"《千秋岁》唱和"时的心境,可谓极其平和闲淡:"尽日里,牙签锦轴书千卷。眼且看朝晏。耳不闻离乱。"不仅毛先舒如此,同样为明朝遗民的张丹,在《千秋岁·酬和王丹麓五十自寿韵》中亦劝慰王晫云:"年五十,藏修且读黄庭卷。笑杀前何晏。仕宦徒缭乱。"③可见,在清康熙朝盛世祥和的氛围中,即使是对清王朝满腹怨责的明朝遗民,其处世方式也不再是朝野之间的极端对立,而是转向对清王朝的包容和认同。与此同时,他们的心理状态已经趋于平静缓和,甚至愿意笑看朝晏,颐养天年。

这便是"《千秋岁》唱和"与"江村唱和"最大的不同之处,也不同于清代康熙三年(1664)的"红桥唱和"和清康熙十年(1671)的"秋水轩唱和",它标志着清初词风由清顺治、康熙初年的风云激荡,渐变为清康熙中叶的稳定凝固。而词风的凝固,究其深层的原因,则是词人心态的平适。总之,"《千秋岁》唱和"是继"红桥唱和""江村唱和""秋水轩唱和"之后,发生在清初词坛的最后一次大型唱和活动。此次唱和活动的词风,一改前面三次唱和之呈递增趋势的雄健高亢,趋于冲平夷易,呈现出盛世文学共同的特点——雅正敦厚。

---

① 王言慎:《千秋雅调》,卷一,清康熙霞举堂刻《王丹麓五种》本。
② 宋琬等:《三子唱和词》,卷首,清康熙刻本。
③ 王言慎:《千秋雅调》,卷一,清康熙霞举堂刻《王丹麓五种》本。

第九章　明末清初西泠词学对清词史的影响：以稿本《国朝杭郡词辑》为中心

　　浙江图书馆所藏郑道乾《国朝杭郡词辑》，稿本，二十卷，半页十二行，行二十三字，小字双行，四周双边，花口，单黑鱼尾，版心上端书"国朝杭郡词辑"，版心下端书"书带草堂"，鱼尾以下无页码。此书无序跋，无目录，书中有多处校改、增补痕迹，属海内孤本。

　　《国朝杭郡词辑》是一部清代地域词选，专收清代杭郡一地词人词作。杭郡，即杭州府，又称西泠、西陵。全书共收清顺治至宣统杭郡词人650家，词作2242首。其中第1至14卷为杭州籍词人，第15、16、17卷为闺秀词人，第18卷为方外词人，第19卷为流寓、流寓闺秀词人，第20卷为宦游、随宦闺秀词人。全书以词人生卒年编次，以人系词，每人有小传，并辑录前贤文献中词人的生平逸事，间有郑道乾对词人品行的评语，考证词人姓名、字号及籍贯的按语和文字修改痕迹。

第一节　郑道乾生平、著述及《国朝杭郡词辑》编纂时间考

　　《国朝杭郡词辑》编纂者郑道乾，字健庵，仁和人，但其生平却未能详考。《国朝杭郡词辑》卷十四"吴昌绶"条有郑道乾的评语："伯宛孝廉为绣谷后人，倚声之学嬗承先绪，婉约绵丽，机趣横溢。曾与嘉善张彦云主事祖廉联吟吴苑，分题斗韵，狎主骚坛，极一时觞咏之乐，宣统己酉又同客日下。伯宛性嗜书，辑刻秘籍甚夥，中以倚声之与四印斋本媲美。甲子之岁殇于旅次，彦云取其昔日联吟之作，编刻《城东唱和词》一卷，邮以示余，为选数

首入辑,乃未几而彦云亦墓有宿草矣。故人凋落,抚卷凄然。"①吴昌绶(1856—1924),字伯宛,号印丞,浙江仁和人。光绪三十三年(1907)进士,官内阁中书。著有《松邻遗词》二卷,另刻《双照楼汇刻宋元人词》六十一卷。张祖廉(1873—?),字彦云,号山荷,浙江嘉善人。光绪二十八年(1902)举人,官资政院长。曾辑《娟镜楼丛刻》,著有《娟镜楼词》。据上可知,郑道乾与吴昌绶、张祖廉交谊笃深,吴昌绶先于张祖廉而离世。那么,按照常理,郑道乾的年龄应小于吴昌绶,而与张祖廉相仿。据此推断,郑道乾大约生于同治十二年(1873)左右。

据王佩智《西泠印社摩崖石刻》记载:"辛酉(即民国十年,1921)花朝先一日,同人集饮于西泠印社,在座者大兴戴书龄,善化唐源邺,缙云楼村,海宁周承德,山阴王鳌、任堇、吴隐、吴善庆,会稽胡宗成,仁和汪馦、姚景瀛、熊飞、王禔、郑道乾、张坚、叶希明、叶为铭、俞逊……"②此处仁和"郑道乾"即为《国朝杭郡词辑》的编纂者郑道乾。

又据沙孟海所录《〈缶庐讲艺图〉碑末题名》曰:"先师吴贞逸先生既殁之五载,东迈承顾,命安葬于塘栖之超山。道乾等追维遗教,情难自怨。因乞王君一亭作《缶庐讲艺图》,并勒石墓侧,用志永慕。壬申(即民国二十一年,1932)十一月,门人郑道乾、赵起、周梅谷、沙文若、汪英宾、张公威、汪鹤孙、吴楷、钱厓、吴钦敭、王文三、诸文萱、王传焘、吴熊、荀词、王贤、王堪谨记,沙文若并书,周梅谷刻。"③文中"吴贞逸先生",即"西泠印社"的领袖人物吴昌硕。吴昌硕(1844—1927),原名俊、俊卿,字昌硕,又字仓石,别号缶庐、苦铁、大龙等。浙江安吉人。擅长训诂、辞章、诗、书、篆刻、画等。1913年被推为杭州"西泠印社"首任社长。著有《缶庐集》《缶庐诗存》《缶庐印存》等。由此可知,郑道乾是金石书画大师吴昌硕的门生,且为"西泠印社"成员。

又据《历史文献第4辑·叶恭绰友朋尺牍(二)》所收储院峰写给叶恭绰的信:"郑健庵君所藏清代浙人词,前度离杭时曾托邵裴子先生转请郑君抄目,已承允许,俟寄来即行奉上。"④此信落款日期为"二十二年十二月二

---

① 郑道乾:《国朝杭郡词辑》,卷十四,浙江图书馆藏稿本。
② 王佩智:《西泠印社摩崖石刻》,杭州,西泠印社出版社,2007年,第1版,第98页。
③ 林乾良、陈硕:《二十世纪篆刻大师》,杭州,中国美术学院出版社,2006年,第1版,第23页。
④ 上海图书馆历史文献研究所:《历史文献第4辑·叶恭绰友朋尺牍(二)》,上海,上海科学技术文献出版社,2001年,第1版,第215页。

第九章 明末清初西泠词学对清词史的影响:以稿本《国朝杭郡词辑》为中心

日"。按,"郑健庵君"即郑道乾,而"二十二年"当为民国二十二年,即1933年。据此可知,郑道乾于1933年12月尚在世,《全清词钞》的编纂者叶恭绰曾辗转托付友人,向郑道乾抄录清代浙人词集文献。

综上所述,郑道乾约生于同治十二年(1873)左右,民国二十二年(1933)十二月尚在世。性喜填词、藏书,擅长书法、篆刻、绘画,曾师从吴昌硕,为"西泠印社"成员。此外,郑道乾与晚清词学家吴昌绶、张祖廉为至交,且在词学观念上互通声气,在词事活动上来往频繁。至晚年,曾与叶恭绰有词学交往。除编纂《国朝杭郡词辑》外,郑道乾另著有《两浙词人小传续编》①,其版本不详,当为续清人周庆云所编《两浙词人小传》而作;《武林第宅续考》,抄本,现藏于中国国家图书馆;另著有《疑年别录初稿》,稿本,不分卷,现藏于南京图书馆;辑有仁和人许增所著《煮梦词》一卷,郑氏师俭堂抄本,收词42首,现藏于浙江图书馆。郑道乾妻名胡蓁,浙江仁和人,亦善填词,著有《素心词》一卷。②

关于《国朝杭郡词辑》的编纂时间,根据《国朝杭郡词辑》的"国朝"之名,以及前文已经提及的"(伯宛)甲子之岁殇于旅次,彦云取其昔日联吟之作,编刻《城东唱和词》一卷,邮以示余,为选数首入辑,乃未几而彦云亦墓有宿草矣"③,"甲子之岁"即民国十三年(1924)。则《国朝杭郡词辑》当始编于清末,于民国十三年(1924)以后编纂成书。

第二节 《国朝杭郡词辑》编选的词学背景

胡明在《一百年来的词学研究:诠释与思考》一文中,把清季词学归结为传统词学的光辉终结,把二十世纪二十年代的词学归结为现代词学的崛起,把三十年代的词学称为"体制内派"(即传统词学派)和"体制外派"(即现代词学派)并存的时期。④ 刘扬忠在《二十世纪中国词学学术史论纲》中,将百年来的现代词学发展分为四个阶段,其中,1901—1930年为词学

---

① 叶恭绰编:《全清词钞》,北京,中华书局,1982年,第1版,引用书目第16页。
② 胡文楷、张宏生:《历代妇女著作考(增订本)》,上海,上海古籍出版社,2008年,第1版,第444页。
③ 郑道乾编:《国朝杭郡词辑》,卷十四,浙江图书馆藏稿本。
④ 胡明:《一百年来的词学研究:诠释与思考》,《文学遗产》1998年第2期,第16—22页。

由传统向现代化转型的酝酿期，1931—1949年为现代词学初具规模、词学研究现代科学体系基本形成的时期。[1] 王兆鹏在《20世纪前半期词学研究的历程》中认为，20世纪前半期的前三十年是词学学科的奠基时期，也是词学研究由传统学术向现代学术的转型时期；后二十年是词学研究的定型时期，即现代词学研究格局的确立时期。[2] 综合胡、刘、王三位学者的观点，可以得知郑道乾《国朝杭郡词辑》的编选，正处于传统词学向现代词学转型的时期。

20世纪初王国维《人间词话》的问世，改变了清末民初词坛既有的发展方向，成为中国词学从传统向现代转型的一个新起点。在传统词学向现代词学转型的过程中，从事词学研究的学者主要分为两个阵营：传统派与现代派。以郑文焯、朱祖谋、况周颐、吴梅为代表的传统派，专注于词籍校勘、词选编纂、词学理论批评和词律词韵研究。郑文焯与朱祖谋、况周颐、王鹏运同列"清季四大词人"，词学建树甚高，擅长作词，精审音律，著有《词源斠律》，尤工词籍校勘，其所批校的《梦窗词》，在众多批校本中后出转精。朱祖谋是清末民初词坛的领袖人物，其所编纂的《彊村丛书》《宋词三百首》，在考订、编年、校勘、笺注、选本等方面有着承上启下的意义，既集清季词学之大成，又为现代词学的建构奠定了文献学基础。况周颐以其在词学批评方面的建树被后人所推重，朱祖谋赞誉《蕙风词话》云："自有词话以来，无此有功词学之作。"[3] 吴梅治词则继承了朱祖谋和况周颐的研究方法，既注重词籍校勘，又著有《词学通论》，显示出在词籍文献与词学批评的深厚造诣。

以王国维、梁启超、胡适、胡云翼为代表的现代派，则受到西方文化思潮的影响，另辟蹊径，用新思想、新方法审视传统词学；同时，现代派不排斥传统词学中词籍校勘、编纂词选等治学方法。1906年，王国维《人间词话》将尼采、叔本华的哲学思想引入传统词学批评领域，给传统词学带来了与西方哲学、美学和社会学相融合的契机，既为传统词学提供了新的阐释方法，也为传统词学的现代化奠定了基础。胡适一方面发展了王国维的词学思想，另一方面又批判继承了传统词学的方法和思路，以"新文化运动"领

---

[1] 刘扬忠：《二十世纪中国词学学术史论纲（上篇）》，《暨南学报》（哲学社会科学）2000年第6期，第7—13页。
[2] 王兆鹏：《20世纪前半期词学研究的历程》，《文学遗产》2001年第5期，第106—113页。
[3] 龙榆生：《词学讲义后记》，《词学季刊》创刊号1933年4月，第112页。

第九章 明末清初西泠词学对清词史的影响:以稿本《国朝杭郡词辑》为中心

袖人物的身份,将白话文学观念引入词学研究领域,尝试勾勒出词的发展历史,即从晚唐到元初为词自然演变的时期,元到明清之际为曲子时期,清初至民国为模仿填词的时期。梁启超的词学研究受到常州词派的影响,强调词的教化功能,尤重词的比兴寄托之旨,反对视词为小道的观念。同时,梁启超并不排斥用词学文献学方法进行词学研究,为了掌握词学研究资料,曾命梁廷灿抄录明吴讷《百家词》,并亲自校雠。胡云翼继承和发展了王国维和胡适词学观点,其《宋词研究》倡导进化论的词史观,《词学概论》则标举白话文学,对于现当代的词学研究产生了重要影响。

综上所述,郑道乾编纂《国朝杭郡词辑》的清末民国词坛,是传统派与现代派并存、交替的时期。一方面,这一时期传统词学理论方兴未艾,尤其值得注意的是,这一时期清词编纂之风极为盛行,除郑道乾《国朝杭郡词辑》之外,1921年朱祖谋的《词莂》编纂成书,1926年徐珂编纂的《清词选集评》成书,1930年前后叶恭绰着手编纂《广箧中词》和《全清词钞》。另一方面,以王国维、胡适、梁启超为代表人物的现代词学派开始崭露头角,以新思想、新文化为切入点,再次审视中国词史和词学批评,探寻以词为代表的中国传统文体的再发展之路。但对于词这一文体而言,要想完成传统向现代的转型,必须在肯定词的文体特质的前提之下进行,否则词将不再是词,转型就失去了意义。胡适、梁启超不太注重对词的艺术本体的研究,其词学观念自然很难被专业词家所认同,但词学变革的精神却是难能可贵的。

也可以说,郑道乾所编《国朝杭郡词辑》,既受到以朱祖谋为代表的传统词学家治学方法的影响,他与吴昌绶、张祖廉的词学交游可为明证,又试图跳出贯穿清代词坛的词学流派之争的局限,以地域作为选词的标准,勾勒清代西泠一地词史,孕育着以胡适为代表的重塑词史、融通词派的现代词学精神,也呼唤着以叶恭绰、夏承焘、唐圭璋、龙榆生等一批既有深厚的传统词学功底,又具备现代思想意识的现代词学家的出现,以完成词学转型的历史使命。

第三节 《国朝杭郡词辑》的选词思想

明清以来,西泠地区词选编纂之风盛行。自明崇祯初年开始,西泠词人就开始注重词选编纂工作,如卓人月、徐士俊《古今词统》。清顺治、康熙年间,西泠人编纂词选成为一时风尚。清康熙初年,毛先舒、沈谦编纂《古今词选》;清康熙十二年(1673)陆进、俞士彪编纂《西陵词选》;清康熙十四年(1675),陆次云、章昞编纂《见山亭古今词选》;清康熙十七年(1678),陆进、佟世南编纂《东白堂词选》;清康熙十八年(1679),龚翔麟编纂《浙西六家词》。

至清代中、晚期,西泠地区的词选编纂之风绵绵未绝,如谭献《箧中词》和《复堂词录》、曹宗载《硖川词钞》、陈浕《精选国朝诗余》等。这些选本或对通代词人词作进行编选,或对清代西泠本地词人词作进行编选,一方面彰显出明末至有清一代的西泠词人总结前代以及当代词作成就,以张扬西泠地域词学的强烈意识,另一方面也推动了西泠词学的繁荣,是清代词风递变的缩影。

郑道乾《国朝杭郡词辑》自然也是西泠词选编纂之风的产物,但在体例上与此前的西泠词选有所不同。《西陵词选》《东白堂词选》等选本均以词调系人,不以时间为序排列词人词作;《国朝杭郡词辑》则是以时系人,以人系词,间有作者品评,与嘉庆年间吴颢《国朝杭郡诗辑》的体例有所类似。吴颢《国朝杭郡诗辑序》云:"今颢以杭人辑杭诗,窃谓旧游所遗及后来继起者,皆有不可泯没者。用是仿《槜李诗系》《三台诗录》及《越风甬上集》之例,就吾杭一郡辑之。自国初以迄嘉庆,采四朝熙皞之风一百五十余年之作,而且上及遗民,旁及闺秀、方外,兼录及于姓名未著、寄籍流寓之诗,凡得一千四百余人。其名家有集行世者,皆仅存一二,谓其无籍此书;其名位未显、姓氏将湮者,不以寒士遗之;或后嗣式微,则勉为多刻。非偏有好憎也。"[1]郑道乾选择词人词作,也如同吴颢所言,并非偏有好憎,其目的,不仅仅在于存人存词,彰显清代杭郡词风的盛况,更为重要的是,他试图通过一部词选,构建清代杭郡词史。这种词史意识,对于中国现代词学精神的形成而言,具有启迪意义。

郑道乾在编纂《国朝杭郡词辑》时,为了将杭郡词人及作品搜罗殆尽,主要参引了五类文献资料:一、词选类,主要有邹祇谟《倚声初集》、张渊懿《词坛妙品》、蒋景祁《瑶华集》、聂先《名家词钞》、陆进《西陵词选》、佟世南《东白堂词选》、王昶《国朝词综》、陶梁《词综补遗》、曹宗载《硖川词钞》等。

---

[1] 吴颢:《国朝杭郡诗辑》,卷首,清同治十三年(1874)钱塘丁氏刻本。

第九章 明末清初西泠词学对清词史的影响：以稿本《国朝杭郡词辑》为中心

二、诗选类，主要有吴颢《国朝杭郡诗辑》、吴振棫《国朝杭郡诗续辑》、丁申《国朝杭郡诗三辑》等。三、诗话类，主要有吴瓯亭《云蠖斋诗话》等。四、词话类，主要有王士禛《花草蒙拾》、吴衡照《莲子居词话》等。五、史传类，主要有阮元《两浙輶轩录》、潘衍桐《两浙輶轩续录》、吴允嘉《武林耆旧续集》等，另有杭州地方志、文人别集若干。

现将《国朝杭郡词辑》收录词作10首以上的词人情况统计如下：丁澎34首、赵吉士14首、毛先舒10首、陆宏定14首、沈谦16首、龚翔麟22首、许田16首、沈丰垣16首、厉鹗31首、高士奇14首、王晫26首、陆次云14首、张星耀11首、吴焯11首、江炳炎29首、陈沆10首、吴锡麒21首、程瑜25首、陈章19首、袁通18首、陈文述19首、沈星炜18首、汪初14首、屠倬16首、钱廷烺20首、吴衡照10首、倪稻孙39首、李堂22首、龚自珍22首、项鸿祚16首、许谨身12首、戴熙19首、吴承勋13首、魏谦升10首、杨尚观11首、蒋坦12首、王彦起33首、许增16首、吴庆坻10首、徐灿12首、杨琇10首、赵承光18首、顾之琼10首、严曾杼10首、孙云凤16首、许英16首、袁嘉15首、沈允慎15首、郭麐11首、吴山15首、郑沄26首、薛时雨14首。

这一名单涵盖了清代西泠词坛各个时期具有代表性的词人，如丁澎、毛先舒、沈谦、沈丰垣、王晫和张星耀分别是清初西泠词人群体中期和晚期的领袖人物，为清初词风的嬗变起着推波助澜的作用。龚翔麟、厉鹗、江炳炎、吴锡麒和郭麐等人为浙西词派早期、中期和晚期的中坚力量和代表人物。项鸿祚、赵庆熺、谭献和吴昌绶等人则是常州词派的代表人物，在晚清词坛各领风骚，鼎盛一时。徐灿、杨琇、赵承光、顾之琼、严曾杼和孙云凤等则是清代西泠闺秀词人的代表。另外，《国朝杭郡词辑》不仅收录了杭州籍词人词作，还收录流寓、宦游、流寓闺秀和随宦闺秀的词作。这说明，清代西泠词坛并未囿于地域而故步自封，具有极强的开放性和包容性，在词学观念上与外界保持密切的互动关系，在清代词风演变过程中起着举足轻重的作用。可见，郑道乾旨在编纂一部能够呈现代清代西泠词风盛衰变迁的词选，展现出清代西泠词人数量之多和作词之盛。

《国朝杭郡词籍》的编纂体例和所选词人词作的情况说明，此选的编纂宗旨并非开宗立派，而是勾勒清代杭郡一地的词学流变史，这与清代以开宗立派为宗旨的词选如朱彝尊《词综》、张惠言《词选》等截然不同。在清末、民国时期，浙西词派与常州词派之间的宗派之争虽然仍旧存在，但是已经开始渐趋平缓,甚至出现融合的趋势。因此,郑道乾虽然经历过清代词坛的浙、常流派之争,但从整体而言,他对清词的宗派之争感受并不强烈,也没有开宗立派的愿望和必要。另外,郑道乾对常州词派词人词作的取舍和评价,也能够证明郑道乾的选词宗旨,并非开宗立派,而是反映西泠一地的词风变迁。如常州词派代表人物金式玉,字朗甫,歙县人,仁和籍,嘉庆七年(1802)进士,官庶吉士,著有《竹邻词》。郑道乾选录其词作7首,并评曰:"朗甫庶常为茗柯先生词学弟子,故倚声得常州派之正传。通籍后,惜早逝。杨蓉裳为文,哭之甚哀。其才之见重于人,可知矣。"[①]郑道乾对金式玉其人其词的评价客观公允,已经跳出词学流派之争的偏狭,具有强烈的词史流变意识,孕育着现代词学思想的萌芽。

词选作为一种重要的词学批评方式,一般而言,有便歌、传人、开宗、尊体四种目的,同时又因时代风气而有所变化。郑道乾作为清末民初词家,从存人存词的角度出发,更能够远距离地审视清代西泠的词人词作,进行更加客观公正的评判和选择。因此,《国朝杭郡词辑》能够真实地反映清代西泠词坛的繁盛和词风的变迁。作为清末民初一部断代地域词选,郑道乾《国朝杭郡词辑》对于今人研究清代杭郡词人词作,进而判断清代杭郡词人词作在清词发展史上的地位,有极其重要的意义。

第四节　郑道乾对叶恭绰编纂《全清词钞》的贡献

在20世纪词学界,叶恭绰是一位以搜集整理清词文献、编纂清词选本而知名的词学家。关于清词选本的编纂,一直为清人所重视。清代268年间,清人一共编纂了百余部清词选本,因编者所处时代、审美眼光及身份地位的局限,难免会有诸种不足。叶恭绰欲起而补之,意在网罗有清一代之词,编纂一部反映清词整体风貌的大型词选。1929年,他在朱祖谋的主导下,于上海发起《全清词钞》的编纂工作,于1952年定稿。《全清词钞》作为清词巨型选本,凡40卷,所收清代词人3196家,词作8260余首。

彭玉平在《论民国时期的清词编纂与研究——以叶恭绰为中心》中说:"词发展到晚清和民国时期,进入到总结和变革阶段。……还有一部分学

---

① 郑道乾:《国朝杭郡词辑》,卷七,浙江图书馆藏稿本。

第九章 明末清初西泠词学对清词史的影响:以稿本《国朝杭郡词辑》为中心

者,则以总结来促进变革,将文献整理作为变革的基础,大力开拓词的新领域,力图将词体的变革融入到当时轰轰烈烈的新文学运动中去,叶恭绰一方面编纂《全清词钞》作为改革词体的明鉴,另一方面在理论和实践上大力提倡以'诗乐合一'为基本特征的'歌'来传承词体,自然是这一派开启风气的主将。"[1]叶恭绰对于现代词学体系建立的贡献,的确功不可没。同时也要看到,叶恭绰以总结促进变革的文献整理,是建立在前贤已经整理好的词学文献基础上的,而郑道乾的《国朝杭郡词辑》和《两浙词人小传续编》就是其中重要的组成部分。

在叶恭绰《全清词钞》参引书目中,有两条书目在清代至民国的文献目录从未出现过,一为"邓健庵《杭郡词综》"[2](案,原作"邓健庵",当作"郑健庵"),一为"郑健庵《两浙词人小传续编》"[3]。这里的"邓健庵",应为郑健庵,即郑道乾,当属刻工因"邓"与"郑"字形相近而产生谬误。《杭郡词综》即《国朝杭郡词辑》。由此可知,郑道乾所编之《国朝杭郡词辑》和《两浙词人小传续编》,是叶恭绰编纂《全清词钞》时关于浙江和杭州地区词人词作的重要参引文献。叶恭绰在《全清词钞·例言》中道出当时搜集词籍资料的过程:"是编初就南京、北京、天津、杭州、苏州、广州、上海七地,着手搜集单行词集,就地选钞汇寄,以上海为总汇。自各图书馆以至私家藏本,悉加访求。继复搜集罕见之总集、选本,加以采录。"[4]

这里就有一个疑问,郑道乾的《国朝杭郡词辑》和《两浙词人小传续编》从未付梓,叶恭绰如何得以参考呢?前文已经述及,《历史文献第4辑·叶恭绰友朋尺牍(二)》所收1933年12月2日储院峰在致叶恭绰的书信中提及:"郑健庵君所藏清代浙人词,前度离杭时,曾托邵裴子先生转请郑君抄目,已承允许,俟寄来,即行奉上。"储院峰是民国时期词学研究的专家,有《宋词人柳永生年的推测》一文,发表在1932年《微言月刊》第2卷第7、8期上。邵裴子于1930年7月至1931年11月任国立浙江大学校长,1935年离开浙大,寓居杭州,专为上海商务印书馆翻译和校对书籍。储院峰所言"郑健庵君所藏清代浙人词",即指郑道乾所编《国朝杭郡词辑》和《两浙

---

[1] 彭玉平:《论民国时期的清词编纂与研究——以叶恭绰为中心》,《南京大学学报》(哲学·人文科学·社会科学)2009年第2期,第114页。

[2] 叶恭绰编:《全清词钞》,北京,中华书局,1982年,第1版,引用书目第12页。

[3] 叶恭绰编:《全清词钞》,北京,中华书局,1982年,第1版,引用书目第16页。

[4] 叶恭绰编:《全清词钞》,北京,中华书局,1982年,第1版,第5页。

词人小传续录》。

　　叶恭绰从 1929 年编纂《全清词钞》始,至 1930 年已搜集清代词家 4850 余人,其中浙江有 1248 人,但是,这远非浙江词人的全部。浙江在清代属词学重地,而杭州则为重中之重。所以,叶恭绰于 1933 年托人向郑道乾寻求"清代浙人词"的文献资料。而郑道乾为了支持叶恭绰《全清词钞》的编纂,亲自抄录所编《国朝杭郡词辑》和《两浙词人小传续编》,经由邵裴子、储院峰,辗转寄与叶恭绰。《国朝杭郡词辑》共收录杭郡词人 650 家,词作 2242 首;《两浙词人小传续录》因稿、抄本散佚,所收浙江词人数量则不可知。可见,叶恭绰《全清词钞》的编纂,与郑道乾在资料文献上的鼎力支持是分不开的。

　　从选词观念而言,叶恭绰《全清词钞》与郑道乾《国朝杭郡词辑》是一致的。叶恭绰《全清词钞》之"全",并非指词人词作数量之全,而是指以一部词钞完整反映清代词坛流派、风格的变化轨迹。对此,叶恭绰在《全清词钞序》中强调:"便是注意到有清一代作品的作风和流派的转变,希望于每一时期杰出和流行的作品中能以表现其迹象。如顺、康初期之犹袭明风,康、雍之力追宋轨,乾隆初、中叶之渐入庸滥,乾隆末叶及嘉庆时之另辟途径等等,均设法显明其内蕴,这是一个要点。"[①]从上文对郑道乾《国朝杭郡词辑》所选词人词作数量的统计情况来看,其选旨亦不在数量之全,而是以一部"词辑"反映清代杭郡词坛流派、风格的变化轨迹。

　　从对杭郡词人的词作取舍上看,叶恭绰《全清词钞》所选与郑道乾《国朝杭郡词辑》亦有许多吻合之处。两书共选的清代杭郡一地的词人及词作,合计 309 家,词作 322 首。主要分为以下四种情况:一、《全清词钞》所选词人的词作目录,与《国朝杭郡词辑》完全相同的,有词家 41 人,词作 45 首。二、《全清词钞》所选词人的词作目录,全部涵括于《国朝杭郡词辑》之内的,有词家 102 人,词作 160 首。三、《全清词钞》所选词人的词作目录,部分与《国朝杭郡词辑》重合的,有词家 62 人,词作 117 首。四、《全清词钞》所选词人的词作目录,与《国朝杭郡词辑》完全不同的,有词家 104 人。

　　以上统计数据显示,叶恭绰在编纂《全清词钞》时,对于杭郡词人词作的取舍,其中包括流寓及宦游于杭郡的词人的词作,在很大程度上参考了郑道乾的《国朝杭郡词辑》。第一情况足以说明,《全清词钞》对于部分杭郡

---

① 　叶恭绰编:《全清词钞》,北京,中华书局,1982 年,第 1 版,第 3 页。

第九章 明末清初西泠词学对清词史的影响：以稿本《国朝杭郡词辑》为中心

词人词作的取舍，完全采纳了《国朝杭郡词辑》的意见。第二种情况说明，《全清词钞》在选择杭郡词人词作时，曾以《国朝杭郡词辑》的选词目录，作为其选词范围，从中择取。第三种情况说明，《全清词钞》在吸收《国朝杭郡词辑》选词目录的基础上，同时参考其他文献资料，诸如词别集、词选等，对词作进行更为全面的选择。第四种情况说明，《全清词钞》对于杭郡词人词作的取舍，并非完全囿于《国朝杭郡词辑》，而是有自己独立的词学见解和更为开阔的词学视野。因为《国朝杭郡词辑》毕竟是一部地域词选，其选词标准，难免因囿于地域观念而失之偏颇，比如《国朝杭郡词辑》在对于宦游词人和流寓词人的词作选择上，往往以其词作内容是否与杭郡相关为取舍标准，如选择朱彝尊、汤贻汾、郭麐等人的词作，均是如此。

综上所述，郑道乾《国朝杭郡词辑》的编纂宗旨和选词标准，与叶恭绰所持的现代词学观念有诸多契合之处，是传统词学向现代词学转型的肇始之征。虽然《国朝杭郡词辑》并未付梓，但由于郑道乾曾抄录《国朝杭郡词辑》，并提供给叶恭绰以资编纂，从而使《全清词钞》在文献资料的选取以及编纂思想的把握方面，与《国朝杭郡词辑》具有明显的承继关系。从这一层面而言，郑道乾及其《国朝杭郡词辑》，无论是对于叶恭绰《全清词钞》的编纂，还是现代词学思想的孕育和发展，均功莫大焉。

词选作为一种重要的词学批评方式，反映出选词者的词学观念。《国朝杭郡词辑》是郑道乾对有清一代西泠词人词作的选辑，也是清末民初词人对清代西泠词史的回顾和反思，堪称清代最后一部西泠词选。虽然《国朝杭郡词辑》并没有付梓，但它对清代西泠词人词作的汇选，的确反映出清代西泠词坛的繁盛之貌和清代词风的演进脉络。实际上，要深入地认识清代词史，除了在宏大的词学史背景中把握之外，还应尽可能地探求词风嬗变与词派更迭的微小细节，这些微小细节的叠加，才能展现出比较接近真实的清词史。

更为重要的是，《国朝杭郡词辑》成书于20世纪初叶，适逢中国传统词学向现代词学转型的时期，反映出了清末民初词家重塑词史、融通词派的词学新观念，孕育着现代词学思想的萌芽。郑道乾作为清末民初词家，既经历过清代词坛的浙、常流派之争，又有意跳出词学宗派纷争的局囿，从存人存词的角度出发，能够更理性地审视清代西泠的词人词作，做出客观公允的评判和选择。

然而，由于《国朝杭郡词辑》为珍贵的稿本，难得一见，导致清词研究者没有将它列为专题研究的对象,编纂者郑道乾也几乎被湮没,这也显示出清词的文献整理工作对于清词研究的重要性。因此,作为编纂于清末民初的一部清代地域词选,郑道乾《国朝杭郡词辑》对于当代学者研究清代西泠词人的词学成就,进而判断他们在清词发展史上地位和作用,有极其重要的意义。而《国朝杭郡词辑》编纂者郑道乾的词学贡献,亦应该引起研究者的足够重视。

附录　明末清初西泠词人群体年表[1]

【凡例】

1. 本表主要纪录明万历三十年(1602)至清乾隆八年(1743)间事。
2. 本表突出明末清初西泠词人群体交游经历,不纯录词事。
3. 本表所据文献简略录其原文,作者、编者俱录,版本详见书后《主要参考文献》。
4. 每年纪事以时间先后排序,惟时间不可考者系于该年之末,而人物生卒事附于最后。
5. 本表以公元纪年,以农历纪月。

明万历三十年壬寅(1602年)

六月一日,徐士俊生。

徐士俊《梁溪道中逢五十初度自寿》末识:"辛卯六月朔,同卓辛彝太史在毗陵,适逢杜觉庵侍御按浙,辛老与之联舟设席,偕至梁溪。附记。"按,辛卯为清顺治八年(1651),时徐士俊50岁,知生于本年。(徐士俊《雁楼集》卷十七)

《清诗纪事·明遗民卷》载杨钟羲《雪桥诗话三集》:"仁和徐士俊野君,家塘栖,筑雁楼以居。……生于万历壬寅,年近八十,貌如婴儿。"

徐士俊《六月一日记》:"岁甲戌,读书郭小白表叔之百巢楼。逢六月朔,私念余之生日无好诗以佐一觞,郭调侯谓余曰:子之同生有杨贵妃,岂忘之耶?"(徐士俊《雁楼集》卷十六)

---

[1] 本年表主要参考的清代词学年表成果主要有:张宏生《清词年表初编》、孙克强《清代词学年表》、周焕卿《明清之际词学年表》、李丹《广陵词坛简表》。

八月十八日,卓发之满 16 岁。

卓发之《题大儿书扇》:"丙子八月十八日,余五十初度,大儿犹向螺髻庵中同诸衲为法界众生转诵华严,顶礼忏法。……今未历旬朔,而老人率诸眷属为其转经礼忏。"(卓发之《漉篱集》卷十五)

钱谦益 21 岁。顾若璞 11 岁。孟称舜 4 岁。毛晋 4 岁。查继佐 2 岁。

明万历三十一年癸卯(1603 年)
王翃生。万寿祺生。

明万历三十二年甲辰(1604 年)
来集之生。

明万历三十三年乙巳(1605 年)
陈之遴生。吴刚思生。

明万历三十四年丙午(1606 年)
卓人月生,为卓发之长子。

卓人月《赠细君丁楣字云想》:"余以丙午降。"(卓人月《蕊渊集》卷三)
卓发之《丙子十月十五日告大儿文》:"忆汝生于丙午,而余以丁未出游伊始。……"忆少时向长耳和尚乞子而生汝,故小字长耳。及长,名汝曰人月,因佛华严中称颂如来有永作人中月之语,又旁证诸佛有号人月者。及见观经,言净业正因,应当谛观世尊眉间毫相,其毫白如珂月,遂以字汝。"(卓发之《漉篱集》卷二十)按,卓回为卓发之侄儿,卓人月叔弟。(卓发之《漉篱集》的编刻人员有:门人张悌,孙世杰,弟恭先、孚先,子人月、人目,侄回、彝)另,卓发之还有一子卓人华。

明万历三十五年丁未(1607 年)
王庭生。陈之暹生。

明万历三十六年戊申(1608 年)
陈子龙生。李雯生。

明万历三十七年己酉(1609年)

吴伟业生。纪映钟生。汪价生。

明万历三十九年辛亥(1611年)

杜濬生。冒襄生。李渔生。方以智生。

明万历四十年壬子(1612年)

周亮工生。刘体仁生。

明万历四十一年癸丑(1613年)

曹溶生。

明万历四十二年甲寅(1614年)

徐士俊随祖父迁居塘栖。

王晫《徐野君先生传》:"十三岁,从大父鹤南公徙塘栖,因家焉。"(王晫《霞举堂集·南窗文略》卷四)

陆圻生。宋琬生。金堡生。周茂源生。

明万历四十三年乙卯(1615年)

徐继恩生。彭孙贻生。龚鼎孳生。

明万历四十四年丙辰(1616年)

【时事】

正月一日,清太祖高皇帝努尔哈赤建立后金政权,国号"大金",年号"天命",都城赫图阿拉。(《清实录·太祖高皇帝实录》卷五)

柴绍炳生。吴百朋生。胡介生。毛重倬生。

明万历四十五年丁巳(1617年)

严沆生。曹尔堪生。陆求可生。邓汉仪生。

明万历四十六年戊午(1618年)

尤侗生。施闰章生。宋征舆生。

明万历四十七年己未（1619年）

三月六日，孙治生。

孙治《迪躬诗》：“戊子三月六日，为余初度。岁月如驶，倏已立年。”（孙治《孙宇台集》卷三十一）按，"戊子"为1648年，上推三十年，孙治应生于1619年。

张丹生。王夫之生。吴绮生。史惟园生。

明泰昌元年庚申（1620年）

【时事】

八月，明光宗朱常洛即位，改元泰昌。九月，明熹宗朱由校即位，诏赦天下，以明年为天启元年。（《明史》卷二十一《光宗本纪》，《明史》卷二十二《熹宗本纪》）

卓人月十五岁，崭露文采才华。

卓发之《丙子十月十五日告大儿文》：“汝生十五龄为庚申岁，始稍稍露笔墨之光。”（卓发之《漉篱集》卷二十）

正月十九日，沈谦生。

毛先舒《沈去矜墓志铭》：“去矜与余同齿，而生先余九月。”（沈谦《东江集钞》附录，《四库全书存目丛书》本）

六月，陆嘉淑生。

十月十五日，毛先舒生。

毛奇龄《毛稚黄墓志铭》：“君生于泰昌元年十月十五日寅时。……生君时，母许梦虎登于床，占之者曰：'大人虎变，其文炳也，是儿后以文显乎？'"（毛奇龄《西河集》卷九十九）

陆堦生。王嗣槐生。宗元鼎生。梁清标生。孙枝蔚生。赵进美生。计南阳生。

明天启元年辛酉（1621年）

【时事】

正月一日，明熹宗朱由校改元天启。三月十三日，努尔哈赤率后金兵先后攻取沈阳、辽阳。（《明史》卷二十二《熹宗本纪》）

卓发之携子卓人月游南屏，卓人月见知于孙凤林、洪亨九。

卓发之《丙子十月十五日告大儿文》:"辛酉携汝南屏,遂受特达之知于孙凤林、洪亨九两公祖。"(卓发之《漉篱集》卷二十)

自此,卓人月五次参加乡试,于乙亥拔贡。

卓发之《丙子十月十五日告大儿文》:"余自壬子后凡七试,仅于癸酉一获首荐。而卒以奇厄汝,自辛酉后凡五试,而仅于乙亥拔贡场中,一获首荐,而复衄于丙子。"(卓发之《漉篱集》卷二十)

任绳隗生。顾景星生。

明天启二年壬戌(1622年)

【时事】

正月,努尔哈赤率后金兵攻取西平堡。八月,明熹宗封皇五弟朱由检为信王。(《明史》卷二十二《熹宗本纪》,《明实录·熹宗哲皇帝实录》卷二十六)

卓人月读书于石人坞、水一方之间。

卓发之《丙子十月十五日告大儿文》:"汝十六七时,读书石人坞、水一方之间,论说世出世间之文。"(卓发之《漉篱集》卷二十)

丁澎生。黄云生。徐喈凤生。朱中楣生。李式玉生。

明天启三年癸亥(1623年)

【时事】

十二月,魏忠贤总督东厂。(《明史》卷二十二《熹宗本纪》)

徐士俊与周大赤订交。

徐士俊《挽周大赤》:"癸亥订盟誓,历今三十年。意气各有言,言语鲜过愆。今年尚访君,暑坐绛帐前。闻君领诗社,方欲佐周旋。隔别无几时,讣音突忽传。嫂氏先月逝,镜台已不全。兹复痛沦亡,笔墨散秋烟。君诗与君画,俱挟至性焉。片纸咸可珍,徒令知己怜。中郎竟无子,零乱惜遗编。经过白石山,高士不复还。"(徐士俊《雁楼集》卷四)

毛奇龄生。严绳孙生。顾贞立生。孙默生。董汉策生。周篔生。

明天启四年甲子(1624年)

【时事】

三月,杭州兵变。六月,左副都御史杨涟劾魏忠贤二十四大罪,南北诸

臣论忠贤者相继,皆不纳。(《明史》卷二十二《熹宗本纪》)

魏禧生。汪琬生。徐倬生。

明天启五年乙丑(1625年)

【时事】

正月,后金兵攻取旅顺。三月,谳汪文言狱,逮杨涟、左光斗、袁化中、魏大中、周朝瑞、顾大章,削尚书赵南星等籍。未几,涟等逮至,下镇抚司狱,相继死狱中。七月,尚书李三才、顾宪成等削籍。八月,毁天下东林讲学书院。十二月,榜东林党人姓名,颁示天下。(《明史》卷二十二《熹宗本纪》)

徐士俊24岁、卓人月20岁,二人定交,彼此唱和,创作词集《徐卓晤歌》。

徐士俊《祭卓珂月文》:"与兄定交,乙丑之年。"(徐士俊《雁楼集》卷二十四)

徐士俊《卓子创调序》:"忆乙丑岁,余二人暂止于相于阁,珂月每于黯灯残篆下,拈一义,辄如张生煮海,百怪丛跃。惊而起问,则瓶花为之甲拆,落月为之倒行。"(徐士俊《雁楼集》卷十五)

徐士俊《巢青阁诗余序》:"忆予与珂月作《徐卓晤歌》时,已三十年矣。风流坠地,和者寥寥。"末识"时顺治甲午仲春之吉"。(陆进《巢青阁诗余》卷首)

徐士俊、卓人月、周大赤、邵白瞻有兰社之订。卓人月为作《兰社启》,收入《蟾台集》卷四。

徐士俊《三五七言有怀周大赤邵白瞻卓珂月》:"风月窝,山水窠。奚囊新句满,兰社旧情多。黄花翠竹破寥寂,青尊绿绮空销磨。"(徐士俊《雁楼集》卷五)

徐士俊创作杂剧《春波影》。

徐士俊《雁楼集》卷二十五《春波影杂剧》后附王晫所题七绝一首,诗后识曰:"《春波影》一剧,作于天启乙丑,刻于崇祯戊辰。"

沈谦六岁能辨四声。

应㧑谦《东江沈公传》:"(沈谦)幼颖异,六岁能辨四声。"(沈谦《东江集钞》附录)

毛先舒《沈去矜墓志铭》:"去矜少颖慧,六岁能辨四声。"(沈谦《东江集

钞》附录）

毛先舒早慧，童时尝从母受诗，六岁亦能辨四声。

《毛氏家乘·先母许孺人述略》："童时尝从母受诗，未尽句读，左右视，母辄挞之。"

孙治《赠毛稚黄序》："当稚黄之为童子也，早慧，诗书皆略上口，便已绝人。"（孙治《孙宇台集》卷八）

毛奇龄《毛稚黄墓志铭》："君六岁能辨四声。"（毛奇龄《西河集》卷九十九）

陆进约生于此年。陈维崧生。

明天启六年丙寅（1626年）

【时事】

正月二十三日，后金兵围宁远，总兵官满桂、宁前道参政袁崇焕固守。二月二十五日，围解。闰六月，巡抚浙江佥都御史潘汝桢请建魏忠贤生祠，许之。嗣是建祠几遍天下。八月，清太祖高皇帝努尔哈赤崩。十月二十日，清太宗文皇帝皇太极即位，下诏明年丁卯为天聪元年。（《明史》卷二十二《熹宗本纪》，《清实录·太宗高皇帝实录》卷十，《清实录·太宗文皇帝实录》卷一）

毛先舒已能为诗。

毛先舒《毛驰黄集自序》："盖余自七八岁时，即喜此事（作诗）。"（毛先舒《毛驰黄集》卷首）

王士禄生。何采生。

明天启七年丁卯（1627年）

五月，监生陆万龄请建魏忠贤生祠于太学旁，祀礼如孔子，许之。后金兵围锦州、攻宁远。六月，锦州解围。七月，浙江大水。八月二十二日，明熹宗崩，遗诏以皇第五弟信王朱由检嗣皇帝位。八月二十四日，明思宗即位，以明年为崇祯元年。十一月六日，魏忠贤遭弹劾追查，自缢死。十二月，下诏毁魏忠贤生祠。（《明史》卷二十二《熹宗本纪》，《明史》卷二十三《思宗本纪》）

七月七日，卓发之招同社文友雅集，饮酒赋诗，徐士俊与卓人月亦在其中。

徐士俊有《丁卯七夕,卓左车先生集同社十九人于桃叶渡,各赋一事,得王方平》一诗。(徐士俊《雁楼集》卷五)

八月,卓人月参加乡试,不遇。徐、卓二人反思文章功名之意义。

徐士俊《桐风集序》:"呕丝之野,泣珠之渊,穷年累日而无益于人间世。士之文章,士之呕泣也,抽不断,收不穷,究竟何益? 幸而售,则无翼飞,无胫走矣。不售则饥不可以为食,寒不可以为衣。况风气三年一变,正如二十四番花信,信老花残,十八姨传消递息在人耳畔,夫麒麟斗而蚀,鲸鱼死而彗星出。天地间风声气习,多相应者。今秋,又是一番人抟扶摇羊角而上,破箧蠹鱼,皆获灾梨崇枣,而余与珂月,犹然故我相对,憎恶殊甚。时衰灯明灭,几上浮白,读昌谷秋来诗,冠发都竖;床头雄剑,吼声若雷;窗前植桐,一叶惊坠,此何减于风萧萧兮易水寒光景。"(徐士俊《雁楼集》卷十五)

明崇祯元年戊辰(1628年)

【时事】

二月,戒廷臣交结内侍。三月,赠恤冤陷诸臣。四月,袁崇焕为兵部尚书,督师蓟、辽。七月,浙江风雨,海溢,漂没数万人。十二月,陕西饥民苦于加派,起义军大起,分掠鄜州、延安。(《明史》卷二十三《思宗本纪》)

徐士俊杂剧《春波影》刊行。

《春波影杂剧》后附王晫所题七绝一首,识曰:"《春波影》一剧,作于天启乙丑,刻于崇祯戊辰。"(徐士俊《雁楼集》卷二十五)

沈谦能为诗,作时艺涉笔便佳,有如宿构。

陆圻《东江集钞序》:"沈子去矜,九岁能为诗,度宫中商,投颂合雅,其天性然也。"(沈谦《东江集钞》卷首)

应㧑谦《东江沈公传》:"九岁作时艺,涉笔便佳。"(沈谦《东江集钞》附录)

明崇祯二年己巳(1629年)

【时事】

十月二十七日,后金兵进入大安口。十一月初一日,京师戒严。五日,后金兵进入遵化。六日至九日,总兵官满桂、袁崇焕,宣府、大同、保定兵相继入京救援。十九日,后金兵逼进德胜门。十二月初一日,袁崇焕被下锦衣卫狱中。(《明史》卷二十三《思宗本纪》)

卓人月汇选、评点《古今词统》,徐士俊参与选评。书成,卓人月携《古今词统》过会稽以示孟称舜并索序。

孟称舜《古今词统序》:"予友卓珂月,生平持说,多与予合。己巳秋,过会稽,手一编示予,题曰《古今词统》。"(卓人月、徐士俊《古今词统》卷首)

张溥、张采举复社。

《吴梅村先生年谱》(卷一)引杨彝《复社事实》:"崇祯之初,嘉鱼熊开元宰吴江,进诸生而讲艺于时。孙淳孟朴结吴翩扶九、吴允夏去盈、沈应瑞圣符等肇举复社。于时云间有几社,浙西有闻社,江北有南社,江西有则社,又有历亭席社、昆山云簪社,而吴门别有羽月社、匡社,武陵有读书社,山左有大社,佥会于吴,统合于复社。复社始于戊辰,成于己巳。"

沈谦读书于家中灵晖馆。

沈谦《灵晖馆梧桐记》:"独醒居之东偏,有馆曰灵晖者。其上重楼复轩,故冬不沍寒,夏不酷热。夕则先月,昼则来风。馆仅盈丈,垩之如玉,八窗俱东焉。予年十岁,读书其中,先君惧明损目也,乃手植梧桐,使摇绿布阴,以葆予光。"(沈谦《东江集钞》卷六)

朱彝尊生。黄虞稷生。梁佩兰生。

明崇祯三年庚午(1630年)

【时事】

正月初四日至初九日,后金兵攻取永平、滦州。五月,后金兵东归,永平、迁安、遵化相继复。三月至六月,农民起义爆发,陆续攻陷蒲县、府谷,米脂张献忠率众响应。八月,杀袁崇焕。(《明史》卷二十三《思宗本纪》)

徐士俊第一次参加乡试,不遇。

卓人月《和下第者韵兼和新第者》序:"余庚午之役了无所动于中,迨徐亦过我示以新诗,便如元、白握手于浔阳,始觉有迁谪之意。"(卓人月《蕊渊集》卷六)

屈大均生。陈维崧生。

明崇祯四年辛未(1631年)

【时事】

八月六日,后金兵围祖大寿于大凌城。九月二十七日,山海总兵官宋伟等援大凌,败于长山。十月二十八日,祖大寿杀副将何可纲。二十九日,

大寿自大凌脱归,入锦州。是冬,延安、庆阳大雪,民饥,盗贼益炽。(《明史》卷二十三《思宗本纪》)

五月,卓人月、徐士俊与同社文友诗酒酬唱。

卓人月《社饮二首》序云:"辛未仲夏,缔同社十四子,小饮于摩婆堂,野君仿杜工部八仙歌以纪之,余复檃栝成二律焉。"(卓人月《蕊渊集》卷六)

秋,卓回游于燕齐之间,作诗以抒怀。

卓人月《秋怀倡和诗序》:"秋怀诗十有七之与古诗十有九盖相近也。倡者谁,卓氏之回也,回何怀,怀生乎旅(游于燕齐之间)也。秋怀倡和诗各十有七之与苏诗之四、李诗之三亦未相远也。和者谁,孙氏之爽也,爽何怀,怀生乎处也。旅与处不同而秋同。倡于辛未之秋,而和之于甲戌之秋。"(卓人月《蟾台集》卷二)

徐乾学生。孙枝蔚生。陈恭尹生。彭孙遹生。夏完淳生。

明崇祯五年壬申(1632年)

【时事】

正月至四月,孔有德叛军陆续攻陷登州、黄县、莱州、平度等地。九月至十一月,海盗刘香侵犯福建、浙江。是秋,起义军入山西,连陷大宁、泽州、寿阳,分部走河北,犯怀庆,陷修武。(《明史》卷二十三《思宗本纪》)

吴农祥生。吴兴祚生。

明崇祯六年癸酉(1633年)

正月十五日,副将左良玉大败起义军于涉县,起义军逃入林县山中,饥民争附之。七月十四日,后金兵攻取旅顺。十一月至十二月,起义军渡过黄河,连续攻陷渑池、伊阳、卢氏,分道攻入南阳、汝宁,逼进湖广。(《明史》卷二十三《思宗本纪》)

徐士俊与卓辛彝共同参加乡试,共同被放,二人虽形骸放浪,但犹不忘进取之志。

徐士俊《与卓辛彝书》:"犹记癸酉科偕仁兄被放之后,遁迹柳堂月下,泛方舟以娱,灯前赌橡栗为戏乎。制馎饦,聚友朋,大嚼以消磨岁月,两人胸次各各不忘。"(李渔《尺牍初征》卷六)

《古今词统》刊行,凡十六卷,后附《徐卓晤歌》一卷。

徐士俊《古今词统序》:"癸酉花朝,徐士俊野君题于湘蕊馆。"(卓人月、

徐士俊《古今词统》卷首)

　　徐士俊将己刻三种奉寄寓居金陵的卓发之,以求就正,并索卓作,卓发之有书答之,书中提及《槭园十六题》。

　　徐士俊《与卓左车》:"丁卯渡头一叙,凡六易星霜,四方之士,且落落如晨星矣。独念老伯桑梓盟坛,何至为白门双柳所绊,使不肖未能时时向玄亭问奇字耶。迩来佳制当必累累,得一字不啻得麻姑一米。今奉拙刻三种,实亟于就正,亦寓投桃报琼之意耳。"(李渔《尺牍初征》卷六)

　　卓发之《答徐野君》:"数年不握手,天石来始得一闻近履,接佳作破除世谛,直显门风,可谓全提正令于末法者,世上野下鸣一当师子吼,将何处生活耶。拙作不可以告人,仁兄爱我,但作想当然传奇一看可耳。近有《槭园十六题》在寒氏舍侄处,或仁兄神游此中,便可为拈数首。或尽作辋川绝句,或作各体,俱随意,但须有以寄示为慰天涯知己,只此可当觌面湘逵耳。途间冻笔,不能更言。"(李渔《尺牍初征》卷六)

　　徐士俊师云阳鲁颠仙,习摄生。

　　王晫《徐野君先生传》:"平生善摄生,自言三十二岁授自云阳鲁颠仙。"(王晫《霞举堂集·南窗文略》卷四)

　　毛际可生。

明崇祯七年甲戌(1634年)

【时事】

　　正月二日,广鹿岛副将尚可喜投降后金。正月至二月,起义军突破张应昌等征剿,自灵宝、郧阳向南,连续攻陷襄阳、紫阳、平利、白河、夔州、大宁等地,进入湖广,又转入卢氏、灵宝。九月二十七日,以起义军聚于陕西,下诏合力征剿。此年冬天,陕西起义军分犯湖广、河南,李自成攻陷陈州。(《明史》卷二十三《思宗本纪》)

　　王嗣槐与毛先舒定交。

　　王嗣槐《与毛驰黄书》:"仆年十四五闻足下才名而定交,以文章道义相劘切,无猜无贰,质诸鬼神者屡矣。"(王嗣槐《桂山堂文选》卷三)

　　秋,孙爽在仁和,和卓回游燕齐抒怀诗,并与卓回诗共辑为《秋怀唱和诗》,并请卓人月为序。

　　卓人月《秋怀倡和诗序》:"秋怀诗十有七之与古诗十有九盖相近也。倡者谁,卓氏之回也,回何怀,怀生乎旅(游于燕齐之间)也。秋怀倡和诗各十有七之与苏诗之四、李诗之三亦未相远也。和者谁,孙氏之爽也,爽何怀,怀生乎处也。旅与处不同而秋同。倡于辛未之秋,而和之于甲戌之秋。"(卓人月《蟾台集》卷二)

徐士俊从弟徐灏进士及第,出任武陵令,徐士俊作《步蟾宫》以贺,陈函辉以诗赠行。

《(雍正)浙江通志》卷一百三十三:"(崇祯七年甲戌科刘理顺榜)徐灏,钱塘人,武陵知县。"

徐士俊《步蟾宫·大津弟获隽南宫,书寄》:"十年辛苦秋香满。更衬个、桃腮柳眼。曲江深处好题诗,有三百、雁鸿作伴。 吾家风气应难断。再续取、龙雕虎臂。姊羞未嫁妹先行,抛掷下、凄凉不管。"(《全清词·顺康卷》第140页)

徐士俊《叔母方太君八袠寿序》:"当叔父五辑先生继娶时,在万历之戊申,是时,前母郭孺人之子灏方五岁,孺人抚而教之,爱同己出。……大津弟早岁遂登贤书,及甲戌捷南宫,远任武陵,五年之间,宁亲之使络绎于道,盖不敢忘父母恩。"(徐士俊《雁楼集》卷十五)

陈函辉《送徐大津令武陵》:"花源深处草青青,半是秦人拥汉軿。鸡犬亦随仙作令,桑麻全借福为星。行经岘首碑犹在,笑问渔郎路可扃。莫道官闲无一事,成蹊须觅种桃经。"(陈函辉《小寒山子集》)

徐士俊游武陵,访徐灏于武陵官署。除夕夜,士俊作诗以咏兄弟手足之情。

徐士俊《甲戌除夜》(自注:时在武陵署中):"始知朋友乐,乃识弟兄亲。岁月他乡换,情怀杯酒申。梦通新砌草,炉辟旧时尘。柳色青如许,宁争此夜春。"(徐士俊《雁楼集》卷五)

宋荦生。曹贞吉生。王士禛生。

明崇祯八年乙亥(1635年)

【时事】

正月八日,洪承畴出关征讨起义军。自正月至十二月,洪承畴联合地方官军,转战于河南、安徽、湖北、陕西等地,围剿张献忠、李自成、罗汝才等起义军。(《明史》卷二十三《思宗本纪》)

徐士俊第三次参加乡试,不遇。卓人月五试,终于拔贡。

卓发之《丙子十月十五日告大儿文》:"余自壬子后凡七试,仅于癸酉一

获首荐。而卒以奇厄汝,自辛酉后凡五试,而仅于乙亥拔贡场中,一获首荐,而复衄于丙子。"(卓发之《漉篱集》卷二十)

宋琬与卓人月同贡于有司,二人定交。

宋琬《书卓永瞻诗后》:"余以乙亥与珂月先生同贡于有司,踰年同试礼部,燕市酒楼,狂歌纵饮,欢相得也。"(宋琬《安雅堂未刻稿》卷七)

毛先舒负笈读书,与孙治同席,友谊笃厚。毛先舒以为时艺不足为,殚力于诗、古文。且读书有悟,有志于道。

孙治《赠毛稚黄序》:"自吾十六七时,即与稚黄为亲友。……当稚黄之为童子时,早慧,诗书略皆上口,便已绝人。而其尊先生令稚黄学贾,稚黄持筹市上,束书不观者三载。已又负笈读书,与余同席也。方是时,稚黄每下笔,殚力肆志于诗、古文。天下作者,如陈黄门,皆首屈指。以彼其才,于谢榛、卢柟又何有哉!"(孙治《孙宇台集》卷八)

毛先舒《答汪秀溁书》:"忆仆十四五岁时,因读书有所警,尝有志于道,兢兢者有日。"(毛先舒《匡林》卷上)

西泠文士集团初步形成。

耻庵道人《西陵十子诗选序》:"丙丁之交,实崇祯八九年,吾鄣之士,好学善属文,慷慨有四方之志,同乡里朝相集也,得十八九人,中间能诗二三子。又越八九年,再得六七人,有十子诗选之刻。"(毛先舒《西陵十子诗选》卷首)

陈之暹中举人。

钱芳标生。李良年生。陈维岳生。丁炜生。田雯生。

明崇祯九年丙子(1636年)

二月,山西大饥,人相食。宁夏饥,兵变。三月至五月,高迎祥、李自成分部入陕西,余部自光化走湖广。四月十一日,清太宗文皇帝皇太极在沈阳称帝,建国号"大清",改元为"崇德"。七月二十日,高迎祥被俘于盩厔,送京师伏诛。七月,清兵入昌平、宝坻,接连攻取近畿州县。八月,清兵出塞。十月十三日,张献忠犯襄阳。是年,洪承畴击败李自成于陇州,李自成逃往庆阳、凤翔。(《明史》卷二十三《思宗本纪》,《清实录·太宗文皇帝实录》卷二十八)

孙治与陈廷会定交。

孙治《陈际叔文集序》:"己未春,程子骏发以其师际叔陈先生之命,赍文集数百篇,属余裁定。念与际叔缔交四十三年矣,自虎臣、甸华诸君子殁后,感怆生平之好,存者几何,后世谁相知论吾辈文者。"(孙治《孙宇台集》卷四)按,"康熙己未"为1679年,上推43年,即1636年。

春,卓人月应乡试。值黄宗羲兄弟亦同时应试,寓涌金门黄家庄。卓人月夜过黄宗羲处索酒,一同泛舟湖中。

黄宗羲《思旧录》"卓人月条":"丙子,余兄弟以应试寓涌金门黄家庄。珂月夜过余索酒,与泽望棹舟湖中,笑声震动,两岸犬声如豹。"

秋,卓人月赴金陵应秋试。临行,徐士俊以诗赠别。

徐士俊《送卓珂月之金陵》:"岁寒滋味惨于秋,卓子今宵赋远游。十里旗亭还并坐,一条江水欲分流。石头城下风尘客,燕子矶边雨雪舟。莫听秦淮竹枝好,竹枝又带别离愁。"(徐士俊《雁楼集》卷七)

秋,宋琬与卓人月同试礼部,二人燕市酒楼,狂歌纵饮,极为投机。

宋琬《书卓永瞻诗后》:"余以乙亥与珂月先生同贡于有司,踰年同试礼部,燕市酒楼,狂歌纵饮,欢相得也。"(宋琬《安雅堂未刻稿》卷七)

八月十八日,卓发之五十寿,卓人月在金陵螺髻庵中为父诵佛经。

卓发之《题大儿书扇》:"丙子八月十八日,余五十初度,大儿犹向螺髻庵中同诸衲为法界众生转诵华严,顶礼忏法。……今未历旬朔,而老人率诸眷属为其转经礼忏。"(卓发之《漉篱集》卷十五)

九月二十九日,卓人月病逝,时 31 岁。

卓发之《丙子为大儿告佛疏》:"伏以长男人月,以九月廿九日卒然谢世。"(卓发之《漉篱集》卷十四)

徐士俊作《祭卓珂月文》。

徐士俊《祭卓珂月文》:"三旬有一,未及颜渊。"按,卓人月生于万历三十四年丙午。(徐士俊《雁楼集》卷二十四)

毛先舒《白榆堂诗集》镂版刊行。

毛奇龄《毛稚黄墓志铭》:"十八岁著《白榆堂诗》,镂之版。"(毛奇龄《西河集》卷九十九)

王晫生。徐釚生。查容生。陈玉璂生。

明崇祯十年丁丑(1637年)

正月初六日,张献忠、罗汝才自襄阳犯安庆。五月十一日,李自成自秦州攻取四川。此年夏天,两畿、山西大旱。七月,山东、河南蝗,民大饥。九

月至十月,李自成攻陷宁羌、昭化、剑州、梓潼、彰明、盐亭诸县,逼近成都。(《明史》卷二十三《思宗本纪》)

春,卓发之《㴭篱集》付梓,向徐士俊索序、评。

徐士俊《㴭篱遗集序》:"去年春杪,先生将以所著《㴭篱集》授诸枣梨,索序索评甚亟。余遂从罨画溪边评序,讫付,正思此后云蒸霞蔚、山积泉涌者作何处置。无几时,《㴭篱集》成,先生方欲投余,而为建业一带水所隔。今年秋,讣音突忽来。未几,远条卓子持乃兄《戊寅遗稿》至。"(卓发之《㴭篱遗集》卷首)

曹溶中崇祯九年丙子科进士。

《[雍正]浙江通志》卷一百四十一:"曹溶,秀水人,丁丑进士。"

沈谦从叔父刘体仁学书。

沈谦《赠陶君序》:"予年十八九时,从叔父体仁公学书。"(沈谦《东江集钞》卷六)

陈子龙进士及第。曹溶进士及第。

顾贞观生。李天馥生。秦松龄生。曹亮武生。邵长蘅生。沈皥日生。

明崇祯十一年戊寅(1638年)

二月,李自成自洮州出番地,复入塞,走西和、礼县。夏四月辛丑,张献忠伪降于谷城,熊文灿受之。六月,两畿、山东、河南大旱蝗。九月,陕西、山西旱饥。清兵入墙子岭,京师戒严。十月,洪承畴、曹变蛟大破李自成于潼关南原,李自成以数骑遁。十一月,清兵克高阳。是月,罗汝才降。(《明史》卷二十三《思宗本纪》)

春,沈谦师事祝文襄,二人定交。

祝文襄《东江集钞序》:"吾始见沈子,年才十九龄耳,为戊寅之春。"(沈谦《东江集钞》卷首)

秋,卓发之病故,享年 52 岁。其弟持卓发之《戊寅遗稿》请徐士俊为序。

徐士俊《㴭篱遗集序》:"今年秋,讣音突忽来。未几,远条卓子持乃兄《戊寅遗稿》至。"(卓发之《㴭篱遗集》卷首)

明崇祯十二年己卯(1639年)

正月初一日,以时事多艰,却廷臣贺。清兵入济南,后北归。三月,清兵出青山口。凡深入二千里，阅五月，下畿内、山东七十余城。五月，张献忠叛于谷城，罗汝才等起应之，攻陷房县。六月，畿内、山东、河南、山西旱蝗。七月，左良玉讨张献忠，败绩于罗猴山。十二月，罗汝才犯四川。(《明史》卷二十三《思宗本纪》)

秋，徐士俊第四次参加乡试，不遇。(王晫《霞举堂集·南窗文略》卷四《徐野君先生传》)

毛先舒卧病于清平山，沈谦探访，从此二人定交，情义笃深，历三十余年。

毛先舒《东江集钞序》："东江沈谦去矜，与予年相若。当卯、辰间，两人俱弱冠，予时病卧清平山中，去矜就访余，且赠以诗。予望而遽霍然起谢曰：读子诗，已疗我烦醒之疾。而亲其人，且饮我以瑶浆之凉。子殆示吾天壤，子不从人间来邪？"(沈谦《东江集钞》卷首)按，《(嘉靖)仁和县志》："清平山一作青平山，在吴山南，凤凰山北。"

毛先舒与张丹定交。

毛先舒《赠张祖望》："弱岁耽翰墨，始冠交词林。维君故夷淡，伊余亦滞淫。"(毛先舒《毛驰黄集》卷二)

孙治与张丹定交。

孙治《张母沈太夫人寿序》："仆与纲孙之相识也，于己卯。"(孙治《孙宇台集》卷九)

李符生。

明崇祯十三年庚辰（1640年）

二月，张献忠败走归州。五月至七月，罗汝才犯夔州，战败，走大宁、巫山，与张献忠合。九月，陕西官军围李自成于巴西鱼腹山中，自成走免。张献忠攻陷大昌、剑州、绵州。十二月，张献忠攻陷泸州。是月，李自成自湖广走河南，饥民附之，连续攻陷宜阳、永宁、偃师，势大炽。是年，两畿、山东、河南、山、陕旱蝗，人相食。(《明史》卷二十三《思宗本纪》)

沈谦之父沈逸真，延请文学之士于沈氏章庆堂，陆圻时馆于沈家，沈逸真、沈谦、陆圻等饮酒消愁，感时赋诗，多孤愤之音。毛先舒卧病不得与，而心向往之。越四年，天下乱，沈氏门客皆散去。

毛先舒《沈去矜墓志铭》："而平居尝不自快意，卒发孤愤。忆己卯、庚辰之间，流贼蹯蜀、豫，转入三晋。时遣重臣将兵，出率挫衄遁逃，西北势已危。而大江以南,蜚蝗从北来蔽天,米一石值六、七缗钱,饥馑连数岁,道殣如麻。士大夫方扼腕慷慨,指陈时事,联络风声,互相推与,怀古人揽辔登车之思焉。是时,逸真先生亦开章庆之堂,多延文学士,与去矜为周旋。陆景宣为东南士类冠冕,馆于沈氏,与诸公赋诗,悲歌饮酒,连日达夜。余时卧病不得与,然心向而驰,盖意气犹壮也。越四年,天下乱,客皆散去。"(沈谦《东江集钞》附录)

张丹《沈郎行与门人圣昭》:"忆昔汝父南园日,芍药春光蝴蝶出。一时宾客俱风流,把酒与我坐稠密。帘下轻吹玉箫断,灯前再彭赵女瑟。高谈沉醉忘却归,东池月上光满庭。此时欢乐乘夜游,题诗更唱晚娱楼。掉头长吟千百句,春风吹过芳兰洲。朝来挥手且别去,满目烽烟不知处。可怜睽隔三十秋,我来坟墓谒清曙。"(张丹《张秦亭诗集》卷五)按,此诗应作为沈谦卒时,即清康熙九年(1670),上推三十年,即明崇祯十三年(1640),诗中所忆应为沈氏南园(即章庆堂)宴游之事。

方以智进士及第。来集之进士及第。

汪懋麟生。周在浚生。

明崇祯十四年辛巳(1641年)

【时事】

正月,李自成陷河南。二月,张献忠陷襄阳、光州,李自成攻开封,被却之。四月,清兵攻锦州,祖大寿拒守。六月,两畿、山东、河南、浙江、湖广旱蝗,山东寇起。七月,李自成攻邓州,被击败。八月,总兵官吴三桂、王朴自松山遁,诸军夜溃。左良玉大败张献忠于信阳。九月至十二月,李自成、罗汝才先后攻陷叶县、南阳、泂川、许州、长葛、鄢陵。(《明史》卷二十三《思宗本纪》)

浙东西大旱,飞蝗蔽天,岁饥人相食。(杨谦《朱竹垞先生年谱》,王简可《陆辛斋先生年谱拟稿》)

春,陆圻与尤侗定交,并结临社,游虞山。

尤侗《悔庵年谱》卷上:"岁春,赴常熟临社,与黄韬生淳耀、陆丽京圻、吴羽三翻、钱方明安修、侯研德玄泓诸子盟,并游虞山,有记。秋大旱。"

孙治下帷于临平赵元开家,陆圻、柴绍炳下帷于沈谦家。(按,孙治为陆圻妻弟,二人常有来往。)孙、陆二人在读书之闲暇,与沈谦、柴绍炳、冯六虚、裘驾时、唐求如、郎季千、赵元开、沈较书、沈羽阶遨游赋诗。

孙治《安隐寺同诸子效柏梁体》后记曰："辛巳、壬午间，余下帷于临平赵氏元开家，而景宣亦下帷于去矜氏。读书之暇日，与诸子饮酒赋诗，尝憩安平泉闲游，或效柏梁之体，或仿皮陆之制，亦一时之快也。今已三十余年矣，追忆曩游，若在昨日。检旧笥中得诸子效柏梁一纸，不欲删去，以存夙昔于千一云。"(孙治《孙宇台集》卷四十)此外，孙治《孙宇台集》还收有《酬去矜十六韵》《题沈献庭先生园亭兼示去矜》诸诗。

孙孝桢《先考文学鉴庵府君行实》："辛巳，先君读书临平山，往来赵元开、沈去矜先生家，日邀游皋亭诸山，赋诗自乐。"(孙治《孙宇台集》附录)

沈谦偏爱晚唐温、李诗风，陆圻示以华亭陈子龙诗，沈谦喜而效之，一去温、李之绮靡。

陆圻《东江集钞序》："(去矜)间喜温、李两家。崇祯辛巳，予以华亭陈给事诗授之，沈子特喜。于是去温、李之绮靡，而效给事所为。即沈子诗益工，寻汉魏规矩，蹈初盛之风致，内竭忠孝，外通讽谕，洵诗人之奥区也。"(沈谦《东江集钞》卷首)

八月，陈子龙任绍兴司理，于祁彪佳座中见毛先舒《白榆堂集》，嗟赏不已，遂于赴杭时造访，二人结师友之谊。毛先舒又有《歗景楼诗》质子龙，子龙为之序，倾心推与。

吴颢《国朝杭郡诗辑》卷三《毛先舒传》："弱冠，刊《白榆堂诗》，陈卧子方司理绍兴，见之嗟赏。读至'沧海春潮随月落，潇湘暮雨带云还'，叹曰：'吐句可谓落落孤高，惜非功名中人耳。'"

毛奇龄《毛稚黄墓志铭》："华亭陈子龙为绍兴推官，见而咨嗟，于其赴行省，特诣君。君感其知己，师之。时复有《歗景楼诗》质子龙，子龙为之序。"(毛奇龄《西河集》卷九十九)

陈子龙《自撰年谱》崇祯十四年"附录"引《白榆集小传》："先舒著《白榆集》，流传山阴祁中丞之座，适陈卧子于祁公座上见之，称赏，遂投分引欢，即成师友。其后西泠十子，各以诗章就正，故十子皆出于卧子先生之门。国初，西泠派即云间派也。"(陈子龙《陈子龙诗集》)

黄云《渼书序》："往时，陈卧子先生为当代宗匠，《歗景楼》一序，倾心推与，欲以斯文相属。"(毛先舒《渼书》卷首)

以陈子龙为代表的云间派誉满四方，文学之士纷起而应之，西泠文人尤其与之持论相合，交往甚密。

华亭蒋平阶《东江集钞序》："自吾党诸子以文章声誉交于四国，四国贤

豪莫不起而应之,而风尚之尤合者无如西陵。故虽相去三百里,而遥而酬对,若在几席。"(沈谦《东江集钞》卷首)

复社领袖张溥卒,陆圻赋五言长律以悼之,时人争相传钞。(朱彝尊《静志居诗话》卷二十一)

金烺生。

明崇祯十五年壬午（1642年）

正月,李自成攻开封不克,陷西华。二月,清兵攻陷松山,洪承畴降。三月,李自成陷陈州、睢州、太康、宁陵、考城、归德。祖大寿以锦州降清。四月,李自成复围开封。五月,张献忠陷庐州。十一月至十二月,清兵分道入塞,京师戒严,又克蓟州南下,畿南郡邑多不守,趋曹、濮,山东州县相继下。李自成陷汝宁,又陷襄阳据之,分兵下德安、彝陵、荆门,陷荆州,焚献陵。(《明史》卷二十三《思宗本纪》)

五月,张丹侍父读书家园,其父教其作诗之法。

张丹《从野堂诗自序》:"曩壬午仲夏,先子读书家园相鸟居室,予侍立,先子诲予作诗法。"(张丹《张秦亭诗集》卷首)

八月,张丹父卒,张丹哀毁之余,开始作诗。

张丹《从野堂诗自序》:"曩壬午仲夏,先子读书家园相鸟居室,予侍立,先子诲予作诗法。至八月试事甫毕,而先子见背焉。哀毁之候,掩关深坐,诵诗至《蓼莪》篇,因作《纪哀八章》。昔王褒读《蓼莪》篇而废诗,予读《蓼莪》而学诗,俱有所感于衷也。因是日月有作,时年二十四。"(张丹《张秦亭诗集》卷首)

丁澎、梁清标乡试中举,其时,梁清标已闻丁澎之文名。

梁清标《扶荔词序》:"往壬午岁,飞涛丁子举于南,余举于北,当时即闻丁子负隽才,名噪海内。"(丁澎《扶荔词》)

沈谦补诸生。秋,沈谦与祝渊等十人于章庆堂雅集赋诗,祝渊为之序。

沈圣昭《先府君行状》:"崇祯壬午补诸生。"(沈谦《东江集钞》附录)

应㧑谦《东江集钞序》:"崇祯壬午补县学生。"(沈谦《东江集钞》卷首)

沈谦《章庆堂谶集记》:"堂落成之六年,岁在壬午,予师祝慎庵先生至自海宁,黄平立至自槜李,骧武、景宣二陆子、宇台孙子至自郡城,南邻郎季千,俱翩然来集也。"(沈谦《东江集钞》卷六)

毛先舒困顿于家,陈子龙怜之,作书援荐。

毛先舒《报施愚山书》："忆仆昔亦苦困顿,卧子先生尝作书援荐,有云'西泠毛子,年才弱冠,不但制举艺为士类所推服,即为诗古文辞,亦复丝簧合律,灿乎可观'云云,其书不能悉记。"(毛先舒《潠书》卷七)

祝渊入京上疏营救刘宗周。事成,沈谦赋诗为志。

朱彝尊《静志居诗话》卷二十:"崇祯壬午,先生(祝渊)伏阙中救刘公宗周,时未识刘公也。及公罢公,始著录称弟子。"

又,《东江集钞》卷四有《祝开美疏救刘宗周归》《秋日得祝慎庵先生山东书》,卷七有《答祝开美书》,皆在本年因此事而作。

明崇祯十六年癸未(1643年)

正月,李自成陷承天,张献忠陷蕲州。三月,李自成杀罗汝才,并其众。张献忠陷黄州。四月,清兵北归。五月,张献忠陷汉阳、武昌。八月初九日,清太宗文皇帝皇太极崩。八月二十六日,清世祖章皇帝福临即位,改明年为顺治元年。左良玉复武昌、汉阳。张献忠陷岳州、长沙、衡州。九月,张献忠陷宝庆、永州、常德、吉安。李自成陷潼关、华州、渭南、临潼,屠商州,陷西安。十一月,李自成陷延安,寻屠凤翔,又陷榆林、宁夏、庆阳。十二月,张献忠陷建昌、抚州。李自成渡河,陷平阳,山西州县相继溃降,又陷甘州。(《明史》卷二十三《思宗本纪》,《清实录·太宗文皇帝实录》卷六十五,《清实录·世祖章皇帝实录》卷一)

沈谦与毛先舒相约,如时局危难,则共同避居于临平东乡之沈氏园林。不久,沈谦遭家难,章庆堂焚。(按,章庆堂,即为南园。)

毛先舒《东江集钞序》:"去矜家临平湖,余在会城,与酬对日少。一日,过把余臂曰:'时殆矣,予家东乡有园林池台之盛,足可游陟;藏书百卷,可自娱;种鱼卖药,可以养生;俗朴而信,可以为城。予且治十亩之桑,聊与之逝。行有缓急,其毋忘予所云东乡焉。'予曰:'诺。'未几,临平盗特起,纵火焚略,比屋之庐荡然。"(沈谦《东江集钞》卷首)

又毛先舒《沈去矜墓志铭》:"东乡盗起,章庆堂焚。堂本分居,属两兄,即烬,去矜即割己宅居之。"(沈谦《东江集钞》附录)

沈圣昭《先府君行状》:"崇祯壬午补诸生。明年家难起,南园焚掠几尽,即两伯所居之地也。"(沈谦《东江集钞》附录)

毛先舒过山阴谒陈子龙,问学门下,多有进益。先舒对于陈卧子提携之恩,深表感激。

毛先舒《呈卧子先生书》:"某不肖,幸以薄技,待罪门下,私窃自庆。兼侧侍抵掌,使某益闻所未闻,益深自愉怿,不敢谖之于心。放逐刊落,朽钝应尔,但虚题拂之雅,为邑邑耳。"(毛先舒《潠书》卷五)

春,刘宗周罢归山阴,遂讲学于蕺山,先舒执贽问性命之理,极受蕺山夫子器重。与武进恽日初同列蕺山之门。刘宗周、陈子龙二人,对毛先舒一生影响极大。

毛先舒《与姜定庵书》:"仆昔曾侍山阴之门,至今追忆模楷,常抱九原可作之思。"(毛先舒《潠书》卷七)

毛奇龄《毛稚黄墓志铭》:"后因过绍兴,谒子龙官署。会山阴刘中丞讲学于蕺山之麓,君执贽问性命之学。"(毛奇龄《西河集》卷九十九)

《钱塘县志》卷二十二《文苑传》"毛先舒"条:"山阴刘都宪宗周讲学于蕺山,舒执贽问性命之学,坐语移日。及退,宗周谓人曰:'毛生久以笃学擅名,岂非东南之宝乎?'"

恽格《毛稚黄十二种书序》:"昔者先君与毛子同游蕺山夫子之门,略相先后。"

按,《明史·刘周宗传》载刘宗周以明崇祯十五年(1642)八月擢左都御史,十月京师被兵,姜埰、熊开元因言事下狱,宗周约九卿共救之,帝大怒,革职为民。那么,刘宗周返藉讲学,当在明崇祯十五年以后。又按,陈子龙门生王沄《越游记》:"予遂以癸未春适越。……时山阴刘忠端公方里居讲学,先生(陈子龙)赴讲席,归则又为予极论天人性命之旨。"(《陈子龙自撰年谱》附录,载《陈忠裕公全集》)可知,讲学一事当系本年。

孙治与黄维含(西泠顾若璞之长子)定交,其时顾若璞已早有文名。

孙治《黄君维韫暨元配鲍孺人墓志铭》:"异时癸未,则君之兄维含过予定交。甲申,则余出北郭交君。盖知二黄子之于家学则斌斌矣。其后,君母顾夫人设帨之辰,索余文以上寿。而因得登堂拜母,已奉卧月轩而读之,叹顾夫人之节行文藻,炳乎与班氏。"(孙治《孙宇台集》卷二十三)

崇祯十七年甲申(1644年)

【时事】

正月,李自成于长安称帝,国号"大顺",年号"永昌"。凤阳、南京地震。三月,李自成入关,陷昌平,犯京师,京营兵溃,外城、内城俱陷。三月十九日,明思宗崩于万岁山,御书衣襟曰:"朕凉德藐躬,上干天咎,然皆诸臣误朕。朕死无面目见祖宗，自去冠冕，以发覆面。任贼分裂，无伤百姓一人。"四月，李自成与吴三桂激战于山海关，吴三桂降清，清兵遂入山海关。五月，多尔衮入北京。七月，福王朱由崧在南京建南明弘光政权。十月，清世祖章皇帝福临在北京即位。十一月，张献忠于成都称帝，国号"大西"，年号"大顺"。（《明史》卷二十三《思宗本纪》，《清实录·世祖章皇帝实录》卷四、卷六，蒋良骐《东华录》卷四、卷五，张岱《石匮书后集》卷二四）

春，查王望培继馆于陆嘉淑带星堂，与陆嘉淑、陆宏定（字紫度）交情甚笃，往来日频。时陆氏二兄弟已经与诸名宿周旋坛坫，称"冰轮二陆"。（王简可《陆辛斋先生年谱拟稿》）

三月，陈子龙在平定婺州许都之变后，得铨曹之命还越，旋即离越还家（陈子龙《陈子龙自撰年谱》）。途经杭州，毛先舒闻讯即赶赴北门送行，而子龙骖骑已发。

毛先舒《呈卧子先生书》："比闻先生秩满还朝，即趋北门，而骖骑遄发，不获一望颜色。遥遥文旌，心与俱迈。"（毛先舒《毛驰黄集》卷五）

毛先舒与山阴祁彪佳二子奕庆、奕喜定交，诸人时常谶乐于西湖祁氏之别墅。

毛先舒《贺祁太夫人五十序》："予获交于山阴二祁兄弟，盖甲申之岁也。时忠敏公由御史起家，为大中丞，填抚南都，道经钱塘，而公有别墅西湖之滨，与太夫人寓居之。先舒时与诸祁谶于湖，酒醴笙瑟，以相酬答。而遥望公别墅，灯火如星，烟香如云，百禄所臻，郁郁纷纷。"（毛先舒《毛驰黄集》卷六）

为避战乱，张丹奉母舍弃先祖都宪旧宅，出郭隐居于秦亭山下其先父所建相鸟居，尽力以养其母，不复干时，惟日与西泠诸子唱和。自此，张丹隐居于秦亭山，直至终老。

王嗣槐《张秦亭先生传》："甲申李闯袭破京师，江淮扰乱。秦亭奉母舍都宪旧宅，出郭就相鸟居栖止焉，尽力以养其母，不复干时，与其友陆丽京、柴虎臣、陈际叔、孙宇台、吴锦雯、毛驰黄、丁飞涛、虞景明、沈去矜为诗唱和，世传《西陵十子诗选》，秦亭其一也。"（王嗣槐《桂山堂文选》卷七）

天下乱起，沈谦家门客皆散去。沈谦托迹于方技，绝口不谈世务。日与友人毛先舒、张丹，于临平湖沈氏南楼饮酒赋诗，凭吊千古，时称"南楼三子"。

张丹《钱塘三子歌》："钱塘东流众星奔，倾沙陷石泻孤村。潮声直撼临平湖,湖上高楼动云根。中有三子烧烛拜,冬雷夏雪盟弗败。云是张姓及沈毛,晤言不知日月迈。意气俱干青云端,管鲍相交乌足怪。"(张丹《张秦亭诗集》卷五)

沈谦《与张祖望书》:"南楼之盟,足下与稚黄不皆夙夜相聚哉?雪风较猎,花月征歌。骧首论心,通宵秉烛。时虽小创,意气尚豪。一时翕然,称为三家,比于西园、竹林之盛。"(沈谦《东江集钞》卷七)

毛先舒《沈去矜墓志铭》:"越四年,天下乱,客皆散去。于是去矜遂自托迹方技,绝口不谈世务。日与知己者余与张祖望登南楼,抒啸高吟。楼东眺海,西望皋亭,群峰苍然,大河南流,酹酒临风,凭吊千古,时称为'南楼三子'。"(沈谦《东江集钞》附录)

应撝谦《东江沈公传》:"始每凭南楼长啸,与毛稚黄、张祖望赋诗为乐。"(沈谦《东江集钞》附录)

沈谦《岁寒三友·夜雨留别张祖望、毛稚黄》(新翻曲,上二句"风入松",中三句"四园竹",下二句"梅花引"。后段上二句"风入松",中二句"四园竹",下二句"梅花引"。):"南楼月夜宝灯红。一饮千钟。诗成镂版,曲就上弦,春似情浓。醉卧锦屏,满身花影重。 流年谁信太匆匆。南北西东。雨黑今宵话别,衰鬓如霜左耳聋。记取后期,桃花黄鹤峰。"(《全清词·顺康卷》第2001页)

毛先舒《临江仙·寄沈去矜》:"君住临平湖水北,一椽寥落荒庐。白云舒卷渺愁余。山中非宰相,方外即华胥。 黄鹤白龙风景好,是谁相伴清虚。南楼独坐展芸书。人形和竹瘦,鬓发与松疏。"(《全清词·顺康卷》第2183页)

另外,沈谦《东江集钞》卷四有《喜毛稚黄过寻,即席有作》诗;张丹《张秦亭诗集》卷七有《雨中与毛稚黄、沈去矜南楼夜眺》;毛先舒《毛驰黄集》卷一有《秋夜祖望过同宿,忆昔南楼倡和赋,呈去矜》,卷二有《南楼三子唱和歌》(自注:"楼在沈去矜宅,时招张子祖望与余属咏其中。"),卷三有《秋雨南楼同郎季千、张祖望、沈去矜、令侄叔仪夜集分韵》《夜集去矜宅,即席分赋得杯》诸诗,卷四有《答沈去矜》有"南楼华月共徘徊,乱后池亭长绿苔"之句。

孙治与黄维韫(顾若璞之次子)定交。

孙治《黄君维韫暨元配鲍孺人墓志铭》:"异时癸未,则君之兄维含过予定交。甲申,则余出北郭交君。盖知二黄子之于家学则斌斌矣。其后,君母顾夫人设帨之辰,索余文以上寿。而因得登堂拜母,已奉卧月轩而读之,

叹顾夫人之节行文藻,炳乎与班氏。"(孙治《孙宇台集》卷二十三)

贺裳刻所著《皱水轩词筌》一卷。

吴雯生。

清顺治二年乙酉(1645年)
【时事】

四月二十五日,清兵破扬州,史可法殉难。清兵屠扬州城十日,史称"扬州十日"。五月初十,南明弘光帝朱由崧率部出走鞠湖,被执。五月十五日,清兵攻入南京,南明礼部尚书钱谦益等迎降。六月,清兵下苏州、杭州,纵肆淫掠。嘉定、江阴等地发动反清斗争。张煌言奉浙东义师命,到台州迎鲁王朱以海至绍兴。(《清实录·世祖章皇帝实录》卷十六、卷十八,蒋良骐《东华录》卷五,赵之谦《张忠烈年谱》、顾师轼《吴梅村先生年谱》)

春,毛先舒始作《诗辨坻》。(毛先舒《诗辨坻》)

祁彪佳投池殉国。(王思任《祁忠敏公年谱》)

陆培自缢殉国。(陈鼎《东林列传》卷十一《陆培王道焜合传》,阮元《两浙輶轩录》卷五"陆繁弨"条)

闰六月八日,刘宗周绝食殉国。(刘汋《蕺山刘子年谱》)

七月初一,洪昇生。(章培恒《洪昇年谱》)

九月三十日,陆钰(字真如,号退庵,陆嘉淑父)闻南都不守,绝食十二日而终。(王简可《陆辛斋先生年谱拟稿》)

徐士俊五战棘闱而不遇,遂绝意仕进,放情山水,以著作为娱乐。

王晫《徐野君先生传》:"申酉后,绝意仕进,有劝驾者,报以吾五战棘闱而不遇,命可知矣,吾其如命何。惟放情山水,以著作为娱乐。会故人卓太史招之游,欣然从之,至看长安明月,忽又不知感之何从生也。"(王晫《霞举堂集·南窗文略》卷四)

世变以后,陆圻、吴百朋、柴绍炳、陈廷会、孙治、沈谦、毛先舒、张丹、丁澎、虞黄昊十人,时常聚会,赋诗文以感时,砥砺志节,号称"西陵十子"。

蒋平阶《东江集钞序》:"(沈谦)世变后,尤致力于古文词。厥有'西陵十子',与予特善,沈子去矜,则其一也。"(沈谦《东江集钞》卷首)

沈圣昭《先府君行状》:"(南楼三子)又合陆丽京、吴锦雯、柴虎臣、陈际叔、孙宇台、丁飞涛、虞景明七先生为'西陵十子'焉。"(沈谦《东江集钞》附录)

陆圻、柴绍炳拟辑《西陵文选》,遭乱未果。

柴绍炳《西陵十子诗选序》:"曩仆与景宣有《西陵文选》之役,拟网罗群制,勒成一编,遭乱忽忽,兹事不果。"(毛先舒《西陵十子诗选》卷首)

宋琬与卓人月之子卓火传定交于金陵,时卓火传二十岁。

宋琬《书卓永瞻诗后》:"乙酉始见火传于金陵,年才弱冠耳。"(宋琬《安雅堂未刻稿》卷七)

高士奇生。

清顺治三年丙戌(1646年)

【时事】

四月,清廷诏令革除明朝科名,于八月乡试,次年二月会试。五月,清廷处死弘光帝,南明鲁王朱彝垓逃亡入海,浙东义师分起抗清。十一月,张献忠中箭身亡,清廷平四川。(《清实录·世祖章皇帝实录》卷二十五、卷二十六、二十九,蒋良骐《东华录》卷五)

姜一洪殉国,毛先舒为作《姜尚书传》。(毛先舒《毛驰黄集》卷七)

陆嘉淑居父丧,过毁致疾。(王简可《陆辛斋先生年谱拟稿》)

蒋景祁生。魏坤生。

清顺治四年丁亥(1647年)

【时事】

三月,《大清律》修成并颁行。(《大清律集解附例》)

年初,陆圻自闽返里,辑陆培等殉国诸公遗文,孙治为之题辞。

孙治《题陆丽京集殉节诸公卷后》:"吾友景宣氏,为余姊婿。丙戌、丁亥之交,从闽峤归,访殉节故人遗迹,自漳浦(黄道周)以下,及弟大行君若干首,辑为此卷。"(孙治《孙宇台集》卷二十八)

张丹《张秦亭诗集序》:"二十九岁时,与友人陆大丽京、柴二虎臣、孙大宇台、沈四去矜、毛五稚黄、丁七飞涛,朝夕吟咏,因有《西陵十子》之选,而源流始明。故中州侯子朝宗曰:'西陵十子之诗,俱有源委者是也。'"(张丹《张秦亭诗集》卷首)

五月十三日,陈子龙投水殉国,年仅40岁,著有《湘真阁存稿》。毛先舒作《读华亭卧子先生诗有感》以悼亡,终身不忘子龙师贽之情,知遇之恩。

毛先舒《读华亭卧子先生诗有感》:"高咏遗编满泪痕,黄河碧水儿清

517

浑。非时麟见身难免,一代龙门众让尊。市过孙阳曾顾骏,才惭宋玉未招魂。何从地下酬知己,秋色蓬蒿独掩门。"(毛先舒《毛驰黄集》卷三)

毛先舒《读楚词有怀江上》:"日暮怀人未敢言,青枫江上似啼猿。楚云湘水秋如梦,何处还招放客魂。"(毛先舒《毛驰黄集》卷五)

毛先舒《与王丹麓书》:"如今娄东、虞山集,哀然满天下,此无待者也。华亭陈先生尚无全集,此一大事,然意天下必有能收聚撰辑之者,或亦不必尽待足下。"(毛先舒《潠书》卷五)

冬,陆嘉淑服阕,张元岵以书信慰之。(王简可《陆辛斋先生年谱拟稿》)

"西泠十子"陆圻、柴绍炳、孙治、沈谦、毛先舒、张丹、丁澎、陈廷会、虞黄昊、吴百朋,朝夕吟咏,后由毛先舒、柴绍炳集为《西陵十子诗选》。(毛先舒、柴绍炳《西陵十子诗选》卷首)

宋征舆进士及第。

陈子龙卒,年四十,著有词集《江蓠槛》及《湘真阁存稿》。

夏完淳卒,年十七,著有《玉樊堂词》。

李雯卒,年四十,著有《蓼斋词》。

吴仪一生,著有《吴山草堂词》十七卷。

清顺治五年戊子(1648年)

沈谦撰《词韵》,毛先舒为之括略,载入《韵学通指》。其时,柴绍炳撰《柴氏古韵通》,毛先舒撰《唐人韵四声表》《南曲正韵》。三人经常有书信往来,商榷音韵之学。

毛先舒《韵学通指自序》:"戊子岁杪,先舒撰《唐人韵四声表》及《南曲正韵》既成,适同郡柴子虎臣撰《柴氏古韵通》,沈子去矜撰《沈氏词韵》,钱雍明先生撰《中原十九韵说》,其书皆综次精核,可以为辞家之宗法。……而虎臣、去矜与予书,皆为十余纸。苦于食贫,未能流布,兹先櫽栝其略问世。"(沈谦《韵学能指》卷首)

毛先舒有《五日有感寄虎臣》。(毛先舒《毛驰黄集》卷三)按,"骑省未生双鬓雪"句下有注云:"时虎臣三十有三。"故系本年。

潘美含廷章、燕铭、查伊璜继佐、沈元伯商书、寅工亮采,纷纷与陆嘉淑酬唱,盛极一时。

王简可《陆辛斋先生年谱拟稿》:"(顺治五年戊子)潘美含廷章、燕铭、查伊璜继佐、沈元伯商书、寅工亮采，咸来卜邻，行吟互答，盛极一时。文燕之盛，见《渚山楼集》。"

陈奕禧生。陆寅生。孔尚任生。

清顺治六年己丑（1649年）

元日，虞黄昊与诸兄弟在长桥故园。

虞黄昊《己丑元日作，时同诸兄弟在长桥故园》："青帝散阳晖，春冬迭为主。年岁倏以移，往者谁能补。虔恭拜嘉庆，僶俛追先矩。驾言晤密亲，相将遵水浒。岖崟越重岭，参差入园圃。翠巘俯寒流，蓬门带渊罟。入庙思祖德，列坐歌御侮。明经希夏侯，感时念梁父。庶及年力盛，戮力企前古。"（毛先舒《西陵十子诗选》卷七）

是年，陆进与徐士俊、毛先舒、沈谦、张丹等定交，陆进从三人学词。但当时陆进专心于举业，不屑以冶情绮语见长，仅以余力为词，是为《巢青阁诗余》。

陆进《巢青阁集诗余自序》："余初不作词，余之作词，自交徐先生野君、毛子稚黄、沈子去矜始。时当己丑，余方习制举业，不屑屑以冶情绮语见长。积数年，有《巢青阁诗余》之刻。"（陆进《巢青阁集诗余》卷首）

周茂源进士及第。王庭进士及第。何采进士及第。

沈朝初生。

清顺治七年庚寅（1650年）

是年冬，同里朗然沙门圆寂，徐士俊作诗《吊沙门朗然》以悼之。

《清诗纪事·明遗民卷》载徐士俊诗《吊沙门朗然》自序曰："是余落瓜里中老僧也。居土谷祠四十余年，恭诚有余，勤修苦行，里人无小大皆重之。庚寅冬杪，一病而逝，年七十有三矣。所历我里中繁华萧条之象，种种不一，师终始安之，征有定力云。"

陆圻赴嘉兴南湖，参加十郡大社，吴伟业、尤侗、黄永、邹祇谟、曹尔堪、徐乾学、朱彝尊等同赴此社，并定交。

杨谦《朱竹垞先生年谱》引毛奇龄《骆明府墓志》曰："骆姓讳复旦，字叔夜，山阴人。尝同会稽姜承烈、徐允定、萧山毛牲，赴十郡大社，连舟数百艘，集于嘉兴南湖。太仓吴伟业，长洲宋德宜、实颖，吴县沈世英，彭珑、尤侗，华亭徐致远，吴江计东，宜兴黄永、邹祇谟，无锡顾宸，昆山徐乾学，嘉朱茂晭、彝尊,嘉善曹尔堪,德清章金牧、金范,杭州陆圻。越三日,乃定交去。"

尤侗《悔庵年谱》卷上:"顺治七年庚寅,宛平金治公铉孝廉来寻盟。盟者十子,彭云客珑、缪子长慧远、章素文在兹、吴敬生愉、宋既庭实颖、汪苕文琬、宋右之德宜、宋畴三德宏、金及予也。予与彭、宋、计甫草东举慎交社,七郡从焉。秋,往衢州访李庚生际期观察,遇陈公郎爌太史于柯山,订南湖之约,则事在庚寅矣,但未审何月耳。"

毛先舒继陆圻、柴绍炳辑《西陵文选》之后,辑《西陵十子诗选》十六卷,并刊行。

毛先舒《万里志序》:"庚、辛间,余辈有西陵十子之选。"(毛先舒《思古堂集》卷三)

柴绍炳《西陵十子诗选序》:"近世士大夫风流丕扇,户被弦管,人怀珠玉,雌黄相轧,私衷酷薄,海内作者何敢厚诬第屈,指闻见时,论共推即青土皖城、云间及我(君邑)耳。三邦之秀,各有成书。我(君邑)英彦如林,竞扬菁藻。曩仆与景宣有西陵文选之役,拟网罗群制,勒成一编。遭乱忽忽,兹事不果。年齿增长,旧游凋谢,鲲庭玉折,骧武兰摧。因念岁月逡巡,事会难必相知,定文宜属何等。于是毛子驰黄惘焉叹兴,要仆暨诸子,先以次第唱酬有韵之言,斟酌论次,录而布诸。期于割弃少作,力追渊雅,义在研精,法无虚借,故人具短长体,有衷益就其合构集为要删。仆不揣暗劣,与观成事,且因得而论之。"(毛先舒《西陵十子诗选》)(注:次载辉山堂主人金陵王复初顺治庚寅仲春所作《刻西陵十子诗选启》,次载毛先舒《西陵十子诗选略例》六则。)

西泠文人集团已无昔日之盛况,西泠十子亦散多聚少,仅"南楼三子"还时时相聚。

耻庵道人《西陵十子诗选序》:"以余视丙丁之交,历十五六年,朝相集也。今十子月一见焉,数月一见焉,衡今较昔,已不如前。余阅七年,一还乡里,鲲庭骧武,宿草再青,散者晨星,或在屠沽,或在耕稼,十八九人,聚时已不可得。十子又多乎哉,兢兢持五七言,与古人争不朽。更历十五六年,十子浮沉,又多聚散。日夜江河,去者不返,穷愁际遇,所得又孰多也。驰黄愀然起坐,无以应。"(毛先舒《西陵十子诗选》卷首)

"南楼三子"张丹、毛先舒、沈谦诗酒酬唱。沈谦有诗《喜张祖望馆余南楼,寄毛稚黄》《春日慰祖望》二首,毛先舒《寄沈去矜》有"六七年前经把臂"

之句,殆指明崇祯十六年(1643)"南楼三子"初聚之时。

三月,黄宗羲怀陆圻,称其"药笼偷生"。(黄炳垕《黄梨洲先生年谱》卷中)

黄宗羲:"桑间隐迹怀孙爽,药笼偷生忆陆圻。浙西人物真难得,屈指犹云某在斯。"自注云:"史祸之后,丽京自贬三等,以此诗封还,请改月旦。"(黄宗羲《南雷诗历》卷一)

四月,沈谦有吴门之行,于旅途中见流尸触船,悲怆欲绝,慨叹离乱之苦,遂录本年所作五言律诗四十四首,聊以当哭。

吴颢《国朝杭郡诗辑》卷三"沈谦"条:"里中金氏今藏有去矜手书诗卷,自跋云:'庚寅四月二十三日,四鼓过寒山,晓月映塔,流尸触船。余披衣起视,悲怆欲绝,离乱之苦,大略可见矣。天明,因录本年五言律四十四首,聊以当哭。余体不及备书,缘惊悸颤掉,笔势倚斜,不足观也。'"

四月,沈谦客吴门,遇徐士俊,作《庆春宫》以答。

沈谦《庆春宫·答徐野君》:"烟草沉山,苹风蘸水,天涯又是残春。唤友莺儿,寻家燕子,那堪花雨纷纷。心惊物候,空目断、江东暮云。愁来不见,梦去仍迷,此地逢君。　那堪踪迹沉沦,豪气成虹,短发如银。名重词坛,春波妙曲,几番吹雪紫尘。凄凉旧事,漫提起、教人断魂。只须付与,月底红牙,掌上青樽。"(自注:野君有《春波影》杂剧。)(《全清词·顺康卷》第2017页)

五月,沈谦归里,开始亲手编辑《东江集钞》。

沈圣昭《东江集钞跋》:"《东江集钞》者,先大人手辑之书也,自庚寅而后,凡五易稿。"(沈谦《东江集钞》卷首)

王晫《今世说》卷一:"(去矜)尝自言著作须手定白刻,庶保垂远,若以俟子孙,恐故纸斤不足当二分直也。"

七月,陈洪绶至杭州(按,陈洪绶有诗《庚寅七月游净慈》),沈谦有诗《闻陈章侯重至湖上》以纪。

沈谦《闻陈章侯重至湖上》:"谓尔真名士,依然老画师。王维原自病,顾恺未全痴。载笔孤城暮,登楼素发垂。秋风兴摇落,刻棁竟何期。"(沈谦《东江集钞》卷三)

冬,陈之遴搜辑徐灿词作得百首,并为之诠次作序,是为《拙政园诗余》。

陈之遴《拙政园诗余》云:"湘蘋吟咏益广,好长短句愈于诗。所爱玩者,南唐则后主,宋则永叔、子瞻、少游、易安,明则元美,若大晟乐正辈,以为靡靡无足取,其论多与余合。频年兵燹散佚,今冬蒐辑得百首,余为之诠次,每阅一首,辄忆岁月及辙迹所至,相对黯然。"末识:"顺治庚寅长至素庵居士书。"(徐灿《拙政园诗余》卷首)

钱凤纶生。顾彩生。查慎行生。沈岸登生。张潮生,著有《花影词》一卷。

顺治八年辛卯(1651年)

正月初七,丁澎与西泠诸子陆圻、柴绍炳、吴百朋、毛先舒,以及其弟丁弋云、丁素涵饮酒赋诗。

丁澎《辛卯人日,偕景宣、虎臣、锦雯、宇台、驰黄、舍弟弋云、素涵同作》:"经春雪霁散庭空,摇落偏伤物序同。岂有望乡怀庾信,还从采药访韩终。玉缸倾酒寒浮绿,金缕裁人彩竞红。落雁花前莫惊讯,乱离兄弟各墙东。"又《人日重作用宇台韵》:"才过除日复人日,此日江南似岭南。止客欲沽桑落酒,出门忽见桃花潭。曾无车骑揖任昉,徒有著述思桓谭。三十蹉跎不称意,看山雪后空晴岚。"(丁澎《扶荔堂诗稿》卷十)

春,毛先舒以诗集《晚唱》示沈谦,沈谦大为赞赏,欲拟作数十篇,与先舒之作合刻,并先寄《柳烟曲》《塘上黄昏曲》二诗。

毛先舒《晚唱跋》。(毛先舒《晚唱》卷末)

六月一日,徐士俊与卓辛彝同在毗陵,遇杜觉庵,同至梁溪,作《梁溪道中逢五十初度自寿》。

徐士俊《梁溪道中逢五十初度自寿》末识:"辛卯六月朔,同卓辛彝太史在毗陵,适逢杜觉庵侍御按浙,辛老与之联舟设席,偕至梁溪。附记。"(徐士俊《雁楼集》卷七)

丁澎与会稽唐豫公谋辑《文选》,向沈谦征求诗文,沈谦录己作寄之。《文选》此后是否辑成刊本,不详。

沈谦《答丁飞涛书》:"且知足下与越国唐君共谋文选,近追陈、李,远继昭明,乃复封菲不遗,下征鄙作。辞之方命,应则抱惭。且仆自降割之后,衰绖在躬,楮墨久废,实无一字可副知己之望,岂亦痛深才尽,非止气索于大巫也。旧诗数十首,小文一帙,附尘大教,如其不堪,可竟置之。然人文大聚,炉口之媒。卉木之华,蓓蕾为盛,苟其烂熳,将不风而四落矣。鄙意尚主晦藏,足下以为然乎?否邪?稚黄、祖望,必常相晤,或再与二三子商之。临楮摇摇,书不尽意。"按,"衰绖在躬",沈谦父沈士逸卒于清顺治七年(1650),故《答丁飞涛书》应作于本年。"越国唐君"应指唐豫公,丁飞涛有《寄唐豫公越中》(丁澎《扶荔堂诗稿》卷七)。

朱一是与尤侗等人同游嘉兴鸳鸯湖,并赋诗。

尤侗《悔庵年谱》卷上:"顺治八年辛卯年三十四岁,至嘉兴与朱近修一是、彭燕又宾、蒋亭彦玉立、马又辉耀曾诸子游鸳鸯湖赋诗。"

九月,孙治酬答陈祚明赠诗五章。

孙治有《辛卯秋九月陈胤倩赠诗五章,率尔作答》。(孙治《孙宇台集》卷三十二)

毛先舒与沈谦书信往来,论填词之法,毛先舒有《与沈去矜论填词书》,沈谦有《答毛稚黄论填词书》。

沈谦《答毛稚黄论填词书》:"仆九岁学诗,今且三十有二。"(沈谦《东江集钞》卷七)按,沈谦生于明万历四十八年(1620),故《答毛稚黄填词书》应作于清顺治八年(1651)。

"西泠十子"虽各为谋食而奔走四方,但依然时有雅集唱和。

戴璐《吴兴诗话》:"先祖讳永椿,字翼皇,又一号卯君。辛卯在杭与'西泠十子'倡和。"(戴璐《吴兴诗话》卷五)

冬,潘美含辞别陆嘉淑,归硖石。

王简可《陆辛斋先生年谱》:"(顺治八年辛卯)是年冬,潘美含先生辞陆里,复归硖谷,有诗留别先生,答诗五章,有'闻当别我去,往适故园扉。含子来数年,情亲何依依。相好如弟兄,一旦行参差'之句。"

清顺治九年壬辰(1652年)

卯辰间,毛先舒病卧清平山中,沈谦就访且赠以诗作,毛先舒亟为赞赏。

毛先舒《东江集钞序》:"东江沈谦去矜与予年相若,当卯辰间,两人俱弱冠。予时病卧清平山,去矜就访余,且赠以诗。予望而遽霍然,起谢曰:'读子诗,已疗我烦酲之疾;而亲其人,且饮我以瑶浆之凉。子殆示吾天壤,而吾之机发于踵,子不从人间来邪?'"(沈谦《东江集钞》卷首)

夏,沈谦与祝同山登高眺远,祝文襄为沈谦《东江集钞》作序。

沈谦《与祝同山世兄》:"及壬辰之夏,与仆登盐官浮图,凭空眺远。"(沈谦《东江集钞》卷七)

祝文襄《东江集钞序》末识："顺治壬辰夏五月,盐官友人祝文襄撰。"(沈谦《东江集钞》卷首)

沈谦与云间诸子如蒋平阶等张筵高会,赋诗酬唱。

蒋平阶《东江集钞序》："犹忆壬辰、癸巳间,张筵高会,去矜幅巾方领,扬觯登坛,姿度闲畅。"(沈谦《东江集钞》卷首)

秋,周大赤卒,徐士俊作诗以挽。

徐士俊《挽周大赤》："癸亥订盟誓,历今三十年。意气各有言,言语鲜过愆。今年尚访君,暑坐绛帐前。闻君领诗社,方欲佐周旋。隔别无几时,讣音突忽传。嫂氏先月逝,镜台已不全。兹复痛沦亡,笔墨散秋烟。君诗与君画,俱挟至性焉。片纸咸可珍,徒令知己怜。中郎竟无子,零乱惜遗编。经过白石山,高士不复还。"(徐士俊《雁楼集》卷四)

毛先舒《诗辩坻》四卷成书,历时八年。

毛先舒《诗辩坻自叙》："《诗辩坻》四卷,作于乙之首春,成于壬之杪冬,首尾八年。"(毛先舒《诗辩坻》卷首)

查培继进士及第。曹尔堪进士及第。

钱肇修生,与洪昇为表兄弟。

万寿祺卒,年五十。

陈洪绶卒,年五十九,著有《宝纶堂词》。

清顺治十年癸巳(1653 年)

徐士俊游燕,与咸阳韩圣秋、芜湖葛福履相晤于吴见末宅,感慨万千。

二月二十四日,徐士俊《仲春二十四日集比部吴见末先生宅,同咸阳韩圣秋、芜湖葛福履,是日微雪》之小序曰:"余之得交先生,盖在丁卯岁之七夕,社集金陵桃叶渡,拈题赋诗。追今癸巳,晤于燕邸,相隔二十五年,鬓皆苍矣。感慨寄之。"(徐士俊《雁楼集》卷六)

夏,毛先舒病,有诗呈钱肃起。

毛先舒《戒杀说一》："余癸巳岁,下血凡十月,病甚,因以戒杀。"(毛先舒《匡林》卷上)

毛先舒《癸巳夏剧病呈钱雍明先生二首》,有"病急身是客,苦见佛为归"之语。(毛先舒《毛驰黄集》卷三)

孟冬,陈坚永、陈容永、陈奋永、陈堪永为其母徐灿《拙政园诗余》作跋,是集今年刊行。

陈坚永等《拙政园诗余跋》:"词体变繁,音调互异,求诸当世,所谓名家,不可多得也。家慈习文史,工词翰,于诗余研思独精,匠心独至,又经历患难,故感慨独深,度越宋人而超轶近代,温柔敦厚宗乎三百篇,播诸声歌岂有逊美哉?今冬永等辑录凡若干首,付梓曰《拙政园诗余初集》云。"末识:"癸巳孟冬男坚永、容永、奋永、堪永敬跋。"(徐灿《拙政园诗余》卷末)

王翊卒,年五十二,著有《秋槐堂词存》二卷。

汪森生。卓尔堪生。查嗣琏生。

清顺治十一年甲午(1654年)
【时事】
正月,明张名振、张煌言等率师至瓜洲、仪真,抵江宁近郊,屯军京口,登金山,望祭明孝陵,以失援,退走。九月,清严隐匿逃人之罪。十月,李定国收复高明,攻新会,尚可喜飞章告急。十二月,李定国为清兵所败。(《清实录·世祖章皇帝实录》卷八十六、《明季南略》卷一〇)

二月,陆进付雪词初刻,徐士俊为之作序。

徐士俊《巢青阁诗余序》:"忆予与珂月作《徐卓晤歌》时,已三十年矣。风流坠地,和者寥寥。年来读书湖墅,与陆子苡思乐数晨夕,屡有倡酬,遂以《巢青阁诗余》一编问世。夫以陆子之才,何所不可,顾俾周秦风骨,降体丽辞,杜若江蓠,幽艳独绝。追溯君家此阁中,云间董玄宰、陈眉公两先生,与尊公际明,经年雅集。宗伯固风雅领袖,而征君又词令妙品,亦知有后来之秀,文采风流,一时振起,如苡思陆子其人者乎?时顺治甲午仲春之吉。"(陆进《巢青阁诗余》卷首)

吴仲木卒,陆嘉淑作诗哭之。

王简可《陆辛斋先生年谱拟稿》:"(顺治十一年甲午),先生哭仲木蕃昌诗自注云:'仲木甲午冬寄诗三十首,属余改定,值仲木丁内艰,不及复而诗毁于火矣。顾仲木录余诗文至数十纸,余诗焚后,仲木举以相贻,今之所存,甲午以前作,半仲木所归也。'"

五月六日,徐士俊游燕齐归乡。

徐士俊《横潭草堂记》:"时甲午端阳后一日,余从京师归。(张子有道)主人招余坐斯楼,酌以旨酒,因即席赋诗。"(徐士俊《雁楼集》卷十六)

立秋,溧上社弟吴颖、禹航社盟教弟王潞又韩、石耳山人小弟姚佺三人为徐士俊《雁楼集》作序,但《雁楼集》一直延宕至清康熙年间才付梓。陆进有《读徐野君先生〈雁楼集〉》一诗。

王潞又韩《雁楼集序》:"余与徐子野君,称神交者二十余年。甲午春,定盟燕市,即订西陵之游。"末识"顺治甲午立秋日禹航社盟教弟王潞又韩题于小孤山舟次"。(徐士俊《雁楼集》卷首)

陆进《读徐野君先生〈雁楼集〉》:"达人谢尘俗,雅致在文藻。缘情见绮丽,芳词一何好。帘外清风来,吹彼幽兰草。悠悠千秋怀,荣名以为宝。"(陆进《巢青阁集》卷三)

丁澎《扶荔堂诗稿》十三卷付梓,河阳陈爌公、云间张安茂、彭宾五狨氏、宋征舆为之序。极称西泠之诗,尤推丁澎。由此可知,此时西泠文人与云间派来往频繁。

丁澎《扶荔堂诗稿》诸序末识:"顺治甲午河阳年社弟陈爌公朗甫谨题""顺治甲午八月之望云间弟张安茂蓼匪氏题于虎林之青镂斋""云间盟弟彭宾五狨氏具草""云间社盟弟宋征舆辕文撰"。(丁澎《扶荔堂诗稿》卷首)

张安茂《扶荔堂诗稿序言》曰:"唐初之七古则犹未失乎比兴也,兹意不明,大历以来诗亡,七百有余岁矣。献吉氏出而修明之,信阳起而和之。历下既没,邪说横流,诗亡又六十有余岁矣。我云间二三子出而修明之,西陵起而和之。一盛一衰,一晦一明,岂不系乎人哉。我友丁子飞涛,弁冕乎西陵者也。其诗温丽而含清,雄桀而尽伦,若文明之有黼黻,而藻缋之有丹青。故述怀之思渊以平,赠别之思慨以慷,关塞之思劳以壮,征人思妇之思忧以悲。"(丁澎《扶荔堂诗稿》卷首)

洪昇从陆繁弨受业。(章培恒《洪昇年谱》)

张渊懿中举,著有《月听轩诗余》。

侯方域卒,年三十七。

清顺治十二年乙未(1655年)

【时事】

正月,顺治帝命设馆编《顺治大训》。四月,顺治帝尊清朝家法,命开馆编《太祖圣训》《太宗圣训》。五月,张名振收复舟山,兵事又起。六月,严禁沿海省分,无许片帆入海,违者置重典。九月,郑成功攻取舟山,声振江南。十一月,张名振病卒,张煌言领其众。(《清实录·世祖章皇帝实录》卷九一、卷九五,蒋良骐《东华录》卷七)

春,沈谦辑《东江集钞》成,毛先舒为其作《东江集钞序》。

毛先舒《东江集钞序》："今去矜《东江集钞》成,要予序之,复赠诗曰:'古人不我顾,来哲方益遒。齐名昔所叹,相视疑千秋。'予惟去矜,志洁行芳,而骨体修隽,故吐词清拔,时复绮思。其体则上溯汉潴,下泛唐波。操律比韵,卓然先轨。宛转幽诣,复见新妙。予向论如是,亦人人共推目之也。"末识:"顺治乙未春日,同学弟钱塘毛先舒稚黄拜题。"(沈谦《东江集钞》卷首)

六月,陆嘉淑寓吴门,与张丹倡和逾月,并选同社诸子之诗。(王简可《陆辛斋先生年谱拟稿》)

陆嘉淑七律《与张祖望纲孙》:序曰:"乙未之夏,与祖望坐卧虎北,余携私所选定同社新诗,各有讥诵,祖望意合者十五。"(陆嘉淑《辛斋遗稿》卷十)

丁澎赴京应试,中进士。临行,孙治以诗相赠。中进士后,孙治、陆圻以诗相贺。另外,金之俊为丁澎序《丁飞涛行稿》。

《[雍正]浙江通志》卷一百四十一:"丁澎,仁和人,乙未进士。"

附:孙治《送丁飞涛之京谒选》:"霏霏雨雪下河梁,晓唱骊驹戒骕霜。知尔雄才堪视草,不须华省薄为郎。宫人旧诵王褒赋,女史新添荀令香。我白樵渔堪作老,几时书札赠青堂。"(孙治《孙宇台集》卷三十六)

孙治《寄丁飞涛》:"喜尔金闺彦,能为白雪吟。中原多避席,吾郦独披襟。谢客神殊逸,陈王怨甫深。蘼芜游子意,菡苕故人心。雅兴怜桃叶,闲情在竹林。莫言高和寡,千载共知音。"(孙治《孙宇台集》卷三十八)

金之俊有《丁飞涛行稿序》:"余于丁子有厚期焉,若区区制举业,又乌足以张我丁子哉。"(金之俊《金文通公集》卷二)

陆圻《贺丁飞涛登贤书》:"贤能之书,足下袠然高列。工歌鹿鸣,吏偕续食,皆稽古之力也。将来泥金之捷,即在孝廉舡中,试看道傍柳汁,当又染衣矣。"(李渔《尺牍初征》卷十)

严沆中进士,补吏科都给事中。(《健松斋集》卷十三《少司农余杭严先生传》)

冬,陈维崧游西泠,与陆圻、吴百朋、毛先舒卧床夜谈,极为投机。

陈维崧《广陵赠陆景宣》:"昔年见子西陵陲,吹箫挟弹相追随。吴质雅能好声伎(锦雯),毛苌只解谈声诗(驰黄)。钱塘门外北风大,四人蹋臂上床卧。夜半鸡鸣非恶声,吾为楚歌若且和。吴毛一别八九年,传闻落魄真可怜。陆生药囊提在手,杖头亦少青铜钱。陈郎连岁客江浒,乞食为佣更辛苦。"(陈维崧《湖海楼诗集》卷一甲辰)按,此诗作于清康熙三年甲辰(1664),上溯9年,应为清顺治十二年乙未(1655)。

梁清标得读丁澎诗,认为丁澎为风雅正宗,数思与之把臂扬扢。

梁清标《扶荔词序》:"及乙未丁子成进士,官仪部,又得读其诗,组织三唐,渢渢乎大雅之音,上追高岑,下亦不失为钱刘,乃知丁子风雅正宗,弁冕词场有由。然也数思与之把臂扬扢,一尽其蕴。"(丁澎《扶荔词》卷首)

宋琬与卓人月之孙、卓火传之长子卓永瞻定交,时卓永瞻二十岁。宋琬为作《书卓永瞻诗后》。

宋琬《书卓永瞻诗后》:"余以乙亥与珂月先生同贡于有司,踰年同试礼部,燕市酒楼,狂歌纵饮,欢相得也。乙酉始见火传于金陵,年才弱冠耳。曾几何时,而永瞻亦弱冠矣。嗟乎!三十年之间而交其祖子孙三世,余安得不颓然老也。惟是卓氏人才辈出,而后来者复骎骎欲度骅骝前。慈明家世,代有君宗孝绰门风,人皆球璧,揽其篇什,盖不能无三叹云。"(宋琬《安雅堂未刻稿》卷七)

严沆进士及第。秦松龄进士及第。万锦雯进士及第。

纳兰性德生。林以宁生,著有《墨庄诗余》。徐逢吉生。

清顺治十三年丙申(1656年)

【时事】

正月,顺治帝诏命刘正宗等编纂《通鉴全书》。二月,升侍讲吴伟业为国子监祭酒。六月,顺治帝批准礼部议定的八旗科举例。十一月,清平南王尚可喜兵克广东雷州。十二月,永历帝闻浔州破,仓皇出走。清军占南宁。孙可望遣将迎永历帝驻安隆。(《清实录·世祖章皇帝实录》卷九七、卷九十八、卷一〇一、卷一〇二、卷一〇四,蒋良骐《东华录》卷七)

三月,丁澎初抵长安。

丁澎《丙申岁三月初抵长安作》:"十载栖蓬门,闲居恋幽壑。束发耽诗书,少贱耻落拓。游说从远方,索处无负郭。气倾孟公交,义重侯生诺。挂杖五岳间,穷年抱疏屏。怀玉干明时,披褐靡终托。冠盖耀名都,骏马驰京洛。遐瞩燕昭丘,风云恣喷薄。龟组匪称身,无材亦縻爵。秾华灼旧蹊,东田杳如昨。鼎食非夙谋,终焉守葵藿。"(丁澎《扶荔堂诗集选》卷一)

丁澎《丙申除夕》:"病怀常计日,客邸况逢春。白发新年事,黄昏隔岁人。星河低北阙,角鼓静东邻。对酒浑难尽,明朝向紫宸。"(丁澎《扶荔堂

诗集选》卷三)

严沆任兵科给事中,与宋琬、施闰章、丁澎在京城诗酒唱和,号"燕台七子"。

严沆,字子餐,号颢亭。浙江余杭人。明万历四十五年(1617)生。明崇祯十二年(1639)举乡试。清顺治十二年(1655)成进士,廷试第一。官至户部侍郎,总督仓场。丙申、丁酉间,与宋琬、施闰章、丁澎等唱和,为"燕台七子"之一。清康熙十七年(1678)卒于官。著有《皋园诗文集》。(《全清词·顺康卷》第1287页)

五月,严沆上疏言朝廷"会议多而职业旷,文移费而时日稽"。(《清实录·世祖章皇帝实录》卷一〇一)

陆嘉淑客扬州,与张丹相晤,张丹极推崇陆诗。(王简可《陆辛斋先生年谱拟稿》)

陆嘉淑《与张祖望纲孙》诗序曰:"乙未之夏,与祖望坐卧虎北,余携私所选定同社新诗,各有讥诵,祖望意合者十五。今年复相见于维扬,则祖望极称余诗,每一篇出,为指其苦心处,真予意中事也。从他人扇头见余作,不必予所书,未展姓氏,辄知为予作,间有借客者,未尝不指谓人,此非谢山不能也。顾余诗实草率,而祖望新篇峥嵘秀拔,且祖望十子二子刻后,著作盈笥,而予诗十八煨烬矣。予于祖望无能为役,感其知我,慨然有述。"其诗曰:"一遇知音足自宽,十年鼓瑟始怜难。只论白雪谁同调,才说朱丝不忍弹。异国风烟愁顾盼,名都花柳倍凋残。从君一向旗亭醉,楚舞吴歌到处欢。"(陆嘉淑《辛斋遗稿》卷十)

陆嘉淑为陈南金祝五十寿,并同张白方玡、潘美含廷章、屠暗伯炉、俞右吉汝言、王维夏昊、许九日旭、钱昭芑、郁计登饮郁仪臣斋。(王简可《陆辛斋先生年谱拟稿》)

张祖望与姜定庵定交,乃馆于其家两水亭。自此二人同游,朝夕唱和,情深意笃。

张丹《从野堂诗自序》:"三十有八,得交于姜子定庵,乃馆于其家两水亭。由是扁舟鼓棹,尽越之境,入云门,登秦望,访天衣寺,问王大令笔冢,与盘古社,木坐任公钓台,攀越王走马岇,寻兰亭流觞处。已而南游,上金陵,临燕子矶,踞牛首山绝顶,极睇江海,淮泗邳徐,一日尽之,楼台城郭,水霞烟树,隐隐叠叠,似画中景,靡不采以为句,迭相唱和。而予之诗,有不自知其变者。定庵曰:'秦亭诗雄奇精浑,悉以平淡出之,此所以游泳山泽间,

徜徉适志,而傲然长啸也。'"(张丹《张秦亭诗集》卷首)

七月,陆进过卓氏传经堂,并作《传经堂序》。

陆进有七言古诗《传经堂序》。(陆进《巢青阁集》卷四)

秋,孙枝蔚过查继佐斋,留饮并观女剧。

孙枝蔚《秋日过查伊璜斋中留饮兼观女剧》:"堂前来往熟,林鸟总依依。菊屋桃花面,青山白苎衣。周郎原善顾,惠子不思归。日日金樽里,全忘客计非。"(孙枝蔚《溉堂集》前集卷四丙申)

陈祚明应严沆之招入都,课沆长子严曾榘。

陈祚明,字胤倩,仁和(今杭州)人。明天启三年(1623)生。清顺治十三年(1656)应严沆之招入都,课沆长子曾榘。与严沆、宋琬、丁澎等号称"燕台七子"。及曾榘登第,即辞归,卜居吴山之麓,以卖文为生。清康熙十三年(1674)穷死他乡。有《稽留山人诗余》。(《全清词·顺康卷》第3457页)

汤右曾生。

清顺治十四年丁酉(1657年)

【时事】

正月,郑成功攻温州。七月,郑成功攻兴华,下台州。清兵下闽安。郑成功退厦门。八月,孙可望返,举兵攻滇都,李定国败之。十月,孙可望降清,清封之为义王。顺天(北闱)科场案发。十一月,江南(南闱)科场案发。十二月,清廷遣吴三桂等进攻贵州、云南。河南科场案发。(《清实录·世祖章皇帝实录》卷一百十二,王先谦《东华录》"顺治十四年"条、蒋良骐《东华录》卷八)

春,吴锦文赴京试礼闱射策,不偶。

方文《锦雯授苏州司理,喜而有寄》(丁酉冬作):"今春赴礼闱,射策复不偶。天坛同我宿,中夜咨嗟久。亡何试铨曹,首选得司理。除授乃吴郡,通贵无与比。"(方文《嵞山集》续集之《北游草》)

春,陆嘉淑过锡山,为陈干初母亲祝九十寿,并谒许霞城先生,随后游燕中,夏六月南归,临行与陈嗣倩别,有《留别陈嗣倩祚明》一诗云:"京华旅食暂时人,六月衣裳浣马尘。"(王简可《陆辛斋先生年谱拟稿》)

夏,查培继访曹溶、朱彝尊于岭南,时朱彝尊寓曹溶所。

杨谦《朱竹垞先生年谱》:"十三年夏游岭南。"

杨谦《朱竹垞先生年谱》:"留岭南时,同里曹公溶官广东左布政使,辑岭南诗选,先生为之甄录焉。先生舅氏查君培继宰东莞,曾过访留宿。"

八月,丁澎主持河南乡试。(王先谦《东华录》"顺治十四年"条)

十二月,河南闱科场案发,丁澎被弹劾。

王先谦《东华录》"顺治十四年"条:"十二月壬申,给事中朱绍凤劾河南主考官黄钺、丁澎,进呈试录《四书》三篇,皆由己作,不用闱墨,有违定例。"

冬,吴百朋试铨曹,授苏州司理。时好友方文亦在北平,闻讯大喜,寄诗以贺。

方文《锦雯授苏州司理,喜而有寄》(丁酉冬作):"山人好结交,交亦半天下。其中最爱我,莫若吴君者。我每一诗成,君必手自写。古人嗜芰枣,其癖信非假。君尝语同辈,吾但不为官。苟徼一命荣,安忍忘所欢。嵞山三十卷,誓必为之刊。感此知己言,朝夕望弹冠。岂料十余年,君尚困林薮。妻子未免饥,焉能顾朋友。今春赴礼闱,射策复不偶。天坛同我宿,中夜咨嗟久。亡何试铨曹,首选得司理。除授乃吴郡,通贵无与比。时我在北平,闻之跃然起。此方剞劂工,吾集得成矣。明日还都门,知君未出都。把酒先一酹,前言谅不渝。吾诗若果传,君名亦与俱。千秋万岁事,岂直润微躯。"(方文《嵞山集》续集之《北游草》)

冬末,毛先舒访沈谦,二人吟诗对酌至深夜,以为清快。

毛先舒《寄沈去矜书》:"仆自前岁冬末,与足下为夜饮,吟诗至霜白不止,以为清快。……足下今年四十,体弱不胜衣,又以苦吟加瘦。"(毛先舒《潠书》卷六)按,"前岁"即系本年。

田茂遇中举,著有《绿水词》。

任绳隗中举,著有《直木斋词选》四卷、《冰弦词》。

严曾榘生。

清顺治十五年戊戌(1658年)

【时事】

四月,清兵取贵阳。七月,清廷改定官制,划分满汉官员品级。张煌言、郑成功会师拟入江,下浙东数城,遭风,退屯舟山。八月,清廷改院为阁,以少傅、文华殿大学士兼管礼部尚书之职,参谋朝廷机要事宜。十月,吴三桂攻云南。十二月,清兵取安隆、曲靖,永历帝出走永昌。顺治帝亲自覆试丁酉科顺天、江南举人。(《清实录·世祖章皇帝实录》卷一百十四、一百十五,蒋良骐《东华录》卷八)

早春，沈谦以诗赠毛先舒，并邀其再过东湖，并索其新刻《蕊云集》。

沈谦《雪霁寄稚黄》："去岁严冬汝出城，草堂烧烛待鸡鸣。只应览胜频呼醉，无那相逢又送行。日照檐花犹冻雪，风暄江路已闻莺。《蕊云》新制能携赠，共赏东湖烂漫晴。"（沈谦《东江集钞》卷四）按，"去岁"即清顺治十四年（1657）。

三月，王嗣槐与余一淳共游余杭洞霄宫。

王嗣槐《游洞霄宫记》："戊戌三月，偕友人访道士孙善长于洞霄，登金竹屏最高处，与道士余体崖穷讨其幽趣，入祠拜李朱二公像，怃然若有感，于心而不能已。"（王嗣槐《桂山堂文选》卷六）

暮春，方文游京师，遇陈祚明，作诗述及往昔二人在西泠的交游情谊。

方文《武林行赠陈胤倩处士》（戊戌春夏作）："我年三十游武林，与君伯氏交最深（前侍御玄倩先生）。是时君年甫二十，许身已比双南金。蹉跎一别十余载，日月迁流陵谷改。贤兄衣绣怀国恩，合室捐躯蹈东海。雁行中断不胜情，甘隐湖山绝世荣。乾坤我亦同心者，千里相思空月明。去冬偶游至畿甸，闻君在此寻不见。岂意元宵灯火残，太仆堂中共欢燕。当年君尚未生髭，只今于思复于思。我长十年更忧患，那能双鬓不成丝。来朝策蹇访我寓，手持一卷都门句。泪眼愁看北海云，伤心多咏西山树。因忆贤兄使大梁，回车见柱花盝冈（金陵予旧居也）。龙江又寄一书札，至今展看犹飞扬。彭咸灵均自千古，褚渊江总何足数。匹夫有志名亦传，况兼风雅才如许。所愧先朝老逸民，无端奔走涸风尘。桃花水起合归去，湖海烟波作比邻。"（方文《嵞山集》续集之《北游草》）

徐士俊漫游归乡，下榻于吕水山家，课其二子。五月六日，徐士俊作《系槎记》以记之。

徐士俊《系槎记》："水山先生，吕氏之豪杰士也。善书画草书，通天文术数兵法，与山阴徐文长，同受知于总制胡公。……余与吕子为深交，今年又下榻兹地，课其二子，暨任生，若与斯楼有缘。其尊人芝岩先生，复朝夕快谈，相为老友，因思六七年间，余浪迹京师，又从长安过齐豫，流寓楚尾，泛泛如不系之舟，客愁旅况，尝历殆尽。而今始获有故乡之乐，盖水山先生有以教我矣。"末识："戊戌端阳后一日记。"（徐士俊《雁楼集》卷十六）

夏，方文游淮，有诗以寄客居京师的吴百朋。

方文《柬吴锦雯孝廉（时寓天坛）》："七年不相见，屈指聚燕山。谁谓居停远，翻令会晤艰。恐人防静业，谢客掩玄关。只有二王子，朝昏数往还。"

其二："苦吟三十卷,君许为吾刊。以此望通籍,胜于身得官。莺花春苑晓,灯火夜膽寒。好养追风力,天街一日看。"(方文《嵞山集》续集之《北游草》)

夏,方文与同在扬州的诸九鼎、张丹等雅集于丘季贞斋所西轩,饮酒赋诗。

方文《丘季贞西轩社集分韵》(戊戌春夏作)(自注:同集者刘阮仙学士、姜真源御史、姚山期、鲁仲展、张祖望、何犪音、诸骏男、宋份臣、张伯玉、胡天放、张虞山、阎再彭、程维东、娄东):"卜居久已定长淮,此日机缘又不谐。且系孤舟寻旧侣,况逢群彦聚高斋。歌声清脆悦人耳,诗句苍凉感我怀。三宿西轩莫轻别,飞蓬明日又天涯。"(方文《嵞山集》续集之《北游草》)

夏末,方文欲去芜城,诸九鼎置酒送之邗关,方文以诗留别。

方文《邗关留别诸骏男》(戊戌春夏作):"我去芜城秋水寒,故人送我至河干。解衣质酒高楼醉,冒雨寻花夹巷看。隋苑久荒犹有恨,云英重见且为欢。佳期更指西陵路,丰乐桥边问考盘。"(方文《嵞山集》续集之《北游草》)

夏,陆嘉淑游西泠,并为张元岵《一经堂诗钞》作序。(王简可《陆辛斋先生年谱拟稿》)

七月,丁澎以河南闹科场案被责四十板,流放尚阳堡。

王先谦《东华录》"顺治十五年"条:"七月辛酉,刑部议……黄铋应照新例籍没家产,与丁澎俱责四十板,不准折赎,流徙尚阳堡。命免铋、澎责,如议流徙。"

附:丁澎《初至靖安寄邸中诸旧友》:"万里从戎路,崎岖正此行。雁声孤断碛,虎气撼空城。泪尽惭儿女,身危仗圣明。刀环何日约,回首玉关情。"(丁澎《扶荔堂诗集选》卷四)

丁澎《秋到忆乡园,寄答景宣驰黄诸子》:"千顷浑河三尺鲤,羊裘终负旧渔竿。"(丁澎《扶荔堂诗集选》卷七)

丁澎《寒食简严补阙颢亭》:"塞北春光最可怜,东风三月未知还。崖冰断垄惊新草,野烧空林废禁烟。燕子怕归寒食候,梨花愁梦曲江边。故人漫作莼鲈约,京郊音书又来年。"(丁澎《扶荔堂诗集选》卷七)

丁澎《报宋荔裳观察》:"风起卢龙急雁行,几年归梦度渔阳。凭钳季布藏车下,钩党符融泣路傍。马怯危桥冰汩汩,鹳鸣横岭月苍苍。干葵棘兔惊秋晚,不敢逢人问故乡。"(丁澎《扶荔堂诗集选》卷七)

张丹《春日送丁飞涛出塞》:"出关悲永路,投荒惜离别。送子一执手,发言俱哽咽。苔苔塞岭高,洋洋辽水绝。六月霜风吹,三春冰草洁。断雁愁广野,惊狐惨深穴。追忆夙昔欢,抚景寡所悦。不闻马嘶坂,但看鸡栖桀。相思何能已,园梅飞玉屑。"(张丹《张秦亭诗集》卷二)

毛先舒有《闻丁药园燕中信,遥有此作》:"三年游宦官仍薄,万里投荒雁亦稀。"(毛先舒《思古堂集》卷四)

王嗣槐《送丁药园出关,兼怀塞外诸子》:"嗟君东去竟何如,洒泪关门独上车。雪窖自甘车胤卧,藜床谁共管宁居。盛朝莫作江潭赋,逐客终回海表书。何日山楼尊酒话,为君重剪北园蔬。"(王嗣槐《桂山堂文选》卷十二)

施闰章《怀丁飞涛塞外》:"凛秋陨芳树,落叶随风翻。漠漠入浮云,悠悠踰塞垣。孰云忘故根,须臾远弃捐。层冰堕手指,惊沙摧心颜。舍我悲歌曲,但听哀笳喧。引领睇明月,清辉驰九关。阊阖可陈辞,念子心烦冤。相思道何极,吞声未敢言。"(施闰章《学余堂诗集》卷七)

施闰章《青桂引》(自注:赠丁飞涛弟素涵有《青桂堂集》,时飞涛谪关外):"青桂团团临绿水,香风散入江城里。东南孔雀为裴婓,下有寒猿啼不已。山人奋袖歌且谣,西湖澹澹吴山高。艳曲新词半乐府,瑰奇诡谲疑离骚。有时呜咽抱幽怨,弱柳如丝絮如霰。歌成流水云不飞,曲鼓湘灵人不见。君家伯氏吾弟兄,唱和西曹金石声。黄云沙碛一分手,朔风越鸟长哀鸣。攀君青桂忧思缓,念君连枝肠欲断。日月不居关塞长,拊膺泪落钱塘满。"(施闰章《学余堂诗集》卷十七)

八月陆嘉淑过西泠访沈横槎,晤白门白梦鼐(字孟新)。(王简可《陆辛斋先生年谱拟稿》)

九月九日,徐士俊游与吕两生共饮于水阁。

《戊戌重阳同吕两生饮水阁》:"骨肉病难聚,师生话屡回。"(徐士俊《雁楼集》卷六)

邹祗谟进士及第,陆圻作《寄邹讦士》,叙及两家先辈的交情(陆圻之父曾师从于邹父之门),情真意切。

陆圻《寄邹讦士》:"昔予甫童稚,予考遇邹师。知己义不薄,辟咡而诏之。念此恩分隆,金石永不移。忽忽四十载,年齿疾如驰。所天既陨丧,窘步日陵迟。沉忧困辀张,气结中心悲。久甘樗栎废,宁论翰墨为。何意遇讦士,绳武扬芳徽。赋诗咀汉魏,摘辞灿珠玑。负望极公辅,郁为世羽仪。予也愧蠖伏,坠于浊水泥。虽忝通家谊,殊负国士知。权藉不在手,何以报

德施。慕君岂能见,愿言凌风飞。"(陆圻《威凤堂文集》卷三"诗部"五言古诗)

按,此诗附后有陆圻弟左城之评,曰:"先君受知肇敏先生,殊有国士之感。今讦士绳武克世,郁为雅宗,宜阿兄嗟慕之言,情深而文明也。""绳武",应指邹祗谟进士及第,能继承祖业,所以系此诗于今年。

十一月,钱开宗以科场案诛死,家产妻子籍没。妻为顾之琼,子为钱肇修、钱元修,女为钱凤纶。(章培恒《洪昇年谱》,王先谦《东华录》"顺治十五年"条)

王嗣槐至扬州,与洪亭玉交游。

王嗣槐《烟波草堂歌》:"岁戊戌,予过广陵,与洪子亭玉赋饮寒河。"(王嗣槐《桂山堂文选》卷十二)

赵进美刊其《清止阁诗余》。(赵进美《清止阁诗余》,卷首,清康熙刻本)

王士禛进士及第。李天馥进士及第。

龚翔麟生。

清顺治十六年己亥(1659年)

【时事】

正月,清兵入明滇都。三月,清廷立明崇祯帝碑,碑文由中和殿大学士金之俊撰写,总结明思宗崇祯朝失政的原因。清廷责令吴三桂、尚可喜、耿继茂分别守云南、广东及四川。五月,郑成功、张煌言会师入长江。六月,克瓜洲、镇江。七月,张煌言询江南北二十九城。郑成功攻江宁败绩,退入海。十月,郑成功还厦门。(《清实录·世祖章皇帝实录》卷一百二十七、《清史稿》卷五,金之俊《皇清敕建明崇祯帝碑记》、赵之谦《张忠烈公年谱》)

洪昇从毛先舒学,毛先舒谆谆教之,并赞其才华。洪昇还与柴绍炳、张丹、沈谦等交游甚密,尤其在词学方面,经常向沈谦请教。

柴绍炳《与洪昉思论诗书》:"足下以舞象之年,便能鸣笔为诗。覃思作者古今得失,具有考镜。若使艺林课第,即此国颜子无疑也。又不自满假,敷衽求益于朱、毛两先生外,进从刍尧曲相咨尽。"(柴绍炳《柴省轩先生文钞》卷十)按,《礼记·内则》:"十有三年,学乐,诵诗,舞勺;成童,舞象,学射御。"郑玄注:"先学勺,后学象,文武之次也。成童,十五以上。"因此洪昇从毛先舒学,应在十五岁时,即此年。

毛先舒《水调歌头·与洪昇》:"君子慎微细,虚薄是浮名。子家素号学海,书籍拥专城。不在风云月露,耽搁花笺彩笔,且问十三经。屋漏本幽暗,笃敬乃生明。　百年事,千古业,几宵灯。莫愁风迅雨疾,鸡唱是前程。心欲小之又小,气欲敛之又敛,到候薄青冥。勿谓常谈耳,斯语可箴铭。"(《全清词·顺康卷》第2190页)

另外,毛先舒还有《与洪昇书》(《思古堂集》卷二)、《答洪昇书》(《匡林》卷下)。

二月,沈谦丧偶,洪昇为作《为沈去矜先生悼亡四首》(洪昇《啸月楼集》卷七)。**沈谦丧偶后,有为之谋续娶者,毛先舒作书劝阻。**

沈谦《先妻徐氏遗容记》:"妻于己亥二月十六日写照,二十九日死。画士清河张璘也。"(沈谦《东江集钞》卷六)

毛先舒《寄沈去矜书》:"足下既丧偶,悼亡滋戚。近闻有为足下谋续婚者,仆窃以此甚当斟酌之也。续婚事最不幸,亦复最难,少年未有子者,不获已耳。仆观足下,栖遁丘山,托迹方技,诚飘然物外足自娱。今贤嫂丧亡,岂不诚悲,然生死聚散之常。善视诸儿,遣哀达命,单子少累,未始不得。必若续婚,政恐自苦。"(毛先舒《潠书》卷六)

春,陆嘉淑客金陵王观察绍隆(字绥山)**幕府,并与王有诗词赠答。**(王简可《陆辛斋先生年谱拟稿》)

毛先舒四十,欲改字稚黄(原字驰黄),**沈谦作《止毛稚黄改字说》以劝阻,先舒不从。**

沈谦《止毛稚黄改字说》:"今毛子历壮而强,载驰载驱,经营四方,倜傥权奇,腾踏飞黄,乃欲啼门索食,争梨与栗,交黄口之号嘎邪?况驰黄之称满天下,而一朝易之,称谓既淆,沿革莫辨,将以昔年之美,因易字而顿亡,政恐马牛犹或可应,而泾渭于焉不分,岂不重为毛子惜哉!"(沈谦《东江集钞》卷八)按,《礼记·曲礼上》:"三十曰壮,有室;四十曰,而仕。"故毛先舒改字稚黄,当于本年。

四月,陆嘉淑自金陵归里。(王简可《陆辛斋先生年谱拟稿》)

秋,方文游余杭,与诸九鼎定交。后离杭赴白门,有诗留别诸九鼎。

方文《留别诸骏男文学》:"临安风俗俭,好客者殊少。即有同心人,礼数仍草草。正如杜陵诗,一饭迹便扫。诸君本贫士,满腹富文藻。曾游江淮间,果得名誉早。前日闻我来,盘餐遽倾倒。今朝闻我去,又复集朋好。此意独殷勤,欲别伤怀抱。秋飙何谡谡,秋月何杲杲。把酒送归人,相思白

门道。"(方文《嵞山集》续集之《余杭游草》己亥作)

冬十月,陆嘉淑寓硖石。(王简可《陆辛斋先生年谱拟稿》)

王士禛选扬州推官,以翌年三月抵郡城。

彭孙遹进士及第。

毛晋卒,年六十一。

清顺治十七年庚子(1660年)

【时事】

正月,礼部议覆给事中姚延启,请照例再行严禁大小官员私交私宴及庆贺馈送,允之。清廷依礼部右给事中杨雍建奏请,严行禁止结社订盟。五月,清兵攻厦门,郑成功却之。(蒋良骐《东华录》卷八、杨雍建《杨黄门奏疏》所收《严禁社盟疏》,赵尔巽《清史稿》卷五,)

春,陆嘉淑寓硖石,与曹耘莲元方、潘美含、沈寅工及紫雪,自元日至人日饮酒赋诗。并约慧幢上人看梅,雨阻不果,过其静室。又同潘美含、慧幢自放庵循西山麓至审山石室。时朱近修一是移寓硖石,养疴家中,陆嘉淑登门问病,并有"紫薇精舍白云闲,短榻横琴客闭关"之句。(王简可《陆辛斋先生年谱拟稿》)

三月,带星堂梅花绽放,陆嘉淑与曹元方、查职方继佐同观家伎演剧。(王简可《陆辛斋先生年谱拟稿》)

五月十五日,陆嘉淑和张元岵(字待轩)自挽诗。(王简可《陆辛斋先生年谱拟稿》)

十月十六日,王世显为毛先舒《潠书》作序。

王世显《潠书序》末署"顺治十七年阳月既望,汉阳同学弟王世显仙潜拜题"。(毛先舒《潠书》卷首)

十月,丁澎徙居威远,借寓于归斯轩。

《归斯轩记》:"顺治十七年庚子冬十月。予徙居威远,去浑城八十里迤浑河以东有麓焉,山环泉洁,予诗中所指东冈者是其处。假主人之西庑居之。名其轩曰归斯。"(丁澎《扶荔堂文集选》卷八)

冬,邹祗谟、王士禛所编《倚声初集》二十卷刊行。此集收录、品评卓发之、卓人月、徐士俊、沈谦等西泠词人群体的词作,还收录沈谦、毛先舒的词话、词韵著作。如前编第二《词话》收录毛先舒《词辨坻》五则、《与沈去矜论填词书》;第四卷《韵辨》收录沈谦所著、毛先舒为之括略并注的《沈氏词韵略》,毛先舒《词韵序》及《词韵说》三则、《声韵丛说》三则。

沈谦《与邹程村书》:"前蒙登拔,皆其少篇。"(沈谦《东江集钞》卷七)

邹祗谟《远志斋词衷》:"阮亭尝云:'有诗人之词,有词人之词。诗人之词,自然胜引,托寄高旷,如虞山、曲周、吉水、兰阳、新建、益都诸公是也。词人之词,缠绵荡往,穷纤极隐,则凝父、遐周、莼僧、去矜诸君而外,此理正难简会。'"

又《远志斋词衷》"去矜《词韵》质疑"条:"(沈谦《词韵》)考据该洽,部分秩如,可为填词家之指南。……余于沈韵质疑一二,以当荛叩,不敢轻为嗤点也。"

王晫《今世说》卷七:"彭羡门在广陵,见沈去矜、董文友词,笑谓邹程村曰:'泥犁中皆若人,故无俗物。'"

沈谦得读《倚声初集》,乃邹祗谟所贻。沈谦于《倚声初集》中得见俞右吉咏美人耳词及董文友咏美人鼻、肩词,遂撰《美人耳》等十六章,名曰《云华馆别录》。

沈谦《云华馆别录自序》:"南唐李后主有咏美人口词,宋刘龙洲咏指甲及足,元人邵清溪咏眉目。近晤毗陵邹程村,贻予《倚声初集》,得俞右吉咏耳词及董文友咏鼻、咏肩二首。上下千百年,数词落落于天地间,有若启闼披帏,芳容渐露。吾老矣,久不作艳想,忽欲一见其全,遂撰十六章。彼美人兮,处空谷,隔云雾。予迫之使出,得无讶其唐突乎?"(沈谦《云华馆别录》卷首)

钱开宗之妻子被放还,顾之琼携子女自北京归里。(章培恒《洪昇年谱》)

清顺治十八年辛丑(1661年)

【时事】

正月,顺治帝崩,皇三子玄烨即帝位,是为康熙帝,次年改元"康熙"。六月,江南奏销案发。七月,苏州"哭庙案"发。闰七月,郑芝龙属下万仪、万禄等投降清廷。十月,郑芝龙并其子郑世恩、郑世荫等照谋叛律族诛。十二月,郑成功收复台湾。(《清实录·世祖章皇帝实录》卷一百四十、蒋良骐《东华录》卷八、《清实录·圣祖仁皇帝实录》卷三)

正月初六,丁澎流戍尚阳堡,作诗以遣怀。

丁澎《辛丑立春》(自注:是年立春六日。《鸿烈》云:岁辛则麦昌。):"雪尽南山见敝庐,霏微庭日散郊居。盘冰洗甲茵丝嫩,岁首逢辛麦气舒。明日醉抍人日酒,他乡愁发故乡书。椒花彩胜喧儿女,冷落园梅几树疏。"(丁澎《扶荔堂诗集》卷六)

春,宋琬任浙江提刑按察使,公事之余,喜作小词,西泠词人纷与之唱和,其风流文采,堪比苏轼。清康熙元年(1662),宋琬因事下狱,清康熙二年(1663)始得免罪放归,自此流寓吴越十年,穷困潦倒。

《[雍正]浙江通志》卷一百二十一《职官》"提刑按察使"条:"宋琬,字玉叔,山东莱阳人。顺治丁亥进士,十八年任。"(《(雍正)浙江通志》)

王嗣槐《宋蓼庵集题辞》:"往顺治庚子,荔裳宋公分藩越中。其明年,除两浙观察使,……公好为古文辞,间制歌曲小令,都人士属而和之。尝数百人湖堤十里,花明月丽之夕,沿塘连臂而唱者,多公所填《沁园春》《满江红》诸词。其风流文采,人以大苏拟之。"(王嗣槐《桂山堂文选》卷三)按,顺治庚子为1660年,"其明年"即为1661年。

春,王士禛在金陵延请好手画《青溪遗事》一册,陈维崧题诗,王士禛以词八阕咏画坊琐事,邹祗谟、董以宁、彭孙遹、吴绮等诸名士纷纷以词相和,沈谦亦有和作。

沈谦《菩萨蛮·戏和王阮亭使君题〈清溪遗事〉画册》:"回塘水绿春如画。怪人游戏鹦哥骂。楼背捉迷藏。寻踪只认香。　花间还再探。花重帘栊暗。轻嗽要郎知。潜身窥户时。"(自注:元稹诗:"小楼前后捉迷藏。")(《全清词·顺康卷》第1985页)

三月,孙默将归黄山,众好友以诗词相赠,丁澎作《送孙无言自广陵归黄山》。(按,孙枝蔚《溉堂集》前集卷六辛丑有《家无言将归黄山,因极称住山之乐,以劝其行三十二韵》,可知孙默归黄山在清顺治十八年[1661]。)

丁澎《送孙无言自广陵归黄山》:"三月风吹江上柳,浣纱矶头劝君酒。送客一樽诗百篇,长笑携来满怀袖。何事忽然归去来,芜城亭馆非蒿莱。邵平亦向东陵老,观涛况有枚生才。君不见,多少宦游人失意,五斗折腰长作吏。老大风尘未拂衣,欲赋归田苦非易。君是淮南老逋客,何惜他乡遍游屐。屈指浮丘丹鼎成,仍傍灵岩作仙第。落拓辞家二十年。灞陵秋草鹿门烟。山中猿鹤如相待,三十二峰顶上眠。"(丁澎《扶荔堂诗集选》卷二)

春,张祖望与其婿薛麟友游燕,陆进作诗以赠行。

陆进《送张祖望同令塔薛麟友之燕》:"与君二十载,推诚相交结。"(陆进《巢青阁集》卷三)按,陆进于清顺治六年(1649)年与张丹等定交。

春,施闰章客游武林,与陆进兄弟二人定交。

施闰章《陆母吴孺人七十序》:"予以辛丑春客武林,始识陆荩思、高仲兄弟于湖上。接其言词,知其温以文也。抵湖墅,诣其家,辄命酒,尊君际明先生闻客至,忻然杖屦出见,三子敬侍左右,欢燕终日无惰容,知其孝以友也。"(施闰章《学余堂文集》卷十)

春,曹溶客游武林,与徐喈凤及西泠词人雅集赋词。

徐喈凤《最高楼·湖上喜晤曹秋岳先生》:"西湖上,词客集琳琅。七步让陈王。雨丝飞着笺纹润,荷风飘入笔花香。喜相逢,心莫逆,重文章。也莫问、白香山的友。也莫问、苏东坡的柳。勤唱和,且徜徉。风流尽可追皮陆,放舟同醉藕花塘。水波中,山影里,乐洋洋。"(《全清词·顺康卷》第3064页)

曹溶《一萼红·忆辛卯岁湖上五日事》:"变柔花,向朱栏借得,春影最玲珑。粟玉纤环,泥金双带,娇小浑不胜风。樱桃试,菖蒲碧酝,知有意、分我醉颜红。粉汗生凉,绣巾香麛,人在楼中。　身本三生杜牧,赋鸳鸯遗恨,绿叶茸茸。锦臂星移,雕轮雨散,听彻清昼疏钟。纵留取、同心旧约,对湖光,空画两眉峰。况是黄梅天气,冷到熏笼。"(《全清词·顺康卷》第838页)

四月,施闰章在武林与曹溶、朱彝尊、周亮工、徐喈凤、王猷定、邹祗谟、祁理孙、祁班孙等名士交游,西泠文士如陆圻、胡介、诸九鼎等同游。

朱彝尊留山阴,夏寓西湖昭庆寺,与曹洁躬、周元亮、施尚白、王猷定、袁于令、邹祗谟、胡介、祁班孙、诸九鼎等人泛舟西湖,饮酒论诗。(杨谦《朱竹垞先生年谱》)

朱彝尊有《偕曹侍郎溶、施学使闰章、徐秀才缄、姜处士廷梧、张处士杉、祁公子理孙、班孙段桥玩月,分韵得三字》《同王处士猷定、施学使闰章、陆处士圻泛舟西湖遇雨》。(朱彝尊《曝书亭集》卷五)

徐喈凤拜访王晫,信宿共谈。

徐喈凤《蓦山溪·雨宿王丹麓斋头》:"冲泥访戴,烟雨门难认。叩竹启精庐,喜倒屣、苍苔乱印。香清茶熟,促膝话离怀,斟玉醑,拂瑶琴,剪烛还分韵。　满床经史,抽卷相推论。伸楮索行书,兴来握笔翻雄阵。知心信宿,欲别转情深,贻古砚,劝加餐,频嘱通芳讯。"(《全清词·顺康卷》第3065页)

夏,钱谦益至西泠,晤宋琬,二人俯仰今昔,凄然有故国之悲。宋琬以《安雅堂集》以示钱谦益,并索序。

钱谦益《宋玉叔安雅堂集序》："莱阳宋先之与余为缟纻交……辛丑夏，余过武林，俯仰今昔，凄然有雍门之悲。已得尽读其诗文，而玉叔属余为其序。"（钱谦益《牧斋有学集》卷十七）

五月十九日，陆进、王晫与邹祗谟、王酨定、施闰章、徐缄、罗弘载等，同集王晫霞举堂。

王晫有《五月十九日，与南州王于一、宣城施愚山、晋陵邹程村、山阴徐伯调、会稽罗弘载诸公过草堂》。（王晫《松溪漫兴》，清康熙间霞举堂刊本）

施闰章《王丹麓松溪诗集序》："往岁辛丑客西湖，丹麓觞予霞举堂。是时新建王于一、山阴徐伯调、武进邹讦士、会稽罗弘载与比邻陆荩思高仲兄弟皆在，穷日夜咏言，醉则就榻，今十许年耳。"（施闰章《学余堂文集》卷七）

邹祗谟在西湖晤毛先舒，属其为近作《丽农词》《邹讦士新咏》撰序。

毛先舒《与邹讦士书》云："三四年前，读《丽农集》，或呢喃如莺燕尔汝，又或如裂檀槽作濩索声，一鼓一歌，叹为工妙。不但娱目，直移我情也。迩湖头相值，得睹近文及文友、其年、龚、陈诸子作，每能因古人一二字间，推衍作数千语，妙意横生。"（毛先舒《潠书》卷六）另，同书卷一有《丽农词序》《邹讦士新咏序》，或为此时所作。

六月，邹祗谟归里后，将在浙所钞毛先舒文示陈玉璂，陈玉璂刻入所辑《文统》中。

陈玉璂《毛稚黄潠书序》："亡友邹程村客武林时，尝手钞稚黄文数篇归，予见之，急刻入《文统》中。"（陈玉璂《学文堂文集》序五）

六月，顾若璞七十初度，徐士俊为作《寿黄太母顾夫人七十寿》。

徐士俊《寿黄太母顾夫人七十寿》："忆昔张君秀初氏，夫人诗卷曾携至。自是君家宅相传，独寻世外清闲地。转眼春秋又几番。沧桑更变不可言。卧月轩中佳句满，冰霜历尽驻苍颜。古稀之寿今已获，芝兰玉树神仙宅。若翁全盛文章宗（夫人为贞父先生之媳），尔孙近代人中龙。主持风雅有寿母，阖郡蛾眉拜下风。"（徐士俊《雁楼集》卷五）

夏日，毛先舒为丁澎诗集《扶荔堂诗卷》题辞。

毛先舒《题扶荔堂诗卷》末署"辛丑夏日题"。（毛先舒《潠书》卷二）

袁于令复来游杭州，毛先舒携酒过其寓所，并为作《赠袁箨庵七十序》；孙治有《赠袁箨庵序》（《孙宇台集》卷八）；徐士俊作《吴门袁令昭过访于舟次话别因赋》。洪昇从袁于令游，并有《遥赠朱素月校书戏简袁令昭先生三首》（章培恒《洪昇年谱》）。

毛先舒《赠袁箨庵七十序》："吴门袁箨庵先生今年寿齐七十……今年复来，余携酒过其寓，酌先生酣。"（毛先舒《毛驰黄集》卷六）按，《南音三籁》清康熙刊本袁于令序，末署"康熙戊申（1668）七十七龄老人袁于令识"，则知其七十岁再度游杭当在本年。

徐士俊《吴门袁令昭过访于舟次话别因赋》："嵯峨剑啸阁，突兀幔亭峰。与君相思三十载，河干握手何匆匆。只愁青雀又飞去，憔悴梅花明月中。（令昭自称"幔亭峰歌者"，有《剑啸阁》四种曲。）"（徐士俊《雁楼集》卷五）

秋，张丹寓居金陵，以诗赠朱彝尊。

张丹有《寄朱锡鬯》诗，自注云："时寓金陵。"其诗云："作客朱云南国久，秦淮秋色想徘徊。沙头落日大江阔，天外晴烟双阙开。惭我诗词遘知己，思君杖履定登台。萧然木脱钟山后，霜鬓愁生麋鹿哀。"又附注云："锡鬯尝批予《北归》古诗曰：'句句学杜，句句不袭杜；句句做句，句不做。'又曰：'天下有五诗人，君是其一，知己之感，匪可言喻。'"（张丹《张秦亭诗集》卷九）

王嗣槐《张秦亭先生传》："（张丹）过秣陵，上牛首幕府山，吊孙吴晋元之遗烈，浮江渡河，赡嵩望岱。"（王嗣槐《桂山堂文选》卷七）

秋，陆嘉淑与潘美含同赋秋感诗。（王简可《陆辛斋先生年谱拟稿》）

中秋，毛先舒晤黄云于诸九鼎、诸匡鼎寓所，为其《秋槎草》作引，黄云亦为先舒《溪书》作序秋。不久，毛先舒《溪书》八卷付梓。

毛先舒《送黄仙裳还泰州序》："八月八日，诸虎男驱而告我曰：'黄仙裳果来矣。一宿之越，返必造君。'……隔数日而仙裳歘来，……于是秋即中矣，月皎然，风泠然，一登段桥，再酌荷曲，挐舟待别，相视黯然。"（毛先舒《溪书》卷一）

毛先舒《秋槎草引》："黄子仙裳，僻居泰州，而诗流传西湖甚多，余向读之，叹曰：'黄子其深于礼者乎！'……今年秋，黄子果来西湖。苍髯古貌，严凝若神，志肃而气温，寡合而不违和，因言以求，其中益深且远。……黄子又许我读其诗，故授余《秋槎草》也，余自喜益甚。"（毛先舒《溪书》卷一）

黄云《溪书序》："至毛子其人，今年秋方得晤于诸骏男、虎男所，土木形骸，落落穆穆，无一毫名人气，并不作一毫有道气，诚所谓相见令人亲，别去令人思者。"末识"顺治辛丑秋日，广陵黄云仙裳氏拜撰"。末识"顺治辛丑秋日广陵黄云仙裳氏拜撰"。（毛先舒《溪书》卷首）按，黄云，字仙裳，号旧樵，居泰州姜堰，有诗集《秋槎草》《桐引楼诗》。卒于清康熙四十一年（1702），年八十二。

七月，顾炎武过杭，毛先舒等人与其商讨音韵之学，深服其博雅。（按，据张穆《顾亭林年谱》，清顺治十七年秋，顾炎武自山东南归。清顺治十八年，自苏州至杭州，渡江谒禹陵，吊宋六陵。闰七月，仍返山东。清顺治十八年为辛丑，与先舒《答顾宁人书》中"辛岁"相合。）顾炎武后寄《日知录》诸刻予先舒，先舒又有《答顾宁人论并韵书》。（《潠书》卷六）

毛先舒《答顾宁人书》："辛岁湖干把酒，商略古今，实获闻所未闻。同人咸共快心豁抱，不独仆如发矇也。至今追味昔游，恨不得大君子时时把袂作欢剧耳。伏览诸新刻及誓约，力谢人事，以期不朽。仲舒之于《春秋》，仲任之于《论衡》，执事有焉。"（毛先舒《潠书》卷五）

毛先舒《记顾宁人说韵五条》："宁人昔游西陵，携所著书于逆旅，殆不止与身等。与予论韵，深叹服其博雅。"（毛先舒《韵白》）

九月，徐士俊编《尺牍新语》，收入邹祇谟《寄周兼三》，有评语。

徐士俊评邹祇谟《寄周兼三》曰："《倚声》一集，余深感程晫、阮亭两先生品题。今岁西湖又得与程晫盘桓款洽，读其煌煌大篇，欣赏无已。即此一牍，洵属风流所宗。"（徐士俊《尺牍新语》卷十八）

毛先舒有吴门之行，与毛际可（字会侯）相聚吴门，复把袂相别。毛奇龄、毛先舒、毛际可时称"浙中三毛，东南文豪"。（毛奇龄《毛稚黄墓志铭》，毛奇龄《西河集》卷九十九）

毛先舒《与会侯书》："忆辛丑岁，把袂吴门。"（毛先舒《匡林》卷上）

秋，徐士俊、王晫游阳羡，时陈维崧浪迹梁溪，未得一晤。陈维崧因作《春从天上来》一词以写怀。

陈维崧《春从天上来·钱塘徐野君、王丹麓来游阳羡，余以浪迹梁溪阙焉未晤，词以写怀》："烟月杭州。记徐卓当年，诗酒风流。水市露井，桂桨莲舟。老铁吹裂龙湫。奈十年一梦，断桥上、落叶飕飕。恨年来，只无情皓月，犹挂湖头。　王郎清歌绝妙，邀白发词人，同下长洲。瑟瑟丹枫，濛濛白雁，秣陵总不宜秋。叹龙峰归后，人去远、烟缆难留。漫登楼。数枝残菊，还替人愁。"（《全清词·顺康卷》第4156页）

秋，徐士俊、王晫游阳羡，晤徐喈凤，徐喈凤作《蕙兰芳引》喜之。

徐喈凤《蕙兰芳引·武林王丹麓同家野君见访》："曾到圣湖泛，青雀满斟醽醁。念公等多情，酣倚画阑歌曲。一从别后，每梦绕、万花书屋。纵儿番尺素,怎似西窗剪烛。　五柳霜凋,双扉风冷,客叩吾竹。喜青眼如前,添得新词一束。灯花频结,应留信宿。期首春重会,六桥三竺。"(《全清词·顺康卷》第 3066 页)

晚秋,徐喈凤以《满江红》书怀,寄陆进、王晫、徐士俊、徐汾。

徐喈凤《满江红·秋晚书怀寄荩思、丹麓、野君、武令,仍用原韵》:"癖爱陈编,恒自省、杜门毋出。秋雨后,黄花渐老,丹林还密。镜里霜华侵沈鬓,楼头月色催江笔。兴来时把桨划西溪,鸥凫匹。　门有柳,园无漆。孤吟夜,离群日。忆西陵游燕,烹莼蒸栗。树帜词坛纷织锦,扶筇洞府同餐术。更何时、画舫共飞觞,争三术。"(《全清词·顺康卷》第 3068 页)

冬,丁澎在流戍之地尚阳堡,以词抒怀,其从子丁介和之。丁介,字于石,号欧冶,浙江仁和(今属杭州市)人。诸生。有《螺亭集》附《问鹏词》。

丁澎《贺新凉·塞上》:"苦塞霜威冽。正穷秋、金风万里,宝刀吹折。古戍黄沙迷断碛,醉卧海天空阔。况毳幕、又添明月。榆历历兮云槭槭,只今宵、便老沙场客。搔首处,鬓如结。　羊裘坐冷千山雪。射雕儿红翎,欲堕马蹄初热。斜弹紫貂双纤手,抏罢银筝凄绝。弹不尽、英雄泪血。莽莽晴天方过雁,漫掀髯、又见冰花裂。浑河水,助悲咽。"(《全清词·顺康卷》第 3191 页)

丁介《贺新凉·和扶荔出塞词》:"出塞春无力。梦家山、东风吹破,迷离寒食。万里浮云遮古戍,书断白狼河北。才七月、惊飙凄栗。未老辽阳霜染鬓,炙鱼油、长夜愁鲛室。难回首,海天黑。　重貂肯暖穷边客。奈声声、琵琶别调,马嘶冰勒。双刃空磨英雄泪,鸭绿江涛同泣。听不了子规秦吉。华表有时还化鹤,问蒲桃、酿酒珍珠滴。能一醉,几千日。"(《全清词·顺康卷》第 10354 页)

清康熙元年壬寅(1662 年)

【时事】

二月,吴三桂、爱星阿奏报奉命征缅、擒获永历桂王朱由榔事。四月,永历桂王朱由榔在昆明被俘杀,南明永历政权亡。归安知县吴之荣告发庄廷鑨私修《明史》,庄氏《明史》案起。五月,总兵许龙擒郑成功之弟郑成赐于厦门。郑成功去世。十月,爱星阿平定云南。(《清实录·圣祖化皇帝实录》卷六,蒋良骐《东华录》卷八,杨凤苞《秋室集》卷五《记庄廷鑨史案本末》)

宋琬为浙江臬司。抵任后即试七十二县之士，相其文之高古者，拔置第一。毛先舒与其事，为作《赠宋公序》。

毛先舒《赠宋公序》："今臬宪牟国宋公，……遂乃弘开华馆，登引多士，禀酌经义，陈采诗风，降阶为礼，援接无方，烧烛论文，绌扬罔勚。"（毛先舒《思古堂集》卷三）

毛先舒《安雅堂文集序》："前臬宪牟国宋公，按浙而治未一年，中蜚语去。……昔公之莅浙也，甫下车即晋七十二县之士，而观其风。士皆兢兢，含毫吮墨为文，期当公意者甚于试学使者。公乃相其文之高古典雅者，拔置第一，以风多士，先舒窃与焉。"（毛先舒《潠书》卷一）

春正月，陆嘉淑客禾中，登裴岛塔。二月，陆嘉淑里居。秋末冬初，陆嘉淑至京口，遇见顾豹文（字季蔚），有《京口见顾季蔚归舟》一诗云："寒云野渡孤舟客。"（王简可《陆辛斋先生年谱拟稿》）

春，王士禛、陈维崧等于扬州红桥以《浣溪纱》调倡和，诸作被刻入《倚声初集》。（邹祗谟、王士禛《倚声初集》卷三）

春，张丹北游京阙，途中遇朱彝尊。朱彝尊索诗南还。之后，张丹又有诗怀之。

王嗣槐《张秦亭先生传》："（张丹）再游京阙，历览西山，穿虎豹之荒林，跳狐兔之丛窟，先朝十二陵，次第伏谒，于时寝殿，埃尘碑碣，榛莽木主，什帷堂石，麟欹隧路，与一二守冢老阉，说前代上陵故事，汲泉敲火，坐食寒溪冷雾中，为文记其游历。"（王嗣槐《桂山堂文选》卷七）

张丹有诗《朱锡鬯索诗南还赋赠》，自注云："曾有荷来小像命予跋。"其诗云："遁迹南归去，故人梦寐频。山川供锦绣，蓑笠老经纶。愧少琅玕赠，愿依几杖亲。春风莺语切，处处各愁新。"（张丹《张秦亭诗集》卷七）

张丹《寄怀三子》之一《朱锡鬯》："鹤鹭翔京邑，皓皓玉为颜。鹤兮向北留，鹭兮向南还。一别燕吴远，寸心无江关。每思知已意，晤言愿田间。"（张丹《张秦亭诗集》卷三）

夏，洪昇与陆次云泛舟西湖，遇雨，宿湖心亭。

陆次云《湖壖杂记·湖心亭》："壬辰之夏，余与洪子昉思泛舟湖畔。日已晡矣，风雨骤至。止宿亭上。"按，壬辰年洪昇八岁，"壬辰之夏"实应为壬寅之误。

张丹从妹张昊归同里胡大潆，夫妇琴瑟合谐。张昊劝其夫力学。于是胡大潆拜同里毛先舒为师，与诸匡鼎、洪昇交游。

545

张振孙《槎云传》:"年十九,归胡遵仁子大漆,劝其力学,从同里毛先舒为师,诸匡鼎、洪昇为友。"(汪启淑《撷芳集》卷十六"张昊"条)

六月,宋琬治浙未及一年,因受于七谋反案牵累而下狱。

方文与张丹、诸九鼎交游,同游山东历山,归饮酒家。

方文《同张祖望、诸骏男游历山,归饮酒家,醉后作歌》:"我今求友来山东,但觉历城风俗鄙。客居愁寂偶闲行,忽遇旧交惊且喜。"(方文《嵞山集》再续集卷二壬寅)

七月,庄廷鑨《明史》案发。十一月,陆圻因与查继佐、范骧列名参校,牵连被捕,寻解至京。吴百朋挺身营救,典屋筹资,周恤其家。

王猷定客死西泠,孙治与查继佐、陆圻、严子问助其入殓。

孙治《王于一猷定客死湖上,同查伊璜、严子问、陆景宣视其棺殓。棺木,子问所赠也》:"吁嗟乎王子,文章仿迁左。乞食于津要,毕命此湖舵。"(孙治《孙宇台集》卷三十二)

九月十四日,陆圻游天台山。

陆圻《游天台山记》:"壬寅九月几望,予将游天台山。"(陆圻《威凤堂文集》卷二"记部")

程明善《啸余谱》刊行。

顾璟芳等编《兰皋明词汇选》八卷、《兰皋诗余近选》二卷,并刊行。

清康熙二年癸卯(1663年)
【时事】

二月,京城有陨石坠落。慈和皇太后驾崩。五月,庄廷鑨《明史》案结,株连致死者七十余人。八月,礼部议覆"乡会考试停止八股,头场策五篇,二场四书及五经论各一篇,表一篇,判五道,以甲辰科为始",从之。(《清实录·圣祖化皇帝实录》卷八,蒋良骐《东华录》卷九,杨凤苞《秋室集》卷五《记庄廷鑨史案本末》)

正月,陆圻及长子陆寅因庄廷鑨《明史》案牵连被执。(杨凤苞《秋室集》卷五《记庄廷鑨史案本末》,陆圻《威凤堂集》卷首)

初春,丁澎自尚阳堡还都,与故交沈捷、严沆、顾豹文、邵远平、严曾榘、关键等相聚,以词抒人生浮沉之慨。

吴颢《国朝杭郡诗辑》卷一:"(丁澎)顺治丁酉主试中州,为榜首数卷更易数字,廷议谪戍奉天。……戍五年而归。"按,丁澎以清顺治十五年戊戌

(1658)流徙尚阳堡,至此共五年,因此应于此年还都。

丁澎《初返长安作》:"一裘冲雪至,忽见绿杨天。春到长安换,诗从绝塞传。君恩优版筑,臣力乏车牵。何日西陵渡,还耕负郭田。"其二:"疲马迁边路,崎岖陟蓟门。入关天异色,渡水晓常昏。去日苍髯尽,归装乱纸存。已希燕市侣,慷慨向谁言。"(丁澎《扶荔堂诗集选》卷五)

丁澎《高阳忆旧游·冬夜同沈大匡、严颢亭、顾且庵、邵戒三、严柱峰诸君,饮关六钤草堂,即席》(新谱犯曲,上五句《高阳台》,下五句《忆旧游》,后段同。):"滚滚诸公,浮沉京洛,酒垆何意重开。浪迹人间,休论野马尘埃。玉瓷低映银烛,檀板更相催。任谢朓长吟,陆云长笑,庾信长哀。 萧萧木叶重阶。念物犹如此,何以为怀。蹴鞠吹箫,不妨偕与俱来。今宵莫问明日,且覆掌中杯。看漫天飞雪,铜驼金谷安在哉。"(《全清词·顺康卷》第3184页)

春,丁澎返西泠故里。王晫闻讯,喜以诗词相赠。

王晫《定风波·喜丁药园祠部归里》:"匹马新从塞外来。故人相对尽颜开。为问心情何所似。提起。梦魂愁听雁声哀。 得向湖山重醉酒。知否。圣明原是解怜才。手把奚囊诗细读。如玉。鸿名应自重燕台。"(自注:祠部凤与张谯明、赵锦帆、宋荔裳、施愚山、严颢亭、陈胤倩诸公声价并重,时人合刻其诗,目为燕台七子。)(《全清词·顺康卷》第6679页)

三月,张丹、诸九鼎南还,路经扬州,与陈维崧、王士禛、余怀、陈玉璂、孙枝蔚、茂之、于皇等同赋冶春绝句,陈维崧作《和阮亭冶春绝句,同茂之、于皇、祖望、豹人、澹心、椒峰》。(陈维崧《湖海楼诗集》卷一癸卯)

三月,张丹、诸九鼎漫游扬州。王士禛以《浣溪沙》词三阕咏红桥,一时和者甚众,张丹亦参与唱和。

四月,张丹归卧秦亭山下,闻讯丁澎已归,喜以诗词相赠。

张丹《喜丁七飞涛归里》:"几岁戍边郡,归从洱水间。大江开白浪,故里见青山。君胄书应寄,□□赋自闲。出游每西郭,堤畔葛巾还。"(张丹《张秦亭诗集》卷七)

王嗣槐《张秦亭先生传》:"而返归卧秦亭山下,喟然叹曰:'余老死不复再渡黄河矣。'"(王嗣槐《桂山堂文选》卷七)

五月,庄廷钺《明史》案决。陆圻因案发前已呈报学官,故获释。是案株连凡七百户,处死者七十余人。陆圻出狱后即弃家为僧,云游四方。陆嘉淑至武林,寓居于昭庆寺。五月三十日,与陆丽京圻夜话。陆嘉淑作诗云：" 都市晴飞五月霜，累囚初放一沾裳。"

夏，陆嘉淑、陆圻、孙宇台、高云客共坐于胡介旅堂，孙治作《三子诗》，陆嘉淑和之。

陆嘉淑《三子诗》序曰："癸卯之夏，与孙宇台治、高云客兆共坐胡子旅堂介，宇台作《三子诗》，其称述余，非余意中事也。然过情以誉之，余亦焉敢忘，为和三章，不知有当于三君子否。"（陆嘉淑《辛斋遗稿》卷三）

六月九日，陆嘉淑等人集语溪力行堂分韵赋诗。（王简可《陆辛斋先生年谱拟稿》）

秋，胡介染疾，孙枝蔚探访。

孙枝蔚《胡彦远病榻，萧然相对有赠》："故人长不见，相见转堪怜。憔悴□山里，艰难几榻边。近身简良药，留客煮清泉。借问陶元亮，谁来送酒钱。"（孙枝蔚《溉堂集》前集卷六癸卯）

陆圻五十岁，孙治为作《陆景宣五十寿序》，时陆圻避地罨江。

孙治《陆景宣五十寿序》："景宣春秋五十，将及悬弧之辰，其情事若有愀然者，走至罨江而避之。"（孙治《孙宇台集》卷九）

秋，徐士俊从弟徐潋生乡诗中举，徐士俊贺之。

徐士俊《叔母方太君八袤寿序》："故自壬午岁，潋生弟才髫龄，即冠童子试，观光棘闱。今癸卯，潋生弟又举于乡，听鹿鸣而归拜母于堂下矣。"（徐士俊《雁楼集》卷十五）

严沆内升，以需次归里，丁母江太夫人丧。（《健松斋集》卷十三《少司农余杭严先生传》）

十一月，于七案告结，宋琬免罪放归，赋《感皇恩》，自此便流寓吴越长达十年，间或客居武林，与西泠词人交游。

《清通典》卷八十五《刑》："康熙二年十一月，刑部题覆山东总督祖泽溥审鞫原任按察使宋琬等通同于七谋反一案，两议上请，一拟极典，一拟流徙，将原任总督祖泽溥议处。上曰：'据审，宋琬等原无通贼情节，干证、唐进夏、吴八等亦坚称乌有叛逆。重罪理应详审，情实即行正法，如虚即应免罪。尔部将无确据之事，悬揣定拟，两拟俱属不合，宋琬等着免罪，总督祖泽溥亦免议处。'"（程嘉谟、李傅熊《皇朝通典》，清文渊阁《四库全书》本）

宋琬《感皇恩·冤系二年，一朝解网，感荷天恩，歌以代泣。时癸卯十一月朔三日也》："雪窖与冰天，孤臣泣血。鱼钥沉沉隔双阙。修罗劫满，等到乌头如雪。九重消息好，皋陶日。　　旛下驺虞，鸡竿载揭。喜极沾巾转

呜咽。妻孥相告,今日鹳鸣于垤。黄粱刚梦醒,炊还热。"(《全清词·顺康卷》第 888 页)

除夕前夕,孙默欲渡江往海盐访彭逊遹,索其《延露词》,与王士禛《衍波词》、邹祗谟《丽农词》合刻之。

王士禛《渔洋诗话》卷上:"康熙癸卯,岁将除,孙无言默欲渡江往海盐访彭十羡门,人问有何急事?答曰:'将索其《延露词》,与阮亭《衍波》、程邨《丽农词》合刻之。'"

清康熙三年甲辰(1664 年)
【时事】
六月,张煌言见复明无望,在南田悬嶴岛解散义军,隐居海岛不出。七月,清兵通过叛徒找到张煌言隐居地,张煌言同其部属被执。以福建提督水师总兵施琅为靖海将军,往剿郑锦。九月,张煌言被清兵押至杭州,就义于弼教坊。(赵之谦《张忠烈公年谱》、蒋良骐《东华录》卷九)

春,张丹游广陵,与王士禛结交,王士禛招饮于平山堂。

张丹《风入松·王阮亭招游平山》:"东风吹散木兰桡。春色闹河桥。胜游俱集平山港,一丝丝、罗绮香飘。凫鸭栏边歌板,蒲葵亭外吹箫。 衍波才子把人招。诗压柳花娇。酒阑薄暮纱灯乱,待归去、满路光摇。处处红楼醉也,画帘明月初高。"(《全清词·顺康卷》第 1584 页)

清明,王士禛招张丹、林茂之、程穆倩、许力臣、师六家、孙默等人,泛舟于扬州城西红桥,并饮酒赋诗,是为红桥雅集。后张祖望归杭,携王士禛致沈谦书信,兼赠书数种。沈谦以书答谢,并附次韵之作《沁园春·寄赠王扬州阮亭,即用其偶兴韵》二首,以寄相思之意,并以请益。(注:王士禛原作见《衍波词》,乃在扬州与彭孙遹、邹祗谟同赋。另外,《东江集钞》卷四有《题袁令昭先生虹桥新曲兼呈王阮亭使君》,亦应作于本年。)

王士禛有《冶春绝句十二首,同林茂之前辈、杜于皇、孙豹人、张祖望、程穆倩、孙无言、许力臣、师六家修禊红桥,酒间赋冶春诗》。(王士禛《渔洋山人精华录》卷五)。

孙枝蔚有《清明,王阮亭招同林茂之、张祖望、程穆倩、许力臣、师六家、无言泛舟城西,酒间,同赋冶春绝句二十四首》。(孙枝蔚《溉堂集》前集卷九甲辰)

沈谦《与王阮亭》:"仆偃伏江左,蓬蒿满门,亦知济南有阮亭先生者。

才大德隆,震竦一世,皆以为于鳞、稼轩再来,爱而不见,可胜反侧。岂意佐郡维扬,仅一江之限也。祖望南还,持足下书至,兼之名集种种,文气岸特,时辈罕俦。因知足下与辛、李二公亦偶同其地耳,而诗词品目宁遽逊之,仆不觉忾然有积薪之叹矣。《沁园》再奏,不足追步雅篇,聊寄相思,兼以请益。冰坚雪甚,欲渡无梁,未审何时得瞻矩范,续红桥之胜游也。"(沈谦《东江集钞》卷七)

晚春,丁澎游扬州,与王士禛、王士禄雅集,共泛红桥,并有词作《梦扬州·邗上逢王考功西樵》《凤楼仙·红桥夜玩》。

丁澎《凤楼仙·红桥夜玩》(新谱犯曲,上四句"凤楼春",下二句"临江仙",后段同。):"芳树绕红桥。罗绮香飘。倩谁招。漱金斜飚绿花翘。帘开云母艳,歌授雪儿娇。　趁春宵。倚遍琼箫。窥人明月,恼人乌鹊,铜壶又滴花梢。扬州曾有梦,可奈是今朝。"(《全清词·顺康卷第3171页》)

丁澎《梦扬州·邗上逢王考功西樵》:"公言愁。愁未了,我始言愁。总是愁城,何日破除方休。吴市里酒徒落魄,王生召我为俦。桓野笛,杨恽缶,并呼鼓史岑牟。　同作南冠楚囚。各相对唏嘘,亦复何求。散尽千金,一剑蒯缑空留。歌相乐、也因而泣,怎销磨、短发盈头。只落得,两人白眼,共醉扬州。"(《全清词·顺康卷》第3183页)

丁澎离开扬州,与王士禛、王士禄相别,有词相赠。

丁澎《望远行·别王仪曹阮亭》:"马度青门杨柳垂。此去倍堪思。旗亭炙酒唤红儿。教唱衍波词。鹦武客,旧裁诗。　竹西歌吹休迟。东方割肉细君知。芙蓉远黛照春瓷。回首红桥渡,洒酒对君时。"(《全清词·顺康卷》第3171页)

三月,徐士俊为王士禄《炊闻词》作评。(王士禄《炊闻词》卷首)

王士禄《炊闻词自序》:"康熙甲辰三月,余以磨勘之狱入羁于司勋之署。于时,捕檄四出,未即对簿。伏念日月旷邈,不有拈弄,其何以荡涤烦懑。"(王士禄《炊闻词》卷首)

四月二十四日,尤侗四十七岁生日,招诸好友饮于草堂,自作《满江红·生日自题小影》二阕,丁澎、陆进、吴伟业、彭孙遹、曹尔堪、宋琬、计南阳、陈维崧、吴绮、余怀等和之。

尤侗《悔庵年谱》卷上:"康熙三年甲辰年四十七岁,海盐彭骏孙孙遹寓南园,其客张子游远为予图小像,甚似。适予生日,调《满江红》二阕题其后,自梅村而下,和者数十人。"

丁澎为陆进《付雪词》作序。（丁澎《巢青阁集诗余序》，陆进《巢青阁集诗余》卷首）

五月二十三日，恽寿平与毛先舒、李式玉、诸匡鼎等，相约次日访北墅王晫，会大风雨未果，因以诗寄王晫。

恽寿平有《与王丹麓》诗，诗序云："五月廿三日，期又竞、稚黄、东琪、虎男次日访北墅王丹麓，会大风雨，诸子不果来。因思客岁，丹麓从冰雪中访我东园。我辈今日盘桓，不及王郎远矣。口吟自嘲，并题画扇，寄北墅。"其诗其一云："密雨千门正未开，无人同破北山苔。云边怅望回车客，曾比王郎踏雪来。"其二云："松风忽向藤笺落，赠尔溪山分半橐。清琴不动想停云，我在城南君北郭。"（恽寿平《瓯香馆集》第30页）

恽寿平另有《赠王丹麓》诗，其序云："丹麓三过高云阁，索余诗文，因作歌。"其诗云："王子著书常满屋，昼吟自对庭前竹。三过高云诗未成，一弹再叹无弦曲。投我青琅玕，知我爱奇服。终朝采香不盈掬，终年种石不得玉。大荒阴阴秉荧烛，百鸟喧喧稀见鹄。雕虫壮夫亦殊苦，对客何能赋鹦鹉。囊中藻笔皆鸾龙，镂冰文章弃如玉。但令英爽果绝尘，片语何妨亦千古。有谁海岱推国工，驰驱艺苑无追风。弃掷瓦缶鸣清镛，沐浴冰雪开鸿濛，眼中乃有王君公。"（恽寿平《瓯香馆集》第28页）

夏，曹尔堪同周季琬、沈荃、丁澎雅集于顾松交雅园，并赋诗酬唱。

曹尔堪《甲辰夏，顾松交铨部雅园午集，同周文夏侍御、沈绎堂副使、丁飞涛祠部二首》："网罟怜今密，园亭向午开。玉堂交不浅，紫塞客同来。直道安三黜，惊魂赋七哀。暂依嘉树荫，曲木漫生猜。"其二："凉渚菰蒲合，风廊菡苕轻。竹分贫谷翠，水割镜湖清。草檄难驱鳄，携壶且听莺。余生均足感，握手不胜情。"（徐崧、张大纯辑《白城烟水》卷三）

六月，胡介卒，年四十九。陆嘉淑为其选定遗集。孙枝蔚有诗以悼。胡介著有《旅堂词》。

陆嘉淑《胡介彦远传》："（胡介）自是且病，病竟不起，甲辰夏六月也。先是，中春生日，为诗自寿，有曰四十九年，人意怆焉不怿，投笔而罢。盖彦远生丙辰，竟以自谶云。……彦远北涉江淮抵燕，西游鄱阳，南入闽，所至结纳其贤豪长者。其所为诗古文，日益有声，久之乃卒，无子有一女。而彦远且易箦，招余定其诗文，迨易箦后，余始至为襄。治丧事毕，求其遗稿，入皋山亭编次甲乙，彦远方外友山晓禅师。"（胡介《旅堂诗文集》卷首，亦见于王简可《陆辛斋先生年谱拟稿》）

孙枝蔚《挽胡彦远处士》："已知凶信是真传，犹喜曾寻病榻前。向市移家因卖药，入山埋骨竟无田。惟凭卓女存封禅，奈少童乌续太悬。杀戮眼中半名士，君今安稳到黄泉。"其二："从看碧海起黄尘，把酒寻尝泪满巾。死后只添坟上草，生前总似梦中人。裂裳入座忘多病，驷马盈门不救贫。肠断高堂头似雪，湖船谁去钓银鳞。"（孙枝蔚《溉堂集》前集卷七甲辰）

七月，洪昇新婚，适值二十初度，众友人为赋《同生曲》，如张竞光有《同生曲，为洪昉思作》、诸匡鼎有《同生曲，为洪昉思赋》（《说堂诗集·橘园诗钞》卷四）、陆繁弨有《同生曲序》（《善卷堂四六》卷五）、柴绍炳亦作《贺昉思新婚》（陈枚辑《留青新集》卷五）。

洪昇《诗骚韵注》成书，毛先舒为之序，希望洪昇能在韵学方面能有更深的造诣。（章培恒《洪昇年谱》）

毛先舒《诗骚韵注》："同郡洪昇，从余游，性近韵学。……今升为是役，其为便于吐属啸歌已也，抑将有以进于此欤？余也且深望之。"（毛先舒《潠书》卷二）

八月，朱彝尊漫游京城，与漫游至京城的张丹定交。

张丹《寄怀三子》其一《朱锡鬯》："鹤鹭翔京邑，皓皓玉为颜。鹤分向北留，鹭分向南还。一别燕吴远，寸心无江关。每思知己意，晤言愿田间。"（张丹《张秦亭诗集》卷三）按，据杨谦《朱竹垞先生年谱》，朱彝尊于清康熙三年八月游京都。可知，二人定交于清康熙三年（1664）八月。

秋，严曾榘举进士，其师陈祚明辞归离京，卜居吴山之麓。（《全清词·顺康卷》第3457页）

秋，恽寿平离开扬州游钱塘，临行，陈维崧以《水调歌头》送之，并柬毛先舒。

陈维崧《水调歌头·送恽南田之钱塘并柬毛稚黄》："蹑屐上灵隐，吹笛下吴淞。送君恰值新爽，纤月印船篷。犹忆冷泉亭上，百道跳珠喷雪，飞瀑挂杉松。一别十八载，吾老渐成翁。　故人去，携笔墨，写空濛。不知老已将至，挥洒醉偏工。为讯盐桥毛子，果否别来无恙，底事断诗筒。人世作达耳，长邑郁焉穷。"（《全清词·顺康卷》第4052页）

十一月，陆圻游广陵，遇陈维崧。陈维崧有诗以赠陆圻，述及昔日在西泠与陆圻、吴百朋、毛先舒的交游情况，唏嘘不已。

陈维崧《广陵赠陆景宣》："昔年见子西陵陲，吹箫挟弹相追随。吴质雅能好声伎（锦雯），毛苌只解谈声诗（驰黄）。钱塘门外北风大，四人踢臂上床卧。夜半鸡鸣非恶声,吾为楚歌若且和。吴毛一别八九年,传闻落魄真可怜。陆生药囊提在手,杖头亦少青铜钱。陈郎连岁客江浒,乞食为佣更辛苦。醇酒常污魏信陵,进钱屡负桓宣武。人生离别心自伤,鹳鹅鸿雁参差翔。相逢今夕此何夕,会须一饮城南冈。揖君下马指君口,此口只今止宜酒。扬州酒垆高似天,红烛铜盘无不有。相逢何必怀百忧,眼前故人谁白头。不见昔年蛮语日,先生几类南冠囚。幸然秽史一朝白,不尔菹醢随通侯。陆生大笑催酒筹,陈郎更起弹箜篌。男儿作事具本末,乡里龌龊难与谋。黥奴夹食亦细故,安能老事平阳侯。酒阑嚄唶不肯休,祖衣五木为冶游。脱帽掷向座上客,颇识袁家彦道否。"(陈维崧《湖海楼诗集》卷一甲辰)

孙默在扬州刊刻《三家诗余》(邹祗谟《丽农词》二卷、彭孙遹《延露词》三卷、王士禛《衍波词》二卷)。沈谦《与邹程村》论及三家词,倾慕之情溢于言表,并述及自身词风之变。另外,沈谦的《行香子·赋恨,次彭金粟韵》、《惜秋华·秋思,次彭金粟韵》,即作于此时。

沈谦《与邹程村》:"每读《三家诗余》,辄叹风流之美。阮亭就官燕邸,羡门与足下,则近在数百里之内,时欲扁舟一见。"(沈谦《东江集钞》卷七)

沈谦《行香子·赋恨,次彭金粟韵》:"眼底谁亲。销尽离魂。书难寄、白雁红鳞。镜儿扑碎,钿合空存。倒系人思,牵人恨,惹人嗔。 深盟厚约,搏酥拌蜜,奈而今、远隔河津。愁须有分,梦也无因。记水边花,窗边月,枕边云。"(《全清词·顺康卷》第2002页)

沈谦《惜秋华·秋思,次彭金粟韵》:"暝色沉山,正帘子、斜开灯儿未炙。俯首凝思,无聊指甲空剔。一年几个中秋,夜酝酿暮云如墨。岑寂。愁人断送、要这般天色。 帐底余香息。甚柔情一段,浪作经年忆。还似伤春卧病,看朱成碧。乱蛩更助凄凉,渐闻疏雨梧桐滴。通夕。怎比得、镜潮镜汐。"(《全清词·顺康卷》第2011页)

钱谦益卒,年八十三。

清康熙四年乙巳(1665年)

春,王士禄至杭,与毛先舒文酒赏叙。毛先舒为其《辛甲集》作序。

毛先舒《辛甲集序》:"新城王西樵先生,春寓西湖者累月,文酒赏叙,致相乐也。已出《辛甲集》示余,题曰'尘余',曰'拘幽',盖皆驰驱于燕、晋、梁、宋及被縶秋官进作。"(毛先舒《溪书》卷一)

三月，陆培妻、陆繁弨母陈氏五十初度，洪昇作《为陆太师母五旬作二首》(《啸月楼集》卷七)、毛先舒作《陈夫人五十序》(《潠书》卷一)、孙治作《陆夫人五十寿序》(《孙宇台集》卷九)。

孙治《陆夫人五十寿序》："有明行人鲲庭陆先生，其配曰陈夫人，岁乙巳姑洗之月，为五十设帨之辰。"(孙治《孙宇台集》卷九)按，"姑洗"指农历三月。

夏，曹尔堪、宋琬、王士禄三人狱后相聚于西泠，各以《满江红》八首相唱和，并嘱徐士俊考评。曹、宋、王三子词合刊为《三子唱和词》(亦称《湖上唱和词》)，徐士俊为之作序。另外，徐士俊、王晫亦各和《满江红》一首。毛先舒为作《题三先生词》记此事。

徐士俊《三子唱和词序》："盖三先生胸中各抱怀思，互相感叹，不托诸诗，而一一寓之于词，岂非以诗之谨严，反多豪放，词之妍秀，足耐幽寻者乎？"(《三子唱和词》卷首)

徐士俊《满江红·宋荔裳观察、王西樵考功、曹顾庵学士，一时同在西湖，倡和二十四章，属余评定，即次原韵，赠三先生》："墨共烟浓，临湖水、绿波偕涨。增秀句、桃花补种，旧堤无恙。八咏一时清福地，三人百尺高楼上。看齐将、风雅作资粮，犹堪饷。　望车旆，乘春漾。惊坐客，擎瓯唱。任夏云热触，秋风寒酿。谈剧不妨挥玉尘，诗成最喜题梅杖。更何人、搔首问青天，峰头状。"(《全清词·顺康卷》第163页)

毛先舒《题三先生词》："始莱阳宋夫子为浙臬，持宪平浙，以治未一岁，而无望之狱起。既而新城王西樵、吾乡曹子顾，亦先后以事或谪或削，久之得雪。今年夏月，适相聚于西湖。子顾先倡《满江红》词，一韵八章，二先生和之，俱极工思，高脱沉壮。至其悲天悯人、忧谗畏讥之意，尤三致怀焉而不能已。"(毛先舒《潠书》卷二)

王晫《满江红·读曹顾庵学士、王西樵考功、宋荔裳观察三先生倡和词次韵》："大雅将衰，看尘世、烟迷雾涨。还喜得、典型犹在，骚坛无恙。十载神交形影内，一时星聚湖山上。简奚囊、春草句偏多，交相饷。　青雀舫，随凫漾。白雪曲，凌云唱。但胸中垒块，须浇名酿。遣兴频筹争劫子，放怀待策登高杖。诵新篇、欲语耻雷同，惊人状。"(《全清词·顺康卷》第6685页)

五月，曹尔堪、沈荃、丁澎饮于尤侗草堂，尤侗和曹尔堪《满江红》八首，曹尔堪、宋实颖亦和《满江红》八首，刻为《后三子词》。

尤侗《悔庵年谱》卷上："五月归，曹顾庵尔堪学士、沈绎堂荃副使、丁飞涛澎仪部枉饮草堂，予和曹《满江红》词八首，顾庵、既庭亦和如数，刻后三子词，先和者顾庵、荔裳、西樵三子也。"

孙默刻《三家词》成，随后向尤侗征《百末词》，向曹尔堪征求《南溪词》、向王士禄征求《炊闻词》，以待续刻。随后，孙默至杭州，向沈谦征求《东江词》，沈谦便自选其词以寄之，同时寄予邹衹谟以审阅，但是，此事未果。孙默亦向毛先舒征求词作，先舒以书谢却。

尤侗《悔庵年谱》卷上："五月归……广陵孙无言默征予《百末词》及顾庵《南溪词》、西樵《炊闻词》，刻后三家词。先刻者，讦士《丽农》、骏孙《延露》、阮亭《衍波》三家也。"

沈谦《探春慢·孙无言征刻予词于扬州，遥有此寄》："一树琼花，二分明月，扬州自古佳丽。杜牧曾游，何郎不再，试问风流谁继。才子飘零尽，还喜得、词编玳瑁，知音千古寥寥，能识高山流水。　念我朱颜易老，奈江梦少花，洒笔成泪。浪许金荃，羞称玉树，何处更将愁讳。从此然脂夜，免冻了、春纤十指。虞生不恨，相逢竟须沉醉。"（自注：无言尝刻邹程村、彭羡门、王阮亭《三家诗余》）。（《全清词·顺康卷》第2018页）

沈谦《万峰攒翠·沈氏词选成，寄常州邹程村》（新翻曲，"画堂春"用仄韵。）："春暖玉屏风细细。兰畹幽香如醉。唱遍新词空洒泪。旁人不会。　烟波何处毗陵，楼外斜阳又坠。人不南来愁却至。万峰攒翠。"（《全清词·顺康卷》第1987页）

毛先舒《答孙无言书》："然小词历落疏纵，当其神来，亦复自喜，豪苏腻柳，总付水滨。后有嗜痂之人，当必有好之者。今人论文，每云某家某派，不知古人始即临模，终期脱化，遗筌舍筏，掉臂孤行，盘礴之余，亦不知其所从出。初或未尝无纷纷同异，久之论定，遂更尊之为家派耳。古来作者率如此。规规然奉一先生而株守之，不堪其苦矣。足下解人，闻此或必有当心处，故相为陈之，仆词不足道也。"（毛先舒《潠书》卷七）

六月，余怀游西泠，与西泠词人交游。

余怀《水龙吟》"年年放浪江湖"一词序云："乙巳六月，游武林。"（《全明词》第2419页）

夏，汪魏美卒，王嗣槐为作《贞静先生墓表》。

王嗣槐《贞静先生墓表》："先生名汭，字魏美，姓汪氏。……今乙巳夏先生寝疾，手检所著书，贮一青缥囊，令衬于棺，某月某日卒于保叔塔之僧舍，春秋四十有八，学者私谥为贞静先生。"（王嗣槐《桂山堂文选》卷七）

秋，胡山以《寓庐诗》向陆嘉淑乞序，陆嘉淑为弁其端。（王简可《陆辛斋先生年谱拟稿》）

八月一日，毛先舒之父毛应镐八十寿辰，毛先舒好友四十四人合辞为应镐征文章，得古文、诗歌三百余篇，一时称为盛事。宋琬具礼币登堂拜寿。沈谦率子侄沈圣昭、沈圣清赴杭州贺寿。丁景鸿有《三松图》为寿。孙治有寿序（《孙宇台集》卷九）。洪昇亦有寿诗《为毛继斋太先生八旬作二首》（《啸月楼集》卷七）。（按，毛先舒《先考继斋公行略》[《潠书》卷七]，继斋名应镐，字叔成，生于万历戊八月一日。至是年八十。）

毛先舒《先考继斋公行略》："公八十大齐，同郡诸君子合辞为公征文章者四十四人，得古文、诗歌三百余篇，一时称盛事。前浙臬宪莱阳宋公琬适寓西湖。宋公高峻严整，于物亡所假。然风闻公名德，是日乃具礼币登堂，请公出拜，撰辞祝公，蔚乎奇文。且以昔莅官时未及修举乡饮酒礼，不得求如公者当一大宾，以移风易俗为恨。"（毛先舒《潠书》卷七）

毛先舒《与沈去矜书三首》其一："忆前岁八月朔，张乐设饮，荷足下翩然率子侄来过，登堂执敬，传致先君。先君亦鞭然笑谓：'有何德，敢邀大君子宠光如此！'未几疾深，卧起床蓐，至去腊而长逝悲夫！"（毛先舒《潠书》卷六）

毛先舒《题丁弋云画》："丙午先君子八十，弋云画《三松图》为寿。"（毛先舒《思古堂集》卷三）

附：丁景鸿，字弋云，丁澎从弟，与丁澎、丁濚（字素涵）齐名，称"盐桥三丁"。丁濚曾经与张坛（字步青）、诸九鼎（字骏男）合刻《三子新诗合稿》，毛先舒评其诗曰"夷犹而静，韵逸而令"。丁澎《与九弟濚》云："弟与驰黄合刻《乐府古题诗歌》，十年不见，此益进也。"（丁澎《扶荔堂文集选》卷七）

九月九日，毛先舒偕宋琬兄弟登葛仙岭，有《九日登葛仙岭奉和宋荔裳先生令弟既庭之作》（毛先舒《晚唱》）。

秋，宋琬、孙默、王士禄、林铁崖均在杭州，与毛先舒、王嗣槐、王丹麓、陆进、章畹等游放鹤亭，并赋诗。

陆进《同宋荔裳、林铁崖、王西樵三先生，暨孙无言、陈集生、毛稚黄、王仲昭、丹麓、张效青、步青、邺仙、章天节、沈禹诚、弟高仲集孤山放鹤亭，同作放鹤亭歌》。（陆进《巢青阁集》卷四）

冬，宋琬去浙，毛先舒为其《安雅堂文集》作序。

毛先舒《安雅堂文集序》："前臬宪牟国宋公，按浙而治未一年，中蜚语

去。事已大白,复来浙,游湖上,自去年冬月至今年冬,乃去。将行,出文若干篇,命先舒叙。"(毛先舒《潠书》卷一)

毛先舒作《赠吴锦雯五十序》,时锦雯任广东肇庆司理。(毛先舒《思古堂集》卷三)

清康熙五年丙午(1666年)

【时事】

七月,清廷从侍郎黄玑所奏,恢复科场八股文、经书、策论三场旧制。(蒋良骐《东华录》卷九)

春,洪昇与其仲弟、陆圻之子陆寅读书南屏山中,日与论文。胡大漋探访,并作《访洪昉思、殷仲读书南屏》。(章培恒《洪昇年谱》)

三月,王晫三十初度,徐士俊作《醉太平》贺之。

徐士俊《醉太平·王丹麓三旬初度》:"春当月三。旬当寿三。年时弧矢堪参。似庭花艳含。　山逢海三。星逢夜三。方调琴瑟宜男。看奇书尽探。"(《全清词·顺康卷》第163页)按,王晫生于明崇祯九年(1636),是年三十岁。

三月十七日,毛先舒与江子久、诸匡鼎游上天竺白云庵,夜宿庵中,先舒有《游白云庵记》。

毛先舒《游白云庵记》:"今年春,苦多雨,过三月望,尚未得试游屐也。十七日,雨止,略有霁状。诸虎男过余曰:'江子九先生拟过天竺来邀足下。'三人遂偕行,出钱塘门犹沉阴阁雨,然望南屏诸峰,则日色罩草树甚丽,因思摩诘'秦川一半夕阳开'之句,已晴光半湖,北山亦霁,皆欣然振衣,登陟益爽。近午,到上天竺寺,遂先至白云庵。庵中牡丹极盛,苦雨淹落,犹剩十余朵,皆低头,或背面有愁惨无聊之状。"(毛先舒《潠书》卷三)

秋,洪昇在南屏作《秋日南屏怀王丹麓》套曲。(王晫《兰言集》卷九,章培恒《洪昇年谱》)

秋,沈谦探访在南屏山中读书的洪昇。洪昇向沈谦盛赞友人俞士彪《荆州亭》词。后来沈谦在书信中对士彪言及此事,并勉励有加。按,俞士彪与洪昇、沈丰垣均师从沈谦学词。

沈谦《与俞士彪二首》其一:"淮海、历城,名垂千古,岂非词坛之盛轨。然二子并有功德可称,不专以此事见长。吾欲足下先其难者,则月露风云,不能复为笔墨之累。试观《闲情赋》《香奁诗》《博南乐府》,其人果何如哉?

足下勉之矣。"其二："昨日在南屏，昉思盛称足下《荆州亭》词：'街鼓一声声，却似打人心里。'是夜宿雷峰土室，湖月翳云，加以暑电。炉香乍歇，群籁寂然，卧听老僧唱佛，忽起忽沉，嗽声与梵声间发，击鱼数千槌。皆若予身受之，益喜足下之技甚长进也。"（沈谦《东江集钞》卷七）

深秋，张丹游长安，作词吊古。

张丹《喜迁莺·长安吊古》："秦关何处，看衰草飞烟，古今难灭。斑鬓萧萧，高歌击筑。千载羽声悲切。堪叹咸阳一火，灰了祖龙帝业。怎忍见、那渭城灞水，汉家明月。　凄绝。回首处，旧日园陵，苍老棠梨结。池畔留裙，坡边遗袜，旧事有谁能说。为问馆槐宫柳，经过几番霜雪。清泪洒，听西风萧飒，寒蝉呜咽。"（《全清词·顺康卷》第1585页）

十一月，陆嘉淑同黄太冲访朱康流先生于花园里，剧谈彻夜，太冲尽发五经读之，出入诸家，如观王会之图。（王简可《陆辛斋先生年谱拟稿》）

十一月，陆圻游南安，应李渔之邀，作《杜丽娘祠堂记》。

陆圻《杜丽娘祠堂记》："岁丙午中冬，予过南安，李子笠翁为予言，徐山人亦樵谋所以祠杜丽娘者，子盍为诗歌纪之。"予曰："唯唯微君言，吾固将纪之矣。"（陆圻《威凤堂文集》卷二"记部"）

十一月，陆圻《威凤堂文集》欲付梓刊刻，临沂刘鲁桧为之撰序。

刘鲁桧《威凤堂文集序》末识"康熙丙午畅月临沂同学弟刘鲁桧拜撰"。（陆圻《威凤堂文集》卷首）

十二月十八日，毛先舒之父毛应镐卒，王嗣槐为作《毛继斋先生传》。

王嗣槐《毛继斋先生传》："（先生）生年八十一，以寿终于家。"（王嗣槐《桂山堂文选》卷七）

陈之遴约卒于是年，著有《素庵诗余》一卷。

清康熙六年丁未（1667）

【时事】

四月，江南沈天甫、吕中、夏麟奇等"逆诗案"发。七月，康熙帝亲政。（《清实录·圣祖仁皇帝实录》卷二十三，《清史稿》卷六，蒋良骐《东华录》卷九）

正月，陆嘉淑的三女儿嫁与查崧继逸远长子查慎行（字嗣琏），查陆二家为世交。（王简可《陆辛斋先生年谱拟稿》）

正月十五，丁澎游湖州，湖州太守吴绮设宴共乐，碧湖泛舟，即席分赋，丁澎作《过秦楼》一阕。

丁澎《过秦楼·吴茵次郡守碧湖元夕泛灯分赋》："太守风流,裁红摘翠,点就玉湖妍景。画船载酒,绣幕调笙,香送素波千顷。树杪几队灯红,鹈鹕飞来,惊栖难定。看银蟾一色,蕊珠宫里,竞摇波影。　畅好是皓魄初圆,青樽浮满,画里江城如镜。六街箫鼓,兰桨齐开,钗色珮声交迸。良夜试问如何,起视参横,虬壶未冷。休更把紫云低唤,红粉两行娇并。"(《全清词·顺康卷》第3189—3190页)

二月,陈维崧游吴门,听闻丁澎、曹尔堪亦在吴门,以词寄怀。

陈维崧《疏影·独坐祖园,闻顾庵、药园亦在吴门,未及一晤,词以寄怀》："轩如画舸。载笛床茗椀,终朝闲卧。斗酒生涯,挑笋年光,恰值浓春刚过。菖蒲笺好慵吟写,说不尽、心情难妥。似绿窗、一种娇憨,懒对盘龙梳裹。　闻说渤中老辈,丁仪共曹植,也客江左。小瓮鹅黄,小袖云蓝,笑口思量同破。空园寂寂谁传信,且闷倚、赤阑桥坐。正水边、扬起微风,满院绣球花堕。"(《全清词·顺康卷》第4183页)

陈维崧《哨遍·酒后柬丁飞涛,即次其赠施愚山韵》："大叫高歌,脱帽骧呼,头没酒杯里。记昨年、马角未曾生,几唤公为无是。君不见庄周,漆园傲吏,洸洋玩弄人间世。又不见信陵,暮年失路,醇酒妇人而已。为汝拔剑上崦嵫,令虎豹君门勿然疑。古人有云,虽不得肉,亦且快意。　君言在辽西,大鱼如阜海无际。饥咽冬青子,雪窖人、聊复尔。土炕夜偏长,烛花垒涌,琵琶帐外连天起。更万里乡心,三更雁叫,那不愁肠如醉。我劝君、莫负赏花时。幸归矣、长嘘复奚为。算人生、亦欲豪耳。今宵饮博达旦,酒三行以后,汝为我舞,吾为若语,手作拍张言志。黄须笑捋凭红肌。论英雄、如此足矣。"(《全清词·顺康卷》第4284页)

二月,丁澎游吴,遇陈维崧、徐釚、施闰章、毛奇龄等,久别重逢,各人喜极而赋。

陈维崧《贺新郎·吴门喜晤丁飞涛赋赠,八用前韵》："生入榆关罅。记曾尝、锦州银鼠,辽河鲜鲊。雪窖羝羊天万里,雁足帛书谁射。长梦汝、李陵台下。头白如今归故国,见人民、城郭心惊怕。携瓢笠,无牵挂。　断桥十里荷香洒。恰晴湖、乱余西子,蛾眉重画。一笑风前齐得丧,世事塞翁之马。稽首谢、狮王棒打。落拓苏台知己少,只青山、尚似当时者。杯正绿,掌堪藉。"(《全清词·顺康卷》第4240页)

徐釚有《暂归吴门,宋先生招同施愚山大参、丁飞涛仪部、尤展成司李、

暨萧山毛大可、会稽张南士、平湖郭皋旭、同郡袁重其雅集读书堂，分赋》。（徐钒《南州草堂集》卷五）

二月，尤侗招丁澎、陈维崧、彭孙遹、宋既庭等饮于草堂，席间分赋作词。

丁澎《念奴娇·尤展成招饮草堂，同陈其年、彭云客、宋既庭御之席上分赋》："木兰庭榭，值主人招客，月弦春仲。寒食东风，开小苑、共傍曲池觞咏。柱史仙才，元龙豪气，更有悲秋宋。佳辰难再，劝君痛饮须纵。　人生聚散亡何，少年走马，向铜街争控。而今齐涸酒徒中，忼慨樽前如梦。市上吹箫，城头击筑，再鼓渔阳弄。挥杯未落，飞花乱扑春瓮。"（《全清词·顺康卷》第3187页）

陈维崧《念奴娇·尤展成招饮草堂，同丁飞涛、彭云客、宋既庭、御之，即席分赋，同用飞涛韵》："别来何久，喜今朝坐上、五君二仲（自注：时坐客共七人）。齐作镇西鹳鹆舞，舞罢持杯高讽。蹴踏齐梁，凭陵晋魏，白眼看唐宋。髀虽生肉，公然意气豪纵。　最是月落参横，主人留客，不放归鞭控。能得几场花下醉，况是吴宫如梦。锦瑟怜谁，青萍负我，快作临风弄。唾壶阙尽，狂歌乱击春瓮。"（《全清词·顺康卷》第4095页）

尤侗《念奴娇·飞涛、其年、云客、既庭、御之枉叙草堂，和飞涛韵》："古人安在，总上场优孟，下场翁仲。天壤之间存我辈，聊尔一觞一咏。伧父左思，老兵阮籍，歌辨衙官宋。当杯行令，戏猜三两横纵。　酒后耳热狂呼，濡毫呵壁，欲把天公控。趁取吴宫春未老，甘与梨花同梦。银烛方长，铜壶初滴，路近东西弄。诸君且住，床头尚满青瓮。"（《全清词·顺康卷》第1555页）

三月，丁澎去吴，往游毗陵，陈维崧赋诗以赠行。

陈维崧《吴门晤丁飞涛，即送其之毗陵》："吴地逢君草色新，若为送客更伤神。玉关纵入形容老，锦瑟才弹涕泪频。水尽南天连驿路，莺啼北郭搅离人。兰陵镇上须回首，我在姑苏已暮春。"（陈维崧《湖海楼诗集》卷二丁未）

春，陈维崧游陈之遴、徐灿夫妇故居，悲怀往事，作《拙政园连理山茶歌》。

陈维崧《拙政园连理山茶歌》："拙政园中一株树，流莺飞上无朝暮。艳质全欺茂苑花，低枝半碍长洲路。路人指点说山茶，潋滟交枝映晚霞。此日却供游子折，当年曾属相公家。吴宫花草今萧瑟，略记相公全盛日。隐隐朱门夹道开,娥娥翠幌当窗出。买来大宅光延里,占得名都独乐园。烛下如山博进钱,桥头似水鸣珂骑。月底骑奴长戟卫,花时丞相小车来。就新词易断肠,银筝钿笛小秦王。鹊机忙春织锦,鸳鸯瓦冷夜烧香。栖双宿何时已,从此花枝亦连理。枝傍更发新条,玉树联翩势欲高。衰从古真如梦,名花转眼增悲痛。地多年没县官,我因官去暂盘桓。阳小吏前时遇,曾说经过相公墓。首繁华又一时,白杨作柱不胜悲。平津休沐自承恩,炙手熏天那可论。霍家博陆专权势,石家卫尉耽声伎。政事堂西奏落梅。黄扉恰对绣帘开。小车长戟春城度,内家复道工词赋。镜前漱玉辞三卷,箧里簪花字几行。三月双栖青绮帐,三春双宿郁金堂。沼内争看比目鱼,阶边赌摘相思子。自谓春人斗春节,谁知花落在花朝。女伎才将舞袖围,流官已报征车动。堆来马矢齐妆阁,学得驴鸣倚画栏。已知人去不如花,那得花开尚如故。只今惟有王珣宅,古木千年叫子规。"(陈维崧《湖海楼诗集》卷二丁未)

春,邹祇谟游杭州,与沈谦、毛先舒以词相来往。毛先舒读邹祇谟新词,作词以记。

毛先舒《凤凰台上忆吹箫·读常州邹皋士新词作》:"近水拖蓝,远峰开紫,九春风雨新晴。正吹残柳絮,唤老莺声。谁唱新词绝妙,吹箫客、制曲初成。清豪甚,看酒和珠露,剑倚寒星。　泠泠。御风欲去,想此际停毫,何物关情。爱芙蓉罨画,掩映分明。如此著书岁月,穷愁字、未了平生。西风后,一杯还赐金茎。"(《全清词·顺康卷》第2188页)

春,沈丰垣往游苏州,昉思以《满江红·送沈遹声之吴门》赠行。沈丰垣居吴其间,时常以词抒怀,以寄昉思,《满江红·五日感怀寄洪昉思》即为其中一首。

洪昇《满江红·送沈遹声之吴门》:"君去吴门,正卷地、杨花如雪。历几载、牢愁激楚,对谁堪说。宝剑空留身骯髒,黄金散尽人离别。怪隐然、五岳起胸中,殊难灭。　拚饮尽,啼鹃血。思截取,鹦哥舌。怪笛声何处,晚来呜咽。数盏村醪春月淡,半肩行李烟波阔。向要离、冢畔哭吴云,天应裂。"(《全清词·顺康卷》第8409页)

沈丰垣《满江红·五日感怀寄洪昉思》:"醉读离骚,又安问、他乡重五。空自对、新蒲细柳,感怀湘浦。抽思知君佳句好,远游笑我痴情误。叹万山、深处一行人,迷归路。　花影瘦,莺无语。镜影缺,鸾空舞。纵排云可叫,此怀难诉。十载春迟悲杜牧,去年门掩留崔护。漫题书、倩尔赋招魂,

增凄楚。"(《全清词·顺康卷》第4516页)

春,邹祗谟自杭州往游江西,沈谦以《氐州第一》词相赠。

沈谦《氐州第一·送邹程村之江西》:"万古钱唐,波浪涌雪,滔滔日夜东注。别酒淋漓,孤舟摇漾,残照低云满路。执手方凄恻,人说潮平可渡。野鸭鸣沙,林蝉噪柳,更听柔橹。 十载相思能一晤。有无限、幽情难诉。流水空弹,凌云初就,怕蛾眉嫉妒。豫章城、星子县,堪纵目、襟吴带楚。倘遇秋鸿,寄书来、水天朝暮。"(《全清词·顺康卷》第2017页)

沈丰垣之妾王倩玉卒,丁介以词悼亡安慰。

丁介《贺新凉·为沈遹声悼亡》:"一夕春归去。卷珠帘、楼空燕子,暗伤离绪。画笔螺钿青镜在,试问旧愁几许。恰便似、垂杨千缕。冷落中宵蝴蝶梦,听声声、玉漏真堪数。凝血泪,耿无语。 看花老眼浑成雾。况嫣红、狼藉都遍,香残春误。粉项韩凭双扇里,化作漫天飞絮。又早被、行云遮住。极目苍茫无限景,甚西风、吹断长天暮。烟树外,黯然赋。"(《全清词·顺康卷》第10354页)

丁介《满江红·湖上,慰沈遹声》:"一派秋声,听不尽、啼螀哀雁。漫回首、同心松柏,那堪肠断。蝴蝶翻飞春镜冷,鸳鸯飘泊秋波远。奈兰思、旧曲最难忘,风流怨。 孤鹤唳,遥天畔。斜日坠,澄湖岸。怕青衫揾破,泪痕常满。黄土一抔埋玉骨,桃花何处留人面。向荒烟、蔓草泣西风,年华换。"(《全清词·顺康卷》第10348页)

洪昇与张台柱、张云锦、陈蕴亭、俞士彪、赵瑜诸人交游。(章培恒《洪昇年谱》)

洪昇《泊淮寄沈遹声、张砥中、吴璨符、陈调士、俞季琫、张景龙诸子》:"把臂寻常事,何曾便道佳。自从经远别,始觉慕同侪。……"(洪昇《啸月楼集》卷三)

另见,洪昇《春郊即事,同赵瑾叔、沈遹声、陈调士、俞季琫作》。(洪昇《啸月楼集》卷五)

洪昇与毛玉斯交游。毛玉斯工词曲,与沈谦亦有交游。(章培恒《洪昇年谱》)

洪昇《与毛玉斯》:"去年临歧将揽辔,毛生相送忽垂泪。……忆与君游才几时,倾盖一语成心知。浊酒对倾浑不厌,奇文互赏直忘疲。"(洪昇《稗畦集》)

附:沈谦《赠毛玉斯》:"唱我黄花曲,倾君竹叶樽。尘飞风荡烛,天晓月

当门。顾误惊新意,知音爱细论。明朝南浦别,执手奈销魂。"(沈谦《东江集钞》卷三)

沈谦《念奴娇·用彭羡门韵,留别毛玉斯》:"解维还住,正烟江、雁冷月堤花碎。离别须臾,时不再、肠断河梁都尉。玉椀香生,金簧调苦,酒尽何曾醉。悲君肮脏,赠言羞借毛遂。　更爱一串骊珠,风流酝藉,用意何奇肆。沦落天涯,俱是客,应笑季鹰思脍。露白荒城,枫青古岸,夜出含沙鬼。星光惨淡,与卿深语休睡。"(沈谦《东江别集》卷三;《全清词·顺康卷》第2015—2016页)

沈谦《哪咤令·读昉思赠毛玉斯曲戏作》:"赛东家妙词,有毛家玉斯。胜东阳好诗,羡洪家昉思。理东江钓丝,拚醺醺醉死。只图他食有鱼,管甚么碑无字。醒来啊月上花枝。"(沈谦《东江别集》卷四)

毛先舒痛父之逝,心疾愈剧,家境愈窘,写信以告沈谦。此后毛先舒尽弃举子业,以稽古著书为事。

毛先舒《与沈去矜书三首》其一:"心疾愈剧,踯躅堂阶东西,忽忽外有声入耳者,非催科即索负也。无言可支,无方可避,此皆仆平生未历境也,足下亦曾尝之耶?念欲走石鼓湖,斥卖田荡,稍支日月。河路暵干,颇艰舟楫,又恐米价方平,瘠田少售,且徒费足下作一夕东道主人,为此迟迟,未欲便东。"(毛先舒《毛驰黄集》卷五)

毛奇龄《毛稚黄墓志铭》:"君少无宦情,后以父命为诸生。及父殁,仍弃如故。"(毛奇龄《西河集》卷九十九)

孙治《赠毛稚黄序》:"会尊公没,既除丧,益又并诸生弃之。"(孙治《孙宇台集》卷八)

恽格《毛稚黄十二种书序》:"缘堂有垂白,不敢废庐江捧檄之思。及尊人既逝,遂荷衣荔服,作物外人,一意以稽古著书为事。"

夏,吴百朋在肇庆任中,陆圻同在肇庆。锦雯以端石、珍簟馈赠毛先舒与沈谦,陆圻有书信以寄毛先舒,谈论十子诗及毛先舒文集。毛先舒有《答吴锦雯书》《答陆景宣书》以谢。沈谦有《寄吴锦雯》以谢,另有《送朱公是之广东兼呈景宣锦雯二首》(《东江集钞》卷五)。

毛先舒《答吴锦雯书二首》其二:"苍梧今足下所治地耶?……去冬先君弃某,至今未遑亲笔墨,缓之使病骨略苏,当作长诗奉扬清德,兼叙阔惊。……仆书不如米南官,谈经不如戴侍中,猥当端石、珍簟之赐。然念千里惠穷交故,非杜征南洛阳饷也,敢不受耶?"(毛先舒《潠书》卷六)

毛先舒《答陆景宣书》:"去冬先子弃仆,……十子诗并拙集,既绌于纸价,兼之心绪未能及此,稍俟当报命耳。"(毛先舒《溪书》卷六)

沈谦《寄吴锦雯》:"足下之佐肇庆,非厌清贫,当为端溪一片石耳。与昔人句漏之请,同其高躅。他日东还,仆将分公郁林之余。岭南毒热,不能更为茂陵刘郎也,一笑。"(沈谦《东江集钞》卷七)

秋,钱础日与陆进作别。

陆进《沁园春·与梁溪钱子础日别二十一年矣,丙寅春杪,余过访十峰草堂,值同人延主东林书院讲席,是日讲舜典,欣逢其盛,赋词志喜》:"记别君时,丁未之秋,二十一年。想西湖画舫,名流雅集,南屏古寺,侠客狂言。或赋长扬,或悲宿草,高尚惟君卧锡山。相思甚,着轻裾斗笠,上钓鱼船。

相逢春老啼鹃。喜骨健,神清气穆然。恰霏霏玉屑,经谈谟典,翩翩尘尾,座满金兰。昔日东林,光风霁月,不让伊川洛水间。而今后,又人传钱颢,继美前贤。"(《全清词·顺康卷》第 4384 页)按,钱础日有十峰草堂。

秋,恽寿平游杭,与沈谦、洪昇、俞士彪、诸匡鼎同游西湖。

俞士彪《一斛珠·同沈去矜夫子、恽正叔、诸虎男、洪昉思湖上小集》:"湖楼笑倚。六桥千古惟烟水。相将共惜登临意。衰柳斜阳,趣出伤秋泪。

佳会人生知有几。湖山况复都如此。西风吹绽黄花蕊。愁欲来时,好趁垆头醉。"(《全清词·顺康卷》第 4410 页)

九月九日,王绍隆与宗备五小饮。

王绍隆《满庭芳·丁巳重九日,同宗备五过寓小饮,令节催人,驽骀恋栈,不觉情见乎词矣》:"风动微寒,轻阴愈爽,四幕青黛相连。节当重九,聊系杖头钱。觅得茱萸对酒,逢君至、雄辩惊筵。难拚处,骚怀似我,轻诉阿谁边。　关山。容远目、江皋岁宴。蕉鹿思牵。况菊篱三径,秋老谁怜。多少长空雁字,缄不尽、天半情笺。而今后、天涯有路,风信任年年。"(《全清词·顺康卷》第 2741 页)

深秋,沈丰垣滞留吴门,因依昉思《满江红·送沈遹声之吴门》韵,作《满江红》"日暮登楼"以咏怀,并寄示沈谦、昉思。沈谦阅沈丰垣此词以后,遂作《满江红·读沈丰垣新词,次洪昉思韵》一词,以劝慰沈丰垣。

沈丰垣《满江红》:"日暮登楼,望一片、芦花凝雪。空记着、双笼翠袖,倚阑时节。密树浓云南北暗,伯劳飞燕东西别。待重将、红豆谱新词,箫声咽。　才欲尽,情难灭。人不见,书空叠。又雁行飞起,满空寒月。酒到暂消秋夜永,愁来还似江天阔。剩吴绫、半幅写真真,风吹裂。"(《全清词·顺

康卷》第4516页）

沈谦《满江红·读沈丰垣新词，次洪昉思韵》："落魄谁怜，才几日、鬓中堆雪。则除是、猹儿曾见，鹦哥能说。过眼花随流水去，断肠人向西风别。助凄凉、枕上笛声悲，灯明灭。　情已尽，犹啼血。言不尽，空存舌。似残莺宛转，冷泉幽咽。梦醒忽惊时序改，愁来不信乾坤阔。再休将、醉墨写相思，生绡裂。"（《全清词·顺康卷》第2010页）

深秋，沈丰垣游吴，作词以怀吴仪一。

沈丰垣《临江仙·旅中怀吴瑮符》："一夜秋风吹客梦。朦胧月满西窗。故人忽忆有吴郎。东篱违旧约，开遍菊花黄。　此日词林谁屈指，如君名下无双。彩毫可许远输将。更呼千日酒，同醉白云乡。"（《全清词·顺康卷》第4548页）

十月，徐釚为宦京师，卓永瞻之弟卓允基过访话旧，并赋《齐天乐》寄托生死离别之叹，朱尔迈为作词序，感慨人事聚散升沉生死之无常。

徐釚《词苑丛谈》卷九："丁未十月，余宦京邸，永瞻弟次厚过余话旧，赋《齐天乐》云：'西风黄叶都零乱，吹得游人意倦。新恨未消，旧愁重咽，相对大家难遣。况逢旅雁。看天外遥征，声声幽怨。思量旧雨，寒烟空锁垂杨岸。　酒垆燕市未渺，旧游零落尽，难呼酒伴。物换星移，天高木落，不觉奈何频唤。离怀无限。纵憔悴依人，身同秋燕。一曲凄凉，泪珠空自泫。'朱人远序曰：'次厚为永瞻爱弟。予交永瞻凡十余年。壬子季夏，偕游金台，当是时，名流云集，订文酒之好，若吴江徐子电发、叶子元礼、中州周子雪客，云间宋子楚鸿、周子鹰垂、王子季友，魏里曹子掌公，结兄弟欢如一日。乃未几别去。永瞻后予半载亦归里，无何竟卒。嗟乎！一日之集，不过九人。九人之交，仅得八载。其间或掇巍科侍帷幄，或以草茅召见官侍从，或偃卧里门，或汗漫游四方如晨星之落落，或不遇而死，或遇矣复死于旅邸，何人事之靡常若是欤！此九人者，当其以笔墨杯斝为乐事，非不知聚者之终不能不散，然不意其散之遽也。及既散矣，非不知散者之不复聚，然不意其升沉生死之竟至于此！使更越八年，且数十年，人事之靡常，其所为聚散、升沉、生死者，愈不可知，此予尝为之慷慨太息，流涕交襟也。'"

初冬，沈谦作词以怀客游江西的邹祗谟。

沈谦《玉女剔银灯·夜阅倚声集怀邹程村》（新翻曲，上四句"传言玉女"，下五句"剔银灯"，后段同。）："天气初寒，楼外月华如雪。孤灯弄影，展卷空悲咽。词唱金荃，歌翻玉树，谁似风流英绝。梅花堪折。记分手、樱桃

565

时节。 万丈庐山,梦来时、怕阻截。素书题就,见晓星窥阚。马去关河,人稀驿路,谁信雁鸿能说。神交但切。岂畏远离长别。"(自注:程村时客江西)(《全清词·顺康卷》第2009页)

十一月十七日,洪昇、李式玉、丁漾、沈叔培、陆繁弨、张振孙、周禹吉在张竞光宅中宴集赋诗。

张竞光《燕集诗》(自注:丁未仲冬十有七日作):"冬日起愁思,郁结殊未央。开馆延俊义,佳会于斯堂。清醑竟广坐,肴俎充圆方。明镫照缇幕,相与乐徜徉。错说更四陈,辩论来风凉。东琪吐妙词,点翰兴文章。祖定允恬旷,延览结中肠。敷文美无度,开帙坐含霜。昉思新少年,笔札何纵横。蔼蔼众君子,磬折同欢康。谁谓结交易,萧朱徒自伤。谁谓结交难,范张永不忘。曰余愧不敏,老大益彷徨。缱绻在今夕,薄言共翱翔。"(张竞光《宠寿堂集》卷九,转引自章培恒《洪昇年谱》第83页)

腊月,陈祚明以《汉宫春》二首和陆嘉淑。

陈祚明《汉宫春·丁未腊月,和冰修燕山立春,用渭南韵》:"短律无春,正车回雪巷,马立冰川。青阳渐移斗柄,春到寒毡。同乡吟侣,聚殊方、分染诗笺。思放棹,西湖绿水,东风冻解溶然。 似我年年岁岁,但寒依邹谷,晓看燕山。几回灞陵芳草,目送归鞭。春盘生菜,喜今朝、故友窗前。同是客、主人将酒,醉吟休问青天。"(《全清词·顺康卷》第3463页)

陈祚明《汉宫春·冰修有和六斥诗,殊见赏叹,再填前阕之作,依韵又和》:"送腊邀春,叠五言八句,书向灯前。君来强君相和,思秘词妍。一樽合坐,指乡人、残岁天边。(冰修和予诗有'一樽残腊夕,合坐故乡人'之句。)阳春句、何人不赏,兴浓更弄涛笺。 忘却燕山客邸,觉阳回律早,人为情迁。笑递杯香潋潋,烛影娟娟。深宵且饮,算明晨、暖任安眠。要重赋、旅吟百首,都教洛下争传。"(《全清词·顺康卷》第3463页)

除夕,沈谦作词自叹生平际遇。

沈谦《月笼沙·除夕》:"酒满香浮盏面,雪晴光动檐牙。凤灯双照鼓频挝。赚得儿童成老大,爆竹梅花。 莫恨无情岁月,何妨痼疾烟霞。醉乡高枕即为家。四十八年堪一笑,蚁阵蜂衙。"(《全清词·顺康卷》第1999页)

卓永瞻欲离京归西泠,王士禛以诗赠行,并寄卓永瞻之父卓火传。

王士禛《传经堂歌送卓永瞻归浙西,因寄火传》:"中原丧乱连天崇,凿蹄骄马嘶江东。昭陵玉匣出隧道,鸿都秘策飞秋蓬。小作胜囊大帷盖,石碑三体皆磨砻。解经无复戴侍中,说易亦少雠阳鸿。卓家世德不可纪,侍郎谋国真公忠。巢倾卵破悔不早,曲突徙薪谁谓功。革除事往三百载,至今化碧干长虹。闻孙抱经隐苕霅,千秋人识梁丘宗。清庙明堂列球贝,深山大泽藏蛇龙。我慕蕊渊生苦晚,晚及孙子相追从。雄才能虑五石瓠,大力欲挽千钧弓。桓荣稽古累数世,郎君人地将无同。昭氏鼓琴有妙理,谁云竟以文纶终。至尊通经过汉代,会开东观临三雍。白虎诸儒考同异,如县大虡铿洪钟。郎君摄衣作都讲,雅歌殿上何雍客。野夫穷经不得力,坐使尹季伤瘖聋。他年登堂问章句,五湖帆影随樵风。"(王士禛《带经堂集》卷二十丁未稿)

孙默续刻《后三家词》(曹尔堪《南溪词》二卷、王士禄《炊闻词》二卷、尤侗《百末词》二卷)。自此,《国朝名家诗余》由清康熙三年的三家增至六家。

王士禄、曹尔堪、邓汉仪等去岁以诗词倡和于扬州红桥,至今年刻出《广陵倡和词》一卷,收七人《念奴娇》词各十二首,孙金砺、龚鼎孳为序。

朱彝尊编定《静志居琴趣》。

宋征舆卒,年五十,著有《海闾香词》。

清康熙七年戊申(1668年)

【时事】

七月,清廷命乡会试仍以八股文取士。(蒋良骐《东华录》卷九)

元日,陈祚明客燕,病中以《琐窗寒》词抒怀。

陈祚明《琐窗寒·戊申元日,燕山旅舍病中作》:"献岁晴和,春晖万户,凤城佳丽。花笺彩胜,帘影东风摇曳。狭邪长、笙歌竞闻,裂天爆竹声如沸。望玉墀簇仗,千官朝贺,庆昇平世。　云气。灵台上。有太史占祲,总书祥瑞。褕衣美食,欢乐九衢三市。琐窗寒、白首低垂,药炉汤卷风涛细。炭微红、瘦靥生暄,尽日烘残泪。"(《全清词·顺康卷》第3465页)

正月,关键以诗赠孙治,孙治答之。

孙治《答关六钤戊申首春见赠之作》:"不堪旅鬓愁中度,忍见梅花数处飞。为问弟兄几个在,樵渔直与世相违。"(孙治《孙宇台集》卷三十六)

春初,洪昇赴北京国子监肄业。沈谦、沈丰垣、毛玉斯、张竞光诸子来送,其中张竞光、沈丰垣有诗词赠别。时恽逊庵之子恽寿平在杭,亦有赠行诗(《瓯香馆集》卷二《送洪昉思北游》),并赠以所绘便面。北上途中,洪昇与张台柱有词相寄。(章培恒《洪昇年谱》)

张竞光《送洪昉思北上》："涉趣暂相许，论交久自深。何当临远别，那复可招寻。野戍飞尘起，官塘灌木阴。翩翩游子色，恋恋故人心。仗剑辞南郡，看花赴上林。题诗留古驿，挟弹落残禽。延览皆成赏，兴思属所钦。怜余若有问，嘉树听清音。"（张竞光《宠寿堂集》卷二十四，转引自章培恒《洪昇年谱》第90页）

沈丰垣《御街行·送洪昉思北上》："吴江枫叶明如火。独上兰舟坐。征帆隐隐过维扬，分得琼花一朵。星光倚剑，露珠和酒，醉拥轻裘卧。　鸡声茅店君思我。梦也应须做。彩毫欲化美人虹，不效入时妆裹。金台渐近，玉河遥忆，南望寒云锁。"（《全清词·顺康卷》第4541页）

春，陈维崧在京，接吴百朋见寄《岭西初集》，因而作诗遥讯，并怀丁澎。

陈维崧《春日接吴锦雯见寄岭西初集，作诗遥讯，并怀丁仪部飞涛》："珠江回雁羽翩翩，二月瑶华远道传。寄到音书刚万里，别来瘴疠恰三年。春深蛋户收蕉布，雨后黎人种木棉。尔自天南悲谪宦，故人出塞益堪怜。"（陈维崧《湖海楼诗集》卷三戊申）

春，陆嘉淑卧病燕中。至秋，陆嘉淑病愈，自燕南还，王士禛赋《竹枝》三首送行，陆嘉淑依韵和之。（王简可《陆辛斋先生年谱拟稿》）

孟夏，徐之瑞同钱继章、曹溶、金梦蜚、张士至西湖小集，并作《蓦山溪》以抒交游之乐。

徐之瑞《蓦山溪·戊申孟夏，同年钱尔斐，招同曹秋岳、金梦蜚、张士至湖中小集》："岁华弹指，相见惊如昨。白发共萧疏，还相对、一丘一壑。风霜边塞，劳苦一归来，城郭是，故人稀绝，似辽阳鹤。　扁舟烟雨，鱼亦知吾乐。豪气故难除，看老子、精神矍铄。今犹胜昔，后岂不如今，容我辈、竹林游，肯负青山约。"（《全清词·顺康卷》第255页）

夏，袁于令三游西湖，并访旧友。沈谦作《赠朱素月兼呈袁令昭先生》七绝三首（《东江集钞》卷五）、南曲套数《和袁令昭先生赠朱素月》（《东江别集》卷五），洪昇在京亦作《遥赠朱素月校书戏简袁令昭先生三首》（《啸月楼集》卷一）。其间，沈谦曾向袁令昭请教曲谱，受益颇多。后来，袁于令新撰曲谱，内收沈谦新翻《花犯》诸引曲。

沈谦《与袁令昭先生论曲谱书》："湖楼之聚，得闻巨论，辟若发蒙，但恨日薄崦嵫，匆匆遽别，无能挥戈而再中也。"（沈谦《东江集钞》卷七）

七月二日，陆进、沈丰垣、高则原、吴仪一、徐逢吉、俞士彪集陆进茂承堂饮酒赋诗。

陆进《七月二日立秋,沈逷声、高则原、吴璨符、徐紫凝、俞季瑮集茂承堂》:"虚堂方溽暑,节序又相催。嘉客随秋至,疏星度柳来。池深巢翡翠,酒满渍莓苔。好共舒长啸,荷花几朵开。"(陆进《巢青阁集》卷五)

中秋,宋琬邀施闰章泛舟西湖遇雨。

《愚山先生年谱》卷三:"中秋,宋荔裳邀泛西湖,值雨。"

丁澎游梁,与仲衡、恭士、牧仲结交,并酬唱吟答。

丁澎《展园诗集序》:"戊申,予客游梁。获交仲衡、恭士、牧仲诸君,晏好酬接,吟答无虚日,独以未见周君引青为恨。"(丁澎《扶荔堂文集选》卷二)

毛先舒与恽逊庵面晤,谈论性理之学,且有书信往来。孙治亦曾为恽逊庵诗集作序。

毛先舒《答恽逊庵先生书》:"今蒙示《刘夫子节要》,直是奇书。而数接面谈,更为亲且确。"(毛先舒《潠书》卷六)按,书中有"某行年近五十"之句,故系本年。

恽格《毛稚黄十二种书序》:"昔者先君与毛子同游蕺山夫子之门,略相先后。毛子晤先君于西湖,叹曰:'吾今日得见逊庵,如见夫子焉。'后有《答稚黄》一书,刻《刘子节要》后,迢递数千里而缕缕言之,不啻觌面。"(毛先舒《毛稚黄十二种书》卷首)

孙治《兰陵恽仲升诗序》:"有先生之计,若睹野服,若见先民。"(孙治《孙宇台集》卷五)

秋,沈丰垣归西泠,与吴仪一、高步青夜话。

沈丰垣《花发沁园春·与吴符、高则原夜话》:"画角吹秋,铜壶传漏,半规淡月窥户。香分丛桂,韵响疏桐,砚水遥添珠露。闲阶小步。见雁影、连行飞度。想深夜良会难期,壮怀怎便轻负。 试把从前细诉。问一般离情,谁更凄苦。雾濛柳巷,云隔花林,已是旧游耽误。寒蛩自语。又添我、许多愁绪。算不若独掩空帏,梦儿寻着同住。"(《全清词·顺康卷》第4549页)

秋,沈谦、沈丰垣、张台柱、俞士彪雅集至深夜,以《花心动》彼此唱和。

沈谦《花心动·怨词,用谢无逸韵》:"石阙口中悲不语,笙炙眼儿空热。三尊佛儿,四座莲台,这位怪侬多设。去心莲子谁知苦,冲阵马蹄痕流血。乱头发、只消不理,理时休结。 没有笔儿怎撇。笑雀见笼糠,空生欢悦。桃核鸳鸯,那个敲开,空把两仁磨折。大刀底事误佳期,谎破镜、天边残月。你何苦,寸寸竹儿生节。"其二:"蕉叶千层心却少,煮蟹难教肠热。你做车儿,做了方轮,这样机关空设。雨多便把晴忘却,伊不肯心边添血。风筝断、半空飞去,料难重结。　新着鞋儿休撒。也巴到初三,暂时心悦。一带垂杨,日夜添丝,丝动便遭摧折。胸前小镜手三翻,曾猜着团团明月。花隔院,谁晓这些根节。"(《全清词·顺康卷》第2031页)

俞士彪《花心动·用谢无逸韵,同沈遹声、张砥中作》其一:"晓起玉瓶,冰欲冻、双耳料应难热。落尽梨花,不见梅开,春意为谁铺设。种莲陆地难成藕,蒲作剑、刺人无血。春蚕死、丝肠抽尽,茧儿才结。　料得薄情顿撒。便勉强温存,也无欢悦。多少工夫,绣就鸳鸯,忍把金鍼轻拆。人如古镜久沉埋,销磨了、暗中年月。却教我、怎地破他关节。"其二:"檀口喷香,呵粉壁、到得几时能热。花底鹣鹣,并影和鸣,忍把网罗张设。杜鹃未劝春归去,先呕尽、一腔心血。临岐语、怕伊忘却,带头曾结。　谁个恩情肯撒。便拚死相思,也应心悦。泪眼迷离,纵卜金钱,难辨六爻单拆。银河催趱鹊桥成,浑不管、天边孤月。谢谢也、还要问他根节。"(《全清词·顺康卷》第4451页)

沈丰垣《花心动·用谢无逸韵,同张砥中、俞季瑮作》:"深夜博山,香袅尽、心字成灰难热。花蕊含娇,蜂蝶轻狂,好意枉教铺设。海棠露共蔷薇雨,早滴尽、三春泪血。蚕未死、柔肠一寸,丝萦千结。　雨想云怀顿撒。似梦里相调,谁欢谁悦。瘦脸羞看,扑碎菱花,又把双鸾轻拆。频翻玉历定佳期,错过了、眼前年月。月缺后、那望团圆时节。"(《全清词·顺康卷》第4541页)

张台柱《花心动·和谢无逸韵,同沈遹声、俞季瑮作》:"频把气儿,呵玉鉴、冷面几时能热。牛女相逢,已过秋期,谁把鹊桥重设。闲看红豆垂珠露,满眼是、相思泪血。灯花坠、果儿纵有,几时能结。　雨意云情顿撒。对画里芳姿,怎邀欢悦。翠缕双垂,挑取一丝,又恐同心轻折。望他破镜再团圆,奈只似、半边残月。风竹乱、难认那些枝节。"(《全清词·顺康卷》第4488页)

秋,俞士彪游无锡,作词以忆沈丰垣,言及先后游吴之事。

俞士彪《临江仙·舟次无锡,忆沈遹声》:"城外钟声听不尽,船头又指龙山。解衣沽酒醉时眠。故乡何处觅,或在枕儿边。　却念文园多病后,曾经此地留连。西风流水送华年。后先同作客,游览独凄然。"(《全清词·顺康卷》第4429页)

秋,佟世南客钱塘,以词寄怀客游吴地的俞士彪。

佟世南《南浦·客钱塘怀俞季瑮北游》:"雁归南浦,又萧条、疏影对黄花。欲倒新亭浊酒,往事倍堪嗟。独上南屏高处,怅钱塘、烟火几人家。问二三知己,何为浪迹,琴剑客天涯。 有得几时少壮,莫蹉跎、瞬息负年华。为望玉门千里,满眼障飞沙。欲向西湖寻胜迹,江城到处起悲笳。漫登高吊古,怀人都付夕阳斜。"(《全清词·顺康卷》第 4571 页)

秋,陈维崧与洪昇定交,并以词唱和。(马祖熙《陈维崧年谱》)

陈维崧《满庭芳·过辽后梳妆楼同洪昉思赋》:"细马轻衫,西风南苑,偶然人过金沟。道旁指点,辽后旧妆楼。想象回心宫院,钿筝歇、含泪梳头。青史上,武灵皇后,一样擅风流。 堪愁。成往迹,缭垣败甃,满目残秋。便脂田粉砲,零落谁收。莫问完颜耶律,兴亡恨、总是荒邱。红墙外,谁抛金弹,年小富平侯。"(《全清词·顺康卷》第 4041 页)

从春至冬,洪昇客京师,沈谦有诗词以寄。

沈谦《空亭日暮·寄洪昉思时客蓟门》(新翻曲,"意难忘"用仄韵):"空亭日暮。记声断骊歌,摇鞭欲去。沙草半连云,雪花时带雨。梦难凭、期漫许。但相看无语。才转眼、散发披襟,江南酷暑。 我有离情怎诉。想望月芦沟,也思旧侣。斫地为谁哀,谈天何自苦。妙文传、芳信阻。正金台吊古。愁多少、骏骨如山,寒烟宿莽。"(《全清词·顺康卷》第 2009 页)

沈谦《寄洪昉思》:"相忆高楼对朔风,金台裘马正豪雄。歌传北里千门沸,尘起东华十丈红。远水暮寒垂断柳,乱山晴雪望归鸿。不须荐达寻杨意,凌云赋就尔最工。"(沈谦《东江集钞》卷四)

沈谦《寄诸虎男兼怀昉思》:"苦忆樽前人万里,可无消息问京华。"(沈谦《东江集钞》卷四)

冬,丁澎游恒山,与梁清标会晤,二人定交。梁清标给丁澎《扶荔词》作序。

梁清标《扶荔词序》:"今年过恒山,晤余田间,执手相劳苦,见其人雅度冲襟,澹然自远,宜其吐词抒采,春容温粹,婉约而多风也。"末识"清康熙戊申冬日年弟梁清标序"。(清康熙十年[1671]刻本,《续修四库全书》集部第 1724 册)

李渔《满江红·读丁药园扶荔词,喜而寄此,勉以作剧》:"傀儡词场,三十载、谬称柳七。向只道、中原才少,果然无敌。止为名儒崇正学,不将曲艺妨经术。致么魔、忽地自称尊,由无佛。 魔数尽,真人出。旭轮上,镫光没。看词坛旗帜,立翻成赤。愧我妄操修月斧,惜君小用如椽笔。急编

成、两部大宫商,分南北。"(《全明词》第2220页)

柴绍炳重新编定《柴氏古韵通》八卷。

柴绍炳《柴氏古韵通凡例》:"《古韵通》向无成书,余僭前定始于壬辰、庚子间,初获卒业至丁未秋,加重订于戊申冬。"(柴绍炳《柴氏古韵通》卷首)

孙默续刻《四家诗余》(陈世祥《含影词》二卷、陈维崧《乌丝词》四卷、董以宁《蓉渡词》三卷、董俞《玉凫词》二卷)、龚鼎孳《香严词》二卷。之后又续刻《七家诗余》(吴伟业《梅村词》二卷、龚鼎孳《香严词》二卷、梁清标《棠村词》三卷、宋琬《二乡亭词》二卷、黄永《溪南词》二卷、陆求可《月湄词》四卷、程康庄《衍愚词》一卷)。自此,《国朝名家诗余》刻成,共十七家词。

董俞《玉凫词》刊行。

周季琬卒,年四十九,著有《梦墨轩词》。

清康熙八年己酉(1669年)

【时事】

五月,康熙帝铲除鳌拜。(《清史稿》卷六,蒋良骐《东华录》卷九)

正月十九日,沈谦五十岁寿,潘云赤以自度曲《东湖月》为寿,沈谦依韵答之。

沈谦《东湖月·己酉生日,潘生云赤以自度曲寿余,览次有感,依韵答之》:"甚钟灵。便珊瑚百丈老重溟。问谈天邹衍,凌云司马,此日敢纵横。骨带铜声敲不响,有黄金伏枥难行。只好衲衣持钵,绣幕闻笙。 山青兼水绿,对萧疏、白发转多情。笑磨厓天半,沉碑潭底,身后枉垂名。雾里看鸢非我事,尽优游下泽同乘。漫道出,堪作雨处亦关星。"(《全清词·顺康卷》第2017页)

三月,丁澎离乡远游,过山东孔氏阙里,并作《纪瑞诗》,孔尚任时为诸生,甚为仰慕其文名。

孔尚任《寄答丁飞涛》:"莺花三月放舟时,留客裁书报所知。入梦湖光青未了,隔山雨气冷相吹。劫余尚有归家鹤,老去须明纪瑞诗。(岁己酉,公过阙里,有《纪瑞诗》,今皆验而公未知也。)自悔倡酬同俗调,清尊辜负子云奇。(孝威云,先生论诗论人,另有裁鉴。)"(孔尚任《湖海集》卷二)

孔尚任《与丁飞涛先生》:"浴咸来自武林,持先生见怀诗,如获拱璧。仆十年结想酬于一旦,然颇有憾焉者。仆知先生以文章道义,而先生之知仆不过一治河使者而已。仆犹记己酉岁，台旌同抚军于旄辱临敝里，仆甫弱冠，在诸生之班，一望颜色，得读《孔林纪瑞诗》云，在林楼上见峄山蠡起，云气结成，女世公令四字楷法端凝，类海岳书，不知当时偶尔寓言，抑或真有所见，今不幸而言验矣，乃灾也，非祥也。夫灾祥皆寒家之事，何关于先生，而必令先生见之，乃知先生之文章道义，久已默契圣心。故灾祥微妙之机，必早以相示，亦如子贡候端门之书，钟离启寿堂之瓮，在先生当日，见其兆而不能洞其故。仆今日遭其故而始悟其兆，先生为神人，仆亦未始非解人也，何时获一把臂，各证所见所闻，一破二十年之疑案乎。"（孔尚任《湖海集》卷十一）

丁澎游山东青州，登望春楼，睹蔓草零烟，不胜华清宫阙之感，因作《玉女摇仙珮》一词。（冯金伯《词苑萃编》卷十七，《词话丛编》第2123页）陈维崧评此词曰："津阳门外，奉诚园里，何必身到此间，令人增蔓草零烟之感，药园移我情矣。"（丁澎《扶荔词》卷三）

三月十四日，吴百朋远任南和令，柴绍炳、沈谦等西泠诸子为之饯行。**毛先舒病重，未能参加。随后，沈谦买舟进城，探访毛先舒。**

毛先舒《沈去矜墓志铭》："先舒自己酉春病，剧困甚。三月十四日锦雯之官南，和宴友生为别，虎臣过要余偕往，不能行，去矜时买舟，入会城视余。"（沈谦《东江集钞》附录）

毛先舒送弟子泮秬北上，并附诗寄洪昇。

毛先舒《送泮秬赴北雍并寄洪昇》："昨岁洪昇去，梅花扑玉缸。今朝送尔别，春色渡长江。……从来谁隔座，此处得同窗。"（毛先舒《思古堂集》卷三）

三月至夏，洪昇在京，毛先舒、孙忠楷、沈谦先后以诗词赠答。（章培恒《洪昇年谱》）

毛先舒《送潘秬赴北雍并寄洪昇》："昨岁洪生去，梅花扑玉缸。今朝送尔别，春色渡长江。道左嘶征马，关头系画艭。柳条风澹澹，桃叶雨淙淙。郭隗多奇策，燕昭一旧邦。从来谁隔座，此处得同窗。和筑情应洽，论文意未降。自今看国士，不复道无双。"（毛先舒《思古堂集》卷三）

沈谦《丹凤吟·答洪昉思梦访之作》："别后相思一样，目断城云，魂销江树。玉帝深锁，愁似乱莺狂絮。沉沉落照，半明还暗，野烧回春，寒山催暮。梦里何曾怕险，滚雾翻风，为我连夜飞度。　也有镇常相见，见时不免含嫉妒。道我眉儿翠，又身轻过汉，腰细如楚。那知憔悴，不复再行多露。

关黑枫青君自爱,更休将愁诉。但须纵酒,看石榴半吐。"(沈谦《东江别集》卷三,《全清词·顺康卷》第 2021 页)

沈谦《寄诸虎男兼怀昉思》:"西湖携手即天涯,慧日峰前浪滚沙。别后青苹逢打鸭,到时黄柳不胜鸦。闲心阅世头先白,醉眼看春日未斜。苦忆樽前人万里,可无消息问京华。"(《东江集钞》卷四)

洪昇《夏日答沈去矜见讯卧疾》:"清羸时抱疾,讵敢拟文园。伏枕淹三月,缄书报一言。蝉吟风柳动,鸟下露荷翻。稍待能行乐,先过谷口村。"(洪昇《稗畦续集》)

五月,王嗣槐五十初度,王晫作《沁园春》贺之。

王晫《沁园春·寿仲昭兄五十》:"磊落奇才,江左风流,余子交推。看挥毫意气,奴驱贾董,向人肝胆,谊重陈雷。匹马长安,逢迎恐后,争望门前载酒来。真堪羡,是墙多桃李,玉树生阶。　如君犹困蒿莱。彼世上、昇沉安论哉。况年齐伯玉,无非可省,学师孔氏,有易同怀。抱膝长吟,科头晏坐,兴剧何忧老渐催。称觞处,喜榴花照眼,笑逐颜开。"(《全清词·顺康卷》第 6694 页)

秋,丁澎远游至任城,与徐釚相遇于酒楼,二人典裘痛饮。徐釚遂作《陆吴州水部招同丁药园祠部任城署园小饮即事次药园韵三首》《九日南池旅怀和药园二首》《任城旅店饮药园祠部》等诗。后丁澎南还,徐釚以《济上送药园南还》赠行。

徐釚《本事诗》卷九:"药园祠部盛名朊仕垂二十年,中遭迁谪,颓然自放。己酉南还,与仆相遇于任城酒楼,典裘痛饮。"

徐釚《任城旅店饮药园祠部》:"几回沙塞梦风烟,逆旅重逢一惘然。潘令鬓消思故国,子卿头白想丁年。东冈旧恨题华表(自注:飞涛居辽东有《东冈集》。),南部新词托管弦(自注:药园为杂剧自寓。)。耐可一钱留不住,应教入市忆青莲。"(徐釚《南州草堂集》卷三)

徐釚《济上送药园南还》:"霜落秋空叶正飞,客中送客泪沾衣。廿年不见嗟亭伯,此日重归识令威。去国尚怜樱笋熟,还家争及蟹螯肥。六桥烟水原无恙,投版从今买钓矶。"(徐釚《南州草堂集》卷三)

深秋,洪昇自京归西泠,途中与毛玉斯、沈丰垣、张台柱、吴仪一、俞士彪、陈蕴亭、张云锦等有诗词往来。(章培恒《洪昇年谱》)

洪昇《与毛玉斯》、卷三《泊临淮寄沈遹声、张砥中、吴瑮符、陈调士、俞季瑮、张景龙诸子》。(洪昇《啸月楼集》卷二)

附录　明末清初西泠词人群体年表

洪昇归西泠后,沈谦、洪昇、吴允哲、沈丰垣夜集广严寺,各有诗作。（章培恒《洪昇年谱》）

沈谦《晚过广严寺悼马侯玉》:"孤馆重经菊已残,婆娑双树倚禅关。鸿偏北向时逢雪,日欲西沉故满山。此地论诗真死别,几人流寓得生还。怜君面上三年土,吹过青霜草色斑。"（沈谦《东江集钞》卷四）

洪昇《夜集广严寺,同沈去矜、吴允哲、沈遹声作》。（洪昇《啸月楼集》卷三）

吴仪一之兄吴复一卒,陆繁弨作《进士心庵吴公传》,毛奇龄作《钱唐吴元符游仙录序》,洪昇作《吴元符进士游仙诗》（洪昇《啸月楼集》卷三）**,俞士彪作《水调歌头·吴元符进士证仙》,沈丰垣有《洞仙歌·为吴元符游仙作》。**

陆繁弨《善卷堂四六》卷八《进士心庵吴公传》:"公讳复一,字元符,号心庵。……甲辰殿试,赐二甲进士,……以康熙己酉卒于里门,年三十一。"（陆繁弨《善卷堂四六》卷八）

毛奇龄《钱唐吴元符游仙录序》:"及予再归,而遇元符之弟璨符,犹元符也,然元符已死。"（毛奇龄《西河文集》序七）

俞士彪作《水调歌头·吴元符进士证仙》:"传道吴公殁,华表复来归。日日随云上下跨鹤更骖螭。我始疑人不化,继悟死生至理,此事亦非奇。灵凡本一道,人自不能知。　望瀛州,瞻阆苑,岂难梯。但存忠孝洪崖鬼谷可肩随。梦后瑶池花放,奕罢璚壶酒熟,尘世已多时。寄语摄生客,捷径莫如斯。"（《全清词·顺康卷》第4551页）

沈丰垣《洞仙歌·为吴元符游仙作》:"茫茫碧海,望三山何处。瑶阙玲珑隔烟雾。叹仙才寥落,化鹤无人,谁更住、白玉楼中作赋。吴公神不死,三载骑箕,天上人间任来去。想寻真非远,羽客纷纷,空自误,不及修文儒素。但欲问、生天旧因缘,记一上青云,好通仙路。"（《全清词·顺康卷》第4551页）

仲冬,沈丰垣离杭远游,洪昇以诗酒留别。

洪昇《留别沈遹声》:"仲冬胡为复远行,愁云不断朔风生。故人惜别饮我酒,当杯忍涕伤中情。落月沉沉天未曙,沙头橹鸣分手去。数声断雁叫寒霜,飞下烟汀最深处。"（洪昇《稗畦集》）

冬,毛先舒拟晚唐诗人温、李等,而作诗集《晚唱》。集成,录成一帙,寄示沈谦。沈谦大为赞赏,欲拟作数十篇,与先舒之作合刻。

毛先舒《晚唱自题》："余于飞卿、长吉、玉溪生、韩冬郎诸作,尝深论之,卑者已乖雅,高者乃命骚,幽思远调,盖亦奇矣。……余初无初、盛者,亦不办为晚,然亦有以喜之,盖喜其托寓写送有遥思也,非徒为生别也。"(毛先舒《晚唱》卷首)

毛先舒《晚唱自跋》："始余作《晚唱》,录成一帙,以示余友临平沈去矜谦。去矜赏叹,且云:'当拟此体数十篇,与足下合刻之。'已寄来《柳烟》《塘上》二曲,秾丽淡宕,语语惊魂,令我伧父欲自匿。乃未几,而去矜溘然矣。开箧见书,泪为沾臆,因附刻于诗于卷之末。"(毛先舒《晚唱》卷末)

寒冬,沈谦病重,俞士彪以词抒忧虑之情。

俞士彪《念奴娇·雪夜忆沈去矜夫子病》："塞鸿啼过,又昏黄、阵阵朔风吹急。败竹荒芦声不断,天半同云羃羃。酒暖还寒,灯挑不亮,帘外琼瑶掷。倚阑凝睇,东湖一片寒色。　遥忆高卧匡床,围炉拥被,谁在门前立。青瘦玉梅频弄影,疑似近时风格。黑发空惊,苍髯欲化,对此增愁寂。层城不掩,载舟应在今夕。"(《全清词·顺康卷》第4425页)

陆塏五十,毛先舒作五言排律《陆梯霞五十》以贺。(毛先舒《思古堂集》卷四)

云间词人张渊懿、田茂遇开始着手编辑《清平初选后集》。

董以宁卒,年四十一,著有《蓉渡词》三卷。

袁于令卒,年八十一,著有《剑啸阁传奇》及《双莺传》。

清康熙九年庚戌(1670年)

牛奂由拔贡知富阳县,直至清康熙十四年(1675)。

《(民国)杭州府志》卷一百四《职官》"富阳县"之"知县"条:"牛奂,长冶人,拔贡,(康熙)九年任。"(李榕等《[民国]杭州府志》)

正月,柴绍炳卒,年五十六。西泠诸子痛悼,孙治作《哭虎臣》,洪昇亦作《拜柴虎臣先生墓》。

孙治《哭虎臣》："夙昔缔交曰首期,壮心直视青云里。十人之交天下闻,最先莫过柴氏子。柴子卓荦无等伦,子渊好学原宪贫。贯穿《七略》与四部,被服仁义何斌斌。《韵通》一书真不朽,古来作者谁与偶。"(孙治《孙宇台集》卷三十四)

洪昇《拜柴虎臣先生墓》："严冷千秋志,清癯五尺身。遗羹能锡类,灭灶耻因人。藏用功偏大,明心学愈醇。白杨荒草路,一恸晋遗民。"(洪昇

《稗畦续集》）

二月十三日,沈谦卒,年五十一。沈谦在生前曾嘱咐其子沈圣昭,请应㧑谦为其传,毛先舒为其墓志铭。西泠诸子如陆进、毛先舒、张祖望,以及沈谦门人(以"东江八子"最为著名:潘云赤、沈丰垣、俞士彪、张台柱、王升、王绍曾、唐弘基、洪昇)哀痛不已。

毛先舒《沈去矜墓志铭》:"属纩时,语子圣昭,以传属应嗣寅为之,而托先舒铭墓。先舒自己酉春病剧,……乃明年正月,虎臣死。二月十三日,去矜讣来。是月锦雯卒于官,三月凶问亦至。余以宛转床蓐之身,不及周时而三哭故人。"(沈谦《东江集钞》附录)

王晫《阮郎归·哀沈去矜》:"飞飞丹旐出孤城。青山尽哭声。非关天上玉楼成。奇才妒李生。　思旧事,转伤情。酒阑春梦醒。泪珠沾袖总成冰。床琴忽自鸣。"(《全清词·顺康卷》第6672页)

陆进《满江红·宿东江草堂哭沈去矜》:"穗帐风飘,孤灯照、不胜呜咽。凝眸望、笔床犹在,蛛丝暗结。吊古偕寻桐叩(地名。)鼓,举杯曾对南楼月。到如今、渺渺隔泉台,伤心切。　记执手,元宵节。还期订,名山业。教红儿高唱,艳歌几折。好友自酬蓥尾酒,及门(谓遹声、砥中、夏珠也。)犹立空山雪。听五更、杜宇更凄凉,啼清血。"(《全清词·顺康卷》第4340页)

洪昇《同陆荩思、沈遹声、张砥中宿东江草堂哭沈去矜先生二首》其一:"恸哭西州泪不干,一堂寥落白衣冠。愁鸱啼杀空山夜,月黑枫青鬼火寒。"其二:"忽然梦醒草堂中,唧唧蛩吟四壁空。我向穗帐呼欲出,寒灯一焰闪西风。"(洪昇《稗畦集》)

沈丰垣《满江红·宿东江草堂,哭沈去矜先生》:"蕙草萧萧,风过处、空帷摇颭。何忍见、人亡琴在,影迷尘网。奇字曾携红友问,新词剩与青娥唱。奈重来、清泪洒东湖,和愁涨。　难再觅,知音赏。漫自作,招魂想。怕仙游何处,兰皋徒望。半榻堆书从不整,一灯照梦还微亮。看梅花、如月月如人,南楼上。"(《全清词·顺康卷》第4544页)

二月,吴百朋卒于官。三月,凶问至西泠。毛先舒作《吊吴锦雯》(《思古堂集》卷四),孙治作《亡友吴锦雯行状》,均述及与吴百朋的学缘与交谊。可知,西泠诸子在西泠一地声气相通,学业并高,交谊深重。

孙治《亡友吴锦雯行状》:"同里相砥砺者,则关六钤键、陆丽京圻、徐世臣继恩、严颢亭沆、陆鲲庭培、张用霖右民、柴虎臣绍炳、应嗣寅㧑谦、汪魏美泭、陈际叔廷会、沈甸华昀、昀弟彧,及不孝治、陆梯霞堦、张祖望纲孙、毛

稚黄骙、陈胤倩祚明、余弟宙合洽辈是也。"(孙治《孙宇台集》卷二十四)

毛先舒《沈去矜墓志铭》:"属犷时,语子圣昭,以传属应嗣寅为之,而托先舒铭墓。先舒自己酉春病剧,……乃明年正月,虎臣死。二月十三日,去矜讣来。是月锦雯卒于官,三月凶问亦至。余以宛转床蓐之身,不及周时而三哭故人。"(沈谦《东江集钞》附录)

春,宗元鼎在扬州评阅丁澎《扶荔词》。

宗元鼎《扶荔词记》:"康熙庚戌春,余读书于芜城道院,评阅丁药园仪部《扶荔词》三卷,曰:'美哉斯词,庶不愧扶荔之名乎。'"末识"广陵宗元鼎梅岑氏撰"。(丁澎《扶荔词》卷首)

春,宗元鼎在扬州以词怀西泠诸友。

《思越人·广陵城楼怀西泠诸友》:"登层城,俯高阁,江南烟草黄昏。二十四桥明月在,倚栏谁不消魂。 孤山放鹤人何处。柳花历乱飞絮。水调凄凉清夜起。春鸿那肯南去。"(《全清词·顺康卷》第2293页)

初夏,徐之瑞与曹溶同游西湖看罂粟花,作《探春慢》忆昔日冯氏园亭燕集,并追悼金梦蜚。

徐之瑞《探春慢·庚戌初夏,同曹秋岳湖上看罂粟花,因忆昔年冯氏园亭宴集,追悼金梦蜚,凄然有作》:"春转园林,绿阴似水,鸣禽初变时节。薄日熏风,群芳才谢,偏是此花娇绝。今日同看处,却还忆、年来离别。乱红轻素翩翩,一庭交艳霏雪。 试问追游胜地,谁唤起念奴,檀板歌彻。故国凄凉,风流云散,博得满头华发。惟酒能销恨,翻引我、愁肠如结。又是春归,清宵数声啼鴂。"(《全清词·顺康卷》第256页)

秋,陆嘉淑与王士禄、宋射陵唱和,作《如梦令》。

陆嘉淑《如梦令·庚戌秋,与王西樵士禄、宋射陵分赋烟湖。西樵赏余前四语,以为得烟湖之神,而射陵以为不如落句之雅。余谓吾词不足称,正足见二公词学取径之异,试以质之同好》:"雾鬓云鬟不正。黛翠坛黄交映。忆如玉楼人,睡起清眸未醒。无定。无定。斜日乱山疏影。"(《全明词》第2609页)

秋,徐士俊从弟徐澂生进京赴会试,与汤以真同行。

王晫《最高楼·春日送汤以真之北雍》:"长安去,柳色正飘扬。春花满路芳。帝里光华瞻紫禁,少年游兴挟青箱。对三雍,夸万卷,待秋香。 看一片、玉河桥上月,吹几阵、金台基畔雪,遥望处,隔江乡。万里塞鹰腾黑羽,九衢天马喷红光。羡冰清,同玉润,共翱翔。(自注:时与令岳徐君澂生

偕行。)"(《全清词·顺康卷》第6683页)

秋,徐士俊从弟徐潋生进士及第,徐士俊作词以贺。

徐士俊《步蟾宫·闻潋生弟南宫捷音》:"钿花连夜垂红粟。千里外,泥金传速。鸡窗雪案几辛勤,搏得个、文章全福。　曲江红杏双枝簇。羡煞甲庚相续。重教振起旧家声,袍色似、池堂草绿。"(《全清词·顺康卷补编》第145页)

秋,丁澎游建业,晤宋琬,有词以赠。

丁澎《风入松·建业遇宋荔裳观察》:"新亭啼鸠不堪闻。明月亦愁君。乌巷衣冠江令宅,多换取、岭树江云。疏拙宁如仆辈,眼看裘马何人。　河桥残角拥行尘。极目楚天分。悲哉秋气青枫下,招山鬼、石竹罗裙。东郭肯容安枕。北山何用移文。"(《全清词·顺康卷》第3176页)

九月,云间词人沈荃为丁澎《扶荔词》作序,《扶荔词》当于今年刻行。

沈荃《扶荔词序》:"药园丁子,天下才也。自其少时,言语妙天下,往在长安官礼曹,与余等论诗,其声崇竑清越,如金钟大镛,此之谓夏声矣。居弃何有忠州之贬,走辽海,望长白山,其声激昂凄怆,流连苏李,此一变矣。既入玉关,复仰瞻宫阙,与故交凤契,重结缟带,置酒相劳,欢若平生,辄发而为小词,如屯田、淮海,缠绵婉恻,清绮柔澹,此又一变矣。……夫丁子天下才也,忠君爱国之诚,与夫慕友悦群之观,其为缠绵婉恻,清绮柔澹,实有不能自已者。一旦天子思贾生对,宣室出入,承明著作之廷,向之所称金钟大镛,铿然自在,又何疑其为正为变之不伦也哉。"末识"康熙辛亥九月家同学弟沈荃顿首题"。(丁澎《扶荔词》卷首)

九月十九日,王晫作词以记黄大宗重阳之会展期一事。

王晫《倦寻芳·九月十九日,黄大宗约登初阳台,雨不克赴却寄》(自注:古以是日为展重阳节。):"月盈已过,佳节堪延,又遇重九。木叶萧萧,惊露碧峰危岫。择胜登高欣有约,满拚共醉萸囊酒。奈天公,把秋烟迷路,雨丝飞骤。　游山屐、平生几緉,孤负风光,何处招友。咫尺天涯,隔断一行残柳。遥忆黄花开且遍,倚窗无那频回首。问涪翁,对青山,敲诗成否。"(《全清词·顺康卷》第6691页)

九月二十九日,山阳黄大宗游西泠,举登高之会,展期三次,诸名士集者各奏所长,序、启、书、引、说、记、纪事、赞、赋、词题、词、曲、乐府、操、诗余、演、连珠、骚、七、问书后体凡二十,陆离光怪,或奇或葩,极一时之盛,宁都魏叔子序之。叔子与陆嘉淑不见几十年,至梅里以手书讬周处士青士招

陆嘉淑，陆嘉淑欣然来会。（王简可《陆辛斋先生年谱拟稿》）

王晫参加黄大宗重阳节登高大会，拈得诗余，为赋《望远行》词。

徐釚《词苑丛谈》卷九："庚戌秋，山阳黄大宗客西湖，九日为登高，会客少。至十九日，仿古为展重阳，客咸集而天雨。大宗曰：'吾当再展重阳。'以二十九日大会，四方之客登孤山，诗文极盛，即事分赋各体，体凡二十。武林王丹麓拈得诗余，其《望远行》第三体云：'兼旬两过，重阳节、却又秋光垂暮。芙蓉已老，篱菊将残，只剩霜林红树。旅客惊心，特把佳辰再展，赢得旷怀如许。共登高，不禁徘徊今古。 难语。试上层冈一望，见累累、荒坟无数。蟋蟀闲堂，凤凰金阙，不识销归何处。但有芳樽细饮，檀槽递唱，遑问谁宾谁主。奈夕阳西下，钟声催去。'词成令小鬟歌之，座客无不叹绝。"

王晫《望远行·九月二十九日，黄大宗再展重阳会，客登孤山即事分赋》："兼旬两过，重阳节、却又秋光垂暮。芙蓉已老，篱菊将残，只剩霜林红树。旅客惊心，特把佳辰再展，赢得旷怀如许。共登高，不禁徘徊今古。 难语。试上层冈一望，见累累、荒坟无数。蟋蟀闲堂，凤凰金阙，不识销归何处。但有芳樽细饮，檀槽递唱，遑问谁宾谁主。奈夕阳西下，钟声催去。"（《全清词·顺康卷》第6693页）

秋，黄大宗自西泠归淮阴，丁澎有词以赠。

丁澎《连理一枝花·送黄大宗归淮阴》（新谱犯曲，上五句"连理枝"，下二句"一枝花"，后段同。）："枫冷西陵棹。帆落烟波小。楚天西望，淮阴旧里，当年垂钓。怅归去王孙，已历遍、天涯芳草。 霜雁迎寒早。画阁眉重扫。词客飘零，怀中剩有，哀蝉幽掺。好续冰弦，休辜负、凤帏人老。"（《全清词·顺康卷》第3174页）

纪映钟、黄云为诸九鼎《石谱》作序、跋。诸九鼎所交好友多有石癖，因亦好石。

周中孚《郑堂读书记》卷五十子部九之上："《石谱》一卷，借月山房汇钞本，国朝诸九鼎撰。鼎号惕庵，钱唐人。惕庵所交好友多有石癖，因而亦玩石忘倦，入蜀时于江上得石子十余，皆奇怪精巧，后于中江县真武潭又得数奇石，乃合之为是谱。各记其形状作一赞，凡二十石。其命名奇特而措语亦颇雅饬，堪与宋漫堂《怪石赞》并传矣。前有自序，及康熙庚戌纪伯紫映钟序，后有海陵黄仙裳云跋。"（周中孚《郑堂读书记》）

陈维崧、吴逢原、吴本嵩、潘眉编成《今词苑》。

邹祗谟卒，著有《丽农词》二卷及《远志斋词衷》。

李元鼎卒，年七十六，著有《文江词》。

清康熙十年辛亥（1671年）

立春，俞士彪北游，以《浪淘沙》词寄思乡之情。

《浪淘沙·辛亥立春》："乡思重唏嘘。独立踟蹰。是谁又道历更初。衰草寒云迷望眼，那是春乎。　霜雪正盈途。家在西湖。迢迢谁与寄音书。凭仗东风为解冻，好觅双鱼。"（《全清词·顺康卷》第4418页）

二月，陆嘉淑酹慧幢法师紫英泉。（王简可《陆辛斋先生年谱拟稿》）

夏，严沆自杭卦京，召内升候补科道官悉以次补用，以正四品服俸仍管礼科掌印给事中（《健松斋集》卷十三《少司农余杭严先生传》）。洪昇作《送都谏严颢亭先生还朝》诗（《啸月楼集》卷五）。（章培恒《洪昇年谱》）

孙治应泉州太守王省庵之招，访刘宗周故里访其二子刘士镳、刘士铎，作《哀刘夫子赋》。

孙治《哀刘夫子赋》小序云："辛亥岁余以泉州太守王省庵之招，过乾所刘夫子故里，访二子士镳、士铎，追述生平，不胜感怆。昔任昉于王仆射殁后，作《怀德赋》。仆早年受知于夫子，眷念明德，岂独西州之叹哉。遂挥泪以赋之耳。"（孙治《孙宇台集》卷一）

徐士俊七十岁，王晫为徐士俊撰写《徐野君先生传》。

王晫《霞举堂集·南窗文略》卷四《徐野君先生传》："今年已七十矣，望其颜色，犹若童子云。"

秋，洪昇往游开封。（章培恒《洪昇年谱》）

秋，周栎园六十寿，在西湖畔宴请宾客，丁澎为作《湖上酹酒歌介周栎园司农六十》。

丁澎《湖上酹酒歌介周栎园司农六十》："孤山亭边霜叶飞，段桥西畔行人稀。湖上千秋无醉客，酒垆空在闻鸠啼。栎园丈人东陵叟，十月扁舟五湖友。不主桃花与鳜鱼，独向南屏贳村酒。糟丘初筑号酒民，旗亭拍手歌横陈。俯踞高松发长啸，振衣沧海凌苍旻。古来饮者复谁是，最忆高阳酒徒耳。此中便足了一生，杯瑞安知眼前事。况有春风香满船，青山如黛吹晓烟。野花插鬓舞鸲鸱，玉瓷莫倒鸥夷边。君不见，中山一醉能千日，但教纵饮倾一石。十日便醉三十年，直到期颐发未白。又不见，梁市客，日沽万钱长不惜。红螺满引三百杯，何必安期酹玄碧。酒乎酒乎，霞为液，玉为

浆,我为公祝公且觞。黄金未就颜不苍,求仙只在西湖傍。而今莫被渔舟误,须认桃源是醉乡。"(丁澎《扶荔堂诗集选》卷二)

冬,王晫等西泠诸子陪周栎园等人泛舟西湖。

王晫《莺啼序·辛亥冬日,同诸子陪周栎园司农、韩秋岩大令、方与三孝廉,泛舟西湖,抵暮泊岸,适袁箨菴水部至自吴门,栎翁特为治具,复移棹中流,深夜忘醉,喜而赋此》:"做尽寒威,卷落叶长林似扫。却回顾、露出层峦,还能供客游眺。画舫轻从明镜入,鹍弦远就微风裊。忽暗香、飞细岭上,有梅开早。　徙倚空亭,鹤去不返,处士名犹表。忆当年、多少荣华,堪怜腐类衰草。剩无情、流水悠悠,叹人生、浮云缈缈。正盘桓、未竟幽奇,夕阳西照。　归舟乍转,又见一轮明月,在城头树杪。恰山寺钟鸣,放牧牛还,投栖鸦噪。胜事难常,谋欢非易,莫教双鬓为愁老。且作达,金樽共倾倒。酒酣欲起,停桡仅及湖干,适当故人初到。　欣逢知己,重整行厨,方物悉鲜妙。况值蟾蜍光满,拨棹中流,白眼看天,乾坤何小。长空云净,烟横星灿,啸歌深夜浑忘倦,挹清辉、恍坐蓬莱岛。可奈逸兴方浓,玉漏频催,寒鸡再叫。"(《全清词·顺康卷》第 6697 页)

曹尔堪、龚鼎孳、纪映钟、陈维岳、周在浚等在北京以《贺新郎》调为"秋水轩唱和",一时和者甚众,今存《秋水轩唱和词》一卷,计收词人二十二家,词作一百七十五首。(周在浚辑曹尔堪等《秋水轩唱和词》)

周铭《林下词选》十四卷刊行。

余怀编次七年间所作词为《玉琴斋词》。

陈维崧辑刊《今词苑》三卷。

吴伟业卒,年六十三,著有《梅村词》一卷。

方以智卒,年六十一。

清康熙十一年壬子(1672 年)

梁允植由贡生知钱塘县,直至清康熙十九年。

《(民国)杭州府志》卷一百二《职官》"钱塘县"之"知县"条:"梁允植,真定人,(康熙)十一年任。"(李榕等《[民国]杭州府志》)

春,徐逢吉与洪昇、沈丰垣以词相唱和,并谈论词学,但彼此观点存有分歧。洪昇、沈丰垣皆尚《花庵》《草堂》余习,徐逢吉则反对《花庵词选》《草堂诗余》之词风。(章培恒《洪昇年谱》)

徐逢吉《秋林琴雅题辞》:"余束发喜学为词,同时有洪稗村、沈柳亭辈尝为倡和,彼皆尚《花庵》《草堂》余习,往往所论不合。未几,各为他事牵去,出处靡定,不能专工于一。"末识:"时康熙六十一年壬寅白露前一日,同里紫山徐逢吉题。"按,清康熙六十一年为1722年,上推五十年,应为此年。(厉鹗《樊榭山房集·秋林琴雅》卷首)

清明,俞士彪客龙泉县。

俞士彪《行香子·壬子清明,时客龙泉县》:"流滞荒城。无限凄清。正愁时、谁道清明。韶华游冶,怕杀关情。也不须提,不须问,不须听。　独自行行。多少山程。梦回时、月冷茅亭。鬓丝渐变,带眼堪惊。总没人知,没人见,没人疼。"(《全清词·顺康卷》第4420页)

春,洪昇与钱肇修同游芜湖。随后,钱肇修赴燕,洪昇有《送钱石臣北上,兼忆舍弟殷仲》诗。洪昇旋亦离芜湖而赴大梁。(章培恒《洪昇年谱》)

洪昇《芜湖旅次示钱石臣》:"来法浑疑双社燕,浮沉莫叹一沙鸥。"(洪昇《啸月楼集》卷三)

钱肇修《赠沈方舟、遹原两表侄,皆御泠先生从孙》:"我昔曾同洪大游,狂呼击汰乘中流。去年我自燕都来,洪生仍留蓟北台。殷勤寄语问同怀,痛饮高歌日几回。……"(钱肇修《逸我集》卷一,转引自章培恒《洪昇年谱》第124页)

夏,卓永瞻游京师,与徐釚定交,并与京城的名士交往频繁。

徐釚《桥西草堂词序》:"余于壬子年得交于次厚之亡兄永瞻,永瞻为人慷慨磊落,有所著,援笔立成,每同人分题击钵,永瞻作出,则诸子悉咨嗟叹赏而去。余方以永瞻之才,必能献赋金马,出入彤庭,不意一蹶之后别去,一两年间遂困顿抑郁以死。"(徐釚《南州草堂集》卷十九)

夏,卓永瞻、周在浚、徐釚等同客京城,雅集于徐乾学家,众人饮酒分赋。

徐釚《夏日家健庵叔招同宣城高阮怀,徽州王自先,海宁朱人远,祥符周雪客,仁和卓永瞻,松江周鹰垂、宋楚鸿、王季友,同邑叶元礼雅集分赋得六鱼韵》:"夜凉初下直,置酒脱金鱼。开合绿尊满,移床碧树虚。文章数枚马,宾客尽应徐。缅想当河朔,兹游恐未如。帘阁凝香细,微风散广除。酒狂容脱帽,花落爱摊书。越客吟庄舄,燕歌吊望诸。雄文谁得似,焉敢待吹嘘。"(徐釚《南州草堂集》卷四)

夏夜,周雪客、卓永瞻、叶元礼、徐釚雅集分赋,送宋琬由京入蜀中。

徐釚《夏夜梁家园公燕送宋荔裳先生观察蜀中,同周广庵、雪客、鹰垂、宋楚鸿、王季友、卓永瞻、叶元礼分赋》:"攀尽金门柳,骊歌酒欲酣。行从九折阪,去爱百花潭。叱驭通蛮徼,题诗过武担。讼庭人吏散,问字正高谈。蚕丛西去日,飞盖夕阳低。一路幽花落,千山杜宇啼。僰人行负弩,爨部悉耕犁。愿托峨嵋月,相依濯锦溪。"(徐釚《南州草堂集》卷四)

六月,周在浚、卓永瞻、徐釚、曹尔堪等集周纶寓斋,饮酒赋词,以《水调歌头》唱和,时徐釚将去钱塘,周在浚将归大梁。

周在浚《水调歌头・壬子季夏,同曹掌公、朱人远、卓永瞻、徐电发、叶元礼、宋楚鸿、王季友集家鹰垂寓斋,时掌公初至,电发及予将南还》:"帘外雨初霁,六月喜新凉。一时座上佳客,大半是江乡。子建恰当初至,孝穆何堪欲别,此际暗情伤。我亦欲分手,归去卧沧浪。　看滚滚,登紫阁,赋长杨。浑如鸾凤云中,接翅下高冈。何用征歌击钵,且共藏钩射覆,一饮罄千觞。羸马醉驰去,高柳挂斜阳。"(《全清词・顺康卷》第7893页)

徐釚《水调歌头・壬子季夏,海宁朱人远、大梁周雪客、云间宋楚鸿、周鹰垂、王季友、武林卓永瞻、同邑叶元礼,置酒寓斋,招同武塘曹掌公雅集,时掌公初至都门,雪客将归大梁,余南游钱塘》:"痛饮追河朔,击筑喜同游。坐爱黄骢年少,腰下解吴钩。跃马风鬃雾鬣,燃烛哀丝急管,大醉酒垆头。今夜应欢此,无奈理征裘。　玉山倒,铁笛叫,珀光浮。狗屠一半逢场,齐愿筑糟丘。顾曲周郎将去(雪客。),作赋陈思喜至(掌公),衣马盛长楸。滚滚群公在,我独咏归休。"(《全清词・顺康卷》第6779页)

周纶《水调歌头・寓斋集曹掌公、徐电发、朱人远、叶元礼、卓永瞻、宋楚鸿、王季友、家雪客,时电发将之钱塘,雪客将还大梁》:"燕市说吴市,万里故人同。兑得余杭清酿,呼取酒徒雄。衮衮词坛称霸,多少生瑜生亮,妆点笔花工。作恶是离别,南北与西东。　林逋宅,梁王苑,去匆匆。红尘队里,车如流水马如龙。争似一鞭归也,检校鸥盟鹤梦,添个伴渔翁。无恙旧山在,回首夕阳中。"(《全清词・顺康卷补编》第1174页)

夏,徐釚离京去往钱塘,与严沆、陈祚明、王豸来、周在浚作别,次韵赋诗。

徐釚《将之武林,次韵留别严颢亭先生,暨陈胤倩、王古直、周雪客》:"西湖明月五湖船,才脱征衫又马鞭。闲说段桥秋水绿,清歌怕听李延年。一片乡心带雁飞,柴门犹喜见斜晖。自怜为客伤心惯,翻怪逢人送我归。"诗末附严颢亭、陈胤倩、王古直、周在浚原作。(徐釚《南州草堂集》卷四)

闰七月,陆嘉淑携吴庆百小影乞题于张元岵。(王简可《陆辛斋先生年

谱拟稿》）

闰七月十五，毛先舒作《闰七月十五日与王轸石书》。（毛先舒《潠书》卷六）

八月十五夜，徐之瑞作《水调歌头》以怀黄晦木、陆冰修，兼忆魏凝叔、查逸远。

徐之瑞《水调歌头·壬子八月十五夜，怀黄晦木、陆冰修湖上，兼忆魏凝叔和公查逸远昔年之约》："河汉夜如许，缥缈碧云空。美人今夕，何处清露，九霄中试与乘槎。海上吸取珠光，千顷浩渺荡吾胸。凌风入寥廓，万里访鸿蒙。　今古思，千里共，恨难终。旧游不再，从此离别更何穷。纵许舣船载酒，唤起当时年少，寥落几人同。哀筝深夜起，清怨落飞鸿。"（《全清词·顺康卷》第255页）

秋，陆次云游洞庭，以《沁园春》寄怀。

陆次云《沁园春·洞庭湖》："占候乘时，西指桅旌，放舟入湖。见蝇头细点，孤悬石屿，蛾眉纤缕，横漾沙墟。圆影存天，方舆失地，身在茫茫太极图。差快意，看一帆风，正险处安居。　波涛潜伏龙鱼。仗忠信、行川何所虞。识冯夷有主，君尊柳毅，湘娥敛怨，威戢天吴。返照沉红，浮沤溅白，入浦萋萋遍绿芜。回首望、早银蟾东起，雪涨冰壶。（余尝三过洞庭，此壬子年初度洞庭作也。自记。）"（《全清词·顺康卷》第6874页）

秋，洪昇客游大梁，与洪云来、沈丰垣有诗词相寄，互诉离思。洪昇客梁时，洪昇与梁清标有交游。冬，洪昇自梁返西泠，临行，梁清标有《大江西上曲·赠洪昉思归武林》相赠别。洪昇返杭后，张竞光已卒，洪昇悲痛不已，有《哭张觉庵先生》（《啸月楼集》卷三）。（章培恒《洪昇年谱》）

洪云来《泣西风·寄怀昉思客大梁》："忽听西风送雁群。望梁园汴水，白雾黄云。予季穷途休太息，看悠悠行路，才华若个如君。笔落惊风雨，诗成泣鬼神。　拖紫纡金那足论。只流传啸月，万古千春。块我尘埃空落拓，便砚荒毫腐，疏慵不耐摛文。抚剑长歌罢，秋空月一轮。"（《全清词·顺康卷》第4504页）

洪云来《贺新郎·昉思客大梁，以彝门诗见寄，赋此志怀》："玉砌霜华坠。遍园林、西风飒飒，一天秋气。正忆孤鸿飞何处，恰值新诗遥寄。说多少、感伤情思。当日侯生彝门下，遇信陵、执辔同过市。为上客，敢辞死。　如君抱负真奇士。奈饥驱、天涯历尽，几人知尔。系马悲歌平台上，叫得愁云四起。望故国、乱山无际。我亦蓬窗嗟落魄，自书来、越觉增憔悴。秋

苑静,落梧子。"(《全清词·顺康卷》第 4506—4507 页)

梁清标《大江西上曲·赠洪昉思归武林》:"西泠才子,倦游梁、又整江天飞楫。记得张灯樽酒夜,名论纷如玉屑。和寡阳春,词成黄绢,一卷携冰雪。萧条长铗,张仪曾否存舌。　遥想兵气初销,湖光依旧好,办看山屐。闭户著书千载事,世态漫论工拙。谱出新声,双鬟传唱,四座惊奇绝。子虚赋就,莫教辜负烟月。"(《全清词·顺康卷》第 2279 页)

九月十九日,徐士俊为沈丰垣《兰思词钞》作序。《兰思词钞》二卷、《兰思词钞二集》二卷刊行,为吴山草堂刻本。

徐士俊《题兰思词》:"吾友沈子遹声深于情者也,深于情而才足以副之。故其所为词,言情者十之七,而无不臻于妙丽。"末识"康熙壬子季秋望后四日徐士俊题"。(沈丰垣《兰思词钞》卷首)

十月,徐之瑞访曹溶,并约同适吴门。徐之瑞先发,曹溶作词询之,徐之瑞作《琵琶仙》,以和来韵。

徐之瑞《琵琶仙·壬子孟冬,过访秋岳述旧,明日嘱予同适吴门,余舟先发,因和来韵答之》:"铁拍铜槌,任高唱、昨夜琵琶仙句。孤棹吹送西风,离亭动津鼓。闲矫首、纵横星斗,听嘹唳、断鸿何处。破笠冲风,关河萧瑟,是旧游路。　忆长傍、锦瑟佳人,蚤头白、伤心为谁赋。梦绕薜萝三径,恨流年虚误。留不住、诗人老去,记别时、小玉低诉。莫负京兆归迟,绿窗眉妩。"(《全清词·顺康卷》第 256 页)

陆进与沈丰垣、吴仪一、张台柱、俞季瑮等人成立"西泠词社"。

陆进《巢青阁集诗余自序》:"壬子被放,枯坐无聊,适沈子遹声、吴子瑑符、张子砥中、俞子季瑮有词社之订。"(陆进《巢青阁集诗余》卷首)

徐逢吉《秋林琴雅题辞》:"余束发喜学为词,同时有洪稗畦、沈柳亭辈,尝为倡和。"(厉鹗《樊榭山房集·秋林琴雅》)

秋,陆次云游洞庭,与陆进有书札相寄。

陆进《水调歌头·接云士弟洞庭寄札》:"忆折断桥柳,送子向黔中。梅花历乱争放飞雪洒孤篷。惆怅一时分袂,泪染千林枫树,秋到几成红。屈指幽梦里,颜色几相逢。　喜今朝,题尺素,寄征鸿。凭吊江山诗赋字字泣英雄。恨我拥书独坐,甘老巢青牖下,不借片帆风。卧游虽韵事,远志岂能同。"(《全清词·顺康卷》第 4400 页)

冬,陆次云继至京师,与陈维崧、朱彝尊等唱和,后与章畹、韩铨同辑《见山亭古今词选》。

腊八,毛奇龄、陆进、俞士彪、沈御泠、陆次云、章眒、柳靖公、吴仪一宴集赋词。

俞士彪《庆清朝慢·壬子腊八,同毛大可、陆荩思先生、沈御泠、陆云士、章天节、柳靖公、吴璨符诸子宴集》:"红酒催诗,绿波泛斝,千秋空想芳踪。谁知今朝欢宴,我辈重逢。薄暮门前雪霁,小梅枝上月朦胧。瑶席敞,氍毹座软,橙橘香浓。　人世上,嘉会少,百年里多半,纷冗匆匆。且须相忘少壮,共话情惊。座上不衣自暖,阳春先到画堂中。明朝看,当筵新咏,还是谁工。"(《全清词·顺康卷》第4428—4429页)

除夕,孙治同丘培春赋诗唱和。

孙治《壬子除夕和丘培春韵》:"客况萧条不易过,清源官署奈愁何。自怜独处无佳句,喜有相知一和歌。今夕鱼龙愁里度,明朝霜雪鬓边多。老妻一病无消息,可有回文织锦梭。"(孙治《孙宇台集》卷三十七)

周铭辑刊《松陵绝妙词选》四卷。

朱彝尊编成《江湖载酒集》。

周亮工卒,年六十一。

陈维崌卒,年四十三,著有《亦山草堂词》二卷。

周茂源卒,年六十,著有《鹤静堂词》。

李天植卒,年八十二,著有《厣园词》。

徐之瑞卒于是年后,著有《横秋堂词》。

清康熙十二年癸丑(1673年)

【时事】

六月,平南王尚可喜疏请撤藩。七月,平西王吴三桂、靖南王耿精忠疏请撤藩。八月,康熙帝差礼部左侍郎折尔肯、傅达礼往云南,户部尚书梁清标往广东,吏部侍郎陈一炳往福建,经理各藩撤兵起行事宜。十一月,吴三桂反于云南,"三藩之乱"起。十二月,停撤平南、靖南二藩,召梁清标、陈一炳还。(《清史稿》卷六、《东华录》卷十、《清实录·圣祖化皇帝实录》卷四十四)

春,洪昇与严沆之子严曾槼坐严氏皋园,谈及开元天宝间事,感李白之遇,作《沉香亭》传奇。(章培恒《洪昇年谱》)

洪昇《长生殿·例言》:"忆与严十定隅坐皋园,谈及开元天宝间事,偶感李白之遇,作《沉香亭》传奇。寻客燕台,亡友毛玉斯谓排场近熟。"按,

《长生殿》成于清康熙二十七年戊辰(1688),而《例言》云"盖经十余年三易稿而成",故《沉香亭》之作必在清康熙七年戊申以后,所云"寻客燕台"非指戊申春初客燕之事;且洪昇于乙卯后所作诗,言及飘泊异乡及寓居燕京之时间者,皆自癸丑起算。则此所云"寻客燕台"当指本年仲冬再赴北京事,而作《沉香亭》传奇自不迟于本年。(转引自章培恒《洪昇年谱》第 131 页)

《皋园》:"皋园在城东隅清泰门稍北,少司农严灏亭先生(沆)所筑。"(《东城杂词》卷上,转引自章培恒《洪昇年谱》第 132 页)

秋八月,张庸存(䏻)有疾,陆嘉淑扁舟过问。(王简可《陆辛斋先生年谱拟稿》)

是年冬天,丁澎游梁溪,于锡山旅舍给龚鼎孳《定山堂诗余》作序。

丁澎《定山堂诗余序》:"余以今年冬来游梁溪,子鬘手先生全卷问序于余。余得邀先生之知者数十年,其沐浴教泽者深矣。"末识"康熙癸丑冬西陵丁澎药园氏敬题于锡山旅舍"。(龚鼎孳《定山堂诗余》卷首)

朱彝尊舍馆宣武门右,辑《词综》。(杨谦《朱竹垞先生年谱》)

冬,陆进、俞士彪发起编辑《西陵词选》。另外,徐士俊、丁澎、张丹、王晫、沈丰垣、吴仪一、毛先舒、王嗣槐、张台柱、徐逢吉均参与了编校。最后由海内名贤如曹尔堪、尤侗、曹溶、吴绮、王士禛、陈维崧、彭孙遹、毛奇龄、蒋平阶、陈玉璂、纪映钟、李天馥、徐喈凤、董俞、黄周星、吴刚思、梁清标、宗元鼎阅定。宋琬曾为浙省臬宪,梁允植曾为钱唐县令,二人对西泠词人的创作,以及《西陵词选》的编纂,均有推动之功。

陆进《西陵词选·凡例》:"是选昉于癸丑之冬,成于乙卯之秋。……兹选修饰,端赖良友,若野君、飞涛、祖望、丹麓、通声、璪符之功居多,而稚黄、仲昭、砥中、紫凝并有校雠之助云。阅定诸公,皆海内名贤,夙经就正,碔砆鱼目之消,吾知免矣。"(陆进《西陵词选》卷首)

俞士彪《西陵词选序》:"吾杭秀毓湖山,向多作者。宋之清真,明之浩澜,久为词坛矩矱。近且得宋荔裳、梁冶湄诸先生来宦是土,表率人文,鼓吹风雅,益复家吟户咏,卷帙成林,直可掩千秋而夸四方矣。"(陆进《西陵词选》序)

冬,陈玉璂游武林,过访毛先舒,并为《潠书》八卷作序。另外,《潠书》末附张鹿床《与毛稚黄论文书》、邹祗谟《答毛稚黄论文书》,可知,毛先舒与张鹿床、邹祗谟二人均有交游。

陈玉璂《潠书序》:"癸丑冬日,予游武林,寓西湖之昭庆寺。一日,走访毛稚黄先生，稚黄卧病，方稍起，语格格不能吐，相与拜于床下。稚黄出所著《溰书》示予，且属予序之。先是，稚黄曾以文属友寄予，已浮沉矣。而亡友邹程村客武林时，亦尝钞稚黄文数篇以归，予见之，即刻入《文统》，因叹才如稚黄而所见仅是，今得尽读之，乃大快也。"末识"康熙癸丑冬日毗陵年家同学弟陈玉瑾椒峰拜撰于昭庆寺东竹院"。（毛先舒《溰书》卷首）

十一月，洪昇因家难，自西泠第二次北上赴燕，沈丰垣为之饯行，洪昇有诗留别。（章培恒《洪昇年谱》）

洪昇《留别沈遹声》："冬十一月将远行，愁云不断悲风生。故人惜别饮我酒，当杯忍涕伤中情。落月沉沉天未曙，沙头橹鸣分手去。数声断鸿叫寒霜，飞下烟汀最深处。"（洪昇《啸月楼集》卷二）

宋琬流寓吴越十年，被起用，任四川按察使。王嗣槐闻听宋琬被起用，有书信寄贺，并劝以人情世故。另外，徐乾学有《送宋荔裳观察两川》诗（徐乾学《憺园文集》卷五），**张英有《送宋荔裳观察西川二首》**（张英《文端集》卷七）。

《[雍正]四川通志》卷三十一《职官》"按察使"条："宋琬，山东莱阳进士，康熙十二年任。"（黄廷桂《[雍正]四川通志》）。

王嗣槐《与宋荔裳观察书》："春初一札去役，不知公署所在，托姜都谏转致，未审曾达清览。阅邸抄，知已题补矣。先生才名如许，海内奔走恐后，枢辅之地，蚤已应到，此何足言。以无端罣累，淹滞十年，一旦圣明在上，洗涤冤抑，更加擢用，天道人事，无往不复。北望雀踊，虽不能至，心向往之。某患难周旋，纤毫无补，今闻旌麾西指，不得执手话别，一倾吐其胸中怅恨，何似此时。人情世路，较前似有不同，一番创痛之余，不免费尽心力，居官薪水，家园生息，亦足支持。一切声华游晏，山水赋饮，俱宜裁节，此亦足以耗费精神，有碍政务。左右其事，与老成端谨咨度而行，以先生之声望，但期所以副主知者，何虑台衡之不即践也。蜀道艰难，筋力衰惫，不能从行，勿以老生常谈而采纳之，其荣多矣。远托岐阳独居邑邑，间作诗歌，录呈一二，祈引绳及之，幸甚幸甚。"（王嗣槐《桂山堂文选》卷三）

曹溶备兵山右，徐士俊以《一剪梅》词以赠。

徐士俊《一剪梅·赠曹秋岳先生备兵山右》："三晋云山似画图。情重西湖。梦绕京都。春风细柳景堪娱。虎豹暗鸣。莺燕歌呼。　千里金城大雅扶。文采欧苏。韬略孙吴。蒲萄美酒拥貂狐。异政花敷。高谊霞铺。"（《全清词·顺康卷》第166页）

除夕,洪昇客游他乡,以诗抒羁旅之情。

洪昇《癸丑除夕》:"客里逢除夕,凄然百感并。惊风穿四壁,大雪冻孤城。骨肉皆分离,形容半死生。家家传柏酒,箫鼓达天明。"(洪昇《稗畦集》)

梁允植刊行梁清标《棠村词》。

宋琬卒,年六十,著有《二乡亭词》。

王士禄卒,年四十八,著有《炊闻词》二卷。

龚鼎孳卒,年八十九,著有《定山堂诗余》。

清康熙十三年甲寅(1674 年)

【时事】

正月,吴三桂攻取四川。三月,耿精忠据福建反,遣兵攻掠浙江、江西,江南震动。六月,闽、浙、赣诸地民众乘机起事者甚众。岁复大潦,田禾俱没。(《东华录》卷十、尤侗《悔庵年谱》卷上)

梁允植《柳村词》刊行,顾豹文、丁澎为序,徐釚题跋。

徐釚刻所著《菊庄词》,丁澎、王嗣槐作序。

春夏间,卓回晤周在浚,论词甚合,共有选词之志,遂订选词之事,此即《古今词汇》编纂之缘起。(卓回《词汇缘起》,卓回《古今词汇三编》卷首)

洪昇自西泠抵京师,彷徨无定。后以诗谒李天馥,遂得馆于李家。洪昇深得李天馥的赏识和庇护,二人经常讨论词赋,通宵达旦。(章培恒《洪昇年谱》)

洪昇《旅次述怀呈学士李容斋先生》:"儒生不可为,伤哉吾道否。伏处淹衡茅,客行困泥滓。茫茫六合间,眷顾谁知己。朝有贤公卿,合肥李夫子。殷然吐握怀,愿尽天下士。升也入长安,栖遑靡所倚。投公一编诗中,览罢辗然喜。揄扬多过情,光价顿增美。……情专爱无倦,高馆延我住。出则后车载,食则四簋具。往往坐宵分,篝灯论词赋。恩遇日以深,漂蓬忘流寓。只缘脱略性,苦被时俗妒。赖公砥中流,直道屡周护。……回思谒公时,数语真绸缪。谓子富诗卷,令名足千秋。何须博世荣,区区为身谋。誓当佩明训,努力励前修。三复长叹息,感激涕泗流。"(洪昇《稗畦集》)

李天馥《送洪昉思南还》:"武陵洪生文太奇,穷年著书人不知。久工长句徒自负,持出每为悠悠嗤。一朝携至游上国,寂寞无异乡居时。我得把读亟叫绝,以示新城相惊疑。"(李天馥《容斋千首诗》)

秋，毛际可避寇东下，侨居西泠之庆春门，距王嗣槐北郭草堂仅十里许。毛际可与西泠诸子如王嗣槐、孙治、张丹、吴庆百等交游甚密，诗词唱和颇频。

毛际可《付雪词序》："曩者岁在甲寅，余避寇东下，日与西泠诸子吟弄笔墨，以消旅况。今屈指十有五年，同人相继凋谢，存者落落如星辰。"（陆进《巢青阁集诗余》卷首）

毛际可《百字令·避寇西陵，吴庆百以词讯余近状，率尔赋答》（案《百名家词钞·映竹轩词》词题前有"甲寅秋移家"五字。）："干戈满目，问谁人、手挽天河净洗。画栋雕楹皆一炬，林木明年燕垒。匿影山隅，沉踪水畔，生死须臾耳。更阑秉烛，举家惊定还喜。　遥望形胜钱塘，郁葱佳气。舟楫浮江汜。荆棘故园无可问，却傍孤山梅蕊。儿女颠连，斋厨萧索，迹与鹓鹩比。不如且饮，中山醉日能几。"（《全清词·顺康卷》第 6398 页）

王嗣槐《送毛会侯北上补官序》："岁甲寅，毛子会侯避寇乱，侨居省城之庆春门，去余北郭草堂十里许。余年齿浸衰，逢世寡术，与宇台、祖望辈游憩林泉，追逐花月，为香山会。毛子时过从，放歌狂饮，窥其胸次，多忧时悯俗之旨。"（王嗣槐《桂山堂文选》卷二）

方象瑛亦自福建遂安避乱钱塘，过访毛先舒并与定交，亦与毛际可以及西泠诸子交游甚密。

方象瑛《思古堂雅集记》："余自甲寅秋，偕毛会侯之避地西陵，播迁之余，惟诗文朋友稍慰晨夕。"（方象瑛《健松斋集》卷六）

洪昇《题健松斋为方渭仁进士作》："闽海昔变乱，烽火连括苍。山寇乘间发，所在尽破亡。睦州当孔道，践作戎马场。先生弃园庐，尽室奔钱塘。"（洪昇《稗畦集》）

方象瑛《毛稚黄十二种书序》："余自避乱居武林，始得与毛子定交。毛子方病甚，卧起小室中，积书满案，其神穆然。自是以后，时相过从。毛子谈论，竟日夕不倦。凡古今升降之由，人物事类之变，与夫经史之源流，学术之同异，诗文之得失，四声六韵之通变，莫不元元本本，穷极指归。余每造之，未尝不退而心折也。"（方象瑛《健松斋集》卷二）

方象瑛《与毛稚黄书》："闻足下名二十年，嗣从会侯处读《溪书》，自叹僻处山陬，无由亲承教益。乃迩日过访扬亭，足下引之卧室，出藏书共读。高雅之怀，亦似念睦陵僻壤，尚有可与言文如方生者。……今避乱西湖，翻因患难而获周旋于足下，斯不幸中大幸也。"（方象瑛《健松斋集》卷十一）

方象瑛《郑宝水先生遗集跋》:"甲寅寇乱,余避地钱塘。……丙辰,福建平,……余亦携家返里。"(方象瑛《健松斋集》卷十二)

又毛际可《健松斋集序》:"余读渭仁文,凡三变矣。……暨与余避寇会城,得稚黄诸子相与切劘。"(方象瑛《健松斋集》卷十二)

陆进《偕牛潜子司马、方渭仁、毛会侯、诸虎男半山看桃花》。(陆进《巢青阁集》卷四)

陆次云与同里章晛、韩铨编定《见山亭古今词选》。

冬,张台柱游京师,与洪昇诗词亦有唱和。

张台柱《满庭芳·燕山道上,和洪昉思》:"易水风悲,芦沟月冷,行人暂驻征鞍。燕昭何处,荒草满平原。不见黄金台馆,空赢得、骏骨如山。疏林远,高陵望断,落日黯无言。　年年。尘土里,输他白发,换却朱颜。指长安宫阙,多在云端。昨夜漫天飞雪,朔风起、吹满燕关。家乡杳,浪游倦矣,萧瑟敝裘寒。"(《全清词·顺康卷》第4483页)

张台柱《高阳台·燕山道上有感,用洪昉思九日登高韵》:"树接斜阳,山横断霭,惊风刺眼尘沙。牢落征途,帝城遥指云遮。南来旅雁谁相识,伴月明、独宿芦花。最难禁、梦断家乡,几处哀笳。　千金买骏谁耶。叹烟寒碣石,室迩人遐。浪迹萍踪,随风飘泊天涯。栖栖南北征鞍上,却总教、送尽年华。问明春,燕子多情,巢向谁家。"(《全清词·顺康卷》第4485页)

冬某日,方象瑛偕毛际可再度过访毛先舒,先舒设宴款待,其时李式玉、徐汾、诸匡鼎均在座,主客传觞命管,尽欢而散。

毛先舒《与遂安方渭仁书》:"昨蒙与会侯联镳而过,草率供具,殊愧主人。但喜坐无伦儗,便成雅集。亲承音唾,玉落珠飞;清言未终,紫箫间发;弦哀曲艳,悲笑俱来;传觞命管,烛未见跋;一辞而退,犹秉周礼。仆虽欲投辖,其如道古君子何?别后添香洗盏,更与计氏兄弟轰饮移时。起步阶墀,皎月如雪,兴到忘倦,夜方未央,乃恨两君子之骊驹早驾也。言念杭睦,一水萦之,而闻声相思,遥不得面。今足下以乱驱北徙,遂得款曲,大慰寤寐,仆之幸哉!"(毛先舒《思古堂集》卷二)

方象瑛《再与毛稚黄书》:"前于《鸾情集》,读足下拟汉卿骋怀之作,甚佳。夜来,两计生歌之,善写曲意,跌宕豪激,令人起舞。已奏马嵬宿草,哀艳惊魂,吊苏一阕,凄楚欲绝。龙涎兽炭,不知雪飞;弦悲酒清,醒而复醉。避乱移家,流离至此,既获良朋,兼与雅集,人生乐事,何以过之。"(方象瑛《健松斋集》卷十一)

陆进《偕睦州方渭仁、毛会侯,同里李东琪、徐武令、诸虎男饮毛稚黄思古堂》:"不许高台卧客星,翻从避乱到西泠。云霄却望翩俱健,湖海相逢眼倍青。气合直疑双宝剑,狂来倒泻百银瓶。主人秉烛开璃宴,莫问严城夕早扃。"(陆进《巢青阁集》卷六)

除夕前,洪昇自京归西泠,晤王晫,述及李天馥思念状。同时,与避难寓居在西泠的毛际可、方象瑛也有来往。

王晫《与李容斋学士书》:"草堂得接教言,欢浃表里。随蒙赐书,许以三五日以内,拟作竟夜之谈。盼望良久,不意仙舟已长发。翘首河干,祗深怅望。其后先生侍从帷幄,名德日升,窃意山野故人,先生久忘之矣。乃陆子云士归里,谓仆曰:李先生念尔独至。仆信且疑之。继何子岱沾、洪子昉思,先后南还,咸相告如陆语。仆始憬然。"(王晫《霞举堂集》卷五)按,据《清史列传》卷九《李天馥传》,天馥以清顺治十八年(1661)辛丑授检讨,清康熙十四年(1675)为侍讲学士,次年(1676)为侍读学士,迁少詹事,清康熙十六年丁巳(1677)升内阁学士。

洪昇《题健松斋为方渭仁进士作》。(洪昇《稗畦集》)

陈祚明卒,孙治作《亡友陈祚明传》以悼之。

孙治《亡友陈祚明传》:"语云:火为水妃。故先生以亥年生,五行中火乐木,故今以寅年终。"(孙治《孙宇台集》卷十五)

史惟园以所著《蝶梦词》二卷贻王晫。

徐釚刻所著《菊庄词》一卷、二集一卷。

清康熙十四年乙卯(1675年)

【时事】

十二月,立皇子胤礽为皇太子。(《清实录·圣祖仁皇帝实录》卷五十八,蒋良骐《东华录》卷十一)

正月十三日晚,俞士彪同徐士俊、方象瑛、毛际可、邵斯扬、洪昇集陆进茂承堂,分韵赋词。

俞士彪《少年游·上元前二夕,同徐野君、方渭仁、毛会侯先生,邵于王、洪昉思,集陆荩思茂承堂,分韵得春字》:"华灯焰暖,红云影绕,蟾魄荡梅痕。相对忘年,未知谁主,不道夜将分。 笑歌自可称行乐,何必踏香尘。且共留连,莫教归去,花扑瓮头春。"(《全清词·顺康卷》第4426页)

春王三日,陆进、许竹隐、张彦若、吴仪一集陆进茂承堂,分韵赋诗。

陆进《乙卯春王三日，许竹隐、张彦若、效青、傅雨臣、吴璨符及禹儿饮茂承堂，分韵得春字》："草堂佳客集芳辰，鹦鹉杯传及早春。槛外梅花含雪冻，帘前竹叶带烟新。剧怜戎马生多垒，自愧文章老一身。薄暮兴酣俱岸帻，百壶清酒莫辞频。"（陆进《巢青阁集》卷六）

晚春，孙治、张丹、王嗣槐、陆进、王晫泛舟孤山，至湖心亭。

孙治《乙卯春暮，同张祖望、王仲昭、陆荩思、王丹麓泛舟孤山，至湖心亭》二首："风连朝未解愁，却逢晴日喜同游。黄公炉畔犹如昔，处士坟前一放舟。""亭子湖中水上居，招携良友乐何如。幽心欲问林间鹤，雅兴真同濠生鱼。"（孙治《孙宇台集》卷四十）

三月上巳，严沆为《见山亭古今词选》序，是集当刻行于此时。

四月七日，毛先舒招毛际可、方象瑛、李式玉、陆进、诸匡鼎、徐汾、徐邺等于思古堂雅集，通宵畅饮，属方象瑛作《思古堂雅集记》。

方象瑛《思古堂雅集记》："（自甲寅避乱西泠后），明年四月七日，毛子稚黄、李子东琪、徐武令、华征兄弟、诸子虎男、稚黄从子次瀛，招集思古之堂。思古堂者，稚黄著书处也。余与会侯将赴之，出门值陆子荩思，遂挟以俱。……肴馔既陈，觥筹交错，啜莼羹，啖含桃，极论古今诗文之变，与夫山川名胜、人物臧否。……时夜禁颇严，诸君谋散去，稚黄曰：'酒且盈樽，禁夜行，不禁人夜饮也。吾虽善病，乃十昼已邪。'于是洗盏更酌，绛蜡荧荧，与纤月相映。……谑浪恢谈，载醉载醒，墨渍酒痕，点染阶砌，不知鸡人已戒曙矣。联榻中庭，拥衣暂卧，望日影而起，宿醒犹未解。……稚黄属余纪其事，倘他日风流云散，羁滞各天，追忆今宵，邈若河汉，酒酣耳热后，试取斯文讽之，胜集犹可得仿佛耳。"（方象瑛《健松斋集》卷六）

五月五日，徐釚、梁允植泛舟湖上，雅集宴乐，并赋《渔家傲》词。徐釚自壬子秋来武林，已有三年，其间不时与西泠词人群体成员雅集唱和，有《东风齐著力·题绕屋梅花图，寄陆荩思》（《全清词·顺康卷》第6789页）、《青玉案·题王丹麓听松图》（《全清词·顺康卷》第6798页）等。

徐釚《渔家傲》词序云："乙卯五日，泛舟西湖，午风酣畅，画舫笙歌，湖山环绕，冶湄大令载酒放鹤亭边，其弟中溪子偶寻小青墓不得，微吟'消魂一半是孤山'之句，余信口足成之云：'青青芳草瘗红颜，愁对双峰似翠鬟。多少西陵松柏路，消魂一半是孤山。'相与拍浮叫绝。酒痕墨渖，几污衫袖。酒半小憩处士祠中，分韵赋《渔家傲》一阕，已而夕阳在山，人影散去，逋仙有灵，亦应呼梅妻鹤子，共伴香魂于暮烟衰草之际也。"（《全清词·顺康卷》

第6798—6799页)

五月十日,洪昇《啸月楼集》成书,黄机为之序,校阅者为李式瑚(李式玉之弟)、聂鼎元、汪鹤孙、柴震、沈士熏、张云锦、沈丰垣。(章培恒《洪昇年谱》)

黄机《啸月楼集序》末识"康熙乙卯端阳后五日题于怀古堂"。(洪昇《啸月楼集》卷首)

五月,"北门四子"陆进、王嗣槐、王晫等招张丹、徐汾、方象瑛、毛际可等,雅集于杨氏斐园,饮酒赋诗,两日始散。

王嗣槐《斐园燕会序》:"孟夏之月,余与莐思、丹麓诸子,觞客于北门之外,就杨氏之斐园而布席焉。客为谁?山右潜庵牛侯、毗陵蒋子驭鹿、睦州方子渭仁、毛子会侯,四人客也。余困于诸生,为诗歌、古文辞。四方之人至武林者,过而问之。余年浸衰,精力耗亡,而璨符、升秀诸人,年少有隽才,与予壻与百、儿崇翰游,喜宾客,是日从余为主。徐子武令、陆子子容、潘子蔚湘闻斯集,皆欣然来会。先期戒客而雨,及期雨霁。客至相揖,脱冠解衣,临清池,倚林石,围棋局戏,嘻笑谈谑,怡怡如也。肴核既具,觥筹交错,日晡继烛,促坐酣饮,剧论古今文词相乐也。已而若有嘅焉,夜漏三下,客始就寝。晨起,云气冠山,如车盖,雷声殷殷,而澍雨奄至矣。铺毡杂坐,举酒属客,今日良会,乌可无文。于是分笺命笔,各奏所长。渭仁为序、会侯为记、与百为启,莐思为连珠,武令为赋,璨符为四言诗,驭鹿、萱贻为五七言古风,子容为五言排律,崇翰为五言律,升秀为七言绝句,牛侯、蔚缃、丹麓以事先去,分赋七言律、七言排律、六言绝句,祖望不至,分赋乐府,东琪及儿武功,以他出不与,一为北曲,一为七言古。虽一时之会,友朋之多,文词之各有体,先后迟速之不同,其时绝无赋,几而代诗不成,而罚大斗者,亦可谓盛矣。"(王嗣槐《桂山堂文选》卷一)

六月七日,有白鹭集于毛先舒思古堂,先舒之好友方象瑛、毛际可、李式玉、陆进、徐汾、徐邺各赋诗文以纪。诸匡鼎以为合于雅颂之义,为作《鹭集思古堂记》。

诸匡鼎《鹭集思古堂记》:"乙卯六月七日,有鸟集于思古堂之墙,毛子之家人见之,惊呼曰'鹤群!'谛视之,则鹭也。毛子之友一时各赋诗文以纪其事。余闻之,语毛子曰:子知鹭之所以集者乎?盖尝读《周颂》之篇矣,曰'振鹭于飞,于彼西雍。有客戾止,亦有斯容。'言客之戾止而有鹭集于西雍之水也。今思古之堂,古交萃焉。子既卧病一榻,而长者之辙愈多,促膝而谈文论道于茗碗药铛之侧者，不绝闻也。迩者子既有起色，座客时满，语笑无疲。今年四月七日，同人复大集于斯堂，睦陵则方子渭仁、毛子会侯，同郡则李子东琪、陆子荩思、徐子武令、华征，暨令侄次瀛、贤嗣靖武、云门、文直，及不佞匡鼎，烧烛传杯，快饮终夜。……于是分题唱和，文藻竞发，或文或诗，或填词，或南北曲，遂有《思古堂雅集》之刻，传之四方，以为美谈。噫！可谓盛矣。以方兰亭曲水，岂足多乎？是后花月之晨、风雨之夕，既有贤主，乐聚嘉宾，气谊既合，古道斯敦，此鹭之所以集于子之墙也。"(《今文短篇》)

七月，卓回游通、潞河，与严沆相遇。卓回向严沆言及与周在浚汇选《古今词汇三编》之事，严沆大喜，以为《古今词汇三编》可使词人知溯源穷流之理，意义重大，敦促卓回尽快去金陵，与周在浚尽快完成汇选之事。

卓回《梨庄词序》："余去秋游通、潞，偶以语严子颢亭，击节称快云：'子盍归而谋诸梨庄，急公所好于天下，令人知溯源穷流。岂惟观水之术应如是，将词苑功臣，唯二子莫与京。'"(周在浚《梨庄词》卷首)

卓回《词汇缘起》："是书肇自乙卯之七月，与严司农执手潞河，深言：'近日词家多，会者犹少，由未得古词善本为模楷，譬曰饮水，不问源流。子往秣陵，盍图之。'不知先是予与雪客已有订，特剞劂无资，安能公之天下。"(卓回《古今词汇三编》卷首)

秋，《西陵词选》八卷编成并刊行。

陆进、俞士彪《西陵词选·凡例》："是选昉于癸丑之冬，成于乙卯之秋。"(陆进《西陵词选》卷首)

洪昇自西泠赴京师，途中有《旅次述怀呈学士李容斋先生》诗。李天馥将洪昇诗示以王士禛，士禛亦嗟赏不已。洪昇遂从士禛受业，过从甚密。(章培恒《洪昇年谱》)

洪昇《旅次述怀呈学士李容斋先生》："谒来暂为别，客舍仍淹留。青灯昭寒雨，落叶风飗飗。野萤暗无色，草虫鸣未休。抚枕不成寐，怆然生旅愁。"(洪昇《稗畦集》)

李天馥《送洪昉思》："我得把读亟叫绝，以示新城相惊疑。"(李天馥《容斋千首诗》)

王士禛《香祖笔记》卷九："昇，予门人，以诗有名京师。"

秋，陆进、张丹与云间沈友圣雅集于王晫的茂承堂。

陆进《秋日云间沈友圣同张祖望、王丹麓集茂承堂》："北门值雨联吟后,冷落骚坛又几年。一自云间来野鹤,遂令竹径破苍烟。谈诗漏尽鸡声早,把酒秋高雁影连。最苦弟兄难聚首,好期明月泛湖船。"(陆进《巢青阁集》卷六)

十月,丁澎宿海昌安国寺禅房。

《海昌安国寺重修钟楼记》:"乙卯冬十月,予有事盐官,假馆安国寺之禅房。"(丁澎《扶荔堂文集选》卷八)

十二月,梁允植、丁澎、陆进、俞士彪分别为撰《西陵词选序》。

梁允植《西陵词选序》末识"康熙乙卯嘉平月"。(陆进《西陵词选》卷首)

冬,毛先舒自丰乐桥南移居铁冶岭。林璐慕名过访,为先舒作《草荐先生传》。

林璐《草荐先生传》:"草荐先生,不知其名字氏族。始居丰乐桥南,又徙而之铁冶岭,经岁不出户。……先生昔游云间,识彝仲夏先生及令子存古;游越,师事念台刘先生与李官大樽陈先生,又识世培祁先生,文学王悬趾先生;吴门则交叶君圣野,雪苑则交侯君仲衡,毗陵则恽君逊庵,豫章则王君轸石,于浮屠氏乃与南屏豁公久游。先生又曰:'呜呼!自吾游至今,三十余年矣,今其人皆已逝。故乡好友,自陆大行鲲庭殉国死,诸君子三十年间,或出或处,意趣如殊。然南皮北海,分曹赋诗,岁岁修禊事,以为娱乐。迄今有蝉蜕轩冕者,有山林终者,有自髡顶为僧者,有小草坐寒毡者,有起以大慰苍生者,有墓木已拱久者,有糊口四方、金尽裘敝者,有憔悴且行吟者。吾老矣,犹得卧荐上,迫季秋,辄益荐,吾不意竟益至二十八帘也。汝慎无言,吾又将卧。'于是,里中人咸呼曰'草荐先生'云。或曰:先生毛氏,名先舒,字稚黄,古钱唐人。"(《国朝耆献类征初编》卷四百七十五)按,"自陆大行鲲庭殉国死,诸君子三十年间",陆培殉难于清顺治二年(1645),下推三十年,即为清康熙十四年(1675)。

陆次云、章旸、韩铨编成《见山亭古今词选》三卷,严沆、陆次云为序。

严沆《见山亭古今词选序》,末识"康熙乙卯上巳西泠同学弟严沆顿首题"。(陆次云《见山亭古今词选》卷首)

商景兰卒,年七十一,著有《锦囊诗余》。

金是瀛卒,年六十四,著有《芝田词》。

清康熙十五年丙辰(1676年)

【时事】

十月,黄河决于淮阳。耿精忠于福建乞降,康熙帝命还精忠爵如故。是岁,年饥视昔更甚。朝廷以军兴匮乏,加官户钱粮若干,税门摊钱若干,长邑又有销圩丈田之役。(蒋良骐《东华录》卷十一,《清实录·圣祖化皇帝实录》卷六十三,尤侗《悔庵年谱》卷上)

春,严沆六十,钱肇修作词寿之。

钱肇修《永遇乐·度支严颢亭先生六十》:"柳岸晴和,牙樯鳞会,郭门喧溢。南楚艅艎,东吴秔稻,上庚何充斥。鄮侯转饷,宣公筹运,往事而今重说。问王师、无忧内顾,荡平不知谁力。 金瓯名姓,亲教署了,正好头须未白。凤阁十年,丹扆廿载,解组还多日。东山载酒,绛帷列伎,恰是期颐过百。记何处、儿时游钓,春风巷陌。"(《全清词·顺康卷》第 8396 页)

春,徐釚客居西陵,游梁允植幕,将诗集《西陵草》示以陆进,并托陆进请张丹为序,张丹遂作《西陵草序》。另外,孙治亦为其作序。(徐釚《南州草堂集》卷首)

张丹《西陵草序》:"君又以其余暇,乘兴登眺,足遍遐迩,制诗若干篇,题曰《西陵草》,示其友陆子荩思,属予一言。……予披读再过,观其研骋妙思,而畅以隽永之旨,嗟山川其何幸,赖名言以不朽,是又岂时流所得窃其藻思也哉。"末识:"时康熙丙辰春月"。(徐釚《南州草堂集》卷首)

梁允植为汪懋麟《锦瑟词》作序,是集当编定于今年。

三月十六日,毛际可访毛先舒于思古堂,回忆此前与李式玉、徐汾、徐邺的燕赵之游。

毛际可《暮春觞咏序》:"丙辰三月望后,过思古草堂,稚黄五兄方与诸君君简论画,……念客岁与同人大集斯堂,五兄有'何物莼羹风味妙,顿令张翰欲休官'之句。曾几何时,东琪、武令、华征作燕赵游。"(毛际可《安序堂文钞》卷五,转引自章培恒《洪昇年谱》第 156 页)

四月,张元岵卒,陆嘉淑为其传。(王简可《陆辛斋先生年谱拟稿》)

初夏,沈谦之子沈圣昭为先父刊刻《东江集钞》九卷附录一卷《东江别集》五卷,张丹为作《喜沈圣昭刻其父去矜遗集》以记,华亭蒋平阶为作《东江集钞序》。

张丹《喜沈圣昭刻其父去矜遗集》:"喜子鸠遗集,遡流此本源。青山人已古,白雪调常翻。数展蘪芜席,深藏薜荔垣。隐侯今有后,不复虑参燔。"(张丹《张秦亭诗集》卷八)

蒋平阶《东江集钞序》："丙辰初夏，令子属予友于畏之寓书请序于予，并示毛子稚黄所撰志铭。予发函伸纸，涕潸潸下，独喜去矜不朽之作遂得行世，而令子之善继善述又有足称者，向者悲痛之情，聊复为之少自慰乎。"（沈谦《东江集钞》卷首）

夏，陆次云与王古直等在西泠桥上邀月饮酒，并与之讨论曲学。

陆次云《湖壖杂记·西泠桥》："丙辰之夏，红藕花开，王子古直偕女史素蓉曲工，金叟拉余举杯桥上，为邀月之饮。素蓉歌《东风无赖》一曲，听者凝神。"

夏，李式玉自西泠至京师，晤洪昇，洪昇作《柬李东琪》诗，劝其归。（章培恒《洪昇年谱》）

洪昇《柬李东琪》："闻君昨日到长安，驿路风尘乍解鞍。古寺楼台高避暑，晴天松柏昼生寒。亲知把臂他乡少，贫贱论交此地难。我自飘零归未得，秋江劝尔弄渔竿。"（洪昇《稗畦集》）

卓回为周在浚作《梨庄词序》。

卓回《梨庄词序》："余去秋游通、潞，偶以语严子颢亭，击节称快云：'子盍归而谋诸梨庄，急公所好于天下，令人知溯源穷流。岂惟观水之术应如是，将词苑功臣，唯二子莫与京。'"

卓回《词汇缘起》："是书肇自乙卯之七月，与严司农执手潞河，深言：'近日词家多，会者犹少，由未得古词善本为模楷，譬曰饮水，不问源流。子往秣陵，盍图之。'不知先是予与雪客已有订，特剞劂无资，安能公之天下。"

按，乙卯为1675年，下推一年，可知，《梨庄词序》应作于1676年。

七月七日，梁允植初度，王嗣槐、张祖望等为之寿，王嗣槐有《寿冶湄梁公序》。

王嗣槐《寿冶湄梁公序》："岁在丙辰，孟秋七日，为冶湄梁公览揆之辰。毛子、陆子、查子、杨子、姚子过余桂山堂，谋所以祝公者，秦亭山人自前溪来，相揖坐定。"（王嗣槐《桂山堂文选》卷一）

九月，王士禛妻张氏卒，洪昇有《代王阮亭先生悼亡》诗。（洪昇《稗畦集》）

王士禛《渔洋山人自订年谱》："康熙十五年，九月，张恭人卒于家。"

丁澎为梁清标《棠村词初刻》序，《棠村词》合《初刻》《二刻》，于今年刊行。

释今释《遍行堂集》四十九卷刻行，收《遍行堂词》三卷。今释原名金

堡，字卫公，浙江仁和人，明崇祯十三年进士，明亡为僧。

陈祚明《敝帚集》（又名《采菽堂诗集》《稽留山人集》）刻行，凡二十一卷，收词一卷。

除夕，洪昇在京，以诗抒发思乡之情。

洪昇《丙辰除夕》："昨岁逢除夕，他乡忘苦辛。班衣同弱弟，柏酒奉严亲。一送南天棹，孤羁北地尘。今宵家万里，灯下倍伤神。"（洪昇《稗畦集》）

除夕，丁澎客庐阳，作诗以怀李天馥。

丁澎《丙辰除夕客庐阳，有怀李湘北学士》三首，其二："南天雁去眇修途，目断长安旅兴孤。散骑胸中浇垒块，君房足下恕狂奴。炉烟讲幄逢春早，雪夜辛盘任客酤。能到平泉凝眺久，可无书札慰潜夫。"（丁澎《扶荔堂诗集选》卷九）

董元恺编定所自作词为《苍梧词》十二卷。

王士禛等辑《古今词汇》六卷。

丁炜刻《问山诗余》。

吴焯生。

清康熙十六年丁巳（1677年）

【时事】

正月，以内阁学士陈廷敬为翰林院掌院学士，充日讲起居注官。五月，尚之信以广东降。六月，尚可喜卒于军，以其子之信袭封平南亲王。十月，始设南书房，简侍讲学士张英、中书高士奇等入直，以备顾问。（《清实录·圣祖仁皇帝实录》卷六十五、卷六十七、卷六十九，蒋良骐《东华录》卷十一）

春，诸匡鼎欲赴武昌省其兄诸九鼎，王嗣槐赋诗赠行。

王嗣槐《送诸虎男之武昌省兄骏男》。（王嗣槐《桂山堂诗选》卷二）

四月，方象瑛赴京候选，请昉思为其健松斋题诗，洪昇因作《题健松斋为方渭仁进士作》。（章培恒《洪昇年谱》）

方象瑛《赴都日记》："余需次后期，丙辰除日连得家侄若韩书，趣余赴选。……顾期迫，拟二月十八日起行。……（四月）二十日越良乡，度芦沟桥，揽辔入都。……丁巳渭仁记。"（方象瑛《健松斋集》卷七）

陆嘉淑复游燕中。（王简可《陆辛斋先生年谱拟稿》）

夏，施闰章至西泠过访毛先舒，先舒将《匡林》二卷书稿付之，属其审阅论定,并撰序。

施闰章《匡林序》:"其所著书曰《匡林》,盖偶读子瞻《志林》,有所摘正者也。附以杂说他文,共为一编。余去年过之,属余论定。"末识"康熙戊午仲春月宛陵同学弟施闰章谨序"。(毛先舒《匡林》卷首)(按,清康熙戊午为1678年,上溯一年即1677年,为清康熙十六年丁巳。)

夏,洪昇在京师与诸名士如李天馥、方象瑛、王士禛等,均有交游。(章培恒《洪昇年谱》)

洪昇与同客京师的西泠文士如汤右曾、顾永年、翁介眉、陈晋明(陈祚明之兄)、沈宜民等,交谊甚笃。(章培恒《洪昇年谱》)

初秋,卓回重游建康,与周在浚合辑《古今词汇》。二人在闲暇之余,以《贺新凉》二首唱和,显露出重振词坛大雅的决心。

卓回《贺新郎·丁巳初秋重游建康,同周子雪客合辑词汇,偶题二阕,用张白云饷鹤词韵》其一:"倦矣孤飞鹤。怪人猜、芝田不宿,大江漂泊。最耻鸢乌能攫肉,遑问稻粱精凿。掬秋水,一泓云壑。孔思周情如断梗,且拍张、按节从时乐。浣脂粉,当良药。 原泉汩汩曾无涸。有彩笔,非秋垂露,供吾斟酌。大雅爱书谁定例,俯首雕虫生活。笑蠖李、蕡腾匍匐。天地元音应未坠,漫文言,某某传衣钵。真风雅,竟寥廓。"其二:"顾曲周郎者。是当年、裴王子弟,如龙如马。听说群贤京洛聚,秋水题名歌社。再有似、兰亭风雅。杨柳池边初招手,识襟情、肮脏堪心写。定交日,好闲暇。 重嗟词法江河下。倩伊谁,总持韵府,放怀潇洒。忆得故人双碧眼,镜净纤尘不挂。唤西风,早驱残夏。满载缥缃和寸篆,谅洪钟,不禁人撞打。整铅椠,吾来也。"(卓回《古今词汇》卷首)

周在浚《贺新凉·钱塘卓方水,年七十,走数百里来白下,觅予合选词汇,于其垂成,作此志喜。再用瑶星韵》其一:"辛似天边鹤。听云中、一声长唳,翔翔高泊。且道涪翁能绝俗,却又怪他穿凿。苏又别、生成丘壑。柳七苦遭脂粉涴,但红牙低按供人乐。医俗眼,少灵药。 吾曹肯使源头涸。漫搜求、缥缃秘籍,互加斟酌。大雅独存真不易,陈腐何能生活。况又是、依人匍匐。堆垛饾饤尤可叹,叹昔今、传习非真钵。披毒雾,见寥廓。"其二:"举世何为者。展双眸、纷纷攘攘,尘埃野马。只有披裘垂钓客,来入汝南诗社。共太息、淫风变雅。夏夏陈言之务去,看谁能、自把胸怀写。学绮语,苦无暇。 惭予双眼难高下。展残编、研朱和露,任情挥洒。尔我忘形无芥蒂,去取胸怀不挂。更何必、经冬历夏。七十老翁偏好事,夜焚膏、手

录更三打。垂成日,快心也。"(《全清词·顺康卷》第7921页)

秋,王绍隆游燕,欲作归计。

王绍隆《点绛唇·丁巳秋杪适自燕,复作归计》:"天远长安,空劳奔走人无数。茫茫今古。不辨鱼龙聚。　驹隙无多,兀自红尘苦。思千缕。鬓华如许。却忆梅花坞。"(《全清词·顺康卷》第2740页)

九月二十二日,王嗣槐作诗赠张丹。

王嗣槐《丁巳九月二十二日,梦与宇台、荩思聚饮祖望山庄,口占赠祖望》:"竹梗桑塍斜日晖,幽人深息自依依。岚开二仲披蒿入,月上双乌识树归。对尔木鸡真似槁,笑他单豹亦空肥。张良李泌关人事,只是山中大布衣。"(王嗣槐《桂山堂文选》卷十二)

十月,诸匡鼎在武昌省其兄诸九鼎,寓居于胭脂山来青轩,闻洞庭产橘甚佳,意欲觅百十株意欲觅百十株移归故乡,植于园中,霜风乍起时,则邀毛稚黄、沈汉仪等师友煮酒共赏金橘。

诸匡鼎《橘谱自序》:"丁巳,予偶馆鄂渚,闻洞庭产橘甚佳,意欲觅百十株移归故乡,植于园中。当寒风初起,霜橘含金,招桥西毛稚黄、东巷沈汉仪,暨家季叔氏来坐树下,持螯煮酒,坐消永日,真所谓橘中之乐,不减商山也,作《橘谱》。"末识"西陵诸匡鼎虎男氏题于武昌胭脂山康熙丁巳孟冬谷旦"。(诸匡鼎《橘谱》,清康熙刻本,卷首有毛先舒、沈家恒、周禹吉三人的题辞)

冬,洪昇取道大梁南返,拟卜居武康。临行,王士禛作《送洪昉思由大梁之武康》(《渔洋山人续集》卷十丁巳稿)、方象瑛作《送洪昉思游梁,兼寄毛祥符会侯》(《健松斋集》卷十八《展台诗钞》上丁巳)、曹贞吉作《贺新凉·送洪昉思归吴兴》赠行。

曹贞吉《贺新凉·送洪昉思归吴兴》:"年少愁如许。叹羁栖、京华倦客,雄文难遇。广漠寒风吹觱篥,弹铗歌声太苦。且白眼、看他词赋。单绞岑牟直入座,挏酒酤、挝碎渔阳鼓。欹帽影,掉头去。　湖山罨画迎人住。溯空江、白云红叶,一枝柔橹。归矣家园烧笋熟,五岳胸中平否。学闭户、读书怀古。舟过吴门烦问讯,是伯鸾、德耀佣春处。魂若在,定相语。"(《全清词·顺康卷》第6521页)

秋冬间,卓回与周在浚共同编订《古今词汇初编》刊刻,金镇出次襄助。(卓回《词汇缘起》,《古今词汇三编》卷首)

顾贞观、纳兰性德合编《今词初集》二卷刊行。

孙默陆续收辑刊刻世人词为《国朝名家诗余》，凡十七家。

刘体仁卒，年六十，著有《七颂堂词绎》。

清康熙十七年戊午（1678年）

【时事】

正月，清廷首设博学鸿词，征召天下名士。七月，吴三桂于衡阳称帝。八月，吴三桂卒于衡阳。（《清实录·圣祖化皇帝实录》卷七十一，蒋良骐《东华录》卷十一，《清史稿》卷六）

初春，佟世南自金陵客居西泠，晤陆进、张台柱。三人均有编辑词选以正当世词学之意，遂开始收集文献，编选《东白堂词选》，曹溶、李天馥、纪映钟、曹尔堪、彭孙遹、尤侗、陈维崧、王士禛、顾贞观、梁允植、沈丰垣、俞士彪、徐士俊、丁澎、王晫参与了词选的审阅工作。众人在编词选同时，作词酬唱。

佟世南《东白堂词选初集小引》："我朝易鼎三十年来，词人蔚起，浓丽者仿佛二唐，流畅者居然北宋，第好尚不同，趋合各异。尝欲订一选，以为词学正法。戊午春，适游武林，晤陆子苋思、张子砥中，有水乳之合。遂共搜散帙，以图付梓。"（佟世《东白堂词选初集》卷首）

陆进《东白堂词选序》："余既与俞子季琛竣事《西陵词选》，方将收辑散帙，汇为一书，以成大观。适佟子梅岑远来白下，而张子砥中归自吴门，相与商确，共成斯举，爰以就正当世。"（佟世南《东白堂词选初集》卷首）

俞士彪《念奴娇·同李笠翁、丁药园、吴庆伯、丁弋云、李东琪、丁素涵、陆苋思诸先生，诸虎男、钱右玉、张砥中、徐紫凝、沈方舟诸子，集佟梅岑一经堂》："浪游归也，喜今朝正值，南皮高会。看着如云冠盖集，偏我形容憔悴。曳屦升阶，科头入座，拍案频频起。主人情重，不妨狂态如此。　因念公子风流，接谈终日，已被醇醪醉。况复满堂丝与竹，那不玉山斜倚。屈指而今，让谁千古，争夺词坛帜。有怀未已，漫云歌以言志。"（《全清词·顺康卷》第4426页）

二月，施闰章为毛先舒《匡林》二卷作序。

施闰章《匡林序》："稚黄少以文章名西陵，晚而有志于道，尝极论格物之旨，磨切学者。平生善病，不废书，掩关执卷，客至罕迎送，盖余十年矣。往时同起西陵诸子，丽京既去为僧，虎臣、锦雯、甸华、去矜强半凋谢。稚黄顾影感慨，未尝不啸呼叱咤，欲收千百载为崇朝，孰谓稚黄非与古为徒者

乎？"末识"康熙戊午仲春月宛陵同学弟施闰章谨序"。（毛先舒《匡林》卷首）

春，孙治为陈廷会审定文集，并为之撰序，自叙二人定交四十三年。（孙治《陈际叔文集序》，《孙宇台集》卷四）

春，佟世南客居西泠，作词以赠梁允植。

佟世南《沁园春·赠梁冶湄》："百里名区，制锦才优，自足徜徉。便浏览湖光，何妨薄宦，沉酣书轴，时近芸香。宗伯词华，司农雅奏，家学由来擅冀方。新诗好，早云飞鄞里，锦濯川江。　西泠不逊河阳。更栽得、名花万树芳。爱凤驾行春，香风拂袖，留宾醉月，深夜飞觞。忆我当年，曾陪宴赏，霄汉襟期未可忘。今重到，喜凫飞不远，还觐龙光。"（《全清词·顺康卷》第4572页）

春，佟世南客居西泠，与沈丰垣宴集并作词以赠。

佟世南《贺新郎·湖上醉歌赠沈遹声》："耳热还须酒。但持觞、仰天大笑，莫随人后。落落吾侪堪白眼，世事于君何有。任薄暮、浮云归岫。怅望孤山梅尽也，绕西湖、欲绾苏公柳。才对影，讶清瘦。　临风自问频搔首。慢回思、小青冢上，几添僝僽。梦里春来无计是，留得穷愁如旧。听杜宇、泪浇双袖。拟换扁舟寻宿约，问苍穹、可许疏狂否。杯再举，曲三奏。"（《全清词·顺康卷》第4573页）

三月，佟世南客居西泠，作词以寄思乡之情。

佟世南《御街行·忆亲》："西陵滞迹今三月。叹久与、庭闱别。遥遥无计问晨昏，梦逐白云飞越。长歌屺岵，频怀甘旨，不住肠如结。　椿柯浥露添新叶。看瑶砌、红萱发。不应日暮倚闾时，添却鬓边霜雪。拟将春酒，归来堂上，醉把斑衣曳。"（《全清词·顺康卷》第4577页）

五月，《东白堂词选初集》十五卷成书，并付梓。佟世南、陆进、张台柱三人本有编选《东白堂词选二集》之意，但因各种原因，最终未能完成。

佟世南《东白堂词选初集·凡例》："词选既成，余与砥中南北分途，或谓余曰：'风流云散，二集之举，将托之空言耶？'苾思曰：'不然，二集之成，正在斯矣。'余问其故，苾思曰：'我辈是选，盖以步履数椽，未得旷观海内之大，故所选西陵人氏与天下士相半。今则河北名词，砥中收拾囊中；江南寄句，梅岑又投之箧底；两浙三吴佳稿，余将遍征。则半载之后，又将成帙，不几比初集更盛矣哉。'余与砥中闻是言，遂大笑扬帆而去。"末识"康熙戊午五月三韩佟世南梅岑"。（佟世南《东白堂词选初集》卷首）

丁澎序李渔《笠翁一家言》。(李渔《笠翁一家言》卷首)。

夏,洪昇在武康卜居半年后,遂携家至京,以湖州茶笋赠王士禛,王士禛有诗纪其事。

王士禛《洪昉思送湖州茶笋二绝句》其一:"爱道前溪似若耶,行胜归去便移家。匆匆未讯溪山好,第一先分顾渚茶。"其二:"周妻何肉断根尘,玉版聊堪结净因。赢得武康斑竹笋,从今休笑庾郎贫。"(《渔洋山人续集》卷十一戊午稿)

陈奕禧、汤右曾来京师,洪昇与之同游。陈奕禧旋选安邑丞,洪昇、孙枝蔚以诗《送陈六谦之安邑丞》送别。

洪昇《送陈六谦之安邑丞》。(洪昇《稗畦续集》)

孙枝蔚《送陈六谦任安邑丞》。(孙枝蔚《溉堂续集》卷六戊午)

夏,佟世南自西泠归金陵。俞士彪、陆进、洪云来、吴农祥作词赠别。

俞士彪《贺新郎·送佟梅岑归金陵》:"风雅今谁好。羡翩翩、才华俊逸,如君绝少。立志欲寻千古业,赢得一时倾倒。浑笑杀、轻肥年少。懒向凤池鸣玉佩,且暂来、湖上闲登眺。招我辈,共长啸。　无端便尔催归棹。立长亭、江风吹面,斜阳低照。花满画船诗满袖,玉盏红醪香绕。更不羡、遨游瀛岛。此日唱酬俱少壮,便别离、何必增烦恼。相忆处,听啼鸟。"(《全清词·顺康卷》第4412页)

陆进《洞庭秋色·送佟梅岑归金陵》:"莺语辞春,蝉声入夏,节序如流。正明湖波暖,丝牵翠荇,平堤绿暗,花放红榴。满耳歌声听不得,说公子将归白鹭洲。情难说,向河桥折柳,无计相留。　屈指十年坛坫,冷落尽、酒侣诗俦。赖君家崛起,词填彩笔,骚人高会,酒泛金瓯。回首青山斜照外,渐拂拂南风催去舟。惆怅甚,问何时握手,细话重游。"(《全清词·顺康卷》第4353页)

洪云来《洞庭春色·送佟梅岑归秣陵》:"柳带垂丝,荷钱浮翠,寂历小亭。喜良朋载酒,林开新月,虚怀问字,坐落晨星。似尔知音今绝少,听一阕、长歌万古情。歌起处、有高山冒冒,流水泠泠。　良宵画堂高会,尽邹枚胜侣,笔阵纵横。正霏霏玉屑,风清檀尘。盈盈金缕,谱按鸾笙。一夕尊前千里梦,忽江上、蒲帆指秣陵。船开也、见烟飞日落,无限销凝。"(《全清词·顺康卷》第4506页)

吴农祥《望远行·赠别佟梅岑》:"别离容易成辜负。望眼秦淮归路。渔灯水驿,戍鼓江城,金粉六朝何处。璧月琼枝,坐拂留床冰簟,犹畏昔年擒虎。想伧荒、初驾鼋鼍夜渡。　烟树。潮头镇西旧宅,见石马、故侯廊庑。燕识飞钗,蛟沉宝镜,记得鸾歌凤舞。剩有禁钥铜街,小楼金市,仿佛栖鸦无数。但绮阑风急,萧萧江暮。"(《全清词·顺康卷》第998页)

佟世南离杭州后一日,聂先至西泠,收访西泠诗词之作,适毛奇龄亦在西泠。西泠词人高士奇《蔬香词》、丁澎《扶荔词》、王晫《峡流词》、邵锡荣《探酉词》、陆次云《玉山词》入选《百名家词钞》。此外,西泠词人丁澎、陆进等参与了《百名家词钞》的点评工作,如丁澎评成德《饮水词》、陆进评姜垚《柯亭词》、陆次云评徐玑《湖山词》等。

聂先《东白词评》:"梅岑之词,极尽南唐北宋之妙。余昔访之白下不晤,又投衹刺于西湖,而梅岑已先一日行矣。因于《东白堂选本》略存数首,俟征全稿补之。"(佟世南《东白词》卷末)

毛奇龄《西湖三太守诗序》:"予僦居西湖……晋人居湖久,将行还,顾曰:吾无已于湖,吾当为湖留佳话。去因遴三君诗并列之,名《西湖三太守诗》。夫自有杭来即有此湖,亦即有此守即守之,能诗者亦未尝间绝于世,而相遇甚罕。今一时而适逢其盛,汇后先三守于两年之间,而聂君晋人即,又能历取其诗而为之选之,遂使曩时苏白阅五百年仅一见者,而今且车连袂结于沧浪之滨,此不可谓非千秋极胜。而予以僦居一老,亦躬承其际而观其赋诗,何厚幸也!"(毛奇龄《西河集》卷三十五)

七月,陈廷会病卒。孙治为作《亡友柴汪陈沈四先生合传》,悼念亡友柴绍炳、汪沨、陈廷会和沈兰先(后改名昀)。

孙治《亡友柴汪陈沈四先生合传》:"四先生者,皆钱塘节志士也……自甲申以后,或阴迹空山,或阖门教授。死之日,大节炳然,咸可观也。"(孙治《孙宇台集》卷十五)

陆堦六十初度,孙治为作《陆梯霞六十寿序》以贺之。

孙治《陆梯霞六十寿序》:"余友自庚申生者凡三人,曰陆子梯霞、王子仲昭、毛子驰黄。"(孙治《孙宇台集》卷九)

秋,张台柱北游,西泠词人高式青、洪云来、钱来修以词赠行。

高式青《小重山·送张砥中北上》:"云树苍茫日欲昏。不须斟别酒、已消魂。大江滚滚浪如银。扁舟去,一叶渺无痕。　何事便轻分。西湖秋色好、桂花新。题诗应念旧同群。京华路、十丈马头尘。"(《全清词·顺康卷》第10312页)

钱来修《临江仙·月夜小集,时砥中将北行》:"明月满庭清似水,梧桐露点珠凝。良朋促坐酒频倾。凉风拂袖，湘簟细波生。 顾影头颅俱老大，十年书剑无成。他时重会已难凭。南鸿北雁，谁是不飘零。"(《全清词·顺康卷》第8405页)

洪云来《满江红·送张砥中从戎》："才子英雄，正年少、翩翩自得。羡十载、词坛拔帜，人人辟易。半榻愁抛荆玉泪，一灯寒拥牛衣泣。料穷途、岂合老班超，应投笔。 悬弧志，谁能及。穿杨技，今无敌。想龙旗麾处，先教草檄。铁马朝嘶风力劲，金刀夜洗霜华湿。望仙霞、岭上阵云开，长天碧。"(《全清词·顺康卷》第4504页)

八月，陆次云辑《皇清诗选》，袁佑、江闿、汪石霂、罗坤、何五云、浦舟、洪昇、汤右曾助之。时朝廷方举博学鸿儒，陆次云因洪昇未膺荐举而惋惜。

陆次云《皇清诗选·凡例》："余索居京邸，眇见寡闻。一时佳选，惟见邓孝威之《诗观》、席允叔之《诗存》、宋牧仲之《诗正》、陈伯正之《诗源》，乐其各标心眼，取益良多。其余种种诸集，皆从合肥李阁学、高都陈掌院、合肥许比部三先生处借得，外或吉光片羽，得之壁上，得之扇头，得之残笺，得之蠹简。而广为罗致者，则袁子杜少佑、江子辰六闿、徐子潋生灏、汪子蕴石霂、罗子弘载坤、何子郇公五云、浦子鸥盟舟、洪子昉思升、汤子西崖右曾，并为论定，诸君之力居多。"(陆次云《皇清诗选》卷首)按，《皇清诗选》卷首有陆次云自序，末署"康熙戊午仲秋朔日题于燕台旅次"。

九月，卓回撰《词汇缘起》，自述《古今词汇》编纂之原委。《古今词汇》当编定于今年，凡三编，初编去岁已刻，而卓氏家族子弟筹资欲刻二、三编。

卓回《词汇缘起》："是书肇自乙卯之七月，与严司农颢亭执手潞河，深言近日词家多，会者犹少，由未得古词善本为模楷，譬日饮水不问源流。……念予飘泊一生，家无藏书。丙辰冬暂还里，于火传侄借阅《词统》，于张子介山借《汲古阁》，检阅六十家中，或未能尽佳。而苏秦辛陆，竹城蒲江，各各争奇标丽，他如白石、梦窗、美成叔旸辈纤浓，异骨韵殊，无字无句不经采显，钞成帙，已觉烂然。比于《花庵》似俊，比于《词统》略备矣。明年秋入建康，梨庄篝灯抵掌，纵横论议，与余怀来管见，不大刺谬，随出藏书数种，皆目不经见且获蠹余。抄本有碧山、草窗、玉田、诸家，淋漓长调，为之句栉字比，纂组成章，并当总萃中。诚金观察所云：'丰城埋剑，一旦拭以华阴之土，宝光璀璨，岂非大快。'予与梨庄得此证据，益惬素心，又方侍御邵村一展卷，称为仅见之书，旁皇赏叹，拍张不绝，遂悉付剞氏，或亦赤文缘字，天地不能闭其藏，故使应时而出，与山川日月相为光照耶？"(卓回《古今

词汇三编》卷首)

晚秋,徐啮凤游杭,与徐士俊在沈静庵云卿精舍中望西湖落晖。

徐啮凤《霜叶飞·同野君兄在沈静庵斋中望西湖落晖》:"云卿精舍吴山半,推窗便见湖墅。兄携弟手立平台,恰落晖斜注。望千顷、晴波似镜,烟光淡映飞凫鹭。最无端、此际关情处。高楼粉堞,谁是湖主。　暗叹风景萧条,歌停舞歇,繁华消尽难语。钱祠于庙总荒凉,那问苏娘墓。只孤山、几株梅树。花残鹤去犹堪慕。漫踟蹰。碧落外、鸣雁成行,遥遥飞渡。"(《全清词·顺康卷》第3097页)

徐啮凤《荫绿轩词》成书,请徐士俊为序。

徐士俊《荫绿轩词序》:"家竹逸司李滇南归来将田,不惜间关万里,优游于愿息斋中者十数年。……记二十年前,与伯氏默庵相聚长安卓太史邸中,日夕谈诗以为快。事既,而从中翰参藩南楚,曾遗诗一卷于余,其首章即送竹逸司理滇南句也。"(徐啮凤《荫绿轩词》卷首)按,徐啮凤(1622—1689),字鸣岐,号竹逸,清顺治十五年(1658)进士,官云南永昌推官,清顺治十八年(1661)以"奏销案"降调后退归家乡。由此可知,徐士俊《荫绿轩词序》当作于清康熙十七年(1678)左右。

十月十五日,毛稚黄六十初度,孙治为作《赠毛稚黄序》以贺之。

孙治有《赠毛稚黄序》。(孙治《孙宇台集》卷八)

十一月,毛际可举博学鸿儒,进京应征,与洪昇有诗赠答,后罢归。(章培恒《洪昇年谱》)

毛际可《憩芦沟桥寄洪昉思》:"九衢车马地,独向此间行。簿领年来事,渔樵物外情。微云浮远岫,晓漏度层城。不信清霜苦,君听朔雁声。"(《诗观》二集卷三)

洪昇《寄毛会侯先生寓芦沟》:"蓟北秋云起,朝朝郁未开。……相思隔带水,一望一徘徊。"(洪昇《稗畦续集》)

陆嘉淑在燕中。(王简可《陆辛斋先生年谱拟稿》)

冬,洪昇在京,应王元弼之招,与陆元辅等集槐青堂,分韵赋诗。(章培恒《洪昇年谱》)

王元弼有《雪霁招陆翼王、洪昉思、毛行九、陈子厚、冯冒闻、躬暨、沈洪生(名朝初)、路湘舞、沈中立、陈健夫、陆抑存、张予先及家孟枚吉小集槐青堂分赋,限十五潜韵》。(王元弼《慎余堂诗集》卷五)

除夕,洪昇在京,以诗抒发漂泊牢落、离家思亲之情。

洪昇《戊午除夕》："牢落仍如故，年华忽又新。一家岐路哭，六载异乡人。腊尽难留夜，星移渐入春。灯前对儿女，脉脉转思亲。"(洪昇《稗畦集》)

严沆卒，孙治作《祭严颢亭文》(孙治《孙宇台文集》卷二十六)，王嗣槐作《祭严颢亭少司农文》(王嗣槐《桂山堂文选》卷七)，施闰章作《哭颢亭少司农》(施闰章《学余堂诗集》卷四十四)。

李渔刻所著《耐歌词》五卷。

蒋景祁编定所作《梧月词》二卷。

朱彝尊编定《蕃锦集》，辑《词综》，陆续得三十四卷。

陈之群中举，著有《后溪词》。

张渊懿、田茂遇辑成《清平初选后集》十卷(一名《词坛妙品》)。

曹亮武、陈维崧刊行《荆溪词征初集》七卷。

孙默卒，年六十六，编有《国朝名家诗余》。

徐灿卒于此年后，著有《拙政园诗余》三卷。

汪价卒于是年后，著有《半舫词》。

清康熙十八年己未(1679年)

【时事】

三月，清廷试博学鸿词，授彭孙遹等五十人翰林官有差，皆入史馆，纂修《明史》。(《清实录·圣祖仁皇帝实录》卷八〇，蒋良骐《东华录》卷十一)

元日，洪昇在京，以诗抒发骨肉流离之苦。

洪昇《己未元日》："大地春回日，羁人泪尽时。七年身泛梗，八口命如丝。览镜知颜改，闻钟觉岁移。空怀捬髀恨，终愧弱男儿。"(洪昇《稗畦续集》)

春，为应博学鸿词试，诸名士齐聚都下，其中多人与洪昇交识。元夕，施闰章、王士禛、洪昇等人访孙枝蔚，并作踏歌之游。洪昇又尝问诗法于施闰章。尤服膺于汪楫诗，推为天下第一。洪昇与冯行贤、吴雯及王泽弘之子王材任皆有和作。(章培恒《洪昇年谱》)

孙枝蔚《元夕早寝，施尚白使君、王诒上侍读，同梅耦长、吴天章、洪昉思诸子过访，颇见怪讶，且拉之作踏歌之游，灯火萧然，败兴而返，因成二绝》。(孙枝蔚《溉堂后集》卷二己未)

王士禛《渔洋诗话》卷中："洪昇昉思问诗法于施愚山，先述余凤昔言诗大旨。愚山曰：子师言诗，如华严楼阁，弹指即现；又如仙人五城十二楼，缥

缈俱在天际。余即不然,譬作室者,瓴甓木石,一一须就平地筑起。洪曰:'此禅宗顿渐二义也。'"(王士禛《渔洋诗话》卷中)

倪匡世《诗最》"汪楫"条评曰:"吾友昉思常称先生诗为天下第一,余不敢信。兹读《悔斋》《山闻》二集,真杜甫之髓,真摩诘之神。高朗于茶村司理,幽闲于陋轩山人,别有一种疏荡不群之致,如轻鸿踏云,如飞星过水。非慧业之迥绝者,孰能若此?昉思之言,洵不诬矣。"

三月,陆次云荐试博学鸿词。徐乾学为陆次云《北墅绪言》作序。

徐釚《花朝前一日,曹正子招同李天生、孙豹人、邓孝威、尤悔庵、彭羡门、李屺瞻、陈其年、汪舟次、朱锡鬯、李武曾、王仲昭、陆冰修、沈融谷、陆云士、杨六谦、李渭清、顾赤方、吴天章、潘次耕、董苍水、田霡渊、吴星若诸君燕集园亭二首》(徐釚《南州草堂集》卷六)

徐乾学《陆云士北墅绪言序》:"陆君云士高才绩学,连不得志有司,以诗人游辇下诸公间。既而应荐,试诗赋天子殿前,复报罢亲老矣。遂捧檄莅郏鄏为令,亡何以忧去。既除来京师,需次铨曹,出其所为《北墅绪言》属余序之云。士为诗长于五言古体,王阮亭祭酒以为得汉魏人遗意。其他文章亦有原委,自成一家。"(徐乾学《憺园文集》卷二十)

春,孙治为陈廷会文集作序。

孙治《陈际叔文集序》:"己未春,程子骏发以其师际叔陈先生之命,赍文集数百篇,属余裁定。念与际叔缔交四十三年矣,自虎臣、甸华诸君子殁后,感怆生平之好,存者几何,后世谁相知论吾辈文者。"(孙治《孙宇台集》卷四)

毛际可以《戴笠持竿图》向洪昇索题,洪昇因作《为毛会侯明府题戴笠持竿图》,劝其归隐。(章培恒《洪昇年谱》)

洪昇《为毛会侯明府题戴笠持竿图》:"相逢燕市尘满眼,要我旅舍倾百壶。……慎勿白头望令仆,空写戴笠持竿图。"(洪昇《稗畦集》)

春,卓回自金陵归杭州,好友龚贤以《青玉案》赠别。

龚贤《青玉案·送休园归里》:"多年望断杭州路。忽买棹,长江去。江水滔天阔无数。沙明风定,斜阳影里,几点闲鸥鹭。 半生总被浮名误。文字穷人实天付。好客登车谁肯顾。草椽三架,沙田二顷,此愿能完否。"(《全清词·顺康卷》第73页)

按,龚贤,又名岂贤,字半千,又字野遗,号半亩,又号柴丈人。原籍江苏昆山,流寓南京清凉山。生于明万历二十七年(1599),卒于清康熙二十

八年(1689)。工诗文,善行草,尤以绘画名世,为金陵八家之一。有《半亩园词草》。(《全清词·顺康卷》第72页)

五月,陆进将《巢青阁集诗余》正之梁允植。梁允植阅定后,损俸为其付梓。《巢青阁集诗余》包括初刻十五首、次刻八十五首、末刻九十五首。

陆进《巢青阁集诗余自序》:"壬子被放,枯坐无聊,适沈子遹声、吴子瑑符、张子砥中、俞子季瑮,有词社之订。未免见猎心喜,又复成帙。遂合从前所作,汇为删定。初刻存十五首,次刻存八十五首,并末刻九十五首,正之梁先生治湄。先生过为许可,损俸为余付梓。仍曰《巢青阁集》,盖阁为余家三世读书处,今已不可复问,而终以此名之,不忘先志云耳。曰"集"者,嗣将合诗文而并存之也。嗟乎,三十年间,时迁物异,余亦皤然老矣。自顾须眉,颇觉可憎,尚沾沾作儿女子语耶?顾当其按节成声,亦自一往情深,同人倘有见赏及之者,诸君子之力,又乌可没哉?康熙己未仲夏。"(陆进《巢青阁集诗余》卷首)

七月八日,徐士俊为山阳宋俊《岸舫词》作序。

徐士俊《岸舫词序》末识"康熙己未秋七月八日西泠同学弟徐士俊拜撰"。(宋俊《岸舫词》卷首)

夏,沈谦读陆进新刻《巢青阁词》,作《销夏》以抒思怀。

沈谦《销夏·雨窗读巢青阁词》(翻"风入松",用仄韵):"窗外葡桃珠一架。苏苏雨下。把卷科头怯晚寒,映斜阳、玉虹遥挂。香凝楚簟重铺润,逼吴笺嫩砑。　忽忆东头销永夏。湖山如画。唱遍旗亭绝妙词,有按拍、双鬟低亚。峰临高阁青来,珠滴小槽红榨。"(《全清词·顺康卷》第2029页)

夏,陆堦为《古今词汇》作序;秋,卓回撰《古今词汇三编》凡例六则。至此,《古今词汇》刻竣,凡二十四卷。其中初编十二卷,所选自唐迄元;二编四卷,选明词;三编八卷,选清初作者之词。(卓回《词汇缘起》,《古今词汇三编》卷首)

卓回在杭,与词友丁介、瞿世寿等交游酬唱。

丁介《千年调·问鹣词赋竟,呈卓休园先生》:"底事竟茫茫,浩叹终何益。踢倒昆仑浮海,凌风邀月。忘愁赖酒,酒尽愁无极。吾师也,古之人,唐太白。　征鸿几点,到处空嘹呖。试问红尘冉冉,怎生消歇。凄凉入破,字化烟凝碧。吾谁友,古之人,姜白石。"(《全清词·顺康卷》第10347页)

丁介《扫花游·休园先生金陵归,示古今词汇,兼订闽行》:"秦淮久客,过几度东风,几番春雨。欲行又阻。守银灯绛帐,唤春同住。换徵移宫,旧日周郎再顾。笔花舞。记拾翠采菱,寻觅如许。　帆影归断浦。正燕语莺啼,听来无数。那禁杜宇。劝春归去了,问归何处。破浪乘潮,应向钱塘早渡。莫担误。怕闽南、荔子迟暮。"(《全清词·顺康卷》第10349页)

丁介《念奴娇》(仝休园先生、钱幼鲲、项鉴亭、卓蔗村湖庄):"新期旧约,又经年何事,共伤心目。雨后苍茫千嶂合,妙手生绡几幅。鹤去孤山,钟沉灵鹫,野笛渔家曲。凭阑长眺,乱云天际如簇。　楼上漫遣闲愁,晴峰乍展,眉黛重添绿。相对高阳杯在手,那计新篘清浊。柳浪舟横,苏堤香静,好向花间宿。故人羁旅,羽觞遥对黄菊。"(《全清词·顺康卷》第10351页)

瞿世寿《玉蝴蝶》(武陵回棹,雪中访卓方水先生):"收拾西湖佳景,归帆指处,早是塘西。忽卷一天残雪,糁径铺畦。板桥畔、梅魂黯黮,旗亭外、柳眼低迷。把舟维。冲寒着屐,来访幽居。　依稀。桑林深处,三间老屋,一带疏篱。乍启柴门,掀髯执手露心期。话桑田、铜驼石马,游艺苑、玉尺金箆。正投机。那堪雪访,又逐鸥飞。"(《全清词·顺康卷补编》第2461页)

八月,陆进在杭州,作诗以怀进京赴博学鸿词试的陈玉璂。

陆进《己未仲秋寄怀晋陵陈舍人椒峰》:"雁书久寂寞,良友近如何。对月思金马,临风忆玉珂。乾坤多战伐,吴越尚笙歌。安得青云客,柴门醉薜萝。"(陆进《巢青阁集》卷五)

陈维崧以《迦陵填词图》索题,毛先舒为题《木兰花慢》一阕,吴仪一为题《贺新郎》一阕,高士奇为题《渔家傲》一阕,陆繁弨为题《点绛唇》一阕,吴农祥为题《风流子》一阕、《凤凰台上忆吹箫》一阕、《沁园春》三阕,徐林鸿为题《沁园春》二阕,洪昇为陈维崧题作《集贤宾》散套。(《迦陵先生填词图题词》)

徐釚以《枫江渔父图》索题,众人和作。洪昇为作《中吕粉蝶儿》散套。

洪昇《北中吕粉蝶儿》散套略。(徐釚辑《枫江渔父图题词》)

胡会恩以诗赠洪昇,于昉思诗及品格多所推许。(章培恒《洪昇年谱》)

胡会恩《赠洪昉思》:"纷纷词苑知名士,萧爽如君迥绝尘。五字清真谁敌手,七年牢落尚依人。长贫赵壹囊羞涩,久滞梁鸿迹辛。不学巢由车下拜,应知本性素难驯。短裘席帽酒垆前,落拓行踪不受怜。白首尚为弹铗客,朱门难索作碑钱。骑驴落叶长安道,抱犊明湖二顷田。去住悠悠竟谁是,穷愁只许著书传。"(胡会恩《清芬堂存稿》卷一)按,该书卷首朱星渚序,集中所收皆丙辰以后诗。诗又有"七年牢落",当作于本年。

毛玉斯、洪昇在京交往甚密,论及作曲。毛玉斯谓《沉香亭》传奇"排场近熟",洪昇因去李白,入李泌辅肃宗中兴事,改名《舞霓裳》,时距《沉香亭》之作已七年。(章培恒《洪昇年谱》)

洪昇《长生殿例言》:"……作《沉香亭》传奇。寻客燕台,亡友毛玉斯谓排场近熟。因去李白,入李泌辅肃中兴。更名为《舞霓裳》。"按,《长生殿》卷首自序,署康熙己未仲秋。考《沉香亭》作于癸丑,改《舞霓裳》为《长生殿》在清康熙二十七年戊辰(1688),则己未所作序,盖为序《舞霓裳》者;后改为《长生殿》,序仍沿用未改。《舞霓裳》之作当亦在本年。

洪昇《毛玉斯邀饮》:"燕市一尊酒,园林七月时。秋风初坠叶,客鬓两成丝。玉斝挥无算,银笙度更迟。旗亭如画壁,知唱阿谁诗。"(洪昇《稗畦续集》)

陆嘉淑在燕中,与王士禛、施闰章、梅庚、邵长蘅交往甚频,清谈达曙。时有欲荐之应词科者,固谢却之,王士禛赠诗曰:"笑看公府辟,梦忆故山耕。"(王简可《陆辛斋先生年谱》)

王士禛《居易录》:"海宁陆冰修嘉淑,浙西名宿也。康熙己未庚申,闲居京师。每与宣城施愚山侍讲、梅耦长庚、毗陵邵子湘长蘅,夜过余邸,剧谈至三鼓,始各散去。"(王士禛《居易录》卷三十二)

九月十七日夜,王嗣槐同陈维崧、徐喈凤、毛奇龄于等于冯冒闻斋饮酒赋诗。

陈维崧有《九月十七夜,同王仲昭、毛大可、吴志伊、汪舟次、潘次耕、胡朏明饮冯冒闻躬暨西斋,翌日益都夫子用拙韵作诗见示,仍叠前韵》。(陈维崧《湖海楼诗集》卷六己未)

秋,吴仪一自辽海归燕山,借寓洪昇所。二人尝论及《牡丹亭》,所见略同。(章培恒《洪昇年谱》)

吴仪一《三妇评牡丹亭杂记》载洪之则跋:"吴与予家为通门,吴山四叔,又父之执也。予故少小,以叔事之,未尝避匿。忆六龄时侨寄京华,四叔假舍焉。一日论《牡丹亭》剧,以陈、谈两夫人评语,引证禅理,举似大人,大人叹异不已。"予时蒙稚无所解,惟以生晚不获见两夫人为恨。大人与四叔持论每能相下。(吴仪一《三妇评牡丹亭杂记》卷末)

秋,吴仪一客燕,与陈维崧论填词。吴仪一认为填词应以转益多师,宗法众家所长为上,陈维崧遂掀髯大笑起舞。

吴仪一《付雪词三集序》："因更忆在燕邸，同阳羡陈迦陵论填词，时雨过骤凉，垂帏篝灯。迦陵言南北宋词人正变妍媸，较如数指上文。而予谓以宋求词，词勿工也。夫词，必裁之风骚，以洁其体；参之汉魏六朝乐府，以通其情；采之初盛，以和其声而张其气；熟之中晚，以安其字。至金元人曲剧，逗秦柳二七之余波者，不可不知而避之。若以宋师片玉者，仅得尧章，学白石者，流为浩澜，格斯下矣。迦陵掀髯大笑起舞。予披帷视日，已照西厄屋内，灯犹荧荧也。嗟夫，今迦陵化为异物，旧游邈然，而荩思词格益工。"（陆进《巢青阁集诗余》）

陆进《付雪词二刻》付梓，毛奇龄为之作序。

毛奇龄《付雪词二刻序》："陆子荩思为乐府歌词，方驾齐梁；其为曲子，则纵横元明间；宜其为词，上掩温韦，下超欧柳，合《尊前》《草堂》而一之，从来为词家不以过也，特吾谓词为诗余，不必更为乐府余者。荩思以诗文雄长海内者数十年，其为诗体，古今穷极工妙，而后乃为词。及为词而初颜《巢青》，继题《付雪》，今则《付雪》又二刻也。夫荩思但穷极工妙为诗，而词之汩汩乎不可迫遏有如此，然则为乐府为词，皆其余耳。"（毛奇龄《西河集》，卷三十一）

秋，吴仪一客燕，与梁清标以词酬唱。

梁清标《氐州第一·赠西泠吴舒凫，即次观剧原韵》："帝里秋晴，喜逢越客，小堂笑燃华炬。四座全倾，单辞皆妙，不数掾称三语。相见频嗟，晚让尔、词场独据。辽左藜床，鲁城绛幔，谁争旗鼓。　优孟衣冠江左误。演西子湖边士女。丽句新填，蛮笺立草，漫道吟髭苦。忆前宵、凉月下，鹅笙炙、重添桂醑。明日风烟，怅萍分、梁园人去。"（《全清词·顺康卷》第2287页）

十月，丁澎再游海昌安国寺，并撰写《海昌安国寺重修钟楼记》。

丁澎《海昌安国寺重修钟楼记》："乙卯冬十月，予有事盐官，假馆安国寺之禅房。有老僧来迎，貌甚恭，揖予入，端拱俯首，发愍愍然。坐定，朴野而塞讷，卒无所言。罢，予心喜之，盖悫而诚者也。越四年，复止禅院，向老僧手一册更过，从问之，曰振凡。"（丁澎《扶荔堂文集选》卷八）

查继超在京，编辑并刊刻《词学全书》，收入毛先舒《填词名解》、赖以邠《填词图谱》、仲恒《词韵》、王又华所辑《古今词论》。《词学全书》收入西泠词人群体的词学著作，对于宣扬推广西泠词人词学，意义非凡。（查继超《词学全书》）

丘象随刊刻亡友胡介《旅堂诗文集》，昉思感动而作《丘季贞检讨刊吾

乡胡旅堂山人遗集感赠》。

洪昇《丘季贞检讨刊吾乡胡旅堂山人遗集感赠》："箧里遗文赖传布,九原应感故人知。"(洪昇《稗畦集》)

赵执信中进士,选庶吉。昉思见其诗,好之,与为友。二人尝于王士禛宅中论诗,执信所论过凿,一时传为口实。后执信遂有《谈龙录》之作,以己说嫁于昉思,借以文过。(章培恒《洪昇年谱》)

赵执信《谈龙录》第一条："钱塘洪昉思升,久于新城之门矣。与余友。一日,并在司寇宅论诗。昉思嫉时俗之无章也,曰:'诗如龙然。首尾爪角鳞鬣一不具,非龙也。'司寇哂之曰:'诗如神龙,见其首不见其尾,或云中露一爪一鳞而已,安得全集?是雕塑绘画者耳。'余曰:'神龙者屈伸变化,固定无体。恍惚望见者,第指其一鳞一爪,而龙之首尾完好,故宛然在也。若拘于所见,以为龙具在是,雕绘者反有辞矣。'昉思乃服。此事颇传于时。司寇以告后生,而遗余语。闻者遂以洪语斥余,而仍偻司寇往说以相难。惜哉。今出余指,彼将知龙。"

张丹棹访许德远于兰江,并删改自己的诗作。

张丹《张秦亭诗集自序》："己未棹访许子德远于兰江,暇日独坐,将已前存者细阅,都不洽意,尽皆删去,止留七十余乎。又复构思三月,得百余首,总若干数。补旧改新,随作随誉,前后绝无次序。"(张丹《张秦亭诗集》)

冬,沈谦读陆进新词,以《高阳台》次韵相答。

沈谦《高阳台·次韵答陆苤思》："日黑山寒,天低草合,高城不阻离魂。握手相看,曾经几度论文。残莺叫醒西窗晚,奈依然、隔着江云。叹流光,开遍玫瑰,难寄芳芬。　　不须懊恨轻分。喜新词再读,气逼星辰。欲付雪儿,翻教泪洒罗巾。放歌作达真吾事,怎柔肠、转尽车轮。正西陵。竞赏新荷,莫负双樽。"(《全清词·顺康卷》第2014—2015页)

朱彝尊大约于此年携《乐府补题》进京,蒋景祁为之刊行。

陆求可卒,年六十三,著有《月湄词》四卷。

曹尔堪卒,年六十三,著有《南溪词》。

清康熙十九年庚申(1680年)

初春,王嗣槐赴兰陵郡守墓,陈维崧赋诗赠行。

陈维崧《送王仲昭舍人赴兰陵郡守幕》。(《湖海楼诗集》卷七庚申)

春,洪昇侍父母返西泠,晤友人金张、张吉,旋赴京。(章培恒《洪昇

年谱》)

春,洪昇自西泠返京途中,致书滞留京城的吴仪一,慨叹漂泊生涯。

洪昇《途中寄吴瑳符》:"日映孤村红杏花,蜻蜓蝴蝶戏平沙。自嗟白发常为客,谁对青山不忆家。匹马逶迟催晚景,长镵准拟托生涯。高材似尔同寥落,何处羁栖度岁华。"(洪昇《稗畦集》)

二月,陆进赴京应试。方象瑛与陆进自西泠一晤,别十年许,相见于京。

陆进《悼亡词自序》:"昨岁二月,余赴试大廷,(内助)赋诗送别,执手喁喁,甫五月而计至,天乎伤哉。"按,陆进《悼亡词自序》末识"康熙辛酉季春西泠陆进",上溯一年,可知陆进于庚申赴京应试。(陆进《巢青阁集诗余》,清康熙刻本)

方象瑛《付雪词题词》:"与荩思别十年许,庚申廷对入都,余适有妻儿之恸,荩思寻亦悼亡,执手榻前,唏嘘言别。"(陆进《巢青阁集诗余》)

春日,陈维崧与陆荩思、徐喈凤在京城寓所雅集,以词唱和。

陈维崧《菩萨蛮·春日忆西湖,次陆荩思、徐竹逸倡和原韵》:"划波曾到西泠去。掠入绿痕难唾处。疏簟杂眠鸥。真成自在游。 如今佳兴歇。闷过春三月。刚见摘兰芽。山村又焙茶。"(《全清词·顺康卷》第3897页)

春,陆进在燕与吴仪一斗酒为乐。

吴仪一《付雪词序》:"予好远游,忆庚申早秋,归自辽海。值陆先生荩思亦客燕山,日相过从,斗酒为乐。"(陆进《巢青阁集诗余》)

陆次云将赴河南任汝州郏县知县(《[雍正]河南通志》卷三十七),**陈维崧作《祝英台近·送陆云士之任郏县》以赠,施闰章作《送陆云士为郏令,时令兄荩思同往》诗相赠。**(施闰章《学余堂诗集》卷四十一)

陈维崧作《祝英台近·送陆云士之任郏县》:"雁头筝,龙尾拨,曾记骈依处。转眼画旗,嫋嫋引君去。遥知小陆风流,来春县里,种紫艳、红香无数。 郏县路。森森晚渡秋山,我昔作行旅。一发中原,风起浊河怒。君经洛水平桥,陆浑小店,定和我、薜墙题句。"(《全清词·顺康卷》第3986页)

八月,许三礼序其师丁澎《扶荔堂文集选》。

许三礼《扶荔堂文集选序》末识"康熙庚申闰秋八月知杭州海宁县事邺下弟子许三礼拜手撰"。(丁澎《扶荔堂文集选》)

毛先舒接陈维崧札,属为其骈体文集作序,先舒亦请陈维崧为《填词图

谱》作序。毛先舒《陈其年骈体序》忆及昔日二人同师于陈子龙门下，感慨良多。此后二人通信颇频。

毛先舒《与吴志伊书》："仆庚岁同中，接其年札，谓拟刻骈体百篇，要仆序之。仆亦烦其作《填词》序。嗣后通书者再，未尝不谆谆问此也。"（毛先舒《思古堂集》卷二）

毛先舒《陈其年骈体序》："（其年）尤耽骊体，独冠当时。……昔者黄门夫子，振起吴松，四六之工，语妙天下。余与其年，皆及师呈，悠悠摆落，仆复何云，乃其年则群推领袖，直接宗风。"（毛先舒《思古堂集》卷二）

毛先舒为丁潆作《题丁弋云画》，述及"盐桥三丁"的生平，以及与自己的交往。

毛先舒《题丁弋云画》："盐桥三丁子，皆与余为兄弟行。丙午先君子八十，弋云画《三松图》为寿。金笺着色泽尤难，而写染工妙，高山远势，流破碎石，杂花斑驳，不减刘叔宪得意笔。时先君虽老善饭，今长逝已十五年。弋云潇洒落拓，有魏晋人风，作老孝廉三十二年，不得一官，竟以游死。飞涛谪塞外，始得归里。素涵茕茕，困缝掖。而余益潦倒，涸迹于山樵野衲耳。曩境恍惚，不可复追，幸此图存焉，展玩不觉流涕。"（毛先舒《思古堂集》卷三）

秋，丁澎漫游归来，就此息心，不再出游。有书以寄毛先舒，并访张丹。

丁澎《夏初临·招隐》："若有人兮。南山之下，丛篁以筑居兮。芳草悠悠，王孙胡不归兮。临流可鼓枻兮。搴兰旌以浩歌兮。白云在天，沧波何极，欲往从兮。　北渚辛夷，西堂蟋蟀，蛾眉独处，私自怜兮。猿惊鹤怨，山中难久留兮。我所思兮。望浔阳暮与朝兮。悲哉兮。露白枫青，历九秋兮。"（《全清词·顺康卷》第3185页）

丁澎《拂霓裳·归兴，寄驰黄》："盍归乎。故园松菊未全芜。风雨里，几人相见在蒲菰。系船霜一树，种秫酒千壶。醉相扶。更歌将、水调苔樵夫。　他乡信美，青山近、即吾庐。平生事，但留双鬓付江湖。任呼吾作马，谁道子非鱼。笑当初。又何烦、叔夜绝交书。"（《全清词·顺康卷》第3179页）

丁澎《新雁度瑶台·归里，过访张祖望从野堂率赠》（新谱犯曲，上五句"新雁过妆楼"，下六句"瑶台第一层"，后段上六句"新雁过妆楼"，下同。）："胡不归哉。喜仲蔚、蓬门客到长开。茅檐月出，数湾渌水萦洄。此君谁伴，篱边还种、老菊棘梅。惟此事，便一生足了，浊酒三杯。　自称烟波钓叟,泛溪南小艇,独与予偕。红鳞网得,白堕方沽,紫芋初煨。望皋亭如带,平桥外、人醉蒿莱。渔蓑侣,向五湖争长,终让于思。"(《全清词·顺康卷》第3185页)

秋,陆嘉淑自燕归里。王士禛作诗送行:"且住为佳耳,将归可奈何。人随吴雁影,叶下浙江波。好往寻鲈鳜,谁当破雀罗。小丛今老去,重唱竹枝歌。"并注:"余戊申送冰修南还,赋竹枝词三首,今十三矣。"(王简可《陆辛斋先生年谱拟稿》)

晚秋,吴仪一自燕归武林,陈维崧作《贺新郎》赠别。

陈维崧《贺新郎·送吴璨符归武林》:"君去还来否。倚西风、频搔短鬓,且攀衰柳。词句沉雄兼感激,似尔惊才希有。论笔势、苍然最陡。可惜男儿分袂易,遍长安、寻煞无红袖。谁为我,劝君酒。　芒鞋忆昨三边走。正严寒,连营毳帐,几重刁斗。从古阴山花最少,只有土花铺绣。更只有、六花狂吼。今日秋容偏潋滟,小湖头、西子妆才就。归去也,恰重九。"(《全清词·顺康卷》第4257页)

初冬,陆进在京游谒,仕进无门,作词以寄归思。

陆进《念奴娇·庚申冬日寄内子》:"芙蓉江上,带霜红、又是初冬时节。摵摵西风天末起,吹落一庭黄叶。岁月惊心,乡关回首,雪点萧萧发。伊人何处,满怀幽恨难说。　自叹百事蹉跎,一身憔悴,好景常离别。潦倒词场三十载,谁买燕台骏骨。凤阁难攀,鹿门归去,且课农桑业。扁舟来往,五湖垂钓明月。"(《全清词·顺康卷》第4376页)

初冬,吴仪一自燕之徐州,往归武林,洪昇以诗赠别。(章培恒《洪昇年谱》)

洪昇《送吴舒凫之徐州》:"落日彭城去,孤云芒砀来。斩蛇元故道,戏马只荒台。怀古成何事,依人亦可哀。烦君问屠钓,丰沛几雄才。"(洪昇《稗畦续集》)

冬,方象瑛作《柬洪昉思》二首,叙寂寥之苦。(章培恒《洪昇年谱》)

方象瑛《柬洪昉思》其一:"扬亭咫尺竟何如,室迩人遐怅索居。岂为避喧常键户,不应访旧更回车。题诗空忆高轩过,扫雪真怜小巷虚。寄语西泠洪伯子,湖山七载结相于。"其二:"揽辔相过已数旬,三秋人隔又新春。龙门正喜留嘉客,蜗舍何缘到故人。缥缈便同千里别,寂寥谁念一官贫。钱唐交友如还问,惭愧南村赋卜邻。"(方象瑛《健松斋集》卷十八《展台诗钞》庚申)

徐乾学五十初度，王嗣槐作《祝徐太史健庵先生五十初度》三首以寿。

王嗣槐有《祝徐太史健庵先生五十初度》三首。（王嗣槐《桂山堂诗选》卷二）

王晫《霞举堂集》刊行，收《峡流词》三卷，毛奇龄为《峡流词》作序。后来，聂先、曾王孙将《峡流词》收入《名家词钞》。

毛奇龄《峡流词序》："王子丹麓擅掞天之才，华文四发，自著记撰述外，多为诗歌雅骚，凡比声切律，调商按征，无不启其扃镝，而开其幼眇。乃复以余者溢而为词，予受读之一，何情之厚而辞之绮如是也夫。……读《峡流词》，吾将徘徊于黄牛朝暮之间矣。"（毛奇龄《西河集》，卷二十九）

金堡卒，年六十七，著有《遍行堂词》四卷。

李渔约卒于是年，年七十，著有《耐歌词》。

清康熙二十年辛酉（1681年）

三月，丁澎六十初度，作诗自寿。

丁澎《辛酉三月初度自酌》其一："种药栏前花满枝。花开且尽掌中卮。东皋刈秋非嫌少。络秀生儿未悔迟。玉历人间还甲子。丹砂鼎内合雄雌。醉看尘世沧桑外。欲把长虹结钓丝。"其二："鹁鸠昼啼草堂静。墙外历乱桃花飞。已筑糟丘老闲事。不须荔叶裁春衣。杖藜懒性随麋鹿。倚树孤吟烹蕨薇。何为蹉跎不称意。更教酩酊蓬山归。"（丁澎《扶荔堂诗集选》卷九）

三月，方孝标与陆进重会于西泠，甚欢。陆进出示《悼亡词》，并索题词。

方孝标《悼亡词题词》："吾友陆荩思先生，以诗文为骚坛秉哲者数十年，与余交最深，别亦甚久。辛酉季春相晤于西陵，握手道故，可为欢矣。"（陆进《巢青阁集诗余》卷首）

陆嘉淑游匡庐。（王简可《陆辛斋先生年谱拟稿》）

夏，俞士彪访王晫，并读《峡流词》。

俞士彪《卜算子·夏日访王丹麓，兼读峡流词》："乱云堆火，疏树弄阴，郊外芰荷都放。热客劳劳，正喜翠亭幽爽。引凉飔、细把奇文赏。看几上、蛮笺乍展，兰芬早入书幌。　况复襟期旷。道家近余杭，易沾花酿。醉语酡颜，泥无同唱。一丝丝、画栋纤尘飏。更说甚、层城欲掩，任银蟾飞上。"（《全清词·顺康卷》第4426—4427页）

夏，姜京兆出资为张丹刊刻《张秦亭诗集》，卷首附有毛稚黄、姜定庵、陆荩思的评语。

张丹《张秦亭诗集自序》："予自二十四岁学诗，至六十二岁，七律约有三千余首，已刻未刻俱不论。己未棹访许子德远于兰江，暇日独坐，将已前存者细阅，都不洽意，尽皆删去，止留七十余乎。又复构思三月，得百余首，总若干数。补旧改新，随作随誊，前后绝无次序。适姜京兆自辽水归役，招予过两水亭。予出诗稿请改，京兆大喜，击节叹赏不置，因出箧金以俾梓，予亦不敢固却也。"末识"辛酉夏日从野堂漫识"。（张丹《张秦亭诗集》卷首）

初秋，陆进自燕返武林，处理其妻丧事。临行，梁清标作《雨中花慢·赠陆云士归武林》、方象瑛作《送荩思南归兼慰悼亡》（方象瑛《健松斋集》卷十八）、陈维崧作《沁园春·咏慈仁古松，送陆荩思归钱塘》、曹贞吉作《孤鸾·送陆荩思归武林时新有悼亡之戚》送别。（参见上文陆进《悼亡词自序》、方象瑛《付雪词题词》）

梁清标《雨中花慢·赠陆云士归武林》："江左词人，蹼被囊诗，京华数载淹留。有三都赋就，纸贵神州。户外车轮尝满，句中烟景全收。问王家簟扇，座上群贤，谁夺先筹。　长卿意倦，风雨归装，还访西子湖头。秋色好、芙蓉十里，香发汀洲。结社重寻旧侣，看山儿醉江楼。莫耽花月，再来燕市，慰我离忧。"（《全清词·顺康卷》第2277页）

陈维崧《沁园春·咏慈仁古松，送陆荩思归钱塘》："种自何年，金邪元邪，穆乎高苍。恰崩涛乱泻，熊啼兕吼，枯根直裂，虎跛龙僵。客有将归，我来树下，万斛藤萝漏夕阳。摩挲歇，笑树犹如此，时代苍茫。　青春正好还乡。只唱罢、阳关易断肠。记前月挥鞭，将游梁苑，今朝分袂，竟返钱塘。世事何堪，人生难料，柿叶翻时又悼亡。归休恨，有一湖晴渌，西子新妆。"（《全清词·顺康卷》第4216页）

曹贞吉《孤鸾·送陆荩思归武林时新有悼亡之戚》："新秋天气。正河鼓星高，牵牛花媚。禾黍西风，驴背一鞭遥指。有人巢青阁上，倚危阑、望穷烟水。那识猿啼鹃唱，早断魂千里。　忆去年瓜果闲庭里。看儿女灯前，乞巧欢意。萤火斜飞处，乍夜凉于洗。而今归来索寞，最无憀、黄昏窗底。鸾镜轻尘莫扫，剩盈盈清泪。"（《全清词·顺康卷》第6494页）

冬，洪昇自京返杭省觐。时蒋钺、翁介眉辑《皇清诗初集》，洪昇曾经助之参订。（章培恒《洪昇年谱》）

翁介眉《皇清诗初集》卷六署"武进蒋钺玉渊、钱塘翁介眉武原选。太仓王揆芝廛、高邮李滢蒿庵、新贵江闿辰六、钱塘洪昇昉思定"。

蒋钺《皇清诗初集·凡例》："是选始于丙辰之夏，客游湖上，与翁子武原各出藏本，……共相校雠。迨匝月而武原即省觐秦川，予亦薄游吴会，未及成书。庚申春日放棹汉江，适武原分署岐亭丞，寻理旧业。……越岁共八月，始告厥成。"按，洪昇丁巳秋有《送翁孟白觐省秦中》诗，盖介眉于丙辰入秦后，旋至北京，至丁巳秋复省亲秦中。其寓京期间，或尝以第六卷初稿出示昉思，乞为参订。

徐士俊卒，年八十，著有《云诵词》，与卓人月合著《徐卓晤歌》，合编《古今词统》。

王霖刊陆求可《月湄词》。

清康熙二十一年壬戌（1682年）

正月十五日，陆嘉淑东归。（王简可《陆辛斋先生年谱拟稿》）

春初，洪昇自杭州往游开封，时其弟昌卒。陆进作诗赠行。随后洪昇自开封赴京。（章培恒《洪昇年谱》）

陆进《送洪昉思之大梁，时有令弟之戚》："游梁仗剑去西泠，送别河桥柳色青。吴越暮云应极目，江淮春水好扬舲。伤心遮莫歌花萼，同气还教感鹡鸰。到日夷门芳草绿，轩车吊古几回停。"（陆进《巢青阁集》卷六）

陈之群前自武康来京，至是南返。洪昇以诗赠别，情殊怆然。（章培恒《洪昇年谱》）

洪昇《送陈兴公》："足下复归去，怜余人更稀。临歧无一语，清泪欲沾衣。驿路春阴满，河桥黄鸟飞。萧萧听嘶马，独立到斜晖。"（洪昇《稗畦集》）

又王士禛《送陈兴公归武康》。（王士禛《渔洋山人续集》卷十五壬戌稿）

仲秋，杭州知府顾岱自京赴任，丁澎作《赠郡侯顾公舆山莅任序》、洪昇作《送顾太守之任杭州》四首。

丁澎《赠郡侯顾公舆山莅任序》："壬戌仲秋，申江舆山顾公奉朝命来守杭郡，延见吏民，问民所疾苦，一时九邑之民，引领望公新政。吾侪芘公宇下，瞻依伊始，诸君子谬以余之娴于辞也，而属余一言。"（丁澎《扶荔堂文集选》卷四）

洪昇《送顾太守之任杭州》四首。(洪昇《稗畦集》)

五月七日,陈维崧卒于京邸,年五十八,著有《迦陵词》三十卷。洪昇作《哭陈其年检讨》痛悼。

洪昇《哭陈其年检诗》其一:"相逢白首未嫌迟,谁料黄垆永别离。地下那能偿旧序,人间何处乞新词。开尊东阁看花夜,飞盖西园踏月时。犹记先生相对语,好风吹动万茎髭。"其二:"四十余年海内名,一官迟暮慰生平。凌云天上悬词赋,霁月人间见性情。无复衮师承旧业,不留樊素守孤茔。亳村风雨清明日,惟有哀猿嗷嗷鸣。"(洪昇《稗畦集》)

七月,龚翔麟刊《浙西六家词》。(杨谦《朱竹垞先生年谱》)

秋,毛先舒作《陈其年骈体序》,八月付邮入燕,此时毛先舒才闻知陈维崧已在五月离世。陈维崧卒年五十八,著有《迦陵词》三十卷。

毛先舒《与吴志伊书》:"仆于去秋操觚,完此宿诺。八月缄书,并序邮入燕邸。而闻其在五月中即世,伤哉!计仆文脱稿时,则其年撒瑟,已九十余日矣。"又引陈维崧清康熙十九年(1680)来书:"仆于骈体,颇有所得,大约取左、史之排宕,兼韩、杜之沉郁,长篇短幅,欲尽见之,专望先生,为我序此。卅年密契,千里心期,谅在知己,不我靳也。"(毛先舒《思古堂集》卷二)

吴仪一为《棠村词》题辞,是集今年或再刻。(梁清标《棠村词》卷首)

顾炎武卒,年七十。

钱继章卒于是年后,著有《丽农词》。

来集之卒,年七十九,著有《倘湖诗余》一卷。

清康熙二十二年癸亥(1683年)

丁澎《扶荔堂集》付梓,萧山周起辛在苕溪为丁澎撰写《药园选集本序》。丁澎《扶荔堂集》包括《扶荔堂文集选》十二卷、《扶荔堂诗集选》十二卷、《扶荔词》三卷附《词变》一卷。

周起辛《药园选集本序》末识"癸亥嘉平题于苕溪舟次"。(丁澎《扶荔堂文集选》卷首)

二月,洪昇游苏州取妾邓氏,返京。方象瑛、蒋景祁以诗词为贺。(章培恒《洪昇年谱》)

方象瑛有《洪昉思纳姬四首》(自注:姬,吴人,善歌。)(方象瑛《健松斋集》卷十九)

蒋景祁有《拂霓裳·洪昉思初纳吴姬》。(《全清词·顺康卷》第

8743页）

　　二月九日，孙治病逝于泽州，年六十五。

　　孙孝桢《先考文学鉴庵府君行实》："（先考）殁于康熙癸亥年二月初九日戌时，享年六十有五。"（孙治《孙宇台集》附录）

　　仲春，王晫《今世说》八卷刊刻，同郡冯景、丁澎，遂安毛际可，礼安严允礼为之序，洪晖吉、顾且庵、张祖望、毛稚黄、吴庆百等予以品评。（王晫《今世说》卷首）

　　蒋景祁自京南还，以诗留别洪昇、高士奇。（章培恒《洪昇年谱》）

　　冬，洪昇自京往游开封，顾永年、徐嘉炎皆以诗赠行。旋返京。（章培恒《洪昇年谱》）

　　顾永年有《送洪昉思游大梁》。（顾永年《梅东草堂诗集》卷一癸亥，清康熙刻增修本）

　　徐嘉炎有《送洪昉思之大梁》。（徐嘉炎《抱经斋诗集》卷八）

　　方象瑛往典蜀试，归途阻雪，以诗见怀洪昇、王嗣槐。（章培恒《洪昇年谱》）

　　方象瑛《雪中有怀二十首》之七《王仲昭、洪昉思》："舍人踪迹老京华，顾曲狂生客是家。莫向白罗山下望，钱唐回首各天涯。"（方象瑛《锦官集》癸亥）

　　陆嘉淑里居，不时有交荐之疏，陆嘉淑却之，顾永年因以诗咏赠。（王简可《陆辛斋先生年谱拟稿》）

　　顾永年《赠陆冰修隐君，时有交荐之疏，先生固却之》（癸亥）。（顾永年《梅东草堂诗集》卷一）

　　浙抚王国安开馆修通志，毛先舒被延入馆。

　　毛奇龄《毛稚黄墓志铭》："康熙癸亥，浙抚王君修通志，请召诸名士，匃以属笔，次及君。君所登载，必择忠孝节义事。"（毛奇龄《西河集》卷九十九；《四库全书总目》卷六十八"《浙江通志》"条）

　　纳兰性德向顾岱推举毛先舒、王晫，称两人文行，为西泠第一。

　　吴仪一《王丹麓传》："成侍卫德，素未通问，特致书顾太守岱，称毛稚黄、王丹麓，两人文行，为西陵第一。时开馆修郡志，毛令其子通谒，遂延入馆。王终不往。"（王晫《霞举堂集》卷首）

　　陆次云《陆云士杂著》刊行，宛羽斋刻本，收《玉山词》三卷。

　　万树编著《词律》二十卷。

623

蒋景祁编刻《瑶华集》二十二卷。

王庭《秋闲词》刊行。

施闰章卒,年七十六。

清康熙二十三年甲子(1684年)

正月初七,洪昇同沈季友同饮汪懋麟宅。

沈季友《人日饮汪比部懋麟宅,和洪昇韵》其一:"初正破七才芳时,红罗亭上题新诗。风流比部夜披氅,更有华灯然百枝。"其二:"座客都分草堂调,赌酒花螺发狂笑。梅萼香边各问年,冯生老去周郎少。"其三:"愁见吴绡画里春,镂金插鬓一番新。就中谁是思归者,流落青衫姓沈人。"(沈季友《秋蓬集》)

洪昇、周在浚、王嗣槐、黄虞稷、周在浚、阎若璩、万言、周篁、吴雯、佟世思、沈皥日、李符往来唱和,月举一会。(章培恒《洪昇年谱》)

沈季友《檇李诗系》卷二十八:"桃乡布衣李符:符字分虎,号畊客。嘉兴人。应征之曾孙。梅里李氏多才,符与绳远、良年齐名,时号三李。善诗词,尤工骈体。"

陆嘉淑游燕中,与朱彝尊、魏禹平、查慎行、朱东浦联句赋诗。秋杪,自淮南归里,陡然病作,既而稍微好转。冬,游白下。(王简可《陆辛斋先生年谱拟稿》)

丁炜《紫云词》一卷刊行,丁澎等人为之序。(丁炜《紫云词》卷首)

孙治遗集《孙宇台集》,张丹删定,顾祖禹、毛先舒、陆嘉淑为之序,孙治之子孙孝桢梓行。

顾祖禹《孙宇台先生遗集序》:"武林孙宇台先生既殁之明年,孤孝桢梓其遗文三十卷,遗诗十卷既成,介贵池吴君正名属祖禹曰,请为之序。"(孙治《孙宇台集》卷首)

毛先舒《孙宇台集序》:"余友孙宇台氏,有孟轲、庄周、短长屈大夫之才者也。读书数十万卷,作名士五十年,居则贫,游则困,偃蹇顿踬而砥名节,好学不倦。"(孙治《孙宇台集》卷首)

中秋,陆进客西江,作词以叹年事已衰。

陆进《念奴娇·甲子中秋客西江,月下感怀,兼忆诸弟侄及儿辈省试》:"银河万里,尽人间、争羡清晖如昼。历历桂香飘客袂,绝似故乡灵鹫。横槊文场,扬镳艺苑,羞杀居牛后。西风几度,颓然竟作衰叟。　今日又值中秋,封胡遏末,笔底龙蛇走。鼓翼青鸾原可跨,莫学崔家铜臭。白酒苍髯,自斟自捻,豪兴仍如旧。冰轮遥对,嫦娥肯信予否。"(《全清词·顺康卷》第4377页)

  释山晓为胡介编辑遗稿《旅堂集》七卷刻行,附词一卷。(胡介《旅堂集》卷首)

  曹亮武编其所著《南耕词》六卷、《岁寒词》一卷。

  沈暤日为广西来宾知县,著有《柘西精舍词》。

  孙枝蔚《溉堂诗余》刊行。

  梁清远卒,年七十七,著有《祓园诗余》。

  张岱卒,年八十八。

清康熙二十四年乙丑(1685年)

  正月十一日,陆嘉淑自白下归里。夏,复游燕中。六月,查慎行置酒容园为之祝寿。(王简可《陆辛斋先生年谱拟稿》)

  浙抚赵进美,令三学司教咨请毛先舒讲学明伦堂,先舒力辞不就。

  毛奇龄《毛稚黄墓志铭》:"及乙丑,继抚赵君每月朔望讲学明伦堂,令三学司教咨请德望素闻者。司教以君应,君力辞之,不获,曰:'昔子夏设教于西河,使人疑其似夫子,而曾子责之。今东皋张先生,吾师也,吾敢背吾师以膺此任?'卒不就。其慎如此。"(毛奇龄《西河集》卷九十九)

  清明后一日,韩醉白与朱敬身前往西泠,拜访陆进。

  陆进《贺新郎·乙丑清明后一日,江都韩醉白偕山阴朱敬身,过访草堂,余适同子侄有扫墓之役,家人草草治具,风雨急去,赋寄并示朱子》:"节届清明矣。恰重逢、禁烟初散,采蘩方始。麦饭自携垅上去,寂寂柴门深闭。恁剥啄、声传花里。二妙停车春雨滑,愧山厨、市远无兼味。挑鸭脚,煮鱼尾。 当时截发留君醉。更名流、方干(敦四孝廉。)宋玉,(荔裳,观察。)清谈亹亹。一十二年成往事,吾母音徽犹记。记归去、正逢新霁。今日盘餐殊草草,岂庞公、风范应如是。谁作主,有朱子。(敬身,予至戚也。)"(《全清词·顺康卷》第4387页)

  秋,陆次云起复江阴知县(《[乾隆]江南通志》卷一百七人物志),朱彝尊以词赠行。

  朱彝尊《满江红·送陆云士宰江阴》:"仙令行时,正柿叶、翻红满村。易州酒、菊英泛泛,细注离樽。恰值蠲租新诏下,先教凫舄指南云。问桥

625

东、青竹马骑来，凡几群。　　君山翠，堆县门。香湾白，流树根。任垂帘清昼，谱曲黄昏。十里秋花春桂粒，一痕春水上河豚。判明年、小舫练江头，吟对君。"(《全清词·顺康卷》第5292页)

三月十日，王晫五十初度，作自寿词《千秋岁》，并以此发起"《千秋岁》唱和"活动，众多词坛名宿纷相应和，后由王晫、王晫之子王言慎汇为《千秋岁倡和词》，亦称《千秋雅调》，济南李涛为序，睦州方象瑛题辞，长洲尤侗作引。

王晫《千秋岁·初度感怀，乙丑三月十日为仆五十生辰，学易未能，知非自愧，絷年华之不再，徒老大之堪悲。偶述小词，聊复寄慨，览者或惜其志依韵赐以和言，则仆一日犹千秋也》："年华偷换。百岁今过半。青鬓易，朱颜变。金多人自贵，才短吾应贱。堪悔甚，一生断送残书卷。　莫说春将晏。是处莺花乱。凭好景，惟增叹。空存泉石志，难慰妻孥愿。浑不解，天公生我如斯幻。"(王言慎《千秋雅调》，《全清词·顺康卷》第6699页)

春，王晫过吴门拜访曾参加《千秋岁》唱和的蔡方炳，蔡方炳再以《千秋岁》词相赠，词中提及王晫《今世说》。

蔡方炳《千秋岁·丹麓过吴门见访，将溯游长干，中道而阻，再叠前韵》："蓬门不换。村郭平分半。容久别，交难变。浮名人共惜，能事吾何贱。欣把赠，一编世说香生卷。　当世谁玄晏。百轴缣缃乱。评今古，增嗟叹。孤舟千里思，双屐三山愿。归去好，六桥花柳春光幻。"(王言慎《千秋雅调》卷一)

十一月，毛先舒《思古堂集》四卷刊刻，潘耒为之序。

潘耒《思古堂集序》："钱唐毛子稚黄，少负轶材，为西陵十子之最。……中年偃蹇，不与世合，肆力而为古文辞，沉深壮阔，一去绮丽之习，而上与古人为朋。既而卧病床榻者十余年，澄怀味道，气益静，养益充，久之病愈，起而著书。劈肌分理，削肤见骨，于学术异同，人物白黑，确然其有定见，超然其有独得，非强为论辩也，盖不容自已而出之者也。所著《潠书》《匡林》《格物问答》《圣学真语》《东苑文钞》《诗钞》，凡若干册，不下数十万言。而近复有《思古堂集》。呜呼！盛矣。"末识"康熙乙丑仲冬日吴江潘耒拜撰"。(毛先舒《思古堂集》卷首)

丁澎卒，年六十四，著有《扶荔词》三卷、《词变》一卷。

纳兰性德卒，年三十二，著有《侧帽词》《饮水词》，辑有《词韵正略》。

曹溶卒，年七十三，著有《静惕堂词》。

查容卒,年五十,著有《浣花词》。

孟称舜卒,年约八十六,著有《娇红记》。

清康熙二十五年丙寅(1686年)

吴仪一返钱唐,并拜访陆进,适陆进游历六年归里,陆进向吴仪一出示《付雪词》,并索序。

吴仪一《付雪词序》:"予好远游,忆庚申早秋归自辽海,值陆先生荩思亦客燕,日相过从,斗酒为光。荩思驰骋名场四十余年,著等身书,海内皆见之。而荩思故未尝游,游自燕始,今六年矣。予三返里门问荩思,才一相见,知其历赵魏,至郑鄘,过武昌,下长江,乱鼓蠡,再溯吉水,所游几半予足迹。出示填词一帙,大都皆行旅悲秋之作也。"(陆进《巢青阁集诗余》卷首)

八月十五日,毛先舒汇编《毛稚黄十二种书》,请方象瑛为作总序、毛奇龄为作《东苑诗钞序》。《毛稚黄十二种书》依其编排次第为:《思古堂集》四卷、《匡林》二卷、《圣学真语》二卷、《格物问答》三卷、《东苑文钞》二卷、《东苑诗钞》一卷、《蕊云集》一卷、《晚唱》一卷、《诗辩坻》四卷、《韵学通指》一卷、《韵白》一卷。

方象瑛《毛稚黄十二种书序》:"钱唐毛子稚黄,汇其所著书十二种,属余序之。"末识"康熙丙寅八月之望遂安同学弟方象瑛渭仁拜撰"。(方象瑛《健松斋集》卷二)

毛奇龄《毛稚黄东苑诗钞序》:"《东苑诗钞》者,稚黄集中之一编也。稚黄编文不一时,复不一类,各见指趣,而此以苑名识所居也。稚黄读书东园矣,东园者宋东苑也。……今稚黄卧病有年,历盛夏,衣重裘,口语喑喑。而集中诸编,分班列部,其为朝成而暮遍者,且犂然也。今人不如古,彼亦尝诵吾稚黄诗哉。"(毛奇龄《西河集》卷二十七)

秋,王晫所居墙东草堂的海棠花开放,一时名士竞为之赋词,如杜首昌、顾正阳、沈元琨、毛际可、林云铭、丁漈、罗贤等。王晫遂延请画工绘成《秋海棠图》,并作记。(王晫《王丹麓五种》之《墙东志》二卷)

中秋以后,吴仪一自西泠往游梁,陆进以词相赠。

陆进《丹凤吟·送吴璨符游梁》:"试问频年何事,菊径苔荒,柳庄烟冷。吟鞭醉帽,跋涉燕关秦岭。归来赢得,满头白发,愁对西风,倚楼看镜。寂寞文园情绪,正待与君,同泛两湖游艇。 今日河梁又别,骊歌才唱殊难听。况值中秋后,想吹台独眺,莲池续咏。龙蛇奇字,写向石楼山顶。我在

西泠,残照里,望书传鸿影。安排匹骑,也天涯驰骋。"(《全清词·顺康卷》第4384页)

九月,恽格为《毛稚黄十二种书》作序。

恽格《毛稚黄十二种书序》："毛子为人,沉淡萧疏,罕婴世务。少以诗名于郡国,后发愤为古文,执笔惨淡,语不妄吐。……毛生平生所撰述三千余叶,凡百五六十万言。今乃取已付刻者,汰去少作及诸小品语,总十二种,汇为成书,以应当世问字者之请。"末识"康熙二十五年秋九月毗陵恽格正叔氏拜撰"。(毛先舒《毛稚黄十二种书》卷首)

九月十日,秣陵张惣南村访陆进,并结交。

张惣南村《付雪词序》："今之词家遍天下,若夫穷妍极丽、标领宗工,则莫东南为最树帜,武林者争立坫坛。而陆子苾思巢青阁集声尤籍甚,其《付雪词》脍炙艺苑久矣。余凤拈咏辄为移情,闻声相思,匪伊朝夕。丙寅重九后一日,始得登堂造访,一见若平生欢如也,又以《付雪词》三集见示。"(陆进《巢青阁集诗余》卷首)

秋,汤右曾客游江阴,时陆次云为江阴邑令,与曹武歌、邻湘兄弟屡次雅集酬唱。

汤右曾有《丙寅秋,予客游江阴时,主人则有邑令陆云士,宾客则有曹武歌、邻湘兄弟。酒场歌地,登临游燕之乐,无日无之。席间歌者时郎,艺冠流辈,每一发声,座客嗟叹,不觉其耳之倾侧也。明年丁卯春,予北游,复取道江上,仍为裙屐之会,时亦在焉,曲终酒罢,月落潮平,作五绝句赠时,解缆而去,自此绝不相闻。今年夏六月,卧疴杜门,时忽来京师,以原诗装潢卷轴,俾获重观,则忽忽三十五六年事矣。偶然落笔,了不省忆。予既老病,万念零落,时亦红颜皓齿,非复畴昔。云士、邻湘又久经下世,追念旧游,恍如梦寐,感叹不已,又作一篇云,时辛丑中秋后十日》一诗。(汤右曾《怀清堂集》卷二十)

张丹游倦归里,年老病重,陆进以词慰问。

陆进《贺新郎·问张秦亭病》："晚倚巢青阁。望秦亭、烟迷翠树,云横丹壑。下有王通高卧稳,镇日虚垂帘幕。任房杜、李温来学。(秦亭及门甚盛。)着就雄文千万首,怕饥时、难向囊中索。髯自捻,北风作。 当年壮志原挥霍。漫题诗、燕山易水,吹箫跨鹤。游倦归来今已老,种满阶前红药。常白眼、五陵轻薄。一到牢骚无着处,向陆郎、洒泪如珠落。消渴病,莫相若。"(《全清词·顺康卷》第4387页)

蒋景祁辑刻《瑶华集》二十二卷，收录陆进词。吴逢原携《瑶华集》赠陆进，陆进作《一寸金》以谢蒋景祁，并寄新作词集。

陆进《一寸金·兰陵蒋京少选〈瑶华集〉，滥收余词。吴枚吉携以见惠，赋谢京少，兼寄近集》："曾到澄江，拟向兰陵探春色。好与君把袂，酒浮桑落，茶烹阳羡，倚声弄笛。月挂梧千尺，（京少著《梧月词》。）主人去、潇湘作客。回船转，看罢樱桃，（澄江有樱桃园，果熟时，游人极盛。）高卧西泠自扪虱。　有友乘流，轻风吹送，瑶华载新集。倚雕阑、细读琳琅，满目金荃兰畹，一齐甄识。燕石惭非玉，与昭华、却同收拾。感知音，重寄缄藤，再葺琼文笈。"（《全清词·顺康卷补编》第794页）

徐钅九因忤权贵，去官归里，久客钱塘，卓允基出《桥西草堂词》请以为序。徐钅九作《桥西草堂词序》，回忆卓氏家族四代在经学、史学和文学方面的成就，以及与卓允域、卓允基的深厚交谊。

徐钅九《桥西草堂词序》："余为童子时，则知水西有人斋、莲句、珂月三先生者，能世其家学，相继为诗古文词，号召天下，扶掖后进。后进之游于三先生之门者，无不淹贯经史，为世通儒。以故于武林称文献，必举卓氏为最。余于壬子年，得交于次厚之亡兄永瞻。永瞻为人慷慨磊落，有所著，援笔立成，每同人分题击钵，永瞻作出，则诸子悉咨嗟叹赏而去。余方以永瞻之才，必能献赋金马，出入彤庭，不意一蹶之后别去，一两年间遂困顿抑郁以死。余亦饥驱旅食，久客钱塘，尝往来水西道上见霜林落叶，凄然动黄公酒垆，思永瞻不禁泫然出涕。因话余曩昔之出都门也，永瞻与诸子共赋《水调歌头》一阕相送，而今已风流云散矣。次厚遂出近日所为《桥西草堂词》示予，其激昂悲壮犹似吾永瞻之词，而婉丽过之。嗟乎！以卓氏三先生之传，六经孔孟，训迪无穷。次厚于此益光大之，必有文武忠孝，出而为家国之用，以慰难兄永瞻于地下者矣。若区区以晓风残月，竞短长于屯田待制间，不几与流辈较眉睫。"（徐钅九《南州草堂集》卷十九）

冬，华亭朱溶客钱塘，与洪昇交游论诗，并与西泠戴普成着手编选洪昇诗集。

朱溶《稗畦集叙》："岁丙寅，余客钱塘，与洪子昉孙、戴子天如及吾弟沛霖等辑《感应篇》《经史考》。洪子昉思为昉孙族侄，天如之友婿，屡过寓余。……昉思返自衢，偶出近作。余大惊曰：子之诗乃至是，何相识之晚耶？昉思因倾箧相视，余诵之三四，不自知首之俯于地也。余行天下三十余年，所见诗不为不多，要其实与昉思匹敌者盖少。"（洪昇《稗畦集》卷首）

赵吉士《万青阁诗余》刊行。吉士,字恒夫,一字天羽,原籍安徽休宁,久居西泠。

是年,陆嘉淑游燕中。(王简可《陆辛斋先生年谱拟稿》)

蒋景祁《瑶华集》刊行,收沈谦《词韵略》一卷为附录。

自此年始,聂先、曾王孙陆续编成《百名家词钞》刊行。

魏裔介卒,年七十一,著有《怀舫词》。

清康熙二十六年丁卯(1687年)

上元,尤侗至武林,寓昭庆寺,观华山宜洁律师传戒,流连湖上,春尽始归。(尤侗《悔庵年谱》卷下)

正月,华亭朱溶为洪昇《稗畦集》作序。

朱溶《稗畦集叙》末识"康熙丁卯春正月华亭弟朱溶拜撰"。(洪昇《稗畦集》卷首)

春,杜濬卒,年七十七,著有《扫花词》(毛奇龄《西河集》卷九十九),洪昇作诗以悼。

洪昇《喜遇陈挹苍,有赠,因悼杜宇皇》:"纷纷名士集蓬莱,何意还留草泽才。刻苦自将三径老,饥寒不乞五侯哀。清琴浊酒吟芳草,细雨轻风对落梅。惆怅我来时已晚,杜陵野老竟泉台。"(洪昇《稗畦集》)

六月,毛先舒忽得脾疾,不起。(毛奇龄《毛先舒墓志铭》)

秋,陆嘉淑在燕中,同诸名士过西斜街乔侍读斋看花。(王简可《陆辛斋先生年谱拟稿》)

秋,周青士南还,陆嘉淑赋诗以送别。(王简可《陆辛斋先生年谱拟稿》)

张丹卒,著有《从野堂词》。(胡小林《张丹卒年考》)

万树卒,年五十九,著有《香胆词选》六卷,《词律》二十卷编成于此年。

董元恺卒,著有《苍梧词》十二卷。

顾景星卒,年六十七,著有《白茅堂词》一卷。

周篔卒,年六十五,著有《采山词》,辑有《词纬》三十卷,《今词综》十卷。

孙枝蔚卒,年六十八。

清康熙二十七年戊辰(1688年)

春,陆进访钱础日于十峰草堂,并赋《沁园春》。

陆进《沁园春·与梁溪钱子础日别二十一年矣,丙寅春杪,余过访十峰草堂,值同人延主东林书院讲席,是日讲舜典,欣逢其盛,赋词志喜》:"记别君时,丁未之秋,二十一年。想西湖画舫,名流雅集,南屏古寺,侠客狂言。或赋长扬,或悲宿草,高尚惟君卧锡山。相思甚,着轻裾斗笠,上钓鱼船。

相逢春老啼鹃。喜骨健,神清气穆然。恰霏霏玉屑,经谈谟典,翩翩尘尾,座满金兰。昔日东林,光风霁月,不让伊川洛水间。而今后,又人传钱颐,继美前贤。"(《全清词·顺康卷》第4384页)

春,方象瑛游西湖,陆进拜访,并示以《付雪词》索题词。

方象瑛《付雪词题词》:"与荩思别十年许,庚申廷对入都,余适有妻儿之恸,荩思寻亦悼亡,执手榻前,唏嘘言别。又七八年矣,今春来湖上,荩思过余,读所为《付雪》三集,声情意致,依然余杭大陆。"(陆进《巢青阁集诗余》卷首)

二月,陆嘉淑染病,查慎行扶持送其南还。途中,舅甥二人在舟中赋诗以送日。(王简可《陆辛斋先生年谱拟稿》)

六月,毛先舒忽得脾疾,不起。(毛奇龄《毛先舒墓志铭》)

十月五日,毛先舒病卒,享年六十九岁,著有《鸾情集选填词》、《填词名解》四卷。毛际可哭曰:"'三毛'已亡其一矣。"毛奇龄为其作墓志铭。

毛奇龄《毛稚黄墓志铭》:"后忽得脾疾,自夏六月至十月,不起。……卒于康熙二十七年十月初五日子时,享年六十有九。"(毛奇龄《西河集》卷九十九)

钱肇修《钱石臣诗钞》刻行,收《檠园诗余》。

徐釚刊行《词苑丛谈》,其音韵类首刊沈谦《词韵略》,并注云:"今一以沈东江氏《词韵略》为则。"(徐釚《词苑丛谈》)

沈雄《古今词话》刊行,并著有《柳塘词》《柳堂词话》各一卷。

宋荦《枫香词》刊行。

董俞卒,年五十八,著有《玉凫词》二卷。

汪懋麟卒,年四十九,著有《锦瑟词》三卷。

清康熙二十八年己巳(1689年)

毛际可为陆进序《付雪词》,感叹人事沧桑。

毛际可《付雪词序》:"曩者岁在甲寅,余避寇东下,日与西泠诸子吟弄笔墨,以消旅况。今屈指十有五年,同人相继雕谢,存者落落如星辰。"(陆

进《巢青阁集诗余》卷首)

二月,陆嘉淑卒,著有《辛斋诗余》一卷。查慎行为之安葬。(王简可《陆辛斋先生年谱拟稿》)

夏,聂先因毛奇龄和丁澎极言周清源之词当为《百名家词钞》之冠,遂下武林访周清源,周清源手授抄录《浣初词》,聂先为刻入《百名家词钞》甲集之首。

聂先《百名家词钞·浣初词引》:"《浣初词》零星成束,周文宗珍惜,不轻示人,所以世无传本。己巳夏日,纳凉湖舫,西河、药园两先生极言文宗之词,当为拙选之冠。遂下武林,方舟南湖,文宗手授抄录,略成一帙,冠于甲集之首,譬诸龙之一鳞,豹之一斑也。尚拟征刊全稿,以图纸贵。"(聂先《百名家词钞·浣初词》卷末)

丁澎《百名家词钞·浣初词引》:"予最服膺《浣初词》,声调之妙,为本朝第一作手。因同西河太史,抄示晋人,刊作名家之冠,共当代词人一唱三叹之,以杜刻意尖新之失。词学其庶几乎?"(聂先《百名家词钞·浣初词》卷末)

邓汉仪卒,年七十三,著有《青帘词》。

龚贤卒,年九十一,著有《半亩园词草》。

李符卒,年五十一,著有《耒边词》。

清康熙二十九年庚午(1690年)

中秋,钱十青过西湖,向沈丰垣征杨倩玉填词,沈丰垣作《水调歌头》以赠。

沈丰垣《水调歌头·庚午中秋,钱子十青过西湖,征余亡室填词,即欲解维为山阴兰亭之游,感而有赠》:"月照一湖水,秋气满长空。谁向寓楼作客,玩赏自难穷。把臂相逢恨晚,世上寥寥孰是,同叩钓鱼翁。谈笑正无几,分手欲东东。 顾安得,诗百首,酒千钟。古人往矣,闺阁亦有大家风。为问绿窗遗稿,终是邯郸学步,黄土暮烟浓。明日重来此,缥缈两高峰。"(《全清词·顺康卷补编》第804页)

刘榛卒,年五十六,著有《董园词》。

清康熙三十年辛未(1691年)

王晫《霞举堂词集》单行刊刻,又晫《霞举堂集》今年再刻,凡三十五卷,收《峡流词》三卷。

钱肇修进士及第,著有《檗园诗余》。

梁清标卒,年七十二,著有《棠村词》二卷。

清康熙三十一年壬申(1692年)

徐釚放归,回忆清康熙十一年与卓永瞻、叶元礼、周在浚等四人在京师以词唱和之盛况,不胜感慨。

徐釚《月佩词序》:"二十年前客京师,偕汾湖叶元礼同寓声为长短句,相倡和者大梁周雪客、武林卓永瞻及余凡四人,流传旗亭风雪间,缪为当世所推,颇与阳羡陈髯、长水朱十方驾一时。亡何永瞻、元礼化为异物,余与雪客游宦各天。惟陈髯、朱十同在史馆,得时时过从,然方奉敕纂修,无暇为词矣。今忽忽又十余年,余已衰老,放归田间,追思往事,不胜存殁升沉之感。"(徐釚《南州草堂集》卷二十一)

先著、程洪选成《词洁》六卷。

王夫之卒,年七十四,著有《姜斋词》。

厉鹗生。

清康熙三十二年癸酉(1693年)

十月十四日,陆进送试至省,病疟。

陆进有《大江乘·癸酉送试至省,十月望前一日病疟,月余始愈。甲戌是日,复构此症。人言有鬼,作此驱之》。(《全清词·顺康卷补编》第798页)

王庭卒,年八十七,著有《秋闲词》。

冒襄卒,年八十三。

清康熙三十三年甲戌(1694年)

十月十四日,陆进疟疾复发。

陆进有《大江乘·癸酉送试至省,十月望前一日病疟,月余始愈。甲戌是日,复构此症。人言有鬼,作此驱之》。(《全清词·顺康卷补编》第798页)

仲恒卒于是年后,著有《雪亭词》十六卷、《词韵》二卷。

吴绮卒,年七十六,著有《艺香词钞》四卷,辑有《词韵简》一卷。

李良年卒,年六十,著有《秋锦山房词》。
徐乾学卒,年六十四。

清康熙三十四年乙亥(1695年)
毛奇龄至杭州医病,遇洪昇,洪昇请序《长生殿》。
毛奇龄《长生殿院本序》。(毛奇龄《西河集》,卷四十七)
黄宗羲卒中,年八十六。
余怀卒,年八十,著有《玉琴斋词》。
蒋景祁卒,年五十,著有《梧月词》《罨画溪词》。

清康熙三十五年丙子(1696年)
高式青中举人,官河南永宁知县,历九载。(《全清词·顺康卷》第**10311**页)
屈大均卒,年六十七,著有《道援堂词》(一名《骚屑》)。
周在浚卒于是年后,著有《花之词》《梨庄词》。

清康熙三十六年丁丑(1697年)
林以宁《墨庄集》刻行,收《墨庄诗余》。
赵吉士词集《万青阁词》今年再刻,查嗣瑮为序,吴一元题辞。

清康熙三十七年戊寅(1698年)
宗元鼎卒,年七十九,著有《小香词》,编有《诗余花钿》。
曹贞吉卒,年六十五,著有《珂雪词》二卷。
唐梦赉卒,年七十二,著有《志壑堂诗余》一卷。

清康熙三十八年己卯(1699年)
九月十四日,褚人获得孙弥月,陆次云赠《黄金缕》词。(褚人获《坚瓠集》)
顾贞立卒,年七十七,著有《栖香阁词》。
李天馥卒,年六十三,著有《容斋诗余》。
陆葇卒,年七十,著有《雅坪词选》。

清康熙三十九年庚辰(1700年)
陆进《悼亡词》及《付雪词》三刻并收入《巢青阁集》,并刊行。
高士奇合平生所著诗文集《清吟堂集》《归田集》等共七十四卷刊行,朗润堂刻本,附《竹窗词》一卷、《蔬香词》一卷,是集始刻自清康熙三十七年(1698),今年刻竣。
周稚廉卒,年约四十一,著有《容居堂词》。
彭孙遹卒,年七十,著有《延露词》三卷。
陈恭尹卒,年七十,著有《独漉堂诗余》。
何采卒,年七十五,著有《南涧词选》二卷。

清康熙四十年辛巳(1701年)
钱曾卒,年七十三。

清康熙四十一年壬午(1702年)
毛奇龄年近八十,为沈汉嘉、柴季娴夫妇《嗣音轩诗集》作序。
毛奇龄《嗣音轩诗集序》:"柴夫人诗多凌厉,有似太白与顺成之婉,而挚各有所到。"(毛奇龄《西河集》,卷五十)
黄云卒,年八十二,著有《倚楼词》。
严绳孙卒,年八十,著有《秋水词》。
沈岸登卒,年五十三,著有《黑蝶斋词》。
金烺卒,年六十二,著有《绮霞词》五卷。
沈朝初卒,年五十四,著有《不遮山阁诗余》。

清康熙四十二年癸未(1703)
三月,洪昇与宋长白讨论古书之误。
宋长白《柳亭诗话》"微咏"条序曰:"癸未三月,会讲于武林之沈园,洪昉思偶谈及此。余曰:以陈明卿之博览,而误认刘西涧为晋人,则鬻书贾当从末减。"(宋长白《柳亭诗话》卷十七)

清康熙四十三年甲申(1704)
高式青遭乱被俘,越狱投岩,四肢折裂。(《全清词·顺康卷》第10311页)
洪昇卒,年六十,著有《昉思词》。

王士禛《挽洪昉思》："送尔前溪去,栖迟岁月多。苁裘终未卜,鱼腹恨如何。采隐怀苕雪,招魂吊汨罗。新词传乐部,犹听雪儿歌。"(自注:昉思工词曲,所制《长生殿》传奇刻初成。)(王士禛《带经堂集》卷六十一《蚕尾续诗》)

景星杓《哭洪昉思三首》诗序云:"昉思洪君,高才不偶,且以谪仙之狂,几蹈夜郎之放。归益潦倒,醉而沉水,时以捉月比之。忆尝访余于东城,诵诗啜茗,意甚欢洽。自是踪迹复远,没后适遇朱赓唐,言洪君称道余诗,不置星杓,风尘濩落,有同病骑于君抱孙阳之感。哭之以诗,以其沉于水也,故语兼楚声焉。"(景星杓《拗堂诗集》卷五)

梁佩兰卒,年七十七,著有《六莹堂诗余》。

高士奇卒,年六十,著有《蔬香词》《竹窗词》《独居词》各一卷。

尤侗卒,年八十七,著有《百末词》。

吴雯卒,年六十一,著有《莲洋集》。

阎若璩卒,年六十九。

清康熙四十四年乙酉(1705)

魏坤卒,年六十,著有《水村琴趣》。

清康熙四十五年丙戌(1706)

姚炳《荪溪集》刊行,收词二卷,清康熙四十五年听秋楼刻本。(姚炳《荪溪集》卷首)

赵吉士卒,年七十九,著有《万青阁诗余》。

清康熙四十六年丁亥(1707)

沈辰垣等奉旨编成《历代诗余》一百二十卷。

徐釚谋刊沈璟《古今词谱》。

清康熙四十七年戊子(1708)

徐釚卒,年七十三,著有《菊庄词》、《菊庄词话》一卷。

毛际可卒,年七十六,著有《浣雪词钞》二卷。

清康熙四十八年己丑(1709)

顾彩《草堂嗣响》四卷刊行。
朱彝尊卒,年八十一,著有《曝书亭集》。

清康熙五十年辛卯(1711)
王士禛卒,年七十八,著有《衍波词》二卷、《花草蒙拾》。

清康熙五十一年壬辰(1712)
陈维岳卒,年七十八,著有《红盐词》。

清康熙五十二年癸巳(1713)
徐倬卒,年九十,著有《水香词》。
宋荦卒,年八十,著有《枫香词》。

清康熙五十三年甲午(1714)
秦松龄卒,年七十八,著有《微云词》一卷。
顾贞观卒,年七十八,著有《弹指词》二卷,编有《唐五代词删》《宋词删》。

清康熙五十四年乙未(1715)
沈时栋《古今词选》刊行。
王奕清等《钦定词谱》四十卷刊行。

清康熙五十五年丙申(1716)
丁澎之子丁辰槃为其父重刻《扶荔堂文集选》十二卷、《扶荔堂诗集选》十二卷。(丁澎《扶荔堂文集选》《扶荔堂诗集选》)
毛奇龄卒,年九十四,著有《毛翰林词》、《西河词话》二卷。

清康熙五十七年戊戌(1718)
顾彩卒,年六十九,著有《鹤边词钞》一卷,辑有《草堂嗣响》四卷。
孔尚任卒,年七十一,著有《绰约词》。

清康熙五十八年己亥(1719)
查慎行《敬业堂集》刊行,收《余波词》。

清康熙六十年辛丑(1721)

腊月,徐逢吉在友人华秋岳所得读厉鹗《高阳台》词,生香异色,心向往之。

徐逢吉《秋林琴雅题辞》:"去腊于友人华秋岳所,读樊榭《高阳台》一阕,生香异色,无半点烟火气,心向往之。"末识:"时康熙六十一年壬寅白露前一日同里紫山徐逢吉题。"(厉鹗《樊榭山房集·秋林琴雅》)

腊月,徐逢吉与厉鹗、蒋宏道三人约于此时定交,共作《试天目茶歌》。

厉鹗有《试天目茶歌,同蒋丈雪樵、徐丈紫山作》。(厉鹗《樊榭山房集》卷二辛丑)

清康熙六十一年壬寅(1722)

【时事】

十二月,康熙帝崩,遗诏令皇四子胤禛即位,是为雍正帝,次年改元"雍正"。(《清实录·世宗宪皇帝实录》卷二)

新年,徐逢吉拜访厉鹗,二人披襟畅谈词学,甚为投机,遂相订倡和之作。

徐逢吉《秋林琴雅题辞》:"新年过访,披襟畅谈,语语沁入心脾,遂相订为倡和之作,共得题如干,并注以调名,乃不数日两家已各成其半。"末识:"时康熙六十一年壬寅白露前一日同里紫山徐逢吉题。"(厉鹗《樊榭山房集·秋林琴雅》)

春,厉鹗与徐逢吉相约,同赋《绮罗香》。

厉鹗《绮罗香·壬寅春分约徐丈紫山同赋》:"水榭收灯,虹梁待燕,判断韶华如许。九十芳辰,一半自今堪数。娇意绪、欲暖翻寒,懒心性、乍晴还雨。已飘残、梅雪鳞鳞,井桃花信未迟暮。　箫楼应惜冶思,谁在生香径里,和莺低语。约略东风,好似破瓜眉妩。刚宿露、蝶梦搋匀,更惹烟、柳丝偷取。怅年时、一掬春愁,试分知解否。"(厉鹗《樊榭山房集》卷九壬寅,《全清词·雍乾卷》第244页)

春,吴焯访徐逢吉,作《曲玉管》词。

吴焯《曲玉管·南屏访紫山翁》:"树入床头,花来镜里,钱湖旧墅风烟古。好景都无人见,竹木萧疏。隐君居。料理鱼箱,分除鸡埘,草亭结向苍葭浦。水接长桥,旧月常伴烟乌。水云区。　比似当年,有一个、诗楼黄簸,略通一岸南屏,遥分半角西湖。最清孤。整春游裙屐,且共相携蛮槛,花随人笑,鸟傍人歌,醉倩人扶。"(《全清词·顺康卷》第11676页)

中秋以后,徐逢吉游金陵,厉鹗作诗以怀之。

厉鹗《怀徐丈紫山客金陵二首》其一:"中秋过后重阳未,澄碧天光裂叶风。浊酒一杯歌一曲,久无此兴欠徐公。"其二"春分弹指又秋分,记写新词笃耨熏。今日秦淮歌板绝,僧楼应梦马湘君。"(厉鹗《樊榭山房集》卷二壬寅)

九月七日,徐逢吉为厉鹗《秋林琴雅》四卷题辞。

徐逢吉《秋林琴雅题辞》末识:"时康熙六十一年壬寅白露前一日同里紫山徐逢吉题。"(厉鹗《樊榭山房集·秋林琴雅》)

胡胤瑗、李葵生、顾景芳刻其所编《兰皋明词汇选》。

清雍正元年癸卯(1723)

【时事】

正月,雍正帝连续颁发十一道圣谕整顿吏治。四月,清廷开始实行摊丁入地政策。(《清世宗实录》卷三、卷六)

秋夜,厉鹗以诗寄吴仪一,表达思念之情。

厉鹗《秋夜听潮歌寄吴尺凫》:"天明作歌寄吴子,想子中宵亦听潮。"(厉鹗《樊榭山房集》卷三癸卯)

冬,徐逢吉游岭南,厉鹗寄诗以怀。

厉鹗《寄徐丈紫山岭南》:"此别惊垂老,初鸿有信传。勤收驻颜药,俭用卖文钱。乡梦过梅岭,吟情寄竹田。归装定何日,目极浙江船。"(厉鹗《樊榭山房集》卷三癸卯)

清雍正四年丙午(1726)

汪森卒,年七十四,著有《桐扣词》《虫天志名家词话》。

清雍正五年丁未(1727)

查慎行卒,年七十八,著有《余波词》。

清雍正六年戊申(1728)

春,厉鹗作诗,怀徐逢吉。

厉鹗《春雨有怀徐丈紫山湖上》:"老大逢春最㸦春,又经多雨洗芳尘。官梅开后野梅落,湖水满时河水新。无事长如耗磨日,几年不作踏灯人。相思只有师川在,安得冲泥过比邻。"(厉鹗《樊榭山房集》卷五戊申)

清雍正十一年癸丑(1733)
龚翔麟卒,年七十六,著有《红藕庄词》三卷,辑有《浙西六家词》。
吴焯卒,年五十八,著有《玲珑帘词》。

清雍正十三年乙卯(1735)
【时事】
八月,雍正帝崩。九月,皇四子弘历即位,是为乾隆帝,次年改元"乾隆"。(《清实录·世宗宪皇帝实录》卷一五九,《清实录·高宗纯皇帝实录》卷一、卷二)
邹天嘉卒,年七十二,著有《耦渔词》一卷。
焦袁熹卒,年七十六,著有《此木轩直寄词》二卷。

清乾隆元年丙辰(1736)
杜诏卒,年七十一,著有《凤髓词》一卷。
柯煜卒,年七十一,著有《月中箫谱》二卷、《小丹丘词》一卷。

清乾隆二年丁巳(1737)
徐逢吉隐居于黄雪山房,足不出户,日事吟咏。并以近诗寄示厉鹗,厉鹗以诗相酬。
厉鹗《徐丈紫山今年八十三矣,居清波门外湖滨,病足不出户,日事吟咏,寄示近作,赋此仰酬》:"两年不见紫山翁,闻道婴颜尚旧红。脚疾偶然徐道度,诗名合继鲍清风。支离一榻惟观化,珍重双瓶但饷空。有约严城苦相限,柳洲乍可系低篷。"(厉鹗《樊榭山房集》卷八丁巳)

清乾隆五年庚申(1740)
徐逢吉卒,年八十六,著有《柳州清响摇鞭集》《微笑集》。

清乾隆八年癸亥(1743)

春,厉鹗作诗吊徐逢吉,时徐逢吉逝世三年。

厉鹗《徐丈紫山没三年矣,闻湖上故居名黄雪山房者已拆卖于人,雪樵有诗吊之,予亦次韵》:"逸气凌霄一剑飞,眼中人物似翁稀。百年无地悲华屋,万古空山陨少微。春雨如闻吟屐响,夕阳不见钓船归。门前鸭脚青青在,为访遗踪泪满衣。"(厉鹗《樊榭山房集》之《续集》卷三癸亥)

主要参考文献

（以书名、篇名的汉语拼音为序）

一、古籍资料

A

［明］陈子龙,《安雅堂稿》,《续修四库全书》本。
［清］景星杓,《拗堂诗集》,《四库未收书辑刊》本。

B

［清］徐崧、张大纯辑,《百城烟水》,《续修四库全书》本。
［清］聂先、曾王孙编,《百名家词钞》,清康熙绿荫堂刻本。
［清］洪昇,《稗畦集·稗畦续集》,古典文学出版社,1957年版。
［清］洪昇,《稗畦集·稗畦续集》,《清代诗文集汇编》本。
［清］陆次云,《北墅绪言》,《四库全书存目丛书》本。

C

［清］柴绍炳,《柴氏古韵通》,《续修四库全书》本。
［清］柴绍炳,《柴省轩先生文钞》,《四库全书存目丛书》本。
［明］卓人月,《蟾台集》,明崇祯刻本。
［清］陆进,《巢青阁集》,《四库未收书辑刊》本。
［清］陆进,《巢青阁集诗余》,清康熙刻本,《清词珍本丛刊》本。
［清］陆进,《巢青阁诗余》,清顺治刻本。
［清］陈维崧,《陈迦陵文集》,《四部丛刊初编》本。
［清］陈维崧,《陈检讨词》,《清名家词》本,上海书店,1982年版。
［明］陈子龙著,王英志编纂校点,《陈子龙全集》,人民文学出版社,

2010年版。

［明］陈子龙著,施哲存、马祖熙标校,《陈子龙诗集》,上海古籍出版社,2006年版(2010重印)。

［清］陆次云,《澄江集》,《四库全书存目丛书》本。

［清］王士禛,《池北偶谈》,中华书局,1982年版。

［清］李渔,《尺牍初征》,《四库禁毁书丛刊》本。

［清］徐士俊,《尺牍新语》,中国国家图书馆藏清康熙刻本。

［清］王昶著,陈明洁、朱惠国、裴风顺点校,《春融堂集》,上海文化出版社,2013年版。

唐圭璋编,《词话丛编》,中华书局,1986年版。

葛渭君编,《词话丛编补编》,中华书局,2013年版。

屈兴国编,《词话丛编二编》,浙江古籍出版社,2013年版。

朱崇才编纂,《词话丛编续编》,人民文学出版社,2010年版。

［清］张宗橚编,杨宝霖补正,《词林纪事·词林纪事补正》,上海古籍出版社,1998年版。

［清］戈载,《词林正韵》,上海古籍出版社,1981年版。

［清］万树,《词律》,上海古籍出版社,1984年版。

［清］查继超辑,《词学全书》,中国书店,1984年版。

［清］查继超辑,吴熊和点校,《词学全书》,书目文献出版社,1986年版。

［清］查继超辑,《词学全书》,清康熙十八年(1679)刻本。

［清］徐釚,《词苑丛谈》,上海古籍出版社,1981年版。

［清］仲恒,《词韵》,清康熙十八年(1679)刻《词学全书》本。

［清］沈谦,《词韵》,清刻本(绿雪轩刻本)。

［清］沈谦,《词韵略》,《词话丛编》本。

［清］朱彝尊编,《词综》,上海古籍出版社,1978年点校本。

D

［清］王士禛,《带经堂集》,清康熙刻本。

［清］王士禛,《带经堂诗话》,人民文学出版社,1963年版。

［清］徐乾学,《憺园文集》,《四库全书存目丛书》本。

［清］龚鼎孳,《定山堂诗余》,清康熙十五年(1676)吴兴祚刻本。

[清]佟世南,《东白词》,《百名家词钞》本。
[清]佟世南、陆进,《东白堂词选初集》,《四库全书存目丛书》本。
[清]蒋良骐,《东华录》,中华书局,1980年版。
[清]王先谦,《东华录》,《续修四库全书》本。
[清]沈谦,《东江集钞》九卷附录一卷《东江别集》五卷,《四库全书存目丛书》本。
[清]毛先舒,《东苑诗文钞》,《四库全书存目丛书》本。

F

[清]厉鹗著,[清]董兆熊注,陈九思标校,《樊榭山房集》,上海古籍出版社,1992年版。
[清]徐士俊,《分类尺牍新语》,《四库全书存目丛书》本。
[清]丁澎,《扶荔词》,《百名家词钞》本。
[清]丁澎,《扶荔词》附《词变》,清康熙十年(1671)刻本。
[清]丁澎,《扶荔堂集》(《扶荔堂文集选》十二卷、《扶荔堂诗集选》十二卷、《扶荔词》三卷附《词变》一卷),清康熙二十二年(1683)文芸馆刻本。
[清]丁澎,《扶荔堂诗稿》,清顺治十一年(1654)刻本。
[清]丁澎,《扶荔堂文集选》《扶荔堂诗集选》,清康熙五十五年(1716)文芸馆刻本。
[清]陆世仪,《复社纪略》,《续修四库全书》本。

G

[清]孙枝蔚,《溉堂集》,清康熙刻本。
[清]黄永,《公车词谱》,清康熙刻本。
[清]王士禛,《古夫于亭杂录》,中华书局,1988年版。
[清]卓回,《古今词汇》,清康熙刻本。
[清]王又华,《古今词论》,《词话丛编》本。
[清]卓人月、徐士俊,《古今词统》,《续修四库全书》本。
[清]卓人月、徐士俊,《古今词统》,辽宁教育出版社,2000年版。
[清]沈谦、毛先舒,《古今词选》,清康熙刻本。
叶恭绰,《广箧中词》,(台北)鼎文书局,1971年版。
钱仲联,《广清碑传集》,苏州大学出版社,1999年版。
[清]王嗣槐,《桂山堂文选》《桂山堂诗选》,《清代诗文集汇编》本。

［清］王嗣槐,《桂山堂文选》《桂山堂诗选》,《四库未收书辑刊》本。
［清］吴颢原编,吴振棫重编,《国朝杭郡诗辑》,清同治十三年(1874)钱塘丁氏刻本。
［清］郑方坤,《国朝名家诗钞小传》,中华书局,1991年版。
［清］孙默,《国朝名家诗余》,清康熙孙氏留松阁刻本。
［清］李桓,《国朝耆献类征录》,《续修四库全书》本。
［清］张维屏,《国朝诗人征略》,《续修四库全书》本。
［清］李元度,《国朝先正事略》,《续修四库全书》本。

H

［清］王士禛等,《红桥唱和词》,清康熙刻本。
［清］洪昇著,刘辉笺校,《洪昇集》,浙江古籍出版社,1992年版。
［清］洪昇著,刘辉笺校,《洪昇集》,浙江古籍出版社,2012年版。
［清］孔尚任,《湖海集》,清康熙介安堂刻本。
［清］陈维崧,《湖海楼诗集》,《四部丛刊初编》本。
［清］阮元,《淮海英灵集》,《丛书集成续编》本。
［清］汤右曾,《怀清堂集》,清文渊阁《四库全书》本。
［清］黄炳垕,《黄梨洲先生年谱》,清同治十一年(1872)刻本。
［清］尤侗,《悔庵年谱》,清康熙刻本。

J

［清］秦瀛,《己未词科录》,《续修四库全书》本。
［清］陈维崧,《迦陵词全集》,《续修库全书》本。
［清］褚人获,《坚瓠集》,清康熙刻本。
［清］陆次云、章旸,《见山亭古今词选》,清康熙十四年(1675)刻本。
［清］方象瑛,《健松斋集》二十四卷《续集》十卷,《四库全书存目丛书》本。
［清］全祖望,《鲒埼亭集》,《四部丛刊》本。
［清］顾贞观、纳兰性德,《今词初集》,《续修四库全书》本。
［清］陈维崧、吴本嵩,《今词苑》,清康熙刻本。
［清］王晫,《今世说》,《丛书集成初编》本。
［清］王晫,《今世说》,周骏富《清代传记丛刊》本。
［清］金之俊,《金文通公集》,《续修四库全书》本。

645

[清]陈维崧、曹亮武等，《荆溪词初集》，清康熙刻本。

[清]诸匡鼎，《橘谱》，《续修四库全书》本。

[清]沈丰垣，《兰思词钞》二卷《兰思词钞二集》二卷，清康熙吴山草堂刻本。

L

[明]李开先著，卜键笺校，《李开先全集》（修订本），上海古籍出版社，2014年版。

[清]李渔，《李渔全集》，浙江古籍出版社，2014年版。

[清]厉鹗撰，罗仲鼎、俞浣萍点校，《厉鹗集》，浙江古籍出版社，2016年版。

[清]李渔，《笠翁词韵》，清康熙十七年（1678）刻本。

[清]阮元，《两浙𫐄轩录》，《续修四库全书》本。

[清]周铭，《林下词选》，《续修四库全书》本。

[清]宋长白，《柳亭诗话》，《四库全书存目丛书》本。

[清]姚之骃，《镂空集》，清康熙刻本。

[清]陆莘行，《陆丽京雪罪云游记》，《丛书集成续编》本。

[明]卓发之，《漉篱集》，《四库禁毁书丛刊》本。

[清]王简可，《陆辛斋先生年谱拟稿》，《北京图书馆藏珍本年谱丛刊》本。

M

[清]毛先舒，《毛驰黄集》，清康熙刻本。

[清]孔传铎，《名家词钞》，清抄本。

赵尊岳，《明词汇刊》，上海古籍出版社，1992年影印本。

计六奇，《明季南略》，中华书局，1984年版。

[清]张廷玉，《明史》，中华书局，1974年版。

孙静庵，《明遗民录》，浙江古籍出版社，1985年版。

[清]卓尔堪，《明遗民诗》，中华书局，1961年版。

[清]钱谦益著，[清]钱曾笺注，钱仲联标校，《牧斋有学集》，上海古籍出版社，1996年版。

N

[清]黄宗羲，《南雷诗历》，《续修四库全书》本。

［清］黄宗羲,《南雷文定》,商务印书馆,1936年版。
［清］徐釚,《南州草堂集》,《续修四库全书》本。

O

［清］恽寿平著,吕凤棠点校,《瓯香馆集》,西泠印社出版社,2012年版。

P

［清］朱彝尊撰,吴肃森编校,《曝书亭词》,广东人民出版社,1987年版。
［清］朱彝尊,《曝书亭集》,《四部丛刊》本。
［清］朱彝尊撰,李富孙注,《曝书亭集词注》,《续修四库全书》本。

Q

［清］黄虞稷编,瞿凤起和潘景郑整理,《千顷堂书目》,上海古籍出版社2001年版。
［清］王言慎辑,《千秋雅调》,清康熙霞举堂刻《王丹麓五种》本。
［清］谭献编,《箧中词》,《续修四库全书》本。
［清］王奕清,《钦定词谱》,中国书店1983年影印本。
杨家骆,《清词别集百三十四种》,(台北)鼎文书局,1976年版。
［清］郭则沄,《清词玉屑》,闽侯郭氏蛰园刊本。
张宏生,《清词珍本丛刊》,凤凰出版社,2007年版。
［清］姚觐元,《清代禁毁书目(补遗)》,商务印书馆,1957年版。
周骏富,《清代传记丛刊》,(台北)明文书局,1986年版。
陈乃乾,《清名家词》,上海书店,1982年版。
［清］张渊懿、田茂遇,《清平初选后集》,清康熙刻本。
《清实录》,中华书局,1985年影印本。
赵尔巽等,《清史稿》,中华书局,1977年点校本。
王钟翰点校,《清史列传》,中华书局,1987年版。
［清］周在浚,《秋水轩唱和词》,清康熙遥连堂刻本。
饶宗颐初纂,张璋总纂,《全明词》,中华书局,2004年版。
周明初、叶晔编,《全明词补编》,浙江大学出版社,2007年版。
张宏生编,《全清词·嘉道卷》(上下编),南京大学出版社,2020年版。

南京大学中国语言文学系《全清词》编纂委员会,《全清词·顺康卷》,中华书局,2002年版。

张宏生编,《全清词·顺康卷补编》,南京大学出版社,2008年版。

张宏生编,《全清词·雍乾卷》,南京大学出版社,2012年版。

叶恭绰编,《全清词钞》,中华书局,1982年版。

唐圭璋编,《全宋词》,中华书局,1965年版。

曾昭岷等编,《全唐五代词》,中华书局,1999年版。

R

[明]卓人月,《蕊渊集》,明崇祯刻本。

S

[清]杜登春,《社事始末》,《昭代丛书》本。

[清]毛先舒,郭绍虞,《诗辨坻》,《清诗话续编》本。

[清]邓汉仪,《诗观》,清康熙间慎墨堂刻本。

[清]宗元鼎,《诗余花钿集》,清康熙东原草堂刻本。

[明]张綖,《诗余图谱》,《续修四库全书》本。

[清]孙默编,《十五家词》,清文渊阁《四库全书》本。

[清]毛先舒,《思古堂集》,《四库全书存目丛书》本。

[清]永瑢等,《四库全书总目》,中华书局,1965年版。

[清]周铭编,《松陵绝妙词选》,清康熙刻本。

[清]毛先舒,《潠书》,《四库全书存目丛书》本。

[清]孙治,《孙宇台集》,《四库禁毁书丛刊》本。

[清]姚炳,《荪溪集》,清康熙四十五年(1706)听秋楼刻本。

T

[清]毛先舒,《填词名解》,清康熙十八年(1679)查继超刻《词学全书》本。

[清]毛先舒,《填词名解》,《四库全书存目丛书》本。

[清]赖以邠,《填词图谱》,清康熙十八年(1679)查继超刻《词学全书》本。

[清]沈谦,《填词杂说》,《词话丛编》本。

[清]方文,《嵞山集》,《续修四库全书》本。

W

孙言诚点校,《王士禛年谱》,中华书局,1992年版。

[清]陆圻,《威凤堂文集》,《四库未收书辑刊》本。

[清]张英,《文端集》,清文渊阁《四库全书》本。

[清]王藻、钱林,《文献征存录》,《续修四库全书》本。

[清]顾若璞,《卧月轩稿》,《丛书集成续编》本。

[清]吴伟业,《吴梅村全集》,上海古籍出版社,1999年版。

[清]顾师轼,《吴梅村先生年谱》,《北京图书馆藏珍本年谱丛刊》本。

[清]戴璐,《吴兴诗话》,《续修四库全书》本。

X

[清]毛奇龄,《西河集》,清文渊阁《四库全书》本。

[清]毛奇龄,《西河文集》,《清代诗文集汇编》本。

[清]张岱,《西湖梦寻》,江苏古籍出版社,2000年版。

[清]陆进、俞士彪编,《西陵词选》,清康熙十四年(1675)刻本。

[清]毛先舒,《西陵十子诗选》,清顺治七年辉山堂刻本。

[清]尤侗,《西堂文集》,《续修四库全书》本。

[清]王晫,《峡流词》,清康熙霞举堂刻本。

[清]王晫,《霞举堂集》,清康熙霞举堂刻本。

[清]王士禛,《香祖笔记》,中华书局,1988年版。

[明]陈函辉,《小寒山子集》,《四库禁燬书丛刊》本。

[清]徐乃昌,《小檀栾室汇刻闺秀词》,清光绪二十四年(1898)南陵徐氏刊本。

[清]徐鼒,《小腆纪传》,《续修四库全书》本。

[清]汪启淑,《撷芳集》,清乾隆五十年(1785)刻本。

[清]陆嘉淑,《辛斋遗稿》,清道光十二年(1832)刻本。

柯劭忞,《续修四库全书总目提要(稿本)》,齐鲁书社,1996年版。

[清]吴修,《续疑年录》,《续修四库全书》本。

[清]吴绮,《选声集》,《四库全书存目丛书》本。

[清]陈玉瑾,《学文堂文集》,《四库全书存目丛书补编》本。

[清]施闰章,《学余堂文集》二十八卷《诗集》五十卷《外集》二卷,清文渊阁《四库全书》本。

[清]仲恒,《雪亭词》,清稿本。

Y

[清]徐士俊,《雁楼集》,清康熙刻本。
[清]徐灿,《阳溪遗稿》,《四库全书存目丛书》本。
[清]蒋景祁,《瑶华集》,《续修四库全书》本。
[清]邹祗谟、王士禛,《倚声初集》,《续修四库全书》本。
[清]王士禛,《渔洋山人感旧集》,上海古籍出版社2014年版(影印清乾隆十七年[1752]雅雨堂刻本)。
[清]王士禛编,惠栋补注,《渔洋山人自撰年谱补注》,《北京图书馆藏珍本年谱丛刊》本。
[清]陆次云,《玉山词》,清康熙刻本。
[清]毛先舒,《韵学通指》,《四库全书存目丛书》本。

Z

[清]王晫,《杂著十种》,《四库全书存目丛书》本。
[清]张丹,《张秦亭诗集》,《四库全书存目丛书》本。
[清]周中孚,《郑堂读书记》,《续修四库全书》本。
[清]周在浚,《周栎园先生年谱》,《北京图书馆藏珍本年谱丛刊》本。
[清]朱彝尊著,屈兴国、袁李来点校,《朱彝尊词集》,浙江古籍出版社,2017年版。
[清]杨谦,《朱竹垞先生年谱》,《北京图书馆藏珍本年谱丛刊》本。
[清]朱桂孙、朱稻孙,《竹垞府君行述》,《丛书集成续编》本。
[清]朱彝尊,《竹垞文类》,《四库全书存目丛书》本。
[清]徐灿,《拙政园诗余》,清刻本。
[清]徐灿,《拙政园诗余》,《清代闺秀集丛刊》本。
[清]丁炜,《紫云词》,清康熙刻本。

二、学术著作

C

盛配,《词调词律大典》,中国华侨出版公司,1998年版。
杨家骆,《词调辞典》,(台北)世界书局,1981年版。

吴藕汀、吴小汀，《词调名辞典》，上海书店出版社，2005年版。
夏敬观，《词调溯源》，商务印书馆，1933年版。
朱崇才，《词话史》，中华书局，2006年版。
朱崇才，《词话学》，（台北）文津出版社，1995年版。
饶宗颐，《词集考》，中华书局，1992年版。
刘永济，《词论》，上海古籍出版社，1981年版。
邱世友，《词论史论稿》，人民文学出版社，2002年版。
潘慎，《词律辞典》，山西人民出版社，1991年版。
张梦机，《词律探源》，（台北）文史哲出版社，1981年版。
吴藕汀，《词名索引》（增补本），中华书局，2006年版。
徐信义，《词谱格律原论》，（台北）文津出版社，1990年版。
赖本桥，《词曲散论》，（台北）文津出版社，1990年版。
王易，《词曲史》，江苏教育出版社，2005年版。
刘毓盘，《词史》，上海群众图书公司，1931年版。
林大椿，《词式》，商务印书馆，1934年版。
梁启勋，《词学》，中国书店，1985年版。
宛敏灏，《词学概论》，上海古籍出版社，1987年版。
吴丈蜀，《词学概说》，中华书局，2000年版。
林玫仪，《词学考诠》，（台北）联经出版事业公司，1987年版。
梁荣基，《词学理论综考》，北京大学出版社，1991年版。
唐圭璋，《词学论丛》，上海古籍出版社，1986年版。
沈英名，《词学论要》，（台北）中正书局，1973年版。
林玫仪，《词学论著总目 1901—1992》，（台北）"中央研究院"文哲所，1995年版。
邓乔彬，《词学廿论》，上海古籍出版社，2005年版。
周明秀，《词学审美范畴研究》，上海古籍出版社，2014年版。
龙榆生，《词学十讲》，福建人民出版社，1988年版。
王兆鹏，《词学史料学》，中华书局，2004年版。
吴梅，《词学通论》，华东师范大学出版社，1996年版。
曹焕猷，《词学详诠》，武汉古籍书店出版社，1986年影印本。
黄文吉，《词学研究书目（1912—1992）》，（台北）文津出版社，1993年版。

王伟勇,《词学专题研究》,(台北)文史哲出版社,2003年版。
马兴荣,《词学综论》,齐鲁书社,1989年版。
刘尧民,《词与音乐》,国立云南大学文史系,1946年版。
施议对,《词与音乐关系研究》,中国社会科学出版社,1985年版。
马祖熙,《陈维崧年谱》,上海古籍出版社,2007年版。
张宏生,《传承与新创:清词研究论文集》,南京大学出版社,2014年版。

D

夏承焘、吴熊和,《读词常识》,中华书局,2000年版。
[日]中田勇次郎,《读词丛考》,日本东京创文社,1998年版。
张宏生,《读者之心:词的解读》,中华书局,2013年版。

G

张宏生,《感情的多元选择》,现代出版社,1990年版。
谢永芳,《广东近世词坛研究》,上海古籍出版社,2008年版。

H

游路湘,《洪昇及其诗歌研究》,浙江大学出版社,2014年版。
章培恒,《洪昇年谱》,上海古籍出版社,1979年版。
[美]魏斐德著,陈苏镇等译,《洪业——清朝开国史》,江苏人民出版社,1998年版。

J

张宏生,《江湖诗派研究》,中华书局,1995年版。
唐圭璋主编,《金元明清词鉴赏辞典》,江苏古籍出版社,1989年版。
严迪昌编,《金元明清词精选》,江苏古籍出版社,2002年版。
丁放,《金元明清诗词理论史》,安徽大学出版社,2000年版。
龙榆生,《近三百年名家词选》,上海古籍出版社,1979年版。
陈伯海主编,《近四百年中国文学思潮史》,东方出版中心,1997年版。

L

梁启超,《梁启超论清学史二种》,复旦大学出版社,1985年版。
金一平,《柳洲词派——一个独特的江南文人群体》,同济大学出版社,

2002年版。

龙榆生,《龙榆生词学论文集》,上海古籍出版社,1997年版。

M

冒广生,《冒鹤亭词曲论文集》,上海古籍出版社,1992年版。

钱仲联,《梦苕庵诗话》,齐鲁书社,1986年版。

凌天松,《明编词总集丛刻述评》,上海古籍出版社,2014年版。

张仲谋,《明词史》,人民文学出版社,2002年版。

郑海涛,《明代词风嬗变研究》,中国社会科学出版社,2013年版。

陶子珍,《明代词选研究》,(台北)秀威资讯科技股份有限公司,2003年版。

张仲谋、王靖懿,《明代词学编年史》,高等教育出版社,2015年版。

岳淑珍,《明代词学批评史》,社会科学文献出版社,2014年版。

朱倓,《明季社党研究》,商务印书馆,1945年版。

谢国桢,《明末清初的学风》,人民出版社,1982年版。

孙立,《明末清初诗论研究》,广东高等教育出版社,1999年版。

何宗美,《明末清初文人结社研究》,南开大学出版社,2003年版。

耿志,《明末清初西陵词坛研究》,中国社会科学出版社,2023年版。

姚蓉,《明末云间三子研究》,广东高等教育出版社,2004年版。

姚蓉,《明清词派史论》,广西师范大学出版社,2007年版。

江合友,《明清词谱史》,上海古籍出版社,2008年版。

孟森,《明清史论著集刊正续编》,河北教育出版社,2000年版。

冯天瑜,《明清文化史散论》,华中工学院出版社,1984年版。

熊月之、熊秉真编,《明清以来江南文化与社会论文集》,上海社会科学院出版社,2004年版。

谢国桢,《明清之际党社运动考》,中华书局,1982年版。

李康化,《明清之际江南词学思想研究》,巴蜀书社,2001年版。

赵园,《明清之际士大夫研究》,北京大学出版社,1999年版。

谢正光、范金民,《明遗民录汇辑》,南京大学出版社,1995年版。

N

谢国桢,《南明史略》,上海人民出版社,1957年版。

Q

闵丰,《清初清词选本考论》,上海古籍出版社,2008年版。

谢正光、佘汝丰,《清初人选清初诗汇考》,南京大学出版社,1998年版。

谢正光,《清初诗文与士人交游考》,南京大学出版社,2001年版。

周焕卿,《清初遗民词人群体研究》,上海古籍出版社,2008年版。

吴熊和、严迪昌、林玫仪合辑,《清词别集知见目录汇编:见存书目》,(台北)"中央研究院"中国文哲研究所筹备处,1997年版。

沙先一、张晖,《清词的传承与开拓》,上海古籍出版社,2008年版。

尤振中、尤以丁,《清词纪事会评》,黄山书社,1995年版。

叶嘉莹,《清词论丛》,河北教育出版社,1997年版。

艾治平,《清词论说》,学林出版社,1999年版。

叶嘉莹、陈邦炎,《清词名家论集》,(台北)"中央研究院"中国文哲研究所筹备处,1997年版。

严迪昌,《清词史》,江苏古籍出版社,2001年重印版。

张宏生,《清词探微》,上海古籍出版社,2008年版。

徐珂选辑,《清词选集评》,中国书店,1988年影印本。

冯乾编校,《清词序跋汇编》,凤凰出版社,2013年版。

孙克强,《清代词学》,中国社会科学出版社,2004年版。

张宏生,《清代词学的建构》,江苏古籍出版社,1998年版。

陈水云,《清代词学发展史论》,学苑出版社,2005年版。

徐珂,《清代词学概论》,(台北)广文书局,1979年版。

徐洪业,《清代词学批评家述评》,无锡国专,1937年印行本。

孙克强,《清代词学批评史论》,上海古籍出版社,2008年版。

陈水云,《清代词学思想流变》,社会科学文献出版社,2018年版。

吴宏一,《清代词学四论》,(台北)联经出版公司,1991年版。

徐珂,《清代词学研究》,上海大东书局,1926年版。

叶恭绰,《清代词学之摄影》,暨南大学学术演讲稿,1930年。

商衍鎏,《清代科举考试述录及有关著作》,百花文艺出版社,2004年版。

巨传友,《清代临桂词派研究》,上海古籍出版社,2008年版。

陈水云,《清代前中期词学思想研究》,武汉大学出版社,1999年版。
冯尔康,《清代人物传记史料研究》,天津教育出版社,2005年版。
江庆柏,《清代人物生卒年表》,人民文学出版社,2005年版。
刘凤云,《清代三藩研究》,中国人民大学出版社,1994年版。
张健,《清代诗学研究》,北京大学出版社,1999年版。
尚小明,《清代士人游幕表》,中华书局,2005年版。
黄嫣梨,《清代四大女词人:转型中的清代知识女性》,汉语大词典出版社,2002年版。
王运熙、顾易生主编,《清代文论选》,人民文学出版社,1999年版。
[日]青木正儿著,杨铁婴译,《清代文学评论史》,中国社会科学出版社,1988年版。
沙先一,《清代吴中词派研究》,人民文学出版社,2004年版。
朱丽霞,《清代辛稼轩接受史》,齐鲁书社,2005年版。
梁启超,《清代学术概论》,上海古籍出版社,1998年版。
卓清芬,《清末四大家词学及词作研究》,(台北)台湾大学出版委员会,2003年版。
柯愈春,《清人诗文集总目提要》,北京古籍出版社,2001年版。
尹志腾校点,《清人选评词集三种》,齐鲁书社,1988年版。
钱仲联主编,《清诗纪事》,江苏古籍出版社,1987年版。
邓之诚,《清诗纪事初编》,上海古籍出版社,1984年版。
严迪昌,《清诗史》,浙江古籍出版社,2002年版。
朱则杰,《清诗史》,江苏古籍出版社,2000年版。
王绍曾,《〈清史稿·艺文志〉拾遗》,中华书局,2000年版。
[日]清水茂著,蔡毅译,《清水茂汉学论文集》,中华书局,2003年版。
贺新辉,《全清词鉴赏辞典》,中国妇女出版社,1996年版。
萧鹏,《群体的选择——唐宋人选词与词选通论》,(台北)文津出版社,1992年版。

S

王力,《诗词格律》,中华书局,2000年版。
钱杭,《十七世纪江南社会生活》,浙江人民出版社,1996年版。
余英时,《士与中国文化》,上海人民出版社,1987年版。

刘东海,《顺康词坛群体步韵唱和研究》,上海古籍出版社,2013年版。
李丹,《顺康之际广陵词坛研究》,上海古籍出版社,2009年版。
金周生,《宋词音系入声韵部考》,(台北)文史哲出版社,1985年版。
杨荫浏、阴法鲁,《宋姜白石创作歌曲研究》,音乐出版社,1957年版。
王兆鹏,《宋南渡词人群体研究》,(台北)文津出版社,1992年版。
丁放、甘松、曹秀兰,《宋元明词选研究》,商务印书馆,2012年版。

T

龙榆生,《唐宋词格律》,上海古籍出版社,1978年版。
吴熊和,《唐宋词通论》,商务印书馆,2003年版。
陈水云,《唐宋词在明末清初的传播与接受》,中国社会科学出版社,2010年版。
[日]村上哲见著,杨铁婴译,《唐五代北宋词研究》,陕西人民出版社,1987年版。
顾宪融,《填词百法》,中原书局,1931年版。
顾佛影,《填词门径》,中央书店印行本,1933年版。

W

樊树志,《晚明史》,复旦大学出版社,2003年版。
嵇文甫,《晚明思想史论》,东方出版社,1996年版。
张晖,《晚清民国词学研究》,南京大学出版社,2014年版。
蒋寅,《王渔洋事迹征略》,人民文学出版社,2001年版。
蒋寅,《王渔洋与康熙诗坛》,中国社会科学出版社,2001年版。
[美]韦勒克著,王梦鸥、许国衡译,《文学理论》,(台北)志文出版社,1976年版。
冯其庸、叶君远,《吴梅村年谱》,江苏古籍出版社,1990年版。
吴熊和,《吴熊和词学论集》,杭州大学出版社,1999年版。

X

傅宇斌,《现代词学的建立:〈词学季刊〉与20世纪三、四十年代的词学》,商务印书馆,2013年版。
孟森,《心史丛刊》,辽宁教育出版社,1998年版。

Y

严迪昌,《严迪昌自选论文集》,中国书店,2005年版。
曹虹,《阳湖文派研究》,中华书局,1996年版。
严迪昌,《阳羡词派研究》,齐鲁书社,1993年版。
[法]布迪厄著,刘晖译,《艺术的法则:文学场的生成和结构》,中央编译出版社,2001年版。
[法]丹纳著,傅雷译,《艺术哲学》,安徽文艺出版社,1998年版。
钱仲联等,《元明清词鉴赏词典》,上海辞书出版社,2002年版。

Z

谢国桢,《增订晚明史籍考》,上海古籍出版社,1981年版。
杨传庆,《郑文焯词及词学研究》,南开大学出版社,2013年版。
黄拔荆,《中国词史》,福建人民出版社,2003年版。
许宗元,《中国词史》,黄山书社,1990年版。
马兴荣等主编,《中国词学大辞典》,浙江教育出版社,1996年版。
谢桃坊,《中国词学史》,巴蜀书社,2002年版。
彭玉平,《中国分体文学学史(词学卷)》,山西教育出版社,2013年版。
郭英德,《中国古代文人集团与文学风貌》,北京师范大学出版社,1998年版。
张伯伟,《中国古代文学批评方法研究》,中华书局,2002年版。
赵诚,《中国古代韵书》,中华书局,2003年版。
方智范、邓乔彬等,《中国古典词学理论史》,华东师范大学出版社,2005年版。
中国古籍善本书目编辑委员会编,《中国古籍善本书目》,上海古籍出版社,1996年版。
朱惠国,《中国近世词学思想研究》,上海古籍出版社,2005年版。
陈良运,《中国历代词学论著选》,百花洲文艺出版社,1998年版。
余英时,《中国历史转型时期的知识分子》,(台北)联经出版事业公司,1992年版。
孙琴安,《中国评点文学史》,上海社会科学院出版社,1999年版。
蒋哲伦、傅蓉蓉,《中国诗学史·词学卷》,鹭江出版社,2002年版。
方孝岳,《中国文学批评》,三联书店,1986年版。

章培恒、王靖宇主编,《中国文学评点研究论集》,上海古籍出版社,2002年版。

于翠玲,《朱彝尊〈词综〉研究》,中华书局,2005年版。

朱则杰,《朱彝尊研究》,浙江古籍出版社,1993年版。

苏淑芬,《朱彝尊之词与词学研究》,(台北)文史哲出版社,1986年版。

三、学术论文

B

张宏生、冯乾,《〈白门柳〉:龚顾情缘与明清之际的词风演进》,《中国社会科学》,2001年第3期。

C

孙克强,《草堂诗余的盛衰和清初词风的转变》,《中国文哲研究通讯》第2卷第1期,1992年3月。

陆勇强,《陈维崧年谱》,《历史文献与传统文化》,第3、4、5集。

陈水云,《崇祯末至康熙初年的词学思潮》,《湖北大学学报》(哲学社会科学版),1996年第2期。

刘尊明、王兆鹏,《词的本质特征与词的起源——词学研究两个基本理论问题的阐释》,《文学评论》,1996年第5期。

龙沐勋,《词体之演进》,《词学季刊》创刊号,上海书店1985年影印本。

孙克强,《词选在清代词学中的意义》,《南京大学学报》(哲学·人文科学·社会科学),2006年第2期。

张宏生,《词学反思与强势选择——马洪的历史命运与朱彝尊的尊体策略》,《文学遗产》,2007年第4期。

孙克强、刘学洋,《词学史上的稼轩词论及其意义》,《社会科学研究》,2020年第4期。

李昌集,《词之起源:一个千年学案的当代反思》,《文学评论》,2006年第3期。

朱惠国,《从王昶词学思想看中期浙派的新变》,《中山大学学报》(社会科学版),2009年第4期。

H

彭国忠,《黄庭坚艳情词的佛禅观照》,《深圳大学学报》(人文社会科学版),2008年第6期。

J

闵丰,《江西词派说与清代词学的建构》,《南京大学学报》(哲学·人文科学·社会科学),2011年第5期。

蒋寅,《进入"过程"的文学史研究——〈王渔洋与康熙诗坛〉导论》,《山西大学师范学院学报》,2001年第1期。

张宏生,《近百年清词研究的历史回顾》,《文学评论》,2007年第1期。

K

陈水云,《康熙年间词学的辨体与尊体》,《华中师范大学学报》(人文社会科学版),1999年第6期。

L

吴晓亮,《论陈维崧词对稼轩词的继承与创新》,《文学遗产》,1998年第3期。

唐圭璋、潘君昭,《论词的起源》,《南京师大学报》(社会科学版),1978年第1期。

沙先一,《论词绝句与清词的经典化》,《江苏师范大学学报》(哲学社会科学版),2013年第3期。

彭玉平、向娜,《论词学批评中的"以诗比词"》,《江海学刊》,2015年第2期。

陈雪军,《论〈古今词统〉的词学意义及其影响——以梅里词人王翃为例》,《文艺理论研究》,2013年第4期。

詹安泰,《论寄托》,《词学季刊》第3卷第3号,上海书店1985年影印本。

陈水云,《论康熙年间词学的南北宋之争》,《中国韵文学刊》,1998年第2期。

彭玉平,《论民国时期的清词编纂与研究——以叶恭绰为中心》,《南京大学学报》(哲学·人文科学·社会科学),2009年第2期。

曹辛华,《论民国时期清词选本的特征与意义》,《社会科学战线》,2011年第9期。

沙先一、张宏生,《论清词的经典化》,《中国社会科学》,2013年第

12期。

张宏生,《论清词复兴之端绪》,《江海学刊》,2004年第3期。

周绚隆,《论清词中兴的原因》,《东岳论丛》,1997年第6期。

叶嘉莹,《论清代词史观念的形成》,《河北学刊》,2003年第4期。

欧明俊,《论清代词学中的"自批评"》,《北京大学学报》(哲学社会科学版),2013年第4期。

朱惠国,《论清代学人之词与词人之词的离合关系》,《文学遗产》,2011年第6期。

曹明升,《论清代中期的集句词》,《文学遗产》,2016年第5期。

谭新红,《论清人对明词的体认和反思》,《文学遗产》,2003年第6期。

夏志颖,《论"填词图"及其词学史意义》,《文学遗产》,2009年第5期。

朱惠国,《论晚清词坛"常""浙"两派的共存与交融》,《华东师范大学学报》(哲学社会科学版),2007年第5期。

朱惠国,《论中国传统词学的现代化进程》,《贵州社会科学》,2011年第3期。

M

孙克强,《毛先舒〈词辩坻〉汇辑》,《词学》第十七辑,2006年11月。

孙克强、岳淑珍,《毛先舒词论简论》,《南开学报》(哲学社会科学版),2008年第4期。

朱偰,《明季杭州读书社考》,《国学季刊》2卷2期,1929年12月。

周学军,《明清江南儒士群体的历史变动》,《历史研究》,1993年第1期。

张宏生,《明清之际的词谱反思与词风演进》,《文艺研究》,2005年第4期。

N

陶尔夫,《南宋词与清代词学研究中的困惑》,《求是学刊》,1998年第3期。

P

陈水云,《评康熙时期的选词标准》,《武汉大学学报》(哲学社会科学版),1998年第1期。

Q

沈曾植,《彊村校词图序》,《词学季刊》第 3 卷第 2 号,上海书店 1985 年影印本。

吴宏一,《清词与世变、寄托的关系》,《学术研究》,2003 年第 3 期。

叶嘉莹,《清词在〈花间〉两宋词之轨迹上的演化——兼论清人对于词之美感特质的反思》,《南京大学学报》(哲学·人文科学·社会科学),2009 年第 2 期。

张宏生,《清词研究的空间与视野》,《北京大学学报》(哲学社会科学版),2017 年第 4 期。

朱秋娟,《清初清词评点的风尚成因与原生面貌》,《文艺研究》,2008 年第 11 期。

朱秋娟、沙先一,《清初清词评点与词学建构》,《苏州大学学报》(哲学社会科学版),2019 年第 3 期.

胡建次,《清代词集序跋中的诗词体性之异论》,《社会科学研究》,2015 年第 2 期。

孙克强,《清代词学的南北宋之争》,《文学评论》,1998 年第 4 期。

孙克强,《清代词学年表》,《南阳师范学院学报》(社会科学版),2003 年第 8 期。

胡建次,《清代词学批评对诗词体性之异的辨分》,《中州学刊》,2015 年第 4 期。

胡建次、周逸树,《清代词学批评视野中的正变论》,《赣南师范学院学报》,1999 年第 4 期。

沙先一,《清代词学与选词学》,《阅江学刊》,2010 年第 4 期。

彭玉平、陈桂清,《清代词学中的〈诗〉学话语》,《烟台大学学报》(哲学社会科学版),2010 年第 1 期。

伏涤修,《清代词学由辨体向尊体的批评转向》,《烟台大学学报》(哲学社会科学版),2004 年第 4 期。

萧新祺,《清人词集汇刻述略》,《古籍整理出版情况简报》第 208 期,1989 年 5 月。

钱志熙,《群体的影响与个体的超越——试探杰出文学家的成功规律》,《江海学刊》,1996 年第 1 期。

S

李越深,《松江几社与云间词派》,《浙江大学学报》(人文社会科学版),2004年第3期。

彭国忠,《试论清代列女的文学世界——以〈清史稿·列女传〉为论》,《北京大学学报》(哲学社会科学版),2015年第1期。

T

曹明升、沙先一,《统序的建构与清代词坛的经典化进程》,《文艺理论研究》,2016年第5期。

张宏生,《统序观与明清词学的递嬗——从〈古今词统〉到〈词综〉》,《文学遗产》,2010年第1期。

W

张宏生,《晚清词坛的自我经典化》,《文艺研究》,2012年第1期。

朱惠国,《晚清、民国词风演进历程及其反思》,《武汉大学学报》(人文科学版),2011年第1期。

蒋寅,《王士禛与江南遗民诗人群》,《北京大学学报》(哲学社会科学版),2005年第5期。

X

郭英德,《向后倒退的革新——论明末清初的求实文学观念》,《湖北大学学报》(哲学社会科学版),1996年第6期。

黄强、申玲燕,《徐旭旦〈世经堂初集〉抄袭之作述考》,《文学遗产》,2012年第1期。

黄强,《徐旭旦〈世经堂词钞〉中抄袭之作考》,《文献》,2015年第3期。

黄强,《徐旭旦〈世经堂词钞〉中的前人之作——〈桃花扇〉中〈寄扇〉〈余韵〉出套曲作者再考辨》,《江南大学学报》(人文社会科学版),2018年第3期。

沙先一,《选本批评与清代词史之建构——论谭献〈箧中词〉的选词学意义》,《文学遗产》,2009年第2期。

沙先一,《选本批评与清代词坛的统序建构》,《文学评论》,2017年第5期。

Y

孙克强,《阳羡派词论及其影响》,《南阳师范学院学报》(社会科学版),2002年第1期。

胡明,《一百年来的词学研究:诠释与思考》,《文学遗产》,1998年第2期。

彭国忠,《一半悼亡一半艳情:论曹棅坚的悼亡诗》,《苏州大学学报》(哲学社会科学版),2018年第1期。

张宏生,《咏物:朱彝尊与乾隆词坛——从〈茶烟阁体物集〉到〈和茶烟阁体物词〉》,《兰州大学学报》(社会科学版),2011年第6期。

张宏生,《阅读与重构——论清代的檃栝词》,《北京大学学报》(哲学社会科学版),2018年第4期。

Z

张宏生,《战争书写与记忆叠加——清代的〈扬州慢〉创作》,《复旦学报》(社会科学版),2019年第1期。

曹明升、沙先一,《周济词律观的转变及其词学史意义》,《文艺研究》,2019年第2期。

黄天骥,《朱彝尊、陈维崧词风的比较》,《文学遗产》,1991年第1期。

屈兴国、袁李来,《朱彝尊词学平议》,《南京大学学报》(哲学·人文科学·社会科学),1989年第1期。

高建中,《朱彝尊的词论及其创作》,《文学遗产》,1981年第4期。

张宏生,《朱彝尊的咏物词及其对清词中兴的开创作用》,《文学遗产》,1994年第6期。

四、学位论文

岳淑珍,《明代词学研究》,河南大学,2008年博士学位论文。

张若兰,《明代中后期词坛研究》,中国社会科学院,2007年博士学位论文。

李睿,《清代词选研究》,华东师范大学,2006年博士学位论文。

谷辉之,《西陵词派研究》,杭州大学,1997年博士学位论文。

李越深,《云间词派研究》,浙江大学,2004年博士学位论文。

鲁竹,《浙西词派与顺康词坛》,北京大学,2003年博士学位论文。

后　记

　　2006年9月，我有幸进入南京大学文学院，在博士研究生导师、《全清词》主编张宏生教授的指导下学习中国古代文学。金陵深秋，桂香馥郁，我与刘深、朱秋娟二位同门在南京大学鼓楼校区北园文科楼《全清词》编纂研究室正式拜见宏生恩师。恩师关于治学与做人的谆谆教诲，我至今记忆犹新。

　　在宏生师的启发、鼓励和指导下，我发现学界关于明末清初西泠词人群体的研究比较薄弱，仅有谷辉之于1997年4月完成的杭州大学博士论文《西陵词派研究》。在向宏生师请教之后，我和宏生师决定以《明末清初西泠词人群体研究》作为我的博士学位论文选题，力图以动态视角还原明末清初西泠词人群体的词学活动盛貌和词史地位，突破明末清初词人群体仅活动于西泠一隅这一观念，把明末清初西泠词人群体置于西泠、扬州、京师、环太湖等地的空间范围之内、从唐宋至清末民国的时间范围内加以考察，探讨这一词人群体的形成原因，众多成员、词学创作、词学理论和词选编纂等词学活动，以及其词学地位和意义，为学界提供不同的研究思路。

　　自此，我一方面参与南京大学《全清词》编纂研究室的清词文献录入校勘工作，另一方面在《全清词》编纂研究室所藏明末清初西泠词人群体资料基础上，先后到中国国家图书馆、南京图书馆、上海图书馆和浙江图书馆等全国各地图书馆，继续搜集《明末清初西泠词人群体研究》相关研究资料，如卓发之、卓人月、徐士俊、沈谦、毛先舒、张丹、丁澎、王晫、陆进、仲恒、沈丰垣、张台柱、俞士彪等人的别集、总集及其他著述。最重要的是，我在中国国家图书馆发现了未收入《全清词·顺康卷》和《全清词·顺康卷补编》的沈丰垣《兰思词钞二集》二卷共227首词作，并将其整体录入、点校之后交给南京大学《全清词》编纂研究室，以俟将来补收。

后　记

2009年6月,在宏生师的悉心指导下,我完成博士学位论文《明末清初西泠词人群体研究》共六章21万字的撰写、修改和定稿工作,并顺利通过学位论文答辩,被授予南京大学文学博士学位。宏生师欣喜之余,为拙文题诗《题小林博士论文》云:"云间未尽肇宗风,旧谱新词总欲工。休说云雷争献替,嫩晴一抹在西泠。"此年6月底,我入职襄樊学院文学院(现湖北文理学院文学与传媒学院)教师岗位,承担中国古代文学专业的教学工作,同时在宏生师指导下,按照博士学位论文答辩委员会专家所提意见和建议,继续修改完善博士学位论文《明末清初西泠词人群体研究》。

2016年10月,我以修改后的共八章30万字的博士学位论文《明末清初西泠词人群体研究》为课题成果,申报2016年国家社科基金后期资助项目,并获批立项。至2021年8月,我根据全国哲学社会科学规划办公室反馈给我的五位匿名评审专家的修改意见,继续修改完善立项成果,形成项目最终成果《明末清初西泠词人群体研究》共九章50万字,并获批结项。结项之后,我把项目最终成果《明末清初西泠词人群体研究》交给南京大学出版社,并在李亭副编审和李晨远编辑的指导下继续修改完善,形成最终的书稿,拟于2024年上半年出版。

拙著的完成,也离不开硕士阶段华中师范大学文学院诸位老师的教诲,余斯大、周禾、丘铸昌、马承五、张三夕、阮忠、谭邦和、戴建业等先生指引我进入中国古代文学研究殿堂,并打下一定的基础。本书的完成,也离不开博士阶段南京大学文学院诸位老师的教诲,徐有富、莫砺锋、巩本栋、许结、曹虹、张伯伟、武秀成、程章灿等先生的精彩讲授和悉心辅导,使我如沐春风,受益至今。还要深切感谢在不同场合为拙著提出宝贵修改意见和建议的诸位学界专家师友,帮助我弥补了疏漏,修正了谬误,完善了论证。同时非常感谢南京大学出版社李亭副编审和李晨远编辑对拙著的细心审校。

求学期间,查紫阳、李丹、闵丰、江合友、石旻、葛恒刚、傅宇斌、刘深、朱秋娟、陈璇、陈昌强、夏志颖、李亭、倪春军等诸位师兄弟与我时时共校清词,共研课题,竞背《唐诗三百首》,同游金陵名胜古迹,同品建康美食佳肴,这种紧张充实又温馨惬意的生活,令我非常怀念。非常感谢方盛良、雷磊、沙先一、冯乾诸位师兄,他们一直关心我的学业,给我提供了许多帮助和支持。

如今，又是桂子飘香时节。想必南京大学鼓楼校区的桂香，还同当年一样芬芳怡人；南京大学《全清词》编纂研究室的书香，还同当年一样沁人心脾。怀念南京，怀念南京大学，怀念南京大学的恩师和同门。

由于学识浅陋，拙著虽经历了数番打磨，依然难免存在诸多问题和不足，恳请学界专家师友继续不吝赐正。

胡小林

二〇二三年九月于湖北襄阳寓所